# Kunst-Reiseführer in der Reite

## Zur schnellen Orientierung – die wichtigsten Orte und Sehenswürdigkeiten auf einen Blick:

(Auszug aus dem ausführlichen Ortsregister)

| | | | |
|---|---|---|---|
| Allstedt (C 3) | 449 | Landsberg (E 3) | 374 |
| Arendsee (C 10) | 96 | Leitzkau (E 6) | 79 |
| Aschersleben (C 4) | 262 | Lützen (E 2) | 386 |
| Bad Kösen (D 1) | 412 | Magdeburg (D 6) | 43 |
| Bad Lauchstädt (D 3) | 385 | Mansfeld (C 4) | 439 |
| Ballenstedt (B 4) | 256 | Memleben (C 2) | 425 |
| Bernburg (D 5) | 287 | Merseburg (E 2) | 376 |
| Blankenburg (B 4) | 227 | Naumburg (D 2) | 400 |
| Bodetal (B 4) | 225 | Oranienbaum (F 5) | 314 |
| Brocken (A 5) | 239 | Osterwieck (A 5) | 174 |
| Burgscheidungen (D 2) | 419 | Petersberg (E 4) | 371 |
| Dessau (E 5) | 302 | Prettin (H 4) | 347 |
| Diesdorf (A 9) | 107 | Quedlinburg (B 4) | 190 |
| Drübeck (A 5) | 236 | Querfurt (D 3) | 421 |
| Eisleben (C 3) | 431 | Rudelsburg (D 1) | 413 |
| Falkenstein (C 4) | 254 | Salzwedel (B 10) | 98 |
| Freyburg (D 2) | 414 | Sangerhausen (C 3) | 444 |
| Gardelegen (C 8) | 109 | Schönebeck-Salzelmen (D 6) | 148 |
| Gernrode (B 4) | 258 | Schulpforta (D 1) | 410 |
| Halberstadt (B 5) | 178 | Seeburg (D 3) | 429 |
| Halle (E 3) | 352 | Stendal (D 8) | 130 |
| Hamersleben (B 6) | 159 | Stolberg (B 3) | 241 |
| Havelberg (E 10) | 87 | Tangermünde (E 8) | 140 |
| Hecklingen (C 5) | 283 | Thale (B 4) | 226 |
| Huysburg (B 5) | 177 | Weißenfels (E 2) | 388 |
| Ilsenburg (A 5) | 237 | Werben (E 10) | 92 |
| Jerichow (E 8) | 83 | Wernigerode (A 5) | 231 |
| Kloster Gröningen (B 5) | 157 | Wittenberg (G 5) | 322 |
| Konradsburg (C 4) | 255 | Wörlitzer Park (F 5) | 316 |
| Köthen (E 4) | 292 | Zeitz (E 1) | 393 |
| Kyffhäuser (B 3) | 244 | Zerbst (E 5) | 297 |

In der vorderen Umschlagklappe: Übersichtskarte Sachsen-Anhalt

In der hinteren Umschlagklappe: Plan Wörlitzer Park

*Herbert Knopf*
*Bockstalstraße 12*
*76327 Pfinztal 3*
*Tel. 0 72 40 / 83 69*

Norbert Eisold
Edeltraud Lautsch

# Sachsen-Anhalt

Zwischen Harz und Fläming,
Altmark und Unstrut-Tal –
Kultur, Geschichte und Landschaft
an Elbe und Saale

DuMont Buchverlag Köln

*Umschlagvorderseite:* Merseburg, Dom
*Umschlagklappe vorn:* Naumburg, Dom, Markgräfin Uta und Markgraf Eckehard II.
*Umschlagrückseite:* Wörlitz, Parkanlagen
*Frontispiz Seite 2:* Quedlinburg, Schloß und Stiftskirche, Radierung, Ende 19. Jh.

Aufgrund der gesellschaftlichen Umwälzungen in den neuen Ländern der Bundesrepublik Deutschland ist weiterhin mit Namensänderungen bzw. Revisionen zu rechnen. Stand der Straßen- und Platzbezeichnungen in den Stadtplänen: Sommer 1991 (nach den uns vorliegenden Unterlagen der Verkehrsämter und Stadtverwaltungen).

Die Deutsche Bibliothek – CIP-Einheitsaufnahme

**Eisold, Norbert:**
Sachsen-Anhalt : zwischen Harz und Fläming, Altmark und
Unstrut-Tal – Kultur, Geschichte und Landschaft an Elbe und
Saale / Norbert Eisold ; Edeltraud Lautsch. – Köln : DuMont,
1991
    (DuMont-Dokumente : DuMont-Kunst-Reiseführer)
    ISBN 3-7701-2590-8
NE: Lautsch, Edeltraud:

© 1991 DuMont Buchverlag, Köln
Alle Rechte vorbehalten
Satz und Druck: Rasch, Bramsche
Buchbinderische Verarbeitung: Bramscher Buchbinder Betriebe

Printed in Germany    ISBN 3-7701-2590-8

# Inhalt

Vorwort . . . . . . . . . . . . . . . . . . . . . . . . . . . . . . . . . . . . . . 8

Das Land Sachsen-Anhalt . . . . . . . . . . . . . . . . . . . . . . . . 9

Geschichte an mittlerer Elbe und unterer Saale . . . . . . . . . . . . 12
Vom Faustkeil zum Sachs . . . . . . . . . . . . . . . . . . . . . . . . . . 12
Das Schwert zwischen Kreuz und Krone . . . . . . . . . . . . . . . . . 18
»Ein feste Burg ist unser Gott« . . . . . . . . . . . . . . . . . . . . . . . 25
Gleichschritt, Ladestock und Schönheit . . . . . . . . . . . . . . . . . 28
Die preußische Provinz Sachsen . . . . . . . . . . . . . . . . . . . . . . 31
Die Goldenen Zwanziger Jahre . . . . . . . . . . . . . . . . . . . . . . . 36
Das »sozialistische Experiment« . . . . . . . . . . . . . . . . . . . . . . 38

Magdeburg . . . . . . . . . . . . . . . . . . . . . . . . . . . . . . . . . . . 43

Rechts der Elbe . . . . . . . . . . . . . . . . . . . . . . . . . . . . . . . . 76
Zwischen Magdeburg und Hohem Fläming . . . . . . . . . . . . . . . . 76
Die Streusandbüchse des Heiligen Römischen Reiches . . . . . . . . . 82

Die Alte Mark . . . . . . . . . . . . . . . . . . . . . . . . . . . . . . . . . 91
Fährmann hol über! Von Werben zum Arendsee . . . . . . . . . . . . . 92
Salz und Bier – Salzwedel . . . . . . . . . . . . . . . . . . . . . . . . . . 98
Im ›Hansjochenwinkel‹ . . . . . . . . . . . . . . . . . . . . . . . . . . . . 106
Hopfen und Malz, Gott erhalt's! . . . . . . . . . . . . . . . . . . . . . . 109
Stendal . . . . . . . . . . . . . . . . . . . . . . . . . . . . . . . . . . . . . 130
Die verscherzte Hauptstadt . . . . . . . . . . . . . . . . . . . . . . . . . 139

Die Börde bei Magdeburg . . . . . . . . . . . . . . . . . . . . . . . . . 147
Kreuz und quer – von Schönebeck nach Gröningen . . . . . . . . . . . 148
Zwischen Großem Bruch und Mittellandkanal . . . . . . . . . . . . . . 159

## »Harz, du Muttergebürg«ꞏꞏꞏ172

Zwischen Westerburg und Halberstadt ꞏꞏꞏ 173
Das ›Tor zum Harz‹ ꞏꞏꞏ 178
»Herr Heinrich sitzt am Vogelherd…« ꞏꞏꞏ 190
Hexen, Teufel und Heilige ꞏꞏꞏ 225
Von der ›bunten Stadt‹ zum ›Vater Brocken‹ ꞏꞏꞏ 231
Das Bild eines Vogels – Stolberg ꞏꞏꞏ 241
Blick vom Kulpenberg ꞏꞏꞏ 244

## Von Anhalt nach Anhalt ꞏꞏꞏ 251

Die Wiege Anhalts – Der Harzkreis ꞏꞏꞏ 252
Askanien ꞏꞏꞏ 262
Drei Wege nach Bernburg ꞏꞏꞏ 282
›Die Krone Anhalts‹ ꞏꞏꞏ 287
Von ›Juhnjreebz'ch‹ nach ›Zippelzerbst‹ ꞏꞏꞏ 291
Das ›Mekka des Fortschritts‹ – der Dessau-Wörlitzer Kulturkreis ꞏꞏꞏ 302

## Reformationsland ꞏꞏꞏ 321

Lutherstadt Wittenberg ꞏꞏꞏ 322
Zwischen Annaburg und Kemberg ꞏꞏꞏ 346

## An Saale, Unstrut und Weißer Elster ꞏꞏꞏ 352

»Halle is the most delightful town« ꞏꞏꞏ 352
Stationen zwischen Wettin und Landsberg ꞏꞏꞏ 370
Merseburger Zaubersprüche ꞏꞏꞏ 375
Kriege, Stiefel und Kultur – von Lützen nach Weißenfels ꞏꞏꞏ 386
›Die Grüne Stadt an der Weißen Elster‹ – Zeitz ꞏꞏꞏ 393
Von Naumburg saaleaufwärts ꞏꞏꞏ 400
Weinselig und burgenreich – im Tal der Unstrut ꞏꞏꞏ 413

## Eine ›um- und umgewendete Landschaft‹ – Das Mansfelder Land ꞏꞏꞏ 427

Süß, salzig und lutherisch ꞏꞏꞏ 429
An Eine und Wipper, in Hettstedt und Mansfeld ꞏꞏꞏ 439
Minne, Mammut, Müntzer ꞏꞏꞏ 444

**Erläuterung der Fachbegriffe** ꞏꞏꞏ 451

# Praktische Reiseinformationen . . . . . . . . . . . . . . . . . . . . . . 457

## Vor Reiseantritt . . . . . . . . . . . . . . . . . . . . . . . . . . . . . 458
Auskunft . . . . . . . . . . . . . . . . . . . . . . . . . . . . . . . . . . 458
Allgemeine Auskunftsstellen . . . . . . . . . . . . . . . . . . . . . . . 458
Lokale Auskunftsstellen . . . . . . . . . . . . . . . . . . . . . . . . . . 458

## Anreise . . . . . . . . . . . . . . . . . . . . . . . . . . . . . . . . . . 460
Mit dem Auto . . . . . . . . . . . . . . . . . . . . . . . . . . . . . . . 460
Mit der Bahn . . . . . . . . . . . . . . . . . . . . . . . . . . . . . . . . 460
Mit dem Flugzeug . . . . . . . . . . . . . . . . . . . . . . . . . . . . . 460

## Reisen im Lande . . . . . . . . . . . . . . . . . . . . . . . . . . . . . 460
Eisenbahn . . . . . . . . . . . . . . . . . . . . . . . . . . . . . . . . . . 460
Schmalspurbahn . . . . . . . . . . . . . . . . . . . . . . . . . . . . . . 460
Fahrrad . . . . . . . . . . . . . . . . . . . . . . . . . . . . . . . . . . . 461
Wandern . . . . . . . . . . . . . . . . . . . . . . . . . . . . . . . . . . 461
Schiff . . . . . . . . . . . . . . . . . . . . . . . . . . . . . . . . . . . . 461

## Vorschläge für Kurzaufenthalte . . . . . . . . . . . . . . . . . . . . 461
Auf der Durchfahrt . . . . . . . . . . . . . . . . . . . . . . . . . . . . . 461
Ein- bis mehrtägige Aufenthalte . . . . . . . . . . . . . . . . . . . . . . 461
Reiseziele in einzelnen Gebieten . . . . . . . . . . . . . . . . . . . . . 462

## Kurzinformationen von A–Z . . . . . . . . . . . . . . . . . . . . . . 463
Aussichtspunkte . . . . . . . . . . . . . . . . . . . . . . . . . . . . . . 463
Feste feste feiern . . . . . . . . . . . . . . . . . . . . . . . . . . . . . . 464
Konzerte, Festspiele, Theater . . . . . . . . . . . . . . . . . . . . . . . 466
Museen, Kunstsammlungen und Gedenkstätten . . . . . . . . . . . . . 467
Naturdenkmäler . . . . . . . . . . . . . . . . . . . . . . . . . . . . . . 471
Parks, Gärten und Friedhöfe . . . . . . . . . . . . . . . . . . . . . . . 472
Unterkünfte . . . . . . . . . . . . . . . . . . . . . . . . . . . . . . . . . 472

## Literatur (Auswahl) . . . . . . . . . . . . . . . . . . . . . . . . . . . 479
Abbildungsnachweis . . . . . . . . . . . . . . . . . . . . . . . . . . . . 479
Register . . . . . . . . . . . . . . . . . . . . . . . . . . . . . . . . . . . 481

---

**Kunstgeschichtliche und andere Fachbegriffe, die im Text erscheinen, werden auf den Seiten 451–56 erläutert.
Vorschläge für Kurzaufenthalte befinden sich auf den Seiten 461/62.**

# Vorwort

Als die ersten Vorstellungen und Entwürfe zu dem hier vorliegenden Kunstreiseführer entstanden, war der Begriff ›Sachsen-Anhalt‹ in Klammern gesetzt. Es war nicht einmal zu ahnen, daß dieses Buch so bald ein reales Land mit diesem Namen beschreiben würde. Parallel zur Konstituierung des wirklichen Sachsen-Anhalt in seiner territorialen, politischen und soziokulturellen Gestalt entstand in vielen Teilen auch für uns die Landschaft, Geschichte, Kultur und Kunst eines Landes, welches wir so noch nie gesehen hatten. Umfangreiche Recherchen führten uns vor Ort in die offenbar von der kulturellen Auslöschung bedrohten Gebiete an der mitteldeutschen Grenze, die auch uns bis dahin verschlossen gewesen waren. Obwohl es gewiß nicht die Aufgabe eines Kunstreiseführers ist, aktuelle gesellschaftliche Umbrüche zu beschreiben, waren diese oft erschütternden Bilder und Erlebnisse nicht zurückzudrängen, und sie werden im Text spürbar sein, wie wir ohnehin bestrebt waren, ein möglichst realistisches Bild des tatsächlichen Zustandes zu zeichnen. So führt der Weg oft abseits gängiger Pfade in bisher vielleicht zu Unrecht vernachlässigtes Terrain. Die große Anzahl und Dichte der teils nicht nur für das Land Sachsen-Anhalt, sondern für ganz Deutschland und darüber hinaus bedeutsamen Kunstdenkmäler und Sehenswürdigkeiten hat eine Auswahl nicht immer leicht gemacht. Immerhin bewegten wir uns auf einem Grund, auf dem die ersten deutschen Könige und Kaiser ihre Spuren hinterlassen hatten. Auf die Beschreibung manch originellen Objekts mußte verzichtet werden, denn Vollständigkeit wäre wohl nicht einmal im Telegrammstil möglich gewesen.

Darüber hinaus ist es uns ein Bedürfnis, all denjenigen zu danken, die zum Gelingen dieses Buches beigetragen haben, sei es durch Auskünfte, Literaturbeschaffung oder ihre kritische Stimme. Und auch all denjenigen möchten wir danken, von deren jahrzehntelanger akribischer Grundlagenforschung wir profitieren durften und mit denen wir die Gewißheit der Unabgeschlossenheit einer solchen Arbeit teilen.

Bleibt uns zuletzt die Hoffnung auf eine gute Aufnahme dieses Kunst-Reiseführers durch neugierig gewordene Besucher ebenso wie durch die alteingesessenen Bewohner des jungen und ›unbekannten‹ Landes Sachsen-Anhalt.

Blankenburg/Harz, im Frühjahr 1991          Norbert Eisold / Edeltraud Lautsch

# Das Land Sachsen-Anhalt

Wenn auch Sachsen-Anhalt ein Ergebnis jüngster Geschichte ist und weder auf eine lange politische Tradition zurückblicken kann noch einen geographisch geschlossenen Raum einnimmt, schlägt doch in seinen Kerngebieten an mittlerer Elbe und unterer Saale ein historischer Puls, der seit ur- und frühgeschichtlicher Zeit durch bestimmte Eigenarten und auch in geschichtlicher Zeit durch ein Kontinuum bestimmender historischer Kräfte gespeist wurde.

Ein Land Sachsen-Anhalt, wie es seit dem 14. Oktober 1990 wieder existiert, hat davor nur die äußerst kurze Zeit vom 9. Juli 1945 bis zum 25. Juli 1952 bestanden. Es war hervorgegangen aus den alten anhaltischen Territorien, die sich vom Harzkreis mit dem Zentrum Ballenstedt in östlicher Richtung bis nach Dessau ausbreiteten, und aus dem Hauptgebiet der 1815 ins Leben gerufenen preußischen Provinz Sachsen. Diese war schon 1944 um den zu Thüringen geschlagenen Regierungsbezirk Erfurt verkleinert worden. Der östliche Teil des braunschweigischen Kreises Blankenburg und die Exklaven Allstedt und Calvörde kamen hinzu. Die Grenzen dieses Landes änderten sich nochmals, als 1952 aus seinem Territorium die beiden Bezirke Magdeburg und Halle hervorgingen. Der Bezirk Magdeburg verlor die Kreise Quedlinburg und Aschersleben sowie einen schmalen östlichen, an den Bezirk Potsdam fallenden Grenzstreifen. Dafür erhielt er den ehemals anhaltischen Kreis Zerbst und das ehemals brandenburgische Havelberg. Der Bezirk Halle, einerseits um die Kreise Aschersleben und Quedlinburg erweitert, gab im Osten große Teile des alten Landesterritoriums an die Bezirke Leipzig und Cottbus ab. Von ihnen hat sich mit der Neugründung des Landes nur der Kreis Jessen zur Rückkehr entschieden. Auch im Süden, zu den thüringischen Bezirken, gab es Veränderungen. So erhielt Halle die Gegend um Frankenhausen, die als Kreis Artern 1990 wieder zu Thüringen wechselte.

Angesichts einer solchen Geschichte kann es nicht verwundern, daß Sachsen-Anhalt als Land, als soziale , kulturelle oder wirtschaftliche Größe gerade erst beginnt, in das Bewußtsein zu treten, zumal schon der große Vorgänger, die preußische Provinz Sachsen als »allein aus Gründen der Verwaltung völlig künstlich geschaffen« galt, mit der brandenburgischen Altmark als Ausgangspunkt dieser Territorialbildung. Dieses leicht schiefe Bild wird geradegerückt, betrachtet man den im frühen Mittelalter von den Sachsen eingenommenen nordthüringischen Raum als ein Gebiet mit einer gewissen Eigenständigkeit, sowohl gegenüber den nordwestlichen sächsischen Stammlanden als auch gegenüber den übrigen Territorien. Nach dem Ende der großen Zeit der sächsischen Könige übernahmen hier, an der mittleren Elbe, das Erzbistum Magdeburg und die von ihm abhängenden kleineren Herr-

## DAS LAND SACHSEN-ANHALT

schaften, das Bistum Halberstadt und vor allem die askanischen Länder, die vorrangig bis ins 16. Jh. aber auch darüber hinaus reichende Rolle der prägenden Kräfte. Vor allem unter ihnen wurde Sachsen-Anhalt zu einer der bedeutendsten deutschen Kulturlandschaften. Eine nicht unbeträchtliche Anzahl der Bau- und Kunstdenkmäler zeichnet sich durch eine Großartigkeit aus, die nicht allein deutschen, sondern europäischen Rang besitzt.

Bei allem bleibt der Eindruck großer Vielgestaltigkeit, ja Widersprüchlichkeit. Dies kann durchaus dazu verführen, gerade im Wechsel der unterschiedlichen Einflüsse und Entwicklungen, im Unabgeschlossenen und Offenen den oft überwältigenden Reiz, die Qualitäten und die mehr künftigen Chancen dieses europäischen Durchgangslandes zu erblicken.

Die heutige Landeshauptstadt Magdeburg – im Zweiten Weltkrieg um große Teile ihrer historischen Bausubstanz gebracht – wurde unter dem ehrgeizigen Sachsenkaiser Otto I. als ›drittes Rom‹ verehrt. Hier wirkten geistliche Fürsten wie Norbert von Xanten oder Wissenschaftler wie der berühmte Physiker Otto von Guericke (1602–1686), der mit seinen Magdeburger Halbkugeln die enorme Kraft des Luftdrucks sichtbar machte. Der 1209 nach französischem Muster begonnene gotische Dom, der nicht zuletzt wegen seiner faszinierenden Bildwerke zu den bedeutendsten Kathedralen Deutschlands zählt, steht wie einst am Ufer des Elbstromes, der sich hier nach Norden wendet, um in weiten, mitunter melancholisch stimmenden Auen- und Wiesenlandschaften, aber auch begleitet von windzerzausten Steilufern, den Weg durch die Norddeutsche Tiefebene in die Nordsee anzutreten.

Östlich des Flusses dehnt sich ein schmaler Streifen sandigen Landes über Jerichow bis hinauf zum ehemaligen Bistumssitz Havelberg, dem Südzipfel der Prignitz. Westlich des Flusses breitet sich die bevorzugt landwirtschaftlich geprägte Altmark. Dominiert im Süden des Landes der Feld-, Kalk- oder Sandstein, ist hier der kulturvolle rote Backstein das durch die natürlichen Bedingungen entstandene Baumaterial. Die großen Kirchen bzw. Klöster von Jerichow, Tangermünde, Havelberg, Werben, Salzwedel oder Stendal legen nicht nur davon ein beredtes Zeugnis ab, sondern zugleich von der ehemals herausragenden Bedeutung dieser Landschaft, in der zudem noch die Kunst des Fachwerkbaues zu Hause war, wie Salzwedel oder die alte Kaiserstadt Tangermünde zeigen.

Südlich und westlich von Magdeburg entfalten die weiten, fruchtbaren Ackerflächen der Börde mit kleinen eingestreuten Dörfern und Städten ihren spröden, verschlossenen Reiz, aus dem die hochromanische Stiftskirche in Hamersleben wie ein Juwel aufleuchtet.

Zwischen den mehr landwirtschaftlich orientierten nördlichen Landesteilen und dem stärker industrialisierten Süden legen sich die von Harzgerode bis Wörlitz reichenden ehemaligen anhaltischen Gebiete wie ein Gürtel durch das Land. Hier ist es der Weg von der ottonischen Stiftskirche Gernode bis zu dem von Walter Gropius entworfenen Bauhaus in Dessau, der 1000 Jahre Architekturgeschichte lebendig macht und an dem sich die Schlösser von Ballenstedt, Bernburg oder Köthen als steinerne Zeugen einer vor allem durch Erbteilungen charakterisierten Landesgeschichte aufreihen, bevor er in jenem vielgerühmten ›Dessau-Wörlitzer Kulturkreis‹ seinen Höhepunkt erreicht. Ende des 18., Anfang des 19. Jh. war das schon früher von den bürgerlichen Niederlanden beeinflußte Fürstentum Anhalt-Dessau unter seinem Regenten ›Vater Franz‹ ein von den aufgeklärten Geistesgrößen Deutschlands als Wallfahrtsort bevorzugtes ›Musterländchen‹. Das von Friedrich Wilhelm von Erdmannsdorf entworfene Wörlitzer Schloß gilt als ›Gründungsbau des Klassizismus‹ in Deutschland und der über 100 ha große Wörlitzer Park als erster großer Landschaftspark auf dem europäischen Festland.

Nur 20 km östlich liegt bereits Wittenberg. Ausgelöst durch die singuläre Persönlichkeit Martin Luthers, hatte von diesem Ort die Reformation – die für die europäische Geistesgeschichte der Neuzeit wohl folgenreichste Bewegung – ihren Ausgang genommen. In dem zu dieser Zeit in der neu erbauten Moritzburg in Halle residierenden Magdeburger Erzbischof Kardinal Albrecht fand sie einen ihrer exponiertesten Gegner. Dennoch war es ausgerechnet dieser Renaissancefürst, der als Bauherr und Mäzen den Umbau Halles zu einer Stadt modernen Stils förderte. Ende des 17. Jh. als Zentrum der Frühaufklärung gerühmt und Anfang des 19. Jh., durch die Ausstrahlung von Reichardts Garten, ein Treffpunkt vor allem der romantischen Künstlergeneration, verband sich der Name der Stadt immer mehr mit den in unmittelbarer Nähe entstehenden Industrie- und Bergbauregionen Bitterfeld und Leuna. Das hier wie in den Braunkohlegruben des Geiseltals, den Mansfelder Bergbaurevieren oder anderen Gebieten so erschreckend gestörte Gleichgewicht zwischen Landschaft und menschlicher Zivilisation steht in hartem Kontrast zu den lieblichen Partien der oft besungenen, burgenreichen Täler der Saale und der Unstrut. Dort, an manchem alten Weinberg, scheint die Zeit wie im Schlaf zu ruhen und das Gleichgewicht zwischen Natur und menschlicher Kultur noch von Bestand. Die gemütlichere Gangart und der kursächsische Barock haben nicht nur Weißenfels oder Zeitz beeinflußt. Burg Saaleck und die Rudelsburg, die Winzerstadt Freyburg oder die Domstadt Naumburg sind nur weitere von vielen möglichen, die besondere Eigenart der Gegend widerspiegelnden Zielen. Der Naumburger Dom gehört wie der Magdeburger und der Halberstädter Dom zu den wertvollsten Deutschlands.

Als »schönstes deutsches Mittelgebirge« nimmt der Harz natürlich auch unter den Landschaften Sachsen-Anhalts eine Sonderstellung ein. Seit der Königswahl des Sachsenherzogs Heinrich für 100 Jahre zur Königslandschaft und einem der Zentren des werdenden Reiches erkoren, bestimmen neben den Fachwerkstädten Quedlinburg, Stolberg, Wernigerode und Osterwieck und den zahlreichen Burgruinen und Schloßbauten jedoch vor allem die Kirchen- und Klosterbauten aus romanischer Zeit das unverwechselbare Gesicht des Harzraumes. Mit seiner sagenumwobenen, vielgestaltigen Gebirgslandschaft, die den Besucher in kürzester Zeit aus den romantischen Tälern der Bode, Selke oder Ilse oder von den milden Gebirgsrändern in subalpine Bereiche führen kann, scheint er tatsächlich einzig dazustehen, bekront vom »deutschesten aller Berge«, dem Brocken, dem von Teufels und Hexenspuk umwitterten Blocksberg. Von seinem Gipfel bietet sich bei gutem Wetter ein weiter Blick auf das zu seinen Füßen sich ausbreitende Land Sachsen-Anhalt.

# Geschichte an mittlerer Elbe und unterer Saale

## Vom Faustkeil zum Sachs

»Wie rasch stürzen stolze Reiche zu Boden! Lang sich hinziehende Dachfirste, die in Zeiten des Glücks dagestanden hatten, liegen nun, durch die furchtbare Niederlage gebrochen, verbrannt am Boden. Die Halle, die vorher im königlichen Schmuck geprangt hatte, bedeckt jetzt an Stelle gewölbter Decke, Trauer erregend, glühende Asche... Unbeerdigt bedecken Leichen das Feld. Und so liegt das ganze Volk in einem einzigen Grab.«
*Aus: ›De excidio Thuringiae‹ von Venantius Fortunatus, Ende 6. Jh.*

Im Einzugsgebiet der mittleren Elbe und unteren Saale waren es vor allem die sich aus der Leipziger Tieflandsbucht über das Merseburger und Querfurter Land nach Magdeburg bis an den Rand der Letzlinger Heide und weiter nach Westen ausdehnenden Schwarzerde- und Lößlandschaften, die schon in vor- und frühgeschichtlicher Zeit ideales Siedlungsgebiet für den Menschen darstellten. In ganz Mitteleuropa sind ihm nur wenige ebenso dicht und dauerhaft besiedelte Gebiete vergleichbar. Da die Altsteinzeit zeitlich mit der jüngsten Vereisungsperiode Mitteleuropas verbunden ist, sind die frühesten Werkzeuge nur noch aus ihrem eigentlichen geographischen Zusammenhang verschoben in Flußschotterterrassen zu finden. Für Sachsen-Anhalt wären hier Fundstätten wie Wangen im Unstrut-Tal und Wallendorf westlich von Merseburg zu nennen. Eine überaus glückliche Ausnahme bildet der Fundplatz Bilzingsleben an der Wipper südöstlich der Hainleite. Diesem Rastplatz einer Frühmenschenhorde wird von der Wissenschaft ein Alter von 350 000 Jahren zugestanden. Die wichtigste Funde dieses Ortes sind Bruchstücke vom Schädelskelett des Homo erectus. Splitterartige Feuersteingeräte, grob zugerichtete größere Geräte aus Quarzit oder Knochen dienten diesen Menschen zur Verrichtung der für ihren Lebenserhalt notwendigen Tätigkeiten. Eine Unzahl von Zähnen und Knochen ihrer Jagdbeute – Knochen, die teils mit Gravierungen verziert waren – ließ auf ein recht umfangreiches Nahrungsangebot schließen. Waldelefant, Nashorn, Antilope, Hase, Hirsch, Vögel und Biber, ja sogar Löwe und Schildkröte, Früchte und verschiedene Pflanzenteile standen auf dem ›Speisezettel‹ der damals herrschenden Warmzeit.

Mit dem allmählichen Aufkommen der folgenden Kaltzeit verschlechterten sich die Lebensbedingungen. Nur die große Anpassungsfähigkeit des Menschen sicherte sein Überleben. In der nun typischen Tundrenlandschaft jagte er nach Mammut, Wollnashorn, Riesenhirsch, Bison, Ur und Pferd. Fundstücke im Elbtal bei Magdeburg oder in Hundisburg, Kreis Haldensleben, wo der Faustkeil das dominante Werkzeug ist, legen Zeugnis von diesem Überlebenskampf ab, in dem sich der Mensch auch in den folgenden Perioden zahlreicher klimatischer Wechsel zu behaupten hatte.

Bereits die Herstellung eines Faustkeiles erforderte komplizierte Schlagtechniken, und so entwickelte sich über das Hand-Werk auch die Verbesserung der Jagdgeräte – Speer, Speerschleuder, Harpune, Pfeil und Bogen. Die zu suchende Höhle oder der einfache Windschutz wurden durch die transportable Behausung aus Stöcken, Knochen, Geweihen und Fellen ersetzt, was gemeinsam mit der beginnenden Nutzung des Feuers einen ungeheuren Zuwachs an Unabhängigkeit bedeutete. In Fruchtbarkeits- und Jagdzaubern entfalten sich erste übergreifende künstlerische Impulse. Kleine stilisierte, etw 14 000 Jahre alte Frauenfigürchen, wie sie in Nebra gefunden wurden, verraten noch wenig über die Motivation dieser ersten ›Künstler‹. Es läßt sich aber vermuten, daß diese Kunst eng mit kultischen Gebräuchen, mit Heilkunde, Totenehre, Musik und Tanz verwoben war. Wie die Natur auf den Menschen einwirkte, begann er immer stärker auf sie zurückzuwirken.

Der wohl gravierendste Schritt in diesem Prozeß vollzog sich mit dem Beginn der jüngeren Erdgeschichte, dem Holozän. Die nach dem Abschmelzen des Festlandeises einsetzende Erwärmung ließ Siedler aus dem südöstlichen Europa in die nördlichen Teile vorstoßen. Sie brachten die entscheidende Kenntnis über den Ackerbau mit. Fortan wurde damit begonnen, die Umwelt nach eigenem Bedarf umzugestalten. Der Mensch wurde seßhaft. Gerste, Einkorn, Emmer, Zwergweizen sowie Lein, Erbse, Linse und Hirse waren schon in der frühen Jungsteinzeit bekannt. Jagd spielte bald mehr und mehr nur noch eine untergeordnete Rolle, da Schweine, Ziegen, Schafe und Rinder als Haustiere gehalten wurden. Einfache Pfostenhäuser mit Schilf-, Stroh- oder Grassodendächern dienten zur Unterkunft. Die Siedlungen, die zum Teil mit Gräben, Wällen und Palisadenzäunen umwehrt waren, nahmen mitunter beträchtliche Ausmaße an. In der Dölauer Heide bei Halle wurde eine solche Anlage auf einer Fläche von 25 ha ausgegraben. Die Vorratswirtschaft spielte eine immer größere Rolle. Neben Erdgruben fanden sich immer häufiger auch Scherben und Gefäße aus Ton. Da schriftliche Zeugnisse aus diesem frühen Entwicklungsstadium völlig fehlen, besitzen gerade diese für die Wissenschaft einen hervorragenden Stellenwert. An Hand der Muster und Formen der verschiedenen Gefäße ließen sich allein im Mittelelbe-Saale-Gebiet über einen Zeitraum von ca. 3 000 Jahren 14 selbständige Kulturen nachweisen. Die wichtigsten Gruppen sind in der Reihenfolge die Linien- oder Stichbandkeramiker, Trichterbecher- und Schnurkeramiker.

Weitere Aufschlüsse über die Lebensumstände der jungsteinzeitlichen Menschen konnten aus der Art und Weise ihrer Bestattungen gewonnen werden. Steinkisten aus exakt behauenen Platten oder Großsteingräber setzten komplizierte Arbeitsverfahren voraus. In der ›historischen Quadratmeile‹ im Haldensleber Forst konzentrieren sich gleich 84 solcher Großsteingräber, die sich auf rund 4 000 vor der Zeitenwende zurückdatieren lassen. Diese Dichte ist einmalig in ganz Mitteleuropa. Darüber hinaus finden sich auch in der Altmark zahlreiche Hünengräber. Die Verstorbenen wurden in Hocklage oder gestreckt bestattet, teils in einfachen, teils aber eben in solchen steingestützten Erdgräbern. Die Entdeckung ganzer Gruppengräber könnte ein erster Hinweis auf familiäre Bindungen sein, auf einen Zusammenhalt in Großfamilien, also Sippenverbänden. Die vielfach noch heute in Feldfluren anzutreffenden schlanken, aufgerichteten Steine, die sogenannten Menhire, fanden

GESCHICHTE AN MITTLERER ELBE UND UNTERER SAALE

*Opfergefäß in Stiergestalt aus Halle/Trotha (um 4000 v. u. Z.)*

sowohl im Totenkult als auch in anderen rituellen Zusammenhängen Verwendung. Ein schönes Beispiel ist die ›Steinerne Jungfrau‹ in der Nähe der Dölauer Heide. Mit der Entwicklung dieser kultischen und religiösen Praktiken vollzog sich bei den Jungsteinzeitmenschen auch die geistige in beachtlicher Weise. Nachweislich erfolgreiche Schädeloperationen mögen hier als überraschendstes Beispiel stehen. Rad und Wagen wurden bereits gebaut, Steinbohrer und Pendelsäge, Spinnwirtel und Webgewichte waren in Gebrauch. Bernsteinfunde lassen auf Handelswege bis zum Meer schließen. Die Fortentwicklung von Pfeil und Bogen, der Gebrauch von Streitaxt und Schild und nicht zuletzt die bereits erwähnte, oft starke Umwehrung der Siedlungen weisen zudem darauf hin, daß aus dem Nebeneinander sich kaum berührender Kulturen mit zunehmender Besiedlungsdichte immer mehr auch ein Gegeneinander wurde. Damit war das Ende des steinzeitlichen, unter dem Vorzeichen des Mutter- und Naturkultes stehenden Zusammenlebens eingeläutet.

Zudem wirkte der Umgang mit den Metallen in allen Bereichen revolutionierend. Nicht von ungefähr nennen die Historiker, die von 1800–700 v. Chr. während Periode Bronze- und die daran anschließende Eisenzeit. Neben Ackerbauern und Viehzüchtern profilierten und spezialisierten sich vor allem die mit den neuen Techniken vertrauten Handwerker, aber auch Bergleute oder Händler. Gerade den letzteren dürfte das Pferd, welches nun vermehrt als Zug- und Reittier Verwendung fand, wichtig gewesen sein. Die anderen Haustiere, die Ende der Bronzezeit schon in Ställen gehalten wurden, dienten fast ausschließlich als Fleischlieferanten. Sowohl in der Landwirtschaft als auch im Handwerk wurde nun über die notwendigsten Bedürfnisse hinaus produziert. Forscher fanden entsprechende Handwerker- und Händlerdepots, ebenso Hausschätze. Die Hortfunde und Grabbeigaben dagegen sind wohl dem kultischen Bereich zuzurechnen, waren Opfergaben oder sollten der eigenen Ausstattung im Jenseits dienen. Dabei müssen die Vorstellungen über dieses Jenseits sehr differenziert gewesen sein. So überwiegt zu bestimmten Zeiten fast ausnahmslos die Feuerbestattung. Häuptlingsgräber aus der frühen Bronzezeit, von denen das in Helmsdorf bei Eisleben ergrabene besonderen Rang besaß, werfen zugleich ein erhellendes Licht auf die beginnende soziale Differenzierung innerhalb der Sippen und Verbände. Vornehmlich wird diese frühe Stufe von der Aunjetitzer Kultur geprägt, die sich im Laufe der Zeit aufsplitterte und neuen, von den Randzonen des Mittelelbe-Saale-Gebietes hereindrängenden Kulturen Platz machen mußte.

Funde einzelner eiserner Gegenstände, Spuren von verbrannten Siedlungen und zerstörten Wallanlagen sowie häufig auftretende Versteckfunde können an der Wende zur Eisenzeit als Zeichen größerer kriegerischer Auseinandersetzungen gelten, die, und das sollte ins Bewußtsein gerufen werden, bis in unsere Gegenwart anhalten und zum großen Teil noch immer durch den damals entdeckten Rohstoff Eisen möglich sind.

Seit dem 5. Jh. v. Chr. kam es zu intensiveren Berührungen mittelmeerischer Völker mit germanischen Völkerschaften. Die von Südwesten eindringenden Kelten gewannen vornehmlich im thüringischen Bereich Einfluß. Die nördlich davon siedelnden, wohl hauptsächlich germanischen Stämme übernahmen nur in Ausnahmen einzelne Elemente keltischer Kultur und diese oft in einem veränderten Sinnzusammenhang. Sie hatten eine eigene kulturelle Sprache entwickelt, die sie auch bewahrten. In der Bestattung, wo Verbrennung neben Leichenbeisetzung stand, ist die Form der Haus- und Gesichtsurnen, die im Gebiet von Dessau, Köthen und Halberstadt auftauchen, besonders interessant. Bei Halle, das damals durch die bereits intensiv betriebene Salzsiederei eine besonders farbige Kultur ausgebildet hatte, war der Fund der ›Fürstin von Trotha‹ ausgesprochen aufschlußreich. Die vornehme Dame trug mit einer Nadel zusammengestecktes Haar, Armreifen und eine Halskette. Auch ihr Gewand war mit Nadeln zusammengerafft. Im ganzen ein Bild, das kaum dem einer kulturlosen Barbarin entspricht.

Mit der ersten heftigen Konfrontation zwischen der sklavenhaltenden, hochkultivierten Weltmacht Rom und den Germanen Mitteleuropas am Ende des 2. Jh. v. Chr. traten letztere durch ihre Gegenwehr aus dem Dunkel vorgeschichtlicher Entwicklung. Wirksamer als jede noch so überlegene Kriegstechnik erwies sich ihr ideeller Zusammenhalt. Der Kodex von der unbedingten Gefolgschaft wurde zur Potenz. Diese ›Gefolgschaft‹ setzte allerdings schon eine festgelegte Rangordnung voraus. An der Spitze stand der sogenannte Herzog, also derjenige, der dem Heer vorauszog und so zur Leitfigur wurde. Am Ende marschierten nicht mehr die römisch-kaiserlichen Legionen in Germanien ein, sondern Germanen in die römischen Provinzen und schließlich in das weströmische Kernland. Von dort übernahmen sie nicht nur bestimmte technische und künstlerische Neuerungen, sondern später auch Brauchtum und Rechtsgewohnheiten. Dies belegen vor allem Erzeugnisse aus Ton und abermals Beigaben in aufgefundenen Gräbern, wie von Leuna, Ermsleben oder Aschersleben. Römische Tafelgeschirre, Glas, Schmuck, Münzen, Toilettengeräte, ja sogar ein römisches Arztbesteck fanden sich dort.

Die Beteiligung des um diese Zeit im Gebiet Sachsen-Anhalts dominierenden germanischen Stammes der Hermunduren an der Zerstörung des Limes wie an der Eroberung der römischen Provinzen darf als wahrscheinlich gelten, auch wenn diese Stämme bis dato noch

## GESCHICHTE AN MITTLERER ELBE UND UNTERER SAALE

in eher primitiven Haufen- oder Weilerdörfern zusammenlebten. Wohnbauten waren dreischiffige, aus Stall- und Wohntrakt bestehende hölzerne Pfostenhäuser, deren Grundmodell
besonders in der Altmark bis in das 19. Jh. hinein Bestand hatte. Die Sippenverbände und
patriarchalischen Großfamilien jedoch veränderten nach dem Sieg über das Römische Reich
ihre auf Gemeinschaftlichkeit beruhende Struktur. Große Herrenhöfe, in denen die Wirtschaftsgebäude vom Wohngebäude getrennt standen, bezeugen die aristokratische Schich-
tung. Selbst in die kultischen Gebräuche drangen südliche Gewohnheiten ein. In manchen
Gräbern beispielsweise wurde der sogenannte Charonspfennig entdeckt, das Fährgeld, welches nach römischem Glauben für das Übersetzen über den Acheron an Charon, den Fährmann der Unterwelt, zu entrichten war.

Die Bezeichnung der an die römische Kaiserzeit anschließende Periode als ›Völkerwande-
rungszeit‹ (375–700 v. Chr.) läßt eher an einen Sonntagsnachmittagsspaziergang größeren
Ausmaßes denken als an den durch die Zerschlagung des weströmischen Reiches nun einsetzenden kriegerischen Verdrängungswettbewerb um bessere Siedlungsplätze. Die aus dem
inneren Asien vordringenden Hunnen waren hier unter ihrem König Attila ein besonders
aggressives Element, dem sich auch die Germanen nur schwer widersetzen konnten. Erst die
Niederlage auf den Katalaunischen Feldern in Gallien 451 zwang die Hunnen zum Rückzug
und löste die Fesseln der Tribut- und Gefolgschaftspflicht.

Auf einem Gebiet, das etwa von Dresden bis Hannover und von Berlin bis zum Main
reichte, hatten sich seit Beginn des 5. Jh. verwandte germanische Stämme zu dem Groß-
stamm der Thüringer verschmolzen. (Thüringer = Duringer könnte eine Ableitung oder
Verkürzung von Hermunduren sein.) Aus diesem war nach der Mitte des 5. Jh. das Königreich der Thüringer entstanden. Sein Machtzentrum befand sich zwischen unterer Saale und
Ostharz. In frühfeudalen Verhältnissen entfaltete sich eine feste Hierarchie aus Hochadel,
Adel, Freien, Halbfreien und Unfreien. Zahlreiche Grabfunde lassen auf vermehrten Reichtum, ein blühendes Handwerk sowie auf rege Handelsbeziehungen schließen. Die Edel-
schmiede beherrschten komplizierte Gußverfahren, kannten die Feuervergoldung, faßten
Glas oder Edelsteine in ein vielgestaltiges Zellenmosaik oder brachten Licht- und Schatten-
kontraste durch Kerbschnittverzierungen zur Geltung. Der sogenannte germanische Tierstil
kam im Thüringer Königreich zur Blüte. Seit dem 5. Jh. hatte er sich von Skandinavien über
ganz Mitteleuropa ausgebreitet. Insbesondere bei den nordischen Völkern, aber auch bei
den Merowingern blieb er bis in das 7. Jh. lebendig. Er darf als die erste bedeutende, völlig
eigenständige Kunstleistung dieser Völker gelten. – In der Landwirtschaft erleichterte der
eisenscharbewehrte Pflug die Arbeit der Bauern. Auch der aus den südlichen Ländern
erlernte Obstbau begann eine Rolle zu spielen. Die mit besonderer Hingabe und ausge-
zeichnetem Erfolg gezüchteten Pferde waren ein Exportschlager. Die Ausbeute der Bienen-
haltung blieb vornehmlich der Eigenverwertung vorbehalten, das Wachs beim Bronzeguß
und der Honig nicht nur zum Süßen der Speisen, sondern auch zur Herstellung von Rausch-
getränken.

Indessen durfte das junge Königreich, das neben zwei anderen zur beherrschenden Kraft
in Mittteleuropa zählte, die angenehmen Seiten des Lebens nicht allzulange genießen. Mit

*Grabstein von Hornhausen bei Oschersleben, Anfang 8. Jh. (Nach A. Roscher)*

den Langobarden und den Ostgoten unter Theoderich dem Großen standen sie in einem vor allem gegen die Franken gerichteten Bündnis, das nach Theoderichs Tod zerbrach, wodurch es den merowingischen Franken gelang, 531 mit der entscheidenden Schlacht an der Unstrut das Thüringer Königreich zu Fall zu bringen. Die anfangs zitierte und von Venantius Fortunatus übermittelte Klage der thüringischen Prinzessin Radegunde legt ein erschütterndes Zeugnis aus jenen Tagen ab. Bei der Eroberung konnten sich die Merowinger auf Teile der offenbar schon früher mit ihnen verbundenen Sachsen stützen, die von Norden her in die Kämpfe eingriffen. Diese Urväter des späteren Sachsenlandes sollen besonders wild gewesen sein. Ihren Namen leiteten sie von dem Sax oder Sachs, einem von ihnen besonders gewandt eingesetzten und als Waffe bevorzugten, einschneidigen Kurzschwert her. Für die treue Gefolgschaft der Sachsen überließen ihnen die Franken das nördliche, westlich der Saale gelegene und im Süden von Helme und Unstrut begrenzte Gebiet des ehemaligen Thüringerreiches, was sie späterhin nicht daran hinderte, sich gemeinsam mit den Thüringern gegen die fränkische Oberhoheit zur Wehr zu setzen. Der berühmte Grabstein von Hornhausen bei Oschersleben vermittelt in der künstlerischen Formensprache von Band- und Tierornamentik ein anschauliches Bild eines sächsischen Kriegers aus dem Anfang des 8. Jh., der dort als Reiter mit einem sonnenradgeschmückten Schild, Lanze, Schwert und vermutlich eiserner Gesichtsmaske dargestellt ist.

GESCHICHTE AN MITTLERER ELBE UND UNTERER SAALE

# Das Schwert zwischen Kreuz und Krone

»Herr Heinrich sitzt am Vogelherd, recht froh und wohlgemut...«

*J. N. Vogl*

Von einer tatsächlichen Herrschaft der fränkischen Könige im sächsisch-thüringischen Raum konnte zunächst nicht die Rede sein, ebensowenig von einer willigen Übernahme des christlichen Glaubens. Immer wieder hatten die Franken in Waffengängen und Verhandlungen sich gerade dort durchzusetzen, wobei seit dem 6. Jh. durch das Einströmen slawischer Stämme in die Gebiete östlich der Elbe-Saale-Linie eine zusätzliche Gefährdung erwuchs. An Saale und Elbe entstanden Grenzen zwischen Völkerschaften, deren Auseinandersetzungen bis in unser Jahrhundert fortgedauert haben.

Weit entschiedener und planmäßiger als seine Vorgänger trat seit 775 Karl der Große dem Widerstand und dem Willen zur Unabhängigkeit der Sachsen entgegen. Die Einführung der fränkischen Grafschaftsverfassung ging mit der oft mittels drakonischer Maßnahmen durchgesetzten Missionierung Hand in Hand. So erließ er Gesetze, die diejenigen mit dem Tode bedrohten , die sich ungetauft versteckten, einen Leichnam nach heidnischem Brauch verbrannten oder das heilige vierzigtägige Fasten nicht einhielten. Bei Ohrum ließ er die Sachsen gewaltsam in den Fluß treiben und das Glaubensbekenntnis ablegen. Dennoch wurden weiterhin Wodan und Donar Stiere und Böcke geopfert und an Quellen, Sümpfen und anderen heiligen Orten die alten Orakel befragt. In Besonderheit waren es solche heilige Orte, die bevorzugt vereinnahmt und auf denen Kirchen und Kapellen errichtet wurden, die dann in der Regel die hauptsächlich an der Missionierung beteiligten Klöster von Fulda, Corvey und Hersfeld verwalteten. Für die Christianisierung des Harzgaues gingen erste entscheidende Impulse von Osterwieck aus, einem bezeichnenderweise der Frühlingsgöttin Ostera geweihten Ort. Kurzzeitig in Seligenstadt unbenannt, konnte der Ort bald das ganze sächsische Gebiet zwischen Helme und Unstrut, Saale und Elbe und Ohre, Biese, Milde und Oker nicht mehr erfassen. Dadurch kam es um 800 zur Verlegung des Bistums in das günstiger gelegene Halberstadt. Von hier aus ließ Hildegrim von Châlons sur Marne, der erste Bischof von Halberstadt, allein etwa 35 Kirchen errichten. Aber gerade im Harzraum hielt die ansässige Bevölkerung noch sehr lange an heidnischen Gebräuchen fest. Sagen um den Hexentanzplatz bei Thale oder die später von Goethe im ›Faust‹ aufgegriffene der Walpurgisnacht auf dem Blocksberg zeugen davon.

Was die Christianisierung für den geistig-kultischen Bereich war, vollzog die anfangs erwähnte fränkische Grafschaftsverfassung im soziopolitischen und ökonomischen Bereich. Sie ersetzte das ›Almende‹ genannte altgermanische Recht, wonach jeder Freie ein Stück Land beackern durfte, während das übrige Gelände der gemeinschaftlichen Nutzung als Weide, Jagd- und Fischgebiet oder zur Holznutzung offenstand. Dieser scharfe Einschnitt in die althergebrachten Rechte der Allgemeinheit erklärt die drei heftig geführten Aufstände der Sachsen, die dieses neue Joch abzuschütteln versuchten. Den adligen Anführern wurde der Besitz entzogen, die Schutzburgen wandelte Karl in Königshöfe, zum Teil aber auch zu

Bollwerken gegen die eindrängenden Slawen um. Mit den um 800 errichteten Kastellen bei Halle und Magdeburg, die bis heute die bedeutendsten und größten Städte Sachsen-Anhalts geblieben sind, versuchte er die Grenze seines Reiches zu befestigen, zog im Havelland selbst gegen die Wilzen, währenddessen sein Sohn die Sorben jenseits der Saale unter seinen Tribut zwang.

843 kam es nach dem Tode Karls durch den Vertrag von Verdun zur Dreiteilung des Frankenreiches. Ludwig der Deutsche erhielt den östlichen, später den ersten deutschen Staat bildenden Teil des immer noch als Regnum Francorum angesprochenen Reiches. Das Wort ›deutsch‹ übrigens leitet sich nicht, wie oft irrtümlich angenommen, von dem germanischen Stamm der Teutonen her, sondern geht auf das althochdeutsche ›duitisc‹ zurück, welches nichts anderes als ›Volk‹ oder ›volkstümlich‹ heißt.

Die Schwächung der einenden Zentralgewalt bedeutete zwangsläufig eine Stärkung des territorialen Adels, auf den bei der Verteidigung des Landes gegen die immer häufiger einfallenden Slawen nicht verzichtet werden konnte. Die aus diesem Adel hervorgegangenen Liudolfinger taten sich dabei besonders hervor und sicherten sich durch umfangreichen Grundbesitz, die Besetzung wichtiger geistlicher Ämter und eine geschickte Heiratspolitik eine Vormachtstellung. Schließlich stiegen sie zu Herzögen des östlichen Sachsen auf. Ihre überzeugende Stellung soll den sterbenden König Konrad I. zu den Worten bewogen haben, daß bei den Sachsen die höchste Gewalt im Reiche stehe. Damit war Herzog Heinrich von Sachsen zum neuen König designiert. Nach seiner 919 in Fritzlar durch einen großen Teil der sächsischen und fränkischen Feudalherren erfolgten Wahl mußte er diese allerdings erst gegen den von den Bayern und den übrigen fränkischen Herren erhobenen Herzog Arnulf von Bayern durchsetzen, was ihm kampflos gelang.

Das Kernland Sachsen zwischen Magdeburg, Quedlinburg, Merseburg, Nordhausen und Gandersheim rückte damit für ca. 100 Jahre – solange währte die Herrschaft des sächsischen Hauses – in das Zentrum des entstehenden deutschen Reiches. Tatsächlich erwies sich Heinrich als fähig, das innerlich geschwächte und von äußeren Feinden bedrängte Land zu stabilisieren. Er kämpfte erfolgreich gegen die Slawen und verschaffte sich mit einem 924 geschlossenend Vertrag gegen Tributzahlungen neun Jahre Waffenstillstand mit den Ungarn, die auch die Königslandschaft um den Harz berannt hatten. In dieser Frist ließ er bestehende bzw. zerstörte Befestigungen wieder aufrichten und auch neue bauen. Im gesamten Gebiet entstand ein dichtes Netz von Pfalzen und Burgen. Nunmehr waren diese Burgwarde nicht mehr nur mit Wällen, sondern auch mit steineren Ringmauern gesichert. Da sie zugleich als Zufluchtsstätten dienten, siedelten in deren Umkreis nicht nur Bauern, sondern gleichermaßen Handwerker, so daß sich dort ein reges wirtschaftliches Leben entwickelte, was die meist verkehrsgünstigen Standorte als Plätze des Handels und des geistigen Austausches noch beförderte.

Der Schutz des Landes oblag den ›milites agrarii‹. Dies waren aus je zehn freien Männern zusammengeschlossene Einheiten, die als Soldaten mit ihrer Familie zwar Ackerbau betrieben, die aber zugleich verpflichtet waren, eine Burg zu erbauen. Aus ihren Reihen wählten sie einen ›primus inter pares‹, einen Ersten unter Gleichen, der die Stellung eines Oberhauptes, eines Schulzen einnahm. Des weiteren erhielt der Beste, Hervorragendste der Gruppe das Privileg, in die Burg zu ziehen und sich ein Lehnpferd zu halten. Dieser war der ›Edelmann‹ oder auch – auf das Pferd bezogen – der ›Ritter‹, der Reiter. Durch dieses System schuf sich Heinrich nicht nur treue Gefolgsleute, sondern zuallererst ein intaktes Reiterheer, das in der Lage war, 933 die ebenfalls berittenen Ungarn bei Riade an der Unstrut zu schlagen.

Hatte sich Heinrich letztendlich mit der bloßen Unterwerfung und Tributzahlung der slawischen Stämme zufriedengegeben, ging sein Sohn Otto I., auch der Große genannt – der zur deutschen Königskrone auch noch die römische Kaiserkrone erworben hatte –, dazu über, das sogenannte Ostland seinem Staat regelrecht anzugliedern. Die von ihm zur Grenzsicherung bestellten Markgrafen erhielten darüber hinaus die Aufgabe, ihre Herrschaft auf das Gebiet jenseits von Elbe und Saale zu erweitern. Gero, Gründer des Stiftes Gernrode und vielleicht Organisator der ersten, um Magdeburg auftauchenden, straffer organisierten Burgbezirke, war einer der gefürchtetsten und skrupellosesten Markgrafen. Wiederum wurde die Vereinnahmung eines anderen Kulturkreises mit der Heidenmissionierung bemäntelt. Nur daß es diesmal die Sachsen selbst waren, die unter dem Zeichen des Kreuzes gegen die Slawen vorrückten. Daß das deutsche Wort Sklave von Slawe entlehnt wurde, macht die Verfahrensweise dabei deutlich.

Die im einstigen Slawenland liegenden Bistümer Havelberg und Brandenburg wurden dort bereits 948 eingerichtet. 20 Jahre später gründete Otto I. das Erzbistum Magdeburg, dem sich die Gründung der Bistümer Meißen, Merseburg und Zeitz anschloß, die Magdeburg unterstellt waren. Der Dom zu Magdeburg wurde mit dem ehrgeizigen Plan in Angriff genommen, alle anderen Gotteshäuser an Pracht und Glanz zu überstrahlen. Magdeburg galt in ottonischer Zeit als das ›Dritte Rom‹. Trotzdem blieb auch das schon von Heinrich besonders geschätzte Quedlinburg im Ansehen der sächsischen Herrscher eine Königsmetropole, ein Mittelpunkt auch europäischer Politik. Zum Osterfest des Jahres 973 erschienen in der Pfalz Quedlinburg neben einheimischen Edelleuten Fürsten aus ganz Europa, unter anderen auch der polnische Herzog Miseko, Bolizlav, Herzog von Böhmen, Herzöge der Griechen, Beneventer, Ungarn, Bulgaren, Dänen und Elbslawen, um Otto I. mit kostbaren Geschenken zu huldigen. Kamele, Löwen, Affen und selbst Strauße sollen unter diesen Präsenten gewesen sein. Wachsender Reichtum, wie er zum Beispiel aus dem damals bereits erschlossenen reichen Harzer Silberbergbau floß, begünstigte das Eigenständige auch in der Kunst dieser

*Kopf des Magdeburger Reiters (vermutlich Otto I.), Mitte 13. Jh.*

Epoche der sächsischen Kaiser. Traditionen der Karolinger aufnehmend, verband die ottonische Kunst insbesondere nach der Heirat Otto II. mit der byzantinischen Prinzessin Theophanu byzantinisches Formgut zu der sogenannten ›Ottonischen Renaissance‹. Buchmalerei, Bronzebildnerei und Kirchenbau standen in höchster Blüte, wovon in Sachsen-Anhalt die Stiftskirche in Gernrode noch heute den lebhaftesten Eindruck vermittelt.

Diese Prachtentfaltung und die selbst von einheimischen Christen kritisierte Habsucht der sächsischen Großen konnte nicht darüber hinwegtäuschen, daß das Reich gerade im Osten auf schwachen Füßen stand. Unter Otto II. ging nach verlorener Schlacht in Unteritalien auch das gesamte ostelbische Gebiet wieder an die Slawen verloren. Mit großer Mühe konnten wenigstens die Altmark und das wichtige Magdeburg und damit die Elbe als Grenzlinie gegen die Wenden behauptet werden.

Der dann unter dem letzten Sachsen Heinrich II. immer deutlicher zu beobachtende innerstaatliche Verfall beruhte vor allem darauf, daß geistlicher und weltlicher Adel sich für die von ihnen erworbenen Territorien immer mehr Immunitätsrechte sicherten. Diese Entwicklung setzte sich unter den 1024 an die Macht gelangenden salischen Kaisern fort. Nach dem Tode Heinrichs III. gab gar die Regentschaft für seinen noch unmündigen Sohn große Teile ehemals ottonischen Reichsgutes in fremde Hände. Als dann ab 1068 der junge König daranging, das gerade im sächsischen Raum verlorene Reichsgut zurückzugewinnen, stieß er auf den Widerstand des sächsischen Adels. Dieser verband sich mit den gereizten Bauern, die Übergriffen der vom König eingesetzten schwäbischen Ministerialen ausgesetzt waren. Gemeinsam probten sie den Aufstand. Diese Auseinandersetzungen liefen parallel zu der kirchenrechtlichen, die zwischen dem deutschem König und dem Papst über das Recht zur Investitur, also zur Einsetzung und Belehnung von Bischöfen ausgebrochen war. Bischof Burchard II. von Halberstadt, kurz Buko genannt, rühmte sich, dreizehnmal an der Spitze eines Heeres gegen den König gezogen zu sein. In der Schlacht bei Hohenmölsen siegte zwar das Heer des inzwischen als Gegenkönig aufgestellten Rudolf von Schwaben gegen das Heinrichs, Rudolf aber verstarb an einer ihm zugefügten Wunde. Und auch Buko fiel acht Jahre später einer im Kampf erlittenen Verletzung zum Opfer. Eine Entscheidung über die Machtverteilung im Mittelelberaum fiel erst unter Heinrich V., dessen Truppen 1115 in der Schlacht am Welfesholz denen des sächsischen Herzogs Lothar von Supplinburg unterlagen, der zehn Jahre später gegen die im Erbrecht begründeten Ansprüche der Staufer zum deutschen König gewählt wurde. Der Investiturstreit fand 1122 im Kompromiß des Wormser Konkordats zwischen Heinrich V. und Papst Calixt II. ein Ende. Besonders die Bischöfe gewannen dadurch eine größere Freiheit gegenüber dem Königtum, das nunmehr seine Machtbasis im Mittelelberaum weitgehend verlor.

Erschienen als neue Territorialmächte in Niedersachsen die bis dahin in Bayern und Schwaben ansässigen Welfen, gewannen in Ostsachsen Askanier und Wettiner an Einfluß. Neben diesen griffen vor allem die Erzbischöfe von Magdeburg in die Neuverteilung von Macht und Ländereien ein. Sie war neben den heftigen Auseinandersetzungen um die Würde des Königtums und des sächsischen Herzogtums vor allem durch einen erneuten Schub der unter Otto I. gestarteten Ostexpansion bestimmt, an der mehr oder weniger alle sächsischen

## GESCHICHTE AN MITTLERER ELBE UND UNTERER SAALE

Fürsten teilnahmen und die sich unter der in Palästina erprobten Kreuzzugsidee mit christlicher Missionierung und Wiederaufrichtung der ostelbischen Kirche verband.

In Albrecht dem Bären besaßen die aus dem Harz stammenden Askanier einen Mann, dessen Tatkraft besonders hervorstach. Über Bernburg, Köthen und Dessau waren seine Vorfahren bereits bis an die Elbe vorgedrungen. Als er 1134 von Lothar von Supplinburg zum Markgrafen der Nordmark und späteren Altmark gemacht wurde, stieß er von hier nach Osten vor und wurde zum Gründer der Mark Brandenburg. Obwohl die brandenburgischen Askanier bereits 1320 ausstarben, blieb diese territoriale Verbindung bis 1815 bestehen. Nachdem Brandenburg unter Karl IV. nochmals eine kurze Blüte erlebte, war es für die Hohenzollern später nur deswegen interessant, weil sich mit ihm die Kurfürstenwürde verband. Erst Ende des 17. Jh. setzte jener Prozeß ein, der diesen Landstrich in Verbindung mit Preußen an die Spitze des Deutschen Reiches führen sollte. Im Ursprungsland zwischen Harz und Wittenberg blieb die askanische Linie länger bestehen. 1180 war die sächsische Herzogswürde über Bernhard, den jüngsten Sohn Albrechts des Bären, an dessen Erben gegangen, die sich 1212 in die Linie Sachsen-Wittenberg und die Linie Anhalt aufspalteten. Während die anhaltinischen Askanier unter wechselnden Verhältnissen bis zum Jahr 1918 zwischen Harzgerode und Dessau herrschten, starb die Linie der Wittenberger Kurfürsten 1422 aus. Das Gebiet ging aber nicht zurück an die Askanier, sondern wurde von Kaiser Sigismund als erledigtes Reichslehen an die wettinischen Markgrafen von Meißen gegeben, die damit die Kurwürde erhielten und zugleich dafür sorgten, daß sich der geographische Begriff ›Sachsen‹ mit dem damit noch heute hauptsächlich identifizierten Gebiet in Mittel-

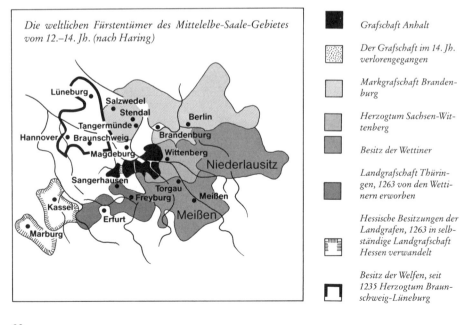

*Die weltlichen Fürstentümer des Mittelelbe-Saale-Gebietes vom 12.–14. Jh. (nach Haring)*

- Grafschaft Anhalt
- Der Grafschaft im 14. Jh. verlorengegangen
- Markgrafschaft Brandenburg
- Herzogtum Sachsen-Wittenberg
- Besitz der Wettiner
- Landgrafschaft Thüringen, 1263 von den Wettinern erworben
- Hessische Besitzungen der Landgrafen, 1263 in selbständige Landgrafschaft Hessen verwandelt
- Besitz der Welfen, seit 1235 Herzogtum Braunschweig-Lüneburg

deutschland verband. Die Wettiner, ihre Besitzungen von Landsberg und Brehna erweiternd, waren schon 1089 Markgrafen der Lausitz, 1125 Markgrafen von Meißen gewesen und traten nun mit dem Gewinn Wittenbergs wieder stärker in die Geschichte des Mittelelbe-Saale-Raumes. Kurfürst Ernst und Herzog Albrecht teilten 1485 das reiche und mächtige Land dauernd in die nach ihnen benannten Linien. Meißen, Leipzig und das nördliche Thüringen wurde albertinisch, Wittenberg, Torgau, Weimar und Gotha waren die Zentren der ernestinischen Linie. Ihre dauernde Konkurrenz sollte bald einen der historischen Hintergründe der lutherischen Reformation abgeben.

Neben diesen Großen des Reiches etablierten sich auch andere, nur punktuell in das Geschehen der hohen Politik eingreifende Adelsfamilien, die aber für die einzelnen Ländereien nicht weniger wichtig waren, wie etwa die Herren von Falkenstein, Arnstein, Barby, Wernigerode, Regenstein-Blankenburg, Honstein, Stolberg, Mansfeld oder Querfurt, die sich mit wechselndem Erfolg behaupteten. Nicht zuletzt aus diesen und anderen Familien rekrutierten sich die Bischöfe der einzelnen Bistümer und die Erzbischöfe von Magdeburg.

Einer der bedeutendsten geistlichen Fürsten seiner Zeit war Norbert von Xanten (um 1085–1134), Erzbischof von Magdeburg, Berater und Kanzler Lothar von Supplinburgs. Sein von ihm 1120 in Magdeburg begründeter Prämonstratenserorden wurde zu einer wichtigen Kraft in der Ostexpansion. Die 1140 und ’44 begründeten und mit Prämonstratensern besetzten Klöster in Leitzkau und Jerichow wurden Ausgangspunkte zur Wiedererrichtung der Bistümer in Havelberg (1147) und Brandenburg (1165). Anfangs oft im Zusammengehen mit den Askaniern erwarb sich das Erzbistum mit der Zeit einen ansehnlichen Besitz. Ende des 15. Jh. umfaßte er den Elbe-Havel-Winkel, fast die ganze Börde, das Land Jüterbog und Dahme, die Herrschaft Querfurt und den Saalkreis mit Halle als Zentrum. Dorthin, in die neu erbaute Zwingfeste Moritzburg, verlegten die Erzbischöfe auch 1503 ihre Residenz.

Stärker als Halle hatte Magdeburg schon früh versucht, sich von der erzbischöflichen Stadthoheit zu befreien und Reichsunmittelbarkeit zu erlangen, was zu schwerwiegenden Konflikten geführt hatte. Während eines Aufstandes im Jahr 1325 kam es gar zur Gefangensetzung und Ermordung des Erzbischofs Burchard III., woraufhin Acht und Bann über die Stadt verhängt wurden. Dieser Prozeß setzte Kräfte in Bewegung, zu deren Entstehen und Stärke die Landesherren einst selbst beigetragen hatten. Nicht selten gingen viele der dörflichen Neuansiedlungen, die sich teils zu mächtigen Städten gemausert hatten, auf ihre Gründung zurück. Neben Altsiedlern aus den Gebieten unmittelbar westlich der Elbe waren mit denen aus Westfalen, den Niederlanden und Flandern Menschen angeworben worden, die sich besonders gut auf die Trockenlegung von Sumpfland verstanden. Sie siedelten oft neben bereits bestehenden slawischen Dörfern und vermischten sich mit deren Einwohnern. Namen wie der des Höhenzuges ›Fläming‹ gehen auf die Kolonisten zurück, deren Leistungen bei der Kultivierung des Landes auch von den Klöstern mitgetragen wurden. Dem Zug der Zeit und allgemeiner europäischer Entwicklung folgend, gründeten, erweiterten und verlegten Landes- und Kirchenfürsten Städte. Burg, Calbe, Jüterbog oder Jerichow verbinden sich beispielsweise mit dem Namen des Erzbischofs Wichmann von Seeburg. Etwa 1160 gründete Albrecht der Bär Stendal. Das gleichfalls von den Askaniern gegründete Aken ist

23

## GESCHICHTE AN MITTLERER ELBE UND UNTERER SAALE

ein Muster einer sogenannten Kolonialstadt. In Brehna, Weißenfels oder Herzberg an der
Elster legten die Wettiner völlig neue städtische Siedlungen an.

Seit der Mitte des 13. Jh. erstarkten die Städte nicht nur zusehens wirtschaftlich, sie
wurden auch zu Schmelztiegeln neuer sozialer und kultureller, oft sehr konfliktreicher
Bewegungen. Gleich Magneten zogen sie das Leben in ihre Mauern. Eine neue Gesell-
schaftsschicht, das Bürgertum, entfaltete ökonomische Kraft und Selbstbewußtsein. War
die Tatsache bürgerlicher Prachtentfaltung, die so weit ging, daß Kaufmannssöhne ritterliche Turniere abhielten, ein eher äußerliches Zeichen angestrebter Ebenbürtigkeit des Bür-
gers mit dem Edelmann, so setzte ihre unbestrittene Wirtschaftskraft in rechtlichen Belangen grundlegende Änderungen durch. Wie das von Eike von Repgow im ›Sachsenspiegel‹
fixierte Land- und Lehnrecht weit über den sächsischen Raum hinausgriff, ist auch das
›Magdeburger Recht‹ von weitreichender Bedeutung gewesen. Schon im 12. Jh. auf deutsche
und außerdeutsche Städte übertragen, arbeitete bis 1631 ein Schöffenstuhl in Magdeburg als
Einspruchsinstanz für die mit dem Magdeburger Recht begabten Städte. Ebenso ausgedehnt
waren die Handelsverbindungen, die von Westeuropa bis nach Rußland reichten und durch
die Eingliederung zahlreicher mitteldeutscher Städte in die Hanse noch verbessert wurden.
Neben den bereits wichtigen Städten wie Magdeburg, Halle, Halberstadt oder Merseburg
traten andere in Erscheinung. Im Süden war Naumburg noch vor Leipzig bedeutendster
Markt. Die Mansfeldischen Städte kamen durch die Kupferförderung zu Reichtum. Ebenfalls der Bergbau brachte in Stolberg das Geld. Mit ihren an Wasserstraßen gelegenen Han-
delsplätzen Salzwedel, Stendal und Tangermünde besaß die Altmark eine ganz besonders
exponierte Stellung.

Auseinandersetzungen zwischen den Städten und ihren Schutzherren, aber auch zwischen
den wohlhabenden Patriziern und den ärmeren, zu Zünften zusammengeschlossenen Hand-
werkern waren durch das Besitzgefälle vorprogrammiert. 1301 verbrannten siegreiche Patrizier zehn Zunftmeister, die ihren Anteil an der Macht gefordert hatten, öffentlich auf dem
Marktplatz von Magdeburg. Kaum 20 Jahre später brach in Nordhausen ein regelrechter
Bürgerkrieg aus, bei dem sich die Bürger gegenseitig erhängten, räderten oder sonstwie zu
Tode brachten. 1424 wiederum stürzten aufständische Plebejer den Rat von Halberstadt und
enthaupteten vor dem Roland vier Ratsherren. Diese innere Schwäche machte es den Feudalherren leicht, ihr Regiment zu festigen und gar zu erneuern. Als sich 1488 die altmärkischen
Städte weigerten, eine Biersteuer zu zahlen, schlug Kurfürst Johann Cicero die sich ihm
widersetzenden Bürger mit einem militärischen Aufgebot. In Stendal, Salzwedel und Gardelegen ließ er die aufrührerischen Untertanen enthaupten oder in den Kerker werfen. Die
weitreichendste Rache aber war die Verlegung der hohenzollerschen Residenz von Tangermünde in das unscheinbare Berlin, das später zur Welt- und Hauptstadt aufsteigen sollte,
während die wohlhabende Altmark dazu verurteilt war, in Provinzialität zu versinken.

# »Ein feste Burg ist unser Gott«

> »Die Türme stehn in Glut, die Kirch ist umgekehret,
> Das Rathaus liegt im Graus, die Starken sind zerhaun,
> Die Jungfern sind geschändt, und wo wir hin nur schaun,
> Ist Feuer, Pest und Tod, der Herz und Geist durchfähret.«
> *aus: Andreas Gryphius, Tränen des Vaterlandes, Anno 1636*

Zwischen dem unerschütterlichen Gottvertrauen, daß aus dem Lied Martin Luthers spricht und der Verzweiflung des schlesischen Dichters Andreas Gryphius steht das 16. und die erste Hälfte des 17. Jh. auch und gerade im Raum zwischen Harz und Fläming, Altmark und Unstrut als einer der Mittelpunkte europäischer Politik, deren Folgen für den sachsen-anhaltischen Raum der Sieg des Protestantismus und die Anwartschaft Brandenburg-Preußens auf die führende Rolle waren.

Am 31. Oktober 1517 schlug der Augustinermönch und Professor der Theologie Martin Luther seine 95 nicht nur den Ablaßhandel, sondern auch weitere wichtige katholische Dogmen angreifenden Thesen an die Tür der Schloßkirche zu Wittenberg. Aktueller Anlaß waren die Aktivitäten des dominikanischen Ablaßpredigers Tetzel, der den Auftrag hatte, durch Ablaßhandel die Gebühren aufzutreiben, die vom römischen Stuhl für die Bestätigung der kirchlichen Ämter Markgraf Albrechts von Brandenburg gefordert wurden. Albrecht hatte mit der Wahl zum Erzbischof von Magdeburg, Bischof von Halberstadt und Erzbischof von Mainz eine bisher unbekannte Machtfülle in einer Hand vereinigt und mußte entsprechend zahlen. Wobei der Gewinn zur Hälfte zum Bau des Petersdomes in Rom, zur anderen Hälfte für Tilgung von Schulden, die Albrecht bei den Fugger in Augsburg hatte, gedacht war. Dieser Vorgang zeigte den längst als bedenklich erkannten religiösen, ökono-

*Martin Luther. Holzschnitt von Hans Baldung, 1521*

GESCHICHTE AN MITTLERER ELBE UND UNTERER SAALE

mischen und sozialen Zustand der katholischen Kirche wie unter einem Brennglas. Die
zwischen allen Schichten der Gesellschaft angestauten Widersprüche trieben zu einer offen-
siven und auch gewaltsamen Auseinandersetzung. Die Namen Martin Luther und Thomas
Müntzer standen im Raum Sachsen-Anhalts als Synonyme für die zwei beherrschenden
Bewegungen, die des bürgerlich-adligen Lagers gegen die Vorherrschaft von Papst und
Kaiser und die des bäuerlich-plebejischen Lagers gegen Patrizier, Adel, Kaiser und Papst.
Diese entzündeten sich an der schon über die Jahrhunderte vorher gewachsenen reformatorischen Kraft, die sich in einen radikalen, außerkirchlichen Flügel und einen bei aller Radika-
lität Luthers letztlich vermittelnden, nicht zum Umsturz, sondern zu vernunftbetonter
Änderung strebenden Flügel teilte. Während der religiöse Schwärmerei und soziale Radika-
lität verbindende Kampf im Bauernkrieg rasch entflammte und niedergeschlagen wurde,
führte der Kampf des protestantischen Lagers in Dezennien währende diplomatische, vor
allem aber kriegerische Auseinandersetzungen.

Von Wittenberg, wo es unter Einfluß des radikaleren Flügels und Abwesenheit Luthers
zum Bildersturm gekommen war, breitete sich die Reformation rasch aus. Sie faßte in den
größten Städten Fuß und sogar unter katholischen Herrschaften. War Luthers Landesfürst
Friedrich der Weise eher ein duldender denn tatkräftiger Förderer der Reformation gewesen, bildete sich unter seinen Nachfolgern eine aktive protestantische Partei aus Kursachsen,
Hessen und anderen Gebieten, die 1531 in der Gründung des weit umfänglicheren Schmalkaldischen Bundes mündete, dem zum Beispiel auch Magdeburg angehörte. Ihnen standen
hier zunächst als Vertreter des Katholizismus die albertinischen Sachsen unter Herzog
Georg, Kardinal Albrecht von Magdeburg und dessen Bruder Kurfürst Joachim I. von
Brandenburg sowie Herzog Heinrich von Braunschweig-Wolfenbüttel gegenüber. Dem
Katholizismus war aber gerade im Norden Deutschlands keine längere Dauer beschieden.
1529 schon wurde Braunschweig, 1534 Anhalt und 1540 Brandenburg und das albertinische
Sachsen protestantisch. Als der bis dahin zwar mit den katholischen Fürsten insbesondere
Süddeutschlands verbündete Kaiser Karl V. 1544 durch einen Friedensschluß mit Frank-
reich politischen Freiraum bekam, rüstete er gegen den Protestantismus. Es gelang ihm
sogar, das reformierte albertinische Sachsen auf seine Seite zu bringen. Im Schmalkaldischen
Krieg wurde das Haupt des Protestantismus, Kurfürst Johann Friedrich bei Mühlberg an der
Elbe geschlagen und gefangengenommen. Vor den Toren seines belagerten Wittenberg als
»Rebell gegen kaiserliche Majestät« verurteilt, mit dem Tode bedroht und begnadigt, verlor
Johann Friedrich die östlichen Ländereien und die Kurwürde an seinen Kontrahenten,
Moritz von Sachsen.

Dieses wirklich kaiserliche Geschenk für einen Waffengang gegen die eigene Verwandtschaft bescherte Deutschland für ein Vierteljahrtausend die feste Größe eines starken sächsischen Kurfürstentums, in welchem Wittenberg an den Rand rückte, Dresden zum Zentrum
wurde, und eine Stadt wie Leipzig bald die Vormachtstellung gegen bis dahin dominierende
Orte wie Naumburg, Halle oder Magdeburg gewann. Im Nachgang des Schmalkaldischen
Krieges hatte der nun zum Kurfürsten avancierte Moritz 1550 nochmals Magdeburg belagert, war aber letztendlich glücklos geblieben und in Erkenntnis der wirklichen Machtkon-

*Beschießung Magdeburgs im Dreißigjährigen Krieg. Stich von M. Merian, 1633*

stellationen im Elberaum wieder zur antikaiserlichen Partei übergetreten. Diese erreichte 1555 im Augsburger Religionsfrieden die Gewährung der existierenden konfessionellen Verhältnisse. Das bedeutete aber nicht das Ende der Auseinandersetzungen auf diesem Feld, zumal sich seit 1549 die Gegenreformation in Deutschland stark machte und es im protestantischen Lager zu zahlreichen internen Streitigkeiten kam. So setzte sich in Sachsen ein orthodoxes Luthertum durch, indes Brandenburg und auch der Großteil der Anhalter Fürsten zum sittenstrengeren Calvinismus übertraten. Weit wichtiger für die Landesfürsten war jedoch die Frage, wie die nun nach und nach auch zum Protestantismus übertretenden geistlichen Fürstentümer in die Hand zu bekommen seien. Während das Bistum Merseburg und Naumburg-Zeitz 1564/65 säkularisiert und Kursachsen eingegliedert wurden, war die Situation im Bistum Halberstadt und auch im Erzbistum Magdeburg – obwohl von protestantischen Administratoren des Hauses Braunschweig bzw. Brandenburg verwaltet – durchaus noch offen.

Im Dreißigjährigen Krieg, in dem die europäischen Nationalstaaten versuchten, ihre jeweiligen hegemonialen Plänen durchzusetzen, konnte das zersplitterte Deutschland und so auch Mitteldeutschland mehr oder weniger nur Objekt dieser Vorgänge sein. Waren anfangs nur Ernst von Mansfeld, der Administrator des Bistums Halberstadt Christian von Braunschweig und einzelne Anhalter Fürsten bereit, aktiv in die Kriege einzugreifen, mußte sich das mit der Verlagerung des Krieges nach Norddeutschland und dem Eingreifen der Dänen und Schweden ändern. Sachsen-Anhalt erdröhnte unter den Stiefeln der europäischen Militärs. Die Rekatholisierung griff nach dem Bistum Halberstadt und dem Erzbistum Magdeburg. 1626 wurde Ernst von Mansfeld von kaiserlichen Truppen unter Wallenstein an

GESCHICHTE AN MITTLERER ELBE UND UNTERER SAALE

der Elbbrücke bei Dessau geschlagen. 1631 wurde Magdeburg von den Truppen Tillys erobert und von Angehörigen des Pappenheimerschen Regiments gebrandschatzt. Die Stadt ging in Flammen auf, und das Elend war so groß, daß noch 14 Tage nach dem Massaker verkohlte Leichen geborgen und in die Elbe geworfen wurden. Das schlimme Renommee der ›Pappenheimer‹ hat sich nicht zuletzt deswegen sprichwörtlich bis zum heutigen Tag erhalten. Aber auch Landstädte und Dörfer hatten unter den durchziehenden Truppen schwer zu leiden. Stendal, Gardelegen oder Osterburg wurden bis zu fünfmal geplündert. Vorwerke des anhaltischen Amtes Lindenau wurden innerhalb von vier Monaten bis zu fünfzehnmal geplündert. Die Stadt Zörbig zählte gar 45 Plünderungen. Was im Krieg nicht umgekommen war, rafften Pest und Hunger hinweg. Aasfleisch wurde verzehrt, und der Kannibalismus kehrte in Mitteleuropa ein. In Stendal fraß ein Soldat ein Kind, in Tangermünde stürzte sich ein ganzer Haufen auf einen wohlgenährten Bauern, um ihn zu schlachten. Die Kirchenbücher sind voll von verhungerten Bettelgestalten, die irgendwo tot oder in angefressenem Zustand aufgefunden wurden. Der Zustand der Verwüstung war allumfassend.

Die Wölfe hatten sich nach dem Krieg so stark vermehrt, daß es besonderer Verordnungen bedurfte, um die Raubtiere zu dezimieren. Der Pfarrer von Radisleben bei Ballenstedt schildert den Zustand einer Ortschaft, die von Bäumen und Sträuchern zugewachsen war, so daß die Leute durch das Gestrüpp kriechen mußten, um in die Häuser zu gelangen.

Daß in diesen Zeiten trotz alledem Wissenschaften betrieben wurden und Pläne zum Wiederaufbau der Städte entstanden, ist unter anderen Persönlichkeiten wie dem Physiker und Bürgermeister von Magdeburg Otto von Guericke zu verdanken. Seine Erfindung der Luftpumpe und sein Versuch mit den berühmt gewordenen Magdeburger Halbkugeln, die unsichtbare Kräfte sichtbar machten, waren Zeichen einer neuen Zeit und mögen mit zu dem Mut beigetragen haben, die zerstörten Landstriche zu rekultivieren und die verbrannten Städte wieder aufzubauen.

# Gleichschritt, Ladestock und Schönheit

>»Das 17. Jahrhundert ist aristokratisch, ordnend, hochmütig gegen das Animalische, streng gegen das Herz, ›ungemütlich‹, ... Das 18. Jahrhundert ist ... berauscht, heiter, klar, human, falsch vor sich, ... gesellschaftlich ...«

*aus: Friedrich Nietzsche, Der Wille zur Macht*

Schneller als Brandenburg gelang es Sachsen, mit den Folgen des Dreißigjährigen Krieges fertigzuwerden. Mit dem wirtschaftlichen Erstarken, beschleunigt unter anderem durch die zahlreich ins Land strömenden böhmischen Glaubensflüchtlinge, erlebte die Kultur des Barock als Kultur der Gegenreformation einen Aufschwung, der in der Dresdner Residenz europäischen Rang erreichte. Aber selbst die Herzöge der durch Erbteilung 1656 vom

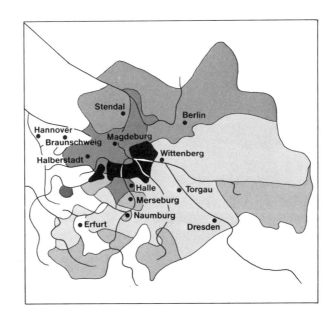

*Die weltlichen Fürstentümer der Provinz vom 15.–17. Jh. (nach Haring)*

☐ Besitz der Wettiner im 14. Jh.

☐ Von den Wettinern bis zum 17. Jh. hinzuerworben

☐ Besitz der Hohenzollern im 15. Jh.

☐ Von den Hohenzollern bis zum 17. Jh. hinzuerworben

■ Besitz der Askanier

Stammland für zwei bis drei Generationen getrennten Herrschaften in Merseburg, Weißenfels und Zeitz benahmen sich oft genug wie kleine Sonnenkönige und stürzten, wie im Falle Weißenfels geschehn, die kleinen Ländchen in den finanziellen Ruin. Daß diese Höfe dabei oft ein erstaunliches Gespür für Kunst und Kultur besessen haben, hat den zeitgenössischen Durchschnittsbürger sicher wenig beeindruckt. Von einer wirklichen Selbständigkeit oder Lebensfähigkeit dieser Ländchen konnte ohnehin nie die Rede sein.

Auch andere kleinere Territorien kamen zudem unter die Herrschaft der beiden ›Großmächte‹ des Mittelelberaumes. Das betraf die ehemalige Grafschaft Mansfeld, Stolberg-Wernigerode, Blankenburg oder auch das Reichsstift Quedlinburg, das beispielsweise unter brandenburgische Verwaltung kam.

Überhaupt sollte sich das hohenzollernsche Brandenburg bald zur bestimmenden Kraft des Mittelelberaumes entwickeln. Ab 1618 erhielt es Preußen zunächst als Lehen, 1648 das nunmehrige Herzogtum Halberstadt und für das an Schweden abgegebene Vorpommern die Anwartschaft auf das ehemalige Erzbistum Magdeburg, wo August von Sachsen noch bis 1680 regierte.

Da Brandenburg auch nach dem Westfälischen Frieden noch in zahlreiche Kriege verwickelt war, hemmte das den Wiederaufbau des gesamten Landes. Unerwartete Hilfe brachten die in Brandenburg-Preußen aufgenommenen Hugenotten, die nach der Aufhebung des Edikts von Nantes seit 1685 aus Frankreich geflohen waren. Sie belebten die Gewerbe besonders auf dem Gebiet der Tuchmacherei mit ihren speziellen Kenntnissen. Auch ließen sie sich williger als Einheimische für das ausgedehnte Ansiedlungs- und Meliorationspro-

# GESCHICHTE AN MITTLERER ELBE UND UNTERER SAALE

*Leopold I., Fürst von Anhalt-Dessau, ›Der Alte Dessauer‹*

gramm einspannen. Vornehmlich unter den Regierungen des ›Großen Kurfürsten‹, dem eigentlichen Gründer des brandenburgisch-preußischen Staates, dem ›Soldatenkönig‹ Friedrich Wilhelm I. und seinem ältesten Sohn Friedrich II., dem der Beiname ›der Große‹ zuteil wurde, stieg Preußen zu einer absolutistischen europäischen Großmacht auf, die in der Gründung des Forts Friedrichsburg, 1683 in Westafrika, bereits den Traum von einer Kolonialmacht in die Wirklichkeit umzusetzen suchte.

Natürlich hatten nach und nach auch die neu zu Preußen gekommenen deutschen Territorien ihren Part zu spielen. Magdeburg wurde zur stärksten preußischen Festung ausgebaut – und hatte mehrmals in Kriegszeiten als sicherster Hort für den Staatsschutz und die königliche Familie zu dienen. Mit der 1714 erfolgten Verlegung der Provinzialverwaltung stieg es wieder zur wichtigsten Stadt an mittlerer Elbe und unterer Saale auf. Halle, seiner Residenzfunktion beraubt, verblaßte zwar zusehends neben der sächsischen Handelsmetropole Leipzig, errang jedoch mit seiner 1694 gestifteten ›Friedrichs-Universität‹ als Zentrum der deutschen Frühaufklärung große Anerkennung und Ausstrahlung. Das im gleichen Jahr von August Hermann Francke gegründete Waisenhaus beförderte diesen guten Ruf zusätzlich.

Neben der Beamtenschaft, die die straffe zentralistische Verwaltung des preußischen Staats trug, war das unter dem ›Großen Kurfürsten‹ erstmals eingerichtete stehende Heer die wichtigste Stütze des Staates. Es hatte sich in mehreren Kriegen zu bewähren. Das Gebiet Sachsen-Anhalts wurde am nachhaltigsten durch den Siebenjährigen Krieg berührt, wo Wittenberg mehrfach unter preußischer Belagerung zu leiden hatte.

Der Adel Anhalts, durch Erbteilungen politisch kaum noch handlungsfähig, lehnte sich mehr und mehr an Preußen an. Leopold I., der als ›Alter Dessauer‹ einige Berühmtheit erlangte, avancierte sogar zum Generalfeldmarschall und engstem Vertrauten des ›Soldatenkönigs‹. Er war es, der zunächst in seinem Regiment 1698/99 eiserne Ladestöcke und den Gleichschritt einführte und die Soldaten durch eisernen Drill zu vorbildlich funktionierenden Kriegsmaschinen ausbildete. Diesem Bild der Härte steht das des fürsorglichen, volksverbundenen Landesherrn gegenüber. Ohne jeden Standesdünkel heiratete er die Dessauer Apothekerstochter Anna Luise Föhse und führte mit dieser einen durchaus bürgerlichen, sparsamen Haushalt. Die ersparten Mittel steckte er in zahlreiche landeskulturelle Aktivitäten, wie etwa den Bau von Elbdeichen und die Gründung von Dörfern und Vorwerken. Auch das von ihm zeitweise verwaltete Magdeburg profitierte von seinem aufgeklärten Realitätssinn.

Diese landeskulturelle, kunstsinnige Tendenz war für die politisch unbedeutenden Länder Anhalts durchaus typisch. 1570 zu einem einheitlichen Fürstentum zusammengeschlossen, teilte sich das Land nur 33 Jahre später schon wieder in die Linien Bernburg, Köthen, Dessau und Zerbst. Natürlich stand der Schloßbau im Zentrum ihres Interesses, wie die noch vorhandenen Bauten in Ballenstedt, Bernburg, Köthen, Dornburg und Coswig beweisen. Immerhin aber leistete sich Zerbst eine ›Landesuniversität‹ und Köthens Ludwig gründete die ›Fruchtbringende Gesellschaft‹. Von 1717–23 wirkte Johann Sebastian Bach als Kapellmeister am Köthener Hof. Die Krone unter den anhaltischen Ländern dieser Zeit gebührt aber ohne Zweifel Dessau. Dort entfaltete der Sohn und Nachfolger des ›Alten Dessauer‹ Leopold III. unter dem bezeichnenden Beinamen ›Vater Franz‹ ein kulturelles Leben, welches Anhalt-Dessau neben Sachsen-Weimar und Baden zu den großen Kulturzentren Deutschlands während der Zeit der Klassik machte. Für sein ›Musterländle‹ griff er lieber in den eigenen Silberschatz als in die Taschen seiner Untertanen. Neben Gartenkünstlern und Architekten, mit denen er gemeinsam in den Anlagen um Dessau und Wörlitz seinem Traum von einer komplexen, aufgeklärten Lebensgestaltung eine Form gab, versammelte er auch Experten aus anderen Fachgebieten wie den bekannten Pädagogen und Schulreformer Basedow um sich. Er ließ Schulen, Armen- und Krankenhäuser, Brücken und Straßen bauen und machte so Anhalt-Dessau zu einem wirklich hervorragenden Beispiel eines aufgeklärten Fürstentums.


# Die preußische Provinz Sachsen

>»...Indem ich den Thron besteige, verpflichte ich mich, euch glücklich zu machen.«

> *Jérôme, König von Westfalen, 15. 12. 1807*


Nach dem Sieg der napoleonischen Armee bei Auerstedt und der Übergabe der Festung Magdeburg an die Franzosen war die glänzende Erinnerung an die Siege Friedrichs des Großen gegen die Franzosen zerschmolzen. Im Frieden von Tilsit 1807 wurde alles preußische Gebiet westlich der Elbe mit braunschweigischen, hannoverschen und hessischen

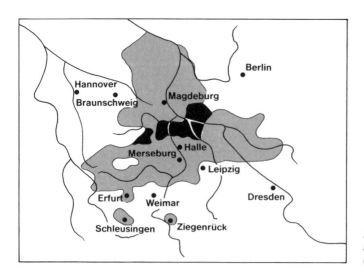

*Die Provinz Sachsen und Anhalt seit 1815 (nach Haring)*

Gebieten zum neuen Königreich Westfalen unter Napoleons Bruder Jérôme verbunden. Auch schien sich Jérômes Versprechen zunächst zu bewahrheiten, denn mit den Eroberern war auch deren freiheitliche Verfassung in die deutschen Länder gekommen. Mit der Aufhebung der Leibeigenschaft, Einführung der Gewerbefreiheit und einer neuen Verfassung wurden alte, feudale Strukturen aufgebrochen. Da Napoleon aufgrund seiner ehrgeizigen Ziele aber die Kassen und Menschen der eroberten Länder erheblich plünderte, breitete sich bald Bitterkeit und mit dieser als Gegenmittel die Geheimpolizei aus, die zusätzlich Geld und wohlwollende Bürokraten forderte. Daß in Westfalen der die Ausschweifung und den Prunk liebende Jérôme die Staatskassen für seine Privatvergnügen in Anspruch nahm, vergiftete die Atmosphäre im Land noch mehr.

Kein Wunder, daß sich auch an mittlerer Elbe und unterer Saale Widerstand regte, als von Preußen her die von der Bevölkerung gestützten Freicorps sich gegen die Fremdherrschaft erhoben. Aus einem Biwak bei Merseburg schrieb ein Angehöriger des Lützowschen Freicorps an seine Schwester: »Unser ganzes Dasein hat eine Weihe erhalten, von der wir vordem keine Ahnung hatten.« Viele Studenten aus Halle gingen über die Grenze, rüsteten sich selbst aus und traten als Freiwillige dem preußischen Heer bei. Nachdem sich dann auch Österreich der preußisch-russischen Allianz angeschlossen hatte, wendete sich das allgemeine Blatt. Der von der Armee Blüchers bei Wartenberg oberhalb von Wittenberg erzwungene Elbübergang wurde ein halbes Jahr danach durch die Niederlage der napoleonischen Truppen in der Völkerschlacht bei Leipzig gekrönt. Auf dem Wiener Kongreß (Sept. 1814 bis Juni 1815) teilten sich die Sieger die Beute. Preußen erhielt nicht nur all seine ehemaligen Besitzungen und die erst 1803 erworbenen mainzischen Territorien um Erfurt und auf dem Eichsfeld zurück, es erhielt zusätzlich das halbe Königreich Sachsen, das wegen seiner profranzösischen Haltung zum Verlierer zählte. Das waren der Kurkreis Wittenberg, bedeutende Teile des Meißner und Leipziger Kreises und die Gebiete der ehemaligen Bistümer Merseburg und Naumburg-Zeitz. Zusammen mit der Altmark, die noch einige Zeit ein gewisses Sonderdasein führte, bildeten diese Gebiete die das zerstückelte Anhalt umschließende Provinz Sachsen. Sie war in gewisser Weise ein künstliches Gebilde, konnte aber auf vielfältige historische Verbindungen der einzelnen Räume bauen und besaß insbesondere mit den Gebieten des ehemaligen Erzbistums Magdeburg einen Kern, der die einzelnen Teile relativ rasch zusammenwachsen ließ. Zumal die Berliner Zentrale die Zügel fest in der Hand hielt und ihre Vorstellungen mit Hilfe der Provinzialregierung in Magdeburg durchzusetzen verstand, im Regierungsbezirk Magdeburg wie in Merseburg und Erfurt.

Es war eine bittere Ironie der Geschichte, daß sich mit der Wiedergewinnung verlorenen Landes die Restauration absolutistischer, inzwischen unter dem Druck der Fremdherrschaft nur leicht liberalisierter Verhältnisse verband. Schon 1816 kam es in Preußen zu einer Einschränkung der Bauernbefreiung. Außerdem stand dem Wiedererstehen der Kleinstaaterei ein in den Befreiungskriegen nicht nur in der Jugend gewachsenes Nationalgefühl entgegen. Unter den demokratische Rechte und den Nationalstaat einfordernden Bewegungen ragte die der Burschenschaften besonders hervor. Sie wurden von der studentischen Jugend getragen und vom Arm des Gesetzes unnachgiebig verfolgt. Arnold Ruge, Studentenführer in Halle, wurde »wegen Teilnahme an einer verbotenen, das Verbrechen des Hochverrats vorbereitenden, geheimen Verbindung und deren Verbreitung« zu 15 Jahren Gefängnis verurteilt. Ein ebenfalls aus Halle stammender Student Wagner wurde gar zum Tode verurteilt, dann aber zu 30jähriger Festungshaft ›begnadigt‹. Selbst eine bekanntermaßen verdienstvolle Persönlichkeit wie der Turnvater Friedrich Ludwig Jahn geriet in die Mühlen der preußischen Justiz.

Setzten die europäischen Unruhen des Jahres 1830 zunächst vielleicht nur die Gedanken der in behaglicher Biedermeierlichkeit verschanzten Bürger in Gang, so hallte der Kanonendonner des Jahres '48 bis in die hintersten Zipfel der Provinz. Im Allgemeinen blieb es jedoch dabei, daß der brave Bürger mit dem Lied ›Ein freies Leben führen wir!‹ durch die Straßen zog, zur Beerdigung der Märzgefallenen nach Berlin reiste, Trauergottesdienste, Volksversammlungen unter den schwarzrotgoldenen Fahnen abhielt und Bürgerwehren gründete, die für Ordnung sorgen sollten. Dennoch war die Stimmung fiebrig und aggressiv selbst in kleinen Ortschaften. »Es ist, als wenn jeder Zündkraut auf dem Kopf hätte und nur die Lunte erwarte«, schrieb der Maler Kügelgen aus Ballenstedt. »Die Autoritäten haben einen Knacks erhalten, von dem sie sich schwer erholen werden.« In Bernburg hatte es tatsächlich bei einer gewaltsamen Auseinandersetzung zehn Tote auf seiten der Revoltierenden gegeben.

War mit der 48er Revolution weder die deutsche Einheit erreicht noch ein einheitliches Staatswesen geschaffen, standen doch diese Ziele weiter auf der Tagesordnung. Zudem gab es in der durch den König erlassenen Verfassung einige Fortschritte. Der aus einem alten, altmärkischen Geschlecht stammende Junker Otto von Bismarck stieg in die große Politik auf. Nach dem Sieg der preußischen Armee gegen die Österreicher bei Königgrätz 1866 erhoben sich die Wogen nationaler Begeisterung wiederum stürmisch. Kügelgen brachte brieflich abermals Treffendes zum Ausdruck: »Bismarck ist jetzt der populärste Mann in Preußen. Alles jubelt ihm zu, selbst die Demokraten. Ich hoffe, er bringt uns nun ein einiges Deutschland zustande...« Der siegreiche Krieg gegen Frankreich sollte diesen vereinten Nationalstaat tatsächlich bringen, wie er zugleich die Milliarden brachte als Startkapital für den zukünftigen Industriegiganten Deutschland. Die politischen Gewichtungen jedoch änderten sich. 1912 errangen Sozialdemokraten 11 der 19 Reichstagsmandate der Provinz Sachsen.

Der Aufstieg der Sozialdemokratie war eine unmittelbare Begleiterscheinung der Industrialisierung und Zusammenballung der Bevölkerung in den Städten. Von 1815 bis 1915 erhöhte sich die Einwohnerzahl von Halle und Magdeburg etwa auf das Zehnfache. Die wichtigsten Eisenbahnstrecken und industriellen Zentren entstanden in diesem Jahrhundert. Der seit 1830 verstärkt betriebene Zuckerrübenanbau in den fruchtbaren Ackergebieten überzog das Land mit Zuckerfabriken, die wiederum nach Braunkohle verlangten, deren Förderung sich von Halle aus nach Weißenfels und Zeitz, in das Bitterfelder Revier, nach Egeln und schließlich in das ergiebige Geiseltal ausdehnte. Die Steinsalz- und Kaliförderung bei Staßfurt brachte Deutschland bis zum Ersten Weltkrieg das Monopol auf dem Weltmarkt. In ihrem Gefolge entwickelte sich auch die chemische Industrie im Raum Halle, Bitterfeld und Zeitz. Magdeburg wurde zu einer Hochburg des Maschinenbaus. Die Wolf-

*Fahnenweihe der Ballenstedter Bürgerwehr 1848. Zeitgenössische Darstellung*

*Otto-Schächte bei Eisleben, um 1900*

sche Maschinenfabrik hatte 1912 bereits 3400 Arbeiter und lieferte ihre Maschinen, zu denen auch Dreschmaschinen und Lokomotiven gehörten, in aller Herren Länder bis Amerika und Afrika. Die Kehrseite dieser Medaille war die rückhaltlose Ausbeutung der Arbeiterschaft. In seinen 1903/04 erschienen ›Denkwürdigkeiten und Erinnerungen eines Arbeiters‹ hat der aus Eisleben stammende Arbeiter Carl Fischer diesen Verhältnissen ein berührendes Denkmal gesetzt, das in bitterer Anklage gipfelt: »... Wir müssen uns hier den ganzen Tag quälen, und andere... die wissen vor Hochmut und Wollust nicht, wie sie den Tag durchbringen sollen, und unsereins muß sich behandeln lassen wie ein Stück Vieh!«

Die wirtschaftliche Selbständigkeit Anhalts war unter diesen Umständen mehr denn je ein bloßes Phantom. Aus Anhalt zu sein, bedeutete vor allem eine historische und kulturelle Identität zu besitzen, die es in dieser Weise in der großen Provinz Sachsen nicht gab. Nach dem Aussterben der einzelnen Linien konnte das Land 1863 unter Dessauer Hoheit wieder vereinigt werden und schloß sich der industriellen Entwicklung des preußischen Umlandes mehr und mehr an. Nach der Novemberrevolution wurde 1919 der Freistaat ausgerufen, der bis 1945 existierte, um dann in der Provinz bzw. dem Land Sachsen-Anhalt aufzugehen.

GESCHICHTE AN MITTLERER ELBE UND UNTERER SAALE

# Die Goldenen Zwanziger Jahre

>»Es lebe die proletarische Einheitsfront gegen die faschistische Hitler-Diktatur! Fort mit Hitler, Seldte, Papen, Hugenberg! Es lebe der Generalstreik! Es lebe der Kampf um die Freiheit der Arbeiterklasse! Es lebe der Kampf für eine Arbeiter- und Bauernrepublik!*
> *Aus dem Aufruf der KPD zum Generalstreik, Halle, 31. Januar 1933*

Durch seine industrielle und landwirtschaftliche Potenz war Sachsen-Anhalt auch während des Ersten Weltkrieges einer der wichtigsten Wirtschaftsräume Deutschlands und Großlieferant für Rüstungsgüter. Hier war vor allem Magdeburg mit den Krupp-Gruson-Werken und seinen Munitionsfabriken führend. Das Ende des Krieges und die mit dem Versailler Vertrag verbundenen Restriktionen betreffs der Herstellung von Kriegsmaterial mußten diese Firmen, besonders aber kleine und mittlere Unternehmen vernichtend treffen. Die eigentlichen Lasten aber hatte letzten Endes doch die Bevölkerung zu tragen. Eine vor dem Ende des Krieges einsetzende Streikwelle mündete letztlich im Ausbruch der Novemberrevolution, in deren Ergebnis es zur Errichtung der ersten bürgerlichen Demokratie kam. In den Wahlen zur Nationalversammlung in Weimar ging die Sozialdemokratie als Sieger hervor und stellte mit Friedrich Ebert den Reichspräsidenten. In Sachsen-Anhalt besaßen die Linksparteien über den ganzen Zeitraum der Weimarer Republik mehr als 50 % des Stimmenanteils. Halle wurde als das »rote Herz Mitteldeutschlands« bezeichnet. Es stand oft im Zentrum der Auseinandersetzungen, die bald schon mit dem beginnenden wirtschaftlichen und sozialen Chaos der Weltwirtschaftskrise verbunden waren, und in der Deutschlands junge Demokratie zerrieben wurde durch die einander widerstrebenden Kräfte von Kapital und Arbeit.

1919 entflammte im Halle – Zeitzer Braunkohlenrevier während eines Generalstreiks ein Aufstand, der erst durch den Einsatz von Militär unter General Maerker niedergeschlagen werden konnte. Vom Mansfelder Revier ausgehend, breiteten sich 1921 die sogenannten Märzkämpfe bis nach Quedlinburg, Erfurt, Suhl und Merseburg aus. Der bekannte, schon im Vogtland sehr aktiv gewesene Anarchist Max Hoelz war einer der maßgeblichen Führer der weder durch die KPD noch andere Linksparteien abgesegneten militärischen Aktionen. Als er nach der Niederlage des Aufstandes nach Berlin entkam, wurden auf seine Ergreifung 185 000 Mark Kopfgeld ausgesetzt. Dieser Judaslohn brachte ihn dann auch ins Zuchthaus – lebenslänglich. Aber 1928 befreite ihn durch öffentlichen Druck eine Amnestie für politische Gefangene. 1933 kam er schließlich in der Sowjetunion unter mysteriösen Umständen ums Leben.

Daß die Zwanziger Jahre trotz der hier skizzenhaft angedeuteten, für viele Bewohner des Landes bedrängenden Lebensumstände dennoch den Beinamen ›die Goldenen‹ erhielten, mag einerseits mit den gigantischen Industriekomplexen zusammenhängen, die in dieser Zeit entstanden. Das Elektrowerk Golpa-Zschornewitz produzierte 1600 Mio. Kilowattstunden und wurde damit nur von einigen wenigen Anlagen in den USA übertroffen. Wie

36

*Werbeplakat zum Allgemeinen Deutschen Arbeitertag in Halle, 1924*

seine bis nach Leipzig und Berlin reichenden Überlandleitungen zu Kennzeichen des Lebensnerves einer modernen Wirtschaft wurden, begannen auch die Vielzahl der Schornsteine des Leunawerkes im Süden der Provinz die Landschaft zu prägen. Sie kündeten von einer völlig neuen Produktionsweise, bei der Maschinen die meiste Arbeit übernahmen und Ingenieure auf Armaturen nur noch dem »Kommen, Werden und Gehen der Gase« zusahen. Im Nordwesten der Provinz entstand der Mittellandkanal, eine der wichtigsten künstlichen Wasserstraßen in Europa, durch den größten Trockenbagger des Kontinents.

Andererseits mag dieser Ruf der ›goldenen Jahre‹ in der Originalität, Frische und Neuheit ihrer kulturellen und künstlerischen Impulse begründet sein. Diese Jahre stehen einzig da im 20. Jh. Für Furore sorgten Anfang der 20er Jahre durch Bruno Taut angeregte Experimente mit farbigem Hausanstrich in Magdeburg. Ilja Ehrenburg schrieb von Häuserfassaden, die wie ›Blutsymphonien‹, Zeitungskiosken, die wie Kaktusse und Straßenbahnen, die wie prächtig gemusterte Drachen aussahen. In Halle baute Paul Thiersch in Burg Giebichenstein eine der eigenwilligsten Kunstschulen Deutschlands auf. 1925 siedelte gar das Staatliche Bauhaus unter der Leitung von Walter Gropius nach Dessau über und sollte gerade von dort als erste Hochschule für Gestaltung eine Wirkung entfalten, die nicht nur über Deutschland, sondern auch über Europa hinausdrang.

Während das Bauhaus bereits 1932 dem faschistischen Druck weichen mußte, und Gustav Krupp in einem Brief an Hindenburg den nationalsozialistischen Staat als »Grundlage für einen Wiederaufstieg der deutschen Wirtschaft« bezeichnete, zogen längst Trupps von SA und SS durch die Straßen und lieferten sich Schlachten mit den Formationen des Rotfrontkämpferbundes. Nachdem Hitler am 30. Januar 1933 Reichskanzler geworden war, wurden verfassungsmäßig garantierte Rechte zu hochverräterischen Umtrieben. Trotzdem wählten 17,3 Mio. Deutsche am 5. März die NSDAP, die damit stärkste Partei im Reichstag wurde und sich mit den bürgerlichen Parteien die absolute Mehrheit sicherte, um durch das Ermächtigungsgesetz jegliche parlamentarische Demokratie auszuschalten. Die Provinziallandtage wurden nicht erst neu gewählt, sondern entsprechend dem Berliner Sitzverhältnis unter Ausschaltung der KPD umgebildet. Die Bücherverbrennung am 12. Mai auf dem Universitätsplatz in Halle war nur ein bezeichnender Anfang. Schon waren die ersten ›Schutzhaftlager‹ am Rande des Harzes und an anderen idyllisch gelegenen Orten installiert, um den Widerstand jeglicher Opposition zu brechen. Daß nun in Vorbereitung des längst angekündigten Krieges ein ungeheurer wirtschaftlicher Aufschwung stattfand, mag mit dazu beigetragen haben, daß die in ihrem Selbstbewußtsein durch den verlorenen Krieg und Jahre der Not gedemütigten Deutschen dem Massenmord an den Juden zugeschaut haben und sich schließlich bereit fanden, in einen selbstmörderischen Welteroberungskrieg zu ziehen.

## Das ›sozialistische Experiment‹

»Wer einmal die Macht ergriffen hat, wird auch von der Macht ergriffen.«
*Paul Levi*

Auf dem damals noch zur Provinz Sachsen gehörenden Boden, an der Elbe bei Torgau, trafen am 25. 4. 1945 amerikanische und russische Truppen zusammen. Es mag dahingestellt bleiben, ob die ›Verbrüderungsfeier‹ zwischen Amerikanern und Russen eigens für die Presse arrangiert war oder Resultat einer menschlichen Freude über das Ende des Krieges. In

*Wappen des Landes Sachsen-Anhalt von 1947–1952*

jedem Fall war das Bild ›falsch‹, sowohl für das zukünftige Verhältnis der Siegermächte als auch für die Zukunft der von ihnen besetzten deutschen Länder. Am 1. Juli 1945 räumten die Amerikaner die der Sowjetunion zugesprochenen Gebiete, und die Westgrenze der Provinz Sachsen wurde Zonengrenze und später die undurchlässigste Grenze Europas.

Während sich in Ostdeutschland ein aus der Sowjetunion importierter totalitärer Sozialismus etablierte, hatten die Westdeutschen nach Überwindung der unmittelbaren Kriegsfolgen die Möglichkeit, an der bürgerlichen Demokratie der Jahre vor 1933 anzuknüpfen. Das zunächst als Provinz bezeichnete Sachsen-Anhalt, mit Regierung in Halle, setzte sich aus den ehemaligen Regierungsbezirken Magdeburg, Merseburg und dem Land Anhalt zusammen. Der noch 1944 nach Thüringen gegangene Regierungsbezirk Erfurt verblieb dort. Auch kamen die Exklave Allstedt, der östliche Teil des Kreises Blankenburg und die Exklave Calvörde zu dem am 21. Juli 1947 als Land proklamierten Sachsen-Anhalt, das schon fünf Jahre später im Zeichen allgemeiner Zentralisierung unter Abgabe einzelner Gebiete in die Bezirke Magdeburg und Halle aufgeteilt wurde. Diese besaßen dann keinerlei gesetzgebende Gewalt mehr.

Der besonders im letzten Kriegsjahr einsetzende Bombenkrieg hatte in Sachsen-Anhalt verheerend gewirkt. Das Zentrum Magdeburgs lag zu 90 % in Schutt und Asche. Unkenntlich geworden waren das ›anhaltische Rothenburg‹ Zerbst, Dessau und Halberstadt. Auch die Großindustrien, zumal die kriegswichtigen wie etwa die Leuna-Werke, waren zum Teil total zerstört. Zusätzlich wurden viele der noch intakten Anlagen, aber auch Schienenverbindungen als erste Reparationskosten demontiert und in die Sowjetunion gebracht. Die in Sachsen-Anhalt vorbildlich gewesene Landwirtschaft war nicht sofort in der Lage, die Bevölkerung ausreichend zu versorgen, die zudem durch Flüchtlinge aus den ehemals deutschen Ostgebieten und aus Böhmen um eine Mio. anwuchs.

Wie in den übrigen, 1949 zur DDR zusammengeschlossenen Ländern ging auch in Sachsen-Anhalt die politische Neuordnung nach sowjetischem Muster mit einem undifferenzierten Enteignungsprogramm einher, das weder nach ökonomischem Sinn noch nach der politischen Vergangenheit des Betroffenen fragte. So wurden beispielsweise alle landwirtschaftlichen Betriebe über einer Größe von 100 ha in der Bodenreform entschädigungslos enteignet. Ein besonders krasses Beispiel ist die Enteignung des letzten, 1918 abgedankten Herzogs von Anhalt, einem anerkannten Gegner des Nationalsozialismus. Er wurde verhaftet und in das von der Besatzungsmacht weiterbetriebene KZ Buchenwald gebracht, wo er 1947 starb. Programm der neuen Staatsmacht war ebenso die Ausschaltung von Oppositionellen, die sich vielfach selbst aus der kommunistischen Bewegung rekrutierten. Nach der Revolte von 1953, die wie in Berlin auch in Halle und Magdeburg aufbrach, wurden nicht etwa Wege zur Demokratisierung gesucht, sondern lediglich nach einem besseren System der Selbst- und Machterhaltung, woran nicht einmal Stalins Tod 1953 etwas änderte. Selbst Bert Brecht riet in einem kleinen Gedicht der Regierung, sie solle sich doch besser ein neues Volk wählen. 1961 schloß sich mit der Berliner Mauer das letzte Schlupfloch in den Westen, auch die Grenzanlagen an der innerdeutschen Grenze, wie etwa durch den Harz, wurden verstärkt, später sogar mit mörderischen Selbstschußvorrichtungen gesichert.

GESCHICHTE AN MITTLERER ELBE UND UNTERER SAALE

*Trauerkundgebung zum Tod Stalins in Wernigerode, 1953*

Trotz alledem konnte ein wirtschaftlicher Aufschwung verzeichnet werden, der zu einem gewissen Wohlstand führte. Die neuen, nun ›volkseigenen‹ Industriekomplexe entstanden an alten Schwerpunkten: Halle, Bitterfeld, Merseburg, das Mansfelder Land, Dessau, Magdeburg. Auch die seit den 50er Jahren kollektivierte Landwirtschaft in den altbekannten Ackerbaugebieten brachte im RGW-Vergleich Spitzenerträge. Daß dieser Wohlstand, insbesondere in den letzten Jahren, auf Kosten der wirtschaftlichen Substanz und der Umwelt ging, war eine allgemeine Erscheinung und führte, etwa im Halle-Bitterfelder Raum, zu schwersten Problemen für Mensch und Natur.

Auch die nach dem Zweiten Weltkrieg geschaffene Wohn-, Geschäfts- und Industriearchitektur ergänzt auf signifikante Weise das Bild dieser ›sozialistischen Gesellschaft‹. Gewiß sind die Neubauten stalinistischer Zeit im Zentrum von Magdeburg oder Zerbst vom großen, östlichen Vorbild geprägt. Anmerkenswert ist bei allem noch der spürbare Versuch, an territorialen Bautraditionen anzuknüpfen, was unter den Bedingungen des späteren Industriebaus nicht mehr geschah. Währenddessen erhaltenswerte, historische Innenstädte und traditionsreiche bürgerliche und proletarische Wohnquartiere verkamen, wurden ›sozialistische Städte‹ wie die ›Chemiearbeiterstadt Halle-Neustadt‹ aus dem Boden gestampft. Fast jede Stadt erhielt auf dem grünen Feld ihr ›Neubaugebiet‹, das sich wandartig und ohne

Rücksicht in die Landschaft schob. Dahinter standen natürlich vor allem und verstärkt ökonomische Zwänge. So fielen trotz verstärkter Aktivitäten auf denkmalpflegerischem Gebiet und den besonders zu Jubiläen herausgeputzen Einzelobjekten und unmittelbaren Zentren bis zuletzt historisch wertvolle Gebäude der Abrißbirne zum Opfer.

In den 70er und 80er Jahren entdeckte die SED die Ausbürgerung als ein Mittel, sich der politischen Opposition zu entledigen. Parallel aber zu dem Wunsch vieler Menschen, das Land zu verlassen, wuchsen meist unter dem Dach der Kirche Gruppen heran, die bewußt im Land blieben, um hier etwas zu verändern. Je stärker dieser Wille wurde, um so weniger war der berüchtigte Staatssicherheitsdienst in der Lage, diese Leute völlig aus der Öffentlichkeit auszuschließen. Dabei waren spektakuläre Einzelaktionen Ausnahmen, wie die Selbstverbrennung des Pfarrers Oskar Brüsewitz vor St. Michaelis in Zeitz 1976 aus Protest gegen die politische Allmacht des Staates. Typischer waren die Formen geistiger Auseinandersetzung. Im evangelischen Forschungsheim Wittenberg zum Beispiel fanden sich Kreise von Naturwissenschaftlern und Theologen zusammen, um die in der DDR staatlicherseits unterdrückte Umweltforschung zu fördern und mit der Herausgabe der ›Umweltbriefe‹ öffentlich zu machen.

Im Herbst 1989 waren es dann unter anderen diese Intellektuellen und ihre Sympathisanten, die zum Zeichen ihres friedlichen Aufbegehrens mit Kerzen in den Händen auf die

*Halle-Neustadt*

## GESCHICHTE AN MITTLERER ELBE UND UNTERER SAALE

Straße gingen. Anfangs waren es Lichter der Hoffnung gewesen, doch bald darauf schon die des Fanals. Der Ruf »Wir sind das Volk!« oder »Demokratie – jetzt oder nie!« hallte aus tausenden Kehlen, selbst bei Demonstrationen in kleinen und kleinsten Städten, um den ohnehin schon aus dem Gleichgewicht geratenen Staatsapparat endgültig zu kippen. Lenin hatte schon recht, wenn er sagte, daß die Idee zur materiellen Gewalt wird, wenn sie die Massen ergreift.

Das Volk, dem eine freie Wahl niemals zugestanden worden war unter der Herrschaft einer Partei, die das Privileg für sich in Anspruch genommen hatte, immer Recht zu haben, stimmte gegen diese nun tatsächlich mit den Füßen ab. ›Neues Forum‹ nannte sich die Bürgerbewegung, die letztlich auch die bestimmende Kraft war, welche das betonierte Machtgefüge zu Fall brachte. Auch der Deutschen ›heiligster‹ Berg wurde gestürmt. Brockenwanderer waren von Wernigerode aus aufgebrochen. »Macht das Tor auf!« Mit diesem lautstarken Begehren sprengten sie wie mit einem Zauberspruch den über so viele Jahre hervorragend verschanzten Gipfel. Endlich gab er ungehindert den Blick wieder frei nach Ost und West, nach dem sie sich über so lange Jahre gesehnt hatten.

Auf dem Gipfel ihres heißesten Verlangens aber waren alle Deutschen gemeinsam, als nach den heftigen Turbulenzen und mit Zustimmung der vier Siegermächte die DDR ihren Beitritt zur Bundesrepublik Deutschland erklärte. Damit endeten 40 Jahre gewaltsamer Trennung. Im Osten bildeten sich erneut die alten, doch nun jungen Bundesländer, von denen seit dem 14. Oktober 1990 auch Sachsen-Anhalt eines ist.

# Magdeburg

>»Magdeburg, Magdeburg, stolze, alte Feste,
>Hüte Dich, hüte Dich, 's kommen wilde Gäste...«
>*Landsknechtslied im Dreißigjährigen Krieg*

Und Gäste sind gekommen, ob wild oder nicht, zu allen Zeiten. Seit Magdeburg zur Hauptstadt des neuerstandenen Landes Sachsen-Anhalt gekürt wurde, sind es nicht gerade weniger geworden: Politiker, Geschäftsleute, Touristen. Für Magdeburg endet damit vielleicht mehr als für andere Städte das Kapitel der Nachkriegsgeschichte, in der die Stadt im mittleren Europa zur Provinzialität verdammt war. Dabei pries im 10. Jh. ein Hymnus Magdeburg als eine Stadt, die mit ihrem Glanz den Erdkreis erfülle. Als ›Metropole des Reiches‹ unter Otto I. wurde sie nach Rom und Kontantinopel das ›dritte Rom‹ genannt. Wie prächtig die Stadt tatsächlich war, läßt sich schwer nachweisen. Tatsache ist jedoch, daß Magdeburg seit alters sowohl in der deutschen als auch in der europäischen Geschichte eine nicht unbedeutende Rolle spielte.

Eine Besiedlung des Elbufers ist seit der Steinzeit nachgewiesen. Hier war es möglich, den Fluß ohne größere Mühe zu überqueren. Am Schnittpunkt sich kreuzender Handelsstraßen entstand dann ein bereits 805 als ›Magedeburg‹ erwähnter karolingischer Handelsplatz. Am heutigen Domplatz schützten Spitzgräben den Markt, der vorrangig zum Warenaustausch mit den unmittelbar benachbarten Slawen bestimmt war. Die Elbe bildete lange Zeit die natürliche Grenze zwischen den Siedlungsgebieten germanischer und slawischer Stämme. Die Flußschiffahrt und die Fischerei spielten eine wichtige Rolle. Die Nähe der überaus fruchtbaren und dicht besiedelten Börde bildete eine weitere Voraussetzung zur Bildung einer Stadt von Rang. Otto I. erkannte dies und brachte die Stadt seiner ersten Frau Editha als Morgengabe dar. Vielleicht, daß die gebürtige Angelsächsin sich hier landschaftlich an die Heimat erinnert und deswegen besonders heimisch fühlte. Die zum Aufenthalt für den König bestimmte Pfalz wurde auf dem Domplatz ergraben. In den riesigen Ausmaßen gleicht sie dem Königshof Karls des Großen in Aachen, dem einst wie Magdeburg als östlicher Vorposten zur Schaffung eines Großreiches eine zentrale Rolle zugefallen war. In Verbindung der politischen Bestrebungen mit denen der Missionierung hatte Otto schon 937 an der Stelle des späteren Domes seinem Lieblingsheiligen St. Mauritius ein Kloster gestiftet. Schließlich konnte Magdeburg auf der Synode von Ravenna 968 auch zum Sitz eines Erzbistums erhoben werden. Ihm waren die ebenfalls neugegründeten Grenzbistümer Merseburg, Meißen und Zeitz und auch die bereits bestehenden in Havelberg und Brandenburg unterstellt.

In Angriff genommen wurde nun eines der bedeutendsten Bauvorhaben seiner Zeit in Deutschland. Davon sind aber nur noch Grundmauern ergraben worden. Der heute an seiner Statt vorhandene gewaltige Dom ist ein Ergebnis des 1209 begonnenen, ebenso ehrgeizigen Neubaus. Die südlich an ihn anschließenden *Stiftsgebäude* sind wie der Dom selbst verschiedenen Bauzeiten zuzuordnen.

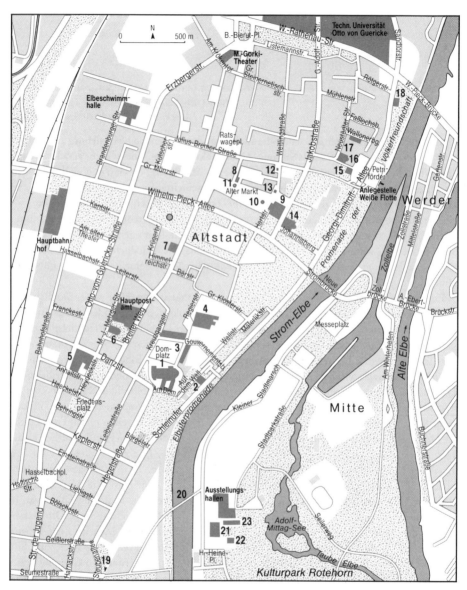

*Magdeburg 1 Dom mit Stiftsgebäuden und Kreuzgang 2 Wehrturm ›Kiek in de Köken‹ 3 Palais am Domplatz 4 Kloster Unser Lieben Frauen 5 Kulturhistorisches Museum 6 Stiftskirche St. Sebastian 7 Häuser Breiter Weg 178 und 179 8 Weinkeller Buttergasse 9 Rathaus 10 Magdeburger Reiter 11 Till-Eulenspiegel-Brunnen 12 Denkmal Doktor Eisenbart 13 Denkmal Otto von Guericke 14 Ruine der Johanneskirche (Aussichtsturm) 15 Maria-Magdalenen-Kapelle 16 St. Peter 17 Wallonerkirche 18 Lukasturm 19 Kloster-Berge-Garten mit Gesellschaftshaus und Gewächshäusern 20 Historische Hubbrücke 21 Stadthalle 22 Aussichtsturm 23 Pferdetor*

Die stark verschobene Anlage des *Kreuzganges* ergab sich zwangsläufig aus der unterschiedlichen Achsenrichtung des ottonischen und des gotischen Domes, denn der südliche Flügel, nach der Mitte des 12. Jh. erbaut, blieb vom Brand des Jahres 1207, der den ottonischen Vorgänger weitgehend vernichtete, verschont und wurde in den Neubau einbezogen. Die Erdgeschoßarkaden ruhen auf schweren Pfeilern mit Ecksäulchen, dazwischen je drei von Säulen getragene Rundbögen, deren hervorragende Kapitellornamentik in der Nachfolge von Königslutter steht.

Rechwinklig gehen West- und Ostflügel vom Südtrakt aus, um im spitzen bzw. stumpfen Winkel auf den hauptsächlich mit dem Domneubau entstandenen Nordflügel zu stoßen. Die leider nur in Resten erhaltenen Putzritzzeichnungen zwischen den Fenstern des Osttraktes der Klausur zeigen die lange Reihe der ersten Magdeburger Erzbischöfe und, besonders schön erhalten, Otto I. auf der Thronbank mit seinen beiden Frauen Editha und Adelheid. Als dieser wertvolle Fries Mitte des 13. Jh. entstand, war diese Ostwand noch in weiten Arkaden zum dahinterliegenden Remter geöffnet. Die Schäfte der Freisäulen dieses zweischiffigen, langgestreckten Saales bestehen aus Marmor und Granit, die zum Teil auf umgekehrten antiken Kapitellen ruhen, die eigentlich nur aus den ottonischen Vorgängerbauten stammen können. Vor der großen Domweihe von 1363 war auch der Remter fertiggestellt, wobei sich an seiner Ostseite noch Gebäude anschlossen, die nach der Mitte des 15. Jh. der jetzt noch vorhandenen spätgotischen, mit einem Netzgewölbe überspannten *Marienkapelle* weichen mußten. Den dort aufgestellten *Elisabethaltar* stiftete 1360 Magdeburgs Bürgerschaft als Sühne für den Mord an Erzbischof Burchard III. Eingelassen in die Wand der Kapelle finden sich neun Marmorreliefs. Diese Figurenplatten aus der Zeit um 1160 dürften Teile des mit der Chorschranke verbundenen Ambo des Domes sein, der Mitte des 15. Jh. abgerissen wurde, um seinem spätgotischen Nachfolger Platz zu machen. Die hochromanischen Figuren heben sich aus dem zeitgenössischen Umfeld vor allem durch ihre große Plastizität und ins Individuelle spielende Bewegtheit hervor.

Als ein Kleinod hochgotischer Baukunst gilt die im nördlichen Kreuzgang gegenüber dem Querhausportal in das Innere der Klausur springende *Brunnenkapelle* oder Tonsur, denn sie war zugleich der Ort des Haareschneidens. Unter einer Flachdecke entfaltet sich hier die seltene Konstruktion freistehender Rippen, die ein Maßwerk tragen.

Der **Dom** (Farbabb.1) sollte das prächtigste Bauwerk der Regierungszeit von Otto I. werden. Schon 955 wurde mit dem Ausbau der Klosterkirche begonnen. Diese kaiserliche Basilika erregte bald die Bewunderung aller Zeitgenossen. Thietmar von Merseburg beschreibt, wie viele Leiber von Heiligen der Kaiser neben kostbarem Marmor, Gold und Edelsteinen aus Italien nach Magdeburg bringen ließ. Aber auch die Heiligen konnten den ottonischen Dom, die Begräbnisstätte von Otto und Editha, nicht schützen. Am Karfreitag des Jahres 1207 fiel er einem Stadtbrand zum Opfer.

Erzbischof Albrecht II., einer der gebildetsten Kirchenfürsten seiner Zeit, sah sich zwar der Forderung der Bürger nach Wiederherstellung des alten Bauwerks gegenüber, entschied sich aber für einen Neubau im modernen Stil der französischen Kathedralen. Er sollte noch reicher und großartiger als der Vorgängerbau werden. Damit hing er ähnlichen Wunschträu-

# MAGDEBURG

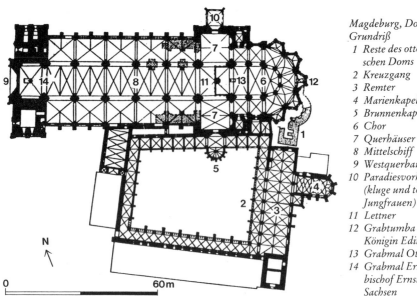

Magdeburg, Dom, Grundriß
1 Reste des ottonischen Doms
2 Kreuzgang
3 Remter
4 Marienkapelle
5 Brunnenkapelle
6 Chor
7 Querhäuser
8 Mittelschiff
9 Westquerbau
10 Paradiesvorhalle (kluge und törichte Jungfrauen)
11 Lettner
12 Grabtumba Königin Editha
13 Grabmal Otto I.
14 Grabmal Erzbischof Ernst von Sachsen

men nach wie einst Otto der Große, der sich als Erbe des römischen Kaisertums empfand und demgemäß »den festlichen Glanz italienischer Basiliken aus der Blüte der Kaiserzeit nach Sachsen verpflanzte«, wie Helga Möbius feststellte.

Natürlich standen bei Baubeginn im Jahr 1209 heimische Künstler ganz in der Tradition sächsischer Spätromanik. Aber gerade das Aufeinandertreffen von Modernität und landschaftlich gebundener Tradition macht diesen ersten, nach gotischen Plänen errichteten deutschen Dom so faszinierend und einmalig.

Im Osten, wo mit dem *Chorpolygon* das Baugeschehen einsetzte, erheben sich auf gotischem Grundriß nicht die hoch aufstrebenden Räume mit schlanken Pfeilern und die sich in diffizilen Fensterordnungen auflösenden Wände des französischen Vorbilds, sondern massive, weitgehend geschlossene Wände, wo an den Außenmauern sogar auf das später auch in Magdeburg unerläßliche Strebewerk verzichtet wurde (Abb. 2). Gedrungene Pfeiler trennen noch ganz wie in der Romanik den Gesamtraum in eine Reihe von Einzelräume. Lediglich die dreigliedrigen Dienste an den Innenseiten der Chorpfeiler bringen etwas französische Leichtigkeit ins Spiel. Dieser ersten Bauphase, die bis etwa 1218 währte, gehören auch die Kapitelle an den inneren Pfeilern des Chorumgangs an (Abb. 6). Hier haben zwei Meisterpersönlichkeiten gearbeitet, die ihre offensichtlich niederrheinischen Lehrer weit übertroffen haben und etwas vom Eindrucksvollsten schufen, was spätromanische Ornamentkunst hervorgebracht hat. Zwei Temperamente sprechen sich aus. Das eine expressiv, Mensch und Pflanze mit gleicher und vehementer Intensität in gedrängte Kompositionen treibend, wie etwa bei dem Eckkopf des ersten südlichen Kapitells. Bei dem anderen Meister finden sich surrealistisch anmutende Verbindungen von Pflanze, Tier und Mensch in weicheren, sinnenderen und zugleich kühleren Formen.

Im zweiten Bauabschnitt, von etwa 1220 bis 1232, entstanden zunächst die schlanken, zum Teil rundbogigen Arkaden des Hochchores (Abb. 3), die Wölbungen des Chorumgangs und der Kapellen. Gewiß in Abänderung des ursprünglichen Planes und dem Bedürfnis nach einem weiteren Raum vergrößern sich die Abstände der Pfeiler nach dem Polygon. Durch diese Abstufung wird das Polygon als Ort des Hauptaltars zugleich vom übrigen Chor herausgehoben und abgesondert, ein Eindruck, der sich an den Vierungspfeilern wiederholt. Auch sie und die Querhäuser wurden von der gleichen, französisch beeinflußten Bauhütte begonnen. Auf ein Vorbild wie die zu dieser Zeit noch im Bau befindliche Kathedrale von Laon könnten die nun ebenfalls entstehenden Türme in den Zwickeln von Chor und Querhaus zurückgehen. Gleichermaßen sollte auch der plastische Schmuck dem französischen Vorbild entsprechen. Möglich, daß dazu eigens Steinmetze aus Frankreich berufen wurden. Die eigentlich für das Nordportal bestimmten, später im Hochchor aufgestellten Figuren der Apostel Petrus, Paulus und Andreas sind verwandt mit den berühmten Gewändefiguren des Nordportales der Kathedrale Notre-Dame in Chartres. Wie menschliche Säulen treten sie vor die Architektur und bleiben ihr doch verhaftet. Ganz wie diese das Gewölbe des Gotteshauses tragen, sind auch sie in ihrer Vergeistigung Diener eines Höheren. Daß daneben Bauplastik voller Spiel und Witz entstehen konnte, beweisen Gestaltungen besonders an den drei Bogenpforten des Chorumgangs. An der Ostpforte des Nordumgangs sind es die anmutigen Sirenenfigürchen, am nordöstlichen Chorpfeiler der ›turmbewehrte Kriegselefant‹, die das Interesse der Besucher auf sich ziehen. Als unbestritten bedeutendste Bildhauerpersönlichkeit dieser Bauperiode ragt der ›Meister des Magdalenentympanons‹ heraus. Er schuf die Figurengruppe des ›Noli me tangere‹ an der Westpforte des südlichen Chorumgangs und das mit einer bekleideten und einer nackten Frau geschmückte Kapitell im Nordumgang.

Trotz sich mehrender dekorativer Verwendung frühgotischer Bauglieder, die die Schwere romanischer Bauglieder zu sprengen suchen, war auch diese Bauphase von romanischen Grundvorstellungen geprägt. Erst der seit 1232 folgende Bauabschnitt durchbrach diese rheinisch geprägte Ziergliederarchitektur. Ein vielleicht vorher in Maulbronn tätiger zisterziensischer Baumeister aus Walkenried brachte die frühgotischen Formerfahrungen mit, für deren Verbreitung gerade sein Orden so wesentlich gesorgt hat. Mit den Zisterziensern kamen das frühgotische, selbsttragende, aus Pfeilerbündeln herausstrebende Gewölbe und das typische schlanke Kelchblockkapitell nach Magedburg. Entgegen der im Orden typischen Strenge besitzt der neue Baumeister aber eine Vorliebe für das ornamentale Detail.

Unter seiner Regie wurde vor allem der Bischofsgang, die Empore über dem Chorumgang, fertiggestellt. Die marmornen Säulenschäfte des Vorgängerbaus, einst aus Ravenna herbeigeschafft, wurden nun im Chorhaupt eingefügt, wie die kleinen spätromanischen Reliefs über den Arkaden. Auch die wertvollen Gewändefiguren erhielten zu dieser Zeit ihren Platz an den Pfeilern des Bischofsgangs, wobei es sich bei den beiden fremd wirkenden Figuren des Mauritius und Innocentius um Ergänzungen handelt.

# MAGDEBURG

Von etwa 1240 an war es einem vierten Baumeister über 30 Jahre lang bestimmt, das begonnene Werk fortzusetzen. Mit ihm hielt die reife Gotik in Magdeburg ihren Einzug. Schon die riesigen Maßwerkfenster der Querhausfassaden und Giebel entsprechen den neuen Maßen und dem Drang nach Transparenz, dem Zurückdrängen der tragenden Glieder auf das Notwendigste. Eine erneute Planänderung im Langhaus erforderte die schwächeren Zwischenpfeiler der Arkaden zugunsten stärkerer und höherer Pfeiler herauszubrechen, deren mächtige Bögen die doppelte Spannweite zu überbrücken in der Lage waren. Auch die bereits im Bau befindlichen Außenmauern der als Fortsetzung des Chorumganges geplanten Seitenschiffe wurden entsprechend den neuen Vorstellungen nach außen verschoben. Daneben begann der Meister mit dem Bau der beiden Türme der Westfront. Ein Porträt dieses kühnen Architekten ist uns vielleicht in der Konsolfigur des westlichen Vierungspfeilers übermittelt, unter welcher der Name ›Bonensac‹ zu lesen ist. Im Bild dieses einfach gekleideten Handwerkers, der sich, auf einer Erdscholle kniend, mit aller Kraft gegen die Last des Dienstes zu stemmen scheint, spiegelt sich das Selbstverständnis seines ganzen Berufsstandes.

Die architektonische Vollendung des Domes sollte nach ›Bonensac‹ noch 250 Jahre in Anspruch nehmen, die vornehmlich durch Pausen gekennzeichnet waren. In einer Urkunde von 1274 beklagte man den unfertigen Zustand des Domes und drang auf baldige Fortsetzung des Baues. Endlich wurden die noch fehlenden vier Langhauspfeiler aufgerichtet sowie das Mittelschiff und die Seitenschiffe eingewölbt. Als 1310 die noch die Fertigstellung des Westbaus hindernde Nikolaikirche abgebrochen werden konnte, war es nun möglich, auch die *Westfassade* unter Verwendung der bereits existierenden Turmstümpfe weiter aufzuführen. Bis 1363 entstanden das zweite und dritte Turmgeschoß, die Portalzone und das zweite Geschoß des Mittelbaues, um dann die prunkvolle Domweihe zu halten und den Bau für nun über hundert Jahre ruhen zu lassen. Erst seit dem letzten Viertel des 15. Jh. stiegen Giebel und Dächer bis zu ihrer heutigen Höhe. Die Pyramidendächer der Türme sind sogar erst 1520 vollendet worden. Es bleibt daher erstaunlich und beeindruckend, welche kompositorische Geschlossenheit dieser über einen Zeitraum von 250 Jahren entstandene Westbau ausstrahlt (Abb. 1). Hinzu tritt hier wie andernorts neben die vorzügliche Durchgestaltung architektonischer und ornamentaler Details die bedeutende bildhauerische Leistung, besonders in den Figuren der Apostel und Christus im Gibelbereich des Mittelhauses aus den ersten Jahrzehnten des 16. Jh.

Überhaupt ist der Magdeburger Dom neben seiner baulichen Gestalt vor allem durch seine Skulpturen berühmt geworden. Denn ebenso genial wie jener ›Bonensac‹ müssen auch die Steinmetze in der Bildhauerwerkstatt des 13. Jh. gewesen sein. Was an Plastik aus jener Zeit im Dom noch vorhanden ist, zeugt von so hoher Kunstfertigkeit und Originalität, daß es Vergleiche mit den bedeutendsten Werken dieser Epoche auf deutschem Boden nicht scheuen muß.

1 MAGDEBURG    Dom, Blick aus dem Kreuzgang zum Westbau ▷

2  MAGDEBURG  Dom, Ostchor

3  MAGDEBURG  Dom, Hoher Chor ▷

4, 5   MAGDEBURG   Dom, drei törichte Jungfrauen vom Paradiesportal und ›Editha und Otto‹

6, 7   MAGDEBURG   Dom, südlicher Chorumgang und Kloster Unser Lieben Frauen, Brunnenhaus

8 MAGDEBURG Klosterkirche Unser Lieben Frauen von Südosten

9 MAGDEBURG Maria-Magdalenen-Kapelle, St. Peter und Wallonerkirche

11, 12  MAGDEBURG  Kulturpark Rotehorn, Pferdetor und Stadthalle mit Aussichtsturm

◁ 10  MAGDEBURG  Rathaus mit Magdeburger Reiter

13  LEITZKAU  Schloß, ›Althaus‹

14  HAVELBERG  Dom, Blick durch das Mittelschiff nach Osten ▷

15  ARENDSEE  Klosterkirche von Osten

16  WERBEN  Johanneskirche, Taufe und

17  BURG  Unterkirche, Kanzel

18 OSTERWOHLE Inneres der Dorfkirche

20 DIESDORF Freilichtmuseum
◁ 19 SALZWEDEL Blick zur Marienkirche
21 Hünengrab bei Stöckheim

22  GARDELEGEN   Salzwedeler Tor

23, 24   STENDAL   Kanzel der Jakobikirche und Roland vor dem Rathaus

25 STENDAL Uenglinger Torturm

26 TANGERMÜNDE Neustädter Tor ▷

Allen voran steht der *Figurenzyklus der klugen und der törichten Jungfrauen* am etwa 100 Jahre später geschaffenen Portal in der Paradiesvorhalle des nördlichen Querhauses. Fünf bezaubernde Mädchenfiguren zeigen dort in ganz irdischer Art ihre Freude über den nahen Bräutigam. Mädchenhafter Überschwang läßt ihre Gesichter gleichsam wie die Lampen erstrahlen, denen das Öl nicht ausgegangen ist. Kein allzu hoffärtiger Stolz nimmt ihnen trotz sieghafter Haltung und Gestik die reizende Anmut. Da wird kindhaft geschmunzelt oder gelacht oder sich mit erstaunter Gebärde vor die Brust getippt, als sollte das unverhoffte Glück hinterfragt werden. Wie anders erscheinen dagegen ihre törichten Schwestern (Abb. 4). Ihre Gestalten sind gebeugt. Die leeren Lampen sinken ihnen vor Kummer fast aus den Händen. Die eine verhüllt im Schmerz ihr Gesicht, die andere schlägt sich wie in plötzlicher Erkenntnis entsetzt gegen die Stirn. Im Vergleich zu der unabwendbaren Drohung, die mit diesem Gleichnis dem mittelalterlichen Menschen vor Augen gestellt war, erscheinen die Figuren des großen, sonst mit keinem anderen Werk nachweisbaren Meisters um Nachsicht und Verständnis zu werben.

Eine interessante Parallele zum Gleichnis der Jungfrauen vermitteln die ebenfalls in der Vorhalle aufgestellten Figuren der *Ecclesia* und der *Synagoge*. Es sind Sinnbilder der sieghaften christlichen Kirche und des verblendeten und besiegten Judentums. Natürlich verrät schon das äußere Erscheinungsbild dieser Arbeiten, daß hier ein anderer Meister am Werke war.

Im Gesicht des Engels der im nördlichen Chorumgang aufgestellten *Verkündigungsgruppe* leuchtet aber noch einmal das Lächeln der klugen Jungfrauen auf, ohne deren durchgeistigte Ausstrahlung und Harmonie zu erreichen. Diese liegt viel eher in der die Botschaft voller Skepsis hörenden Maria, die sich ehrfurchtsvoll in ihr schützendes Gewand zurückzuziehen sucht.

Auch im Chor selbst sind noch zwei Figuren aus der Magdeburger Bildhauerwerkstatt um die Mitte des 13. Jh. aufgestellt. Der Hauptpatron der Kirche, der *heilige Mauritius*, dieser »legendäre Streiter für das Christentum«, wurde hier als afrikanischer Krieger in zeitgenössischer Montur dargestellt. Einst trug die nur noch als Torso vorhandene Figur sicher auch Lanze und Schild. Er erscheint in seiner Lebensnähe und klassischen Einfachheit weniger als Held denn als nachdenklicher Mensch, der dem Betrachter mit erfahrungstiefen Augen entgegenblickt. Ihm gegenüber aufgestellt und etwa zur gleichen Zeit entstanden, ist die Figur der heiligen Katharina.

Zu den bekanntesten Werken der frühgotischen Plastik im Magdeburger Dom gehört neben dem Mauritius und den Jungfrauen das *thronende Sitzpaar* (Abb. 5). Ihr ursprünglicher Platz ist nicht bekannt. Aber spätestens seit dem 16. Jh. behaupten sie ihre Sonderstellung in der sechzehneckigen kleinen Heilig-Grab-Kapelle im nördlichen Langhaus. Sie werden in der lokalen Überlieferung als *Editha und Otto* gedeutet. Es handelt sich bei dem königlichen Paar aber wohl doch eher um eine Darstellung der himmlischen Brautleute Ecclesia und Christus, die am Tag des Jüngsten Gerichtes ihre mystische Hochzeit feiern, was die zeitgenössische Identifizierung mit dem weltlichen Herrscherpaar nicht ausschließt. Die Ecclesia trägt ein zum Betrachter geöffnetes Buch, wohl die Heilige Schrift, der Welten-

# MAGDEBURG

*Der Magdeburger Dom, Ansicht von Westen. Stich, 17./18. Jh.*

herrscher als Zeichen seiner Hoheit die Sphaira, eine nach islamischem Vorbild stilisierte Welt aus Planeten.

Wenn auch nicht so signifikant und in dieser Dichte, haben natürlich auch andere Zeiten als die um die Mitte des 13. Jh. die bildhauerische Ausstattung des Domes geprägt, und zwar oft in ebenbürtiger künstlerischer Qualität.

Der den ungehinderten Blick vom Mittelschiff in den Chor hemmende *Lettner* ersetzte 1445 die alten romanischen Chorschranken. Der reiche ornamentale und figürliche Schmuck besitzt in allen, sich oft schon gegenseitig erdrückenden Details die Formen der in sich selbst zurücksinkenden Linien der späten Gotik. Die um 1360 entstandenen wundervollen Schnitzereien des hinter dem Lettner aufgestellten Chorgestühls stehen dagegen noch ganz in der ungebrochenen Kraft der Hochgotik. Werden an den Gestühlswangen Geschichten der Menschwerdung und Leben und Passion Christi mit einer großen Mystik und einer bis ins Groteske reichenden Gestaltungskraft dargestellt, so läßt der Künstler in den Schnitzereien der Miserikordien seinem Witz ungehinderten Lauf.

Ein Meisterwerk seiner Zeit ist auch die an einen Mittelschiffpfeiler gelehnte, von 1595–97 geschaffene *Kanzel* des Nordhäuser Bildhauers Christoph Kapup, in der lebendige italienische Einflüsse mit sicherem Stilempfinden in beeindruckender Ganzheit geordnet werden.

Außer diesen zur engeren liturgischen Ausstattung zählenden Werken, zu denen auch noch der 1311 gestiftete, vor dem Lettner aufgestellte *Katharinenaltar* oder der im westlichen Mittelschiff befindliche große *Taufstein* zu rechnen wären, gibt es in den Räumen der Türme, der Seiten- und Querschiffe oder des Chorumgangs noch zahlreiche Einzelfiguren, Figurengruppen oder Reliefs von oft beeindruckender Schönheit. Ebenfalls in diesen Nebenräumen erhielten im Lauf der Jahrhunderte viele *Grabmäler* ihren Platz. Als Zeugen ihrer Zeit geben sie noch heute am anschaulichsten Auskunft über die sinnlich nur schwer zu erfassenden, längst vergangenen Jahrhunderte.

Aus romanischer Zeit sind es die Grabplatten der Erzbischöfe Friedrich von Wettin, der 1152, und Wichmann, der 40 Jahre später starb, die besondere Aufmerksamkeit verdienen. Die im nördlichen bzw. südlichen Chorumgang zu findenden Platten gelten als beispielgebende Erzeugnisse der über Deutschland hinaus angesehenen Magdeburger Gießhütte, in der auch die weltberühmte ›Nowgoroder Bronzetür‹ gegossen worden ist. Zwischen beiden Arbeiten liegt der Stilwandel von der Hochromanik zur Spätromanik, von betonter Unnahbarkeit und Strenge zu lebensnäheren und gelösteren plastischen Formulierungen. Weitaus stärker drängt in der zweiten Hälfte des 14. Jh. ein sich ausprägendes bürgerliches Lebensgefühl zu einer Realistik, die das Individuelle und Einmalige betont. Hierzu zählen die Grabmäler der Erzbischöfe Otto von Hessen und Albrecht von Querfurt. Ebenfalls im Chorumgang, in dessen Scheitel, befindet sich die 1510 aufgestellte Grabtumba für die Königin Editha. Trüge ihre Figur keine Krone, so wäre sie von einer zeitgenössischen Bürgersfrau kaum zu unterscheiden. Indem ihr Grab aber auf einer Linie mit dem des Kaisers im Chor und den Hauptaltären liegt, ist ihr wenigstens in dieser Beziehung eine herausgehobene Stellung beschieden. Daß der 1513 verstorbene Erzbischof Ernst von Sachsen – unter dem der Dom vollendet wurde – sein Grab auf dieser Linie in der westlichen Turmhalle errichten ließ, ist sicher kein Zufall. Auch die Herstellung der Grabplatte oder Tumba wurde in aller Regel vorausgeplant. Ernst ließ seine Tumba schon 1495 von dem in ganz Deutschland tätigen Peter Vischer d. Ä. aus Nürnberg gießen. Das von der Spätgotik in die Renaissance hinübergetretene Werk gilt allgemein als das Meisterwerk dieses großen Künstlers.

# MAGDEBURG

*Magdeburger Dom, ›Heldenmal‹ von Ernst Barlach, 1929*

Die in den folgenden Jahrhunderten im Dom aufgestellten Grabmäler und Epitaphien erreichen diese Höhe künstlerischer Qualität nicht mehr, wenngleich sich unter ihnen bedeutende Werke, etwa von Hans Klintzsch, Christoph Kapup oder Christoph Dehne finden.

Daß gerade im 20. Jh. die lange Reihe wertvoller Denkmäler durch den expressionistischen Bildhauer Ernst Barlach (1870–1938) weitergeführt wurde, ist ein unschätzbarer Glücksfall. Als erschütternde Mahnung an die Toten des Ersten Weltkrieges 1929 geschaffen, hatte dieses ›Heldenmal‹ seit seiner Aufstellung die größten Angriffe seitens militaristischer Kreise zu ertragen, so daß die Domgemeinde 1933 einen Antrag auf Entfernung stellte. Erst 1956 kehrte es in ein sich nur langsam von den verheerenden Wunden des Zweiten Weltkrieges erholendes Magdeburg zurück, wo es an seinem alten Platz, im nördlichen Querhausarm des Domes, nichts von seiner Eindringlichkeit und leider auch Aktualität verloren hat.

Wie kaum eine andere große Stadt in Sachsen-Anhalt hatte Magdeburg unter kriegerischer Zerstörung zu leiden. Der rasche Aufstieg im Mittelalter und die strategische Sonderstellung ließen zwar Handel und Wandel blühen, schnürten es aber gleichzeitig wieder in einem Festungsbollwerk ein, so daß die vielgerühmte Freiheit, begründet auf dem beispielgebenden Magdeburger Recht, hinter den Mauern kaum zu Atem kam.

Die mittelalterliche Befestigung zog sich direkt östlich des Domes entlang. 1724 wurde dort der parkähnliche *Fürstenwall* angelegt. Der nördliche der beiden noch vorhandenen, wenn auch nicht mehr originalen Wehrtürme heißt *Kiek in de Köken,* weil die Bürger von ihm direkt in die erzbischöfliche Küche sehen konnten.

Die Barockbauten am *Domplatz* nördlich des Domes sind jüngeren Datums, bieten zwar keinen Einblick in die erzbischöfliche Küche, aber dafür selbst einen fürstlichen Anblick. Sie entstanden unter dem Festungsgouverneur Leopold von Anhalt-Dessau als repräsentative Begrenzungen eines dort geplanten Exerzierplatzes. Auch diese Palais sind während des Zweiten Weltkrieges stark zerstört worden. Bis heute konnte die östliche Häuserreihe nicht wieder vollständig hergestellt werden. Interessant ist der zwischen der ehemaligen Dompropstei (Nr. 1) und dem preußisch-königlichen Palais (Nr. 2/3) eingezwängte Cour d'honneur, in dessen zur Elbe gerichteten Flügel Reste der ehemaligen Palastkapelle St. Gangolf aufgegangen sind. Das wuchtige Haus Nr. 4 fällt besonders durch seine den ganzen Mittelrisalit einnehmende Portalarchitektur auf. Die nördliche Seite des Platzes wird durch drei unter einem Mansarddach zusammengefaßte Häuser beherrscht. Das mittlere, 1728 vollendete Haus, hebt sich durch seine besonders lebendige Fassadengestaltung und die Überhöhung durch ein Zwerchhaus markierend heraus. Als Ensemble erwecken sie tatsächlich den Eindruck einer schloßähnlichen Umgrenzung um den mitunter riesenhaft erscheinenden Platz.

Schon vom Domplatz aus ist der schmale und hohe Westquerbau des **Klosters Unser Lieben Frauen** ein immer wieder den Blick einfangender Anziehungspunkt. Die Klosteranlage beherbergt außer ihrer alten, wertvollen Bibliothek eine vornehmlich der Bildhauerei zugewandte Kunstsammlung. Neben mittelalterlicher Holzplastik, die zumeist aus zerstörten Magdeburger Kirchen stammt, wurde hier seit 1976 eine »nationale Sammlung Kleinplastik der DDR« aufgebaut, die noch 1989, »aus Anlaß des 40. Jahrestages der Gründung der DDR«, durch Einbeziehung angrenzender Freiflächen als Ausstellungsraum für Großplastik erweitert worden ist. Trotz unbestreitbarer dogmatischer Einengungen in der Sammlungspolitik ist doch auch an Künstlern wie Waldemar Grzimek, der 1961 in die Bundesrepublik übergesiedelt war, festgehalten worden. Für das Nordportal der als Konzerthalle genutzten Klosterkirche schuf er 1977 eine Bronzetür mit dem Titel ›Gefahren und Kreatur‹ und schloß sich damit an ein Thema an, dem gerade in Magdeburg schwer auszuweichen ist.

Der Überlieferung nach gründete Erzbischof Gero das Kloster, als er nach einer schweren Niederlage in einem Feldzug gegen Polenherzog Boleslav I. doch noch heil die Heimat erreichte. Errichtet wurde 1017/18 wohl nur eine sehr bescheidene, sicherlich hölzerne Kirche. Zwischen 1063 und 78 ließ Erzbischof Werner den steinernen Neubau einer kreuzförmigen, dreischiffigen Säulenbasilika mit einer dreischiffigen Hallenkrypta beginnen

Nachdem die *Kirche* durch Augustiner-Chorherren besetzt war, ging sie ab 1129 in die Hände des vom Magdeburger Erzbischof Norbert von Xanten gegründeten Ordens der Prämonstratenser über und wurde zum Ausgangspunkt einer umfassenden Missionierungspolitik. In relativ kurzer Zeit kam es in großem Umkreis zu 16 Neugründungen, darunter eine so bedeutende wie Jerichow.

Das setzte auch bauliche Aktivitäten im Mutterkloster voraus. So entstand der wehrhaft anmutende und gegen das Schiff völlig überhöhte *Westbau,* der aus einem quadratischen

## MAGDEBURG

Mittelturm und zwei Rundtürmen an seinen seitlichen Flanken besteht. Die einschneidend-
sten Veränderungen fanden aber im Innern der Basilika statt. Nach dem Stadtbrand von 1188
war es offenbar notwendig geworden, die Säulen durch Pfeiler zu ersetzen. Anstelle der
nordöstlichen Apsis wurde die sogenannte ›Hochsäulige Kapelle‹ angefügt, und um 1220–40
nach dem Vorbild des Domes eine frühgotische Wölbung eingebracht, die dem Innenraum
viel von seinem ursprünglichen Charakter nahm. Trotzdem bietet sie in ihrer äußeren
Erscheinung immer noch das klassische Bild einer hochromanischen Basilika sächsischer
Prägung (Abb. 8). Die bildkünstlerische Ausstattung ging unter den zahlreichen Eingriffen
und Zerstörungen fast völlig verloren. Von den wenigen erhaltenen Stücken sei hier nur die
Grabplatte für den 1134 in der Kirche beigesetzten Erzbischof Norbert erwähnt. Nach
seiner Heiligsprechung im Jahr 1582 errichtete man ihm in der Kirche eine riesige Grab-
stätte. Da die Gebeine des Heiligen aber schon 1626 nach Prag übertragen wurden, war die
Anlage rasch sinnlos geworden.

Auch der Neubau der heute noch in einmaliger Geschlossenheit vorhandenen Klostergebäude wurde 1129 in Angriff genommen. Die Gesamtanlage ist trotz einiger Einbußen, die
sie bis in unser Jahrhundert erleiden mußte, ein überaus seltenes Beispiel an Vollkommen-
heit. Das hervorragend erhaltene *Brunnenhaus* (Abb. 7) gilt als das älteste in Deutschland,
ihr kreuzgratgewölbter *Kreuzgang* in seiner Reinheit gar als der schönste im deutschsprachi-
gen Raum.

Wessen Neugier nun geweckt ist, noch mehr über Magdeburgs bedeutsame und wechsel-
volle Geschichte zu erfahren, dem sei ein Sprung in das *Kulturhistorische Museum* in der
Otto-von-Guericke-Straße empfohlen, das in seinen 1904–06 nach Entwürfen des Wiener
Architekten Friedrich Ohmann erbauten Räumen neben Kunstsammlungen solche zur
Geschichte, Kulturgeschichte und Technik beherbergt. Glanzstück des Museums ist das
Original des ›Magdeburger Reiters‹ mit seinen beiden weiblichen Begleitfiguren. Es entstand
Mitte des 13. Jh. unter den Händen eines Meisters der schon erwähnten Bildhauerwerkstatt
des Domes und ist das älteste erhaltene frei stehende Reiterstandbild Deutschlands. Nicht
weniger bekannt dürften auch die Magdeburger Halbkugeln sein, von denen sich im
Museum Nachbildungen befinden. Sie verhalfen dem Physiker Otto von Guericke zu seiner
Zeit zu Weltruhm, da die einstige deutsche Metropole, das blühende Handelszentrum der
Renaissance, durch den Dreißigjährigen Krieg in Trümmer gegangen war. Selbst das Genie
dieses Mannes, der sich im Amt des Bürgermeisters aus Liebe zur Heimatstadt redlich
bemühte, konnte die in den Flammen der wütenden Kriegsfurie untergegangene Größe
Magdeburgs nur bruchstückhaft wiedererringen.

Die dem Museum nahe gelegene *Stiftskirche St. Sebastian* war wie das Liebfrauenstift eine
Gründung des Erzbischofs Gero um 1015/16. Im Kern der Romanik der Mitte des 12. Jh.
zugehörig, ist sie im 14. und 15. Jh. zur gotischen Hallenkirche umgebaut worden und
erhielt nach dem Dreißigjährigen Krieg sowohl eine einheitliche Kreuzrippenwölbung als
auch die barocken, welschen Hauben auf den Türmen des romanischen Westbaus.

Die Zeit des Barock war es, die das Gesicht des neuen Magdeburg prägte, allerdings ohne
Reichsfreiheit und bald unter der bestimmenden Kraft eines brandenburgischen Gouver-

neurs. 1680 ging das ehemalige Erzbistum Magdeburg und mit ihm auch die Stadt nach den Vereinbarungen des Westfälischen Friedens an Kurbrandenburg. Von Anfang an hatte dieser Staat ein elementares Interesse daran, seine westliche ›Hauptstadt‹ und damit sich selbst zu schützen, zumal 1714 auch die obersten Behörden aus der alten Residenz Halle nach Magdeburg zurückkehren sollten. Unter dem bereits erwähnten Leopold von Anhalt-Dessau, dem ›Alten Dessauer‹, wurde Magdeburg bis 1740 zur stärksten Festung Preußens ausgebaut, die trotz ihres komplizierten Systems bei Fertigstellung sogleich veraltet und bis ins 19. Jh. ein Hindernis für die natürliche Entwicklung der Stadt war. Die barocke Stadt hatte aber zunächst in den Grenzen der Festung Raum genug. Wie bereits am Domplatz gesehen, gab es eine rege Bautätigkeit, die sich unter einer landesherrlichen Baukommission entwickeln konnte. Dennoch entstanden nicht nur Regierungsgebäude. Das wieder wirksam gemachte Stapelrecht, der Getreidehandel und nicht zuletzt die seit 1685 auch nach Magdeburg eingewanderten Hugenotten, die sich hervorragend auf die Herstellung von Tuchen, Seidenstoffen, Handschuhen, Strümpfen und Bandwaren verstanden, trugen zu wirtschaftlicher Erholung bei. Die um 1728 entstandenen und in ihrer Fassade erhaltenen *Häuser Breiter Weg 178* und *179* sind die einzigen einer der einst wohl prachtvollsten Barockstraßen. Wie das mittelalterliche Magdeburg dem Dreißigjährigen Krieg, fiel das formen- und abwechslungsreiche Wesen heiterer Barockschönheit dem Zweiten Weltkrieg zum Opfer. 90 % des Stadtzentrums stürzten unter den anglo-amerikanischen Bombardements des 16. Januar 1945 in Schutt und Asche. Die Versuche der Nachkriegszeit, eine neue menschenwürdige Wohnlandschaft aufzubauen, mündeten über stalinistisch geprägte, ökonomisch nicht zu verantwortende ›Wohnschlösser‹ in die abweisend-nüchternen Blöcke des Industriefertigbaus, dem sich erst in den letzten Jahren ein paar erfreulichere Lösungen hinzugesellten.

Wie der Breite Weg ist auch der *Alte Markt* fast völlig zerstört gewesen. Durch seine relative Kleinheit und Intimität wirkt er in dem sonst sehr weitläufigen Zentrum Magdeburgs wie eine Oase. Auf kleinem Raum herrscht hier zu Marktzeiten geschäftiges Treiben, wie es sonst in der Stadt kaum zu finden ist.

Der *Weinkeller Buttergasse* am westlichen Eingang zum Markt ist nicht nur wegen seines Weines zu empfehlen. Der offenbar als Innungsdomizil der reichen Gerberinnung dienende romanische Keller ist erst während der Suche einer Gruppe von Heimatforschern nach alten Hauszeichen 1947 unter den Trümmern entdeckt worden. Fundstücke bewiesen, daß der Keller schon seit 1631 zugeschüttet gewesen sein muß. An die Umstände seiner Wiederentdeckung erinnern heute die an der Außenwand des neuen Gebäudes angebrachten, in mühseliger Arbeit aus den Trümmern geborgenen Hauszeichen. Solche alten Hauszeichen sind auch noch an anderen neuen Häusern am Markt zu entdecken.

Dominiert wird der Markt vom *Rathaus* und dem vor ihm auf hoher Säule in seinem 1651 erneuerten Gehäuse postierten *Magdeburger Reiter* (Abb. 10), der sich auf seinem angestammten Platz hier allerdings von seiner bronzenen Kopie vertreten läßt, während das kostbare Original wie erwähnt im Kulturhistorischen Museum sicher untergebracht ist. Das Rathaus ruht zum Teil noch auf den mittelalterlichen Mauern des Ratskellers. 1631 zerstört

## MAGDEBURG

und wieder aufgebaut, erhielt es von 1691–98 eine neue Fassade nach Plänen des Ingenieurhauptmanns Heinrich Schmutze, der auch die Entwürfe der zuvor begonnenen Zitadelle geliefert hatte. Von 1957–69 fanden umfangreiche Restaurationsarbeiten statt, die ihm sein heutiges Aussehen gaben. Obwohl in einem kühlen, zurückhaltenden, berlinisch beeinflußten Barock erbaut, ähnelt das nur zweigeschossige Gebäude durch seinen elegant hervortretenden Mittelrisalit einem kleinen Schlößchen. Ein ›offenes Buch‹ zur Geschichte der Stadt erhielt das alte Gebäude 1970 mit der Bronzetür von Heinrich Apel. In 14 Reliefplatten stellt der Künstler berühmte, über die Jahrhunderte mit Magdeburg verbundene Persönlichkeiten dar. Um nur einige Beispiele zu nennen, allen voran natürlich Otto der Große, gefolgt vom Schöffen Eike von Repkow, Verfasser des bedeutendsten Rechtsbuches seiner Zeit, des Sachsenspiegels, und weniger gewichtig zwar, aber wichtig für die Volksseele *Till Eulenspiegel,* von dem es auf dem Markt auch einen *Brunnen* gibt. Einer anderen Volksfigur, dem verspötteten Wunderheiler *Doktor Eisenbart*, ist in der nahen Weitlingstraße ein *Denkmal* gewidmet. Das für den Bürgermeister und Physiker *Otto von Guericke* steht beinahe in Reichweite Bei der Hauptwache. Es ist eine Arbeit von Carl Echtermeier aus dem Jahr 1907 und steht in seinem etwas theatralischen Realismus ganz in der Tradition des 19. Jh. Der nächste ›Große‹ in einem Tafelfeld der Tür ist der 1681 in Magdeburg geborene Komponist Georg Philipp Telemann, dem in Magdeburg die besondere Aufmerksamkeit der Musikforschung gilt und der in den alljährlich stattfindenden Telemann-Festtagen allgemeine Publizität erfährt. Etwas aus den Schlagzeilen heraus sind vielleicht heute der 1808 in Magdeburg geborene, den utopischen Sozialismus propagierende Wilhelm Weitling, und der 1890 geborene, in der ehemaligen DDR gern als ›Arbeiterdichter‹ gefeierte Erich Weinert. Zwischen beiden ist dem Techniker und Abenteurer, dem Flugpionier Hans Grade, eine Tafel gewid-

*Georg Philipp Telemann*

met. Die letzte Tafel jedoch gehört den Magdeburger Trümmerfrauen, die 1945 mit wund-gearbeiteten Händen der Stadt ihr Überleben sicherten.

Ihnen ist vom selben Künstler auch die Portalgestaltung der Ruine der *Johanneskirche* gewidmet. Die hinter dem Rathaus aufragenden Türme der Kirche geben dem Bild des Marktplatzes historische Tiefe. Als Aussichtsturm ist einer von ihnen hervorragend für einen Rundblick über das Stadtzentrum der Gegenwart geeignet. Die dreischiffige, spätgoti-sche Halle bzw. die intakte Turmhalle hat über Jahre als Skulpturengarten bzw. Architek-turmuseum oder auch als Raum für andere Ausstellungen gedient. Grabungen legen die Vermutung nahe, daß sie auf der Stelle der bereits 941 erwähnten ottonischen Johanneskir-che steht und damit die älteste Pfarrkirche Magdeburgs wäre. Auch wird in ihr die Begräb-nisstätte Otto von Guerickes vermutet. Beide Tatsachen haben die Absicht zu einem baldi-gen Wiederaufbau der heute noch vornehmlich von Unkraut und Sträuchern umwucherten Ruine gefestigt, an deren bronzener Eingangstür steht: »Wer aber aus der Vergangenheit nichts gelernt hat und weiter Haß und Zwietracht sät, den klagen wir an!«

Weitere, nicht unbedeutende Sakralbauten finden sich entweder entlang der Elbe oder bereits in den Außenbezirken. Von letzteren ist vor allem die *Nikolaikirche* in der *Neuen Neustadt* am Nikolaiplatz erwähnenswert. Dieser Stadtteil wurde ab 1812 planmäßig aufge-baut, nachdem die Alte Neustadt bei Auseinandersetzungen mit napoleonischen Truppen zerstört worden war. Auch St. Nikolai ist in dieser Zeit zwischen 1821–24 nach einem Entwurf von Karl Friedrich Schinkel in reinen, klassizistischen Formen entstanden. Der langgestreckte, von sechs hohen Rundfenstern gegliederte Bau besitzt neben einer einheit-lich übergiebelten Westfassade zwei die Ostapsis flankierende quadratische Türme. Den von einer tonnengewölbten Kasettendecke überspannten schönen Saal begleiten auf beiden Längsseiten doppelte Emporen.

Die übrigen Kirchen in unmittelbarer Nähe des Marktes lassen sich am einfachsten durch einen kleinen Spaziergang in Stromrichtung von der Johanneskirche aus entdecken. Die kleine, direkt über dem Parkplatz zur Dampferanlegestelle Petriförder gelegene Kapelle ist die *Maria-Magdalenen-Kapelle* (Abb. 9). Auf dem Gelände des gleichnamigen Stiftes ent-stand sie 1315 als Sühnekapelle und wird deshalb auch Fronleichnamskapelle genannt. Sie zählt zu den ganz wenigen, die den Krieg fast unbeschadet überstanden. Sie besteht nur aus einem quadratischen Joch und einem Polygon, dessen schmale Fenster ein streng geformtes Maßwerk tragen. 1966 erhielt sie ein steiles Satteldach mit einem Dachreiter.

Die sich hinter der Kapelle mit ihrem zum Langhaus quergestellten Giebeln imposant ausnehmende katholische Kirche *St. Peter* (Abb. 9) läßt sich in ihrer Entstehung bis in das 12. Jh. zurückdatieren. Der noch erhaltene Westturm gehört dem in der näheren Umgebung weit verbreiteten Typus jener wehrhaften Dorfkirchenanlagen an, wie sie sich etwa auch in Ottersleben, Diesdorf oder Cracau finden lassen. Die Rekonstruktion des um 1400 zur dreischiffigen Halle umgebauten Kirchenschiffs ist 1972 abgeschlossen worden, allerdings ohne das ursprüngliche Kreuzrippengewölbe. Die modernen Glasmalereien im Chor ent-standen 1970 nach Entwürfen von Carl Crodel in zarten, schlichten Farben, wie auch die übrige liturgische Ausstattung von moderner Zurückhaltung geprägt ist.

73

# MAGDEBURG

Ganz in diesem Sinn arbeiteten auch die Architekten, die das moderne Bauensemble als eine Verbindung zur Wallonerkirche hinüber schufen, in dem die wohltuende Befreiung der stillen Atmosphäre alter Kreuzgänge nachempfindbar wird. Es beherbergt kirchliche Einrichtungen dreier Konfessionen.

Tatsächlich ist die *Wallonerkirche* (Abb. 9) 1366 als Klosterkirche eines Augustinerklosters geweiht worden. Erst 1694 wurde die Kirche des säkularisierten Klosters der reformierten Gemeinde der in die Stadt eingewanderten Walloner überlassen. Sie teilte im Zweiten Weltkrieg das Schicksal ihrer Nachbarin, und es dauerte bis 1978, ehe sie im wesentlichen wiederhergestellt war. Allerdings werden auch hier die edlen, in die Horizontale strebenden Bauglieder der Gotik von einer Flachdecke, statt der ursprünglichen schönen Wölbung aufgefangen. Der wertvolle spätgotische Flügelaltar in der von der evangelischen und einer kleinen reformierten Gemeinde genutzten Kirche kam aus der zur Konzerthalle umgebauten Ulrichskirche aus Halle.

Der *Lukasturm* markierte im Mittelalter den nordöstlichsten Punkt der Altstadt und galt als starke Bastion. Gerade aber dort brachen die kaiserlichen Truppen unter Tilly 1631 in die Stadt ein. Um die Jahrhundertwende gaben Künstler und Kunstfreunde ihm seine heutige Gestalt und nannten das Gebäude ›Lukasklause‹. Auch heute ist der malerische Winkel am nördlichen Ende der Elbuferpromenade wieder ein Ort für die intime Begegnung mit Kunst und Künstlern geworden.

Von hier aus zieht sich die *Elbuferpromenade* mit ihren parkartig gestalteten und von Plastiken durchsetzten Grünanlagen an der Elbe und dem historischen Panorama Magdeburgs bis an den Stadtteil Buckau im Süden hin. An die Promenade schließt dort fast der *Kloster-Berge-Garten*. Weitsichtige Städteplaner erkannten schon Anfang des vergangenen Jahrhunderts, daß zu einer sich zu einem wirtschaftlichen Ballungszentrum entwickelnden Stadt auch eine ›grüne Lunge‹ gehört. Man berief für diese Aufgabe keinen geringeren als Peter Joseph Lenné, den Gartenarchitekten von Sanssouci, um auf dem brachen Gelände des ehemaligen Klosters Berge einen Volkspark zu schaffen. Der Park erlangte vor allem Berühmtheit, weil er der erste Park auf deutschem Boden war, der uneingeschränkt der Allgemeinheit zur Verfügung stand. Das dazugehörige, inzwischen durch verschiedene An- und Umbauten veränderte *Gesellschaftshaus* entwarf Karl Friedrich Schinkel. Nachdem die Anlage in den folgenden Jahrzehnten durch den Eisenbahn- und Brückenbau gravierende Einschränkungen erlitten hatte, erhielt sie 1896 einen *Gewächshauskomplex*, der Anfang des 20. Jh. auf 12 Schauhäuser mit zum Teil sehr kostbaren exotischen Pflanzen erweitert wurde. Wiederaufgebaut nach dem Krieg, zählen sie noch heute zu den beliebtesten Ausflugszielen der Magdeburger und ihrer Gäste.

Auch der *Kulturpark Rotehorn*, dem Kloster-Berge-Garten gegenüber auf der Elbinsel, ist eine Gründung des vorigen Jahrhunderts. Zu Fuß ist er von Buckau aus mit der Personenfähre oder über die schmale *historische Hubbrücke* zu erreichen, die ganz in der Nähe die Elbe überquert. Außer einem weitläufigen Park mit allen möglichen Vergnügungseinrichtungen und einem in der Mitte gelegenen See war er von Anfang an als Ausstellungszentrum geplant. In Vorbereitung der großen Theaterausstellung von 1927 wuchs hier unter der künstlerischen Leitung des in Darmstadt lebenden, aber schon früh mit Magdeburg verbundenen Architekten Albinmüller ein im Nachklang des Expressionismus stehendes, funktionalistische Prinzipien aufnehmendes Gebäudeensemble empor. Im Zentrum steht die bereits 1921 von Johannes Göderitz entworfene *Stadthalle* (Abb. 12), die nach dem Krieg nur in ihrer äußeren Erscheinung wiederhergestellt wurde. Der pfeilerhafte, sparsam gegliederte *Aussichtsturm* (Abb. 12) mit Lichtkopf dominiert im kleinen Ensemble. Ihm wie auch dem aus rotem Klinker erbauten *Pferdetor* (Abb. 11) mit seinen sechs im strengen Gleichmaß zum Sprung ansetzenden Pferden lagen Entwürfe von Albinmüller selbst zugrunde.

An dieser Stelle sei darauf hingewiesen, daß trotz der prekären Finanzsituation in den 20er Jahren in Magdeburg vergleichsweise viele Gebäude in den modernen, an Funktionalismus und Sachlichkeit orientierten Formen entstanden sind. Die Arbeit Bruno Tauts, der Anfang der 20er Jahre in Magdeburg Stadtbaurat war und hier seine berühmt-berüchtigten Experimente mit dem farbigen Hausanstrich initiierte, hat sicher wesentliche Anstöße gegeben. Dabei ist Taut selbst als Architekt kaum in Erscheinung getreten, sieht man von seiner größten Arbeit, der mit Göderitz gebauten Halle ›Stadt und Land‹ im Stadtteil Sudenburg, heute *Hermann-Gieseler-Halle,* ab. Die bedeutendste Arbeit in dieser Richtung war die von Konrad Rühl und G. Gauger 1924–29 an der Großen Diesdorfer Straße westlich des Stadtkerns gebaute *Hermann-Beims-Siedlung,* deren Besichtigung Interessierten unbedingt empfohlen sei.

Gleichermaßen empfehlenswert ist ein Ausflug zum *Herrenkrugpark.* Allerdings liegt der etwas weiter vom Zentrum entfernt auf dem rechtsseitigen Ufer der nördlichen Elbaue. Dafür ist er der älteste Landschaftspark Magdeburgs nach englischem Muster und wurde 1825–29 nach Lennés Plänen erweitert. Die 1906 geschaffene und noch in Betrieb befindliche Pferderennbahn bietet mit dem Service von Reit- und Fahrtouristik eine zusätzliche Abwechslung in diesem Naherholungsgebiet. Die Straße dorthin berührt den Cracauer Anger, wo Hans Grade 1908 seine ersten Flugversuche startete. – ›Flugversuche‹ in eine neue Zeit unternimmt heute auch wieder das ›alte‹ Magdeburg, das trotz aller Zerstörung eine lebendige Stadt geblieben ist, zugegeben wenig schillernd oder verspielt, sondern eher spröde, nüchtern, sachlich, eine Stadt, die in den letzten Jahrhunderten vornehmlich von Behörden, Militärs und Technikern geprägt wurde. Also nicht gerade eine Schönheit, schon gar nicht ein ›drittes Rom‹, aber historisch gesehen eine Stätte ersten Ranges in der deutschen Geschichte, die größte Beachtung verdient.

# Rechts der Elbe

Die Elbe, lateinisch Albis, tschechisch Labe, mundartlich Albe, heißt einfach Fluß. Wenn sie sich im flachen Land zu beschaulicher Weite ausdehnt, verleiht sie der Landschaft der Flußwiesen, Sandbänke, Auen und Auenwälder ein Ruhe verströmendes, friedliches Aussehen. Selbst wenn ein steiles Ufer schroff und windzerzaust an sie herantritt, so ist ein Blick von dort oben nur ein Beweis mehr für diesen ersten Eindruck. Daß dieses Bild so nicht stimmt, hat der Fluß lange durch seine unbändige Natur bewiesen, die in regelmäßigen Abständen schwere Überschwemmungen brachte. Die Tatsache, daß dem Fluß durch vergiftete Abwässer, Müll und Verkehr besonders in unserem Jahrhundert zugesetzt wurde, macht sich allgegenwärtig bemerkbar.

Von Natur aus die Landstriche zerteilend, hat die Elbe im frühen Mittelalter auch als Grenzfluß herhalten müssen zwischen germanischen und slawischen Herrschaftsbereichen. Immer wieder war besonders das rechtselbische Ufer blutig umkämpft, bis das Pendel endgültig zu Ungunsten der östlichen Völker ausschlug, und sie im Laufe der Jahrhunderte von den Deutschen assimiliert wurden. Wer heute mit geschärften Sinnen rechtselbisches Gebiet betritt, stößt allenthalben noch auf die Spuren jener frühen Bewohner, auf Zeugnisse ihrer Existenz wie der ihrer Eroberer, seien es alte Burgwälle, Burgen oder einfach die Namen der alten slawischen Ortschaften.

## Zwischen Magdeburg und Hohem Fläming

Die kleine, heute knapp 30 000 Einwohner zählende Stadt **Burg** in unmittelbarer Nähe des Elbe-Havel-Kanals an der alten, von Magdeburg ins Brandenburgische und später nach Berlin führenden Straße ist ein solcher Ort, der sich aus dem Zentrum eines Burgwards unter Heinrich I. auf dem Boden einer älteren slawischen Wallburg bzw. Siedlung entwickelte. Von hier gingen auch alte Straßen nach Norddeutschland, in die Altmark oder über die Lausitz nach Schlesien.

949 erstmals erwähnt, ist von der alten Burganlage in der auf der nordöstlichen Höhe liegenden Oberstadt keine Spur geblieben. Nur die einst im Verlauf der Missionierung gegründeten geistlichen Orte haben sich in ihren Nachfolgern erhalten. Die *Oberkirche Unser Lieben Frauen* hat zwar das Privileg der älteren Gründung, doch überdauerte von der romanischen Kirche nur der querrechteckige Westbau mit seinen beiden Türmen. Der Chor und die Langhausarkaden sind vor 1359, das ganze Schiff erst zwischen 1415 und '55 fertiggestellt worden, wobei die Südseite als die Schauseite aufwendiger gestaltet wurde und auch beide Portale erhielt. Während im Innern das Kirchenschiff noch von der ursprünglichen, von Backsteinrippen getragenen Wölbung überspannt ist, erhielt der Chor bereits 1592 eine

prächtige bemalte Felderdecke. Offenbar in einer Reihe von fetten Jahren schuf der Magdeburger Michael Spieß 1607 im Altarretabel die größte Kostbarkeit für die Kirche. Das architektonische Gerüst ist aus Sandstein. Die Reliefs über das Leben Christi aus Alabaster. Sie werden von Freifiguren ergänzt und von einer Auferstehungsszene bekrönt. Auch die Taufe und die Kanzel werden Spieß oder doch wenigstens seinem Umkreis zugeschrieben und gehören zu den Hauptwerken manieristischer Bildhauerkunst in der Gegend.

Ein vergleichender Blick auf die ebenfalls von Michael Spieß gestaltete Kanzel in der *Unterkirche St. Nikolai* ist verblüffend. Nähert sich der Altar der Oberkirche in religiöser Euphorie der Grenze der Kunstgewerblichkeit, besteht der Tenor der 1610 geschaffenen Kanzel (Abb. 17) in Disziplin und Strenge. Spieß übertrug hier das Figurenprogramm eines Epitaphs auf die Kanzel. In kniender Andacht gestaffelte Figuren ziehen den Blick zur Mitte des Kanzelkorbes, wo zwischen dem statisch zur Andacht geordneten Stifterpaar die Kreuzigung stattfindet.

Wie schon die Bezeichnung verrät, liegt die Unterkirche im niederen Teil der durch den kleinen Fluß Ihle von Südost nach Nordwest diagonal geteilten Stadt. 1186 wurde sie als Filial, also Tochtergründung der Oberkirche, erwähnt. Im Gegensatz zu dieser konnte sich der in vorzüglicher Technik ausgeführte Granitbau der Spätromanik bis auf geringfügige Veränderungen bestens behaupten und zählt zu den bedeutendsten Denkmälern seiner Art. Dem zweitürmigen Westquerbau mit spitzen, gestreckten Turmhelmen schließt sich nach Osten die dreischiffige Pfeilerbasilika mit durchgehendem, weiten Querhaus und einem mit einer halbkreisförmigen Apside geschlossenen quadratischen Chorjoch an. Auch die Seitenarme des Querhauses sind mit halbkreisförmigen Absiden geschlossen. Außer den kleinen Rücksprüngen in der Turmfront besitzt die Kirche weder im Innern noch am Außenbau irgendwelche Gliederungen oder Schmuckelemente und ersteht durch die simple Addierung ihrer Glieder wie aus einem Baukasten. Da alle Öffnungen rundbogig sind, unterstreicht selbst das später eingefügte hölzerne Tonnengewölbe die monumentale Raumwirkung des Innern und spiegelt aufs Anschaulichste den Konservatismus der Sachsen und Ostfalen, die in der Architektur noch lange an den alten Formen in dieser besonderen Einfachheit festhielten.

Von der *Stadtbefestigung*, die im 13. Jh. Ober- und Unterstadt gemeinsam umschloß und in der Nähe der Unterkirche ihre südwestliche Ecke hatte, sind nur noch wenige Reste, zwei Mauertürme und der Torturm des Berliner Tores geblieben. Ähnliches gilt auch für den Wohnbau. Eines der wenigen Beispiele spätmittelalterlicher Fachwerkarchitektur ist das *Haus Berliner Straße 38*.

Die Stadt ist geprägt vom 19. Jh. und seiner Industrialisierung und damit von mitunter beachtenswerten Fassaden vom Klassizismus bis zur Gründerzeit. Damals ging die durch niederländische Einwanderer begründete Tuchmacherei ein und wurde ersetzt durch einen Aufschwung in der Lederverarbeitung, die Burg den Beinamen ›Schusterburg‹ einbrachte. Aber auch andere Industriezweige ließen sich neben den schon lange ansässigen Gewerben wie der Bierbrauerei nieder. ›Die Sage vom Bierbrauen‹ erzählt ein amüsanter Stuckfries an einem ehemaligen Brauhaus in einer der Hauptstraßen der Unterstadt.

RECHTS DER ELBE

Kleine erlesene Besonderheiten lassen sich im vorerst landschaftlich wenig attraktiven Umfeld finden. Die spätromanische *Dorfkirche* im kaum 5 km östlich von Burg entfernten **Grabow** lohnt einen Besuch allein wegen ihrer für Dorfkirchen ungewöhnlichen Mächtigkeit. Die Holzdecke ihres Chores besitzt außerdem eine sehr schöne Schablonenmalerei mit einer naiven Kreuzigungsdarstellung von 1523 und neben der ebenfalls zu beachtenden Ausstattung unter den Grabdenkmälern einen auffällig kreisrunden Gedenkstein mit dem eingeritzten Brustbild des 1295 gestorbenen Magdeburger Erzbischofs Erich.

Die im Süden des Ortes liegende *Wasserburg* des 12. Jh. war zu dieser Zeit gewiß noch intakt. Heute finden sich auf der künstlichen, von Wasser umgebenen Erhöhung nur noch einige Mauerreste. Das die Jahreszahl 1621 über dem Portal tragende *Herrenhaus* erhielt Anfang des 18. Jh. seine eigentliche Prägung.

Wie Grabow ist auch der kleine Ort **Möckern** bereits 948 durch einen Burgward bezeugt. Die Durchfahrtsstraße berührt den kleinen, dreieckigen Markt, an welchem das 1894/95 in den Formen der Renaissance erbaute *Rathaus* mit zweiläufiger Treppe steht. Nur wenige Schritte sind es von hier zur in ihrem Ursprung romanischen, aber Ende des 16. Jh. grundlegend umgestalteten *Stadtkirche St. Laurentius.* Neben einigen beachtenswerten Ausstattungstücken und Epitaphien gibt es auch hier einen dem Grabower ganz ähnlichen runden Gedenkstein auf einem kurzen Stamm, einem 1407 verstorbenen S. von Hoym gewidmet.

Von der *Wasserburg*, auch nahe dem Markt an dem renovierungsbedürftigen ›Volkspark Möckern‹ anschließend, steht nur noch der Bergfried. Die mit ihm heute verbundenen Gebäude, die als Schule und Archiv dienen, gingen 1840 aus dem Umbau der barocken Vorgänger hervor. Zu diesen gehörte auch das langgestreckte Wirtschaftsgebäude, das mit einem Eckpavillon an den Markt stößt und über seiner Durchfahrt das Wappen eines Chr. W. von Münchhausen trägt, dessen Beziehungen zum gleichnamigen Lügenbaron sich aber im identischen Namen erschöpfen.

Auf der von Möckern nach Südwesten Richtung Elbe folgenden Bundesstraße wird über das ebenfalls mit einer Burganlage wechselnden Schicksals verbundene **Gommern** eines der beliebten und vielbesuchten Erholungsgebiete im Magdeburger Raum erreicht. 16 Seen und die reizvolle Vegetation der Elbaue locken alljährlich Hunderttausende Besucher an.

Im kleinen Flecken **Pretzien** gibt es zudem für den technik- und kunstinteressierten Touristen zwei unerwartete Kostbarkeiten zu bestaunen. Bei dem technischen Denkmal handelt es sich um das *Pretziener Wehr*, das 1871–75 für 4,4 Mio. Goldmark zusammen mit dem 18 km langen Elbe-Umflutkanal gebaut wurde. Auf der Pariser Weltausstellung 1889, zu deren Attraktion der Eiffelturm zählte, würdigte man auch die Konstruktion dieses Wehres mit einer Goldmedaille. Der technische Koloß löste drei Aufgaben: Er hielt den Wasserspiegel bei Niedrigwasser auf einem Schiffahrt ermöglichenden Niveau, schützte bei erhöhtem Mittelwasser das Umflutgelände und bei eintretendem Hochwasser das ganze Niederungsgebiet und die Wohnsiedlungen von Schönebeck und Magdeburg durch Abfluten der Wasserspitze um ein Drittel.

Vergleichsweise bescheiden nimmt sich auf den ersten Blick gegen dieses technische Wunderwerk die dem heiligen Thomas geweihte *Dorfkirche* aus. Dennoch gilt diese um 1140

78

*Pretzien, Dorfkirche, Wandmalerei in der Apsis, Christus*

gebaute kleine Saalkirche als bedeutendstes Kulturdenkmal des Kreises. Erst 1973 wurden bei Restaurierungsarbeiten um 1230/40 gemalte Fresken entdeckt, die zu dem künstlerisch wertvollsten gehören, was im sächsischen Raum an Wandmalerei des 13. Jh. überkommen ist. Die Apsismalerei ist die qualitätvollste. Sie zeigt den in einer Glorie thronenden Christus mit Maria und Johannes, die von Engeln umschwebt werden. Die Fresken der Chorwände erzählen biblische Geschichten, wie die von den klugen und törichten Jungfrauen, von Isaak und seinen Söhnen oder vom reichen Mann und dem armen Lazarus. Der Triumphbogen wird überspannt von einer Darstellung des Baumes Jesse mit den Ahnen Jesu und Prophetenmedaillons. Die rund hundert Jahre jüngere, drastisch-naive Vorstellung von einer Seelenwägung im Himmel befindet sich an der hinteren Nordwand. Langnasige Teufel rangeln mit den göttlichen Mächten um die menschlichen Seelen. Wenn das heute unwillkürlich ein Schmunzeln provoziert, hat es doch den mittelalterlichen Menschen das Fürchten gelehrt.

Die flachgedeckte Saalkirche mit eingezogenem Chor und halbrunder Apsis verfügt über eine ausgezeichnete Akustik und wird deswegen häufig zu Konzerten genutzt. Die Tatsache, daß die Erbauer der Kirche Prämonstratensermönche aus Leitzkau waren, spannt den Faden zum nächsten Ort.

Das als Ort nie über die Bedeutung eines Fleckens hinausgekommene **Leitzkau** verfügte seit 1114 über den ersten steinernen Sakralbau rechts der Elbe an der Stelle der heutigen *Dorfkirche* und hat in den Auseinandersetzungen mit den Slawen und als provisorischer Sitz des Bistums Brandenburg einst eine bedeutende Rolle in diesem Territorium innegehabt. Als die Tochtergründung der Magdeburger Prämonstratenser von Unser Lieben Frauen an die

RECHTS DER ELBE

heutige Stelle auf den Hügel nordwestlich des Ortes verlegt wurde und 1155 die Weihe stattfand, waren neben dem Bischof Wigger von Brandenburg auch der Erzbischof Wichmann von Magdeburg und einer der Hauptstrategen deutscher Ostexpansion, Albrecht der Bär, zugegen. Von dieser alten Anlage gibt es nur noch die unter Dach befindliche Ruine der *Stiftskirche* von immer noch beeindruckender Monumentalität und Schönheit. Ihr barocker Turmhelm und die Fassade des *Schlosses* sind es, die sich hier in der etwas hügligeren Landschaft dem Reisenden zuerst beherrschend entgegenstellen.

Das mit der Reformation eingegangene Stift hat sein Überleben als Schloß einem in Söldnerdiensten reich gewordenen, aus Niedersachsen stammenden Oberst Hilmar von Münchhausen zu verdanken, der es 1564 für 70 000 Taler erwarb. Unter denen von Münchhausen erlebte das Stift bis 1600 einen Umbau, der es zum bedeutendsten Schloß in den Formen der Weserrenaissance in der späteren Provinz Sachsen machte. Der stattliche, dreigeschossige und sich mit der Stiftskirche berührende Bau ist entgegen seiner Benennung als ›Neuhaus‹ der ältere Teil des Schlosses. Der Hauptschmuck des heute als Schule genutzten, völlig rekonstruierten Gebäudes sind seine hohen Zwerchgiebel, der Treppenturm an der Nordflanke und der elegante Erker der Hofseite.

Die östliche Seite des Hofes wurde ursprünglich vom sogenannten ›Althaus‹ begrenzt, daß 1945 zerstört und dann abgetragen worden ist. Ein Bauteil an der Basilika und der achteckige, eine ungewöhnliche zweiteilige Schweifhaube tragende Treppenturm sind die einzigen Reste. Über dem beachtenswerten manieristischen Portal dieses Turmes ist eine große rechteckige Wappentafel eingelassen, die den Bauherrn Statius von Münchhausen mit seiner Frau zeigt. Die zum Teil stark beschädigten viergeschossigen Loggien (Abb. 13) müssen einst der anmutigste Schmuck des ganzen Schlosses gewesen sein. Sie sind wohl im Gesamtaufbau nach italienischen Vorbildern und in den Details nach holländischen Stichen gearbeitet worden und bringen noch heute eine für unsere Breiten ungewohnte südliche Leichtigkeit mit. Sie waren zugleich die Verbindung zu dem übereck anschließenden Hobeck-Schloß, das in seiner Rückfront noch Fachwerkgeschosse besitzt und im 15. Jh. Abtswohnung gewesen sein könnte. Übrigens zeigt ein Blick auf die selten auf Abbildungen zu sehende Rückseite des Schlosses ein ebenso reizvolles Panorama wie der Blick auf die Schauseite des ›Neuhauses‹.

Das Interesse an ›Schauseiten‹ läßt sich auch mit einem kurzen Abstecher von Leitzkau in das weitgehend unbekannte, direkt in der Elbniederung liegende **Dornburg** befriedigen. In dem historisch zu Anhalt gehörendem Ort ließ Johanna Elisabeth von Holstein-Gottorp, Mutter der aus Zerbster Haus stammenden Zarin Katharina II., als Witwensitz ein *Schloß* errichten. Der von 1751–55 nach Entwürfen Friedrich Joachim Stengels entstandene, niemals innen ausgebaute Hauptbau gilt als eines der herausragendsten Beispiele des ausgehenden Barock in Sachsen-Anhalt. Er wird zur Zeit ausschließlich als Archiv genutzt, soll aber bald nach dem Willen der Gemeinde eine Aussichtsplattform erhalten, die dann einen weiten Blick über die Elbniederung erlauben würde.

Mit der Fahrt Richtung **Loburg** geht es hinaus aus dem näheren Einflußbereich der Elbe in Richtung des Hohen Fläming. Das kleine, etwas eingestaubte Provinzialität verströmende

*Loburg, Stadtkirche St. Laurentius*

Städtchen liegt bereits ein wenig am Rande Sachsen-Anhalts vor den sich zum Hohen Fläming hinziehenden Waldgebieten. Dabei war Loburg im 12. Jh. ein Burgwardhauptort und entwickelte sich durch den Zusammenschluß von zwei Dörfern rasch zu einer befestigten Stadt. Mit der Ruine der der Zeit trotzenden *Liebfrauenkirche* hat eine der bereits bestehenden Dorfkirchen aus der Gründungszeit der Stadt überdauert. Vergänglicher erwiesen sich die Stadtbefestigung und die Loburg, die nur noch mit je einem Turm aufwarten können.

Damit ist die *Stadtkirche St. Laurentius* unweit des Marktes das bau- und kulturgeschichtlich wesentliche Bauwerk des Ortes. Es vereint in sich Stile des 12. bis 16. Jh. Der querrechteckige Westturm ist im Kern spätromanisch, das Kirchenschiff gotisch und die abgetreppten Giebel mit kugelbesetzten Voluten gehören der Renaissance an. Im Innern wird das Kirchenschiff von einer gewaltig wirkenden Holztonne mit aufgesetzten Rippen überwölbt und imitiert so ein spätgotisches Netzgewölbe, was eine durchaus übliche Praxis war und sich in zahlreichen Kirchen der Gegend findet. Was in Loburg besticht, ist die besondere Weite des Raumes und der Zusammenklang der Tonne mit der umlaufenden Empore, dem Chorgestühl und dem barocken Orgelprospekt. Besondere Aufmerksamkeit verdient auch die Tür des Sakramentsschrankes in der Sakristei. An ihrer Innenseite befindet sich eine Darstellung des Schmerzensmannes aus der Zeit um 1400, dem im Pfarrhaus mit einem Gemälde von Hans Grundig (1901–1958) eine interessante Auffassung zu diesem Thema aus unserem Jahrhundert zur Seite steht.

## Die Streusandbüchse des Heiligen Römischen Reiches

Der Weg von Magdeburg nach Jerichow führt, ob mit dem Auto oder der Bahn, wieder zwangsläufig über Burg. 12 km nordöstlich von Burg, bei Hohenseeden, trennen sich sowohl die Straße als auch die Schiene. Während der gerade Bundesstraßenweg über Genthin führt, nähert die sich nach links abbiegende Nebenstrecke immer mehr der Elbe und hält an den Steiluferpassagen bei Derben oder Ferchland herrlichste Ausblicke bereit.

Wer aber schon in **Hohenseeden** haltmacht, sollte nicht versäumen einen Blick in die spätromanische *Chorturmkirche* zu werfen. Sie besitzt einen vollständig erhaltenen gotischen Wandgemäldezyklus mit Darstellungen aus dem Leben Christi. Interessant an dieser volkstümlichen, in romanisierender Manier gemalten Arbeit ist, daß sie in der Gestalt eines Wandteppichs gemalt wurde, versehen mit einer rahmenden Mäanderborte und Fransen.

Fast schnurgerade führt nun die Bundesstraße nach Genthin. Rechter Hand dehnen sich die riesigen Weideflächen des Fiener Bruchs. Das Land wurde erst Ende des 18. Jh. auf Veranlassung Friedrichs des Großen trockengelegt und gerodet, wiederum maßgeblich von Kolonistenfamilien meist holländischer Herkunft, die Erfahrung in der Trockenlegung von Feuchtgebieten besaßen.

Die im Umkreis größte Stadt **Genthin** ist trotz verstärkter Industrialisierung im 19. und 20. Jh. und dem sie durchfließenden Elbe-Havel-Kanal ihrem Charakter nach ganz eine Landstadt geblieben. 1707–22 wurde auf Befehl von Friedrich I. die alte, spätromanische *Stadtkirche* durch eine neue ersetzt. Nach den Entwürfen Georg Preußers aus Magdeburg entstand eine dreischiffige Hallenkirche mit umlaufender Empore und einem Kreuzgratgewölbe. Vom Vorgängerbau sind offenbar keinerlei Ausstattungsstücke übernommen worden. So ist es ein Glück, daß in die 1904 erbaute *Dorfkirche* im Ortsteil **Altenplathow** der Grabstein eines Herrn von Ploto übernommen wurde. Der Stein des 1170 Verstorbenen ist einer der ältesten der Gegend und repräsentiert in seiner im Hochrelief wiedergegebenen starren Pose der Figur den Typus noch ottonisch geprägter Gestaltung zur Zeit der Hochromanik. Auf dem Weg nach Altenplathow setzt auch der 1910 erbaute *Wasserturm,* der kurz vor der Überquerung des Kanals ins Blickfeld gerät, ein Achtungszeichen in dieser an Ereignissen nicht gerade reichen Landschaft.

Ob sommerliche Schwüle auf dem Land lastet oder winterliches Grau die Ackerflächen überzieht, immer bleibt der Eindruck eines kargen, etwas zu kurz gekommenen Landstrichs, der im besonderen Maß allen Wettern ausgesetzt und von deren Unbilden zu Sand und Staub ›zermahlen‹ wurde. Doch wie so oft, wenn die Natur ihre reichen Gaben dem

Menschen vorenthält, tritt ausgleichend dessen Erfindungsgeist auf den Plan. Hier glich der Mensch den Mangel an dem ursprünglichen Baumaterial Stein durch die Erfindung des Backsteins aus.

Bis heute gibt es keine endgültig gesicherten Erkenntnisse über sein bereits in der Spätromanik praktiziertes Herstellungsverfahren. Wahrscheinlich wurde der Ton, wie in späterer Zeit auch, zuerst sorgfältig eingesumpft. Diese Masse mußte einmal überwintern, um ein Ausblühen der künftigen Steine zu verhindern. So wurden die schädlichen Mineralien wie Kalk und Gips ausgeschieden. Danach wurde die Masse zerkleinert, unter Zugabe von Wasser durchgeknetet und in Kastenformen aus Holz gepreßt. Mitunter schnitt man die Teile wohl auch direkt aus dem Tonkuchen, um ihnen besondere Kunstformen geben zu können. Der Brand erfolgte nach dem Trocknen der Rohlinge in der Regel in Feldbrandöfen, die nahe der großen Baustellen angelegt wurden. Die Festigkeit dieser Steine, die teils 800 bis 900 Jahre überdauerte, setzte bei der Fertigung einen technischen Erkenntnisstand voraus, der nicht auf heimische Tradition zurückgeführt werden kann. In älteren Berichten wird deshalb auf holländischen Import geschlossen, wobei die neuere Forschung Parallelen zur ausgefeilten Romanik Oberitaliens sieht.

Mit schnellem Übergang mehren sich im Landschaftsbild anstelle der wuchtigen, urwüchsig wirkenden Feldsteinkirchen die kulturvoller wirkenden, roten Backsteingebäude. So findet sich gerade im ländlichen Umkreis des berühmten Jerichow beachtenswerte romanische Backsteinarchitektur, die die Kunstfertigkeit der Bauleute im Umgang mit diesem ›modernen‹ Material sichtbar macht.

Direkt unter Jerichower Einfluß entstand die Dorfkirche in *Klietznick* in der ersten Hälfte des 13. Jh. Der stattliche Backsteinbau der Kirche in *Redekin* ist besonders reich gegliedert durch Lisenen, Dreiecks-, Rund- und Kreuzbogenfriese und wurde um 1200 gebaut. Ganz ähnlich sind die Kirchen in *Neuenklitsche* und *Melkow,* während die in *Sydow* sich etwas mehr bescheidet, dafür aber ein schönes Kirchhofportal um 1500 mit runder Durchfahrt und spitzbogiger Fußgängerpforte besitzt. Zuletzt sei noch die um 1200 sorgfältig aufgemauerte Kirche in *Groß-Mangelsdorf* erwähnt. Bei allen Besonderheiten sind dies natürlich nur kleine Lichter, die letztlich überstrahlt werden von der Leuchtkraft Jerichows.

Die gewaltigen Türme der Klosterkirche **Jerichow** ragen weithin sichtbar aus der sandigen Ebene und ziehen gleichsam magnetisch Touristen und Kunstinteressierte an. Das ehemalige Prämonstratenserstift gilt als eines der frühesten und künstlerisch reifsten Beispiele deutscher Backsteinarchitektur nordöstlich der Elbe. Es übte einen ideellen wie kulturellen Einfluß auf das gesamte Elbe-Havel-Gebiet aus. Jerichow war nach 1144 der erste geistliche Konvent in der Diözese Havelberg. Wie auch Leitzkau war es eine Tochtergründung der Magdeburger Prämonstratenser, wirkte in derem Sinn und blieb auch in deren Abhängigkeit. 1148 wurde das Konvent aus der zum Dorf gehörenden Kirche an den heutigen, etwas außerhalb des Ortes gelegenen Platz verlegt, und es entstand bis 1220 in drei Bauetappen das *Kloster.* Um 1170 war eine noch recht einfache kreuzförmige, vierjochige Basilika mit flacher Decke, mit einer größeren Apsis am Chorraum und je einer kleineren an den Querarmen

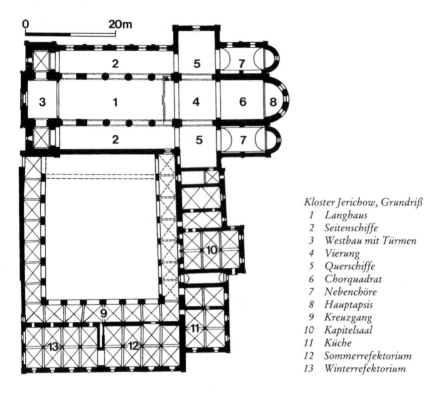

Kloster Jerichow, Grundriß
1 Langhaus
2 Seitenschiffe
3 Westbau mit Türmen
4 Vierung
5 Querschiffe
6 Chorquadrat
7 Nebenchöre
8 Hauptapsis
9 Kreuzgang
10 Kapitelsaal
11 Küche
12 Sommerrefektorium
13 Winterrefektorium

vollendet, die unmittelbar nach ihrer Fertigstellung schon als zu eng und altmodisch empfunden worden sein muß. Den Mangel ausgleichend, erweiterte man zwischen 1180 und 1200 das Langhaus nach Westen, baute die Krypta ein und bereicherte die Chorgestalt durch zwei Nebenchöre. Bautechnische Details wie Lisenen, Friese oder Fensterrahmungen lassen in dieser Phase mögliche Einflüsse aus Oberitalien vermuten. Der Westbau blieb zunächst in den unteren Geschossen stecken, die beiden oberen Turmgeschosse, das Glockenhaus und die schlanken Turmhelme kamen gar erst in der zweiten Hälfte des 15. Jh. zur Ausführung.

Parallel zur Kirche entstanden auch die *Klausurgebäude*. Der leere quadratische Innenhof war ursprünglich gartenartig angelegt. Der ihn umgebende Kreuzgang ist den älteren Gebäuden erst um 1220 vorgesetzt worden und trägt bereits gotische Züge. Hier muß darauf aufmerksam gemacht werden, daß die Überbauung westlich wie südlich zur Erweiterung der Gebäude im Spätmittelalter erfolgte. Der Ostflügel hingegen besitzt noch weitgehend seine originale Gestalt aus der Erbauungszeit um 1200. Das ehemalige Dormitorium, also der Schlafsaal im Obergeschoß des Ostflügels, war nach der Säkularisierung 1552 als Kornboden genutzt worden. Heute ist in ihm eine Ausstellung mit umfassenden Informationen über die Geschichte des Ordens und des Klosters eingerichtet. Die Refektorien, die den ganzen Südflügel einnehmen, zeigen dank der schrittweisen Rekonstruktion der Anlage wieder ihr ursprüngliches Aussehen. Das ältere Winterrefektorium entstand wie die Krypta um 1200, während das Sommerrefektorium der Jocheinteilung des jüngeren Kreuzganges angepaßt ist. Gerade die vollendet gestalteten Kelchblockkapitelle kündigen den neuen Stil der Gotik an und lassen hier den Einfluß der Magdeburger Dombauhütte erkennen. Ähnlich kunstvoll wie diese Kapitele erscheint auch das Stufenportal mit ornamentierten Säulenschäften, welches den Kreuzgang mit dem südlichen Querschiff der Kirche verbindet. Das Detail eines Fuchses im Chorherrenhabit beweist, daß bei aller Strenge und Ernsthaftigkeit unberechenbare Hintergründigkeit nicht ausgespart blieb.

Das Innere der *Stiftskirche* (Farbabb. 2) besticht durch seine großzügig-klaren, harmonischen Raumverhältnisse. Die durch Restaurierungen von 1856 und 1955–60 stilgerecht wiederhergestellten Räume zeigen den roten Backstein in wirkungsvollem Gegensatz zu den weißen Hausteinkämpfern, weiß geputzten Leibungen und Putzblenden. Nachbildungen von byzantinischen Marmorgesteinen blieben als Reste von Wandmalereien in den Leibungen der Vierungsbögen. Die Szenerie einer Marienkrönung, die nur noch in Umrissen erkennbar ist, stammt dagegen erst aus dem Anfang des 15. Jh.

Von den wenigen mittelalterlichen Ausstattungsstücken sei der sogenannte Osterleuchter vorangestellt, der als der älteste erhaltene nördlich der Alpen gilt. Der reich ornamentierte, achteckige Sockel von etwa 1170 zeigt sechs Halbfiguren in hochromanischer Strenge. Den Mittelpunkt bildet Christus mit einer Schriftrolle, daneben Petrus, Paulus und ein Ordensheiliger in bischöflichem Ornat, in dem der Gründer des Prämonstratenserordens Norbert von Xanten symbolisiert sein könnte. Sehenswert sind auch die beiden spätromanischen Sandsteinbecken; das sechzehnseitige, kunstvoll kannelierte im Langhaus aufgestellte stammt aus der Stadtkirche.

In den breit ausladenden, gedrungenen, nicht aber etwa lastend erscheinenden Schiffen der *Krypta* sind an den Kapitellen der Mittelsäulen ganz eigenwillige, faszinierende plastische Dekors wie die sich bis in die letzte Wendung spannenden Muschelformen zu erkennen. Der östliche Säulenschaft aus seltsam grünlich schimmerndem Granit birgt eine beinahe unglaubliche Geschichte. Es war ein Geschenk der Ordensbrüder aus Magdeburg, entstammte dem ausgebrannten ottonischen Dom und war angeblich durch Otto I. aus einem italienischen Tempel nach Magdeburg gebracht worden. Neuere Nachforschungen ergaben, daß ein solcher Granit aber nicht in Italien, sondern nur in Ägypten gebrochen wurde. So kann vermutet werden, daß die Säule bereits von den Römern als Beute aus einem ägyptischen Heiligtum nach Italien gebracht worden war. Nun, im ›rauhen Norden‹, an ihrem hoffentlich endgültigen Standort, verschenkt sie ein wenig von der in ihr gespeicherten afrikanischen Sonne als exotische Beigabe.

Die *Stadtkirche* von Jerichow steht gewissermaßen im Schatten ihrer großen Schwester. Wir ihr Vorbild besitzt auch sie eine schöne, klar gegliederte Raumordnung. Erbaut in der ersten Hälfte des 13. Jh., erfuhr sie nur geringfügige Änderungen während einer vorsichtigen Erneuerung im Barock. Zu wünschen wäre, daß die Bemühungen um den Erhalt des Stifts auch sie einschlössen.

# RECHTS DER ELBE

*Otto von Bismarck (1815–1898), Porträt von 1889*

Mit dem Verlassen von Jerichow nach Norden ist der Backsteinkirchen kein Ende. Selbst das kleine **Fischbeck** besitzt eine solche aus der ersten Hälfte des 13. Jh. Der größten Versuchung ist der in Geschichte und Geographie Bewanderte durch die unmittelbare Nähe der alten Kaiserstadt Tangermünde am anderen Elbufer ausgesetzt. Wer keine Schwäche zeigt und den eingeschlagenen Weg bis Havelberg verfolgt, sollte trotzdem einen Moment die Hauptroute verlassen, um von den rechtsseitigen Elbwiesen wenigstens das herrliche Panorama Tangermündes kurz auf sich wirken zu lassen.

In dem nach Fischbeck folgenden Dorf mit dem arglosen Namen **Schönhausen** kam am 1. April 1815 der spätere Reichskanzler Fürst Otto von Bismarck zur Welt. Er wurde der ›eiserne Kanzler‹ und der ›Reichseiniger‹. Von Ortskundigen ist leicht das Schulhaus zu erfragen, in dem es einmal ein Museum über den Kanzler gegeben hat und vielleicht bald wieder gibt. In der ehemaligen DDR war Bismarck in den 80er Jahren zwar als bedeutende Persönlichkeit gewürdigt worden, doch aufgrund der vorausgegangenen Kritik an Werk und Person hatte man bereits 1956 das Herrenhaus bis auf ein paar schäbige Reste abgetragen.

Die nahe *Dorfkirche* hat die Bilderstürmereien politischer Umbrüche besser überstanden. Die 1212 geweihte, querschifflose Kirche gilt als der bedeutendste Nachfolgebau der Klosterkirche Jerichow. Das zeigt sich vor allem in der betont klaren Gliederung des Gesamtbaus und der Verwendung und qualitätvollen Ausführung der unterschiedlichen Formen der Friesgestaltungen. Das Innere ist nach den Beschädigungen des Dreißigjährigen Krieges barock ausgestaltet worden. Der an ein modernes Kreuz angebrachte Kruzifixus kann ganz sicher in das Jahr der Kirchweihe datiert werden und steht damit noch vor dem Halberstädter Triumphkreuz. Die tiefe Innigkeit und Demut ausstrahlende Plastik gehört zum Ergreifendsten was Künstlerhände in der niedersächsischen Plastik dieser Zeit schufen. Ansonsten sind es vor allem Epitaphien derer von Bismarck, die die Kirche beherrschen und den Kreis zur Weltgeschichte wieder schließen.

Ein Kuriosum, das auch in Osterburg auftaucht, ist in der Schönhauser Kirche die Vielzahl von eingeschabten Löchern und Rillen an der Außenwand des südlichen Seitenschiffes. Als Urheber dieses ›heidnischen Unfugs‹ werden stolze Elternpaare vermutet, die in diesen Symbolen einem neu geborenen Sohn oder einer Tochter in den heiligen Kirchenmauern ein bescheidenes und anonymes Mal für die Ewigkeit zu setzen suchten.

Wie schnell eine solche Ewigkeit zu Ende sein kann, beweist der zur Hälfte eingestürzte Kirchturm in **Sandau**. Hier schlug am 13. 4. 1945 eine der ersten Granaten ein, die bei einem weiteren Beschuß vom westlichen Ufer der Elbe aus am 16. und 17. April dann auch 80 % der Häuser dieses kleinen, seit 1272 als Fährübergang ausgewiesenen Ortes zerstörten. Zur Mahnung an die Schreckenstage wurden 1949 in die oberen, erhaltenen Südfenster des Turmes Glocken gehängt. Ansonsten ist die *Kirche* von edel gegliederter Architektur der in Schönhausen sehr ähnlich, wobei diese querschifflose Basilika durch Brand und folgende Umbauten stärker als jene gelitten hat.

Sandau gehörte im obersten ostelbischen Winkel einst zu den abgelegensten Ecken der Provinz, denn Havelberg war schon brandenburgisch. Hier, wo die Störche noch seelenruhig ihre Nester bauen und in den Abend klappern, sind in der Sage selbst noch heidnische Götter lebendig. Dem Volksglauben nach schleuderte Frau Harbke – eine fruchtbringende, besonders den Flachsanbau und das Hauswesen begünstigende Göttin – von Sandau aus einen riesigen Stein gegen das 4 km entfernte Havelberg, um dem dortigen Dombau, der Festung des Christentums, ein Ende zu setzen.

Dies mißlang – wahrhaft, Gott sei Dank! Es wäre wirklich schade gewesen um den gewaltig anmutenden Bau auf dem nördlichen Hochgelände über der Havel. Höchstwahrscheinlich steht er genau auf der Stelle, wo einst schon Slawen und später eingewanderte Germanen ihre Gottheit verehrten.

**Havelberg** wurde 948 erstmals genannt, da Kaier Otto I. den Ort zum Mittelpunkt eines Bistums erhob, das zunächst dem Erzbistum Mainz, seit 968 aber der Neugründung Magdeburg unterstellt war. Mit dem großen Wendenaufstand von 983 jedoch gingen die slawischen Gebiete östlich der Elbe wieder für anderthalb Jahrhunderte verloren. Erst nach einem erneuten Vorstoß um die Mitte des 12. Jh. konnten diese Gebiete zurückerobert werden.

Der sogenannte *Bischofsberg* ist von der Stadt gut zu Fuß zu erklimmen. Mit all seinen Gebäuden bildete er früher einen in sich abgeschlossenen Bezirk, der von einer Mauer umgeben war, die vier Tore besaß. Dieser Charakter einer kleinen Bischofsstadt hat sich bis heute in seiner Grundstruktur erhalten. In dem langgestreckten, klassizistischen Rechteckbau westlich des Domes befand sich ehemals die Domschule. Im Mittelalter wird hier der Bischofshof vermutet. Die Superindentur nordöstlich des Domes birgt selbst noch mittelalterliche Bausubstanz, während die 1748 im Osten erbaute ehemalige Dechanei zu ihrer Zeit ein völliger Neubau gewesen ist.

Nach Wiedererlangung der alten Diözese verband man die Bischofskirche mit einem Prämonstratenserstift, das wie in Leitzkau oder Jerichow vom Kloster Unser Lieben Frauen aus Magdeburg besetzt wurde. Die *Stiftsgebäude* schließen sich südlich des Domes an, wobei der aus dem rechten Winkel tretende Südtrakt der Beschaffenheit des Geländes zuzuschreiben ist. Alle sind im Laufe der Jahrhunderte starken Eingriffen unterworfen gewesen, so daß sich heute kein einheitliches Bild mehr ergibt. In ihrem Ursprung gehören sie dem 12. und 13. Jh. an. Der Ostflügel war vielleicht schon zur Domweihe des Jahres 1170 fertig und gilt als der baugeschichtlich wertvollste Teil der Gebäude, die heute das *Prignitz-Museum* beherbergen. Der Elbe-Havel-Winkel ist der südlichste Ausläufer dieser flachen, sandigen, von Dosse, Stöpenitz und Löcknitz durchflossenen und erstmals von Albrecht dem Bären eroberten Landschaft, die sich, ursprünglich als Vormark bezeichnet, bis heute eine spürbar eigene Identität bewahrt hat (Farbabb. 8).

1170 war der romanische *Dom* geweiht worden. Doch schon ab 1279 war wegen eines Brandes ein gotischer Umbau notwendig geworden, der 1330 im wesentlichen abgeschlossen war. Trotzdem blieb sowohl im Grundriß als auch im baulichen Kern die romanische Basilika erhalten. Ohne Querschiff, dafür mit den turmartigen Anbauten zu Seiten des Chorjochs, in deren Geschossen jeweils Kapellen untergebracht waren, steht sie als ungewöhnliche Ausnahme in der Architektur des 12. Jh. Auch die Ausmaße des Westriegels von 30 m Breite bei nur 6 m Tiefe geben dieser Kirche ihr ganz eigenes Gesicht. Wenigstens beim Westbau läßt sich die bauliche Gestalt durch das hier offenbar sehr geschärfte Bedürfnis nach Schutz bzw. Wehrhaftigkeit erklären. Ursprünglich schloß dieser Turm über dem dritten Geschoß mit einer Plattform und einem Zinnenkranz aus Backstein, war nach außen also in seiner eigentlichen Funktion deutlicher gekennzeichnet als heute, da zudem noch das 1840 eingebrochene Westportal die abweisende Front auflockert.

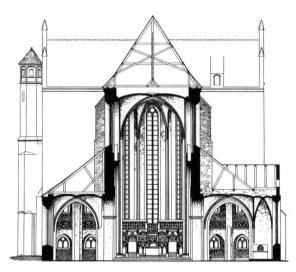

*Havelberg, Dom, Querschnitt*

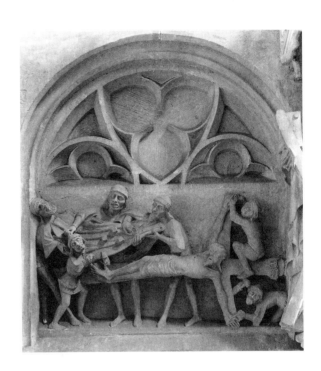

*Havelberg, Dom, Lettnerdetail*
›Kreuzanheftung‹

Wie sehr der gotische Neubau am romanischen Vorgänger haftet, zeigt sich besonders deutlich im Innern, wo die ebenmäßige, hohe gotische Wölbung mit den schweren romanischen Rundbogenarkaden des Mittelschiffes eine Synthese eingehen muß und sich dennoch zu einer Mittelschiffhöhe von 22 m hinaufschwingt (Abb. 14). Überwältigt vom Ebenmaß und den klaren Formen des Raumes, der im hochgotischen Chorpolygon seine schönste Ausprägung findet, wird dem Eintretenden die Nichtigkeit des menschlichen Daseins vor der zeitlosen Erhabenheit eines Schöpfers so recht bewußt.

Mit dem gotischen Umbau gelangte auch eine neue Ausstattung in den Dom. Die Triumphkreuzgruppe aus dem Ende des 13. Jh. entstand im Nachklang ihrer großen sächsischen Vorbilder, ohne deren Eindringlichkeit zu erreichen. Das wuchtig und einfach erscheinende Chorgestühl vom Ende des 13. Jh. ist eines der ältesten Gestühle der Zeit und korrespondiert in seiner Grundhaltung ganz mit den ursprünglich in einen Lettner eingebundenen, etwas naiv-dümmlich dargestellten Leuchterfiguren von hoher Originalität. Die Figuren von Mönch und Novize, Koch und Kellermeister scheinen direkt dem klösterlichen Alltag des 13. Jh. entstiegen.

• Der um 1400 unter Bischof Johann von Wöpelitz neugeschaffene *Lettner* knüpft insbesondere in den Reliefs der Schauseite und der inneren Lettnerwangen an diese Tradition an. Sein Ruhm geht zu Recht weit über Havelberg hinaus. Der Aufbau umfaßt eine Schranke zwischen zwei Mittelschiffpfeilern und setzt sich nach Westen um ein Joch im Schiff fort,

## RECHTS DER ELBE

wobei zugleich der Laienaltar eingegrenzt wird. Im Osten mit dem Einzug in Jerusalem beginnend, wird auf 20 Sandsteinreliefs die Passion Christi dargestellt, die mit der Himmelfahrt endet. Die markantesten Bildfolgen finden sich auf der Schauseite des Lettners im Mittelteil, wo die Szenen drastisch ins Karikative, ja Dämonische getrieben sind. Die Verhöhner, Folterer und Henker des Messias tragen bisweilen solch maskenhafte Züge, daß sie Totenschädeln gleichen. Deutlich erkennbar ist, daß mehrere Bildhauer an den Reliefs gearbeitet haben. Der Meister der stark überhöhten Szenen könnte an der Prager Dombauhütte geschult worden sein.

14 vollplastische Figuren von oft ebenso beeindruckender Qualität vervollständigen die vielgestaltige Komposition dieses Lettners, wie sich überhaupt am oder in unmittelbarer Nähe des Lettners noch zahlreiche, wertvolle plastische Arbeiten befinden. Hervorgehoben seien die Retabel auf den seitlich des Lettners anschließenden Altären. Doch auch die rückseitige Schauwand des Lettners bietet in den Tympana der Portale äußerst liebenswerte Darstellungen, die sich der Mutter Gottes oder Christus als Kind unter einem besonders menschlichen Blickwinkel angenommen haben.

Von den zahlreich im Dom vorhandenen Grabmälern sei nur auf das des bereits erwähnten Bischofs von Wöpelitz hingewiesen, dem kurz nach seinem Tod 1401 eine Sandsteintumba mit einer lebensgroßen Alabasterfigur gestiftet wurde, die ein sehr einfühlsames, naturnahes und zugleich totenhaftes Porträt des Bischofs wiedergibt. Neben der Plastik zählen zu den besonderen Kostbarkeiten des Domes die kunstvoll gestalteten Fenster vornehmlich des nördlichen Seitenschiffes. Die Glasmalereien sind in einer Werkstatt hergestellt worden, die vorher in Halberstadt und danach am Stendaler Dom gearbeitet hat und in der sich norddeutsche mit mitteldeutschen Einflüssen mischen. Sie stammen aus dem frühen 15. Jh. Die Ornamentscheiben in den zwei westlichen Fenstern des nördlichen Seitenschiffes sind noch 100 Jahre älter. Sowohl die Ornament- als auch die Bildscheiben, die mit ihrer überirdisch anmutenden Farbigkeit den Kirchenraum verklären, gehören zu den schönsten im norddeutschen Raum. Hinter dieser faszinierenden mittelalterlichen Ausstattung übersieht der Besucher leider oft die bemerkenswerten Stücke aus späterer Zeit. Ähnlich kann es der Stadt ergehen, die zu Füßen des Domes liegt.

Unterhalb des Bischofsberges hat sie sich auch aufgrund der natürlichen Gegebenheiten nicht sonderlich ausweiten können. In einer Schleife der Havel gelegen und vom Bischofsberg durch den künstlichen Stadtgraben abgetrennt, führte die bis ins vorige Jahrhundert vornehmlich aus Fachwerkhäusern bestehende Stadt in gewissem Sinne ein Inseldasein. Hat sich das alte Straßenraster mit dem Ring und von diesem aus zum erhöhten Markt führenden Straßen erhalten, so vernichtete der große Stadtbrand von 1870 einen großen Teil der Wohnsubstanz. Neben ein paar wenigen Fachwerkhäusern mit Inschriften und ornamentierten Saumschwellen haben natürlich vor allem die ohnehin herausgehobenen Steinbauten den Brand überstanden.

Die *Stadtkirche St. Laurentius* ist Anfang des 15. Jh. erbaut worden, hat um die Mitte dieses Jahrhunderts ihren quadratischen Turm und die Vorhalle erhalten und ist im Innern mehrfach umgebaut worden. Im Ganzen ist sie ein äußerst passabler Backsteinbau, der andernorts sicher mehr Aufmerksamkeit auf sich zöge. Recht hübsch wirkt auch die achteckige *Hospitalkapelle St. Anna,* die vor dem ehemaligen Steintor stand, während sich die heute profanierte *Hospitalkapelle St. Spiritus* an der gegenüberliegenden Seite der alten Stadt, am Sandauer Tor befand. Auffallend zahlreich sind im Bild der Stadt die spätklassizistischen Fassaden. Nach dem Brand entstanden, geben sie Havelberg das sachlich-bürgerliche Aussehen einer braven Fischerstadt. Das *Rathaus* steht zwar noch auf mittelalterlichen Kellern, doch verstärkt es mit seinen spätklassizistischen Altersgenossen das kühle Flair, das vom Norden herangeweht zu sein scheint.

Nur einmal im Jahr verliert die Kühle ihre Fasson, wenn Anfang September Pferdemarkt angesagt ist. Tausende ziehen dann nach Havelberg, nur um mal wieder ein richtiges Pferd zu sehen. Dabei scheinen die Vierbeiner nur Vorwand und Nebensache. Bis zur deutschen Vereinigung hatte sich das traditionelle Marktfest zum turbulentesten im östlichen Norddeutschland entwickelt, und der Handel mit all den Mangelwaren war von orientalischem Einfallsreichtum.

# Die Alte Mark

»Es ist aber das Land – die Alte Mark – mit hohen Gnaden und Gaben Gottes geziert: einer gesunden Luft, ein reich Kornland, schöner Viehzucht, Butter, Käse, Wolle, Honig, Fleisch, Fische, schön Brot, Wildbret, Küchenspeis, Holz. Salz wird ihm von nahen zugeführt. Derhalben es D. Philippus (Melanchthon) Galilea nannte, das wär ein solch Land gewesen am Jordan. Die Städte darinnen brauen die herrlichsten Biere ...« schrieb Christoph Entzelt in seinen ›Vorzügen der Altmark‹. Alexander von der Schulenburg, ein Sproß der 1187 erstmals in Urkunden auftauchenden brandenburgischen Adelsfamilie rief seinen Landsleuten zu: »O ihr Altmärker, danket Gott!« Und der Weitgereiste wußte wohl, was er sagte, wenn er dieses Stück Erde so schätzte, das über die Jahrhunderte hinweg bis heute ein stärkeres Eigenleben als andere Landstriche in Sachsen-Anhalt behaupten konnte. Das mag unter anderem daran gelegen haben, daß die Altmark eine recht homogene natürliche Gestalt und auch relativ klare naturräumliche Grenzen aufweist. Das überwiegend flache Land, das sich nur einmal in der Gegend von Gardelegen etwas bergiger zeigt und dort gleich die Bezeichnung ›Schweiz‹ erhielt, wird als westlicher Teil der Mark Brandenburg im Osten durch die Elbe abgeschlossen. Im Süden und Südwesten dehnen sich die Letzlinger Heide und der Drömling, im Norden sind es größere Waldgebiete. Nur nach Westen besitzt die Altmark eine ›künstliche‹ Grenze. Unter Heinrich I. ist dieses Gebiet erstmals erobert und als Grenzmark zum Schutz gegen die Wenden ausgebaut worden, ehe sich seine Geschichte unter Albrecht dem Bären mit der Brandenburgs verband, wo es aber seit dem 14. Jh. eine Sonderstellung einnahm, die sich auch in der Provinz Sachsen und in gewisser Weise eigentlich bis heute erhalten hat. Als im wahrsten Sinne des Wortes beredtes Zeugnis mag hier die

DIE ALTE MARK

Ausbildung der gesonderten Mundart des altmärkischen Plattdeutsch stehen, dem Johann Friedrich Danneil 1850 ein eigenes Wörterbuch widmete. Und nicht zuletzt wird noch heute dem Altmärker ein gerüttelt Maß an Eigenwilligkeit und ursprünglichem Heimatbewußtsein nachgesagt.

## Fährmann hol über! Von Werben zum Arendsee

Außer einer Eisenbahnbrücke führt zwischen Tangermünde und Wittenberge keine weitere Brücke über die Elbe. Lediglich ein paar Fähren sind die schwankenden Unterlagen, über die der Verkehr driften kann, wobei er während der Nachtstunden in aller Regel völlig zum Erliegen kommt. Selbst bei Havelberg ist das so. Trotz gelegentlicher Wartezeit gibt es eigentlich kein schöneres Verkehrsmittel, um in die Altmark zu gelangen. An einem Stahlseil hängend, im richtigen Winkel in die Strömung gestellt, wird die Fähre still und nur begleitet vom Glucksen des Wasssers von einem grünen Ufer zum anderen gedrängt. Havelberg bleibt im Osten zurück. Eine schmale Straße führt durch die Uferwiesen und über Deichanlagen mitten hinein in die altmärkische Kleinstadt **Werben** in der Niederung der *Wische,* die seit dem 12. Jh. von Flamen und Niederländern kultiviert und zu einer der fruchtbarsten Flecken der Altmark wurde. Dennoch hatten ihre Bewohner bis in unser Jahrhundert hinein oft unter schweren Elbehochwassern zu leiden. Erst 1958–60 wurde die Melioration der Wische zu einem landesweiten Initiativprojekt der Freien Deutschen Jugend (FDJ).

Werben selbst hatte bereits im 10. Jh. Bedeutung und muß ähnlich wie Arneburg und Tangermünde eine Reichsburg zum Schutz der Elbelinie besessen haben, die hier äußerst günstig zu überwinden war. Im 12. Jh. verlor die Burg mit der weiteren Grenzverschiebung nach Osten ihre herausragende Stelle. Albrecht der Bär übergab sie dem Johanniterorden. Die 1225 erstmals erwähnte Stadt hat sich wahrscheinlich im Burgbezirk entwickelt und diesen nach und nach aufgezehrt. Das kreisförmige Straßennetz um die ehemalige Komturei mit der sich wuchtig heraushebenden Pfarrkirche St. Johannes gibt noch das ehemalige Burggelände zu erkennen. Obwohl die Stadt mehrmals, besonders im Dreißigjährigen Krieg, so stark umkämpft war, daß der einstige Wohlstand nie wieder erreicht werden konnte, wirkt ihr Gesamtbild noch geschlossen und kraftvoll.

Das ist ein Eindruck, der sich auch am *Elbtor,* dem einzig erhaltenen Tor der alten Stadtbefestigung, manifestiert. Als Baumeister des prächtigen, aus Turm und Torhaus bestehenden, zinnenbekrönten Backsteinbaus gilt Steffen Boxthude, dem auch die Tore von Stendal und Tangermünde zugeschrieben werden. Das *Heimatmuseum* im Turm gibt Auskunft über die bewegte Stadtgeschichte, deren architektonische Spuren sich zum Teil noch heute finden lassen.

Die sogenannte ›*Salzkirche*‹ war ursprünglich die Kapelle des Heiliggeist-Spitals und ist im 18. Jh. zum Salzmagazin profaniert worden. Ähnlich zweckentfremdet ist die *Kapelle der Johanniterkomturei* verwendet worden. Der simple rechteckige Backsteinbau trägt in seinen

92

Giebeln das Johanniterkreuz und ist, abgesehen von der Johanneskirche, das einzige mittelalterliche Gebäude der Komturei, das erhalten geblieben ist.

Die *Johanneskirche* beherrscht mit ihrem riesigen Dach, unter welchem drei Schiffe zu einer Halle vereint werden, unangefochten die Weite der Elblandschaft um Werben. Vom Ursprungsbau des 12. Jh. besteht allerdings nur noch der stattliche Westturm, der während der grundlegenden Erneuerung des Schiffes im 15. Jh. auf seine heutige Höhe aufgestockt worden ist. Unangemessen prächtig im Vergleich zur bescheidenen Größe der Stadt, erstand anstelle einer einschiffigen Basilika die gotische dreiapsidial geschlossene Hallenkirche, die, gerade weil sie nicht zu den allgemein bekannten Kirchen zählt, den Besucher doppelt überrascht. Die um 1414 begonnenen Seitenschiffwände sind ähnlich wie an der Stephanskirche von Tangermünde mit reich gestalteten Profilen und Maßwerkfriesen aus glasiertem Backstein geschmückt und verleihen dem Bau in ihrer ungegenständlichen Strenge beinahe etwas Orientalisches. Um die Mitte des Jahrhunderts kam dann der zwar äußerlich weniger geschmückte, aber in seiner architektonischen Komposition viel kühnere dreiapsidial geschlossene Chor hinzu. Seinen Anblick von Osten sollte man sich nicht entgehen lassen. Ein Ratschlag, der noch mehr für das Innere der Kirche und deren Ausstattung gilt. Über den profilierten Pfeilern ersteht ein Kreuzrippengewölbe, welches einen im Gleichmaß seiner Glieder ruhenden Raum von großer Erhabenheit erzeugt, der durch die aus altmärkischer Werkstatt stammenden spätgotischen Chorfenster einen zusätzlichen Glanz in den auffallend hellblauen, weißen und silbergelben Tönen erhält.

Von den meist spätmittelalterlichen Ausstattungsstücken ist der um 1430 geschaffene Schnitzaltar mit der Darstellung einer Marienkrönung auf dem Hochaltar besonders beachtenswert. Im Mittelschrein wird die Szene der Marienkrönung von einem Wolkenkranz gerahmt, in welchem 27 Engel auf einem jeweils anderen Instrument ihren unhörbaren, dafür aber sehr anschaulichen musikalischen Beitrag zur Zeremonie leisten. Gleichermaßen originell ist in der Nordkapelle neben einem Altar mit Maria und Kind ein Relief der Heiligen Sippe aus dem ehemaligen Annenaltar. Auffällig neben der sehr realistischen Darstellung sind vor allem die würdevoll dreinschauenden Kinder, die allesamt die Gesichter wohlhabender Werbener Bürgersleute tragen. Als Sponsoren hatten sie gegenüber dem Künstler Helmecke Borstel, der den Altar 1513 schuf, darauf bestanden, für ihr Geld auch ihr eigenes Konterfei im Altar wiederzufinden. Da die Gesichter der Erwachsenen nicht ausreichten, machte sich der arme Meister den Spaß, selbst den Babys die Züge der eitlen Auftraggeber zu verpassen. Während derlei Kulturförderung ein Schmunzeln direkt herausfordert, ist die Bewunderung für den fünfarmigen Standleuchter und die wohl im gleichen Jahr 1488 in edler Kelchform vom Hamburger Glockengießer Hermen Bonstede gegossene Taufe uneingeschränkt (Abb. 16). Daneben müssen noch die 1602 von Michael Spieß geschaffene Kanzel, der spätgotische Nischenschrank mit Ranken- und Maßwerkschnitzerei in der Sakristei, als Kuriosum die Predigeruhr von 1717 und die zahlreichen, zum Teil sehr qualitätvollen Grabdenkmäler Erwähnung finden, ohne damit die gesamte Ausstattung erfaßt zu haben. – Daß sich so viel der einstigen Pracht erhalten hat, ist besonders erstaunlich, da auch diese Kirche in den Kämpfen des Dreißigjährigen Krieges beschädigt wurde.

DIE ALTE MARK

*Werben, Johanneskirche, Annenaltar ›Heilige Sippe‹*

Noch heute erinnert eine Tafel an der Nordseite an die Stelle, wo bei der Beschießung durch Truppen Tillys am 27.7.1631 eine Kanonenkugel einschlug. Zum Glück hielten sich die Schäden in Grenzen, so daß auch heute noch der tiefe Eindruck, den die Kirche hinterläßt, im Gepäck der Erinnerung mitgenommen werden kann.

Ein ebenso bezeichnendes Beispiel altmärkischer Backsteinarchitektur ist die *Pfarrkirche St. Petri* in **Seehausen**. Liegt Werben am östlichen Ende der Wische, so Seehausen an derem westlichen. Schon von weitem sichtbar in diesem Niederungsland überragt die mit barocken Hauben abgeschlossene Doppelturmfront von St. Petri die vorwiegend aus schlichten Fachwerkhäusern des 17. bis 19. Jh. bestehende Kleinstadtszenerie. Die Kirche steht an der Stelle einer kreuzförmigen Feldsteinbasilika des ausgehenden 12. Jh. Diese erhielt im frühen 13. Jh. jenen doppeltürmigen Westbau aus Backsteinmauerwerk, der dann erst im 15. Jh. auf seine jetzige Höhe gebracht wurde und 1486 die vorgebaute Marienkapelle erhielt. Gerade ihre Existenz sorgte dafür, daß eines der schönsten spätromanischen Backsteinportale in diesem Raum erhalten blieb. Seinen besonderen Reiz bezieht es aus dem Wechsel von Sand- und Backstein und dem leider durch die gotische Wölbung zum Teil abgedeckten, von Zahnschnittfriesen gerahmten Wimperg. Auch der Triumphbogen des romanischen Vorgängerbaus ist in die Konstruktion der im Nachgang zur Johanneskirche in Werben und dem Dom in Stendal erbauten Halle eingegangen und scheidet das großräumige Schiff vom

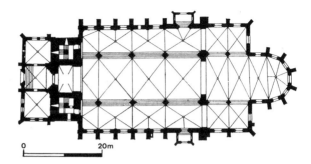

*Seehausen, Pfarrkirche St. Petri, Grundriß*

engeren und kleinteiligeren Chor. Dort lädt ein in einem neugotischen Gehäuse gefaßter Schnitzaltar aus dem Anfang des 16. Jh. zum längeren und intensiveren Betrachten ein. Die zentrale, große Kreuzigung wird von sechs kleineren Passionsreliefs begleitet. Aus den Niederlanden stammend, besticht die Arbeit vor allem durch ihre ungeheure Bewegtheit.

Weniger bewegt als vielmehr abwehrend starr gebärden sich die Reste der alten *Stadtbefestigung*, die sich zum Teil in ihrer originalen Höhe von 4 m erhielt. Das *Beuster Tor* ist das letzte der einst fünf Tore der vom Flüßchen Aland berührten Stadt. Dieses kleine Gewässer ist es, das die abfließenden Wasserströme des von Osten nach Westen abflachenden Wischelandes aufnimmt, um sie erst weiter nördlich bei Schnackenburg in die Elbe zu leiten.

Weiter südlich berührt dieser Wasserlauf unter dem Namen Biese das ebenfalls den westlichen Rand der Wische markierende **Osterburg**, wo sich auf der Basis der Landwirtschaft im letzten Jahrhundert eine bescheidene Industrialisierung vollzog. Die Stadt hat eine lange Geschichte. Nördlich der heutigen Altstadt hat schon eine slawische Burg gestanden, die als Grenzfeste sicher heiß umkämpft war, bevor ihr im 10. Jh. ein deutscher Burgward folgte. 1151 erscheint der Ort erstmals, allerdings in der Gründungsurkunde Stendals.

Im *Kreisheimatmuseum*, einem beachtlichen, zweigeschossigen Fachwerkbau unter den sonst eher schlichten Fachwerkhäusern des 18. und 19. Jh., sind die Funde aus der Burgwallgrabung, aber auch andere Zeugnisse ur- und frühgeschichtlicher Besiedlung der Gegend zu besichtigen.

Die fragmentarisch erhaltene *Martinskapelle* im Nordosten, heute als Friedhofskapelle genutzt, stand ganz in der Nähe der slawischen Burg, von der noch Reste des Ringwalls erhalten sind. Die heutige Stadt, schon im Dreißigjährigen Krieg arg in Mitleidenschaft gezogen, ist 1761 durch einen Stadtbrand fast gänzlich zerstört worden. Lediglich die *Pfarrkirche St. Nikolai* in ihrem Zentrum ist ein architektonisches Zeugnis, das in die Gründungszeit des Ortes zurückreicht. Sie basiert auf einer Feldsteinbasilika aus dem Ende des 12. Jh., die aber kaum hundert Jahre später unter Wiederverwendung von älteren Bauteilen zu einer dreischiffigen Halle umgebaut und um 1484 mit einem unregelmäßigen, dreischiffigen und dreiapsidial geschlossenen Chor vollendet wurde. Die unteren Geschosse des aus Feldsteinquadern gefügten Westturmes stammen noch aus romanischer Zeit. Auch der Raumeindruck des Innern wird vom veränderten romanischen Vierungsquadrat bestimmt, das den

## DIE ALTE MARK

Chor deutlich vom Kirchenschiff abschließt. Von den Ausstattungsstücken verdienen die von Meister Volker aus Münster 1442 gegossene Taufe und das aus ihrem Grabstein mit spürbar tiefer Empfindung gemeißelte Paar des Bürgermeisters Boldemann und seiner Frau besondere Aufmerksamkeit.

Der *Neptunbrunnen* an der Nordseite der Kirche scheint in seiner Lebensfreude und leichten Eleganz beinah fehl am Platze. Einst vom Gutsbesitzer von Rönnebeck 1881 oder '83 in Italien erworben, wurde er nach Abbruch des Rönnebecker Schlosses an diese Stelle Osterburgs versetzt. Bis heute ist weder die genaue Herkunft noch der ausführende Künstler bekannt, was den Genuß an dieser vorzüglichen Steinmetzarbeit jedoch nicht trüben kann.

Der Weg nach Arendsee führt zunächst über die Dörfer am Südrand der Arendseer Hochfläche, wo Abstecher bzw. Aufenthalte durchaus lohnen. In der *Dorfkirche* in **Klein Rossau** ist im eher anspruchslosen flachgedeckten Innenraum des spätgotischen Kirchleins bei Renovierungsarbeiten 1961 eine fast vollständige, den Raum umziehende Ausmalung aus der Entstehungszeit der Kirche, der zweiten Hälfte des 15. Jh., freigelegt worden. Den gemalten Sockel zieren über Bambusstangen gehängte Tücher, und erst darüber befinden sich die durch gemalte Rahmen mit Rankenwerk begrenzten Szenen der Genesis und der Kindheitsgeschichte Christi (Südseite) sowie gegenüber die Heiligen Christophorus, Katharina, Barbara und Georg in überzeugender Lebendigkeit und Frische, die dem in der Vorstellung mehr düsteren Bild des Mittelalters gelassen heiter widersprechen.

Die *Klosterkirche* in **Krevese** hat in den letzten Jahren weniger durch ihren schlichten, im wesentlichen dem Ende des 12. Jh. angehörenden Bau, sondern durch die dort alljährlich stattfindenden, reizvollen Sommerkonzerte auf sich aufmerksam gemacht. Die Kreveser Benediktinernonnen des 12. Jh. standen in enger Beziehung zu ihren Glaubensschwestern in **Arendsee,** wo Markgraf Otto I. eine Niederlassung dieses Ordens am Südufer des Arendsees gestiftet hatte.

Die *Klosterkirche* (Abb. 15) ist zwischen 1184 und 1204, also etwa zur gleichen Zeit wie die in Krevese entstanden, überragt diese aber sowohl in ihrer Größe als auch in der künstlerischen Qualität weit. Sie gilt als eine der größten, gewölbten Ziegelbauten dieser Gegend und als bedeutender Nachfolgebau der Klosterkirche von Jerichow, wenngleich hier die Westtürme fehlen. In der Verarbeitung des Backsteins, der Gestaltung der schmückenden Friese aber erweist sie sich ihrem Vorbild durchaus ebenbürtig. In der Wölbung der Innenräume geht sie, dem Zug der Zeit folgend, sogar einen Schritt weiter. Die Kreuzgrat- und Tonnengewölbe mit den allesamt halbrunden Vierungs-, Apsis-, Arkaden- und Fensterbögen in ihrer geometrischen Genauigkeit und weitgehenden Symmetrie sind von frappierender Wirkung. Ständig scheinen sie sich um ein Inneres runden zu wollen, um so zu Ruhe und Geschlossenheit zu kommen.

Entsprechend qualitätvoll präsentiert sich auf der spätromanischen Altarmensa ein vierflügeliger Schnitzaltar um 1370/80. Im Zentrum erscheint Maria in anbetender Zuneigung neben dem das Segenszeichen erteilenden Christus. Als ein Hauptwerk altmärkischer Plastik wird der um 1240 gearbeitete Kruzifixus an der Nordwand des Chores angesehen. Der

96

Körper des Gekreuzigten ist schon in frühgotischer Manier leicht gebogen und weist nicht mehr die über jeden Schmerz erhabene Strenge eines Welten- und Himmelskönigs seiner markanten sächsischen Vorgänger auf. Durch große Eichenblätter wird das Kreuz als eine Art Lebensbaum gekennzeichnet und zeigt in den Rosetten seiner vier Enden die Symbole der Evangelisten. Die auch in anderen Stücken gute Ausstattung erhält obendrein eine interessante Ergänzung durch eine Sammlung von Kirchengeräten und Ausstattungsstücken aus den Dorfkirchen der näheren Umgebung. Von den spätmittelalterlichen *Klostergebäu-den* sind auf dem sich zum See hin neigenden Gelände ruinöse Reste erhalten, die im Zusammenklang mit der vom Arendsee bestimmten Landschaft ein überaus romantisch-beschauliches Bild ergeben.

Das ›Auge der Altmark‹, wie der *Arendsee* auch genannt wird, hat eine Wasserfläche von 554 ha, erreicht Tiefen bis zu 50 m und hat seine Entstehung durch Salzauslaugung verursachten unterirdischen Erdeinbrüchen zu verdanken. In den fränkischen Reichsannalen wird er 822 als der Ort eines Erdbebens erwähnt, wobei es sich wohl um einen solchen, sicher gewaltigen Erdfall gehandelt hat.

Heute finden hier jährlich viele Erholungsuchende Entspannung und Ruhe, nicht zuletzt bei den Konzerten im Park an der Klosterruine. In den Verlauf der ehemaligen Klostermauer war ursprünglich auch der sogenannte *Kluthturm*, ein backsteinerner Glockenturm aus der Spätgotik südöstlich der Kirche, miteinbezogen. Außerhalb der ehemaligen Klausur liegt auch ein Gebäude, das für das frühere Klosterhospital gehalten wird, und in dem heute das *Heimatmuseum* über die Geschichte der aus drei Gemeinden zusammengewachsenen Stadt und über die Fauna und Flora des Arendsees unterrichtet.

Das Kurstädtchen mit seiner reizvollen, von einfachen ein- und zweigeschossigen Häusern begleiteten Hauptstraße erregte Anfang des Jahrhunderts Aufmerksamkeit durch einen Mann, dessen Namen jeder gesundheitsbewußte oder vegetarisch lebende Mensch in Deutschland schon einmal gehört hat: Gustav Nagel. Im nahen Werben 1874 geboren, als Kind nach hier verzogen, trat er, zum Mann herangewachsen, als Wanderprediger und Naturmensch auf. Er lebte anfangs in einer Erdhöhle, ernährte sich ausschließlich vegetarisch, ging auch im Winter barfuß und bekleidete sich nur mit einer Leinenhose und einem kittelähnlichen Überwurf. Mit seinem üppigen, bis auf die Schultern fallenden Haar entsprach sein Äußeres ganz der naiven Vorstellung von einer Jesusfigur. Von zahlreichen Anhängern verehrt, verspottet von der Masse, erlitt er ein wechselvolles Schicksal. Er wurde allein wegen der Volksaufläufe, die sein Erscheinen verursachten, ins Gefängnis gesteckt und für verrückt erklärt. Rehabilitiert, setzte er sein unruhevolles, von missionarischem Eifer getriebenes Leben fort und vertrat die Sache einer naturnahen Lebensweise sogar vor großen Volksversammlungen in Berlin. Er durchwanderte Österreich, die Schweiz und Oberitalien. Den Nazis war sein Individualismus derart suspekt, daß sie ihn in Schutzhaft steckten und später nach Dachau brachten. Er überlebte den Krieg und zog sich wieder in seine angestammte Heimat zurück, wo er ein Einsiedlerleben führte, bis er 1952 starb und auch hier begraben wurde. Überbleibsel seines ›Tempels‹ finden sich an der Strandpromenade, entlang der Straße, die von Seehausen kommend, weiter in Richtung Salzwedel führt.

DIE ALTE MARK

# Salz und Bier – Salzwedel

Salzwedel hat, wie der Name verrät, etwas mit Salz zu tun, und zwar mit jenem, das auf der alten Salzstraße Magdeburg – Lüneburg hier die sumpfige Jeetzeniederung durchquerte. Vermutlich schon im 9. Jh. sicherte den wichtigen Handelsknotenpunkt eine Burg, die im 11. Jh. zum Sitz der Markgrafen der Nordmark erwählt wurde. Aus der im Schutz der Burg angelegten Kaufmannssiedlung erwuchs die alte Stadt. Ihr Straßennetz, das sich leicht unregelmäßig um die alte Anlage schließt, ist markiert von jener alten Salzstraße, die über Holzmarkt-, Burg- und Altperver Straße führte.

Von der auf einem künstlichen Sumpfhorst postierten *Rundburg* blieben kaum mehr als einige Backsteinreste der Burgkapelle St. Anna, Teilstücke der inneren Ringmauer sowie der um 1200 entstandene runde Bergfried, der sich mit seinem Durchmesser von über 14 m und einer Mauerstärke von 3,60 m sehen lassen kann. Eine äußere Ringmauer war ursrpünglich von einem Wassergraben umspült, der künstlich von der Jeetze gespeist wurde, die außer diesen Verteidigungsaufgaben noch viele andere hatte, worauf der ›Puparschbrunnen‹ am Eingang der Burg hinweist: »Allen wird bekannt gemacht, daß keiner in die Jeetze – kackt. Denn morgen wird gebraut.«

Diese Unmittelbarkeit, die selbst heute ihre Wirkung nicht verfehlt, begleitet den aufmerksamen Besucher auf Schritt und Tritt beim Rundgang durch die noch in großen Teilen erhaltene Altstadt. Es lohnt sich, die Jahreszahlen, Sprüche und Figuren auf den Balken und Türpfosten oder an den Steinen der Kirchen näher zu betrachten und zu entziffern.

Der *Bürgermeisterhof* in der Burgstraße 18 ist einer der Höfe in der Stadt, in dem mittelalterliche Handels- und Wohnkultur direkt spürbar wird.

Unweit der Burgstraße, östlich der Burg, befinden sich die Gebäude des in der Mitte des 13. Jh. gegründeten Franziskanerklosters, deren bedeutendstes die *Mönchskirche* ist. Mit ihrem hohen Satteldach und Blendnischengiebel ist die zweischiffige spätgotische Halle ein wichtiger Orientierungspunkt in der Stadtsilhouette. Die im 15. Jh. unter Verwendung älterer Teile auf einem Feldsteinsockel errichtete Kirche steht in ihrer sich mit hoher handwerklicher Kunst verbindenden Schlichtheit als ein ganz typisches Beispiel der wenigen Bettelordenskirchen Sachsen-Anhalts da. Das weiträumig und wohlproportioniert gestaltete Innere, bestehend aus dem kreuzgratgewölbten Mittelschiff, der älteren Klausur an der Stelle des nördlichen Seitenschiffes und dem Chor, wird von den hochgestellten Fenstern gut erhellt. Der spätgotische Lettner trennt das einst den Laien vorbehaltene Schiff vom Chor der geweihten Geistlichkeit, wo das nach 1500 entstandene Chorgestühl deren Sonderstellung im Kirchenraum unterstreicht. Hochgestellt im Ansehen waren auch die 16 Gilden und privaten Stifter, dank deren Freigebigkeit 1579 die Kirche nicht nur neuerlich instandgesetzt werden konnte, sondern auch eine Orgelempore erhielt. Ihre Brüstung gleicht einem aufgeschlagenen Buch, das in 24 ›Seiten‹ die biblische Geschichte figurenreich und mit vortrefflichen architektonisch-landschaftlichen Hintergründen erzählt. Die Bilder werden von Texten sowie Namen und Wappen der Stifter ergänzt. Gemalt sind die überdurchschnittliche künstlerische Qualität verratenden Szenen in der zuerst von den Zisterziensern benutzten

*Salzwedel*
1 Burg
2 Bürgermeisterhof
3 Mönchskirche
4 Ehem. Kloster
5 Rathausturm
6 Altstädter Rathaus
7 Haus Schmiedestr. 30
8 Haus Schmiedestr. 27 (Adam-und-Eva-Tor)
9 Ritterhaus, Radestr. 9
10 Marienkirche
11 Ehem. Propstei (J.-F.-Danneil-Museum)
12 ›Hungerturm‹
13 Lorenzkirche
14 Spitalkapelle St. Gertrud
15 Kirche zum Hl. Geist (Perver)
16 Ehem. Münze
17 Karlsturm
18 Neuperver Torturm
19 Haus Straße der Jugend 57
20 Terrakottahaus
21 Katharinenkirche
22 Lateinschule
23 Hansehof
24 Steintor

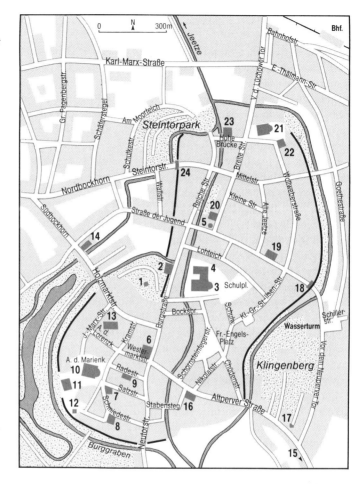

Grisaille, auch Grau-in-Grau-Malerei genannt, die sich ganz bewußt von farbiger Gestaltung abkehrt. Auch die Bilder der 12 Stammväter der israelitischen Stämme auf den Rückwänden des Gestühls unter der Empore sind in dieser Manier gemalt.

Einstiges Glanzstück der heute als Konzert und auch Ausstellungshalle genutzten Kirche war der Cranach-Altar, der heute im Johann-Friedrich-Danneil-Museum zu bewundern ist.

Das sich nördlich der Kirche anschließende ehemalige *Kloster* diente bis 1882 als Schule. Seit 1895 wurde es zum Rathaus umfunktioniert, so daß von der ursprünglichen Anlage nur noch Stückwerk blieb. Im Innenhof fügte man das Renaissanceportal des 1895 abgebrannten Neustädter Rathauses als Erinnerung an den repräsentativen Bau ein, von dem an der Ecke Straße der Jugend/Breite Straße am Hotel ›Schwarzer Adler‹ der achteckige Turm von 1585

## DIE ALTE MARK

noch erhalten ist. Dort residierte der gemeinsame Rat der erst 1713 vereinigten Neu- und Altstadt Salzwedels.

Bereits am südlichen Ende der Burgstraße taucht das Gebäude des ehemaligen *Altstädter Rathauses* auf, das nach der Vereinigung funktionslos geworden, verschiedensten Zwecken diente und seit Mitte des 19. Jh. Sitz der Justiz war. Der beeindruckende Backsteinbau der Spätgotik weist mit der vielfältigen Verwendung gedrehter Stäbe ein für das Salzwedel dieser Zeit ganz typisches Architekturelement auf. Besonders aufwendig ist der ältere Nordflügel gestaltet, der in drei Nischen des dritten Geschosses das Wappenrelief bzw. die Reliefs einer Strahlenmadonna und eines Christophorus besitzt. Der Blendenstaffelgiebel betont diese als Schauwand hergerichtete Seite zusätzlich. In diesem älteren Teil befindet sich auch der einzige, im ursprünglichen Zustand erhaltene Raum, der über zwei Geschosse reichende, von hohen Sterngewölben überschirmte Sitzungssaal.

Wenn auch die umstehenden Häuser dagegen klein wirken, warten sie dennoch mit oft stattlichem Zierat auf. Hier, im Kern der sich um die Marienkirche verdichtenden Altstadt, hat sich in den schmalen Gassen und Straßen ein besondes charaktervolles Stück der alten Bürgerstadt für die Nachwelt erhalten. Aus dem 15. Jh. und damit das älteste der Wohnhäuser ist das Hochständerhaus in der *Schmiedestraße 30*. Die altertümliche Konstruktion der durchgehenden Ständer mit waagerechten Riegeln läßt sich gut von der Salzstraße aus sehen. Das Haus *Schmiedestraße 27* dagegen ist 1840 erneuert worden. Das korbbogige Tor des Vorgängerbaus von 1534 mit den naiven Darstellungen Adams und Evas als Hüter des Ein- und Ausgangs wurde glücklicherweise wiederverwendet. In der benachbarten *Radestraße 9* prallen die Figuren zweier geharnischter Ritter aus den Torzwickeln aufeinander. Sie haben dem Haus den Namen ›Ritterhaus‹ gegeben. Beides sind Beispiele bester volkstümlich-naiver altmärkischer Schnitzkunst, wie sie in der Stadt noch anzutreffen ist.

Ein Hort hoher Kunst ist die *Marienkirche*, deren beängstigend aus der Viertikale geratener 85 m hoher Schieferhelm schon längst die Aufmerksamkeit auf sich gezogen hat (Abb. 19). 3 m dieses Turmstumpfes und einige Mauerteile gehören noch einer ersten Feldsteinbasilika aus der zweiten Hälfte des 12. Jh. an. Im 13. Jh. folgte dieser eine dreischiffige Back-

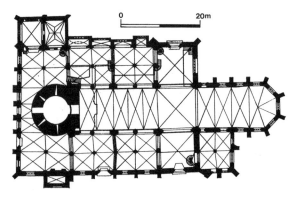

*Salzwedel, Marienkirche, Grundriß*

steinbasilika mit der noch heute sichtbaren, oktogonalen Erhöhung des Turmes. Als auch sie den gewachsenen Ansprüchen nicht mehr genügte, wurde um 1300 mit dem Umbau zur fünfschiffigen Halle begonnen. Um 1400 ist sie aber letztlich doch als Basilika fertiggestellt worden, wobei die verlängerten Seitenschiffe nun den Turm einschlossen, der 1496 seine übersteile Haube erhielt. Hinzu kamen veschiedene Anbauten und Veränderungen, die der Kirche nicht nur eine komplizierte Baugeschichte, sondern auch ihr besonderes, malerisches Aussehen verliehen.

Daß sie unter Kennern längst zu den hervorragendsten Kirchen der Altmark gezählt wird, verdankt sie vor allem ihrer reichen und zum großen Teil gut erhaltenen Ausstattung, die sich besonders im Chor konzentriert. Die hölzerne Triumphkreuzgruppe im Chorbogen aus der Mitte des 15. Jh. bekrönte wohl ursprünglich einen Lettner. Ebenso handwerklich vollkommen und künstlerisch eindrucksvoll sind die Figuren und Reliefs des über ein halbes Jahrhundert älteren Chorgestühls, das, an beiden Chorwänden aufgestellt, bis in den Altarraum reicht. An der nördlichen Wand folgt dort der sogenannte Markgrafenstuhl aus dem Anfang des 16. Jh. und der durch seine hoch aufragenden Fialtürmchen imponierende Levitensitz aus der Mitte des 14. Jh. Dort ruhte der Priester mit seinen Diakonen, während das Gloria und Credo des Chores erhaben die Gewölbe durchhallte. Hier, am Hauptaltar, war zugleich der heiligste Ort der Kirche. Vor den verblassenden Resten der Wandmalerei aus dem zweiten Viertel des 13. Jh. und den mit Glasmalereien des 14. bis 16. Jh. geschmückten, schlanken Fenstern des Chorpolygons kann der fast 8 m breite und 6 m hohe *Schnitzaltar* bis heute den Zauber seiner hohen Kunst entfalten (Farbabb. 5). Das Zentrum des Geschehens bildet die Kreuzigung Christi auf dem Kalvarienberg. Rechts und links davon erzählen 30 Reliefs in Dreierreihe die Geschichte der Passion in zeitloser Eindringlichkeit. Der namentlich nicht überlieferte niederdeutsche Meister des 1510 entstandenen Altars ließ sich von der Kupferstichpassion Martin Schongauers anregen. Jedes Relief wird nach oben von einem zarten geschnitzten Schleier aus Maß-, Gitter- und Rankenwerk abgeschlossen. Neben den in originaler Fassung gut erhaltenen, kräftigen Farben verstärkt die schimmernde Blattvergoldung den überwältigenden Eindruck dieses Altars. In der Predella flankieren vollplastische Figuren der Zwölf Apostel einen als Salvator dargestellten Christus. Den oberen Abschluß bildet ein Gesprenge, in dessen Mitte eine Strahlenkranzmadonna auf der Mondsichel als anmutige Siegerin triumphiert. Neben diesen großen Stücken der mittelalterlichen Ausstattung gibt es kleinere, ebenso einzigartige. Dazu gehören das eichene, mit archaisierenden Stilelementen versehene geschnitzte Lesepult aus der ersten Hälfte des 14. Jh. mit einer Marienkrönung im Zentrum und den vier Evangelistensymbolen in den Ecken und in der Sakristei eine spätgotische Sitzbank, das kostbare Adlerpult aus dem Anfang des 15. Jh. oder liturgische Geräte wie zwei große, silbervergoldete Kelche. Die Steinfiguren im Chor und auf den Sockeln vor den Vierungssäulen sowie die beiden Stifterfiguren im südlichen Kreuzarm entstanden um 1410 und sind von hohem Rang in der altmärkischen Steinbildhauerei. Vermutlich gehörten sie zu einem größeren Figurenzyklus.

Ein herausragendes Beispiel früher Renaissancekunst stellt die von einem kunstvollen Gitter umgebene Bronzetaufe dar, die seit 1934 im südlichen Seitenschiff aufgestellt ist. Die

DIE ALTE MARK

Taufe wurde 1520, das Gitter 1522 vom selben Meister Hans von Köln in Nürnberg gegossen. Nürnberg war zu dieser Zeit das Zenrum des europäischen Bronzegusses. Der von vier Löwen getragene Prunkpokal hat in seinem Fuß eine Heizöffnung, mit deren Hilfe das Wasser auf eine für den einzutauchenden Täufling annehmbare Temperatur gebracht werden konnte. Den Deckel ziert ein mächtiger Baldachin, bekrönt von einer Maria Immaculata als Symbol der unbefleckten Empfängnis. Auch am Gittereingang findet sich noch einmal die kleine Figur einer Maria, und – was besondere Beachtung finden sollte – auch die Figur des außergewöhnlich begabten Meisters.

Mit der Sandsteinkanzel von 1581 ist das Mittelalter endgültig verlassen. 1604 ist sie restauriert und bemalt worden und hat im gleichen Jahrhundert den vergrößerten, mit reichem Figurenschmuck versehenen Schalldeckel erhalten. Die große, zwischen 1748 und '52 eingebaute Orgel steht mit den Ornamenten ihres schönen, klar gegliederten Prospektes ganz in den Formen des Barock.

In unmittelbarer Nähe der Marienkirche befindet sich die ehemalige *Propstei*, ein stattlicher Fachwerkbau von 1578, dem 1754 ein runder Treppenturm vorgesetzt wurde, so daß er nun wie ein kleines Schlößchen anmutet. Auch das Seitengebäude mit seinem reizvollen Erker mag an Zeiten erinnern, da es noch Prinzessinnen gab, die auf flehentliche Bitten ihr Haar herunterließen. Heute ist in der Propstei das *Johann-Friedrich-Danneil-Museum* untergebracht. Außer der Bibliothek und den wertvollen vorgeschichtlichen Sammlungen des Historikers beherbergt es Sammlungen zu Kunst und Handwerk. Stellvertretend sollen hier nur die frühgotische ›Salzwedeler Madonna‹ und das 1582 von Lucas Cranach d. J. geschaffene Altartriptychon genannt sein. Letzteres gilt als bezeichnendes Beispiel neuer protestantischer Ikonographie. Die Mitteltafel, eine Replik der 1567 für die Stadtkirche Wittenberg gemalten Tafel, trennt durch einen Weg im ›Weinberg des Herrn‹ die widerstreitenden Glaubensparteien in ganz direkten, drastischen Gleichnissen. Um ganz sicher zu gehen, wird dem reformatorischen Anliegen in der Predella eine ausführliche Erklärung des Bildgeschehens in Versform gegeben.

Nach der Reformation ist auch die Propstei säkularisiert worden. Sie ging in den Besitz der Grafen von der Schulenburg über, die im vergangenen Jahrhundert auf dem dazugehörigen Land zur *Stadtmauer* hin einen *Landschaftspark* nach englischem Muster anlegen ließen. Sein alter und seltener Baumbestand, ein kleiner Tiergarten, der Pfefferteich und die einbezogene Stadtmauer mit dem ›Hungerturm‹ laden zur abwechslungsreichen Entspannung ein.

In nördlicher Richtung stieß die Stadtmauer früher auf die Holzmarktstraße, eine der seit Jahrhunderten bestehende Hauptstraße Salzwedels, an der sich, nur ein paar Häuser von der Marienkirche entfernt, mit der *Lorenzkirche* eine weitere architektonische Besonderheit der Stadt entdecken läßt. Sie ist trotz ihres schönen Schaugiebels lange Zeit vernachlässigt und im 18. Jh. als ›Königliche Salzfaktorei‹ sogar recht schändlich profaniert worden. Nach einigen vergeblichen Versuchen erhielt sie durch eine Restaurierung von 1961–64 wenigstens in den noch wiederherstellbaren Teilen ihr ursprüngliches, ungewöhnlich modern wirkendes Aussehen zurück. Sie besteht nun aus dem einst einen Turm tragenden Westbau, dem

Mittelschiff, dem wiederaufgerichteten nördlichen Seitenschiff, dem Chor und der nördlich an ihn anschließenden Sakristei. Als querschifflose Backsteinbasilika wurde sie in der Mitte des 13. Jh. erbaut. Das Besondere an ihr sind ihre vielfältigen Formen, die aus dem Wechselspiel von rotem Backstein, weißen Blendnischen oder Kreisblenden und der Verwendung schwarz glasierter Formsteine für Schmuckelemente entstehen und am östlichen Schaugiebel ihren Höhepunkt erreichen. Unverkennbar ist der Einfluß Ostholsteins und Westfalens, aber genauso richtig ist die Feststellung der Kunstwissenschaftlerin Irene Roch, daß die Lorenzkirche ein eigenwillige Sonderleistung in der spätromanischen Backsteinarchitektur Deutschlands darstellt.

Neben dem Außergewöhnlichen in der Sakralarchitektur besitzt Salzwedel auch einige kleinere Kapellen bzw. Reste einst größerer Bauten. Das ist in der Nähe der Burg die um 1460 erbaute *Spitalkapelle St. Gertrud* und die im Stadtteil Perver liegende *Kirche zum Heiligen Geist,* von deren Mitte des 15. Jh. errichteten Zentralbau von 20 m Durchmesser nur noch der schlanke Chor und in ihm einige Ausstattungsstücke erhalten sind. Noch weiter stadtauswärts in Perver liegt die im Mittelalter erbaute *Spitalkapelle St. Georg* des 1241 dort installierten Aussätzigenhospitals.

In der nach Perver hinausführenden Altperver Straße ist vor kurzem die ehemalige *Münze,* ein sehr beeindruckender, spätgotischer Backsteinbau, restauriert worden. Salzwedel hatte seit 1314 das Münzrecht besessen, es aber infolge des ›Bierkrieges‹ 1488 wieder an den Landesherren verloren.

Am Ende der Altperver Straße ist der *Karlsturm* der einzige von den Toranlagen der Altstadt erhaltene. Der um 1500 erbaute wuchtige, runde Backsteinturm gehörte einst zu der weit umfangreicheren Anlage des Altperver Tores. Wie einen Siegelring trägt der Turm unter dem Gesims des oberen Geschosses Wappenreliefs. Bei dem in diese Reihe in eine größere Nische eingestellten Brustbild soll es sich um Kaiser Karl IV. handeln.

Gehörte der Karlsturm zur Anlage des Vortores, so war der *Neuperver Torturm* in der Neustadt ursprünglich ein Teil des Haupttores. Dieser quadratische Backsteinturm erhält durch seine zur Stadt weisenden, doppelten und schlanken Giebelblenden geradezu etwas Hoheitsvolles, das wohl dem Streben der stolzen Salzwedeler Kaufleute voll und ganz entsprach, ein Streben, das sich auch immer wieder im Wohnhausbau bemerkbar macht. Ein schönes Beispiel eines mit dem Giebel zur Straße weisenden Fachwerkhauses ist das in der *Straße der Jugend 57,* das 1584 erbaut worden sein soll und somit das älteste Haus der Neustadt wäre. In der Breiten Straße, nur wenige Schritte von der Stelle, an der früher das bereits erwähnte Rathaus der Neustadt stand, sind im sogenannten *Terrakottahaus*, einem Fachwerkgebäude von 1722, 15 um 1570 in der Werkstatt des Lübecker Künstlers Statius von Düren entstandene Terrakotten eingelassen, ein Zeichen einstiger Wohlhabenheit, wie es sie natürlich auch in der Neustadt gab. Nicht zuletzt die dritte große Kirche Salzwedels, die Pfarrkirche der Neustadt, ist noch heute ein sichtbarer Beweis dafür.

Ein erster flüchtiger Blick auf diese *Katharinenkirche* ruft sofort wieder das Bild der Marienkirche vor Augen, in deren Konkurrenz sie wohl konzipiert sein dürfte. In einer komplizierten Baugeschichte entstand die 1280 erstmals erwähnte dreischiffige, querschiff-

## DIE ALTE MARK

lose Backsteinbasilika in ihrer heutigen, wesentlich im 14. und 15. Jh. geprägten Form. Den markanten Charakter erhält ihr Äußeres durch die quer über die Seitenschiffe gestellten Staffelgiebel. Wie bei der Marienkirche ist auch der Turm der Katharinenkirche ins Innere gerückt, hier durch den 1467 im Westen erfolgten Anbau der Fronleichnamskapelle. In dieser besitzen zwei der angesehendsten Neustädter Patrizierfamilien, die Chüden und die Annisius, durch zwei säulengeschmückte, barocke Familiengrüfte ein besonderes Andenken. Andere, wie der erste Salzwedeler Postmeister, der im Jahre 1711 starb, haben mit ihren Grabmälern nur einen Platz an der Außenwand erhalten.

Das Innere der Kirche ist durch das zum Ursprungsbau gehörige Portal im südlichen Seitenschiff zu erreichen und lebt vom Widerspruch der lichten und vielgestaltigen Ostteile zu den eher wuchtigen Architekturgliedern des Vorgängerbaus im Kirchenschiff. Von der Innenausstattung der Kirche ging viel verloren. Doch das wenige, das erhalten blieb, besitzt zum Teil sehr hohen handwerklichen und künstlerischen Wert. Die Reste mittelalterlicher Glasmalereien in den drei mittleren Chorfenstern stehen in der Altmark einzig da und sind wohl in norddeutschen Werkstätten, vielleicht in Lüneburg oder Lübeck, hergestellt worden. Auch die Bronzetaufe von 1421 schuf kein einheimischer Künstler, sondern Ludwig Gropengheter aus Braunschweig. Auf dem Kessel sind Jesus als Salvator und seine zwölf Apostel dargestellt. Er wird von einem Mittelfuß und vier Katharinenfiguren getragen, die ihrerseits auf je einem Löwenkopf stehen. Eingefaßt wird das ganze von einem 1567 geschaffenen Gitter, einer feinen Renaissancearbeit aus Holz, Messing und Stein. Der spätgotische Schnitzaltar mit der beinahe lebensgroßen Strahlenkranzmadonna im Schrein ist erst 1947 in die Katharinenkirche gekommen und stammt ursprünglich aus Buckau. Daß dagegen Hans Zaruth 1592 die Kanzel eigens für Salzwedel und die Katharinenkirche schnitzte, zeigt das Relief der Auferstehung am Kanzelkorb. Sie geschieht vor dem Hintergrund der Salzwedeler Stadtsilhouette, in der die Marienkirche als unübersehbare Landmarke und Rivalin hervorsticht.

Nicht immer triumphierte die Altstadt über die Neustadt. 1744 wurde die *Lateinschule* der Neustadt zur einzigen der Stadt, während man die bei St. Marien abbrach. Vom Katharinenkirchplatz bietet sich ein reizvoller Blick auf das um 1550 erbaute und mit einem Turmanbau versehene Gebäude, in dem Joachim Winckelmann und Friedrich Ludwig Jahn zur Schule gingen und Johann Friedrich Danneil als Rektor wirkte, womit die überregional bekanntesten, mit Salzwedel in Berührung gekommenen Persönlichkeiten genannt wären. 1814 wurde Jenny von Westphalen, die spätere Frau von Karl Marx, in der nach ihr benannten Straße geboren, wo eine kleine Gedenkstätte eingerichtet ist. 1862 erblickte der spätere Historiker Friedrich Meinecke in Salzwedel das Licht der Welt.

Ein Denkmal eher ökonomischer Geschichte ist die von der Lateinschule stadteinwärts nach Süden führende *Wollweberstraße*, deren Straßenzug fast völlig von der zweckmäßigen Fachwerkarchitektur des 18. Jh. geprägt ist. Schon im 13. Jh. besaß Salwedel eine florierende Tuchmacherei, die ihren Erfolg vor allem den weitreichenden Handelsverbindungen der Stadt verdankte, die nicht nur bis Hamburg und Lübeck, sondern darüber hinaus bis Gent, Brügge, London, Bergen in Norwegen und selbst bis Wisby auf Gotland reichten.

*Salzwedel, Aufnahme um 1955*

Ein paar Schritte von der Katharinenkirche entfernt, an der *Hohen Brücke,* befand sich einst der Salzwedeler Hafen, der diese Verbindung möglich machte. Heute ist hier nichts mehr zu spüren von der einstigen Großhandelsstadt. Keine sich kräuselnde Welle schwappt an einen der schutenartigen Kähne, die so breit und flach gearbeitet waren, daß sie 120–180 Zentner Fracht aufnehmen konnten. Mit langen Stangen wurden sie vorwärtsgestoßen oder vom Ufer aus an einem Tau gezogen. Bei günstigem Wind wurde sogar ein Segel gesetzt. Nur der alte *Hansehof,* der mit seinem hofseitigen Treppenturm noch ins Mittelalter zurückreicht, kann daran erinnern, daß Salzwedel von 1263–1518 der Hanse angehörte.

Am Schluß des Rundgangs sollte nicht versäumt werden, das *Steintor* und den angrenzenden *Steintorpark* an der Dummemündung zu besichtigen. Um 1520/30 erbaut, ist das Steintor das jüngste Tor der Neustadt und stand ursprünglich wie die anderen Tore auch mit einem Zwinger und einem Vortor in Verbindung. Der Steintorpark liegt auf dem einstigen Stadtwall und ist seit 1822 für einige Zeit auch als Friedhof genutzt worden. Wer sich der Mühe unterzieht, auf den zum größten Teil schlichten klassizistischen Steinen zu lesen, findet die Namen Alteingesessener sowie die Palette der von ihnen zu Lebzeiten betriebenen Gewerbe, die teils schon wieder in Vergessenheit geraten sind.

DIE ALTE MARK

Damit beim Abschied von diesem »lieben Ort«, wie ihn Winckelmann einmal nannte, keine Wehmut aufkommt, kann ein Stück Baumkuchen – Salzwedels Spezialität – die letzten Minuten des Aufenthalts oder gar die Weiterfahrt versüßen.

## Im ›Hansjochenwinkel‹

Über die genaue Ausdehnung des ›Hansjochenwinkels‹ lassen sich keine sehr genauen Angaben machen. Zwischen Salzwedel und Diesdorf muß er aber liegen. Und das ist folgendermaßen belegt: Die Königin Luise befragte bei einer Inspektion des Potsdamer Grenadierregiments einst mehrere durch ihre besondere Größe und Stärke auffallende ›Kerls‹ nach Name und Herkunft. Alle haben sie Hansjochen geheißen, und alle sollen sie in der nordwestlichen Altmark zu Hause gewesen sein. Worauf die Königin lachend feststellte, daß sie wohl allesamt im ›Hansjochenwinkel‹ beheimatet wären.

Das kleine Dorf **Osterwohle** westlich von Salzwedel, friedlich inmitten ländlicher Feldflur liegend, gehört schon in den oben beschriebenen Winkel. Auch wenn nun die Versuchung da ist, nach großen und starken jungen Männern Ausschau zu halten, sollte keinesfalls die *Dorfkirche* übersehen werden, ein im 17. Jh. umgestalteter Feldsteinbau des 13. Jh. Sie beherbergt eine der vollständigsten und einheitlichsten Innenausstattungen im Stil des deutschen Manierismus (Abb. 18). Obwohl der hölzerne Innenausbau nicht durch den Einsatz von Farbe gesteigert ist, bleibt der Eindruck von einer Orgie der Formen bestechend und verwirrend zugleich. Weitgehend ungeklärt ist, ob es sich hierbei um den Geniestreich eines unbekannten Dorftischlers oder das Jugendwerk eines später bekannten Baumeisters handelt.

Aus den Füllungen der stark plastischen Kassettendecke hängen Pinienzapfen lang herab, während die Kreuzungspunkte der Rahmung von Rosetten und Maskenköpfen geziert sind. Von einem gesonderten Feld über dem Altar hängt aus einer Wolke ein Engel herab. Der Altarraum selbst ist von der übrigen Kirche durch eine Schranke abgetrennt, auf welcher ein sich in mehreren Bögen steigerndes Gerüst in seiner hohen Mitte den bis zur Decke reichenden Kruzifixus trägt. Ihm zur Seite auf jeweils niedrigeren Stufen stehen Petrus, Paulus und je ein Engel. An beiden Seiten des Mittelganges schreitet eine von Knorpelornament überwucherte spitzbogige Rahmung mit Engeln als Scheitelfiguren fort und umschwingt die in der Mitte der Kirche stehende Taufe, die nochmals von einer Schranke umfaßt, und deren hoher, überladener Deckel von einem Pelikan bekrönt wird. Er steht hier nur stellvertretend für den überall anwesenden figürlichen und ornamentalen Schmuck, der sich gleichermaßen an dem einzig datierten Stück, der Kanzel von 1621, findet, und in der Westempore noch einmal seinen überschwenglichen Triumph feiert.

Nach einem solchen Erlebnis kann es gut sein, in jenes ausgewogene Grün fruchtbarer Äcker und Waldstreifen einzutauchen und auf dem weiteren Weg die Lungen mit reiner Luft vollzusaugen.

Ganz im Nordwesten der Altmark liegt **Diesdorf,** ein Ort mit weitläufiger Umgebung, für Liebhaber von Geruhsamkeit, Stille und Kultur, ein Ort vielleicht für einen Traum eines naturverbundenen, auf Dauer gerichteten Lebens.

1160 gründete hier Graf Hermann von Warpke-Lüchow ein Augustinerchorfrauenstift als Hauskloster und Grablege für seine Familie. Das anfangs auch mit der Heidenmission betraute Stift war im ausgehenden Mittelalter das reichste der Altmark.

Die verfallenen Klostergebäude sind im vergangenen Jahrhundert abgerissen worden. Geblieben ist die *Klosterkirche* aus dem frühen 13. Jh., die neben der in Arendsee eine der am besten erhaltenen spätromanischen Bauten der Altmark ist und die älteste gewölbte Kirche im reif ausgebildeten, gebundenen System. Auch was die handwerkliche Sorgfalt in der Bildung der einzelnen Architektur- und Schmuckelemente betrifft, steht sie in vorderster Reihe. Das Innere ist ganz vom Rot des Backsteins und den hart abgesetzten weißen Fugen bestimmt. Das nur 5,70 m breite Mittelschiff wird durch doppelte Gurtbögen und die sie tragenden Säulen bzw. Pfeiler streng gegliedert und scheint sich in den deutlich sichtbaren Graten der weißen Gewölbe zu weiten. Im Osten werden Chor und Querhäuser durch halbrunde Apsiden abgeschlossen, wobei im nördlichen Querhausarm eine Nonnenempore eingebaut wurde. Ihr Erweiterungsbau nach Westen beherbergt eine schon 1332 genannte Heilig-Grab-Kapelle, in der sich ein ›Heiliges Grab‹ befindet, ein aufklappbarer, hölzerner Schrein mit einer geschnitzten Figur des auferstandenen Christus. Dieses Grab war sicher, wie andernorts auch, in die Zeremonien der Osterfeierlichkeiten eingebunden. Neben dem Triumphkreuz, einer ländlich derben Arbeit aus dem 15. Jh., besitzt die Kirche noch kleinere Stücke, wie etwa ein hölzernes, gotisches Armreliquiar. Ein Grabstein für einen 1273 gestorbenen Grafen von Lochow zeigt den betreffenden in einer Ritzzeichnung mit Schild und geschultertem Schwert.

Nicht ritterliche, sondern bäuerliche Kultur ist die Thematik des *Freilichtmuseums* in Diesdorf (Abb. 20). Es ist am Rand des Landschaftsschutzgebietes Salzwedel-Diesdorf in einem hübschen Kiefern-Birkenmischwäldchen etwas außerhalb des Dorfes zu finden. Von dem Landarzt Dr. Schulz bereits 1912 gegründet, wurde es in den letzten Jahren beträchtlich erweitert, um möglichst anschaulich und umfassend einen Eindruck von ländlicher Arbeits- und Wohnkulur der Altmark des 18. und 19. Jh. zu geben. Denn mit dem Einzug moderner Produktionsmittel begann Ende des vergangenen Jahrhunderts der Typus des niedersächsischen Hallenhauses zu verschwinden, der in seinen wesentlichen Grundzügen nicht nur über Jahrhunderte hinweg Bestand hatte, sondern dessen Wurzel bis in die Bronzezeit, in das 2. und 3. Jh. zurückreichen. Damals handelte es sich wie bei dem Flettdielenhaus von 1787 um ein dreischiffiges Haus. Durch das Tor von der Giebelseite her tritt der Besucher zunächst in eine recht geräumige Diele, die als wichtigster Teil des Hauses mehrere Aufgaben zu erfüllen hatte. Rechts und links befanden sich die Boxen für das Vieh, darüber der Bergeraum für Stroh und Korn. Kleine, eventuell zusätzlich eingebaute Kammern dienten der Vorratshaltung. An der Stirnseite schloß ein großer Herd den Raum ab, an dem meist die Hausfrau stand. Nicht nur als Küche und für die Viehversorgung oder den Drusch diente dieser Trakt, sondern auch für die großen Familienfeierlichkeiten. Die eigentlichen Wohn-

107

# DIE ALTE MARK

*Altsächsisches Wohnhaus*

räume beschränkten sich auf kleine Kammern hinter dieser Allzweckdiele. Sie waren in aller Regel nur mit dem Notwendigsten ausgestattet. In späteren Zeiten, je nach Besitzgröße, gehörten zum Hof noch das Backhaus und Speicher wie Scheune, die in einem für die Altmark charakteristischen Torhaus untergebracht waren, das mitunter noch als Altenteil diente. Eine Bockwindmühle vervollständigt dieses bäuerliche Ensemble zur besonderen Freude wißbegieriger Kinder.

Von Diesdorf geht es Richtung Südosten über Beetzendorf hinaus aus dem ›Hansjochenwinkel‹. Das erst im letzten Jahrhundert zur Stadt erhobene **Klötze**, einst an einer inzwischen abgebrochenen Burg gelegen, besitzt aufgrund mehrerer Stadtbrände und seiner über lange Zeit geringen wirtschaftlichen Bedeutung wenig Sehenswertes. Den Freund zurückhaltender und doch charaktervoller Landschaften mögen die schön bewaldeten Endmoränenzüge um die Stadt entschädigen. 126 m zählt der höchste Berg. Wanderwege führen über die Zichtauer Berge hinüber bis nach **Zichtau**, das zwischen diesen und den südlichen Hellbergen gelegen, gewissermaßen das Zentrum dieser ›altmärkischen Schweiz‹ bildet. Die Sage berichtet, daß in grauer Vorzeit angesiedelte Schotten Heimweh nach den heimatlichen Bergen befiel. Nachdem sie zu etwas Reichtum gekommen waren, bestellten sie sich einen Landschaftsgestalter, der ihnen als Ersatz einen Teil des Schweizer Hochgebirges an diese Stelle versetzen sollte. Da ihr Geiz aber über ihre Sehnsucht siegte, reichte es letztlich nur zu den paar Hügeln. – Wie dem auch sei, der 160 m hohe *Stakenberg* südlich von Zichtau bietet bei entsprechendem Wetter eine prächtige Aussicht über die Altmark, bis nach Standal oder Salzwedel, oder über den *Drömling*, der sich südwestlich bis nach Oebisfelde als eine flache, von Kanälen durchzogene, der Landwirtschaft erschlossene Ebene hinzieht. Wer Interesse an historischen Verfahren zur Trockenlegung großer Sumpfgebiete hat, sollte nach **Kunrau** fahren. Hier ließ sich im vergangenen Jahrhundert auf dem Rittergut derer von Alvensleben ein Braunschweiger namens Theodor Hermann Rimpau nieder, um das von Friedrich dem Großen vergeblich begonnene Projekt der Kultivierung des Drömling endlich zu einem Erfolg zu führen. Waren unter Friedrich bereits ein Bett für die im Morast versickernde Ohre gegraben worden und außerdem 38 Abzugskanäle, 17 Gräben, 32 Brücken, 16 Dämme und ebensoviele Schleusen entstanden, so zog man jetzt auf Anregung Rimpaus Gräben im Abstand von etwa 20 m, in denen sich das Wasser sammelte. Der ebenfalls freigelegte Ton und Kies wurde mit dem gewonnenen Torf gemischt und ergab einen äußerst fruchtbaren Ackerboden. Wer sich heute an dieser eigentümlich von Menschenhand geformten Landschaft erfreut, wird kaum noch ermessen können, welche Leistung die Bewohner des Drömling vollbracht haben. Denn nur bei Frost und steinhart gefrorenem Boden, durch eiskaltes Wasser watend, war es möglich, dergestalt eingreifend in das Sumpfgebiet vorzudringen. Heute wird es als ›Land der 1000 Gräben‹ bezeichnet. Doch nicht allein der Landwirtschaft und der reichen Flora kommt dieses ausgeklügelte System der Wasserregulierung zugute. Mit dem Wasser ist es zugleich möglich, den Mittellandkanal zu speisen, der die Elbe mit Weser, Ems und Rhein verbindet.

Knappe 10 km nordöstlich von Zichtau liegt **Kalbe** an der Milde. Die Straße von Salzwedel nach Gardelegen überquerte hier einst auf künstlich angelegten Dämmen die sumpfige Flußniederung der Milde. Schon 983 soll hier ein Benediktinernonnenkloster zerstört worden sein. Die Entstehung des Ortes am Ende des 12. Jh. geht womöglich auf einen Burgherrn Calve zurück. Von der *Rundburg*, die zwischen zwei Armen der Milde nordöstlich der Stadt auf einem Sumpfhorst errichtet wurde, existieren nur noch Ruinenreste einer Kapelle, eines Tor- und eines Wohnhauses. Die noch erkennbaren Ausmaße der von Wassergräben umgebenen Anlage lassen erahnen, daß sie zu den größten und stärksten der Altmark zählte. Während des Dreißigjährigen Krieges wurde die Feste aus diesem Grund geschleift.

Die *Stadtkirche* romanischen Ursprungs ist im Barock grundlegend umgestaltet worden. Beachtung verdient sie vor allem wegen ihrer großen Zahl in der Regel figürlicher Grabmäler des 16. bis 19. Jh. Von besonderem künstlerischen Wert ist das als Schauwand aufgebaute Epitaph für L. von Alvensleben und Frau mit den knienden Figuren der Verstorbenen, zahlreichen Reliefs und manieristischen Dekors im Florisstil.


# Hopfen und Malz, Gott erhalt's!

Noch vor dem Dreißigjährigen Krieg, so weiß der Chronist zu berichten, gab es in **Gardelegen** 250 Brauereien. Das waren mehr als die Hälfte der 478 Häuser zählenden Stadt. Täglich fuhren etliche hundert Wagen hin und her, um das köstliche Naß in aller Herren Länder zu verschicken. Trotz des Niedergangs der Produktion nach diesem verheerenden Krieg lobte Zar Peter der Große 1698 bei einem Besuch dieser Gegend das Gebräu mit der Bemerkung,

DIE ALTE MARK

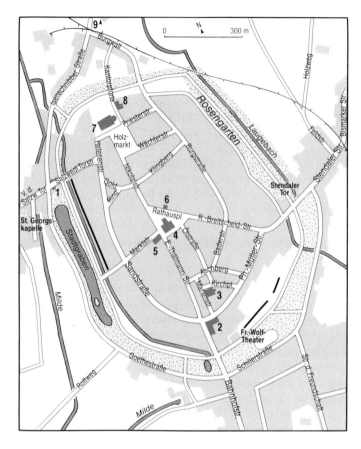

Gardelegen
1  Salzwedeler Tor
2  Heiliggeistspital
3  Marienkirche
4  Rathaus
5  ›Deutsches Haus‹
6  ›Löwenapotheke‹
   (Stadtmuseum)
7  Nikolaikirche
8  Ehem. Latein-
   schule
9  Gedenkstätte Burg
   Isenschnibbe

daß er nie zuvor ein wohlschmeckenderes Getränk genossen habe. Gerade heute wird wieder viel getan, um diesem alten Ruf zu neuem Glanz zu verhelfen.

Im südlichen Teil der Altmark, zwischen Hellbergen und der großen Letzlinger Heide, ist Gardelegen der Knotenpunkt der sich hier schon seit dem Mittelalter kreuzenden Straßen von Lüneburg über Salzwedel nach Magdeburg und von Stendal nach Oebisfelde und Braunschweig. An dieser Kreuzung ist die Stadt im 12. und 13. Jh. aus vermutlich drei Siedlungskernen zusammengewachsen. Die Siedlung an der ältesten, aber restlos verschwundenen Burg wird an der Marienkirche vermutet, während die Marktsiedlung und die Dorfsiedlung bei St. Nicolai als sicher gelten. Noch heute sind in der ellipsenförmig angelegten Stadt die alten Handelswege als Hauptstraßen zu erkennen.

Dem aus Richtung Salzwedel Ankommenden legt die 1290 mit dem Magdeburger Recht belehnte alte Stadt schon am *Salzwedeler Tor* (Abb. 22) so etwas wie eine Visitenkarte vor.

110

Das Tor läßt annähernd ahnen, welche Stellung der heute knapp 14 000 Einwohner zählenden Stadt einst zukam. Die mächtigen Rundtürme von 10 bzw. 13 m Durchmesser sind noch Anfang des 17. Jh. entstanden und waren in eine ältere Stadtbefestigung einbezogen, von der nur noch Reste erhalten sind. Der Torgiebel ist eine Zutat einer historisierenden Restauration von 1907, wobei der Backsteinbau des Vortores mit spitzbogiger Durchfahrt schon um 1550 entstand und in seinem Inneren zwei schöne Sterngewölbe trägt.

Die vom Tor in die Stadt hineinführende Salzwedeler Straße ist mit ihren Neubauten nicht typisch für Gardelegen. Die nach rechts von ihr abbiegende, den Stadtkern umgehende *Sandstraße* darf sich schon rühmen, die meisten und schönsten Fachwerkhäuser der Stadt zu besitzen. Unter den zwei- bis dreigeschossigen Traufenhäusern mit oft vorkragenden Obergeschossen des 16. und 17. Jh., deren Volutengiebel sich mitunter reizvoll übersteigen, sollen hier nur zwei genannt werden: *Nr. 65* von 1665, vormals das ›Weiße Roß‹, darf für sich in Anspruch nehmen, der größte erhaltene Fachwerkbau der Stadt zu sein; *Nr. 35* mit einer Inschrift von 1579 ist Gardelegens ältester Fachwerkbau und heute leider Ruine, die Ständer laufen noch wie in der Gotik durch das Zwischengeschoß hindurch.

Am Ende der Sandstraße, wo sich früher auch das Magdeburger Tor befand, heute aber eine verkehrsreiche Kreuzung die Überquerung der Straße erschwert, befindet sich das langgestreckte Gebäude des ehemaligen *Heiliggeist-Spitals*, welches um 1300 hier gegründet, nach einem Brand 1591 erweitert und 1728 nochmals erneuert worden ist.

Auf etwas erhöhtem Standort und ein wenig zurückgesetzt von der Straße erhebt sich fast gegenüber dem Spital die *Marienkirche*. Nach der Zerstörung von St. Nikolai im Zweiten Weltkrieg ist sie jetzt die Hauptkirche der Stadt. Der uneinheitliche Bau hat seinen Ursprung

*Gardelegen, Marienkirche*

DIE ALTE MARK

wohl in einer flachgedeckten Basilika um 1200, ist aber schon 50 Jahre später in eine fünf-schiffige Backsteinhalle umgebaut worden. Ein völliger Neubau wurde Anfang des 14. Jh. begonnen. Als das einzig sichtbare Ergebnis davon ist aber nur der sehr schöne, in edlen Proportionen errichtete Chor geblieben. Was danach folgte, waren An- und Umbauten sowie notwendige Reparaturen. Nach dem Einsturz des Turmes im Jahr 1658 mußten auch die Pfeiler und Gewölbe des Langhauses und natürlich das Oberteil des Turmes selbst vollständig erneuert werden.

Unter den zahlreichen, teils auch von der Nikolaikirche übernommenen Ausstattungs-stücken ist der Anfang des 15. Jh. gearbeitete vierflügelige Schnitzaltar am bemerkenswerte-sten. In seiner strengen, statischen Aufreihung der einzelnen Figuren und der Szenen der Marienkrönung und der Kreuzigung in aufwendig gestalteten Architekturnischen entspricht er ganz norddeutscher Tradition und besitzt in dieser Kühle etwas vom verfremdenden Charakter einer Ahnengalerie. In der Predella sehen aus acht rundbogigen, fensterähnlichen Architekturnischen sieben weibliche Büstenreliquiare und ein Christuskopf. Auch in der ersten Wandlung zeigt der Altar Propheten und Apostel gemalt in zwei Reihen. Erst der geschlossene Altar stellt ein herkömmliches Bild, und zwar die Szene der Verkündigung dar. Ein ungewöhnliches und zugleich sehr originelles Werk ist auch die Doppelfigur der Anna Selbdritt aus dem ersten Viertel des 16. Jh. am Aufgang zur Orgel, deren Empore und Prospekt aus der Zeit des Barock stammen. Von den Schnitzarbeiten muß noch die vorzügli-che Figur des ›Christus in der Rast‹ aus der Zeit um 1500 erwähnt werden, die sich als eine von fünf spätgotischen Schnitzfiguren in der Sakristei befindet. Von den Gemälden sei nur das des bekannten flämischen Malers Frans Floris genannt, das 1562 datiert ist und ›Jesus und die Kinder‹ zeigt. Auf seinen Bruder Cornelis geht der nach diesem benannte ›Florisstil‹ zurück, der in der Spätrenaissance für ganz Nordeuropa beispielgebend wurde. Auch von den Epitaphien vorwiegend des 16. Jh. soll nicht das prunkvollste, sondern das mit dem sehr lebensnahen Porträt des Toten versehene Holzepitaph für den 1582 gestorbenen Bürgermei-ster Arnold Bierstedt hervorgehoben werden.

Es bietet den besten Vorwand, die ehemalige Wirkungstätte des alten Herrn zu besichti-gen, den *Marktplatz* mit dem *Rathaus.* Wie die Verkaufsstraße auf dem Weg dorthin sind auch der Markt und das Rathaus schon vor Jahren entsprechend ihrer Bedeutung aufgeputzt worden. Das Rathaus hat sich in den 700 Jahren seines Bestehens mehrmals veränderten Bedürfnissen anpassen müssen. Doch gerade diese verschachtelte Vielfalt, in der es eine offene Laube mit rundbogigen Arkaden, Blendarkaden, Wappenblenden, Stern- und Netz-gewölbe und einen von einer schönen Schweifhaube mit doppelt durchbrochener Laterne bekrönten Turm zu bewundern gibt, macht diese Baugruppe zu einer der malerischsten am Platze. Ergänzt wird dieses Ensemble durch das mit dem Giebel zum Platz stehende, wuch-tige Fachwerkhaus des ›Deutschen Hauses‹ von 1687 und den zweigeschossigen Putzbau der *Löwenapotheke,* die Sitz des Stadtmuseums ist.

27 TANGERMÜNDE Rathaus ▷

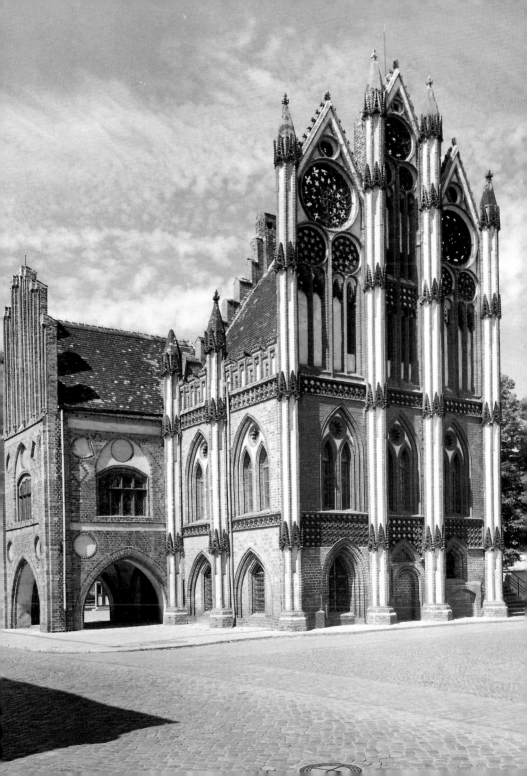

29 SCHÖNEBECK-SALZELMEN Gradierwerk
28 SCHÖNEBECK-SALZELMEN Stadtkirche, Fassade der nördlichen Vorhalle
30 HAMERSLEBEN Stiftskirche, Langhaus    31 HADMERSLEBEN Klosterkirche, Türklopfer

32 OSTERWIECK   Eulenspiegelhaus

33 KLOSTER GRÖNINGEN   Klosterkirche, Stuckreliefs

34 KROPPENSTEDT   Reiterkreuz

35  HUYSBURG  Klosterkirche, Blick durch das Mittelschiff nach Westen

36, 37  HALBERSTADT  Liebfrauenkirche, Chorschrankenreliefs, Maria und Andreas

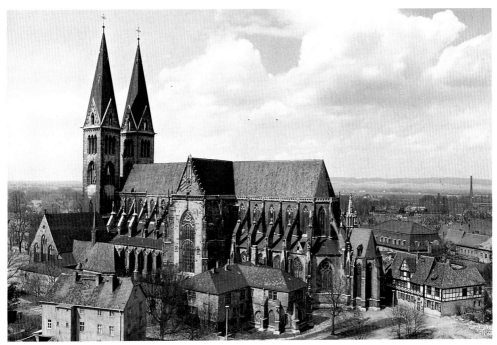

38 HALBERSTADT   Dom, Ansicht von Südosten

39 HALBERSTADT   Dom, Triumphkreuzgruppe

41  QUEDLINBURG  Stiftskirche, Krypta

◁ 40  HALBERSTADT  Dom, Blick durch das Mittelschiff nach Osten

43 BLANKENBURG  Barockgarten und Kleines Schloß
◁ 42 QUEDLINBURG  Blick durch den Stieg zum Rathaus
44 WERNIGERODE  Schloß, Speisesaal

45, 46  BLANKENBURG  Burgruine Regenstein und Nordtor des Klosters Michaelstein

47  Selketalbahn bei Alexisbad

48 WERNIGERODE Krummelsches Haus
49 WERNIGERODE Markt mit Wohltäterbrunnen (z. Z. in Restaurierung), Rathaus und Gotischem Haus ▷

Von den drei die städtische Silhouette Gardelegens bestimmenden Türmen fehlt nur noch der der *Nikolaikirche*. Vom Markt aus über die gleichnamige Straße und den Holzmarkt sind die Überreste dieses backsteinernen Sakralbaus leicht zu erreichen. Trotz seiner Verstümmelungen durch eine Bombardierung des Zweiten Weltkriegs strahlt besonders der wuchtige und hohe Westquerturm noch etwas von alter standhafter Würde aus. Bis vor einigen Jahren konnte noch der weitgehend intakte Chor als Kirche genutzt werden. Durch einen fortschreitenden Verfall ist jetzt die Kirche in ihrer gesamten Existenz bedroht. Spielende Kinder zwischen den alten Steinen und dem hindurchsprießenden Grün machen den Anblick kaum erträglicher. Ein wenig tröstet, daß nahebei das zweigeschossige Gebäude der ehemaligen *Lateinschule* mit seinen Vorhangbogenfenstern und einem Sitznischenportal von 1546 noch steht.

Dahinter beginnt schon der grüne Gürtel, der sich auf den alten Wallanlagen seit dem vorigen Jahrhundert rings um die Stadt legt. Er ist heute ergänzt durch einen Park mit Rosengarten, Plastiken, einer Freilichtbühne und einem Tiergehege.

Ausflüge in die nähere oder weitere Umgebung Gardelegens sind fast in jeder Richtung möglich. Auf dem etwa 1 km nördlich der Stadt liegenden Gelände der alten askanischen *Burg Isenschnibbe,* die gerade noch in ihrer Ausdehnung zu erahnen ist, wurde 1949 eine *Gedenkstätte* für 1016 KZ-Häftlinge eingerichtet, die hier einen Tag vor der Befreiung durch die Alliierten von den Nazis in einer Feldscheune zusammengetrieben und bei lebendigem Leib verbrannt wurden.

Südlich und westlich von Gardelegen dehnt sich das für mitteleuropäische Verhältnisse riesige Gebiet der *Letzlinger Heide*. Bisher war sie für Touristen ein weitgehend verbotenes Terrain. Der beginnende Abzug der dort stationierten Einheiten der sowjetischen Armee läßt hoffen, daß sie wieder zu einem für alle zugänglichen Naturraum wird.

Schon zu Fürstens und Kaisers Zeiten war die Heide ein beliebtes Jagdgebiet. Ob Kurfürst Joachim Friedrich oder Prinz Louis Ferdinand, Wilhelm I. oder Wilhelm II., Bismarck, Hindenburg, Franz-Ferdinand von Österreich oder Göring – hier griffen sie alle zur Flinte. Als sichtbarer Zeuge der großen Jagden der Vergangenheit ist das *Jagdschloß* in **Letzlingen** geblieben, das heute als Krankenhaus genutzt wird. Der romantisierende Putzbau mit Türmen, Zinnen und Wassergraben ist im Stil britischer Adelsburgen 1843 aus einem um 1560 erbauten Vorgängerbau entstanden. Auftraggeber für den eingreifenden Umbau war König Friedrich Wilhelm IV., wohl nach dem Motto, wir Preußen haben den Bayern immer etwas voraus. August Stüler setzte unter Mitwirkung von Ludwig Ferdinand Hesse die Wünsche des Königs gekonnt um, auch als es darum ging, eine Kirche im Stil der englischen Tudorgotik zu schaffen. Letzteres gelang so feinsinnig, daß sich eine Reise nach England fast erübrigt, weil das Gute einfach nah liegt.

An der nach Osten von Gardelegen nach Stendal führenden Bundesstraße liegt wenige Kilometer nach Gardelegen **Kloster Neuendorf**. Von dem um 1232 gegründeten Zister-

◁ 50 DRÜBECK Klosterkirche, Westfassade

DIE ALTE MARK

zisernonnenkloster steht noch die langgestreckte, einschiffige *Klosterkirche*. In ihr haben sich die auf Strenge und Klarheit gerichteten Baugewohnheiten des Ordens verwirklicht. Besonders schön ist die durch eine Dreifenstergruppe gegliederte Ostwand, in welcher der Rhythmus der Fenster durch in den Giebel aufsteigende Stege und einen Spitzbogenfries aufgenommen wird. Auch die Glasmalerei in diesen Fenstern ist im wesentlichen noch mittelalterlich. Ein Kleinod besitzt die Kirche in einem silbervergoldeten Kelch von Heinrich Horn aus dem Anfang des 15. Jh.

Statt jetzt den direkten Weg auf der Bundesstraße nach Stendal einzuschlagen, wird es vielleicht den besonders Geschichtsinteressierten auf die Landstraße in das nördlich abgelegene **Bismark** ziehen. Obwohl direkte Verbindungen nicht gezogen werden können, ist es wahrscheinlich, daß sich das Geschlecht derer von Bismarck nach diesem Ort benannt hat. Des Städtchens Wahrzeichen ist die ›Goldene Laus‹, die Turmruine einer spätromanischen Feldsteinkirche an der Straße von Kloster Neuendorf her. Der Sage nach soll in diesem Turm der Teufel als Laus an einer goldenen Kette angebunden gewesen sein. Als Tatsache aber gilt, daß diese Kirche ›Zum heiligen Kreuz‹ besonders zu Zeiten der großen Pestepidemien wegen eines wundertätigen Kreuzes Wallfahrtsort war. Die Geißler peitschten ihren entblößten Oberkörper, umkreisten dabei dreimal die Kirche, warfen sich mit ausgebreiteten Armen auf die Erde und brachten ihr Opfer dar. Eine Eintragung in der Magdeburger Schöppenchronik von 1349 führt allerdings darüber Klage, daß sich die Wallfahrer am Ende um die eigenen Opfer prügelten und selbst vor Mord nicht zurückschreckten.

Kurz vor Stendal, in **Steinfeld**, gibt es für den Freund der Vorgeschichte eines der größten Großsteingräber der mittleren Steinzeit in Deutschland zu entdecken. Das Hünenbett mißt 10 m Länge, 3 m Breite und ist von einer etwa 9 m breiten und 47 m langen Steinumhegung umgeben, so daß verständlich wird, warum unsere Vorfahren glaubten, daß vor ihrer Zeit Riesen die Erde bewohnt haben müssen.

# Stendal

»... Auch jetzt noch«, so schreibt Theodor Fontane in seinen ›Gedanken über die Altmark‹ im Jahr 1859, »verleugnen die altmärkischen Städte ihre frühere Bedeutung keineswegs, und neben schlichten, zum Teil baufälligen Fachwerkhäusern, die im günstigsten Falle das Interesse hohen Alters bieten, finden sich zahlreiche Bauten, die an Fürstenmacht und Bürgerreichtum, an die Glanztage des Klerus und der Hansa erinnern. ... man erkennt einfach nur, daß Rock und Mann zu gleicher Zeit heruntergekommen sind und daß beide einst stattlicher dreinsahen. Diese Empfindung hat man unterschiedslos, gleichviel ob man Salzwedel oder Gardelegen, Tangermünde oder Stendal passiert. Die letztere macht diesen Eindruck ganz besonders und zwar gerade um seiner Vorzüge willen. ... Alle diese Städte, selbst die kleinsten und ärmsten unter ihnen, sind nur klein und arm im Verhältnis zu dem, *was sie selbst einst waren.*«

*Stendal. Kupferstich von M. Merian, um 1650*

Wie stark der Zauber dieser glanzvollen Jahrhunderte nachwirkte, zeigt sich auch in der Tatsache, daß sich der französische Schriftsteller Henri Beyle, später Verfasser so weltberühmter Romane wie ›Rot und Schwarz‹ oder die ›Kartause von Parma‹, aus Entzücken über die Stadt und aus Verehrung für den in ihr geborenen Johann Joachim Winckelmann das Pseudonym Frederic de Stendhal zulegte. Er verbrachte 1806 als Offizier des napoleonischen Heeres einige Zeit in der Gegend. Doch schon damals waren die Farben der Blütezeit Stendals längst verblaßt.

›Steinedal‹, die niederdeutsche Bezeichnung für Steintal, erwuchs aus einem Straßendorf vielleicht gleichen Namens im Norden in der Gegend der Jakobikirche, aus einem askanischen Hof mit zugehöriger Burgleutesiedlung im Süden im Bereich des Domes und der 1160 zwischen den Armen der Uchte von Albrecht dem Bären gegründeten Marktsiedlung. Ende des 13. Jh. wurden die einzelnen Teile durch einen großen Mauerring zusammengeschlossen.

Durch die Verleihung von umfangreichen Markt- und Zollprivilegien, die Existenz einer markgräflichen Münzstätte und die Verleihung des Magdeburger Rechts, das später in modifizierter Form als ›Stendaler Recht‹ auch auf andere Städte übertragen werden konnte, blühte die Stadt rasch auf. Der Fernhandel florierte nachweislich bis nach Hamburg, Lübeck Wismar, aber sogar nach Flandern und England. Im Süden treten Erfurt, Nürnberg oder Augsburg als Handelsplätze hervor, mit denen das von 1359–1517 der Hanse zugehörige Stendal in Verbindung stand. Im 15. Jh. galt die Stadt als größte und reichste der gesamten Mark. Erst nach dem Aufstand der altmärkischen Städte gegen den Bierzins begann ein erster Niedergang. Einschränkung der städtischen Freiheiten, Verlust des Münzrechts, der hohen und niederen Gerichtsbarkeit waren die Folgen. Bündnisse zwischen den Städten mußten gelöst und es durften keine neuen geschlossen werden. Schließlich zerbrach auch die Hanse. Was der Stadt an Widerstandskraft geblieben war, rafften Feuersbrünste, Pestepidemien, aber vor allem der Dreißigjährige Krieg hinweg, so daß Stendal, vor allem durch starke Bevölkerungsverluste geschwächt, fortan das Dasein einer unbedeutenden Ackerbürgerstadt fristete. Selbst die Industrialisierung des 19. Jh. setzte hier nur zögernd ein. Mit dem

# DIE ALTE MARK

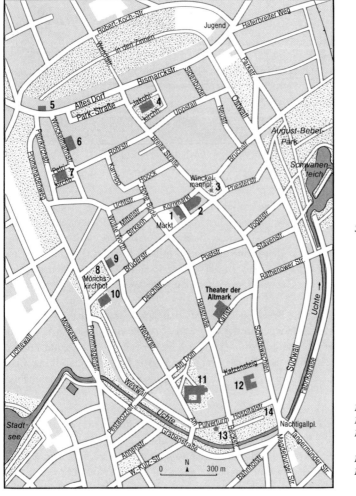

Stendal
1 Rathaus und Roland
2 Marienkirche
3 Denkmal J. J. Winckelmann
4 Jakobikirche
5 Uenglinger Tor
6 Winckelmann-Museum
7 Petrikirche
8 Mönchskirchhof
9 Ehem. Refektorium (Bibliothek)
10 St. Annen-Kirche
11 Dom St. Nikolaus
12 Altmärkisches Museum
13 Pulverturm
14 Tangermünder Torturm

Bau zweier sich in Stendal kreuzender Eisenbahnstrecken gewann der Ort als Verkehrsknotenpunkt der Altmark ab 1868 allerdings erneut an Bedeutung. Heute ist Stendal eine Kreisstadt mit etwa 45 000 Einwohnern. Trotz vieler Verluste ist der Reiz ihrer vor allem spätmittelalterlichen Architektur und Kunst bis heute ungebrochen.

So darf sich der *Marktplatz* im Zentrum der Stadt vor allem wegen des markanten Rathausgebäudes und der dahinter mächtig aufragenden Marienkirche immer noch rühmen, eines der schönsten städtebaulichen Ensembles im nordöstlichen Deutschland zu sein.

Das verwinkelte, verschiedenen Stilen angehörende *Rathaus* wirkt hier besonders belebend. Im wesentlichen wird das Gebäude durch den weiß getünchten Putzbau mit den einheitlich in den Formen der Spätrenaissance gestalteten Schweifgiebeln und Zwerchhäusern bestimmt. Sie rühren von einem Umbau Ende des 16. Jh. und einer Erweiterung des 19. Jh. her. In seinem Grundbestand gehört der Gebäudekomplex aber den verschiedenen Bauphasen des 15. Jh. an. Diese Umbauten wirkten sich natürlich auch auf die Innenräume aus. Die große Ratsstube im südöstlich das Ensemble abschließenden ›Ratsflügel‹ hat sich weitgehend erhalten und in ihr Teile der als Raumvertäfelung angebrachten Schnitzwand von 1462. Der rechte kleinere Trakt, der sogenannte ›Laubenflügel‹, ist aus dem Anfang des 15. Jh. und damit am ältesten. Er besaß in seinem Erdgeschoß ursprünglich eine offene Gerichtslaube. Vor ihr stand wie auch heute noch der *Roland* (Abb. 24), dessen verwittertes Original von 1525 von einem Orkan im Jahr 1972 so schwer beschädigt wurde, daß es eine originalgetreue Nachbildung ersetzen mußte. Einer Schildwache gleich, gepanzert, mit gespreizten Beinen, in der Linken das Schild mit dem Brandenburger Wappen, in der Rechten das 4 m lange Schwert. Auf der schön ornamentierten rückseitigen Stützsäule von 1698 ist als Gegensatz zum heroischen Standbild die Figur eines Eulenspiegel und eines spiegelhaltenden Affen zu sehen.

Die *Marienkirche* hat zwei Gesichter. Vom Markt aus zeigt sie das schlanke, im 14. und 15. Jh. erhöhte Turmpaar auf dem Westquerbau ihres Vorgängers aus dem 13. Jh. Der Blick von Osten, vom Winckelmannplatz präsentiert die Anfang des 15. Jh. begonnene breite, fast behäbig wirkende Halle. Der ihren Chor bekrönende Zinnenkranz läßt gar die Parallele zu einer wehrhaften Burg aufkommen. Die im breiten Ebenmaß weit ausladenden Gewölbe dieser monumentalen, ja ›majestätisch‹ wirkenden Halle werden von ebenso unumstößlich wirkenden Rundsäulen getragen. Die Form eines solchen Baukörpers ist sicher kein Zufall. Als bürgerliche Ratskirche war die Marienkirche immer eng verknüpft mit den Belangen und Interessen der Kaufmannschaft, die hier auch ihr Selbstbewußtsein darstellte. Zudem war sie nicht nur sakralen Handlungen vorbehalten. Sie diente bei entsprechenden Gelegenheiten auch als Versammlungssaal und Markthalle.

Das Eisengitter in der prächtigen Chorschranke war nicht allein Schmuck, sondern hatte die Aufgabe, wenigstens den geheiligten Altarbereich vor allzu weltlichen Übergriffen zu schützen. Daß der Schauwert dieser überaus qualitätvollen Schranke dabei nicht zu kurz kam, lag im Interesse der Bürger, die in solcherart Prachtentfaltung ein Gütesiegel ihrer selbst sahen. Die in den Kielbogennischen über den Durchgängen aufgestellten Schnitzfiguren aus dem zweiten Viertel des 13. Jh. stammen von einer älteren Schranke. Sowohl bei diesen Figuren als auch bei dem untypisch tief eingefügten Triumphkreuz und seinen schlanken Begleitfiguren von 1380/90 handelt es sich um vorzügliche Arbeiten.

Ebenso steht ihnen der doppelflügelige Schnitzaltar von 1471 im Inneren des Chores in nichts nach. Die farbigen, großzügig vergoldeten Reliefs sprechen trotz historischer ›Verkleidung‹ eine oft verblüffend gegenwärtige Sprache. Der Schrein ist der Patronin der Kirche, ihrem Tod und ihrer Krönung vorbehalten. Auch die Szenen aus der Jugend Christi scheinen mit den Augen der Mutter gesehen. Im Gesprenge hebt sie sich zwischen den

## DIE ALTE MARK

Nebenpatroninnen Katharina und Barbara im Strahlenkranz als Himmelskönigin hervor, während in der Predella sechs Szenen aus der Katharinenlegende erzählt werden. Die erste Wandlung vollendet sich mit dem Relief der Kreuzigung. Das Bild des Jüngsten Gerichts steigert in naiver Realistik die Dramatik mit der Darstellung eines schaurig aufgerissenen Höllenrachens, der ohne Ansehen der Person selbst Angehörige der hohen Geistlichkeit verschlingt, indes die Seligen durch die kleine Himmelspforte schreiten dürfen, die Petrus mit dem Schlüssel streng bewacht. Den Zyklus beschließen von niederländischer Schule beeinflußte Gemälde der Nagelung, Abnahme, Grablegung und Auferstehung, wobei die beiden letzteren dieses sonst so hervorragenden Altarwerkes leider stark beschädigt sind. Sehr gut erhalten dagegen ist das Chorgestühl von 1508. Außer dem figürlichen und ornamentalen Schmuck und den Wappen der Stifter hat auch der Meister Hans Ostwalt sich selbst ein Denkmal gesetzt. Kniend vor der Anna Selbdritt ist er auf der nördlichen Wange des Gestühls zu finden. Während er sich noch zu Lebzeiten verewigen konnte, sind es sonst vor allem die Grabmäler, die die ehemals Lebenden in das Blickfeld der Nachwelt rücken. Fast überall in den Seitenkapellen der Kirche finden sich vielgestaltige, künstlerisch hochwertige Epitaphien. In einer Kapelle des Chorumgangs liefert das Grabmal für den 1728 verstorbenen Kaufmann Johann Friedrich Struwe mit seinem Text zugleich ein poetisch beeindruckendes Zeugnis seiner Zeit, wenn es heißt: »Endlich ward nach gethanen vielen Reißen die zerbrechliche Marktbude seines Leibes zerbrochen, die Zahl-Woche seines Lebens lief zu Ende...« Es ist die gleiche unverstellte Direktheit, mit welcher auch des Fisches gedacht wurde, der 1425 während einer verheerenden Überschwemmung in der Kirche gefangen worden sein soll. Sein blechernes Ebenbild hängt am nördlichen Pfeiler des Chorumgangs. Mit einem ganz anderen Selbstverständnis beauftragten dagegen die Stadtoberen 1571 den Maler der Kanzelbrüstung Andreas Blome, in die Weltkugel des Salvator Stendals Stadtsilhouette einzufügen, zum Zeichen der Bedeutung, die die Stadt sich damals selber zumaß. Daß es bescheidenere Zeiten und bescheidenere Leute gab, mag der wenig attraktive Grabstein des Esaias Wilhelm Tappert beweisen, der als Rektor des Gymnasiums und Förderer des jungen Winckelmann hohe Verdienste um die Entwicklung des Stendaler Schulwesens hat. Der Stein steht an der Westwand der Halle, in der Nähe des Eingangs der Mariazeitenkapelle, die heute als Taufkapelle genutzt wird. Die 1474 gegossene Bronzetaufe ist wiederum der Maria und anderen weiblichen Heiligen gewidmet. Sehr ungewöhnlich sind die vier Evangelisten am Fuß der Taufe dargestellt, in Mönchskleidern, aber mit den Köpfen ihrer Symboltiere.

Als nicht weniger ungewöhnlich und eine erlesene Rarität darf unter der Orgelempore die astronomische Uhr aus dem Ende des 16.Jh. angesehen werden. Sie ist eine der wenigen, voll funktionstüchtigen Uhren ihrer Art überhaupt in Deuschland. In Einzelteile zerlegt, wurde sie erst 1967 wiederentdeckt und in den folgenden Jahren in mühevoller Arbeit durch den einheimischen Goldschmiedemeister Roever zusammengesetzt. Das 24-Stundenzifferblatt mit Tierkreiszeichen, Sonne, Mond und Planeten zeigt neben den Stunden auch die Monate mit den entsprechenden Tierkreiszeichen sowie den Mond und die Planeten in ihrem jahreszeitlich bedingten Stand an. Dem Jahr 1580 entstammt das Hauptwerk der

Orgel auf der Empore über der Uhr. Damit ist es mindestens ebenso alt wie diese. Es wird sogar vermutet, daß noch Teile einer älteren Orgel in diesem Werk aufgingen, das später immer wieder verändert wurde und erst während des Zweiten Weltkrieges die beiden hohen Pedaltürme erhalten hat.

Zu einem Sakralbau, der derartige Schätze birgt, gehört auch ein entsprechendes Geläut. Die Stendaler ließen 1490 eigens den berühmten Glockengießer Geert van Wou aus Kampen kommen, damit er ihnen zwei Glocken goß, einmal die ›Maria‹ mit 1,99 m Durchmesser im Mittelbau der Türme und die ›Anna‹ mit 1,58 m Durchmesser im Südturm. Zwar werden diese beiden umfänglichen ›Damen‹ bei einem Rundgang um die Kirche nicht zu erkennen sein, doch wer etwas Geduld aufbringt und sich etwas länger hier aufhält, wird ihr Geläut gewiß einmal hören.

Vielleicht auf dem unmittelbar angrenzenden *Winckelmannplatz*, der auch Standort eines *Denkmals* für den »Erforscher und beredten Verkünder des Alterthums« ist, der am 9. Dezember 1717 in Stendal geboren wurde. Das Bronzestandbild ist eine Arbeit des Schadow-Schülers Ludwig Wichmann von 1859. Das 1929/30 von Fritz Ebhardt entworfene funktionalistische Warenhaus stellt dazu einen überaus interessanten Kontrast dar. Der im Hintergrund aufragende Turm der Jakobikirche richtet jedoch nicht nur den Blick, sondern auch die Aufmerksamkeit zurück in das Stendal des Mittelalters.

Die *Jakobikirche* war das Gotteshaus der alten Dorfsiedlung. Die Granitquadersteine des 1285 erstmals erwähnten Baus wurden beim Neubau ab 1311 im Sockel wiederverwendet. Die übrigen Teile der dreischiffigen Hallenkirche mit einheitlich gebusten Kreuzgratgewölben entstanden in der für das nördliche Deutschland typischen Backsteinarchitektur der Hochgotik. Umfangen von der feierlichen Stille des Innenraumes, wird dem Eintretenden der direkte Blick auf die filigran gearbeitete Chorschranke mit den lichtdurchglosten hohen Fenstern des 1408 erweiterten Chores zu einem nicht alltäglichen Erlebnis. Die spätgotische Schranke von 1510/20, in ihrem Aufbau mit Gitter, Figurenfries und bekrönendem Kruzifix der von St. Marien angelehnt, erscheint wie ein ›Sesam-öffne-Dich‹ zu einem dahinter verborgenen Schatz. Und in der Tat sind diese

*Johann Joachim Winckelmann*

DIE ALTE MARK

Fenster nicht nur wegen ihrer intensiven Farbigkeit so kostbar. Sie sind allesamt Originale
des 14. und 15. Jh. und teils von vorzüglicher Qualität, wie etwa die in Rankenmedaillons
gefaßten Szenen aus dem Leben Christi im zweiten Fenster der Südseite, die um 1370
entstanden. Ein anderes Fenster zeigt einen Kaufmann sowie einen Maurer bei seiner Arbeit,
was die Fenster gleichzeitig zu Dokumenten der Alltagsgeschichte ihrer Entstehungszeit
werden läßt. Das vierteilige Gestühl zu beiden Seiten des Chores und an der Ostwand des
Schiffes zeugt von ebendemselben hohen künstlerischen Anspruch der ehemaligen Nutzer.
Neben Heiligenfiguren auf den Pulten und reizvollen Genrefigürchen und Allegorien an den
Misericordien zeigen die Gestühlswangen unter anderem selten dargestellte Szenen des Alten
Testamentes. Das Zentrum des Chores wird von einem in der Art eines Flügelaltars gestalte-
ten, großen Altarretabel aus Sandstein eingenommen. Die bewegten, kleinfigurigen Reliefs
und das reiche Rollwerkdekor weisen es als ein Werk des Manierismus aus. 1612, etwa zehn
Jahre nach dem Retabel, entstand die ebenso schmuckfreudige und detailreiche Kanzel
(Abb. 23) unter den Händen des Werbener Holzbildhauers Hans Hacke, der damit seine
besondere Begabung auch für die Steinbildhauerei bewies und nicht nur gutes Handwerk,
sondern tief verstandene Szenen des Alten und Neuen Testaments lieferte. In der Trägerfigur Jakobus d. Ä. formte er eine Gestalt von praller Lebensnähe und seelischer Tiefe.
Genauso erregend wie die Begegnung mit dieser Figur kann die mit dem nur ausnahmsweise
aus dem Tresor hervorgeholten vergoldeten Bronzeleuchter sein, der zu den Glanzstücken
der spätromanischen Goldschmiedekunst in der Altmark gezählt wird.

Wer nun wissen möchte, wie die Stadtbefestigung eines solchen, von Reichtum geprägten
Ortes im Mittelalter aussah, dem sei der Weg über die Straße Altes Dorf empfohlen, die
wiederum zu dem anerkanntermaßen schönsten unter den märkischen Stadttoren führt,
zum *Uenglinger Tor* (Abb. 25). Zur Zeit seiner Entstehung bereits, um 1450/60, diente es
schon mehr der Repräsentation denn wirklicher Stadtverteidigung. Diesem Umstand und
letztlich natürlich dem Geschick seines mutmaßlichen Baumeisters Steffen Boxthude dankt
der türmchen- und zinnengeschmückte, mit Friesen und Blendnischen versehene Turm
seinen guten Zustand und sein attraktives Aussehen.

In der vom Uenglinger Tor wieder stadteinwärts weisenden Winckelmannstraße hat die
Stadt ihrem größten Sohn ein *Museum* eingerichtet, in welchem Leben und Werk des in
Triest so tragisch durch einen Raubmord Umgekommenen vorgestellt werden.

Nur ein paar Häuser weiter zeigt ein hoher, von vier kleineren Spitzen umgebener Turm
den Standort der *Petrikirche* an, der ältesten erhaltenen Pfarrkirche Stendals. 1285 wird sie
erstmals erwähnt. Sie war vermutlich die Kirche des Dorfes Wusterbusch, das der Markraf
vier Jahre zuvor der Stadt übergeben hatte. Von dem romanischen Feldsteinbau existieren
aber nur noch einzelne Teile im Turm und ein halbrunder Türbogen im Innern. Um 1300
begann der Um- bzw. Neubau, der, mit Ausnahme des Turmhelms von 1583, in der ersten
Hälfte des 15. Jh. mit der Erhöhung des Chores und der Einwölbung seinen Abschluß fand.
Im Vergleich zu den vorangegangenen erscheint hier der aus Backstein aufgeführte Lettner
zunächst spröde. Er ist ein Werk aus dem Anfang des 15. Jh. und trotz des ungefügen
Materials kunstvoll gearbeitet. Über den Durchgängen findet sich wie in St. Marien und St.

136

Nikolai die Reihe der Figurennischen mit dem segnenden Christus in der Mitte, zu seiten die Apostel und darüber der überlebensgroße Kruzifixus. All diese Figuren sind aus Holz und farbig gefaßt. Die Nischenfiguren stammen aus dem zweiten Viertel des 14. Jh., der Gekreuzigte aus der Mitte des 15. Jh. Der Hochaltar wurde aus zwei Schnitzaltären zusammengesetzt. Auch die Figuren sind verschiedener Herkunft und Qualität, doch allesamt aus dem 14. und 15. Jh. Und wie die Marienkirche, so besitzt die Petrikirche wenigstens eine Glocke des berühmten Geert van Wou, weshalb sie sich nicht nur sehen, sondern auch hören lassen kann.

Als letztes großes Ziel des Rundgangs bleibt der Dom. Vorerst ist es über den Stadtwall nur ein Katzensprung zum *Mönchskirchhof*, einem von alten Bäumen umgebenen, parkähnlichen Platz, an dem einst sowohl ein Mönchs- als auch ein Nonnenkloster der Franziskaner lagen. Das vom Mönchskloster allein übriggebliebene *Refektorium* tut heute seinen Dienst als Bibliothek, die eine spärliche Erinnerung daran ist, daß seit 1540 die recht verdienstvolle städtische Lateinschule im Kloster untergebracht war, an der später auch Winckelmann lernte, die aber 1784 abgerissen und 1898 durch die heutige Pestalozzischule ersetzt wurde. Vom Nonnenkloster blieb die bescheidene *St. Annen-Kirche* an der Südseite des Mönchskirchhofs, eine kleine Backsteinkirche aus der zweiten Hälfte des 15. Jh.

Beim Gang über den Wall ist vielleicht erwähnenswert, daß ihn bereits Mitte des vergangenen Jahrhunderts Stadtplaner zu einer begrünten Promenade umwandeln ließen, die den Mönchskirchhof auch mit dem Dombezirk verbindet. Dort konzentriert sich Stendals große Vergangenheit noch einmal und läßt sich mit Augen fassen.

Die allgemein als **Dom** bezeichnete Stiftskirche überragt mit ihrem schlanken Turmpaar noch die Marienkirche, die, in Konkurrenz gebaut, immer wieder zum Vergleich herausfordert. Denn mit St. Nikolaus war seit 1432 eine der schönsten und größten Backsteinkirchen der Altmark entstanden. Dabei entspricht die dreischiffige Halle in den Formen der hohen Gotik der eher konservativen Baugesinnung der hier ansässigen Augustiner-Chorherren. Selbst das große, die Anlage durchschneidende Querhaus wird nicht, wie allgemein üblich, reduziert oder völlig weggelassen, sondern beibehalten. Am Außenbau wurde das Querhaus sogar noch dadurch aufgewertet, daß man seinen nördlichen Giebel als Schauseite gestaltete. Über einem hohen, die Schiffstraufe übersteigenden, fünfgeteilten Fenster erhebt sich ein mit Blendmaßwerk reich, aber doch maßvoll geschmückter, abgetreppter Giebel. Rechts und links des aus Sandstein gefertigten Eingangsportals wachen die Schutzheiligen St. Nikolaus und St. Bartholomäus – Figuren aus der Zeit um 1370/80, die vermutlich aus dem Vorgängerbau übernommen wurden, einer dreischiffigen Basilika nach dem Vorbild der Klosterkirche zu Jerichow.

Die beiden unteren Geschosse des Turmquerbaus stammen noch von diesem Gebäude. Das Stift, das direkt dem Papst unterstand, war nächst den Domstädten Havelberg und Brandenburg das wichtigste religiöse Zentrum der Mark und konnte dank seiner ökonomischen Stärke einen dementsprechend dominanten Einfluß auch in der Stadt selbst ausüben.

Streng wie das klerikale Regiment der Stiftsherren gibt sich auch die innere Erscheinung der Kirche. Wie in der hochgotischen Kathedrale ist das scheinbar direkt in den hohen Chor

## DIE ALTE MARK

übergehende Mittelschiff der beherrschende Raum. Beim Blick vom Westeingang in den Chor ist es geradezu verblüffend, wie weder die Seitenschiffe noch das großräumige Querschiff den nach Osten ziehenden Raumsog beeinflussen können. Die machtvolle Würde der klaren Gliederung, verstärkt durch die schlichten, doch massiven Rundpfeiler, in einem gewissen Sinn überhöht durch die aufstrebenden Linien der Profilierungen bis in die Kreuzgratgewölbe, hat etwas Unerbittliches und Überwältigendes. Aufgehalten wird diese Bewegung durch den massiven, vergleichsweise schmucklosen Lettner aus Backstein. Seine Undurchlässigkeit und Ausbildung als Kanzellettner ist wiederum ein Verweis auf die konservative Haltung der Bauherren, die das Laienhaus streng getrennt wissen wollten vom Chor der Geweihten. Allein der Blick in der Höhe kann ungehindert in den von seiner Glasmalerei mystisch durchleuchteten Chorraum gleiten. Die nicht nur im Chor, sondern auch im Querhaus (Farbabb. 3) und südlichen Seitenschiff vorhandenen insgesamt 23 mit *Glasmalerei* gefüllten *Fenster* gelten als der eigentliche Reichtum des Domes. Sie vermögen das Erlebnis des ›farbigen‹ Kirchenraumes noch heute ungebrochen und verklärend herbeizuzaubern.

Die zwischen 1425 und '70 entstandenen Fenster norddeutscher Prägung finden Ebenbürtiges im mitteldeutschen Raum nur noch in denen des Erfurter Domes, wobei sich dort lediglich die Chorfenster erhielten. In Stendal blieb ein Großteil der um die Jahrhundertwende restaurierten und auch ergänzten Fenster erhalten, da sie während des Zweiten Weltkrieges rechtzeitig ausgelagert worden waren. Die im Dom verbliebenen Fenster zerstörte ein Bombenvolltreffer vom 8. April 1945. Das erklärt, weswegen die Fenster heute nicht mehr in ihrer ursprünglichen Ordnung erscheinen. Die nördliche Seite des Chores beginnt mit Szenen um die heilige Barbara. Danach folgen das sogenannte Glaubensfenster, das Fenster mit Legenden aus dem Leben des heiligen Erasmus, das Nothelferfenster mit den in Baldachinischen stehenden Heiligen, das Katharinenfenster und das Stephanusfenster, das eines der ältesten und am wenigsten ergänzten Fenster im Dom ist. Das zentrale Achsfenster ist Christus vorbehalten, wobei hier nur die Scheiben der Kreuzigung alte Originale um 1430 sind. Die Scheiben mit den übrigen Szenen entstammen dem 19. Jh. Dem Christusfenster folgen das Petrusfenster, das Marienfenster und das typologische Fenster, in dessen mittlerer Reihe die Passion Christi dargestellt wird. Das den Chor auf der Südseite abschließende Fenster zeigt Legenden über das Leben der Maria Magdalena.

Obwohl ein Besuch im Dom leicht nur damit ausgefüllt werden könnte, die faszinierenden Glasmalereien zu betrachten, und gerade der Dom über die letzten Jahrhunderte durch Reformation und zweckentfremdete Nutzung fast seine ganze Ausstattung verlor, sei am Ende wenigstens noch auf ein paar Stücke verwiesen, die nähere Betrachtung verdienen. An erster Stelle steht da das Chorgestühl aus der Bauzeit der Kirche um etwa 1430. Während oben auf den Wangen die Schnitzfiguren der Propheten mit ernster Gebärde ihre Botschaft verkünden, treiben Drolerien ihre frechen Anspielungen unter den Miserikordien. Der Schnitzaltar im Chor ist aus drei verschiedenen Altären des 14. und 15. Jh. nach dem Krieg zusammengesetzt worden und in seinen einzelnen Teilen von recht unterschiedlicher Qualität. Eine Meisterhand verrät die Anbetungsgruppe im Schrein mit der Maria im Typus der

*Katharinenkloster und
Tangermünder Torturm.
Lithographie 19. Jh.*

Schönen Madonnen. Die erst 1965 in die chorseitige Wand des Lettners eingelassenen, leider beschädigten Sandsteinreliefs gehörten wohl wie die in die Dienste des Chores eingefügten Reliefs von Einzelfiguren zum plastischen Schmuck eines um 1240 zu datierenden älteren Lettners. Neben den in der Halle zu entdeckenden Ausstattungsstücken laden vielleicht die zahlreichen Grabdenkmäler zur nochmaligen stillen Erkundung ein in dieser vor allem durch ihre Raumstimmung faszinierenden Kirche.

Die Gebäude südlich des Domes sind die Reste der ehemaligen *Klausur*, das alte Kapitelhaus mit dem Kapitelsaal von 1463 und der südliche Trakt des Kreuzgangs. Am südlichen Kreuzarm des Domes befindet sich ein sehr schönes, in der Mitte des 15. Jh. aus einem Grabstein gearbeitetes Relief einer Kreuzigung aus rotem Sandstein.

Den Abschluß des Rundgangs durch die Metropole der Altmark soll der Besuch des *Altmärkischen Museums* bilden. Freilich könnte hier ebenso der Ausgangspunkt sein. Denn in seinen 13 Räumen stellt das Museum kultur- und kunstgeschichtliche Exponate der Altmark wie auch der Stadt von der Frühgeschichte bis zur Gegenwart aus. Seit 1963 ist es in den Gebäuden des ehemaligen Katharinenklosters untergebracht. Vom Dom aus ist es leicht über den Grünstreifen des Stadtwalls zu erreichen, vorbei am *Pulverturm* und dem *Tangermünder Torturm*, der etwas älter ist als der ihm fast zum Verwechseln ähnliche Uenglinger Torturm. Eine markante Stelle, die Stadt zu verlassen oder in ihre Straßen einzutauchen, um dort jetzt das Unauffällige, Alltägliche oder weniger Berühmte auf ganz eigene Weise zu entdecken, wie etwa die ›Sperlingsida‹ auf dem Sperlingsberg oder etwas ganz anderes.

# Die verscherzte Hauptstadt

Zwischen Stendal und Tangermünde bietet das kleine **Arneburg,** 14 km nordöstlich von Stendal auf einem Hochufer über der Elbe gelegen, mit viel frischer Luft, viel Landschaft

# DIE ALTE MARK

*Hämerten, Chorturmkirche*

und kleinstädtischer Idylle eine angenehme Abwechslung: schmale Straßen, niedrige Fischerhäuschen aus Fachwerk – es könnten hier der ›Fischer mit siner Fru‹ zu Hause gewesen sein. Von der 925 erstmals genannten *Burg* sind vornehmlich der Berg mit einem Park und ein paar Mauerresten, vor allem aber die gute Aussicht über die weite Elblandschaft geblieben. Auch die *Pfarrkirche St. Georg* steht nahe an der Kante des Hochufers dieser kleinen, etwas verträumt anmutenden Stadt, deren Geschichte vom Fluß, von der Schiffahrt und der Fischerei geprägt ist.

Wer es noch kleiner, noch zeitentrückter möchte, dem sei das östlich von Stendal, ebenfalls an der Elbe liegende **Hämerten** empfohlen. Der Ort besitzt eine kleine, wohlerhaltene und in dieser Gegend sehr seltene *Chorturmkirche* vom Anfang des 13. Jh. In ihrer behäbigen, vertrauenerweckenden Art scheint sie ein Sinnbild für Genügsamkeit und Beständigkeit und entspricht damit auch dem Charakterbild von Land und Leuten.

**Tangermünde,** die stolze Schöne, behauptete ihre Stellung als Kronprinzessin unter den deutschen Städten nicht. Vielen Zeitgenossen wird ihr Name kaum mehr verraten als den vermuteten Standort auf einem Höhenzug an der Einmündung des Tanger in die Elbe, an der Stelle einer alten Furt. Dabei waren es diese günstige Lage und die dichte Besiedlung sowohl durch slawische als auch germanische Stämme, die hier einen Ausgangspunkt zuweilen bedeutender Geschichte entstehen ließen. Zwar wird durch Thietmar von Merseburg erst 1009 eine deutsche Grenzburg auf dem am weitesten zur Elbe vorstoßenden Teil des Plateaus genannt, doch dürfte sie bereits im 10. Jh. im Zuge der Sicherung der Elblinie angelegt und ausgebaut worden sein. Mitte des 12. Jh. entwickelte sich südwestlich von Burgbezirk und ›Hühnerdorf‹ die Marktsiedlung, die im frühen 13. Jh. das Stadtrecht erhielt. Dieser schloß sich, ebenfalls im Südwesten, im 15. Jh. die Neustadt an. Die von Stendal hereinführende Bundesstraße stößt geradezu an die Schnittstelle von Alt- und Neustadt. 1438 ist hier vor den Mauern der alten Stadt ein *Dominikanerkloster* gegründet worden, von dem aber nur noch geringe Reste aufzuspüren sind.

Wie gut dagegen die *Stadtbefestigung* der Altstadt den Zeiten trotzte, wird gleich als erstes sichtbar. An der mit zwei Ecktürmen bewehrten Westpartie schließt sich beinah im Rechteck die zum größten Teil erhaltene Stadtmauer aus dem 13. Jh. um die Stadt. Hier wie auch an anderen Stellen sind noch die etwa alle 50 m vorspringenden Rundungen der Weich- oder Wiekhäuser erkennbar; vor allem aber erfreut das *Neustädter Tor* (Abb. 26) als das schönste von den drei noch teilweise erhaltenen Stadttoren das Auge. Ein Vergleich mit den Stendaler Tortürmen macht das Wirken Steffen Boxthudes um 1450 wahrscheinlich. Erhalten hat sich das Doppelturmtor mit Resten des Vortores, der Brücke und des Zwingers. Der zinnenbekrönte, in halber Höhe von einem Wehrgang umschlungene und mit vielerlei Putzblenden und Glasurziegeln geschmückte Rundturm hinterläßt gemeinsam mit der ebenso reich gegliederten und verschiedene brandenburgische Wappen tragenden Durchfahrt einen prächtigen Eindruck.

*Tangermünde 1 Neustädter Tor 2 Nikolaikirche 3 Rathaus (Heimatmuseum) 4 St. Stephan 5 Elbtor 6 Hühnerdorfer Tor 7 Burg 8 Elisabethkapelle (Hühnerdorfer Vorstadt)*

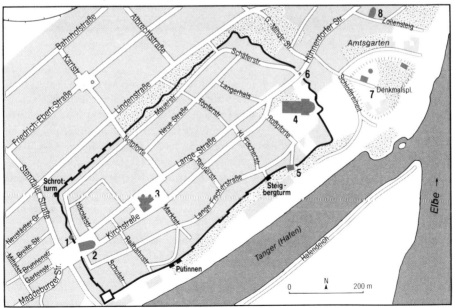

141

# DIE ALTE MARK

*Tangermünde, Blick über die Elbe auf Burg und Stephanskirche von Osten*

Gleiches läßt sich leider von der schon Ende des 16. Jh. profanierten ehemaligen *Nikolaikirche* nicht sagen. Ihr aus dem 15. Jh. stammender Backsteinturm steht heute an einem zu Wohnungen ausgebauten und kaum noch kenntlichen Kirchenschiff. Noch besorgniserregender erscheint der gegenwärtige Zustand der lange Zeit als Salzmagazin genutzten, um 1460/70 erbauten *Elisabeth-Kapelle* in der Hühnerdorfer Vorstadt am anderen Ende Tangermündes, zumal ihr Wert als Denkmal recht hoch zu veranschlagen ist.

Wie Salzwedel ist auch Tangermünde als eine Stadt des Backsteins und des Fachwerks bekannt. Insbesondere längs der beiden parallel die Stadt durchziehenden Hauptstraßen, der Langen Straße und der Kirchstraße, reihen sich wie an einer Schnur meist zweistöckige, vorwiegend im 17. Jh. erbaute Häuser. Der Grund für das Fehlen älterer, in der Regel noch schmuckfreudigerer Fachwerkbauten ist hier der verheerende Stadtbrand von 1617, der fast die ganze, von Reichtum geprägte Stadt eingeäschert hatte. Der Zorn der Bürgerschaft entlud sich auf eine enterbte und heruntergekommene Patriziertochter namens Grete Minde. Ihr die Greueltat anlastend, wurde sie schließlich selbst durch ›Schmöchen‹ (Verbrennen) zum Tode gebracht, wobei ihr vor der aufgebrachten Menge zuvor noch mit

glühender Zange die Finger abgezwickt worden waren. Daß die Tangermünder rasch an den Wiederaufbau ihrer Stadt gingen, beweisen einige Jahreszahlen an den Häusern. Trotz des seit dem Ende des 15. Jh. einsetzenden wirtschaftlichen Niedergangs war immer noch Geld in der Stadt, um Wohlhabenheit zur Schau zu stellen. In der *Kirchstraße* fallen besonders die Häuser Nr. 23, 31 und 59 auf. Ersteres wegen einer Tür und Tor umlaufenden Flachschnitzerei von 1619 aus miteinander verschlungenen Arabesken, Fabelwesen und Tieren, während das nächstgenannte bereits ein Putzbau ist, dessen beachtliche Wappenkartusche über dem Portal von zwei wilden Männern gehalten wird. Nr. 59, 1679 wiederum als Fachwerkhaus erbaut, besitzt ein von Weinlaubsäulen gerahmtes Schnitzportal, in dessen Zwickeln zwei pausbäckige Genien das umkränzte Monogramm des Hausherrn halten. In der *Langen Straße* sind es vor allem die beiden wesentlich jüngeren klassizistischen Häuser Nr. 53 und 54, die sich aus dem allgemeinen Straßenbild herausheben.

Das eigentliche Juwel der Tangermünder Architektur, bei einem Gang durch die Stadt schon von weitem an dem sich filigran vor dem Himmel abhebenden Schaugiebel zu erkennen, ist das *Rathaus* (Abb. 27). Es gilt allgemein als eines der ganz großen Meisterwerke

## DIE ALTE MARK

*Tangermünde, Rathaus, Querschnitt nach Osten*

norddeutscher Backsteingotik. Bewunderer vergleichen den östlichen Schaugiebel in seinen diffizil abgestimmten Steigerungen und Wiederholungen einzelner Formglieder am ehesten mit einer Bachschen Fuge. Einen geradezu symbolischen Akzent erhält es, wenn sich auf einem der Giebel das Charaktertier dieser Landschaft, der Weißstorch, niederläßt und sein lebensbejahendes, eifriges Klappern hören läßt.

Als Baumeister des um 1430 erbauten annähernd quadratischen Ostflügels wird der Stettiner Hinrich Brunsberg vermutet. Im Innern gibt es nur zwei übereinanderliegende Säle, deren oktogonale Mittelpfeiler ein stern- bzw. fächerförmiges, von Wandvorlagen aufgefangenes Gewölbe tragen. Der rechteckige, kleinere Flügel mit einer offenen Laube im Erdgeschoß entstand 1480, der quadratische Verbindungsbau zwischen ihnen um 1500 und die steinerne Außentreppe mit dem oktogonalen Türmchen gar erst 1846 während einer gleichzeitigen Restauration unter Friedrich August Stüler. Ursprünglich waren beide Flügel lediglich Anbauten an einen bereits existierenden Fachwerkbau aus dem 14. Jh., der dem großen Stadtbrand von 1617 zum Opfer gefallen war. Das erklärt die eigenartige Form und das Fehlen einer inneren Treppe. Die Faszination, die dieses vergleichsweise kleine und heute auch als *Heimatmuseum* genutzte Bauwerk ausstrahlt, kann diese Tatsache nicht mindern.

Markierte die letzte Ergänzung am Rathausbau um 1500 schon das Ende der großen Zeit Tangermündes, so fiel der Beginn des Neubaus der die Stadtsilhouette beherrschenden *Stephanskirche* in deren Blüte. Am ältesten Standort einer Missionskirche in der Altmark war schon 1184–88 unter Heinrich von Gardelegen, einem Enkel Albrechts des Bären, mit dem Aufbau der Stephanskirche als Dom für ein geplantes Bistum begonnen worden. Tangermünde blieb aber unberücksichtigt und wurde bereits 1188 dem ›Domstift‹ in Stendal unterstellt. Erst 1376, während jener ›goldenen Jahre‹, da Kaiser Karl IV. die Mark Brandenburg gewonnen hatte und Tangermünde zur Metropole der nördlichen Länder seiner Hausmacht auserkor, begann der Neubau der dreischiffigen gotischen Halle. Ebenfalls auf Betreiben des kunstliebenden Kaisers wurde St. Stephan 1377 an das in der Tangermünder Burg gegründete Kollegiatstift der Augustiner-Chorherren übergeben, deren Einfluß fortan die Gestaltung der Kirche bestimmte.

Um 1400 war sie bereits eingewölbt. Erst 70 Jahre später entstand der Hallenumgangschor, der dann von 1480–1500 durch die südlichen und nördlichen Choranbauten vollendet wurde. Auch das Turmpaar mit seinem Zwischenbau, schon um 1430/40 begonnen, wurde recht spät um 1500 vollendet. Wie eine Wand steht dieser fast schmucklose Westriegel zwischen den ein- oder zweigeschossigen Häusern der Stadt. Nur im Portalbereich und im Glocken- und Läutegeschoß der Türme wird diese schmucklose Strenge durchbrochen. Den achteckigen Helm mit offener Laterne erhielt der Südturm 1712. In der äußerlichen Gestaltung ähnlich streng präsentieren sich Langhaus und Chor. Herausgehoben erscheinen hier nur die Querhäuser bzw. Choranbauten. Eine spätgotische Maßwerkrosette und die konsequent in strenger Rechteckform, aus durchbrochenen Vierpässen gebildete, geradezu orientalisch anmutende Rahmung bestimmen das wunderschöne Doppelportal des nördlichen Querhauses, dem 1844 das des südlichen nachgestaltet wurde.

Gegen den stumpfen roten Backstein des etwas spröde und nüchtern anmutenden Außenbaus erscheint die vor kurzem völlig restaurierte Halle in fast heiterer Weiträumigkeit. Wie im Stendaler Dom sind auch hier Dienste und die Rippen der Kreuzgewölbe backsteinfarben von den weißgetünchten Wänden und Wölbungen abgesetzt. Die völlig weiß gehaltenen achteckigen Bündelpfeiler teilen aber die Schiffe nicht, sondern lassen die Halle als einen Raum erscheinen. Zudem schließen die 1617–20 eingebauten Emporen das Kirchenschiff zusätzlich zusammen. Ihre Brüstungsfelder tragen Malereien von alttestamentarischen Szenen. Wie die Emporen, so ist auch der Großteil der übrigen Ausstattung nach dem Brand des Jahres 1617 neu in die Kirche gekommen. Die Orgel ist ein Werk Hans Scherers d. J. aus Hamburg von 1624. 1705 entstand der dreigeschossige, in barocken Formen schwelgende und durch besonders grelle Bemalung auffallende Altaraufbau im Chor. Tritt hier eine gewollt plakative, das Heilsgeschehen ins Drastische versimpelnde Oberflächlichkeit zutage, so ist die 1619 gestiftete Kanzel aus Sandstein und Alabaster ein Kunstprodukt voller Feinnervigkeit und manieristisch gesteigertem Selbstzweifel, was in der Trägerfigur des Moses seinen gültigsten Ausdruck findet. Wie nah in der religiösen Praxis tiefste Durchgeistigung und Theatralik liegen können, beweist die schön ummalte Öffnung in der Decke des Mittelschiffs. Sie diente am Tag von Christi Himmelfahrt zum Aufziehen eines Christusbildes oder einer Figur des Gottessohnes, um so den Vorgang sinnlich nacherlebbar zu machen; ein liturgischer Brauch, der sich vom Mittelalter bis in das 19. Jh. gehalten hat. So kann man sich gewiß auch eine Taufzeremonie an der runden, pokalförmigen Bronzetaufe ›wirklicher‹ vorstellen als die heute geübte Symbolhandlung. Die Taufe, 1508 von Heinrich Mente aus

## DIE ALTE MARK

Braunschweig gegossen, ist eine der wenigen, erhaltengebliebenen mittelalterlichen Ausstattungsstücke, sieht man von Resten spätgotischer Wandmalerei, der etwa gleichaltrigen Sakristeitür im Chorumgang oder von ein paar Schnitzfiguren aus der Zeit zwischen 1430 und 1500 ab. Mit der nachträglich zum Leuchterweibchen umgestalteten sogenannten ›Jungfrau Lorenz‹ verbindet sich die Sage von einer vornehmen, reichen Bürgerstochter, die sich im unwegsamen Dickicht des Waldes, der die Stadt meilenweit umgab, hoffnungslos verirrt hatte. Bereits völlig entkräftet und dem Hungertod nah, war sie von einem Hirsch auf seinem Rücken zur Stadt zurückgetragen worden. Doch nicht ihm schenkte sie daraufhin ihren Grundbesitz, sondern der Kirche.

Im Umkreis der Stephanskirche befinden sich außer der Burg auch noch zwei Stadttore. Das unten, am Tangerhafen liegende und etwa 1470 erbaute *Elbtor*, ein quadratischer Turm über einer spitzbogigen Durchfahrt, ist direkt in die Stadtmauer eingebunden und bietet insbesondere vom Fluß aus mit der Stephanskirche im Hintergrund ein recht imposantes Panorama. Vom *Hühnerdorfer Tor*, nördlich der Kirche, ist der schlanke, die Straße teilende Hauptturm ein markanter Blickfang. Auf das um 1300 mit der Stadtmauer erbaute Untergeschoß wurde um 1460/70 im Zuge der allgemeinen Bautätigkeit der reicher gegliederte achteckige Aufsatz gesetzt.

Auf dem kurzen Weg hinunter zur Burg gehört die *Schloßfreiheit* zu den schönsten Straßenbildern Tangermündes. An zwei Häusern sind hier noch Bauteile vorhanden, die vor den großen Brand von 1617 zurückreichen und die durch ihn erlittenen Verluste erahnen lassen. Im Haus Nr. 4 ist es nur ein Sitznischenportal, bei Nr. 5 ist das ganze untere Geschoß schon 1543 entstanden. Renaissancefenstergewände und ein gut ausgearbeitetes Sitznischenportal, aus dessen Rundmedaillons die Porträts der ehemaligen Besitzer herausschauen, machen das Wohnhaus zu einer Rarität in der Stadt und laden zum Verweilen ein.

Die *Burg* empfängt den Besucher mit ihrem kompakten Tor, das noch aus den Zeiten Karls IV. stammt. Der Bezirk war schon unter den askanischen Fürsten zu einer der stärksten Festen in den brandenburgischen Marken ausgebaut worden. Als Kaiser Karl IV. diesen Standort 1373 neben Prag zu seiner zweiten Residenz machte und somit sein Stammland Böhmen über die Elbe mit dem hinzugewonnenen askanischen Besitz verband, wurde die Anlage nochmals erweitert. Das brachte Tangermünde und seinen Kaufleuten eine Schlüsselstellung im Fernhandel zwischen Prag und Hamburg, welche ihr auch nach Karls Tod unter der neuen Herrschaft der Hohenzollern erhalten blieb und ihren Stolz und ihr Selbstbewußtsein stärkte. Doch gerade dieses Selbstbewußtsein und Streben nach Unabhängigkeit der Bürger sollte später zum Verhängnis werden, als die Tangermünder wegen der unerträglich hochgeschraubten Steuern begannen, von der Stadtmauer herab das Hofgesinde zu beschießen. Als sie schließlich sogar beabsichtigten, ein Geschütz auf den hohen Stephansturm zu hieven, um von dort aus das ganze Schloß in Trümmer zu legen, unterwarf Albrecht Achilles die trotzige Stadt mit Gewalt. Diese wagte jedoch im Bündnis mit den anderen altmärkischen Städten 1488 abermals die Revolte, angestachelt von dem von Kurfürst Johann Cicero geforderten Zins auf das Bier, eine der Haupterwerbsquellen nicht nur Tangermündes. Der Kurfürst marschierte mit einem militärischen Aufgebot in die Altmark, warf den Aufstand nieder, ließ die Anführer hinrichten und entwand den Städten ihre vormals verbrieften Freiheiten. Obwohl damit die ganze Altmark in vasallische Abhängigkeit versank, veranlaßte ein mißtrauisches Unbehagen die Fürsten, die hohenzollersche Residenz von Tangermünde in das damals völlig unbedeutende Cölln-Berlin zu verlegen. Während sich nun Berlin auf sandigem Heideboden zur Hauptstadt einer zukünftigen Großmacht mausern konnte, hatte Tangermünde sich diesen Anspruch gründlich verscherzt.

Auch von der stolzen Burg hat sich trotz ihrer noch immer imposanten Erscheinung nicht viel gehalten. Im Dreißigjährigen Krieg zerstörten sie 1640 die Schweden. Außer dem Tor und dem im letzten Viertel des 15. Jh. angefügten Rundturm, Teilen der Ringmauer mit Zinnenresten, ist nur noch das Gebäude der sogenannten ›Kanzlei‹ und der über 50 m hohe Bergfried aus der Kaiserzeit am Ostrand der Vorburg erhalten. Das Dachgeschoß, früher wohl aus Fachwerk, erhielt er erst 1903. Ein Jahr zuvor sind auch der Zinnenkranz und das Kegeldach des Rundturmes am Tor ergänzt worden. Die ehemals edelsteingeschmückte, nach dem Vorbild in Burg Karlstein und im Veitsdom zu Prag ausgestattete Kapelle ist restlos verschwunden. Von dem ehemals für Karl neu erbauten Palas existiert lediglich ein Rest im Keller des Barockbaues, der von 1699–1701 für den preußischen König Friedrich I. erbaut worden war. Der leere, parkartig gestaltete Burgplatz kann dementsprechend vor allem mit Erinnerungen an ›größere‹ Zeiten ausgefüllt werden. Die beiden sich in Herrscherpose präsentierenden Standbilder von Karl IV. und Friedrich I. – der 1412 als erster Hohenzoller in Stadt und Burg einritt – dienen dabei vielleicht als ganz gute Gedächtnisstützen.

Wer Tangermünde über die teilweise noch mit Holzbohlen abgedeckte Elbbrücke in östlicher Richtung holpernd verläßt, darf bei einem Halt die ausgesuchte schöne Silhouette dieser Stadt zum Abschied noch einmal bewundern.

# Die Börde bei Magdeburg

Dem heute allgemein als Börde oder Magdeburger Börde bezeichneten fruchtbaren Niederungsland im Süden und Westen der Landeshauptstadt werden als Grenzen im Osten die Elbe, im Süden die Saale und die Bode und im Norden die parallel zum Mittellandkanal verlaufende Ohre gezogen. Die früher im Westen angegebene Grenzlinie von Oschersleben über Erxleben bis Haldensleben ist vor allem nach dem Krieg sehr durchlässig geworden. Die nahe der ehemaligen innerdeutschen Grenze liegenden Orte, von ihrem gewachsenen Beziehungen nach Westen abgetrennt, mußten sich notgedrungen nach Osten orientieren. Aber auch im Süden gibt es fließende Übergänge zwischen ›noch Börde‹ und ›schon Harzvorland‹. Ohnehin taucht der Name Börde erst im 14. Jh. auf und bezeichnete damals einen

DIE BÖRDE BEI MAGDEBURG

viel kleineren, von Magdeburg abhängigen Gerichts- bzw. Steuerbezirk. Bis ins 13. Jh. war für den heute als Börde bezeichneten Raum der Name Nordthüringgau lebendig, der sich aus einer ersten intensiven Besiedlung durch den aus Angeln, Hermunduren und Warnen gebildeten Stamm der Thüringer und dessen später gegründeten Königreich herleitet. Die in der Börde häufigen Ortsnamen mit der Endung -leben werden allgemein als Gründungen des 4. und 5. Jh. angesehen.

Das im wesentlichen ebene, auf den ersten Blick etwas monoton wirkende Landschaftsbild hat die Börde der Eiszeit zu danken, die das Land mit dem schwer sich darüberhinschiebenden Eispanzer gewissermaßen glatthobelte. Der danach hier angewehte, bis zu 2 m starke Lößboden wandelte sich durch die folgende Steppenvegetation um in tiefgründige, fruchtbare Schwarzerde. Die Äcker der Börde, in denen heute vorwiegend Zuckerrüben und Weizen angebaut werden, gehören zu den wertvollsten Böden Deutschlands.

Über den zum Teil riesigen Ackerflächen scheint sich der Himmel mächtiger zu wölben als anderswo, scheinen die Wolkenformationen ein fehlendes Gebirge ersetzen zu wollen zum Ausgleich für allzu verhaltene Schönheit. Kaum etwas, das das Auge vordergründig reizt. Wer mit dieser Landschaft vertraut werden möchte, braucht vor allem Geduld und nicht nur empfangende, sondern suchende Augen.

# Kreuz und quer – von Schönebeck nach Gröningen

Das südlich von Magdeburg an der Elbe gelegene, leicht zu erreichende **Schönebeck** ist in seiner heutigen Gestalt erst 1932 durch die Vereinigung der Orte Frohse, Schönebeck und Groß Salze (ab 1926 Salzelmen) entstanden. Obwohl schon Friedrich der Große mit Kolonistenhäusern besetzte Straßen zur Verbindung hatte anlegen lassen, war es nicht zu einer verwaltungsmäßigen Einheit gekommen.

Älteste Funde belegen, daß in dieser Gegend bereits vor etwa 6000 Jahren Ackerbau und Viehzucht betrieben wurden. Von einem ersten kulturellen Höhepunkt zeugt ein Adelsgräberfeld, das in der Zeit zwischen 300 und 531, also in der Zeit des Königreiches der Thüringer, hier angelegt wurde. Besonders bezeichnend sind außer den Beigaben bestimmter Herrschaftsabzeichen die von Reitpferden und Hunden als den treuesten Begleitern des Bestatteten. Die Existenz eines Königs- oder Adelshofes aus dieser Zeit kann aber nur vermutet werden.

Der Landeshauptstadt am nächsten liegt der kleine Stadtteil **Frohse**. Obwohl er bereits 936 genannt wurde und später Sitz eines Burgwards und Königshofes war, blieb er, im Besitz des Erzbistums, immer ein Spielball fremder Mächte und ist nie über die Bedeutung eines Fleckens hinausgelangt.

Das namengebende **Schönebeck** selbst ist mit seiner um 1200 erfolgten Gründung der jüngste Teil der Stadt, direkt am Elbübergang gelegen. Vornehmlich Schiffer- und Ackerbürgerstadt, versuchte es auch vom Salzhandel zu leben. Die im 18. Jh. in die zerfallene Burg gelegte, von Elmen mit Sole versorgte Saline entwickelte sich später zur größten Saline

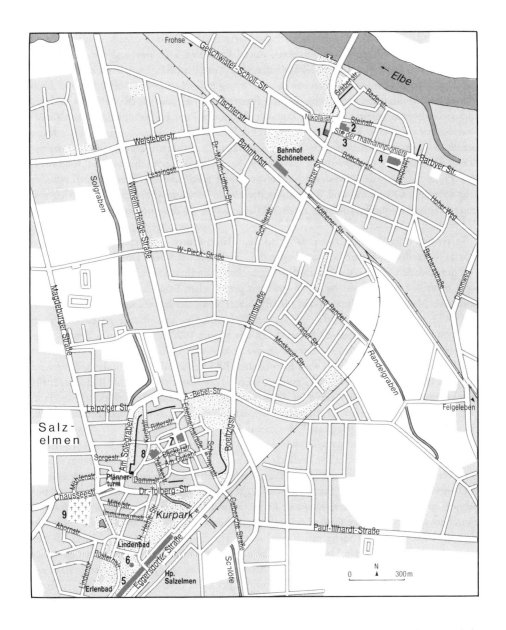

Schönebeck  1 Salzturm  2 Rathaus (Schönebeck)  3 Marktbrunnen  4 Stadtkirche St. Jakobi
5 Gradierwerk  6 Soleturm  7 Rathaus (Kreismuseum)  8 Stadtkirche St. Johannis  9 Gertraudenfriedhof

## DIE BÖRDE BEI MAGDEBURG

Deutschlands und bestimmte maßgeblich die Wirtschaftsstruktur der Stadt. Zwischen dem 1839 seines zugehörigen Tores beraubten mittelalterlichen *Salzturm* und der Stadtkirche stehen die wenigen historischen Gebäude der Stadt, vor allem einige spätbarocke Wohnhäuser. Das in den Formen der Neorenaissance prangende *Rathaus* entstand 1892/93 nach Plänen des Architekten Schreiterer. In den Figuren des Bergmanns, des Schiffers und des Industriearbeiters versuchte der Schkopauer Bildhauer Paul Juckoff 1907/08 am *Marktbrunnen* die tragenden Kräfte der Schönebecker Wirtschaft zu symbolisieren. In der Mitte herausgehoben, stellt die weibliche, eine Wasserschale ausschüttende Figur die lebensspendende Elbe dar. Die *Stadtkirche St. Jakobi*, im Kern eine frühgotische Basilika, hat im 18. und 19. Jh. umfassende Veränderungen erfahren und wird heute in ihrem Innern von der sehr stilvollen Gestaltung und Ausmalung des 19. Jh. geprägt, während der mächtige und guterhaltene Westquerbau aus der zweiten Hälfte des 13. Jh. den entscheidenden Akzent in der Stadtlandschaft setzt.

**Salzelmen** oder Groß Salze entstand aus den Orten Elmen und Schadeleben. Schon im Jahr 1170 werden in Elmen Solquellen genannt. Solfunde bei Schadeleben machten es zum Ort des ›Großen Salzes‹, das fortan die Geschicke bestimmte. Das *Gradierwerk* (Abb. 29) nahe beim Bahnhof wurde von 1756–65 vom preußischen Staat errichtet, um den schon immer als Nachteil bemerkten, recht niedrigen Salzgehalt der heimischen Sole zu erhöhen. Mit 1837 m Länge dürfte es das längste der Welt gewesen sein. Heute ist es auf 350 m verkürzt und dient nur noch zu Kurzwecken des bereits 1802 begründeten Solbades. Eine ›Windkunst‹, bestimmt zum Hochpumpen der Sole aus 85 m Tiefe, ist 1977 rekonstruiert worden und trägt damit ebenso zum historischen Bild bei wie der 32 m hohe *Soleturm* im Kurpark hinter dem Gradierwerk. Letzterer wurde 1776 über dem Schacht III als Träger für eine holländische Windkunst errichtet. Die Gebäude des *Kurbades* im Park entstanden zum größten Teil im vergangenen Jahrhundert. Interessant ist auch das ehemalige *Umspannwerk*, ein südlich der Bahnlinie gelegener Industriebau im Jugendstil von 1908.

Die sich um das Rathaus gruppierende Altstadt Salzelmens gleicht heute in vielen Ansichten einer verlassenen Goldgräbersiedlung. Ganze Straßenzüge sind in den letzten Jahren gezielter Vernachlässigung und planmäßigem Abriß zum Opfer gefallen. Neben einigen doch noch ansehnlichen Fachwerkhäusern steht hier im ehemaligen Siedeviertel, in der Schneidewindstraße, das letzte *Kothaus*. Es ist ein unscheinbares, schmuckloses Fachwerkhäuschen, dem die einstige Funktion kaum anzusehen ist. In 34 solcher Häuschen wurden einst bis zu 6000 Tonnen Salz jährlich produziert. Die riesigen Rostpfannen hingen an vier langen Doppelhaken in den Dachbalken. Die ganze Stadt muß einer einzigen Arbeitsstätte geglichen haben. Auch das im Kern spätgotische und heute als Museum genutzte *Rathaus* war einbezogen. Noch heute ertönt die Stundenglocke in dem barocken Fachwerktürmchen. Sie gab Anfang und Ende des Siedens an. »hore mi«, steht auf ihr in ehernen Lettern, »un richte di na der tid.«

Dieser Glocke an Klangkraft überlegen sind natürlich die der *Stadtkirche St. Johannis*. Auf spätgotischem Untergeschoß ragen ihre Glockentürme mit den charaktervollen Renaissancepyramidenhelmen bis in 41 m Höhe. An die Nordseite des von der Mitte des 15. bis

*Schönebeck-Salzelmen,
Stadtkirche St. Johannis,
Malerei an den Emporen*

Anfang des 16. Jh. erbauten Kirchenschiffes ist 1487 ein Kapellenanbau mit einem kunstvollen Backsteingiebel angefügt (Abb. 28). Unter dem filigran gestalteten, ornamentalen und figürlichen Schmuck ragt das aus Ton gebildete Kreuzigungsrelief über dem Eingang besonders hervor. Das Innere der dreischiffigen Halle wird von Stern- und Netzgewölben Ludwig Binders aus den Jahren 1535/36 überspannt. Da bei einem Brand 1631 fast das ganze Interieur ein Opfer der Flammen wurde, ist um 1680 die Ausstattung ergänzt und erneuert worden. Sie läßt die Kirche besonders im Altarraum mit der vorschwingenden, reich geschnitzten Schranke und dem prunkvollen Gestühl der Pfännerfamilien geradezu in malerischen Formen schwelgen, dem sich auch der Altar, die Kanzel, und etwas zurückhaltender, die Langhausemporen anschließen. Im übrigen sind es vor allem einige Epitaphien des 17. und 18. Jh., welche Aufmerksamkeit verdienen.

Was solcherart Zeugen irdischer Endlichkeit betrifft, hat der Salzelmener *Getraudenfriedhof* einige Besonderheiten zu bieten. Bei einer Erweiterung im Jahr 1670 sind dort 60 alte Grabplatten und 23 Steinkreuze aus zumeist pfännerschaftlichen Grüften in die neu errichtete Begrenzungsmauer eingefügt worden. Die ältesten Platten zeigen Ritzzeichnungen. Später werden die Verstorbenen im Relief und in der Regel mit ihren Statussymbolen oder in Festtracht dargestellt, wie zum Beispiel der alte Salzgraf Burchard von Esebeck am Anfang der Südmauer. Neben diesen alten Steinen besitzt der Friedhof im Grabmal der Familie Heise wenige Meter hinter der Leichenhalle ein markantes Werk unseres Jahrhundert. Die 1891 in Groß Salze geborene Bildhauerin Katharina Heise schuf die Figur des ›Schnitter Tod mit ausgebreitetem Mantel und Sense‹ 1963/64 so gar nicht in dem für diese

## DIE BÖRDE BEI MAGDEBURG

Zeit üblichen Stil des ›sozialistischen Realismus‹. Von der Künstlerin, deren Werke während der Zeit des Nationalsozialismus als ›entartet‹ galten, befindet sich in der Kapelle des Friedhofs auch noch ein Gobelin von 1932. Er stellt das legendenhafte Schicksal der Niobe dar, deren Kinder vor ihren Augen getötet wurden.

Wem dörfliche Stille mehr zusagt als die einer Begräbnisstätte, dem sei ein Abstecher in das nur wenige Kilometer südlich von Salzelmen über die Landstraße zu erreichende **Groß Mühlingen** empfohlen. Das für die Börde typische Haufendorf geht auf eine thüringische Gründung zurück. Nicht nur kulturgeschichtlich interessant, kann hier ein Vergleich zwischen den am Anger 1835 in der ›Zeile‹ entstandenen Häusern für die Deputatarbeiter und dem herrschaftlichen Wohnsitz des *Schlosses* gezogen werden. Die schon 1195 ausgewiesene Niederungsburg ist vom grundlegenden Ausbau des 16. und 17. Jh. geprägt. Die spielerisch anmutenden Volutengiebel und der zweigeschossige Erker des Ostflügels sowie das Frührenaissanceportal an der Hofseite des Westflügels sind die auffälligsten schmückenden Details des Schlosses, das heute eine kleinere Galerie und die ›Heimatstuben‹ beherbergt. Porträtmedaillons im Aufsatz des reizvollen Portals zeigen die ehemaligen Herren dieses Schlosses, Graf Wolfgang von Barby und seine Frau Agnes.

Die historische Nähe der Herren des Mühlinger Schlosses nach **Barby** hat seine Entsprechung im Geographischen. Es ist wirklich nur ein Katzensprung bis an die Stelle, wo an einer waldlosen Biegung der Elbe der Ort ›barbogi‹ – ›am kahlen Bogen‹ entstand. Hinter dieser fränkischen Siedlung war Urwald, und dort siedelten die Slawen. So erlangte Barby als Grenzfeste und Vorposten bald Bedeutung, und in der Nähe der Grenzburg wuchs ab 1200 die Siedlung zur Stadt heran. Von der mittelalterlichen Anlage, die den Grafen lange als Stammsitz diente, ist außer dem ›Prinzeßchen‹, einem hübschen Turm mit Fachwerkaufsatz, nichts geblieben. Das adlige Fräulen hat aber in einem auf einem Mauerturm der Stadtmauer errichteten Teehäuschen seinen ›Prinzen‹. Auch das später neben den Fundamenten des Barbyschen Sitzes durch Herzog Heinrich von Sachsen-Weißenfels von 1687–1717 errichtete *Schloß* ist, durch zahlreiche Brände in Mitleidenschaft gezogen, nur noch in seinem Äußeren eine recht imposante Erscheinung. Nach Aussterben der herzoglichen Nebenlinie erwarb 1749 die Herrnhuter Brüdergemeinde den Gebäudekomplex und war hier bis 1808 tätig. Danach wurde sie in das nahe Gnadau verlegt. Als ›academica barbyensis‹ erlangte diese Ausbildungsstätte einigen Ruhm. Selbst Goethe ließ es sich nicht nehmen, seinen Herzog zu einem Besuch derselben zu begleiten.

Schon zuvor war Barby Wirkungsort einer nicht unbedeutenden geistlichen Stiftung gewesen. 1264 gründeten Franziskaner hier ein *Kloster*. Die *Kirche* in der typischen, äußerst perfekten und spartanischen Bauweise ist relativ original erhalten. Sie war bis 1715 Begräbniskirche der Grafen von Barby. Auf dieser Tatsache begründet sich ihre eigentliche Bedeutung, denn die Sammlung von Grabplatten gilt als einmalig im mitteldeutschen Raum. Sie reicht von der Grabplatte eines Grafen Burkhard von Barby mit fast nicht mehr sichtbarer Ritzzeichnung von 1271 bis zu dem geschnitzten Epitaph für den letzten Grafen von Barby, der 1659 verstarb. Somit spannt sich ein Bogen von der Frühgotik bis zum Barock und deren verschiedenen Auffassungen von Grabplastik. Von den übrigen plastischen Arbeiten sind die im Chor auf Konsolen stehenden, fast lebensgroßen Sandsteinfiguren aus dem letzten Viertel des 15. Jh. von besonderem Interesse. Dargestellt sind vermutlich das Stifterpaar Günther II. und seine Gemahlin, wobei die männliche Figur Einflüsse der Prager Bauhütte, die weibliche wienerische Einflüsse verrät. Der Altar, der zugleich Epitaph ist, bringt eine unerwartete Wiederbegegnung mit dem Ehepaar, das aus den Medaillons über dem Portal des Mühlinger Schlosses so lebendig herabsah und hier in den Familienreigen ihrer toten Ahnen aufgenommen wurde.

Neben der ehemaligen Klosterkirche besaß Barby von Anfang an auch eine *Stadtkirche*. Sie liegt in der Mitte des gitterförmig angelegten Stadtkerns und fällt besonders durch ihren massigen Westturm mit dem achteckigen Obergeschoß auf, das 1711 die barocke Schieferhaube erhielt. Im Kern war die heute dreischiffige Kirche wahrscheinlich eine Nachfolgerin der Klosterkirche, deren Schlichtheit sie trotz des Umbaus von 1683 bewahrt hat.

Kurz hinter Barby ist schon die südöstlichste Ausdehnung der Börde erreicht: dort, wo die Elbe die Saale mit in ihr Bett aufnimmt. An deren Lauf liegt 11 km südwestlich von Barby **Calbe**, zur besseren Unterscheidung Calbe/Saale genannt. Hier wurden bereits in ottonischer Zeit Märkte abgehalten. Im 12. Jh. zu einer wehrhaften Stadt geworden, war Calbe mit seinem erst 1951 nach einem Brand abgetragenen Schloß sogar zeitweilige Residenz der Erzbischöfe von Magdeburg. Auch heute ist der *Markt* mit seinen ordentlich herausgeputzten, zum Teil aus dem 17. und 18. Jh. stammenden Häusern, dem Rathaus im Stil der Neorenaissance und dem Gasthof ›zum Braunen Hirsch‹ mit seiner als Museum hergerichteten *Heimatstube* gewiß der Bürger ganzer Stolz. Der sympathische Roland vor dem Rathaus ist zwar erst 1974 nach zwei überlieferten Holzfiguren geschaffen worden, wirkt aber zusammen mit dem hinter dem Rathaus spitz hervorragenden ›Hexenturm‹, einem Teil der alten Stadtbefestigung, recht überzeugend.

*Calbe an der Saale. Kupferstich von M. Merian, um 1650*

## DIE BÖRDE BEI MAGDEBURG

Noch weiter als Markt, Roland und ›Hexenturm‹ reicht die Geschichte der *Stadtkirche St. Stephan* zurück. Ihre Vorgängerin hat zu den Kirchen gehört, die bereits 827 vom Bistum Halberstadt aus gegründet worden sind. Die heutige dreischiffige, spätgotische Halle besitzt nur noch in den Untergeschossen der mächtigen Doppelturmfront und in der östlichen, mit drei Fenstern gegliederten Chorwand Teile einer frühgotischen Basilika. Die spätgotische, sehr großzügig gestaltete Halle mit Kreuzgratgewölben entstand in der zweiten Hälfte des 15. Jh. Indes das Innere 1866 bei einer Restaurierung seine barocke Ausstattung verlor und heute nur wenige Stücke des 15. und 16. Jh. vorweisen kann, zieht das imposante Äußere der Kirche die Aufmerksamkeit spontan an sich. Das mag vor allem an den Wasserspeiern mit zum Teil sehr drastischen Figuren liegen, die an den abgetreppten, das Langhaus stützenden Strebepfeilern angebracht sind. Erkennbar ist unter anderem ein betender Mönch, ein nackter Dudelsackpfeifer, ein geflügelter Drache mit weiblichen Brüsten, ein Untier, aus dessen Maul die Beine der Beute hängen oder auch ein Jude, der einem Ferkel den Hintern küßt, sinnbildlich der ›Judensau‹ entsprechend, dem Symbol mittelalterlicher Judenverfemung.

Die sogenannte ›Wrangelkapelle‹ an der Südseite des östlichen Mittelschiffjochs gehört, wie die kleine Kapelle an der Stadtkirche in Schönebeck-Salzelmen, zu den südlichsten Ausläufern der norddeutschen Backsteingotik. Wie dort wird auch hier der Backstein nur für die gestalterisch anspruchsvolleren Elemente benutzt, ansonsten aber Bruchstein verwandt. Über dem Portal prangt das Wappen des Erzbischofs Ernst von Sachsen und die Jahreszahl 1494. Die schwindenden Reste einer Sonnenuhr darüber weisen melancholisch auf den Umstand hin, daß die ›heiteren‹ Stunden in jüngerer Vergangenheit nur noch mangelhaft gezählt wurden.

Richtung Westen geht es über Landstraßen durch meist unscheinbare Dörfer, die von weitem jedoch durch ihre Kirchtürme auf sich aufmerksam machen. In **Brumby**, einem kleinen fränkischen, früher vermutlich von einer Brombeerhecke – daher die Ableitung des Namens – umfriedeten Haufendorf steht die *Dorfkirche,* regelrecht ummauert von Häusern, auf der höchsten Stelle des Ortes. Neben den Resten der Niederungsburg kann sie auf die längste Baugeschichte verweisen. Im Kern romanisch, besitzt sie einen 1664–68 geschaffenen Innenausbau von beachtlicher Üppigkeit. Er findet seine Krönung in der Kassettendecke, auf der immerhin ein Bildprogramm von der Schöpfungsgeschichte bis zum Jüngsten Gericht abgehandelt wird. Von den in der Börde allenthalben noch auftauchenden *Windmühlen,* steht hier in Brumby an der Straße nach Neugattersleben die einzige noch gewerblich (seit 1972 mit Strom) betriebene im Osten Deutschlands. 600 Tonnen Getreide laufen jährlich durch ihre Mahlwerke.

**Egeln,** an Größe herausgehoben, liegt in einer feuchten, weitläufigen Auenmulde der Bode auf der rechten Seite des Flüßchens. Die bereits 814 erstmalig genannte Burg und das 1259 durch Otto von Hadmersleben gegründete Zisterzienserinnenkloster Marienstuhl gaben die entscheidenden Impulse für die Entwicklung der Stadt. Das *Kloster,* wie es heute in seiner Anlage noch existiert, besteht aus Wirtschaftsgebäuden, Propstei, Klausur und Kirche. Die Gebäude sind um 1700 neu erbaut und mit einer Mauer umgeben worden. Sie werden mit Ausnahme der Kirche wirtschaftlich genutzt, wodurch sie nur sehr beschränkt zugänglich sind.

Dem architektonisch sehr schlichten, durch Pilaster gegliederten Saalbau der von 1732–34 erbauten *Klosterkirche* ist eine überaus prunkvolle Ausstattung eingefügt worden. Der bis in die Chorwölbung reichende, 1737 geschaffene Hauptaltar füllt mit den beidseitig vorgesetzten Nebenaltären auch die ganze Breite des Schiffes. In vier Nischen zu beiden Seiten des Altargemäldes mit Maria Himmelfahrt stehen die lebensgroßen Figuren der Ordensgründer Benedikt und Bernhard, desgleichen die Heiligen Mauritius und Andreas. Über dem Altargemälde thront in einer Muschelnische die Madonna mit dem Kind. Angesichts dieser bewegten Überfülle scheint der hölzerne Kruzifixus aus dem 15. Jh. in der Tat einer anderen Zeit, einem anderen Lebensgefühl zugehörig.

Als Stadt entwickelte sich Egeln im 12. Jh. aus der alten Burgmannensiedlung, so daß sich Markt, Stadtkirche und Burg in unmittelbarer Nähe befinden. Wie die Klosterkirche ist die *Stadtkirche St. Spiritus* ein einschiffiger Barockbau, besitzt aber noch einen gotischen Westturm, dessen spitze, verschieferte Zwillingshelme 1559 aufgesetzt wurden. Im Innern hat sich der Zustand seit einer Renovierung des 19. Jh. erhalten, der in seinem Zusammenspiel von farbigem Fensterglas und Wandmalerei in feiner Abstimmung von Gold-, Ocker- und Brauntönungen ganz Eigenwilliges ausstrahlt. Die Kanzel von 1616 sowie die Taufe aus etwa der gleichen Zeit sind wohl aus dem Vorgängerbau in das Anfang des 18. Jh. erbaute Kirchenschiff gekommen. Das am Kirchhof stehende Pfarrhaus trägt noch ein Fachwerkgeschoß von 1581.

Wie die Klostergebäude, so werden auch die Gebäude der ehemaligen *Burg* östlich von Kirche und Markt durch einen landwirtschaftlichen Betrieb und als Wohnungen genutzt. Sie befinden sich insgesamt in einem erbarmungswürdigen Zustand. Dabei hat das sichtbar älteste Gebäude, der frühgotische Bergfried, nicht nur den Angriffen feindlicher Kugeln, sondern auch dem allgemein sichtbaren Verfall ringsum am beharrlichsten widerstanden.

Anders als es der Name **Wanzleben** vielleicht suggerieren mag, erwartet den Besucher 15 km nördlich von Egeln eine vornehmlich in ihrem Zentrum hübsch herausgeputzte Kleinstadt an dem kleinen Flüßchen Sarre. Bei ihr dürfte es sich um eine jener Gründungen aus dem 5. Jh. handeln, die später den Franken als Stützpunkte dienten. Von der *Burg* des 12. Jh. ist wie vielerorts auch hier nur der Bergfried erhalten, ein quadratischer, fünfgeschossiger Wohnturm mit gekuppelten spätromanischen Fenstern. Ansonsten erinnert an die ehemalige Burg nur noch ein kleinerer Turm und das 1583 erbaute Torhaus, das über seinem inneren Bogen das brandenburgische Wappen trägt.

Auf der gegenüberliegenden Seite des Tales entfaltet sich um den dreieckigen Markt und das um 1550 weitgehend erneuerte *Rathaus* das angenehme Fluidum einer ländlichen Stadt, in deren Straßen hier und dort noch ein altes Portal oder ein charaktervolles Fachwerkgeschoß zu entdecken sind. Über die liebevoll gestaltete Geschäftsstraße führt der Weg zu der von hohen Bäumen umstandenen *Stadtkirche St. Jakobi*, die, aus verschiedenen Bauzeiten stammend, im letzten Jahrhundert umfassend restauriert und erneuert wurde und sich auch heute wieder frisch instandgesetzt präsentiert.

## DIE BÖRDE BEI MAGDEBURG

**Oschersleben** an der Bode, mit Stadtrecht seit dem Ende des 12. Jh., bietet im Gegensatz zu Wanzleben weniger optische Reize. Das *Rathaus* ist ein schlichter Barockbau von 1691, der mehrmals verändert wurde. Die *Pfarrkirche St. Nikolai,* weitgehend ein Neubau von 1881, erscheint recht würdevoll mit ihren gut erhaltenen spätgotischen, von zwei barocken Hauben bekrönten Türmen. Von der einstigen *Burganlage,* unter deren Schutz sich der Ort entwickelte, sind nur noch einige Reste von Wällen und Gräben original erhalten. Die später mehrfach umgebauten Wohn- und Speichertrakte – hervorgehoben sei das viergeschossige Wohnhaus von 1545 – werden profan genutzt und sind somit nicht zugänglich. Entschädigt wird der an der Stadt und ihrer Geschichte Interessierte im *Kreisheimatmuseum* in der Halberstädter Straße.

Wie Wanzleben lag auch **Hadmersleben** an der alten Heerstraße Halberstadt–Magdeburg. Die vier Siedlungsteile wurden erst in diesem Jahrhundert zusammengeschlossen, so daß sie sich nach Funktion und Charakter noch immer unterscheiden. Die im Norden liegende, ehemalige Stadt ist im 12. Jh. entstanden und 1664 bis auf vier Häuser niedergebrannt. Dadurch beschränkt sich die ältere historische Bausubstanz auf den Torturm des ehemaligen Magdeburger Tores, den sogenannten ›Wächterturm‹ in der Nähe des Rathauses, den 1649–52 erbauten Hanseschen Hof in der Kirchstraße und auf den Gasthof ›Zum Landhaus‹ aus der Mitte des 17. Jh. Die im Kern hochgotische *Stadtkirche Unser Lieben Frau* erhielt ihre gesamte Ausstattung, einschließlich des reich bemalten, gotisierenden Holzgewölbes, ebenso erst nach diesem verheerenden Stadtbrand.

Südlich der Stadt, und früher durch einen Bodelauf von dieser abgetrennt, gruppieren sich im Halbrund die Gebäude des *Schlosses* derer von Hadmersleben. Die im Kern aus dem 16. Jh. stammende Anlage unterlag als Wirtschaftshof vielen Eingriffen, so daß sich im heutigen Lehr- und Versuchsgut nur noch an wenigen Gebäuden deren wirkliches Alter ablesen läßt.

Das trifft gleichermaßen für die Klostergebäude des 961 gegründeten *Benediktinernonnenklosters* westlich des Schlosses zu. Ein Besuch der *Klosterkirche,* deren spitze Zwillingstürme eine weithin sichtbare Landmarke bilden, ist in Begleitung des freundlichen katholischen Pfarrers möglich. Zwischen Schloß und Kloster lag früher das Dorf Hadmersleben, eine warnische Siedlung aus dem 4. Jh. Nicht ganz so weit, aber doch in das Ende des 10. Jh. dürften einzelne Teile der dreischiffigen, kryptenähnlichen Unterkirche in der langestreckten Klosterkirche zurückgehen. Sie sind späterhin mehr oder weniger in Umbauten des 11. und 12. Jh. eingegangen. Auch in den folgenden Jahrhunderten setzten sich die allmählichen Veränderungen fort. Geprägt wird der Kirchenraum heute durch eine umfassende Barockisierung um 1700. Die Ausstattung, die in ihrer prunkvollen Holzschnitzerei noch den ursprünglichen, dunklen, mit Gold gehöhten Holzton besitzt, nimmt mit dem Hochaltar die ganze Breite und Höhe des Kirchenschiffes ein. Dem Altar gegenüber befindet sich die aufwendig dekorierte Nonnenempore. Die kleine Kreuzigungsgruppe ist 1698 von der Paderborner Nonne Gertrud Gröninger geschnitzt und dadurch das rare Zeichen früher Emanzipation. Zur weiteren Ausstattung der Kirche gehören unter anderem noch eine prächtige barocke Sonnenmonstranz, eine herb anmutende Pietà sowie der löwenköpfige, bronzene Türzieher (Abb. 31) um 1160 am Südportal der Kirche. Bei ihm muß allerdings darauf hingewiesen werden, daß er hier als Kopie das im Pfarrhaus aufbewahrte Original vertritt.

Der Straße Richtung Halberstadt folgend, ist schon bald **Kroppenstedt** erreicht. Der beim Durchfahren des Ortes auf der Bundesstraße von Magdeburg nach Halberstadt erste Eindruck ist durchaus untypisch. Wenn auch der Sinn für große Prachtentfaltung nie Sache der Kroppenstedter war, hat sich in den winkligen Straßen mit ihren teils 200 bis 300 Jahre alten Steinhäusern der Abglanz des bescheidenen Wohlstandes einer kleinen Ackerbürgerstadt erhalten können. Im Zentrum des Städtchens mit unregelmäßigem Straßennetz liegt der Markt mit dem im Kern gotischen, aber 1719 barock erneuerten *Rathaus*. Als in Sachsen-Anhalt und wohl auch andernorts nicht weitverbreitete Erscheinung erhebt sich vor dem Rathaus ein *Reiterkreuz* (Abb. 34), auch Freikreuz genannt, das hier für einen Roland steht. Das 4,40 m hohe steinerne Exemplar stammt aus dem Jahr 1651. Es ersetzte ein hölzernes Gerichtskreuz. Als ›judicum crucis‹ wurde es bereits 1248 erstmals erwähnt. Ihre Freiheiten erhielten sich die Kroppenstedter, indem sie sich zu Reiterdiensten gegenüber der feudalen Obrigkeit verpflichten ließen und dazu ein eigenes Pferd stellten. Der Lohn dafür bestand in Pachtland, den sogenannten ›Reiterhufen‹ und vor allem in einer eigenständigen Gerichtsbarkeit. Das steinerne Kreuz war den Bürgern als Auszeichnung für die Reiterdienste im Dreißigjährigen Krieg verliehen worden. Zugleich war es eine Bestätigung alter Rechte durch Brandenburg, in dessen Hoheit Kroppenstedt mit diesem Jahr überging

Von der einst für jede Stadt besonders wichtigen *Stadtbefestigung* sind außer Teilen der Stadtmauer fünf Türme erhalten, von denen der des Kirchtores trotz seiner zur Zeit skelettierten barocken Haube der stolzeste ist.

Auf die einstige, nicht arme und unbedeutende Stadt macht auch die *Stadtkirche St. Martin* aufmerksam, die gemeinsam mit dem 1611 datierten Pfarrhaus noch ganz den landstädtischen Hauch vergangener Jahrhunderte atmet. Unter Wiederverwendung des romanischen Turmes entstand Ende des 15. Jh. eine dreischiffige Halle, der Ende des 16. Jh. noch ein südliches Seitenschiff angefügt wurde, über dem sich drei volutengeschmückte Giebel erheben. Die nördliche Seitenschiffwand hat ihr spätgotisches Gepräge weitgehend bewahrt. Lediglich zwei frühbarocke Portale sind eingesetzt worden. Die 1678 besonders prunkvoll geschnitzte Tür des östlichen Portales wird als ›Hochzeitstür‹ bezeichnet. Das Innere besitzt neben einigen Resten der gotischen heute im wesentlichen eine recht beachtliche barocke Ausstattung.

Mehr noch als Kroppenstedt, dessen Dienstherr lange der Bischof von Halberstadt gewesen ist, war **Gröningen** mit dem nur noch 13 km entfernten Bischofssitz verbunden. 934 bereits wurde ein heute nicht mehr lokalisierbarer Königshof genannt. Eine im 12. Jh. existierende Burg wurde dann ab 1368 Residenz der Bischöfe von Halberstadt und seit 1473 zu einer weithin berühmten Schloßanlage ausgebaut, die, völlig verfallen, 1817 bis auf wenige Reste abgerissen wurde. Das sich langsam entwickelnde, aus mehreren Teilen zusammengewachsene Städtchen, das sich immer noch deutlich in das rechts der Bode liegende Gröningen und das links davon liegende Kloster Gröningen scheidet, besitzt heute

## DIE BÖRDE BEI MAGDEBURG

*Kloster Gröningen, Klosterkirche St. Cyriakus*

außer ein paar recht schönen Fachwerkbauten vorwiegend aus dem 17. Jh. für reichlich 3000 Einwohner drei Kirchen. In Gröningen sind es die kleine, 1866 erbaute *Pfarrkirche St. Cyriakus* und die weit mächtigere, erst 1905 erbaute *Pfarrkirche St. Martin*, an der sich vielleicht einst die Siedlung der alten Burg entwickelte. Einbezogen in ihren Neubau ist ein mit einem schlanken Spitzhelm versehener, quadratischer Westturm von 1616. Aus dem mit diesem verbundenen Vorgängerbau ist auch die Ausstattung übernommen, die tonnengewölbte Holzdecke ist gar kopiert worden.

Neben diesen eher unbedeutenden Beispielen der Architekturgeschichte überdauerte die *Klosterkirche St. Cyriakus* in Kloster Gröningen trotz ihrer geringen Ausmaße und nur fragmentarischen Erhaltung als ein erlesenes Baudenkmal. Ihr achteckiger Vierungsturm, eines der frühesten erhaltenen Beispiele seiner Art, taucht nach dem Verlassen Gröningens verheißend aus dem satten Grün der Bodewiesen auf. 936 wurde an dieser Stelle eine Tochtergründung der Benediktiner aus Corvey ins Leben gerufen. Grabungen im Jahr des 1000jährigen Bestehens von Gröningen haben Fundamente dieses ottonischen Gründungsbaues zu Tage gebracht. Der erhaltene Bau der ursprünglich dreischiffigen Basilika mit durchlaufenden, apsidial geschlossenen Seitenschiffen und einem ebenso geschlossenen Chor kann heute, auf Mittelschiff, Querschiff und Chor reduziert, nur noch einen unvollständigen Raumeindruck vermitteln. In seiner Bauzier, mit flach reliefierten Ornamenten aus Bändern, Pflanzen und Tieren, steht er in der oberitalienischen Tradition der Quedlinburger Stiftskirche, nur daß diese Tradition in Gröningen eine viel naivere und unbekümmertere Form gewinnt.

In die um 1100 erbaute Basilika ist gegen 1170 im Westen eine Kapelle eingefügt worden, in deren Mittelachse eine Grabstelle lag. Das um die gleiche Zeit entstandene Stuckrelief an ihrer Brüstung zeigt den auf einem Erdkreis thronenden Christus mit Leidensmalen und zu beiden Seiten je sechs Apostel mit aufgeschlagenen Büchern auf den Knien (Abb. 33). Diese Arbeit, die als wichtigstes Beispiel aus der Spätzeit des strengen Stils der Romanik gilt, ist 1900 durch Abgüsse ersetzt worden, weil das bereits beschädigte Original vom Bode-Museum Berlin erworben wurde. Der originalgetreue Abguß entfaltet im Zusammenspiel mit dem Raum seine unverstellte Wirkung in einer der originärsten romanischen Architekturen im Gebiet zwischen Börde und Harzvorland.

## Zwischen Großem Bruch und Mittellandkanal

Das aus einem Urstromtal hervorgegangene Feuchtgebiet des Großen Bruchs von Hornburg im Westen bis Oschersleben im Osten war schon immer eine natürliche Grenze, die den Einfluß des Harzraumes nach Norden hinderte. Ihm schließt sich im Norden ein vielgliedriges Hügelland an, welches wiederum im Norden durch die Ohreniederung und den erst in diesem Jahrhundert in sie hineingelegten Mittellandkanal eine erneute natürliche Unterbrechung findet. Heute kommt ihr aber auf halber Höhe die A 2 als künstliche Unterbrechung zuvor. Während es sich nach Osten in den völlig ebenen Teil der Börde bis zur Elbe-Saale-Grenze senkt, ist die Westgrenze Sachsen-Anhalts keine durch einen Naturraum markierte. Im Mittelalter, da dieses Gebiet viel stärker bewaldet war als heute, wurde es Holzland, die Bewohner ›holtländer‹ genannt. Im 16./17. Jh. unterschied man dann zwischen Börde und Holzbörde, und als verwaltungstechnischer Begriff tauchte für letztere ›Holzkreis‹ auf, eine Bezeichnung, die sich am Ende mit dem Verschwinden des Holzes verlor.

**Hamersleben** ist die erste Station nördlich des Bruchs. Trotz seiner Abgelegenheit ist es für Liebhaber romanischer Architektur ein Geheimtip. Wer die *Stiftskirche St. Pankratius* (Farbabb. 4) einmal besucht hat, wird nicht zögern, sich dem Urteil des preußischen Generalkonservators anzuschließen, der sie im vergangenen Jahrhundert als »eine der edelsten Anlagen des romanischen Styls« bezeichnete. Mit der Verlegung des ersten regulierten Augustiner-Chorherrenstifts auf ostdeutschem Boden von Osterwieck nach Hamersleben begann um 1110 nach einheitlichem Plan der Bau einer dreischiffigen, flachgedeckten Säulenbasilika mit Querschiff und dreischiffigem, jeweils durch eine halbrunde Apsis geschlossenem Presbyterium. Während auf Westtürme verzichtet wurde, errichtete man außer dem kleinen hölzernen Dachreiter über der Vierung je einen oktogonalen Steinturm über den östlichen Jochen der Seitenschiffe. Diese Hervorhebung und sehr differenzierte Gestaltung der Ostpartien hatten die Chorherren vom Reformorden der Benediktiner übernommen, deren auf urchristliche Ideale gerichtete Reformbemühungen sich wie bei den nachfolgenden Zisterziensern und Bettelorden auch in der architektonischen Gestaltung ihrer Kirchen ausdrückten. Hierbei übte das schwarzwäldische Hirsau einen nachhaltigen Einfluß auch im sächsisch-thüringischen Raum aus. Der Verzicht auf die in der sächsischen Bautradition unerläßlichen Westtürme gehörte dazu wie der auf den Bau einer Krypta oder der zur Einwölbung der Kirche. Bauliche, auf Dekor weitgehend verzichtende Schlichtheit, aber

159

DIE BÖRDE BEI MAGDEBURG

*Hamersleben, Stiftskirche St. Pankratius, Kapitellplastik*

äußerste Perfektion der Bauausführung und eine von Vernunft durchleuchtete Gliederung des Baues waren dafür unerläßlich. Andere Eigenheiten, wie die Differenzierung der Ostglieder, erklären sich aus liturgischen Gewohnheiten. Dennoch ist ein ›Hirsauer Bauschema‹, von dem in älterer Literatur oft die Rede ist, nicht eindeutig festzumachen. Vielmehr handelt es sich, wie Ernst Badstübner sagt, um die »liturgische Gestalt«, die »gebaut« wird und im konkreten Fall reduziert oder modifiziert als wirkliche Gestalt hervortritt. Demzufolge übernahmen auch die Hamersleber Chorherren nur bestimmte Elemente. Daß sie es etwa mit der asketischen Forderung nach weitgehendem Verzicht auf Bauzier nicht so genau genommen haben, ist von heute aus gesehen ein wirklicher Glücksfall. Obwohl der Innenraum (Farbabb. 6) mit seinen mächtigen, glatten Säulenschäften, den hohen, nur durch einen Schachbrettfries gegliederten Wänden des Mittelschiffs und des in das Mittelschiff vorgezogenen Chorus minor deutlich hirsauische Akzente setzt, wird das ›Muster‹ im überreichen Schmuck der Säulenkapitelle (Abb. 30) fulminant durchbrochen. Von Pflanzenornamenten begleitet, wird eine vornehmlich von Kampf und Gewalt bestimmte Szenerie entworfen, in der Tiere gegen Tiere und Tiere gegen Menschen kämpfen, und in welcher letztendlich der im Gewand eines Panthers oder Löwen erscheinende Gott die Macht hat, das Böse zu bannen und der gepeinigten Kreatur Schutz zu gewähren. Diese mit großer Eindringlichkeit und Realistik geschaffenen, von hoher künstlerischer Meisterschaft zeugenden Kapitelle sind unter direktem französischen Einfluß entstanden, der im mitteldeutschen Raum weder Vorbilder besaß noch eine direkte Nachfolge fand.

Die übrige plastische Bauzier bzw. Ausstattung entstammt späteren Jahrhunderten. Um vom Chrakter des hochromanischen Raumes möglichst wenig abzulenken, ist die vorrangig barocke Ausstattung bis auf die Orgel und den prunkvollen Altaraufbau von 1687 reduziert worden. An der Außenwand der nördlichen Chorschranke haben sich erfreulicherweise Teile von Stuckreliefs aus dem Anfang des 13. Jh. erhalten, die Christus, Petrus und Paulus zeigen und denen in der Halberstädter Liebfrauenkirche nahestehen. Wohl in ihrem Schatten entstanden, erreichen sie nicht deren überragende Qualität. Ebenfalls Anfang des 13. Jh. ist in den südlichen Querhausarm ein Altarziborium eingefügt worden, das zu den wenigen Beispielen aus dieser Zeit auf deutschem Boden zählt. Spitzbogen und mit Palmetten und Ranken belegte Kelchblockkapitelle kündigen bereits die Gotik an, die erst in ihrer späten Phase wieder umfangreichere Anschaffungen zuließ, da zwischenzeitlich das Stift abwirtschaftete. Von dieser spätgotischen Ausstattung, zu der auch ein hölzernes Rippengewölbe gehörte, sind Reste der Apsismalerei (durch den Altar leider nicht sichtbar) und einige Schnitzfiguren übriggeblieben. Die Mondsichelmadonna am nördlichen Pfeiler des Chorus minor zeugt von einfühlsamer Gestaltungskraft.

Spätgotische Stilelemente finden sich auch nördlich der Kirche in der anschließenden *Klausur,* die allerdings Anfang des 18. Jh. fast vollständig barockisiert wurde. Da das Stift 1804 aufgehoben und wie allgemein üblich zur Domäne wurde, unterlagen die Gebäude bis vor wenigen Jahren noch wirtschaftlicher Nutzung. Einige Bauteile sind inzwischen zurückgewonnen, und es besteht die Absicht, die ganze Anlage zumindest in ihrem barocken Äußeren wieder herzustellen. Diese Synthese zwischen großartiger Architektur und ländlichem Umfeld entwirft östlich der Kirche ein wahrhaft paradiesisches Bild, wenn dort friedlich die Heidschnucken grasen oder Pfauen gelassen vor den Apsiden des Chores herumstolzieren.

Wem von Hamersleben der gerade Weg über die Bundesstraße nach Norden zu eintönig erscheint, kann über schmale Landstraßen in nordöstlicher Richtung in das ›Inland‹ vorstoßen und **Beckendorf-Neindorf** entdecken. August von der Asseburg ließ in Neindorf 1582 eine *Schloßkapelle* erbauen, in der sich die Formen von Spätgotik und Renaissance mischen. Die Kirche ist vor allem aber eine Begräbniskirche der Stifterfamilie geworden, die sich im 17. und 18. Jh. hier bestatten ließ. Der Familie des Bauherrn ist sowohl ein in manieristischem Prunk schwelgendes Wandgrabmal aus Marmor und Sandstein wie ein als Epitaph gestalteter Altaraufsatz von 1679 gewidmet. Das heute als Krankenhaus genutzte *Schloß* im Norden der Kirche grenzt an einen ausgedehnten Park an. 1824–27 soll es von einem Schinkelschüler, dem späteren Braunschweiger Hofbaumeister Carl Theodor Ottmar, nach Entwürfen seines Lehrers erbaut worden sein. Das Schloß gilt als eines der bemerkenswertesten klassizistischen der Vorharzlandschaft und bringt einen eher untypischen Hauch von Strenge und Vornehmheit in das sonst bäuerlich derbe ›Holzland‹.

Wirklich wie hier ›gewachsen‹ erscheint dagegen das *Schloß* in **Ummendorf.** Sicher nicht ganz zufällig hat sich deshalb in der ehemaligen Wasserburg das *Bördemuseum* etabliert. In seinen Sammlungen versucht es, dem Typischen von Geschichte, Landschaft und Kultur dieser Region auf die Spur zu kommen. Der Bördemaler August Bratfisch, dem hier eine ständige Ausstellung gewidmet ist, hat besonders in seinen Zeichnungen die Eigenheiten dieser spröden Landschaft erfaßt und auf anrührende Weise festgehalten. Draußen im Garten wachsen annähernd 500 Heil- und Gewürzkräuter, Giftpflanzen, Färbepflanzen und auf der Wiese auch ganz gewöhnliche Gänseblümchen. Im angrenzenden Hof zeugen eiserne Ungetüme von den Anfängen einer technisierten Landwirtschaft.

## DIE BÖRDE BEI MAGDEBURG

›Dreileben‹. Zeichnung von August Bratfisch, 1953

Zwischen 1535 und 1581 entstanden die meisten der um den fast quadratischen Hof gelagerten Gebäude, die im 19. und 20. Jh. zum Teil grundlegende Veränderungen erfuhren. Allein der Bergfried besitzt in seinen gewölbten und mit Kaminen ausgestatteten Untergeschossen noch spätromanische Bausubstanz. Von seiner Höhe bietet sich ein erbaulicher Rundblick über Äcker und Flure, deren Straßenbäume wie hinskizziert wirken, ganz ähnlich wie sie der Maler Bratfisch gezeichnet hat.

Die nahe, 1556–66 erbaute und eine spätromanische Vorgängerin ersetzende *Dorfkirche* birgt außer zahlreichen Grabsteinen einen um 1580 geschaffenen Altaraufsatz in ihrem Innern. Er ist ein recht beachtliches und durchaus typisches Stück der Zeit, mit einem großen Auferstehungsgemälde in reich geschnitzter Rahmung. In den seitlichen Nischen symbolisieren Freifiguren die ›Gerechtigkeit‹ und die ›Hoffnung‹.

Westlich von Ummendorf heben sich grüne Hügel aus der Landschaft. Sie bieten im Dreieck Sommersdorf – Harbke – Marienborn als angenehme Abwechslung ein repräsentatives Stück ›Magdeburger Schweiz‹, die mit ihren schönen Buchenwäldern lange ein beliebtes Ausflugsziel der Magdeburger war. Konnte das Gebiet seine landschaftlichen Reize auch weitgehend bewahren, so haben die Ortschaften an der innerdeutschen Grenze doch mehr als andere gelitten. Die **Sommerschenburg** ist dabei eher eine Ausnahme. Sie taucht mit den Zinnen ihres alten Bergfrieds und den Giebeln und Spitzen des 1897 im Stil des Historismus erbauten Schlosses schon bald aus den Baumwipfeln auf. Die alte, bereits im 11. Jh. erwähnte Anlage ist 1814 von König Friedrich Wilhelm III. als Geschenk an Generalfeldmarschall von Gneisenau für seine Verdienste in den Befreiungskriegen gegangen. Der ausgemachte Stratege, der sich seinen Ruhm in der Schlacht bei Waterloo erwarb, fand aber wohl nicht so recht Geschmack an der desolaten Burg und machte somit zu Lebzeiten nur wenig Gebrauch von ihr. Als Toter jedoch kehrte er für immer auf das Terrain des ihm geschenkten Gutes heim. Seine Familie ließ sich nun unter fast totaler Schleifung der alten Feste das bereits erwähnte Wohnschloß bauen. Westlich des Schlosses dehnt sich ein heute weitgehend verwilderter englischer *Park*. Dort, direkt an der Straße nach Sommersdorf hinunter, stiftete die preußische Armee dem 1831 in Posen Gestorbenen 1841 ein *Mausoleum*. Für den Gedenkplatz schuf Christian Daniel Rauch eine Marmorstatue des standhaften Feldherrn. Die Geschichtsschreibung berichtet, daß er als Sohn eines sächsischen Artillerieleutnants bereits bei Kanonendonner geboren wurde, dann aber auf der Flucht vor den anrückenden Truppen als Neugeborener im wahrsten Sinne des Wortes verlorenging, indem er vom eilig dahinholpernden Wagen fiel. Er wuchs als Findelkind bei einem Bauern in Schilda auf und wurde erst als Sechsjähriger von seinem Onkel aufgespürt, der ihn trivialerweise an der aufbewahrten Windel mit dem eingestickten Monogramm identifizieren konnte, zum Glück für die deutsche Nation.

Wie Sommerschenburg besaß auch **Harbke** einst einen weitläufigen gepflegten Park. Schon in der Mitte des 18. Jh. eingerichtet, war er besonders wegen der Vielzahl der in ihm angepflanzten Baumarten berühmt geworden. In alten Reiseführern als ›Perle von Niedersachsen‹ gepriesen, ist der kleine Ort im ehemaligen Sperrgebiet mit dem nahen Braunkohlentagebau und dem inzwischen stillgelegten Kraftwerk hart von der Nachkriegsgeschichte gezeichnet. Gezielte Unterlassungen zum Erhalt wertvoller Kulturdenkmäler verbanden sich hier drastisch mit rücksichtsloser industrieller Ausbeutung. Neben einigen Fachwerkhäusern wie dem Gasthof ›Zum Goldenen Pudel‹, einer Hofanlage aus dem 18. Jh., und dem ›Grauen Hof‹, der straßenseitig über weit vorgezogenen Balkenköpfen noch Füllbretter mit Pilasterarchitektur aus dem Jahr 1606 trägt, protzt auch ein Protobeispiel stalinistischer Gründerzeitarchitektur im Zentrum des Ortes. Das in den 50er Jahren entstandene Ensemble besteht aus Kulturhaus und kombinierten Wohn- und Geschäftstrakten. Die eher feudal-klassizistisch als proletarisch anmutende Säulenfront des ›Kulturtempels‹ macht den realitätsfernen ideologischen Hintergrund deutlich. Proletarier wie Fürsten leben zu lassen, war eine Idee, die von der Wirklichkeit rasch überholt wurde. Daß sich diese These in ihrer Umkehr einfacher praktizieren ließ, zeigt der Zustand der Harbker *Schloßanlage,* der *Dorfkirche* und des *Parkes,* in welchem 1805 gar der hochverehrte Goethe botanische Studien betrieb. Von der beachtlichen Rundburg, die von je zwei Wallanlagen mit Wassergräben umringt war, und die von Baumeister Martin Peltier aus Braunschweig in der Mitte des 18. Jh. nach einem Brand erneuert wurde, stehen nur noch schreckenerregend ruinöse Mauern. Von herrlichen Renaissanceportalen bröckelt der kunstvoll behauene

163

## DIE BÖRDE BEI MAGDEBURG

*Harbke, Schloß, Innenhof, 1990*

Stein, efeubehangene Erker, unter denen einst vielleicht eine Serenade erklang, sinken in den fauligen Morast des Grabens, der ein ›Endlager‹ für Müll und Schutt geworden scheint. Verschollen ist die Rüstung Christians von Braunschweig, die noch Anfang unseres Jahrhunderts im Rittersaal ausgestellt war. Verschollen, vergessen und überwuchert wie die einst weißen Kieswege im Park. Bedenklich auch der Zustand der Kirche, zerbrochen das Dach der Orangerie und nicht mehr auffindbar die kleinen Tempel und zahlreichen Plastiken im Park.

Ein ganz ähnliches Bild wie in Harbke bietet sich in **Marienborn**. Der Name verband sich während der Zeit der deutschen Teilung vor allem mit dem gleichnamigen Grenzübergang. Es scheint so, als wurde selbst in diesen alten, traditionsreichen Orten eine regelrechte Entsiedlungspolitik betrieben, die sich nicht nur gegen Menschen, sondern auch gegen die Zeugnisse der Geschichte als Träger der Identität richtete. Diese Mißachtung gegenüber Gewachsenem prägt das gesamte Ortsbild. Sie wird am augenscheinlichsten an der Stätte, der Marienborn seinen Ursprung verdankt, an jener Quelle, deren Bannkreis als ›Heiliger Hain‹ schon die Verehrung unserer heidnischen Vorfahren galt. Christen verbanden mit dieser Quelle die Legende von der Mutter Maria, die einem Hirten erschienen war, um ihm zu bedeuten, daß sie die Quelle für sich auserkoren habe, und daß ihr zu Ehren an dieser

Stelle eine Kapelle zu errichten sei. Ende des 12. Jh. entstand aber nicht nur die Kapelle, sondern auch ein Hospital, aus dem sich Anfang des 13. Jh. ein Augustinerinnenstift entwikkelte. Von den *Klostergebäuden* existieren außer einigen Resten nur noch zwei spätgotische Flügel der Klausur. Die *Stiftskirche St. Marien,* schon in gotischer Zeit von Umbauten betroffen, ist 1885 nach Plänen von Carl August Stüler in einer umfangreichen Restaurierung stark verändert und um wesentliche Teile reduziert worden. Original ist die spätromanische Priesterpforte in der Nordwand des Turmes, wogegen das für die Maßverhältnisse der kleinen Kirche zu auffällig geratene, doch stilistisch recht gut angepaßte Eingangsportal seine Existenz dem letzten Jahrhundert verdankt.

Im Innern sind es vor allem zwei Schnitzaltäre von 1475 bzw. vom Anfang des 16. Jh., die aufmerken lassen. Bei beiden steht die Marienverehrung im Mittelpunkt. Damit ist abermals die Beziehung hergestellt zu dem ›Quellwunder‹, das sich südöstlich der Kirche vollzogen haben soll. 1836 errichtete Peter Joseph Krahe auf alten Fundamenten eine neue *Brunnenkapelle* in romanisierender Manier. Gras und Bäume haben sich des Gemäuers bemächtigt. Das als wundertätig bezeichnete Wasser quillt unter einer provisorischen Betonabdeckung hervor und versickert im morastig gewordenen Waldboden neben der Straße.

Nördlich von Marienborn durchschneidet die A 2 das Land und läßt wie ein Flußlauf nur eine begrenzte Anzahl von Übertrittsmöglichkeiten zu. Nördlich verbleibend, sind es immer noch Orte mit der Endung – leben, die gewissermaßen den Ton angeben: Alleringersleben, Eimersleben und **Erxleben.** Während dieses Gebiet landschaftlich noch nicht zur Altmark gehört, hat es doch schon früh mit ihr in politischem Verbund gestanden. Fast wieder eben, atmet das Land hier Gleichmut, vielleicht auch eine Art Selbstgenügsamkeit. Auch die an der alten Handelstraße Braunschweig – Magdeburg liegende alte *Niederungsburg,* einst durch Fehden und in Kriegen hart mitgenommen, scheint nun, als Schule, endlich zur Ruhe gekommen zu sein. Der mittelalterliche Bergfried ragt mit seiner barocken Haube als Orientierungspunkt aus der vielfach umgebauten, größtenteils nachmittelalterlichen Anlage. Neben ihm sind die wichtigsten Bauten das 1679–82 erneuerte dreigeschossige Vorderschloß mit Erker und üppigem, leider ramponiertem, von Sitzbänken und Pfeilern flankiertem Barockportal an der östlichen Schauseite. An der Hofseite steigen zwei Treppentürme und ein Treppenhaus aus Fachwerk am Gebäude empor. Rechtwinklig schließt das 1563 erbaute sogenannte Hinterschloß an. Westlich davon wurde das alte Brauhaus 1556–63 zu einem Wohnbau mit quadratischem Treppenturm umgebaut. Weiter westlich steht abermals ein Wohnbau mit polygonalem Treppenturm. Den letzten bestimmenden Akzent erhielt die 1185 als im Besitz derer von Erxleben ausgewiesene Burg 1782–84 durch den Landbaumeister J. G. Huth aus Halberstadt, der in der nordöstlichen Ecke der Gesamtanlage einen weiteren zweigeschossigen Schloßbau errichten ließ. Diese merkwürdige Bebauung war verursacht worden durch eine Erbteilung der Familie von Alvensleben im Jahr 1554. Das Geschlecht war seit 1479 im Besitz der Burg und saß als ›schwarze‹ und ›weiße‹ Linie bis zum Ende des Zweiten Weltkrieges ununterbrochen auf Erxleben. Aus der Familie gingen zahlreiche bedeutende Politiker, Beamte und Militärs hervor, die sowohl in den Diensten Brandenburg-Preußens als auch Hannovers und Braunschweigs standen.

165

## DIE BÖRDE BEI MAGDEBURG

Die *Schloßkapelle*, von 1564–80 durch beide Linien erbaut und 1674 erneuert, birgt heute neben ihrer überaus üppigen und qualitätvollen Ausstattung eine Familienchronik derer von Alvensleben über fünf Jahrhunderte in Form von Grabsteinen und Epitaphien. Ihrer Bedeutung bewußt, zog die Familie auch für diese Aufgaben namhafte Künstler heran.

Der Reichtum dieser bäuerlichen Landschaft an ehemals bedeutenden Burganlagen und deren oft über Jahrhunderte währende ununterbrochene Besetzung durch eine einzige Adelsfamilie scheint ein auffälliges Phänomen dieser Gegend. So saßen die von Veltheim vom 15. Jh. bis 1945 in **Bartensleben** auf ihrem *Schloß*. Auf eine ehemalige Wasserburg zurückgehend, gehört seine heutige Gestalt der Mitte des 18. Jh. an. Nur ist es diesmal die *Dorfkirche*, in der eine ganze Ahnenreihe in Gestalt von zum Teil sehr bedeutenden Grabsteinen Unterkunft gefunden hat.

In der kaum 7 km nördlich von Erxleben entfernten fränkischen Gründung **Altenhausen** finden sich wiederum ganz ähnliche Verhältnisse. Hier war ein Zweig jener von der Schulenburg ansässig, eine ebenfalls über Jahrhunderte reichende und besonders in der Altmark begüterte und einflußreiche Familie, die in der *Dorfkirche* zahlreiche Grabdenkmäler hinterlassen hat. Seit 1485 im Pfandbesitz der *Niederungsburg* Altenhausen, hat das Geschlecht diese bis 1945 halten können. Das umfangreiche Grabensystem der heute als Krankenhaus genutzten und im 11./12. Jh. auf älterer Grundlage erbauten Burg ist noch erkennbar. Die erhaltenen Gebäude allerdings sind erst im 15. und 16. Jh. entstanden. Ende des 19. Jh. fand dann ein weiterer Umbau statt, bei welchem das Herrenhaus und der dominierende Bergfried hinzugefügt wurden. Durch ihre neugotischen Formen passen die beiden neuen Gebäude gut in die ältere Substanz und verlängern somit auf dem Gebiet der Architektur die ›schöne alte Ritterzeit‹ in verklärender, angenehmer Weise. Zu allem Überfluß ergänzt das Idyll ein weitläufiger Park mit frei umherlaufendem Wild.

Auch die von knorrigen Eichen bestandene *Rittmeisterallee*, die die Straße nach Flechtingen hinauf erst rechts und dann links bis in den Wald hinein begleitet, weckt romantische Vorstellungen. Vorstellungen, welche die Deutschen als ›Volk des Waldes‹ bis heute pflegen und die insbesondere an die langlebige Eiche geknüpft sind. Gebührende Aufmerksamkeit sollte darum an der Kreuzung mit der Landstraße Süpplingen – Ivenrode den *Lützoweichen* geschenkt werden. Von Eichen beschirmt wird auch die kurz danach von der Landstraße nach links abbiegende *Heerstraße*, die bis hinüber nach Hilgesdorf führt.

Auf der Straße ist nach wenigen Kilometern über den Flechtinger Höhenzug bald die weite Rodungsfläche von **Flechtingen** erreicht. Am Ortsrand erhebt sich in dem künstlich angestauten Schloßsee auf einem Porphyrfelsen die malerische *Burg*. Sie gehört zu den reizvollsten und am besten erhaltenen Anlagen ihrer Art in Sachsen-Anhalt. Von 1307–1853 saß auf ihr das Geschlecht derer von Schenck, die damit wie die Schulenburgs und Alvenslebens zu den ältesten Familien der Region zählen und wie diese bedeutende Stellungen in den Hierarchien der Askanier, Luxemburger und Hohenzollern innehatten. Selbstverständlich, daß sich in der *Dorfkirche* zahlreiche Grabdenkmäler der Familie befinden.

Die aus Vor- und Kernburg bestehende Burg wurde von 1860–97 im neugotischen Stil ausgebaut, besitzt aber noch reiche Substanz früherer Bauperioden. Nach Umbauten des 14.

*Flechtingen, Wasserburg. Zeichnung von Gustav Sommer, um 1900*

und 15. Jh. ließen die Burgherren nach einem Brand im Jahr 1483 formenreiche Fachwerkgeschosse auf die verbliebenen Steinmauern setzen, die der um den engen dreieckigen Innenhof gruppierten Anlage der Kernburg einen markanten Reiz geben. Weitere Umbauten fanden im 16. und 17. Jh. statt. Besonders auffällig die Fensterordnungen, Treppentürme und Laufgänge, die Portal- und Erkergestaltungen, die dem heute als Altersheim und Gaststätte genutzten Schloß seine Anziehungskraft verleihen. Über eine Brücke ist vom Schloß aus ein weiträumiger Landschaftspark zu erreichen.

Noch ist nicht das Ende der ›Burgenfahrt‹ gekommen. Die im Allertal liegende Burg in **Weferlingen** profitierte nicht von der Gunst beständiger Verhältnisse. Die derzeit als Baustofflager dienende Ruine brannte Anfang unseres Jahrhunderts aus und ist nicht mehr wiederhergestellt worden. Prinz Friedrich II. von Hessen-Homburg, das Vorbild des Prinzen von Homburg im Kleistschen Drama, lebte hier Ende des 17. Jh. für längere Zeit und hatte auch das Schloß wieder in Ordnung bringen lassen. Doch das gehört der Vergangenheit an. Lediglich der ›Graue Hermann‹, ein noch etwa 30 m hoher Bergfried aus der Zeit um 1300, überlebte aufgrund seiner Stärke und perfekten Mauertechnik weitgehend unbeschadet. Um Überlebensaussichten ging es gewiß auch dem 1708 in Wefersleben geborenen Markgraf Friedrich Christian von Brandenburg, als er sich 1766 vom Baumeister und Bildhauer Bartoli aus Halberstadt eine Grabkapelle an das südliche Schiff der Dorfkirche anbauen ließ, um nach dem Tod in seinen Geburtsort zurückkehren zu können. 1769 verstorben, ist er dennoch nicht hier beigesetzt worden. Die mit vorgestellten Säulen und Reliefs bewegt gestaltete Halle trägt über der Eingangsseite ein hochaufgebautes brandenburgisches Wappen mit einer Allegorie des Todes und erhält durch ihren Kunstwert die Erinnerung an den Stifter wach.

Bevor die Reise in den nördlichsten Zipfel bis nach Oebisfelde fortgesetzt wird, überrascht den Ruinenfreund 4 km alleraufwärts nahe des kleinen Dorfes **Walbeck** eine Rarität.

## DIE BÖRDE BEI MAGDEBURG

Südlich des Ortes erhebt sich auf dem 20 m zum Fluß steil abfallenden Burg- oder Domberg die Ruine der ehemaligen *Stiftskirche* der Benediktiner. Graf Lothar II. von Walbeck hatte in seiner Burg das Stift als Sühne für die Beteiligung an einer Verschwörung gegen Otto den Großen einrichten lassen. Von diesem schon vor 964 vollendeten Gründungsbau sind wesentliche Teile noch in der heutigen Ruine erhalten, die damit zu den wenigen Zeugnissen ottonischer Architektur in Sachsen-Anhalt zählt. Von dem im Zentrum der Kirche angeleg-ten Grab des 964 gestorbenen Stifters ist eine beschädigte, sarkophagförmige Grabplatte aus Stuck in der *Dorfkirche* geborgen worden. Sie dürfte ein mindestens ebenso seltenes Stück wie die Ruine selbst sein.

Auch in **Oebisfelde** existierte schon im 10. Jh. eine Burg, da sich hier einer der wenigen durch einen Knüppeldamm befestigten Übergänge durch den Drömling befand. Der Verlauf des Dammes entsprach ungefähr dem der heutigen Bundesstraße nach Gardelegen. Die 1267 erstmals urkundlich genannte *Burg*, direkt am Rand einer Sumpfniederung im Süden der Stadt an der Aller gelegen, wird bis in die Gegenwart durch einen Bruchsteinbau aus dem 13./14. Jh. repräsentiert. Ihren vergleichsweise guten Zustand hat sie ihrer Nutzung zu Wohnzwecken und als *Museum* zu verdanken. Wie in Weferlingen betont ein mächtiger Bergfried das trotzige und wehrhafte Aussehen der gesamten Anlage. Selbst der Zinnen-kranz ist vollständig erhalten. Wie allgemein üblich befindet sich auch an diesem Turm der Einstieg erst in 10 m Höhe. Denn ein solcher war bei kriegerischen Auseinandersetzungen die letzte Zuflucht, wenn es im wahrsten Sinne des Wortes zu ›türmen‹ galt. Das Hauptge-bäude der in Wirtschafts- und Wohntrakt zweigeteilten und später in die Stadtbefestigung einbezogenen Burg war der heute durch vielfache bauliche Ergänzungen gekennzeichnete ›Prinzenbau‹, der zur Stadt hin liegt.

In deren Prinzenstraße befinden sich die ältesten Häuser des Ortes, Fachwerkhäuser des 15. bis 17. Jh. Das älteste ist 1471 datiert, somit 23 Jahre nach der Stadtwerdung Oebisfeldes erbaut. Das im Kern spätgotische *Rathaus* auf dem kleinen rechteckigen Marktplatz in der Stadtmitte wurde 1892 durch eingreifende Restaurierungen leider entstellend erneuert. Es war die Zeit, da die Stadt durch ihren Anschluß an einige Bahnlinien etwas aus ihrer abseiti-gen Lage gelangte und das neu gewonnene Selbstbewußtsein wohl durch Neubauten sicht-bar machen zu müssen glaubte. So ist 1896 nicht nur im eingemeindeten *Kaltendorf* die *Nikolaikirche* neu erbaut, sondern auch das Schiff der 1381 geweihten *Katharinenkirche* erneuert worden. Als Inventar verblieb aber noch vielfach das aus Spätmittelalter und Renaissance, wie der große vierflügelige Schnitzaltar aus dem Ende des 15. oder einige Epitaphien der hier zeitweilig ansässigen Adelsfamilie von Bülow aus dem 16. Jh.

Von Oebisfelde in Richtung Haldensleben geht es durch das flache Land der Ohreniede-rung. Bei **Calvörde**, diesem zwischen dem Mittellandkanal und der Ohre eingeschlossenen, knapp 2000 Einwohner zählenden Ort, werden aber schon die Ausläufer des Waldgebietes der großen Letzlinger Heide sichtbar. Von Calvörde, das durch seine Pferdezucht bekannt geworden ist und dessen Umgebung auch heute noch zu Kutschfahrten und Reittouren einlädt, läuft die Landstraße nahe dem Kanal bis hinunter nach Haldensleben.

*Großsteingrab im
Haldenslebener Forst*

Im *Haldenslebener Forst* werden in der sogenannten ›historischen Quadratmeile‹ 84 Großsteingräber der Jungsteinzeit gezählt. Das Entdecken dieser inmitten eines schönen Mischwaldes liegenden, vielfach eingebrochenen oder von Gras überwachsenen Grabstellen aus zum Teil sehr großen Findlingssteinen erfordert allerdings Spürsinn und Zeit. Das Königsgrab zum Beispiel besteht aus 60 Findlingen. Nirgendwo sonst in Mitteleuropa gibt es eine solche Anhäufung prähistorischer Begräbnisstätten. Das ist ein augenscheinlicher Beweis dafür, daß hier vor mehreren 1000 Jahren ein Zentrum von seßhaften Ackerbauern und Viehzüchtern gewesen sein muß.

Die Stadt **Haldensleben** wurde erst 1938 aus den Orten Neu- und Althaldensleben zusammengeschlossen. Dabei ist das zwischen den Wasserarmen von Mittellandkanal und Ohre eingeschlossene Neuhaldensleben das Zentrum der Stadt. Sie wurde vermutlich von Heinrich dem Löwen als konkurrierende Kaufmannssiedlung zu Magdeburg angelegt, was Erzbischof Wichmann dazu veranlaßte, die Stadt 1179 und '81 zunächst ohne Erfolg zu belagern. Durch das Mißgeschick klug geworden, ließ er die Ohre anstauen, um die Stadt unter Wasser zu setzen und zu zerstören. Um 1220 – inzwischen im Besitz der Magdeburger Erzbischöfe – begann der Wiederaufbau auf der Basis eines regelmäßigen Straßennetzes. Ende des 13. Jh. erhielt sie auch eine Stadtmauer mit drei Toren, wovon noch die Tortürme des *Bülstringer Tores* im Nordwesten und des allerdings neueren *Stendaler Tores* im Norden erhalten blieben. An der Kreuzung der rechtwinklig aufeinanderstoßenden Hauptstraßen wurde der Marktplatz angelegt, der noch heute den Stadtmittelpunkt bildet. Ein *Roland* zu Pferde überwacht das Markttreiben. Seine ungewöhnliche Gestaltung hat er vermutlich der Nähe des berühmten Magdeburger Vorbildes zu verdanken. Das hölzerne, heute im

169

## DIE BÖRDE BEI MAGDEBURG

Museum aufbewahrte Original ist 1927 durch eine Kopie aus Sandstein ersetzt worden. Das *Rathaus* hinter dem Standbild ist im Kern ein Barockbau vom Anfang des 18. Jh., das sein heute prägendes klassizistisches Gewand 1815–23 erhielt.

Zu annähernd gleicher Zeit wurde auch der 1808 eingestürzte Turmbau der *Stadtkirche* durch den quadratischen mit achteckigem Aufsatz und geschweifter Haube ersetzt. Überhaupt hat die dreischiffige, um 1414 vollendete Basilika vor allem im 17. und 19. Jh. zahlreiche Veränderungen bzw. Erneuerungen erfahren. Entsprechend erscheint das weiträumige, von Spitzbogenarkaden auf Rechteckpfeilern untergegliederte Innere, das in Mittelschiff und Chor von einem 1872–74 eingezogen, aufwendig ausgestalteten Holzgewölbe überspannt wird. Altaraufsatz und Kanzel sind Arbeiten aus dem Jahr 1666 und ziehen wegen ihrer barocken Schmuckfülle natürlich die Aufmerksamkeit zuerst auf sich. Doch wirklich von überdurchschnittlicher Qualität ist ein kleines Kreuzigungsrelief an der Westwand des südlichen Seitenschiffes. Um 1375 entstanden und ursprünglich in die äußere, durch Strebepfeiler, Figurenkonsolen, Fialen und Wasserspeier hervorgehobene Chorwand eingelassen, ist es leider durch Witterungseinflüsse stark beschädigt. Es kann als Synonym für die über Jahrhunderte durch Fehden, Kriege, Stadtbrände und Epidemien geprüfte Stadt stehen, die sich erst im 19. und 20. Jh. davon erholen konnte. So sind es auch nur vereinzelte, wertvollere historische Gebäude, die das Stadtbild beleben. Das auffälligste ist das *Kühnsche Haus* an der Ecke Hagen- und Holzmarktstraße aus dem Jahr 1592. Es begeistert besonders durch seine gruselig-lustigen Maskenköpfe.

Ein Anziehungspunkt für mehr literarisch Interessierte kann das ganz in der Nähe befindliche *Museum* im Breiten Gang sein, denn dort wird unter anderem ein großer Teil des Nachlasses der Brüder Grimm aufbewahrt. 1900 Bücher, dazu Briefe, Handschriften, Urkunden, Bildnisse sowie zeitgenössische Möbel warten hier auf den Wissenschaftler wie auf den einfach nur Neugierigen.

Neugier und Forschergeist sind vielleicht ebenfalls vonnöten, um im 966 erstmals genannten **Althaldensleben** die Reste des einmal heiß umkämpften 100jährigen Burgwalls aufzuspüren. Als Wegweiser dient in dessen unmittelbarer Nähe ein 1228 angelegtes Zisterziensernonnenkloster, welches im 18. Jh. noch einmal eine gewisse Belebung erfuhr, bevor es 1810 von der westfälischen Regierung aufgehoben wurde.

Der Kaufmann und Industrielle Johann Gottlob Nathusius, der danach das Klostergut erwarb, um hier eine wenig glückliche Musterlandwirtschaft einzurichten, war zugleich Bauherr der noch existierenden *Doppelkirche*. Schließlich setzte er mit einer Tonwarenfabrik den Beginn für die später so erfolgreiche keramische Industrie in Haldensleben.

Weniger für den Geldbeutel, als vielmehr fürs Auge, ließ er zwischen Althaldensleben und der auch in seinen Besitz gekommenen **Hundisburg**, im Ort gleichen Namens am Flüßchen Beber, einen englischen Garten anlegen, durch dessen schattige Alleen und verschlungene Wege die Hundisburg zu Fuß noch heute zu erreichen ist. Die 1140 erstmals erwähnte, landschaftsbeherrschende Rundburg wurde im 12. Jh. vom Erzbistum Magdeburg zu einer der stärksten Festen gegen die Mark und Braunschweig ausgebaut und war dementsprechend umstritten. Trotz notgedrungener Veränderungen konnte die Anlage ihren Gesamtcharakter bewahren. Selbst die Ringmauer und der dem Dorf zugekehrte Zwinger sind vergleichsweise gut erhalten. Seit 1452 im Besitz derer von Alvensleben aus Kalbe an der Milde, wurde die Burg im 16. Jh. umfangreich erneuert, um im Dreißigjährigen Krieg stark verwüstet zu werden. Unter dem hannoverschen Staatsminister Johann Friedrich von Alvensleben entstand von 1694–1702 durch den Braunschweiger Baumeister Hermann Korb der »eindrucksvollste ländliche Barockbau in der nördlichen Provinz Sachsen«, wie der Historiker Berent Schwineköper schreibt. Leider brannte dieser Bau 1945 aus, so daß heute Bäume und Sträucher durch die glaslosen Fenster der großzügig gestalteten Fensterordnungen und Galerien wachsen.

Aus der zerstörten Schloßkapelle in die *Dorfkirche* umgesetzt wurde ein vorzügliches, von Jürgen Röttger geschaffenes Grabdenkmal aus Holz- und Alabasterreliefs mit zehn überlebensgroßen Figuren aus Alabaster für L. von Alvensleben und seine Familie. Trotz allen Prunks weist es auf andere Weise als die Ruinen auf dem Berg oder etwa der einsame Westquerturm im nahen, wüst gewordenen Dorf *Nordhusen* stumm und ohnmächtig auf die Vergänglichkeit unserer Existenz.

Die Bundesstraße, die zunächst links und dann rechts des Mittellandkanals verläuft, kreuzt sich in **Groß Ammensleben** mit der Landstraße nach Wolmirstedt. Bemerkenswert ist der kleine Ort durch eine *Benediktinerklosterkirche,* die 1140 geweiht wurde. Vom hirsauisch beeinflußten Ursprungsbau ist im wesentlichen das erst im 15. Jh. eingewölbte Langhaus erhalten, in dessen südlichem Seitenschiff um 1170 ein sehr feingliedriges, klassische Strenge atmendes Stufenportal eingefügt wurde. Im Ganzen jedoch ist die Kirche wie die Innenausstattung wegen der zahlreichen Um- und Ausbauten nicht mehr einheitlich. Wenig auffällig erscheinen die Reste des alten Fußbodens in der Kreuzkapelle vor dem Altar. Es sind glasierte und unglasierte Tonfliesen mit rautenförmigem bzw. mit Palmettenmuster. Meisterliche Arbeiten der Steinbildhauerei sind die beiden Sandsteinfiguren von Märtyrerinnen auf spätgotischen Wandkonsolen seitlich des Altars. Vermutlich stammen sie aus einer Halberstädter oder Magdeburger Werkstatt.


Mit **Wolmirstedt,** zwischen dem Südrand der Letzlinger Heide und der Landeshauptstadt Magdeburg, ist die letzte Station erreicht. Bis zur Mitte des 13. Jh. war hier die Stelle, an der die Ohre in die Elbe mündete und an der im Jahre 780 Karl der Große mit den Ostsachsen und Slawen verhandelte. Als wichtiger Übergang über beide Flüsse und Eingang zur Altmark hatte die 1009 hier genannte *Burg* besondere Bedeutung für die Markgrafen der Nordmark als auch für die Erzbischöfe von Magdeburg, die die lange andauernden Auseinandersetzungen Anfang des 14. Jh. schließlich zu ihren Gunsten entschieden. Sie ließen die Burg im 15. und 16. Jh. großzügig ausbauen. Blickfang im Innenhof der heute noch erhaltenen Anlagen ist die 1480 aus Backstein erbaute *Kapelle.* Die filigrane Gliederung der Strebepfeiler und des Portals verweist auf die klassischen Vorbilder in Werben und Tangermünde, wobei trotz aller Perfektion hier die in der Übersteigerung eintretende Ermüdung des Stils schon deutlich spürbar wird, dem Bau zugleich aber eine ganz eigene, individuelle Ausstrahlung verleiht.

DIE BÖRDE BEI MAGDEBURG

*Ansicht von Wolmirstedt, nach von Alvensleben, um 1900*

Ansonsten hat die als Wohnstadt für die Bergarbeiter des 1973 in Betrieb genommenen Kaliwerkes Zielitz umgestaltete Stadt nur noch wenig historische Bausubstanz zu bieten. Der ehemalige Gasthof ›Zum schwarzen Adler‹, ein sehenswerter, zweigeschossiger Fachwerkbau, ist eine durchaus erfreuliche Abwechslung in der Umklammerung durch Fertigbauten. Auch das *Kreisheimatmuseum* in der Glindenbergstraße 9 weist mit seinen vorwiegend bei der Hildagsburg gefundenen Schaustücken auf die Historie und damit die Ursprünge und Wurzeln dieser Stadt und Landschaft zurück.

# »Harz, du Muttergebürg«

»Harz, du Muttergebürg, welchem die andre Schar
wie der Eiche das Laub entsproßt,
Adler zeugst du dir hoch auf der Felsenhöh'
und dem Dichter Begeisterung.

Weit im deutschen Gefild sieht man des Felsen Haupt
spät im Sommer von Schnee noch schwer
tiefer fichtenbekränzt, düster vom Eichenwald,
der vor Zeiten den Deutschen hehr.«

*Aus: Novalis, Der Harz*

Mehr als jedes andere deutsche Gebirge besitzt der Harz mit dem »deutschesten aller Berge«, dem »Vater Brocken«, und dem Ruf des »schönsten deutschen Mittelgebirges« einen Sonderplatz in unserem Bewußtsein. Neben der von großer Geschichte und Sage umwobenen Vergangenheit waren es vor allem die namhaften Dichter des 18. und 19. Jh., die ihm diesen

Platz erschrieben haben. Klopstock, Gleim, Goethe, Novalis und Heine, ja selbst der nüchterne Fontane haben sich seinem Reiz nicht entziehen können. Seine Lage als »eine Art Insel am Rande des Tieflandmeeres«, überschaubar, vielgestaltig und rätselhaft zugleich, der kurze Weg von den milden Gebirgsrändern in das rauhe »Hochgebirge« mit nur diesem einen, dominierenden Berg, der wohl schon in der Frühgeschichte mehr Gott-Person als Naturerscheinung war, ließen den Harz selbst zu einem »Individuum« werden, wie Novalis es als Synonym für Unbeugsamkeit, Freiheit und Einheit bedichtete.

Als ganz West- und Mitteleuropa von einem riesigen Meer bedeckt war, hob untermeerischer Vulkanismus die Scholle des Harzes aus dem Umland. Diabasische Magmen brachen hervor und erstarrten zu Granit, dem typischen Gestein des Gebirgsstockes um Brocken, Ramberg oder Bodetal. Der bis zu 500 m mächtige Kalkablagerungskomplex bei Rübeland und Elbingerode stieg auf dem ›Rücken‹ des Magmas empor, während an den Rändern des Gebirges die untermeerischen Schichten aus Sand und Kalk zerbrachen, verschoben oder überkippt wurden. Das geschah vor allem im stärker herausgehobenen Nordharz. Der Südharz wird von fließenderen Übergängen geprägt. Verwitterung und Abtragung formten das Gebirge weiter. Niederschläge spülten die Verwitterungen aus, das Wasser grub tiefe Flußtäler oder schuf die sogenannten ›Blockmeere‹ des Oberharzes. Den letzten Schliff bekam das Gebirge durch die den Ostharz überdeckenden Eismassen. Sie hinterließen die Talschutthalden in den Flußtälern der Ilse, Holtemme, Wormke oder der Kalten Bode.

Die milden und wettergeschützten Ränder und die von dort in das Gebirge sich hineinziehenden Flußtäler waren schon früh von Menschen besiedelt. Um die Zeitenwende trafen hier Cherusker und Hermunduren aufeinander, wie gut 500 Jahre später Thüringer und Sachsen, wobei letztere mit dem Schwinden der thüringischen Herrschaft unter dem fränkischen Druck ihre Herrschaft bis zum Sachsengraben im Süden des Gebirges ausdehnen konnten. Die Luidolfinger schufen am Harz schließlich die »größte und geschlossenste Grundherrschaft im fränkischen wie im sächsisch-thüringischen Raum«, so daß es wenig verwundert, daß einer der ihren als erster deutscher König, als ›Harzkönig‹, auf den Thron gehoben und damit die Harzregion für zwei Jahrhunderte zu einem der großen Zentren des Deutschen Reiches wurde. Dies ist bis heute die einzige historische Phase geblieben, in der die Regierung des Harzes in einer Hand lag. Seit dem 12. Jh. wird er durch wechselnde Mächte beherrscht. Die Welfen, Askanier und Hohenzollern haben das Schicksal des Harzes ebenso mitbestimmt wie die Grafengeschlechter der Wernigeröder, Regensteiner, Stolberger oder Mansfelder. Selbst heute, da die mitten durch den Harz verlaufende innerdeutsche Grenze gefallen ist, stoßen hier noch die Grenzen von drei Bundesländern aufeinander: die Thüringens, Niedersachsens und natürlich Sachsen-Anhalts.

## Zwischen Westerburg und Halberstadt

Das Land zwischen Großem Bruch und Harzer Vorgebirgslandschaft ist vornehmlich Ackerland, über dem sich im Süden der lange, schmale Höhenzug des Huy zart abzeichnet.

## »HARZ, DU MUTTERGEBÜRG«

Das ehemalige *Schloß* in **Schlanstedt** sicherte als mittelalterliche Burg einen Übergang durch das Bruch. Bis 1344 war die Burg im Besitz der Regensteiner Grafen, die große Teile des nördlichen Harzvorlandes beherrschten. Das heutige geschlossene Geviert ist eine Anlage von 1616.

Ältere Substanz besitzt die **Westerburg** etwa auf halbem Weg zwischen Schlanstedt und Großem Fallstein. Doch bedarf es etwas Spürsinn, sie zu entdecken, denn sie liegt in einer Mulde des sonst flachen Ackerlandes. Nur über Feldwege erreichbar, können als Orientierung die sie umgebenden Bäume dienen. Auch hier waren seit 1180 die Regensteiner die Herren, die die Burg als Lehen vom Bistum Halberstadt erhalten hatten. Sie bauten die rundliche Burg mit zwei Wassergräben zu einer ihrer stärksten Festungen aus. Der weiträumige Innenhof, in der Mischung von Steinbauten, Fachwerkobergeschossen und dem großen Taubenhaus, schafft in seiner Abgeschlosenheit die Imagination einer friedlichen Welt. Der völlig intakte, 33 m hohe Bergfried bildet zugleich die Südostecke einer im 13./14. Jh. angefügten und in der Renaissance nochmals umgebauten, kastellartigen Wohnburg, in welcher es außer einer kleinen Galerie noch die Kapelle mit einem durchaus beachtenswerten Kanzelaltar zu besichtigen gibt.

**Hessen,** dessen Ortsbild beherrscht wird von den beiden Türmen des ruinierten *Schlosses,* hat einmal für die Herzöge von Braunschweig, der dritten großen Territorialmacht des Nordharzes, eine gewisse Rolle gespielt. Sie waren es, die es Ende des 16. Jh. zu der heute nur noch in Resten vorhandenen stolzen Erscheinung ausbauten. Das Absinken zur Domäne, vor allem aber das Schicksal, in den vergangenen Jahrzehnten funktionslos im Sperrgürtel des Grenzgebietes gelegen zu haben, vernichtete viel Bausubstanz, so daß heute lediglich versucht werden kann, die vorhandenen Mauern in ihrem Bestand zu sichern.

Gleiches wäre dringend notwendig für die ehemalige *Wasserburg* in **Zilly,** das etwa 10 km südöstlich von Hessen liegt. Die mächtige ruinöse Anlage, die im 13. Jh. zur Wohnburg ausgebaut wurde, birgt immerhin den größten Palas des Harzraumes.

Auch **Osterwieck,** der bedeutendsten Kleinstadt der engeren Region, ist anzumerken, daß sie die sprichwörtlichen ›besseren Tage‹ schon einmal gesehen hat. Die Stadt ist höchstwahrscheinlich identisch mit dem um 800 eingerichteten Missionsbistum Seligenstadt, das schon kurz nach 800 nach Halberstadt verlegt wurde. Osterwieck jedenfalls, an der alten Handelstraße von Braunschweig nach Halberstadt gelegen, hat trotz des Verlustes seiner territorial übergreifenden kirchlichen Bedeutung das ganze Mittelalter als Markt eine wichtige Rolle gespielt, so daß sich Anfang des 13. Jh., neben der Marktsiedlung an der Stephanikirche, um die Nikolaikirche eine weitere Siedlung etablierte. Beide umschloß Ende des 15. Jh. eine später nochmals verstärkte Mauer, von der nur geringe Reste erhalten sind. Wie viele Städte erlitt leider auch Osterwieck im Dreißigjährigen Krieg einen so starken Rückfall, daß er ihr fortan die Existenz einer Ackerbürgerstadt beschied.

Im Nordharzgebiet ist sie neben Goslar und Quedlinburg trotz allem die Stadt, die das lebendigste Bild des spät- und nachmittelalterlichen niedersächsischen Fachwerkbaus geben kann. In zwölf Straßen des unter Denkmalschutz stehenden historischen Stadtkerns befinden sich unter den insgesamt vorhandenen 328 Gebäuden allein 118 Einzeldenkmale von

*Osterwieck, Hagen 45, das alte Diakonat*

## »HARZ, DU MUTTERGEBÜRG«

herausgehobenem Wert. Die meisten dieser wirklich einmaligen Wohn- und Geschäftshäuser sind nach dem großen Stadtbrand von 1511 entstanden und stehen zwischen der Stephanikirche im Norden und der *Nikolaikirche* im Süden. Letztere wurde 1262 erstmals urkundlich erwähnt. Aus dieser Zeit stammt wohl im wesentlichen der Turm. Das Kirchenschiff, das im Innern von einer hölzernen, bemalten Balkendecke überspannt ist, die wiederum von einer hölzernen Mittelstütze getragen wird, entstand 1583. Als beachtlichstes Ausstattungsstück birgt sie einen Flügelaltar aus dem zweiten Viertel des 15. Jh. von einer Halberstädter Werkstatt, die unter dem Einfluß Konrad von Soests stand.

Der ›*Bunte Hof*‹, ganz in der Nähe von St. Nikolai in der Rössingstraße, ist 1579 für Ludolph von Rössing erbaut worden. Leider ist von der einst wunderbaren Anlage nur ein Flügel mit einem Treppentürmchen erhalten. Schon hier taucht das für Osterwieck so kennzeichnende Motiv der Blendarkaden an der Brüstung auf, welches wie das des Beschlagwerkes vom Steinbau auf die Fachwerkarchitektur übertragen wurde. Diese Arkadenbrüstungen der Renaissance und die für den niedersächsischen Stil typische Fächerrosette sind die am häufigsten anzutreffenden Schmuckelemente. Wenn ihnen später die im Barock übliche Bauweise sich netzartig kreuzender Streben folgt, bedeutet dies schon das nahende Ende des Fachwerkbaus, der sich im Klassizismus zu völliger Schmucklosigkeit verdünnt. In der *Nikolaistraße*, der *Neukirchenstraße*, der *Mittelstraße* oder der *Rosmarinstraße*, wo sich im ehemaligen *Gasthof ›Zur Tanne‹* ein besonders prächtiges Beispiel von 1614 erhalten hat, lassen sich Häuser aus den verschiedenen Epochen des Fachwerkbaus entdecken. Das gilt insbesondere auch für die *Kapellenstraße*, wo die nur sparsam ornamentierte Nr. 4 noch in die Zeit vor 1500 zurückreicht, während das Doppelhaus Nr. 1 zu einer Hälfte den klassischen, niedersächsischen Fachwerkstil, zur anderen Hälfte den der Renaissance zeigt. Weitere Häuser stehen am *Stobenplatz*, in der *Karl-Liebknecht-Straße*, im *Hagen*, am *Markt* und besonders in der *Schulzenstraße*. Im Häuserensemble Nr. 8–11 stehen Gotik und Renaissance beieinander. Das ›*Eulenspiegelhaus*‹ (Abb. 32) ist das einzige in Osterwieck und im nordöstlichen Harz mit so reicher figürlicher Schnitzerei und wurde 1534 wahrscheinlich von dem Braunschweiger Bildschnitzer Simon Stappen geschaffen.

Zentrum der ältesten Siedlung Osterwiecks ist der Marktplatz mit dem ehemaligen *Rathaus* von 1554. In dem vergleichsweise schmucklosen Gebäude hat das *Heimatmuseum* sein Domizil gefunden. Ausführlich wird dort über die Geschichte des so faszinierenden Fachwerkbaus Osterwiecks berichtet.

Mit der *Stephanikirche*, deren 53 m hohes Turmpaar die Silhouette der Stadt prägt, kann Osterwieck aber zugleich auf einen sowohl in seiner Gesamterscheinung als auch in vielen Details bemerkenswerten Sakralbau verweisen. Zurückhaltend, nur durch Lisenen und wenige symmetrisch angeordnete Fenster gegliedert, steigt der um 1150 erbaute Westquerbau über dem Kirchplatz empor und strahlt bei aller Spröde doch die Klarheit der ihm innewohnenden Idee aus. Das in seiner Westwand tief eingesetzte Portal scheint mehr abzuwehren als zum Eintreten aufzufordern. Im Jahr 1511 war es schließlich auch nur dieser kompakte Westquerbau, der den Brand überlebte. Ein neuer spätgotischer Chor konnte schon 1516 geweiht werden, die dreischiffige Halle erst 1562. In den Arkadenbögen dieser

176

weit ausladenden, spätgotischen Halle künden die Friese aus Pflanzenmotiven und Wappen auf recht ungewöhnliche Weise das Herannahen des neuen Stils an, der dann in einigen Ausstattungsstücken, so etwa der Kanzel von 1570 oder dem Chorgestühl von 1620, einen vollkommeneren Ausdruck fand. Aus dem abgebrannten Kirchenschiff erhielten der von vier halbnackten Männern getragene, bronzene Taufkessel vom Ende des 13. Jh. und der vierflügelige Schnitzaltar aus dem Ende des 15. Jh. einen neuen Platz in der Kirche. Der Mittelschrein des Altars zeigt die von Wolken und musizierenden Engeln umgebene Marienkrönung und seitlich davon Johannes den Täufer und Stephanus, den Patron der Kirche.

Unter anderem gehört auch die barocke Figur eines Stephanus zu den Resten der einst gewiß reichen Ausstattung der heute in ihrem Baubestand äußerst bedrohten *Klosterkirche* in **Stötterlingen**, nur 2 km westlich von Osterwieck. Unter den verschiedenen Bauphasen, die das Gebäude prägten, wird die aus dem Anfang des 12. Jh., wo roter neben weißem Kalkstein im Wechsel verwendet wurde, besonders augenscheinlich.

Wie erwähnt ist das Harzvorland nicht nur einfach das möglichst rasch zu durcheilende Land vor dem Harz, sondern besitzt durchaus seinen Eigenwert. Das betrifft den Reichtum an kultur- und kunsthistorisch bedeutenden Stätten ebenso wie seine Natur. In respektvoller Entfernung vom Gebirgsrand ziehen sich die Höhenrücken des *Fallstein, Huy* und *Hakel* entlang. Die einst durch den Druck des Gebirges emporgehobenen, trockenen Kalkrücken bringen eine besondere Vegetation und Tierwelt hervor, und die zum Teil sehr alten und schönen Buchenwälder locken zu langen Spaziergängen, die immer wieder einen überraschenden Blick auf das Panorama der sich in Blauschattierungen staffelnden Harzberge gestatten.

Hat sich das Auge erst einmal entspannt, gibt es im östlichen Teil des Huy auch wieder etwas zu besichtigen: moderne Kunst und romanische Architektur. In **Röderhof**, einem kleinen, am nördlichen Fuß des Huy liegenden Dorf mit einem Teich und herrlichen alten Apfelplantagen, hat sich im *Schloß* seit kurzen der Kunstverein Röderhof etabliert und veranstaltet vor allem Ausstellungen moderner Kunst. Zu DDR-Zeiten mehr eine der vielen halblegalen Nischen, weitet sich jetzt hier das Betätigungsfeld besonders für jüngere Künstler. 1830 von General von Knesebeck romantisierend umgestaltet, war Röderhof davor ein Wirtschaftshof des Klosters Huysburg.

**Kloster Huysburg**, kurz die Huysburg genannt, erscheint dem Fußgänger, der den schmalen Weg vom Schloß Röderhof hinauf durch den Wald in südliche Richtung nimmt, wie aus einem Film. Die beiden spitzen Türme der Klosterkirche ragen im Dunst über die Wipfel der Bäume. Noch immer lebt ein kleiner Konvent von Benediktinern dort oben.

Die Geschichte des Klosters beginnt mit einer Quedlinburger Nonne namens Pia, die sich 1070 hier in der Nähe eines Bischofshofes und einer Marienkapelle als Incluse niederließ. Ihr geistlicher Betreuer war ein Domherr Eckhard aus Halberstadt, der 1080 Abt des neueingerichteten Klosters wurde. Es heißt, um sich abzuhärten, habe er sein ganzes Leben eine Eisenkette auf dem nackten Leib getragen. Als es im Jahr seines Todes 1084 zur förmlichen Bestätigung der Stiftung gekommen war, muß bald darauf mit dem Bau der *Klosterkirche*

177

# »HARZ, DU MUTTERGEBÜRG«

begonnen worden sein. Die dreischiffige Basilika ist, bis auf ihre spätgotischen Türme, die Einwölbung der Seitenschiffe und andere geringfügige Änderungen, weitgehend original erhalten und gilt daher als ein sehr bedeutendes Denkmal niedersächsischer Architektur an der Wende von der Früh- zur Hochromanik. Wie in der Klosterkirche Drübeck werden die Arkaden des Schiffes (Abb. 35) von Pfeiler zu Pfeiler zusätzlich mit einer Blendarkade überfangen, die dem sonst eher spannunglos wirkenden einfachen Stützenwechsel eine gewisse Eleganz verleiht. Auch die vergleichsweise intelligent eingepaßte barocke Ausstattung samt Deckenmalerei zerstört diesen Eindruck nicht. An die Anfangsjahre des Klosters erinnert im nördlichen Kreuzarm ein sehr schöner Gedächtnisgrabstein aus dem 15. Jh. für den offenbar unvergessenen ersten Abt des Klosters.

Die im Südosten der Kirche gelegene, mittelalterliche *Klausur* wurde 1825 fast gänzlich abgebrochen. Es existieren noch acht Joche des Kreuzganges und in der sogenannten Bibliothek vielleicht das ehemalige Refektorium. Das zweigeschossige Konventsgebäude im Westen des heutigen Klosterhofs ist barock umgestaltet, das ebenfalls zweigeschossige Gebäude im Süden 1746 neu erbaut und später durch Wirtschaftsgebäude und Torhaus ergänzt worden. Im Osten, nur durch eine Mauer vom Hof abgetrennt, liegt auf tieferem Niveau auf dem Gelände des ehemaligen Klostergartens auch heute noch ein umhegter Garten.

## Das ›Tor zum Harz‹

Südlich des Huywaldes escheint im weiten, sanft gewellten Vorland des Harzes die alte Bischofsstadt **Halberstadt**, das ›Tor zum Harz‹. Als hätten sie der Zeit getrotzt, markieren noch heute die ungleichen Türme der Martinikirche, die stolzen ›Bischofsmützen‹ des Domes und die vier Türme der Liebfrauenkirche bereits von weitem die alte Bischofsstadt und machen zumindest aus dieser Entfernung vergessen, daß bei Bombardements am 8. April 1945 diese historische Stätte so gut wie eingeebnet worden war. Erst bei der Fahrt oder einem Gang durch den Fertigbeton des Stadtzentrums wird der Verlust schmerzlich nachprüfbar. Unwiederbringlich ist eine der schönsten Fachwerkstädte Deutschlands zugrunde gegangen. Und was der Krieg nicht in Schutt und Asche legte, zerfiel in den letzten Jahrzehnten, so daß heute nur noch Spuren der einstigen bürgerlichen Prachtbauten der Renaissance und des Barock zu finden sind. Dennoch haben gerade kurz nach dem Krieg einsetzende, unter großen Opfern vollbrachte Wiederaufbau- bzw. Erhaltungsmaßnahmen wesentlichen Anteil daran, daß sich Halberstadt trotz allem als eine Stadt unvergleichlicher Kultur- und Kunstdenkmäler präsentieren kann.

Neben Goslar war Halberstadt seit dem Mittelalter die mächtigste und bedeutendste Stadt der nördlichen Harzregion und zudem Sitz eines Bistums der Erzdiözese Mainz. Diese gründete um 780 in jenem bereits erwähnten, mit Osterwieck identischen Seligenstadt ein Missionsbistum und verlegte es Anfang des 9. Jh. nach hier, an eine Furt durch die Holtemme. Das 827 bestätigte Bistum umfaßte bis Mitte des 10. Jh. das große Gebiet zwischen

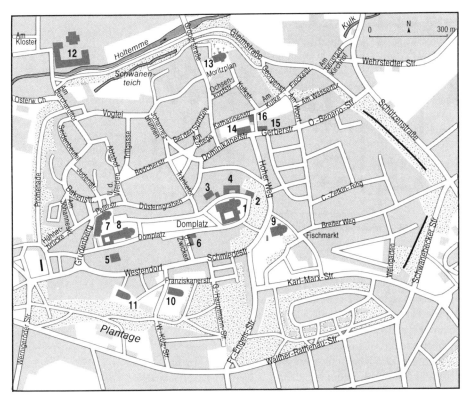

*Halberstadt 1 Dom 2 Gleimhaus 3 Städtisches Museum und Heineanum 4 Domdechanei 5 Redernsche Kurie 6 Dompropstei 7 Bischofspalast 8 Liebfrauenkirche 9 Martinikirche und Roland 10 Andreaskirche (Franziskanerklosterkirche) 11 Johanniskirche 12 Burchardikloster 13 Moritzkirche 14 Katharinenkirche 15 Hotel St. Florian 16 Kulkmühle*

Saale, Unstrut, Elbe, Ohre und Oker. In Halberstadt, das niederdeutsch Alfurtested hieß, ließ der erste Bischof Hildegrim von Châlons zunächst eine Burg erbauen, die gewiß auch eine oder mehrere Kapellen besaß. Ausgrabungen zeigten, daß es sich in etwa um die Stelle handelte, wo heute noch der **Dom** steht. Möglich, daß auch hier, wie vielfach üblich, demonstrativ eine alte germanische Kultstätte besetzt und umgedeutet wurde. Bei dem sogenannten *Lügenstein* im Südwesten des Domes könnte es sich um eine Art Kulttisch handeln, auf dem der heidnischen Gottheit Opfer dargebracht wurden. Diese unbekannte Gottheit wurde zur ›Lüge‹ erklärt und ersetzt durch den Heiligen Stephan, der zum Patron aller Erstgründungen Hildegrims im östlichen Sachsen wurde. Unter dem vierten Halberstädter Bischof Hildegrim II. kam es 859 zur Weihe des ersten karolingischen Domes, der aber bereits 965 wieder einstürzte. Da seit etwa zehn Jahren Otto I. in Magdeburg die

»HARZ, DU MUTTERGEBÜRG«

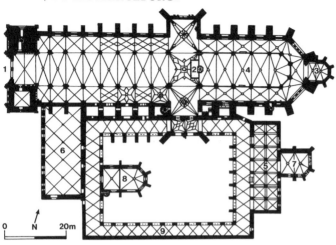

Halberstadt, Dom, Grundriß
1 Westquerbau
2 Lettner und Triumphkreuzgruppe
3 Marienkapelle
4 Hoher Chor
5 Kapitelsaal (Domschatz)
6 Remter (Domschatz)
7 Stephanskapelle
8 Neustädter Kapelle
9 Kreuzgang

Kathedrale eines künftigen, den Halberstädtern die Wirksamkeit nach Osten abschneidenden Erzbistums erbauen ließ, muß sie das besonders hart getroffen haben. Der Neubau des ottonischen, schon 992 geweihten Domes ist durchaus in Konkurrenz zu der nicht verhinderbaren kaiserlichen Stiftung in Magdeburg zu sehen. Als 1179 Heinrich der Löwe die Stadt erstürmen und einäschern ließ, geriet auch der Dom in Brand, was später Anlaß bot, ihn restaurieren und einwölben zu lassen.

Noch vor 1239 aber, nur wenige Jahre nach der erneuten Weihe von 1220, setzte wiederum in Konkurrenz zum Magdeburger Neubau rege Bautätigkeit einer zisterziensischen Bauhütte aus Walkenried am Westbau des Domes ein. In beinah 250jähriger Bauzeit erwuchs nun das heute noch erhaltene, alle Phasen der Gotik überspannende Bauwerk, das Wilhelm Pinder als »das reinste deutsche Beispiel einer durch und durch verstandenen Gotik« bezeichnet hat (Abb. 38).

Vier wichtige Bauabschnitte prägen das Werk und veranschaulichen zudem beispielhaft die langwierigen mittelalterlichen Bauabläufe. Bis zur Mitte des 13. Jh. entstand vor dem Westwerk des ottonischen Domes der neue Westquerbau mit den beiden quadratischen Türmen, deren Obergeschosse und Helme im 19. Jh. erneuert und zum Teil frei gestaltet wurden. Der von Lisenen und Ecksäulchen eingefaßte und von einem kräftigen Rundbogenfries in seinem ohnehin schwachen Höhendrang gestoppte untere Baukörper zeigt aber die typischen Merkmale des ›burgundisch-zisterziensischen Übergangsstils‹: Runde, wulstige Zackenbögen, schlanke, zum Teil gewirtelte Säulen mit Kelchblockkapitellen, Kleeblattbögen und Diamantquader- und Nagelkopfrosettenzier zwischen den Voluten, an Säulen und kannelierten Mauerkanten bestimmen das Bild einer fülligen, konzentrierten Plastizität, die sich auf wenige, schmückende Details beschränkt.

Um die Mitte des 13. Jh. ist es dann zu einer Planänderung gekommen. Die drei westlichen Joche des Langhauses, die anstelle des ottonischen Westwerkes bis etwa 1317 entstanden, sind schon ganz ein Ergebnis der von Frankreich nach Deutschland hereindringenden hohen Gotik. Die hier festgelegte erhebliche Erhöhung der Mittel- und Seitenschiffwände unter Beibehaltung der ottonischen Schiffsbreiten führte zu der für Halberstadt so typischen ›Steilheit‹ der Innenräume. Ganz im Sinne der Gotik übernehmen die Schiffs- und Strebepfeiler die tragenden Funktionen dieser Architektur. Zwischen den Pfeilern entstehen mehr und mehr jene ›immateriellen‹, nur noch von Fensterordnungen und deren strengem Maßwerk gegliederten Wände. Nach Einwölbung dieser nun schon mit dem ottonischen Bau genutzten Teile entstand bis etwa 1340 eine Pause. Auch setzte man die Arbeit nicht im westlichen Langhaus, sondern im Osten außerhalb der alten Kirche zunächst mit einer Chorscheitelkapelle, der Marienkapelle fort. Sie steht in ihrer Schlichtheit noch ganz in den Formen der Hochgotik, während der kleine Dachreiter auf ihrem westlichen Giebel bereits die Brücke zum im Anschluß erbauten, spätgotischen Chor schlägt. Da die Maßverhältnisse der westlichen Joche für ihn bestimmend bleiben, sind die Veränderungen im Innern kaum, am Außenbau zuerst am reicheren Dekor spürbar. Die an den Westjochen noch klar nachvollziehbare konstruktive Grundordnung beginnt sich unter dem Schmuck der vielgliedrig gebildeten, übereck gestellten, mit gleich zwei Figurennischen ausgestatteten Fialen zu ›verflüchtigen‹. Diese Tendenz setzt sich auch in der vierten Bauperiode zwischen 1401 und '91 fort, wird aber durch das grundsätzlichere Bemühen nach Homogenität der Gesamterscheinung gebremst. Es entstehen die restlichen Joche des Langhauses und das Querhaus, dessen nördlicher, von einer Regensburger Bauhütte geschaffener Giebel noch einmal einen edlen und reichen Akkord spätgotischer Bauplastik anschlägt. Bis 1486 ist auch das letzte Joch des atemberaubend in die Vertikale drängenden Kirchenbaues mit einem Kreuzgratgewölbe geschlossen. Nur die Joche des Querhauses und die vier östlichen Joche beider Seitenschiffe erhalten ein aufwendigeres Stern- bzw. Netzgewölbe.

Beim Blick durch das hohe Schiff nach Osten (Abb. 40) wird besonders die Vierung durch ihr einzigartiges Sterngewölbe hervorgehoben. So wandert das Auge über den aus Rübeländer Marmor gefertigten romanischen Taufstein im westlichen Mittelschiff und den an Ketten schwebenden, aus mehreren konzentrisch übereinander angebrachten Ringen bestehenden gotischen Kronleuchter hin bis zu dem 1510 fertiggestellten, an die westliche Chorschranke gelehnten Hallenlettner. Dieser ist ein zeittypisches Werk der sich in entmaterialisierender, filigraner Ornamentik auflösenden Gotik.

Die monumentale *Triumphkreuzgruppe* (Abb. 39) auf einem Balken über dem Lettner entstand um 1220. Als Vorbild diente sicher die Kreuzigung auf einer byzantinischen Weihbrotschale im Domschatz, die der Meister souverän ins Monumentale übertrug, ohne etwa nur eine vergrößerte Kopie zu liefern. Das Zentrum beherrscht der natürlich geformte Körper Christi mit zur Seite gesunkenem Haupt in ebenmäßigen, fast gleichmütigen Zügen. Dieses Erhobensein über dem Schmerz weist ihn als Überwinder des Todes aus, wie der Drache unter seinen Füßen ihn als Sieger über das Böse zeigt. Ihm zur Seite zugewandt steht Johannes auf der gekrümmten Figur eines Königs als Überwinder des Heidentums. Und Maria auf der Schlange erfüllt neben ihrem Sohn hier die Eva gemachte Prophezeiung, daß sie die Schlange zertreten wird. Auch sie scheint bei aller Lebensnähe in einer beherrschten,

## »HARZ, DU MUTTERGEBÜRG«

gleichsam in der göttlichen Voraussage ruhenden Trauer. Die die anrührende Kreuzgruppe flankierenden Cherubime, in deren Gesichtern »heiliger Ernst und mitleidender Schmerz vereint sind«, entrücken als Thronwächter Gottes das tragische Geschehen schon in eine Szene der Erlösung und des Triumphes. Die einst farbige Fassung, in der Gold neben Rot und Blau dominierte und die Ränder des Kreuzes mit Edelsteinimitationen bemalt waren, mag diesen Gedanken noch verstärkt haben. Diese gedankliche Tiefe, verbunden mit der künstlerischen Meisterschaft des unbekannten Schnitzers, machte die Halberstädter Triumphkreuzgruppe zu einem Werk europäischen Ranges. Erwin Panofsky nannte es den »Höhepunkt des sächsischen Byzantinismus«.

Auch die zahlreichen Steinskulpturen, die im Dom an verschiedenen Orten ihren Platz gefunden haben, sind von zum Teil hoher künstlerischer Qualität. Zu den nach Plan an den vorbereiteten Stellen aufgestellten Figuren gehören die lebensgroßen Statuen der Dompatrone Stephanus und Sixtus sowie der Zwölf Apostel an den Pfeilern des hohen Chores aus dem zweiten und dritten Viertel des 15. Jh. Andreas besticht durch sein tiefgeistiges forschendes Gesicht, dem sich sein ganzer Habitus, ja selbst der Faltenwurf seines Gewandes unterordnet. Die Figur des Jacobus maior, des Patrons der Pilger, mit Wandertasche, Pilgerstab, Hut und Buch, setzt sich nicht nur wegen ihrer angespannten fiebrig-nervösen Bewegtheit aus diesem Zyklus der Ruhenden ab. Auf Frontalansicht berechnet und von zur Fläche neigender, reliefartiger Gestaltung, war sie womöglich für einen anderen Standort gedacht.

Die Pfeilerfiguren, die über die Vierungspfeiler weiter bis ins Mittelschiff verteilt sind, sollten sicher einst den ganzen Raum umziehen. Unter ihnen zeichnen sich weitere hervorragende Stücke durch ganz unterschiedliche Auffassung aus. Das kantig-asketische Profil eines Hieronymus mit dem Löwen von etwa 1480 steht neben den von Riemenschneider beeinflußten, ergeben leidenden Figuren des Sebastian oder des Bischof Erasmus.

Ursprünglich wurde dieser Figurenreigen am äußeren Mittelpfeiler des Westportals durch die überlebensgroße um 1510/20 geschaffene Skulptur des Dompatrons Stephanus eröffnet, die heute in der Westwand des nördlichen Seitenschiffes steht. Einst Armenpfleger der Urgemeinde, trägt er die Steine, die seinem Leben ein Ende setzten, als wäre es das Normale oder Notwendige. Auch hier weist die realitätsnahe Gestaltung auf den Einfluß Riemenschneiders.

Feinste psychologische Beobachtungsgabe eines oft als genial bezeichneten, unbekannten Meisters verraten die drei Figuren eines Engels, einer Maria und einer Maria Magdalena im nördlichen Chorumgang, die wohl gegen 1360 für ein Heiliges Grab geschaffen wurden. Das Verkündigungspaar des Engels und der Maria beweisen sogar, daß einem so sichtbar von heiliger Freude erfüllten Vorgang ein gewisser Charme, Witz, ja vielleicht sogar etwas hintergründige, die Lauterkeit dieses Paares aber keineswegs angreifende Ironie nicht fremd waren.

In diesem Kreis Erhabenheit verströmender Heiliger steht an der Nordempore das herzerfrischend naiv gestaltete Paar Adam und Eva in Schuld und Dümmlichkeit als wahrhaft nackt und ausgeliefert. Was sich hier rührend ausspricht, wächst sich in dem Epitaph für den 1552 verstorbenen Magdeburger Erzbischof Friedrich, der gleichzeitig Bischof von Halber-

*Halberstadt, Domschatz, Detail aus dem Abrahamsteppich, um 1120*

stadt war, zu einem makaber-grotesken Welttheater aus, dessen Szenerie sich um den als Prediger dargestellten Bischof gruppiert. Der Autor dieses Werkes, der brandenburgische Hofbildhauer Hans Schenk, auch Scheußlich oder Scheiczlich genannt, gilt als merkwürdigste Erscheinung der norddeutschen Bildhauerei seiner Zeit, und seine Arbeiten lassen sich noch am ehesten mit denen des Surrealismus in unserem Jahrhundert vergleichen. Zwischen Erlösersehnsucht und grausigster Verzweiflung ist dieses Werk des Manierismus ein durchaus überzeitlicher Ausdruck für ein Bewußtsein, das die menschliche Existenz vornehmlich als eine krisenhafte, mit sich selbst nicht im Einklang stehende begreift.

Von der Vielzahl kostbarster Ausstattungsstücke, die im Halberstädter Dom versammelt sind und von denen hier nur wenige signifikante Beispiele vorgestellt werden konnten, muß unbedingt noch auf die mittelalterliche Glasmalerei hingewiesen werden, die für die mystische Raumsphäre besonders der gotischen Kathedrale so bestimmend gewesen ist. Dieses mehrfach gebrochene Licht taucht auch die *Marienkapelle* ganz in den glühenden Dämmer ihrer um 1335 entstandenen Scheiben des Achsfensters mit den von der Wurzel Jesse gerahmten Darstellungen des Lebens Jesu sowie der Propheten und Könige des Alten Testaments. Hierbei handelt es sich um die ältesten und künstlerisch wertvollsten. Bei den Fenstern des *Chorumgangs* und des *Hochchores,* die aus unterschiedlichen Abschnitten der ersten Hälfte des 15. Jh. stammen, mußte schon vieles ergänzt werden. Die beiden östlichen Fenster des Umgangs und das Scheitelfenster des Hochchores sind unter ihnen die besterhaltenen.

Einzigartig wie der gesamte Dom ist auch der *Domschatz* im Kapitelsaal und im Remter. Über Jahrhunderte gesammelt, zählt er heute zu den reichsten und wertvollsten Sammlungen kunstgewerblicher und künstlerischer Kostbarkeiten des Mittelalters. Als einmalig auf der Welt gilt die Sammlung liturgischer Gewänder, deren prächtig bestickte oder mit Edel-

## »HARZ, DU MUTTERGEBÜRG«

steinen besetzte Stücke bis in das 10. Jh. zurückreichen. Als »Werke von Weltrang« gelten die beiden 9 und 10 m langen gewirkten Bildteppiche, der Abrahams- oder Engelteppich (um 1120) und der Apostelteppich (um 1150). Daneben besitzt der Dom noch eine Sammlung von Plastik und Malerei des 12.–16. Jh. und eine Sammlung mittelalterlicher Bildhandschriften, deren älteste noch in karolingischer Zeit entstand. Die für den Besucher der Gegenwart wohl am merkwürdigsten erscheinende Kollektion dürfte die der liturgischen Geräte und Reliquiare sein. Ein Armreliquiar mit dem Finger des heiligen Nikolaus steht hier neben einer fein ziselierten und mit Edelsteinen geschmückten Reliquientafel der Spätromanik, in deren Fensterchen von Bergkristall die säuberlich bezeichneten ›Hinterlassenschaften‹ verschiedener Heiliger schimmern. Als das kostbarste Stück des ganzen Domschatzes und »bedeutendste erhaltene Silbertreibarbeit der gesamten mittelbyzantinischen Epoche« gilt aber die bereits erwähnte Weihbrotschale aus dem 12. Jh., deren außerordentlich sensibel gestaltete Kreuzigungsszene dem Meister des Triumphkreuzes wohl als Anregung vorlag, womit sich der Kreis eines kleinen Domrundgangs mit einem nochmaligen Höhepunkt schließt.

Nach der Besichtigung des Domschatzes befindet sich der Besucher ohnehin schon im Bereich der ehemaligen *Klausur* im Süden der Kirche. In ihrem Osttrakt erhielt sich ein Raum aus der Zeit um 1150. Eine neue Klausur entstand mit der ersten Etappe des Dombaus. Sie ist heute an vielen Stellen verändert bzw. reduziert. So wurde der *Kapitelsaal* 1514 erbaut, die *Stephanskapelle* 1417 geweiht, und die *Neustädter Kapelle* ist 1503 vollendet worden. Den Südtrakt und Teile des Osttrakts der Klausur brach man im 19. Jh. ab. Der dort nur noch zum Teil vorhandene *Kreuzgang* gibt durch seine spitzbogigen Öffnungen noch einmal den Blick auf den idyllischen Innenhof und den prachtvollen Südgiebel der Kathedrale frei.

Von Anfang an war der Dom das bedeutendste Gebäude des ganzen Dombezirks auf dem Burgberg. Sein Umkreis war schon 1018 befestigt. Die Mauern, zum Teil erhalten, umschlossen das noch heute auf dem Stadtplan sichtbare nierenförmige Oval. An seine äußeren Mauern lehnten sich die nach und nach heranwachsenden Siedlungen, während sich im Innern des Bezirks die geistliche Macht und Verwaltung des Bistums konzentrierten. Einige Kurien, die Bischofsburg, die ehemalige Propstei und die Liebfrauenkirche, als westliches Pendant des Domes, sind zum Teil auch heute noch erhalten.

Beinah vesteckt, an der nordöstlichen Ecke des Platzes, direkt im Angesicht der Marienkapelle, entfaltet sich zunächst aber keine geistliche, sondern eine geistige Welt, und zwar im *Gleimhaus*. In dem schmucken Steinhaus mit Fachwerkaufsatz aus dem 17. Jh. nahm 1747 Johann Wilhelm Ludwig Gleim (1719–1803) als neuer Domsekretär seine Wohnung. Bekannt hat ihn aber nicht diese Stelle, sondern sein Wirken im Halberstädter Dichterkreis gemacht. Tat er sich selbst als Poet auch nie sonderlich hervor, befähigte ihn seine Klugheit und sein Einfühlungsvermögen wie keinen anderen, als väterlicher Freund und Förderer für die Dichter seiner Zeit zu wirken und sie aus allen Teilen Deutschlands unter seinem Dach zusammenzurufen. Unter ihnen waren neben vielen anderen Lessing, Herder, Voß, Klopstock, Seume, Wieland und Jean Paul, wobei letzterer von Gleim so angetan gewesen sein

*Johann Wilhelm Ludwig Gleim. Zeitgenössischer Scherenschnitt*

soll, daß er sich ernsthaft mit dem Gedanken trug, in Halberstadt zu bleiben. Sein Vorhaben scheiterte letztlich an dem Umstand, daß es ihm in Halberstadt nicht gelang, das für ihn lebensnotwendige bittere Bier aufzutreiben. Selbst Goethe ließ es sich nicht nehmen, Gleim in seinem ›Freundschaftstempel‹ aufzusuchen. Dieser Begriff fixierte sich später vor allem auf jene Bildnisgalerie von etwa 130 Porträts, die auch heute noch zahlreiche Besucher in das intim gestaltete Museum zieht. Darüber hinaus repräsentiert Gleims Bibliothek und die etwa 10 000 Briefe umfassende Korrespondenz eine bemerkenswerte wissenschaftliche Quelle zur Geistesgeschichte des ausgehenden 18. Jh.

Eine Bildungsstätte anderer Art präsentiert sich wenige Schritte weiter, direkt im Norden des Domes, in der ehemaligen Spiegelschen Kurie. Das spätbarocke, 1782 erbaute Gebäude beherbergt heute das *Städtische Museum*, dessen kunst- und kulturgeschichtlichen Ausstellungen vor allem der Stadtgeschichte gewidmet sind. Auf demselben Gelände in einem Nebengebäude lädt das Museum für Vogelkunde *Heineanum* mit seiner bedeutenden ornithologischen Sammlung von über 16 000 Bälgen zu einem Ausflug in die heimische, europäische und exotische Vogelwelt ein. Die der Spiegelschen benachbarte Kurie wurde 1754 als *Domdechanei* erbaut, ist aber 1914/15 völlig neu in den alten Formen errichtet worden. Außer ihr existiert heute an dem langen, zu beiden Seiten von Lindenbäumen bestandenen Domplatz von den Kurien nur noch die *Redernsche Kurie* von 1796 am Domplatz 3 auf der gegenüberliegenden südlichen Seite, wo das massige Gebäude der *Dompropstei* sofort die Aufmerksamkeit auf sich zieht. Der letzte katholische Bischof Heinrich Julius von Braunschweig, der zugleich der erste evangelische Administrator des 1591 reformierten Domstifts war, ließ die Propstei zwischen 1592 und 1611 erbauen. Über dem steinernen Arkadengang des Untergeschosses erhebt sich das obere, leicht wirkende Fachwerkgeschoß in den zeittypischen Formen mit Saumschwellen, Füllhölzern und Taurollen zwischen den geschwungenen Konsolen. Zwischen den Zwickeln der Arkaden wie in jedem zweiten Brüstungsfeld des platzseitigen Obergeschosses prangen Wappen ehemaliger Domherren.

Lebten die Domherren in ihren Kurien am offenen Platz, lag der *Bischofspalast* seit dem 11. Jh. in der nordwestlichen Ecke des Domplatzes, versteckt neben der Liebfrauenkirche. Von dem 1552/53 errichteten Gebäude erinnern wegen eingreifender Umbauten nur noch ein polygonaler Treppenturm mit einem kräftigen Renaissanceportal und ein breiter Erkervorbau mit Blendmaßwerk an die alte Herrlichkeit.

Nicht nur Erinnerung, sondern faszinierende Gegenwart machen die *Liebfrauenkirche* zu einem durchaus nicht nur optischen Gegengewicht zum Dom. Dort die zu vertikalem Aufstieg sich versammelnde Ganzheit, hier die bodenschweren, sich addierenden Bauglieder der Romanik. Schon ihre vier Türme machen den Sakralbau zu einer Ausnahme unter den Basiliken Mitteldeutschlands.

Wahrscheinlich nach 1088 begann der umfassende Neubau anstelle einer älteren Kirche des 1005 hier gegründeten Augustiner-Chorherrenstifts, von der nur die beiden Untergeschosse des westlichen Turmquerriegels übernommen worden sind. Es entstand eine dreischiffige, flachgedeckte und kreuzförmige Basilika mit einem dreischiffigen Chor fast ohne jeden Bauschmuck. Wie in Ilsenburg und Hamersleben zeigt sich in der anfänglich äußerst asketischen Baugestalt Hirsauer Einfluß. Von den Turmpaaren kamen die drei Obergeschosse der durch Bi- und Triforien reizvoll gegliederten Westtürme erst nach 1200 hinzu. Die anfänglich offenbar nicht geplanten oktogonalen Türme über den östlichen Jochen der

*Halberstadt, Liebfrauenkirche. Stich nach Hasenpflug und Steuerwald, von F. Würthle, 1860*

Seitenschiffe wurden um 1150 hinzugefügt, die sogenannte Taufkapelle mit vorzüglichem Baudekor um 1170 und die kleine Barbarakapelle mit schönen Gewölbemalereien aus der Bauzeit um 1420.

Wie das Kircheninnere des Ursprungsbaus aussah, läßt sich nicht sagen. Die Basilika des 13. Jh. aber war ein über und über mit Fresken bedeckter Raum, der auch eine entsprechende Ausstattung besaß. Neben wenigen Stuck- und Freskoresten sind es vor allem die weltberühmten Stuckreliefs der Halberstädter *Chorschranken,* die davon ein lebhaftes Zeugnis ablegen. Noch vor den Fresken, gleich zu Anfang des 13. Jh., müssen sie von einem herausragenden, aber leider unbekannten Meister geschaffen worden sein. Von zierlichen Holzarkaden bekrönt, sind es jeweils sieben, in Blendarkaden sitzende Figuren; Jesus (nördliche Schranke), Maria (südliche Schranke; Abb. 36) und die ihnen beigegebenen Apostel (Andreas, Abb. 37). Schon durch ihre differenzierte, lebendige Haltung und die frischen, wirklichkeitsnahen Gesichter scheinen sie den Betrachter in das von ihnen geführte Gespräch zu ziehen. Wie bei der Triumphkreuzgruppe des Domes könnten auch hier Werke der byzantinischen Kleinkunst als Vorlage gedient haben. Jedoch ist es so, wie H. L. Nickel schreibt, daß sie in der Wirklichkeitsnähe ihre östlichen Leitbilder, die im routinierten Werkstattklassizismus erstarrten, bei weitem übertreffen und wohl einzig in Europa dastehen. Der Beschauer könnte sich fast in einen jener Wandelgänge römischer Landhäuser versetzt fühlen, in die Augustinus sich mit seinen Gefährten zurückgezogen hatte, um in weltenferner Abgeschiedenheit über die Fragen von Sein und Glauben zu disputieren.

Schon im 10. Jh. lag dem bischöflichen Burgberg im Südosten eine Marktsiedlung gegenüber, für die Bischof Hildeward bereits 989 von Otto III. Markt-, Münz- und Zollrechte erwarb. Die günstige Lage an den Handelsstraßen Goslar – Magdeburg und nach Braunschweig ließ sie rasch aufblühen und führte auch bald zum Anlegen neuer Siedlungskerne. So stand dem bischöflichen Stadtherrn schon früh eine starke und selbstbewußte städtische Opposition gegenüber, der es gelang, wichtige Rechte in die eigene Hand zu bekommen und den Bischof zeitweise sogar ganz aus der Stadt zu drängen. Innerstädtische Zwistigkeiten allerdings, wie die von 1432, als Aufständische vier Patrizier hinrichteten, machten das militärische Eingreifen des Bischofs möglich und nötig. 1486 mußte die Stadt die bischöfliche Herrschaft wieder voll anerkennen.

Zentrum der ersten Siedlung war der Markt und die 1186 erstmals genannte *Martinikirche.* Der von 1433 stammende, 1686 erneuerte *Roland* als Wächter der Marktgerechtigkeit an ihrer mächtigen Westfassade stand ursprünglich vor dem Rathaus, das in den Flammen des Bombenangriffes vom 8. April 1945 unterging. Die ebenfalls weitgehend zerstörte Martinikirche rettete ein Wiederaufbau, der 1961 mit dem Aufsatz der ungleichen Turmhelme abgeschlossen werden konnte. Damit erhielt die Stadtsilhouette ihr unverwechselbares Merkmal zurück.

Offenbar von der Bautätigkeit auf dem Domberg angesteckt, plante die Stadt Ende des 13. Jh. den Neubau einer Basilika, der im Osten begonnen wurde und Anfang des 14. Jh. den beachtlichen Westbau erhielt. Beide Teile verband schließlich eine zeitgemäße, weit ausladende gotische Halle in edlen Proportionen, die sich zwangsläufig am noch basilikalen

# »HARZ, DU MUTTERGEBÜRG«

Querhaus bricht. In der Kirche – die außer dem Gottesdienst seit Anfang der 80er Jahre mißtrauisch beäugten Kunstausstellungen Raum bot – behaupteten sich einige sehr schöne Ausstattungsstücke. Allen voran der bronzene Taufkessel mit originaler Ölbemalung aus dem Anfang des 14. Jh., der seinen Platz im nördlichen Querschiff hat. Vier Männer, die Wasser aus Krügern schütten, tragen das Becken. Sie symbolisieren die vier Paradiesströme. Das Relief am Kessel selbst erzählt in szenisch aufgegliederten Bildern die neutestamentliche Geschichte von der Verkündigung der Maria bis zur Taufe Jesu am Jordan.

Fast aus dem Blickfeld gehoben ist das aus der Mitte des 15. Jh. stammende Triumphkreuz im westlichen Vierungsbogen. Beim Blick nach Osten zieht der dort intelligent den Lichteinfall der Chorfenster ausnutzende *Hochaltar* alle Aufmerksamkeit auf sich. Um das in den Mittelpunkt gerückte vollplastisch gegebene Kreuzgeschehen entfaltet der 1696 fertiggestellte Altar vor seinem durch Weinlaubsäulen gegliederten Aufbau in zahlreichen Freifiguren ein ikonographisches Programm, in dem selbst Martin Luther mit dem Schwan seinen Part zu spielen hat. Ebenso in barockem Lebensgefühl schwelgend wie dieser Altar erscheint die 1595 datierte und 1690 durch einige barocke Zutaten ergänzte Kanzel. Der Kanzelträger Simson, jener kraftstrotzende Geselle, der allein mit einem Eselskinnbacken im Zorn tausend Philister erschlagen haben soll, scheint so recht als gewünschtes Spiegelbild des Renaissancemenschen hier zu stehen, der im Vertrauen auf Gott ungezähmt und standhaft die Bürde seines Erdendaseins trägt.

Bis zum Zweiten Weltkrieg war die Silhouette der Stadt durch den urwüchsigen ›Konstruktivismus‹ flächenhafter Fachwerkarchitektur und die großen Steinbauten von Bürgertum und Geistlichkeit geprägt. Da Halberstadt, als geistliches Zentrum der Diözese, ein beliebter Gründungsort geistlicher Stiftungen gewesen war, gab es 15 Kirchen in der Stadt.

Die südlich des Dombezirks gelegene *Andreaskirche* brannte 1945 bis auf die Umfassungsmauern aus. Nach dem Krieg ist zunächst der Chor, in den 80er Jahren dann das Kirchenschiff wiedererrichtet worden. So gibt die ehemalige, Anfang des 14. Jh. erbaute Franziskanerklosterkirche wieder ein typisches Beispiel der Bettelordensarchitektur jener Zeit ab. Von den zum Teil aus anderen Kirchen hereingenommenen Ausstattungsstücken sei besonders auf den Anfang des 15. Jh. geschnitzten Marienaltar hingewiesen.

In unmittelbarer Nachbarschaft, in ›Klein Blankenburg‹, ist 1646 der Grundstein für das erste rein protestantische Gotteshaus, die *Johanniskirche,* gelegt worden. Seit 1640 hatte die immer wieder vertriebene protestantische Gemeinde in ganz Sachsen und bis nach Dänemark hinauf Spenden gesammelt. Neben Privatleuten und dem Domkapitel gehörten auch die schwedischen Marschälle Torstensen und Königsmark, ja selbst die Königin Christine von Schweden zu den Spendern. Unter den Händen des Zimmermeisters Wolf Götze aus Quedlinburg entstand ganz im Sinne des reformierten Glaubens ein einfacher Fachwerkbau, der auch im Innern eher einer ›reichen Bürgerstube‹ als einem sakralen Raum entspricht.

Außer den bis heute wirtschaftlich genutzten Resten des *Burchardiklosters* sind es nördlich des Dombezirks noch zwei Kirchen, die die Wirren der Zeit und auch die Anschläge unseres Jahrhunderts überstanden haben. Die *Moritzkirche,* über Hohen Weg und Kulkstraße zu erreichen, ist 1237 von einem Augustinerchorherrenstift unter Wiederverwendung von Teilen einer Kirche des 11. Jh. als dreischiffige, flachgedeckte Basilika mit Querhaus und typischem Westquerriegel neu erbaut worden. Der Unterbau dieses Riegels und die wuchtigen, aber ungleichmäßigen Arkadenschritte der Mittelschiffpfeiler weisen auf den Ursprungsbau, während zahlreiche Details der jüngst restaurierten Kirche von Veränderungen des vorigen Jahrhunderts herrühren. Neben anderen, oft nur teilweise überkommenen Ausstattungsstücken besitzt sie einen vorzüglichen spätgotischen Kronleuchter von 1488.

Auch die *Katharinenkirche*, die auf halbem Weg zwischen Domburg und Moritzplan mit ihrer Südseite direkt an die Dominikanerstraße grenzt, ist eine klösterliche Gründung. Nach wechselhaftem Schicksal in klösterlichem und profanem Gebrauch ist das Kloster seit 1923 mit Karmeliterinnen besetzt. Die ehemalige, im zweiten und drittel Viertel des 14. Jh. erbaute, der Franziskanerkirche sehr ähnliche, einfache dreischiffige Halle dient heute als katholische Pfarrkirche und wird in ihrem von einer modernen Kassettendecke geschlossenen Innern vor allem von dem prächtigen Hochaltar aus dem Anfang des 18. Jh. beherrscht.

Trotz der schweren Verluste durch den Bombenangriff von 1945 und der Vernachlässigung der Nachkriegszeit, die zu einem stetigen Schwinden der Substanz führte und oft ganze Straßenzüge der Spitzhacke überließ, finden sich in den Straßen der nördlich und westlich des Domes gelegenen Altstadt immer noch Beispiele des Fachwerkbaus von der Gotik bis zum Klassizismus. Erst im Herbst 1989 ist bei nun forcierten Rekonstruktionsarbeiten im Steinhof ein gotischer Ständerbau entdeckt worden, der nun neben den am Moritzplan tritt. Direkt an der Katharinenkirche stehen einige der am besten erhaltenen und bereits rekonstruierten Fachwerkhäuser Halberstadts. Das restaurierte *Hotel St. Florian* von 1575 mit den typischen Fächerrosetten des niedersächsischen Fachwerks präsentiert sich heute in bester Verfassung. Die nahe *Kulkmühle* von 1594 bildet mit ihren Nachbarhäusern wohl das imposanteste Fachwerkensemble Halberstadts überhaupt.

Zum Ausgleich nach dem ausgiebigen Stadtrundgang sei ein Ausflug in die südlich der Stadt liegenden Klusberge und *Spiegelsberge* empfohlen. Der Domherr und Freund Gleims, Ernst Ludwig Christoph Spiegel zum Desenberg, kaufte 1761 diese kahlen ›Kattfußberge‹, ließ sie aufforsten und unter dem Zureden Gleims und der Dichterin Anna Luise Karsch (1722–1791) einen Park anlegen, der seit 1771 auch der Öffentlichkeit zugänglich war. Von den erhaltengebliebenen Gebäuden ist zuerst das *Jagdschloß* zu erwähnen. Wertvolle Teile des verfallenden Gröninger Schlosses sind hierher versetzt worden, unter anderem auch das Riesenfaß mit einem Fassungsvermögen von 132 760 l. Es wurde Ende des 16. Jh. vom selben Meister geböttchert, dem das berühmte ›Heidelberger Faß‹ zugeschrieben wird.

Es ist schwer zu glauben, daß unweit dieser Stätte menschlicher Lebensfreude in den *Zwiebergen* bei *Langenstein* während des Krieges ein Außenlager des KZ Buchenwald bestanden hat, wo Häftlinge eine unterirdische Flugzeugfabrik der Junkerswerke bauten und Tausende unter dem Terror und den Brutalitäten der SS zu Tode kamen. Eine Gedenkstätte erinnert dort an die Opfer. Das Langensteiner Gutshaus, heute Rehabilitationsklinik mit schönem Park, war Ende des 18. Jh. Treffpunkt auch für den Dichterkreis um Gleim. In den Höhlenwohnungen oberhalb des Dorfes hingegen lebten bis Ende des Zweiten Weltkrieges die Ärmsten der Armen.

## »HARZ, DU MUTTERGEBÜRG«

Wenn das auch an die Einsiedler der *Klusberge* erinnert, liegen doch Welten dazwischen. Was bei den einen die blanke Not diktierte, geschah bei den anderen als bewußter Entschluß. Die Eremiten des 9.–11. Jh. hatten sich in die Höhlen der Klusberge zurückgezogen, um in beispielhafter Askese als erste Klausner ein Leben in Gott zu führen und mit ihrem Leben nach christlichen Grundsätzen in der heidnischen Welt ein Zeichen zu setzen.

## »Herr Heinrich sitzt am Vogelherd...«

Glaubt man den alten Überlieferungen, so konnte es sich der sagenumwobene Sachsenherzog Heinrich noch leisten, geruhsam am Vogelherd zu sitzen. Das dürfte spätestens vorbeigewesen sein, als ihm die Nachricht von seiner Königswahl überbracht worden war. Und **Quedlinburg** rühmt sich, die Stelle dieses ›Vogelherdes‹ in sich eingeschlossen zu haben. Ein Besucher, der diesen Ort kennenlernen will, wird es aber nicht im Sitzen schaffen. Die Stadt, die heute innerhalb des ehemaligen Mauerrings samt Schloßberg, Münzenberg und

*Quedlinburg. Kupferstich von M. Merian, um 1650*

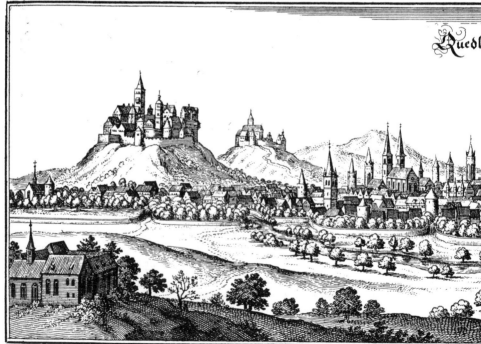

Wipertikirche unter Denkmalschutz steht, will über holpriges Katzenkopfpflaster erwandert und erschaut werden. Allein der Stadtkern birgt 1600 Fachwerkhäuser aus einem Zeitraum von über 600 Jahren und gilt damit als offenes Bilderbuch der Geschichte des niedersächsischen Fachwerkbaus.

Quedlinburg, dessen von weitem sichtbare Landmarke nicht die Türme der berühmten Stiftskirche, sondern die der Pfarrkirche der Neustadt sind, liegt in der fruchtbaren, von Höhenzügen umgebenen Talaue der Bode, die schon seit der Altsteinzeit ein offenbar ideales Siedlungsgebiet war. Der *Burgberg* über der Talmulde bot sich früh als natürlicher Zufluchtsort an. Im Stadtbild selbst ist er somit das dominierende architektonische Ensemble. Seine einprägsame, geschlossene Silhouette, aus der die beiden Türme der Stiftskirche wie Merkzeichen emporragen, wird gemeinhin als Symbol für die Stadt benutzt.

Nach der Krönung des sächsischen Herzogs Heinrich zum ersten deutschen König erscheint 922 erstmals eine königliche Pfalz auf dem Burgberg. Ihr Rang ist dadurch belegt, daß der Leichnam Heinrichs 936 von Memleben nach Quedlinburg überführt und hier vor dem Hauptaltar der alten Pfalzkapelle beigesetzt worden ist. Königin Mathilde, der der

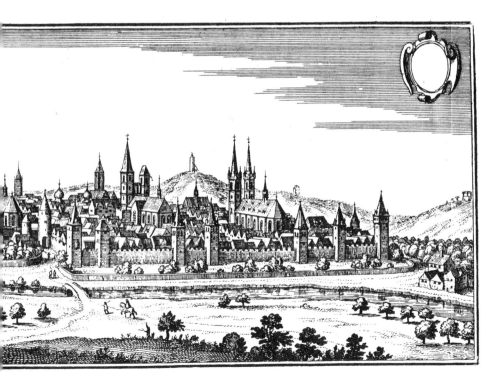

## »HARZ, DU MUTTERGEBÜRG«

gesamte Quedlinburger Besitz als Witwengut zufiel, gründete in der ehemaligen Pfalz ein *Damenstift*, dem sie bis zu ihrem Tode vorstand. Überaus reich mit Gütern ausgestattet, unterstand es direkt dem Kaiser und dem Papst und hat bis zu seiner Aufhebung 1803 eine nicht unerhebliche Macht besessen. Die auch nach dem Tode Heinrichs andauernde Vorliebe des sächsischen Königshauses ließ ›Quitilingaburg‹ im 10. und 11. Jh. zu einer ›Metropole des Reiches‹ aufsteigen. Der häufige Aufenthalt der sächsischen Herrscher bescherte Stift und Pfalz glänzende kirchliche Feste und Hoftage. Auch Otto und Editha dürften in Quedlinburg geheiratet haben. Den eindrucksvollsten Bericht gibt es über das Osterfest des Jahres 973.

Die heute den Burgberg bekrönende **Stiftskirche** ist im wesentlichen der 1129 in der Gegenwart Lothar von Süpplingenburgs festlich geweihte, dritte Bau einer Stiftskirche an dieser Stelle. Das Gesamtbild der dreischiffigen flachgedeckten Basilika mit nur wenig über das Schiff heraustretendem Querhaus ist um 1320 durch den Neubau eines längeren gotischen Chores verändert worden, dessen Dach nun die Höhe des Querhauses übersteigt. Das ›romanische‹ Turmpaar (Farbabb. 11) im Westen entstand in seiner heutigen Form erst während einer umfassenden Restaurierung des 19. Jh. Den originalen Außenbau umzieht ein profilierter Sockel, den Ecklisenen und Pilaster gliedernd mit dem doppelten Rundbogenfries unter der Dachtraufe verbinden. Zusätzlich ist zwischen Dachtraufe und Rundbogenfries ein Fries von jenen für Quedlinburg so typischen kerbschnittartigen Reliefs eingefügt, die nach lombardischen Vorbildern, vielleicht selbst von oberitalienischen Steinmetzen gearbeitet wurden. Wie die Friese im Innenraum zeigt auch dieser streng geometrisierte Motive: friedliche und kämpfende Tiere, Pflanzen oder verschlungene Knotenformen.

Das Hauptportal des nördlichen Seitenschiffs gilt als das älteste Säulenportal auf deutschem Boden. Die in den Rücksprung eingestellten Säulen finden keine Fortsetzung in der Archivolte, die lediglich einen einfachen Rücksprung bildet. Dahinter entfaltet sich ein Raum, der zu den schönsten und edelsten hochromanischen Kirchenräumen Deutschlands gehört. Unmerklich korrespondiert der sächsische Stützenwechsel mit der geometrischen Grundordnung der Kirche. Die Pfeiler markieren die Ecken der drei Mittelschiffquadrate, denen jeweils zwei Obergadenfenster zugeordnet sind. Pfeiler mit vorgestellten Pilastern, die unter der Decke in Scheinarkaden verschwimmen, teilen die Westwand, aus der sich die Äbtissinnenloge in vier Arkadenbögen gegen den einen großen Triumphbogen im Osten öffnet.

Im nördlichen Arm des Querhauses lädt die Zither zu einem Besuch des Schatzes der Kirche ein. Allerdings sind seine Kostbarkeiten 1945 geplündert und um die Hälfte dezimiert worden. 1990 tauchten plötzlich einige Stücke in den USA wieder auf, darunter das

1  MAGDEBURG   Dom von Südosten                                                      ▷
2  JERICHOW   Stiftskirche, Blick durch das Mittelschiff nach Osten            ▷▷
3  STENDAL   Dom, Glasgemälde im Giebelfenster des nördlichen Querhauses   ▷▷▷

4  HAMERSLEBEN  Stiftskirche von Südosten

6  HAMERSLEBEN  Stiftskirche, Blick durch das Mittelschiff nach Westen ▷

5  SALZWEDEL  Marienkirche, Mittelteil des Hauptaltars

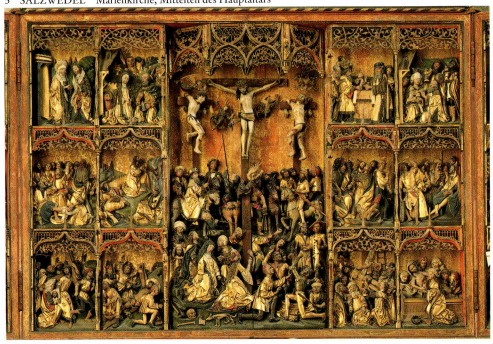

7   Elbe und Elbe-Havel-Kanal bei Parey

8   Elbe bei Havelberg

9   Blick von der Roßtrappe ins Bodetal ▷

10   STOLBERG im Harz

11   QUEDLINBURG   Blick zur Stiftskirche ▷

12  QUEDLINBURG  ›Finkenherd‹

14  WERNIGERODE  Schloßhof ▷

13  STOLBERG  Rathaus mit Müntzerdenkmal

15 BERNBURG Schloß über der Saale ▷

17 WÖRLITZ   Gotisches Haus, Kanalseite
◁ 16 WÖRLITZ   Parkanlagen
18 DESSAU   Schloß Mosigkau, Gartensaal
19 WITTENBERG   Markt mit den Denkmälern Luthers und Melanchthons und den Türmen der Stadtkirche ▷

20 WITTENBERG Stadtkirche, ›Reformationsaltar‹

22 HALLE Moritzburg, Brautzimmer der Halloren

◁ 21 MERSEBURG Dom, Blick aus dem Chor zur Ladegastorgel

24 NAUMBURG   Dom, Pilatusszene am Westlettner

◁ 23 WEISSENFELS   Schloßkapelle, Altarraum

*Quedlinburg, Stiftskirche, Fries am nördlichen Seitenschiff*

berühmte Quedlinburger Evangeliar. Zurückerworben, wird es bald wieder in Quedlinburg zu bewundern sein, was nicht heißen soll, daß es bisher nichts zu bewundern gab. Neben dem Servatiusreliquiar, dem Katharinenreliquiar oder einer syrischen Amphore aus dem 6. Jh. war es vor allem der mit Goldblech beschlagene Äbtissinnen- oder Servatiusstab aus der Zeit um 1000, der die Aufmerksamkeit auf sich zog. Vermutlich ist es jener Stab, den Otto III. 999 durch Bischof Bezelin an die Quedlinburger Äbtissin Adelheid I. hatte übergeben lassen.

Der gotische Teil des Chores ist innen 1936–39 romanisierend ausgebaut worden. Ab Ostern 1938 wurde die Kirche durch die SS zu einer ›Weihestätte‹ entweiht. Der Altar wurde zerstört und das Kirchengestühl verbrannt. Selbst vor den Königsgräbern schreckten diese Kulturbarbaren nicht zurück. Einer zweckdienlichen Propaganda wegen gaben sie die Gebeine einer Äbtissin für die König Heinrichs aus.

Nicht zuletzt dieses makabre Zwischenspiel erklärt die karge Ausstattung des ›Domes‹, den man sich üblicherweise reich mit Fresken geschmückt vorstellen muß. Die Reliefs der Kapitelle und Ornamentfriese treten dadurch um so deutlicher vor Augen, wie die Weidenflechtereien gleichenden Ornamentfriese im Querhaus oder die berühmten Quedlinburger Adlerkapitelle des Langhauses.

Ein naturnäheres, vielleicht etwas früheres Vorbild dieser Adlerkapitelle befindet sich an der Südwand der *Krypta* (Abb. 41), die unter dem hohen Chor und der Vierung liegt. In ihrem zweijochigen, tonnengewölbten Westabschnitt und den seltenen Pilzkapitellen

◁ 25   Burg Saaleck und Rudelsburg bei Bad Kösen

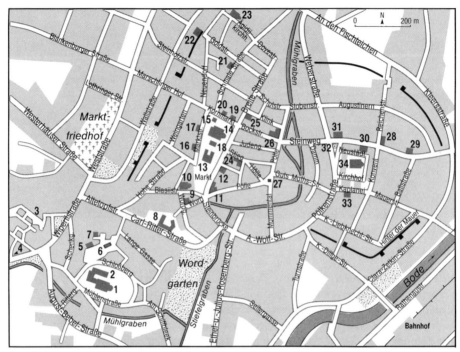

Quedlinburg 1 Stiftskirche 2 Schloß 3 Münzenberg 4 Wipertifriedhof und Wipertikirche 5 Klopstockhaus 6 Finkenherd 7 Lyonel-Feininger-Galerie 8 Ehem. Fleischhof 9 Hochständerbau (Fachwerkmuseum) 10 Pfarrkirche St. Blasii 11 Hotel ›Zum Bär‹ 12 Haus Grünhagen 13 Rathaus und Roland 14 Marktkirche St. Benedikti 15 Gruftkapelle 16 ›Kunsthoken‹ 17 Schneemelcherhaus 18 ›Stadtpfeiferhaus‹ 19 Ehem. Ratswaage 20 Ehem. Salfeldhaus 21 Haus Schmale Straße 13 22 Schreckensturm 23 Ägidiikirche 24 Alter Klopstock 25 Ehem. Gildehaus ›Zur Rose‹ 26 Hagensches Freihaus 27 GutsMuths-Denkmal 28 ›Alte Börse‹ 29 Kochsches Haus 30 Schrödersches Haus 31 Gasthaus ›Zur Goldenen Sonne‹ 32 Mathildenbrunnen 33 Haus Kaplanei 10 34 Pfarrkirche St. Nikolai

gehört sie noch der Stiftskirche des Jahres 1021 an. Die übrigen kreuzgratgewölbten Teile mit den in ihrer Qualität sehr unterschiedlichen Kapitellen entstammen der hochromanischen Bauphase. Die in großen Teilen erhaltene romanische Ausmalung der Gewölbe fällt vermutlich in die Regierungszeit der Äbtissin Agnes um 1200. Neben Szenen aus dem Alten und Neuen Testament oder Einzelfiguren wie die Ottos I. beansprucht die Geschichte der Susanne den größten Raum. Die merkwürdigste Erscheinung der Krypta ist ein vor der Apsis in den Boden hufeisenförmig eingetiefter Raum, die sogenannte Confessio. Ursprünglich war sie ein kleiner, kryptenähnlicher Raum unter dem Hauptaltar der ersten Stiftskirche. Da Königin Mathilde 961 die Gebeine des Kirchenpatrons St. Servatius von

Maastricht nach Quedlinburg hatte bringen lassen, ist es sehr wahrscheinlich, daß dafür die Confessio angelegt worden ist. Vor der Confessio, also in unmittelbarer Nähe des Heiligsten, wurden Heinrich I. 936 und Königin Mathilde 968 bestattet. Während der Verbleib des Königssarges unklar ist, steht der schlichte, monumentale Steinsarg Mathildes immer noch auf der Stelle, an der sie einst beigesetzt wurde. Der Sarg der Enkelin der Königin, der ersten Äbtissin des Stifts, liegt unter der Steinplatte westlich der Gräber, wie sich allenthalben zahlreiche Gräber früherer Äbtissinnen im Fußboden der Kirche fanden und später aufgehoben wurden. An der südlichen Kryptenwand stehen die im ersten Viertel des 12. Jh. entstandenen Gedenkplatten aus Stuck für Adelheid I., Beatrix und Adelheid II. Die Figuren der Verstorbenen sind in einem typisierenden, streng frontal ausgerichteten Hochrelief wiedergegeben. Spätere Platten, wie etwa die für Sophia von Brehna (um 1224) an der Südwand des südlichen Nebenraumes, verraten schon durch ihren viel lebendigeren Habitus den anderen Geist gewandelter Zeiten.

Zu Lebzeiten wohnten die gewiß nicht anspruchslosen, größtenteils dem Hochadel entstammenden Äbtissinnen und Stiftsdamen im *Schloß*. Bis auf die Kellerräume des 10. Jh. und das Schloßtor des 15. stammt die unregelmäßige, dreiflügelige Anlage im wesentlichen aus dem 16. und 18. Jh. Heute ist darin zum größten Teil das *Schloßmuseum* untergebracht, dessen Ausstellungen vor allem der Geschichte der Stadt, des Stiftes und des Landkreises gewidmet sind. Eine Kuriosität ist der ›Raubgrafenkasten‹, ein transportables Gefängnis, in dem der Sage nach der Regensteiner Graf Albrecht II. den Quedlinburger Bürgern nach seiner Niederlage 1337 zur Schau gestellt worden sein soll. Daneben sind aber auch die Sammlung italienischer und holländischer Malerei des 16./17. Jh. und die Reihe der großzügig gestalteten Räume des Obergeschosses in zum Teil reicher Ausstattung des 18. Jh. zu erwähnen.

Von der östlichen Seite des Schloßberges und besonders vom Garten des ›Schloßkruges‹ bietet sich ein schöner Blick auf die ineinandergeschachtelten Dächer und Giebel der tausendjährigen Stadt. Der westlich des Burgberges sich erhebende *Münzenberg*, auf dem die Äbtissin Mathilde 986 ein Benediktinerinnenkloster gründete, ist von hier aus allerdings schlecht zu sehen. Die Reste der nach dem Bauernkrieg verfallenen Kirche sind sämtlich in den typischen kleinen Münzenberghäusern eingebaut. Aus einem der kleinen Häuser ragt noch der urtümlich anmutende Schornstein der Klosterbäckerei. Die ersten Siedler des Münzenberges am Ende des 16. Jh. waren Handwerker, aber auch Spiel- und Fahrensleute, deren Status als zweifelhaft galt. Der Volksmund erzählt von dem Brauch der Münzenberger Väter, den neugeborenen Sohn aus dem Fenster ihres Häuschens zu halten und zu sagen: »Alles, was de siehst hört diene! Du darfst dir nur nie von de Polente packen lassen!«

An der unterhalb des Münzenberges nach Thale führenden Straße liegt nur wenige hundert Meter stadtauswärts der *Wipertifriedhof*, dessen Besonderheit die in zwei Etagen in die anstehende Felswand eingehauenen Grüfte sind. Hier, im Osten der *Wipertikirche*, wird der Königshof Heinrichs I. vermutet. 936 ließ die Königin das auf dem Burgberg sitzende Kanonikerstift an diesen Ort verlegen. Die in den 50er Jahren unseres Jahrhunderts rekonstruierte Kirche enthält Bauteile des 10.–13. Jh. Bei der umfassenden Restaurierung fand hier ein spätromanisches Säulenportal von der Münzenberger Klosterkirche einen neuen Platz. Weitgehend original erhalten hat sich eine um 1020 in die Kirche eingefügte, ungeschlacht gearbeitete und deswegen sehr altertümlich wirkende Krypta. Von einem Architrav getragene Tonnengewölbe, die selten verwandten Pilzkapitelle und die als Stützen eingestellten alten Grabplatten verstärken diesen urtümlichen Eindruck.

Unweit des Wipertikirchhofs war schon im Mittelalter im *Brühl* ein Abteigarten angelegt worden, der 1757 aber zu einer weitläufigen Parkanlage mit einem sternförmigen Wegenetz umgestaltet wurde. 1865 ist dort ein *Denkmal* für den gebürtigen Quedlinburger *Carl Ritter* aufgestellt worden, der als Begründer der wissenschaftlichen Erdkunde gilt. Schon 1831 hatte hier ein Denkmal für den wohl berühmtesten Sohn der Stadt, *Friedrich Gottlieb Klopstock*, seinen Platz gefunden. Die Gesamtanlage entstand nach Entwürfen Schinkels, die Büste des Poeten schuf der Bildhauer Friedrich Tieck.

*Friedrich Gottlieb Klopstock*

Wer mehr über diesen Urvater der klassischen deutschen Dichtung erfahren will, muß den Burgberg stadtwärts verlassen. Am Platz direkt am Fuße des Burgbergs steht das *Klopstockhaus*, in welchem der Dichter 1724 das Licht der Welt erblickte und wo schon 1899 von der Stadt ein Memorialmuseum eingerichtet wurde. Der von Säulen getragene Erker und die mit Fächerrosetten und anderen Schnitzornamenten geschmückte Fassade machen das 1560 errichtete Fachwerkhaus zum stattlichsten Bau am Platz.

Weniger stattlich als vielmehr spitzwinklig-originell schiebt sich das zum Teil recht windschiefe Häuserensemble am *Finkenherd* in die Straße hinein (Farbabb. 12). Diese Stelle, wo der Sage nach der sächsische Herzog 919 die Nachricht von seiner Königswahl erhielt, ist sicher die meistfotografierte der Stadt.

In einem etwas versteckten, von wildem Wein bewachsenen Museumszweckbau um 1900 ist 1986 die *Lyonel-Feininger-Galerie* eröffnet worden, in der die bedeutendste grafische Sammlung des Künstlers außerhalb der USA beheimatet ist. Der Quedlinburger Hermann Klumpp, selbst Bauhausschüler und ein Freund Feiningers, rettete den wertvollen, auch

Aquarelle und einige frühe Ölbilder umfassenden Bestand über die Zeit, so daß er heute in der ›Feiningerstadt‹ – so hat Karl Schmidt-Rottluff Quedlinburg einmal bezeichnet – gezeigt werden kann.

Dieser engere Burgbezirk, das Westendorf, war die erste Siedlung Quedlinburgs, die wie der Burgbezirk selbst außerhalb der mittelalterlichen *Stadtbefestigung* lag, von der noch wesentliche Teile der Mauer samt Türmen und Schalentürmen erhalten sind. Dem vorbeugenden Schutz dienten zudem die rund um die Stadt auf der Feldflur verteilten *Feldwarten*. Sieben von ehemals zwölf haben sich zum Teil recht gut erhalten. Der am östlichen Ende des Mauerrestes an der Carl-Ritter-Straße neu errichtete quadratische Turm gehört zum ehemaligen *Fleischhof*, einer reizvoll mit einem Fachwerkgeschoß erhöhten Hofanlage mit zwei wappengeschmückten Renaissanceportalen.

In unmittelbarer Nähe, in der Wordgasse 3, verdient der *Hochständerbau*, das älteste Fachwerkhaus der niedersächsischen Region aus der ersten Hälfte des 14. Jh., besondere Beachtung. Es war bis 1965 bewohnt und ist heute ein Museum des niedersächsischen und speziell Quedlinburger Fachwerkbaus. Ein Besuch dort rüstet bestens aus für einen Rundgang durch die Stadt, wo dem Besucher vielfältigste Beispiele der Fachwerkbaukunst aller Epochen begegnen. Anfang des 14. Jh. dominierten noch die sehr selten gewordenen Hochständerbauten, ganz einfach an den vom Sockel bis unters Dach durchlaufenden ›Ständern‹ zu erkennen, durch welche die inneren Querbalken hindurchgezapft sind. Im 15. Jh. beginnt die Vorkragung der oberen Geschosse. Birnstabprofile erscheinen an den Balkenköpfen und Knaggen. V-förmige Fußstreben werden üblich, und an den Saumschwellen sind Treppenfriese und Vierpässe gebräuchliche Schmuckformen. Anfang des 16. Jh. werden die Saumschwellen zunehmend mit Schiffskehlen versehen. Auch die Fischblase als typisch spätgotisches Ornament taucht in der Fachwerkornamentik auf. Mit Fächerpalmetten oder Sonnenrädern als typischen Ornamentschmuck an den Ständerfüßen erreicht nach der Mitte des 16. Jh. der niedersächsische Fachwerkbau seinen Höhepunkt. In die Schiffskehlen werden vielfach Taurollen eingelegt, die Saumschwellen mit unterschiedlichsten Ornamenten bedeckt: Rosetten, Flechtbänder, Wirbelsterne, Trudenfüße und anderes. Ganz typisch ist die erhabene Beschriftung. Außerdem werden die Häuser höher und besitzen zur Straße hin oft ein Zwerchhaus mit einer Ladeluke. Schon um die Wende zum 17. Jh. lösen sich die großen Schmuckelemente wie Sonnenräder vom architektonischen Grundgerüst der Fußstreben und verschieben sich zwischen die Ständerfüße in die Brüstungsfelder. Mitunter werden sie ganz durch Andreaskreuze oder durch Vollkreise mit Rosetten ersetzt. Auch die erhabene Schrift verschwindet wieder. Treten in Halberstadt und Osterwieck schon 1575 Blendarkaden und Beschlagwerk in die Brüstungsfelder, geschieht das in Quedlinburg verspätet und nur für kurze Zeit.

Die Veränderungen im Fachwerkbau werden nach dem Dreißigjährigen Krieg besonders deutlich. Es dominiert weniger das Zurschaustellen der Wohlhabenheit an den Fassaden als vielmehr der Wohnkomfort im Innern. Die Räume werden höher und lichter, die Vorkragungen gehen zurück, die Balkenköpfe erhalten den Pyramidenschnitt, Diamantköpfe genannt, und die Schiffskehlen reduzieren sich schließlich zu bloßen Schrägen. Typisch sind

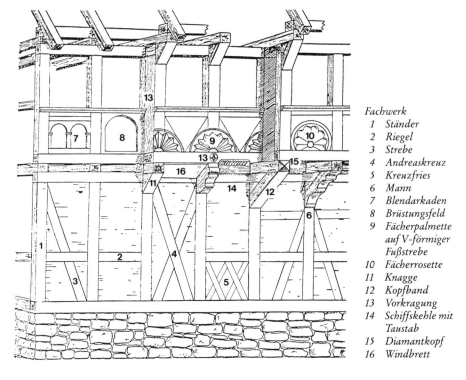

Fachwerk
1 Ständer
2 Riegel
3 Strebe
4 Andreaskreuz
5 Kreuzfries
6 Mann
7 Blendarkaden
8 Brüstungsfeld
9 Fächerpalmette auf V-förmiger Fußstrebe
10 Fächerrosette
11 Knagge
12 Kopfband
13 Vorkragung
14 Schiffskehle mit Taustab
15 Diamantkopf
16 Windbrett

die Kreuzverbände und die Ziegelausfachungen in verschiedenen Mustern. Von dieser ›zweiten Blüte‹ des Quedlinburger Fachwerkbaus, die etwa bis 1720 andauerte, gibt es etwa 500 Gebäude in der Stadt. Danach verschwinden die Vorkragungen ganz und die konstruktiven Teile werden verschalt. Das Fachwerk wird unter dem Einfluß des Klassizismus immer mehr zu einer ›grafischen‹ Fassade, bis es schließlich unter Putz verschwindet und nur noch ein veschwiegenes Dasein als unsichtbares Konstruktionselement führt.

Vom Ständerbau aus ist durch die schmale Wordgasse mit wenigen Schritten die *Pfarrkirche St. Blasii*, die kleinste der Quedlinburger Pfarrkirchen, zu erreichen. An den romanischen zweihelmigen Westturm wurde 1714/15 ein barockes Langhaus in Form eines Oktogons anstelle der älteren Basilika angefügt. Den 1720–23 einheitlich ausgestatteten Raum überfängt ein stuckiertes und bemaltes Muldengewölbe mit Stichkappen. Wirkungsvoll wird das Ganze durch die zweigeschossige Hufeisenempore ergänzt, über die sich im Westen die Orgel förmlich zu erheben scheint. Dieses ausgewogene Ensemble ergänzt im Osten aufs Harmonischste der architektonisch aufgebaute Kanzelaltar nach Entwürfen des anhaltinischen Hofbaumeisters Johann Heinrich Hoffmann. Die goldene Sonne im Gewölbe verleiht dem Altar gewissermaßen die Weihe.

Auf dem Brunnen westlich der Kirche steht die Figur eines Jungen. Der Hund an seiner Seite ist jener treue Hund Quedel, der das Lieblingstier Heinrich I. gewesen sein soll, und dem der Sage nach die Stadt ihren Namen verdankt.

Tatsächlich gilt die Blasiikirche als Kirche des Dorfes Quitlingen, des ältesten Siedlungs-
kernes der Stadt. Mit der Verleihung des Marktrechtes 994 entstand eine sich rasch entwik-
kelnde Marktsiedlung. Mitte des 12. Jh. wurde die Altstadt, 50 Jahre später die Neustadt
gegründet. 1333 wurden sie miteinander vereinigt. Der Konflikt zwischen der wirtschaftlich
erstarkenden und Selbstbewußsein gewinnenden Stadt und dem Stift, dem sie abgabepflich-
tig war, konnte nicht ausbleiben. Der ausufernde Streit endete mit der Züchtigung der Stadt
und Beschneidung erworbener Freiheiten. 1477 ließ die Äbtissin durch ein sächsisches
Heer die Stadt erobern und symbolisch den *Roland* stürzen, der 1432 aufgestellt worden
war.

Heute bietet der *Marktplatz*, das Zentrum der Altstadt, ein Bild verklärender Erinnerung.
Die ›*Münzenberger Musikanten*‹ jazzen in Form einer modernen Plastik des Quedlinburger
Bildhauers Wolfgang Dreyse vor dem traditionsreichen *Hotel ›Zum Bär‹, Haus Grünhagen*
von 1710 präsentiert sich als nobel zurückhaltender Barockbau, und auch ein paar Fach-
werkbauten tragen das ihre zum schönen Bild bei. Selbst der Roland ist wieder auferstanden.
Und vor ihm im Mosaikpflaster hat sich auch der Hund Quedel unterm Fallgatter des
Wappenstadttores eingefunden.

Das ehrwürdige *Rathaus* ist im Kern spätgotisch, was das hübsche Archivtürmchen an der
Südwestecke herausstreicht. 1615 wurde das Gebäude erstmals eingreifend umgebaut. Es
erhielt die heutigen Fenstergewände und das Sitznischenportal mit Wappenaufsatz und der
Figur der ›Abundantia‹, der Göttin des Wohlstandes, im gesprengten Giebel. Der Umbau
von 1898–1901 brachte die umfänglichen, rückseitigen Anbauten und einen neuen Innenausbau. Für den Festsaal malte der Berliner Professor Otto Marcus sechs Szenen aus der
Geschichte der Stadt im Stil der Historienmalerei des ausgehenden 19. Jh.

Optisch erfährt das Ensemble des Marktplatzes durch die malerische Turmkomposition
der *Marktkirche St. Benedikti* aus Walmdach, den barocken Dachreiter und gotischen Spitzhelm eine reizvolle Steigerung. Schon um 1000 hat an dieser Stelle eine Kirche gestanden.
Ältester sichtbarer Teil ist der Westquerbau einer Basilika aus dem zweiten Viertel des
13. Jh. Die Modernisierung des Repräsentationsbaues der Stadt, im dritten Viertel des
14. Jh. mit dem schönen gotischen Chor schwungvoll begonnen, schloß Ende des 15. Jh. mit
einem Kirchenschiff, welches eher schlecht als recht die wohlgestalteten Ostteile mit dem
Westbau verband. Von der einst reichen gotischen Ausstattung haben sich zwei spätgotische
Schnitzaltäre und zwei ebenfalls spätgotische Kruzifixe erhalten. 1595 entstand die von einer
Engelsfigur getragene hölzerne Kanzel mit reichem Relief-, Figuren- und Knorpelwerk-
schmuck, auf dem Schalldeckel bekrönt von einer Darstellung des heiligen Jerusalem. Im 17.
Jahrhundert wurde die Kirche weitgehend barock umgestaltet. Das Hauptwerk dieser
Erneuerung, der Hochaltar nach 1692 gefertigten Entwürfen des Architekturtheoretikers
Leonhard Christoph Stumpf, ist von verschiedenen Künstlern ausgeführt worden und
dominiert in intelligenter Korrespondenz zu den hochgotischen Fenstern den Chor.

Auf dem Marktkirchhof, der bis 1811 von Mauern umgeben war und neben Gräbern und
Gruftgewölben auch zwei Mausoleen umschloß, ist nur die *Gruftkapelle* der Familien Gebhardt und Goetze dem allgemeinen Abriß entkommen. Der 1727 erbaute und 50 Jahre später

223

## »HARZ, DU MUTTERGEBÜRG«

erneuerte kleine Barockbau aus Stein wirkt hier, in der weitgehend vom Fachwerk ›kontrollierten‹ Marktumbauung, wie ein unbescheidener Fremdling.

Unter den zum Teil sorgsam restaurierten, in unmittelbarer Nähe der Kirche stehenden Fachwerkhäusern sind der ›*Kunsthoken*‹ von 1569 und das ›*Schneemelcherhaus*‹ von 1562 in der Marktstraße und direkt an der Südseite des Kirchhofes das ›*Stadtpfeiferhaus*‹ hervorzuheben. 1688 im Auftrage des Magistrats errichtet, diente es als Wohnung für städtische Angestellte, so etwa des Stadtpfeifers – die Trompete auf der Saumschwelle des Erkers zeigt es an –, des Büttels und der Hebamme. Der Volksmund fand besonders für dieses Dreigespann einen derben Dreizeiler: »Piept in't Lock/Stiekt in't Lock/Griept in't Lock.« Auf der nördlichen Seite der Kirche am Kornmarkt ging es seit jeher etwas vornehmer zu. Hier steht neben der Adler-Apotheke das Gebäude der ehemaligen *Ratswaage*, nach seiner Restaurierung eines der schönsten spätbarocken Fachwerkhäuser des Stadtkerns, und nur zwei Häuser weiter »der stattlichste und vornehmste« der steinernen Wohnbauten Quedlinburgs, das ehemalige *Salfeldhaus* von 1737, in dem schon seit 1814 die Justiz waltet.

Das sich weiter nach Norden ziehende Gebiet zwischen Schmaler Straße und Neuendorf war seit 1984 das erste innerstädtische Baugebiet, wo Rekonstruktion alter Bausubstanz und an die historische Substanz angepaßter Neubau in industrieller Monolithbauweise parallel betrieben wurden, ein Vorzeigeobjekt schon zu DDR-Zeiten. Das *Haus Schmale Straße 13* von 1592 ist eines der bedeutendsten des niedersächsischen Stils.

Auf dem Weg zur Ägidiikirche erscheint in der Flucht der Goldstraße der 40 m hohe *Schreckensturm* aus dem 14. Jh. In dem als Gefängnis und Folterstätte genutzten Turm wurden bis Anfang des 20. Jh. die Folterwerkzeuge des im Volksmund verharmlosend ›Angstmann‹ genannten Henkers aufbewahrt.

Die schmale Krämergasse biegt nach Norden in den abgeschieden erscheinenden, an die alte Stadtmauer grenzenden Kirchhof der *Ägidiikirche*. Die Kirche ist das Ergebnis großer, aber nie zu Ende geführter Baupläne des 13.–15. Jh. Im 17. Jh. ist sie dann zu einer kahl erscheinenden Halle mit verputzten, hölzernen Tonnengewölben umgestaltet worden. Daß sich heute ein Besuch dieser Kirche lohnt, verdankt sie vor allem der Dummheit der Marktgemeinde, die ihr im 17. Jh. den wegen Neuausstattung ›überflüssig‹ gewordenen gotischen Schnitzaltar von 1430 überließ. Winfried Korf rechnet ihn zu den »bedeutendsten Leistungen der ostfälischen Kunst des frühen 15. Jahrhunderts«. Er erhält einen zusätzlichen dekorativen Wert durch die original erhaltene Fassung und Vergoldung.

Die Altstadt und die Neustadt Quedlinburgs trennte im Mittelalter das Sumpfgebiet der beiden Bodearme, heute Mühlgraben, das erst durch Umleitung des Flusses oder Brücken nach und nach überwunden werden konnte. Der Straßenname Steinbrücke deutet darauf hin. Tatsächlich befinden sich unter den Platten der Straße auf etwa 100 m Länge noch 23 rundbogige Brückenbögen. Die Straßen in östlicher Richtung führen notwendig alle in die ehemalige Neustadt. Von Markt oder Marktkirche sind die kürzesten Verbindungen die Pölle, der Stieg oder die als Einkaufsstraße gestaltete Bockstraße. Jede der Straßen hat dabei ihre ganz eigenen Reize. Im alten Teil der Pölle ist es das Gesicht des alten Quedlinburg der eher ›kleinen Leute‹, im engen Stieg die zum Teil vorzüglich restaurierten Häuser, wie das

Eckhaus *Alter Klopstock* (Abb. 42) von 1580 – eines der schönsten Fachwerkhäuser der Stadt –, und in der Bockstraße ist es vielleicht das Einkaufstreiben, das der Straße ihren unverwechselbaren Charakter verleiht. Originales und Originelles gibt es allenthalben. In der Breiten Straße sticht das ehemalige *Gildehaus ›Zur Rose‹* durch seine vielfältig ornamentierten Brüstungsfelder hervor, an der Ecke Bockstraße/Klink das *Hagensche Freihaus* von 1561, ein dreigeschossiger Renaissancebau mit Treppenturm, Volutengiebel und Turmerker und einem Prunkzimmer mit Schnitzereien und Intarsien im Innern. Das *GutsMuths-Denkmal* im nahen Mummental erinnert an den »Erz- und Großvater der Turnerei«, den Begründer des Schulturnens, in dessen Begleitung der als Knabe dargestellte Carl Ritter willig der Geste des Meisters folgt, was wohl immer ein Traum der Pädagogen, Stadtväter und Denkmalstifter bleiben wird.

Der Steinweg, die längste Straße der Neustadt, war kurioserweise zentraler Holzhandelsplatz und wurde sicher deswegen als erste Straße Quedlinburgs gepflastert. Es muß zum Ende des Rundgangs nicht betont werden, daß auch sie und ihre Nebenstraßen vielfach vom Fachwerkbau geprägt sind. Die schönsten Häuser finden sich in den Straßen rund um das Geviert des Neustädter Kirchhofs: die *›Alte Börse‹* von 1683, das *Kochsche Haus* von 1716, das *Schrödersche Haus* von 1675 oder das ehemalige *Gasthaus ›Zur Goldenen Sonne‹* von 1621, das direkt am wiederhergestellten *Mathildenbrunnen* liegt. Im *Haus Kaplanei 10,* ein schönes Beispiel für einen späten Übergang von der Renaissance zum Barock, lebte und arbeitete die erste promovierte Ärztin Deutschlands, eine Quedlinburgerin, Dorothea von Erxleben. Ihr Mann war Pfarrer in der Kirche der Neustadt.

Die *Pfarrkirche St. Nikolai* ist mit ihren beiden über 72 m hohen Türmen weithin sichtbar. Von den Quedlinburger Kirchen macht sie sowohl in ihrer äußeren als auch der inneren Erscheinung den bei weitem einheitlichsten Eindruck. Von 1240 bis Anfang des 14. Jh. ist der Westriegel aufgeführt worden, dem sich dann der Neubau von Osten beginnend anschloß, wobei die heutige Halle erst in der Mitte des 15. Jh. fertig gewesen sein dürfte. In ihrer Ausstattung mit 15 Altären ehemals die reichste Pfarrkirche, ist ihr in dieser Beziehung fast nichts geblieben. Die einstige Pracht ist ablesbar an der beschädigten spätromanischen Taufe aus Stein. Die schönsten Stücke sind zwei kleine Holzbildwerke aus dem ersten Drittel des 13. Jh., die Figur des Gekreuzigten von einem Altarkreuz und die Sitzfigur des heiligen Bischofs Godehard, ganz frontal dargestellt, den Blick in die Ferne gerichtet. Die Glasflüsse am Baldachin und am Ornat, unter denen sich Reliquienpartikel befanden, geben diesem Heiligen den fremden, puppenhaften Glanz eines ungebrochen und naiv empfundenen Glaubens.

# Hexen, Teufel und Heilige

Hexen und Teufel: Je näher das Gebirge heranrückt, desto höher scheint die ›Bevölkerungsdichte‹ dieser Fabel- und Sagenwesen zu werden, besonders im nordöstlichen Teil des Harzes, zu dem von Quedlinburg aus der Lauf der Bode den Weg weist.

## »HARZ, DU MUTTERGEBÜRG«

Das nur leicht hügelige Gelände in den milden und regenarmen Harzrandgebieten durchziehen die Wiesen der Flußniederungen, Äcker und Obstplantagen. Diese liebliche Landschaft, die nur von den steil aufragenden Felsformationen der Teufelsmauer zwischen Weddersleben und Neinstedt unterbrochen wird, stößt in **Thale** abrupt an die steilen Hänge des herausgehobenen Gebirgsmassives. Die Entstehung des Ortes im Tal muß wohl mit dem schon im 9. Jh. in einer vielleicht noch älteren Burg gegründeten Kloster ›Winithohus‹ in Zusammenhang gebracht werden. Das Kloster selbst ist im Bauernkrieg zerstört worden, doch von der Burg steht in der Unterstadt nahe des seit alters Wasser spendenden ›Weiberborn‹ noch ein frühmittelalterlicher *Wohnturm*. Die bereits 1540 im Gelände des Nonnenklosters eingerichtete *Pfarrkirche St. Andreas* wurde 1786–90 neu erbaut.

Obwohl Thale seit 1686 auf eine Hammerschmiede und seit 1771 auf ein Eisenhüttenwerk verweisen kann und mit diesen ein gewisser industrieller Aufschwung begann, ist das ›Dorp to dem Dale‹ erst 1922 zur Stadt erhoben worden. Die Lage am Fuß des Gebirges und die bizarre Felsschlucht des *Bodekessels* mit dem am Talausgang hervortretenden Felsen der Roßtrappe und des Hexentanzplatzes und der sagenumwobene Hintergrund dieses imposanten Panoramas haben im Zuge jenes ersten ›Zurück-zur-Natur‹ des 19. Jh. diesen Ort zu einem Anziehungspunkt für romantische Gemüter oder einfach für Erholungssuchende gemacht. Notierte Goethe 1784 während seiner geologischen Studien im Bodetal noch von den Unbilden: ›Bis in den rauschenden Strom heruntergestürzte Felsen./ Glätte der Felsen,

*Thale, Teufelsbrücke über die Bode. Lithographie von G. Kraus, 19. Jh.*

des Mooses/ Niedergestürzte Bäume/ Auf- und Niederklettern«, entstand bereits 1818 an gleicher Stelle ein bequemer Fußweg durch das Bodetal, der es auch weniger sportlichen Zeitgenossen erlaubt, diese faszinierende Gebirgskulisse zu durchwandern. *Hexentanzplatz* oder *Roßtrappe* können heute sogar mit einer Seilbahn bzw. einem Sessellift ›bezwungen‹ werden. Von beiden Felsen bietet sich von verschiedenen Standpunkten sowohl ein weiter Blick in das Harzvorland als auch in den tiefen Kessel der sich durch das Granitmassiv drängenden Bode (Farbabb. 9). Zum Teil noch sichtbare Steinwälle oder Bodenfunde aus der Jungsteinzeit weisen diese Felsvorsprünge als frühe Wallburgen und Kultplätze aus. Sie könnten genauso gut wie der Brocken den realen Hintergrund für die Walpurgisnachtsage abgeben, verharrten die nicht leicht zu christianisierenden Sachsen doch lange am Altherge- brachten und nutzten vorrangig die schwer zu kontrollierenden, unwegsamen Plätze für ihre heidnischen Rituale. In der 1901 von Bernhard Sehring im ›altgermanischen Stil‹ erbauten ›*Walpurgishalle*‹ auf dem Hexentanzplatz hat der Maler Hermann Hendrich, angeregt von Goethes ›Faust‹, seiner Vision der Nacht vom 31. April zum 1. Mai farbige Gestalt gegeben.

Die bekannteste hier angesiedelte Sage ist die von der schönen Riesin Brunhilde, die, verfolgt vom wüsten Ritter Bodo, mit ihrem Pferd vom Hexentanzplatz zur Roßtrappe hinübergesprungen sein soll, während der trunkene Bodo abstürzte und seither als schwar- zer Hund auf dem Grund der Bode die herabgefallene Krone der Prinzessin bewachen muß. Als Beweis wird jedem Ungläubigen der Abdruck des Hufes auf dem Roßtrappenfelsen gezeigt. Und im lauten Gurgeln der Bode vernimmt gewiß jeder willige Zuhörer das traurige Heulen Bodos.

Von Heiligem scheint zunächst keine Spur. Hinter Timmenrode drängt sich die Straße nach **Blankenburg** an den Fuß des schönsten und längsten Stückes der *Teufelsmauer,* über deren Kamm auch ein reizvoller Fußweg führt, von dem zu beiden Seiten die unterschiedlichsten Aussichten auf das Umland zu gewinnen sind. Schon im Weichbild der Stadt, ist der *Groß- vaterfelsen* nicht nur der herrlichste Ausguck, sondern nach all dem Teufels- und Hexen- spuk der ›Große Vater‹ selbst. Um einen Status quo herzustellen, verabredeten Gott und Teufel, daß letzterer soviel Land erhalten solle, wie er bis zum ersten Hahnenschrei ummau- ern könnte. Eine Bauersfrau, früh um drei Uhr, mit einem munteren, krähenden Hahn im Korb, versalzte dem Teufel die Suppe, der vor Wut die schon fertigen Teile der Mauer zerhieb, wovon die bizarren Klippen der Teufelsmauer geblieben sind.

Wenn Blankenburg auch nicht beanspruchen kann, die schönste Stadt im Harz zu sein, so besitzt sie doch die vielfältigste und reizvollste Umgebung. Ihr bekannt mildes Klima hat die seit Ende des 19. Jh. als Kur- und Pensionärsstadt etablierte einer Bergkette zu danken, welche die kalten winterlichen Brockenwinde von ihr abhält. Vom Parkplatz am Schnappel- berg, auf den alle Einfahrtsstraßen zulaufen, ist die kleine Stadt bequem zu erwandern.

Das *Kleine Schloß* (Abb. 43) liegt direkt an diesem Parkplatz. Der wohlgegliederte Qua- derbau von 1777 steht heute als *Heimatmuseum* allen Besuchern offen und bietet gleich zu Anfang eine anschauliche Einführung in die Geschichte der Stadt und ihrer näheren Umge- bung. Blankenburg verdankt seine Existenz einer planmäßigen Anlage im Schutz der über

»HARZ, DU MUTTERGEBÜRG«

*Teufelsmauer, ›Großvaterfelsen‹ bei Blankenburg. Stich nach Zeichnung von L. Richter, um 1840*

ihr thronenden Burg und hat diese Abhängigkeit nie verloren. Lothar von Süpplingenburg, der 1123/24 als Besitzer der Burg genannt wird, gab sie als Lehen an die späteren Grafen von Blankenburg. Nach deren Aussterben 1599 ging der Besitz an das Herzogtum Braunschweig-Wolfenbüttel zurück. Es wurde von 1707–31 ein selbständiges Fürstentum, das danach wieder an Braunschweig zurückfiel. Die 1945 auf alliierten Beschluß vollzogene Abtrennung des Kreises Blankenburg vom Regierungsbezirk Braunschweig und den Verlust des Status als Kreisstadt haben viele Blankenburger als widerrechtlich empfunden, obwohl das Rad der Geschichte auf Gefühle keine Rücksicht nimmt.

In Anbetracht dieses geschichtlichen Hintergrunds ist der Abguß des berühmten Braunschweiger Löwen im *Barockgarten* des Kleinen Schlosses mehr als nur Relikt oder schmückende Beigabe für die kleine, vorzüglich gepflegte terrassierte Anlage mit Brunnen, Vasen und Putten, die ihresgleichen in Sachsen-Anhalt sucht. Widerpart und Ergänzung zu dieser ›Kunstnatur‹ ist der natürlich gestaltete große Garten, der erst in den letzten Jahren vor dem völligen Verschwinden bewahrt wurde und heute neben den alten Edelkastanienbäumen auch einen kleinen Rhododendronhain besitzt.

Das äußerlich schlichte *Große Schloß* auf der Kuppe des ehemals wirklich blanken Kalkfelsens verdankt seine heutige Gestalt im wesentlichen dem von 1705–18 durchgeführten Aus- und Umbau nach Plänen des braunschweigischen Landbaumeisters Hermann Korb. Bisher als Fachschule genutzt, hat das Schloß die Nachkriegsjahre vergleichsweise gut überstanden. Ein Blick in den geschlossenen Innenhof zeigt besonders den beherrschenden

Südtrakt in edlen Proportionen. Wie auf dem ebenfalls von Korb entworfenen Schloß Hundisburg bringen auch hier die ehemals offenen Galerien beinah südliches Flair in das alte Gemäuer. Als Schwiegervater Karls VI. und Großvater der Kaiserin Maria Theresia hatte Herzog Ludwig Rudolf das Innere des Schlosses standesgemäß ausstatten lassen. Eine Restaurierung des noch Vorhandenen wäre mehr als wünschenswert.

In dieser Beziehung hat die *Bartholomäuskirche,* die am stadtseitigen Schloßberg tief unter dem Welfenschloß ihren gotischen Helm emporreckt, die Nase vorn. Die unter teilweiser Verwendung des spätromanischen Vorgängerbaus errichtete frühgotische Kirche mit einer vorzüglichen, an Naumburg und Schulpforta orientierten Chorgestaltung wurde im 14. Jh. zu einer Halle umgebaut. Die Vorbildlichkeit Naumburgs für den frühgotischen Chor ist auch in den um 1270 stuckierten Stifterfiguren spürbar, wenngleich sie über gute Handwerklichkeit nicht hinauskommen. Neben den zahlreichen zum Teil sehr schönen Grabsteinen für das Blankenburg-Regensteiner Grafenhaus, der Triumphkreuzgruppe vom Anfang des 16. Jh. und der Kanzel von 1582 ist von den Ausstattungsstücken vor allem die 1712 von Bastian Heidekamp geschaffene Altarwand hervorzuheben. Obwohl sie wie die meisten barocken Altäre die Proportionen des alten Chorraumes überfordert, ist sie doch eine in sich geschlossene Meisterarbeit.

Wie in einer vergegenständlichten Wertehierarchie folgt unter der Kirche der in das mittelalterliche Straßenmuster eingewebte abschüssige, kleine Marktplatz mit dem *Rathaus,* das noch heute das Verwaltungszentrum ist. Der im Kern robuste mittelalterliche Rechteckbau gibt sich nach außen renaissancehaft, vornehmlich durch die Umbauten des 16. Jh. Über dem Portal des 1546 angefügten fünfseitigen Treppenturms prangt das frisch restaurierte Wappen Blankenburgs gleich einem Markenzeichen.

Außer interessanten Ausflugszielen in unmittelbarer Nähe Blankenburgs bietet sich die Stadt auch als Ausgangspunkt für etwas weitere Fahrten oder Wanderungen in den Harz an. Die klassischen Urlauberorte **Altenbrak** und **Treseburg** liegen zwischen steilen Felshängen im Tal der Bode. Kaum 10 km von Blankenburg entfernt liegt die *Rappbode-Talsperre* bei *Wendefurth.* Mit einer Höhe von 90 m über der Talsohle und einer Kronenlänge von 415 m gehört sie zu den gewaltigsten unter ihresgleichen in Deutschland. Der sich weit in die ehemaligen Täler dehnende Stausee zieht sich über eine Reihe von Vorbecken bis nach Trautenstein oder Hasselfelde in den Oberharz und verleiht der Bergwelt mit seiner weiten, glitzernden Wasserfläche einen zusätzlichen Reiz.

**Elbingerode,** ebenfalls nur wenige Kilometer von Blankenburg entfernt, hat am *Büchenberg* vor einigen Jahren ein Schaubergwerk eingerichtet.

Unübertroffen in ihrer Anziehung sind jedoch die *Tropfsteinhöhlen* bei **Rübeland,** die nach ihren Entdeckern *Baumanns-* und *Hermannshöhle* benannt sind. In der Baumannshöhle beispielsweise schlängelt sich der Weg über 1 km durch die bizarre Welt aus Stalaktiten und Stalagmiten, vorbei an einem kristallklaren unterirdischen See oder den versteinerten Überresten eines eiszeitlichen Höhlenbären, der hier einmal zu Hause war.

In unmittelbarer Nähe Blankenburgs liegt **Kloster Michaelstein,** nur etwa 3 km nordwestlich vom Stadtzentrum. Erbaut wurde es zwischen 1152 und '67. Obwohl es während

»HARZ, DU MUTTERGEBÜRG«

*Rübeland im Bodetal. Kupferstich von M. Merian, um 1650*

des Bauernkrieges arg in Mitleidenschaft gezogen, 1544 säkularisiert und die Klosterkirche abgetragen wurde, blieben die Erdgeschoßräume der Klausur vergleichsweise gut erhalten. Der frühgotische Kreuzgang überstand die Zeiten relativ unbeschadet und übt noch immer seinen in sich geschlossenen Zauber aus.

Die Gesamtanlage beherbergt heute die Landesmusikakademie, ein ›klingendes‹ *Musikinstrumentenmuseum*, und neuerdings sogar einen nach alten Vorbildern geschaffenen Klostergarten. Das ganze Jahr über finden hier die verschiedensten wissenschaftlichen oder musikpädagogischen Veranstaltungen, vor allem aber Konzerte statt. Das spätromanische Refektorium wurde eigens dafür in einen intimen Konzertsaal verwandelt.

Wird der Klosterbezirk durch das reizvolle Nordtor (Abb. 46) verlassen, eröffnet sich in stiller Waldeinsamkeit der eigentliche ›Klostergrund‹ mit einem einsamen Weg durch das Tal.

Bevor die Zisterzienser fest ansässig geworden waren, hatten sie zuvor etwa 4 km talaufwärts auf einer Kalksteinformation – dem Michaelstein – am sogenannten *Volkmarskeller* gesiedelt. Eine Lebensbeschreibung über die erste Incluse im nördlichen Deutschland besagt, daß vermutlich in einem Anbau der später als ›Volkmarskeller‹ bezeichneten Höhlenkirche eine gewisse Liutbirg von etwa 840–870 dort völlig eingeschlossen gelebt hat. In der Höhle selbst finden sich noch Spuren, die auf eine religiöse Nutzung schließen lassen. Die Höhle lag an dem einzigen Handelsweg, der zu damaliger Zeit auf Höhenzügen das Gebirge durchquerte. Von dem einstigen Kloster zeugen nur noch Grundmauern. Seinen

Namen aber erhielt der Ort von einem Volkmar, der hier in der Nachfolge Liutbirgs eine Bruderschaft um sich versammelte.

Wenn Michaelstein und der Volkmarskeller durch ihre zurückgezogene, ausgeglichene Lage Signale der Ruhe und des Friedens aussenden, so sind es bei dem zweiten Ausflugsziel in Blankenburgs Nähe, bei der **Burg Regenstein** (Abb. 45), Signale des Stolzes und der Wehrhaftigkeit. Schroff hebt sich das 75 m hohe Sandsteinmassiv aus dem flachen Vorland, ein Eindruck den man beim allmählichen Aufstieg von der Stadt erst hat, wenn man obenauf steht. Gern wird die Burg Regenstein als »älteste Steinburg Deutschlands« bezeichnet. Dies hat insofern eine Berechtigung, als sie an der Stelle einer älteren Fluchtburg und Kultstätte erbaut wurde und dabei die bereits vorhandenen, teils natürlichen, teils künstlich in den Stein gehauenen Höhlen nutzte. Das Grafengeschlecht der Regensteiner, eine Nebenlinie des Blankenburger Grafenhauses, entwickelte sich im 13. Jh. zu einem der mächtigsten im Harzvorland. Es konnte jedoch schon im folgenden Jahrhundert seinen Besitz vor allem gegen die Bischöfe von Halberstadt nicht behaupten. Der Machtverlust ließ das Grafengeschlecht verhältnismäßig rasch verkommen und brachte den einst Gefürchteten einen besonders schlechten Ruf ein. Bekannteste Figur war der historienumwitterte Albrecht II., der als ›Raubgraf‹ sogar eine Romanfigur bei Julius Wolff wurde. 1337 erlitt er in Quedlinburg eine demütigende Niederlage.

Nach dem Dreißigjährigen Krieg in brandenburgischen Besitz, wurde der Regenstein zu einer aufwendigen Festung ausgebaut, die jedoch im Siebenjährigen Krieg versagte, woraufhin Friedrich II. sie 1758 bis auf die Grundmauern schleifen ließ. Somit sind von der stolzen Feste außer einem mittelalterlichen Bergfried nur noch einige Mauern der äußeren Befestigung übriggeblieben. Die ausgehöhlten, kurios anmutenden Sandsteinfelsen erhielten dem Regenstein trotz allem sein einmalig wildes Aussehen. Und ein Blick von höchster Stelle, der bei entsprechendem Wetter weit in das Land geht, erweckt wohl stets so etwas wie ein ›Raubvogelgefühl‹.

# Von der ›bunten Stadt‹ zum ›Vater Brocken‹

Die 16 km von Blankenburg entfernte Kreisstadt **Wernigerode** liegt am nördlichen Harzrand im ›Angesicht‹ des Brockens an den hier aus dem Gebirge tretenden Flußtälern der Holtemme und des Zillierbaches. Die reizvolle Lage der sich an die bewaldeten Berghänge und in die Flußtäler hineindehnenden Stadt, die von idyllischen Wanderwegen durchzogene Umgebung, der direkte Zugang zum Oberharz sowie ihre von Fachwerkhäusern des 16.–19. Jh. romantisch belebten Gassen und Straßen haben die ›bunte Stadt‹, wie Hermann Löns sie einmal bezeichnete, zu einer der beliebtesten Touristen- und Urlauberstädte des Harzes gemacht.

Schon im 9. Jh. wird eine Rodungssiedlung der Corveyschen Mission unter Abt Warin vermutet, die dann im 12. Jh. unter dem Einfluß der hier seßhaft gewordenen Grafen und der

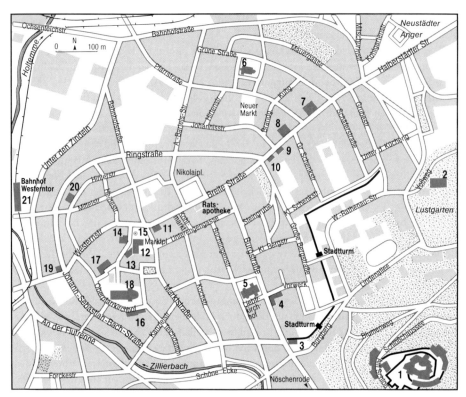

Wernigerode  1 Schloß  2 Orangerie  3 Nöschenröder Amtshaus  4 Erbgrafenpalais  5 Liebfrauenkirche  6 Johanniskirche  7 Krellsche Schmiede  8 Haus Preysser  9 Krummelsches Haus  10 Behrendsches Haus  11 Café Wien  12 Rathaus  13 Waaghaus  14 ›Gothisches Haus‹  15 Wohltäterbrunnen  16 Haus Gadenstedt  17 Harzmuseum und Harzbücherei  18 Oberpfarrkirche St. Silvestri  19 Westerntorturm  20 Ältestes Haus  21 Bahnhof Westerntor (Harzquerbahn)

von alters her benutzten Fernstraßen rasch zur Marktsiedlung heranwuchs. Im 13. Jh. planmäßig erweitert, wurde sie schon 1267 sogar Mitglied der Hanse.

Das 1862–81 von Karl Frühling unter Graf Otto von Stolberg-Wernigerode, dem Stellvertreter des Reichskanzlers Bismarck, zur ›Ritterburg‹ umgebaute *Schloß* (Farbabb. 14) ist in seiner märchenhaften, von bizarren Türmen und Erkern belebten Konstruktion schon von weitem ein Blickfang und prangt festlich über der Stadt. Die bis 1429 von den Grafen von Wernigerode, dann von den Grafen von Stolberg bewohnte Burg ist von diesen Ende des 15. Jh. erstmals gründlich umgebaut worden. Doch selbst diese Mauern fielen dem sich wandelnden Zeitgeschmack zum Opfer. Das vielbesuchte *Schloßmuseum* widmet sich in seinen Schauräumen vor allem der Darstellung der seit 1449 in brandenburgischer Lehenshoheit befindlichen Grafschaft, der Familiengeschichte der Schloßherren und der herrschaftlichen Wohnkultur von der Renaissance bis zur Gründerzeit (Abb. 44). Viele Besucher steigen auch nur auf das Schloß hinauf, um die Aussicht von der mit Kanonen bestückten Terrasse über die Stadt und zum Brockenmassiv zu genießen. Ob bei klarem Wetter in scharfer Kontur oder düstergewaltig in Wolken gehüllt, der Anblick des sagenumwobenen Berges ist von hier aus wohl immer ein eindrucksvolles Erlebnis.

Weitaus lieblicher erscheint das Gelände des ehemaligen Terrassengartens am nördlichen Fuß des Schloßberges. Graf Christian Ernst plante hier den Bau einer großen barocken Schloßanlage, von der 1713–19 nur die *Orangerie* im Gelände des Lustgartens Realität geworden ist, die als solche jedoch nur bis 1787 genutzt wurde. Ein anderer möglicher Abstieg vom Schloß in südliche Richtung geht in das Tal des Zillierbaches, in den Ortsteil *Nöschenrode*. Die im Ursprung wohl aus dem 13. Jh. herrührende, aber als Sühnestiftung des Grafen Heinrich von 1407 überlieferte *Dorfkirche St. Theobald* besitzt eine überaus reizvolle, vornehmlich von naivem, ländlichen Barock geprägte Ausstattung, die vor allem durch die Triumphkreuzgruppe und die Ausmalung des hölzernen Tonnengewölbes den Eindruck lebensbejahender Heiterkeit verbreitet. Der Schnitzaltar (um 1420/30), der im Schrein die von Engeln umgebene Maria zeigt, hat in der Predella fünf Reliquienbüsten, unter denen sich auch die des heiligen Theobald befindet.

Am Weg ins Stadtzentrum liegt eingebettet in einer kleinen Gartenanlage am Burgberg ein Stück der *Stadtmauer* aus der Mitte des 13. Jh. Das *Nöschenröder Amtshaus* von 1598 gilt mit seinem beachtlichen Fassadenschmuck als das schönste Ackerbürgerhaus der Stadt. Mit dem Passieren der Stadtmauer beginnt nun ohnehin jener Bereich der Stadt, in dem Haupt- und Nebenstraßen zum Schlendern und Schauen einladen. Trotz schwerer Stadtbrände noch 1751 und 1847 haben sich doch die historisch gewachsenen Verläufe der Straßen und Gassen erhalten, denen zahlreiche Fachwerkhäuser vornehmlich des 17. und 18. Jh. ihre besonders anheimelnde Note verleihen. Dazwischen haben sich über die Jahre mitunter mächtige Steinhäuser geschoben, wie z. B. das frühere *Erbgrafenpalais*, Burgstraße 37, von 1762.

Die gegenüberliegende, in ein zur Straße offenes Häuserkarree eingefügte *Liebfrauenkirche* war seit 1265 Hauptpfarrkirche. Sie brannte 1751 nieder, so daß von 1756–62 der heutige Rechteckbau mit den Anbauten entstand, die eine Kreuzform andeuten. Der neugotische Turm ist 1890 angefügt worden. Für den weiträumigen Saal schuf Hoftischler Wilhelm Moser die einheitliche Ausstattung.

Die Pfarrkirche der seit etwa 1270 nordöstlich der Altstadt entstehenden Neustadt war die *Johanniskirche* am Neuen Markt, wo sich bis heute dieser neustädtisch-planmäßige Charakter des Stadtteiles erhalten hat. Der niedrige, mit einem Spitzhelm versehene Westturm stammt wohl noch vom ersten, 1265–79 bezeugten Kirchenbau. Alles übrige hat weitgehend der Umbau des Jahres 1497 geprägt. In dem in der Mitte von einer Holztonne überdeckten Kirchenraum ist ein neu gefaßter vierflügeliger Schnitzaltar von 1430/40, ähnlich dem in der Theobaldikirche, neben einem Kruzifix um 1500 das bedeutsamste Ausstattungsstück.

Die *Breite Straße* und die sich ihr westlich des Marktes anschließende *Westernstraße* bilden die ›Einkaufsmeile‹ Wernigerodes. Hier lief schon im frühen Mittelalter der für

»HARZ, DU MUTTERGEBÜRG«

*Wernigerode,
Haus Preysser,
›Schreckmasken‹ an
den Balkenköpfen*

Wernigerode so wichtige Handelsweg entlang, und hier entstanden auch einige der prächtigsten und reichsten Häuser der Stadt. Die 1678 erbaute *Krellsche Schmiede* gibt sich schon durch das Zunftsymbol des Pferdekopfes zu erkennen. Das große Handwerkerhaus hat über 300 Jahre als Schmiede gedient und ist nun ein technisches Denkmal. Das *Haus Preysser*, Breite Straße 71, entstand 1606 und hebt sich von den übrigen Fachwerkhäusern durch seine Schreckmasken an den Balkenköpfen und die plattnäsigen, langen Schnurrbartgesichter zu beiden Seiten des Torgewändes hervor. Das *Krummelsche Haus* (Abb. 48), an dessen hölzerner Barockfassade fast jedes Eckchen mit dem Schnitzmesser in Berührung gekommen ist, wurde 1875 noch zusätzlich durch die Schnitzereien am Erdgeschoß bereichert. Der aus Berlin nach Wernigerode umgezogene Kornhändler Heinrich Krummel ließ es 1674 erbauen. Er schockierte die ›Eingeborenen‹ sicherlich mit Lust durch die Darstellungen wie beim Motiv ›Amerika‹, wo eine nackte Frau auf einem Krokodil sitzt. Das *Behrendsche Haus*, Breite Straße 62, von 1580 zeigt die in Wernigerode darüber hinaus nur noch einmal anzutreffenden Brüstungsfelder, während das kleine Haus des *Café Wien*, um 1583 als Kaufmannshaus erbaut, die für den niedersächsischen Stil typischen Fächerrosetten auf Ständerfüßen und Fußstreben mustergültig ausstellt.

Unter der Vielzahl guterhaltener Bürgerhäuser ragt das *Rathaus* (Abb. 49) am Markt ganz besonders hervor. Die doppelläufige Freitreppe, die aus der Schaufront hervorspringenden, von spitzen Schieferhelmen bekrönten Erker und die weniger niedersächsische, als vielmehr fränkisch-hessische Prägung seines Fachwerkes ließen es in dieser Sonderstellung zu einem weit über die Stadt hinaus bekannten architektonischen Synonym für Wernigerode werden. Das Haus geht auf das 1277 erstmals genannte ›Gimnasio vel theatro‹ zurück, das bald danach auch als ›Spelhus‹ erscheint. Es war eine Stätte gräflichen Gerichts und eine der mittelalterlichen Vergnügungen. Sein heutiges Aussehen verdankt es im wesentlichen dem Umbau von 1494–98 durch Thomas Hilleborch. Seinen Charakter als ›Spelhus‹ verlor das Gebäude, als 1528 das alte Rathaus einem Brand zum Opfer fiel und nun bis 1543 die Vergnügungs- zur Amtsstätte wurde. Außer der Tatsache, daß junge Paare aus ganz

Deutschland auf der Warteliste des Wernigeroder Standesamtes stehen, um die Besonderheit des Augenblicks durch ein entsprechendes Umfeld zu weihen, sind es die derb-naiven Knaggenfiguren von Heiligen, Spielleuten, Narren, Trinkern und Mauriskentänzern, die daran erinnern, daß hier einmal tolle Feste gefeiert wurden.

Noch etwas älter als die Figuren am Rathaus sind die am schräg anschließenden *Waaghaus*. Dort werden nicht wie am Rathaus Heilige und Narren getrennt, sondern in eine Reihe gestellt mit weltlichen Figuren wie der Jungfrau und dem Jüngling, die im Tanz um die Kanne den Sieg des Frühlings über den Winter zum Ausdruck bringen. Die östliche Seite des Rathauses ist 1936–39 in die jetzige, das historische Ensemble ergänzende Form gebracht und mit Knaggenfiguren der in der Stadt ansässigen Berufe versehen worden. Das ›Bürgermeisterstübchen‹ von 1584, ehemals an der Südostecke, wurde in das Dach des östlichen Anbaus eingefügt, so daß eine ausgewogene, an die übrigen Häuser des Marktes anschließende Gebäudegruppe entstand. Die westliche Marktfront, mit dem ›Gothischen Haus‹ als Höhepunkt, wurde bis auf die Fassade des letztgenannten abgerissen und sieht ab 1992 seiner Zukunft als Hotelkomplex entgegen. Nach den Bauarbeiten wird auch wieder der neugotische *Wohltäterbrunnen* (Abb. 49) aus Ilsenburger Kunstguß seinen angestammten Platz einnehmen. Auf dem oberen Wappenkranz trägt er Namen von Adligen, auf dem unteren Namen von Bürgerlichen, die sich um das Wohl der Stadt verdient gemacht haben und hier zudem auf engstem Raum zusammenlebten.

Das Terrain rund um den *Oberpfarrkirchhof* war der Siedlungskern der ersten Stadt. Hier lagen der adlige Fronhof und die Ritterhöfe. Häuser des 16.–19. Jh. bestimmen heute das lebendige historische Bild rund um die Silvestrikirche. Ragt das *Haus Gadenstedt* von 1582 durch den weit vorkragenden Erker mit den von Kerbschnittornamenten geschmückten Brüstungsfeldern und den als Harzer Schiebefenster gestalteten Butzenscheibenfenstern hervor, so treten das *Harzmuseum* und die *Harzbücherei* im Klint 10 mehr durch ihre reichhaltigen Sammlungen zur Stadtgeschichte und denen der gesamten Harzregion in Erscheinung.

Die *Oberpfarrkirche St. Silvestri* ist 1265 in ein Chorherrenstift umgewandelt und als Grablege der Wernigeröder Grafen bestimmt worden. Vier Grabsteine zeugen noch davon. Die um 1500 umgebaute und in den 80er Jahren des vergangenen Jahrhunderts durchgreifend restaurierte Kirche besitzt nur noch wenige Teile der frühgotischen Bausubstanz: Die Mittelschiffpfeiler, die Obergaden und das Querhaus. 1880 hat auch der westliche Turm die alte Doppelturmfront ersetzt. Im weiten, schlichten Innenraum besteht der wertvollste Schmuck in einem Schnitzaltar aus dem untergegangenen Augustinerermitenkloster Himmelpforte. Es handelt sich um eine Arbeit niederländischer Meister aus dem dritten Viertel des 15. Jh. Im Schrein ist die Geburt Christi dargestellt, darüber der Zug der Heiligen Drei Könige vor einer vielgestaltigen, plastischen Landschaft. Die seitlichen Reliefs zeigen Szenen aus dem Marienleben und der Jugend Jesu, der geschlossene Altar sechs vorzüglich gemalte weibliche Heilige. Hervorragend auch die Schnitzfiguren der Barbara und Maria um 1480 in der Predella, die nicht ursprünglich dorthin gehören. Ebenfalls aus ihrem eigentlichen Zusammenhang gelöst sind der Kruzifixus eines Triumphkreuzes um 1470/80 und die

235

vier prächtigen überlebensgroßen Evangelistenfiguren vom ehemaligen, 1727 eingebauten Kanzelaltar.

Von der Silvestrikirche führt der Weg durch eine schmale Gasse zur westlichsten Begrenzung der alten Stadt, dem Westerntor. Der *Westerntorturm* aus der Mitte des 13. Jh. ist davon erhalten und bildet mit seinem spitzbogigen Durchgang hier sozusagen das Nadelöhr zum denkmalgeschützten Stadtkern, zu dem auch Wernigerodes *Ältestes Haus* in der Hinterstraße gehört.

Ganz in der Nähe, am *Bahnhof Westerntor*, ist es möglich, in die noch dampfbetriebene *Harzquerbahn* zuzusteigen. Auf ihren schmalen Schienen durchschnauft diese ›Bimmelbahn‹ in etwa drei Stunden die grünen Täler und Höhen des Harzes bis nach Nordhausen. Ihre Strecke ist sowohl mit der *Brockenbahn* als auch mit der *Selketalbahn* verbunden. Als Verkehrsmittel ist sie weder die Jüngste noch die Schnellste, dafür läßt sich Dank ihrer Gemächlichkeit ein beträchtliches Stück des schönen Gebirges auf romantisch-nostalgische Weise bequem ›erfahren‹.

Wer sich allerdings westwärts wendet, dem wird im übernächsten Dorf neben der Harzrandstraße in Richtung Goslar das gewichtige romanische Turmpaar auffallen. Es gehört zur altehrwürdigen **Klosterkirche Drübeck** (Abb. 50), einem der wichtigsten romanischen Baudenkmäler nördlich des Harzes. Vermutlich geht das Kloster auf eine Missionsgründung des Klosters Corvey im 10. Jh. zurück. Zudem wird an diesem einstmals bedeutenden Handelsweg die Zelle der legendären Sisu vermutet, die hier, dem Vorbild der Michaelsteiner Liutbirg folgend, ein Leben als Inkluse führte. Darf man der Überlieferung trauen, ging ihr religiöser Eifer so weit, daß sie sich, aus Achtung vor Gottes Geschöpfen, vom Körper gefallene Läuse und Flöhe wieder ansetzte.

Eine erste ›moderne‹ Kirche ist im Jahr 1004 in einer Urkunde Kaiser Heinrichs II. erwähnt. Von diesem Bau stammen die Vierungspfeiler, die südliche Wand und Apsis des südlichen Querhauses, die zwei an der Westwand der Krypta stehenden Säulen und die

*Drübeck, Klosterkirche, Kapitell, um 1170*

Stützen und antikisierenden Kapitelle des Langhauses. Nur die südwestliche Säule mit dem streng ornamentierten, bärtigen Gesichtern gehört zu der Bauperiode um 1170, als nicht nur der neue Westquerbau mit den beiden Türmen und seiner Apsiskapelle entstand, sondern auch eine Erweiterung des Chores, die Einwölbung der Kirche und eine Erhöhung des Fußbodens. Letzteres beides wurde aber schon im 16. Jh. bzw. während der Restaurierung in den 50er Jahren unseres Jahrhunderts wieder rückgängig gemacht. Die im Bauernkrieg entstandenen Schäden kosteten das nördliche Seitenschiff, das Querhaus und beide Chorseitenschiffe. Auch der Chor existiert nur noch in reduzierter Rechteckform. Die Krypta ist schon im 13. Jh. verkürzt worden. Nach 1170 sind auch die heute wieder sichtbaren alten Kapitelle des Langhauses mit Stuck überzogen und neue, überaus qualitätvolle Figurationen ausgeschnitten worden, die denen der Engelschorschranken in St. Michael in Hildesheim sehr ähnlich und in einigen Teilen noch erhalten sind.

Vom *Nonnenkloster,* das einst weithin als leuchtendes Vorbild galt, existieren nur noch der Fußboden des südlichen Kreuzganges und ein paar Säulenstümpfe. Der Hof jedoch, mit dem 1735 errichteten *Fräuleinstift,* wird von dem grünen Schirm einer weitausladenden Linde in sehr klösterliche, scheinbar weltabgelegene Stille getaucht.

Nicht ganz so alt, doch das Kloster Drübeck in seiner Bedeutung noch überstrahlend, ist das der ehemaligen Benediktinermönche im nahegelegenen **Ilsenburg.** Ihre Bekanntheit verdankt die kleine, sich in das Gebirge drängende Stadt wohl zum einen dem von Heinrich Heine so eindringlich beschriebenen und besungenen Ilsetal und zum anderen dem Metallguß. Ilsenburger Kunstguß war so berühmt, daß es sich selbst Zar Peter der Große 1696 nicht nehmen ließ, diese Werkstätten zu besichtigen. Heute gibt das *Hüttenmuseum* über die lange Tradition dieses Industriezweiges Auskunft. Ebenso erinnern daran einige Gebäude und die Teiche, an denen einst die Zainthütten genannten Eisenhammerwerke lagen. Die Pfarrstraße in der Nähe des Museums überquert die Ilse und führt auf ihrem rechten, sich immer mehr über den Fluß erhebenden Ufer hinauf zum Schloß. Auf den zum Teil zu Parkanlagen verwandelten alten Friedhöfen findet sich unter anderen Grabmälern das für den Hüttendirektor Schott. Ein Gefallenendenkmal steht gegenüber der im 19. Jh. weitgehend erneuerten *Marienkirche.* Von ihrer Ausstattung ist der Korpus eines um 1235 entstandenen niedersächsischen Kruzifixes von besonderer Güte. Äußerliche Ähnlichkeit und gestalterische Tiefe deuten auf den Meister oder doch wenigstens die Werkstatt des Halberstädter Triumphkreuzes.

Das vielleicht einmalige Beispiel einer Kreuzigungsgruppe aus Ilsenburger Kunstguß befindet sich auf dem gar nicht weit entfernten *Kreuzkirchhof,* wo auch die Gräber des bekannten Malerehepaares Elise und Heinrich Georg Crola zu suchen sind.

Das *Schloß* wie das von ihm abgeschirmte *Kloster* liegen malerisch über einem Steilabfall zur Ilse, im Norden umfaßt von den soeben durchquerten Parkanlagen und Wiesen, im Süden vom ausgedehnten Schloßpark. 1003 bestätigte Heinrich II. die Überlassung der ›Elisenaburg‹ an den Bischof von Halberstadt zur Errichtung eines Benediktinerklosters nach Fuldaer Vorbild. Unter dem von Bischof Burchard II. aus dem Reformzentrum Gorze gerufenen Herrand wird das Kloster reformiert und eine neue Kirche erbaut. Als Zentrum

## »HARZ, DU MUTTERGEBÜRG«

der antikaiserlichen Reformbewegungen gewann Ilsenburg bedeutenden Einfluß und entfaltete im 12. Jh. eine weithin gerühmte Schreib- und Kunsttätigkeit. Dabei war das Verhältnis des Klosters zu dem in seinem Schatten entstehenden Dorf durchaus wie das eines Lehnsherrn zu seinen Vasallen. Trotzdem profitierte auch das Dorf, wie durch die Einrichtung einer Fremdenherberge oder eines Siechenhauses. Und wenn die Ilsenburger Pfarrkinder es wünschten, bekamen sie einen Wallfahrtspaß nach Santiago de Compostela ausgestellt.

Die Bedeutung der im Bauernkrieg stark zerstörten, von 1078–87 erbauten *Kirche* besteht darin, daß sie reformerische Ideen bereits vor bzw. während des beispielgebenden Kirchenbaus in Hirsau realisiert. Das ist die betonte Askese, die etwa auch im Verzicht auf eine Krypta zum Ausdruck kommt, die Gliederung der Ostteile in miteinander in Verbindung stehende Haupt- und Nebenchöre und die Teilung des Chores in einen Chorus major und einen Chorus minor, was in Ilsenburg durch einfache Abstufung markiert wird. Von diesem Kirchenbau sind leider nur das Mittelschiff, das südliche Seitenschiff und Querhaus und der Hauptchor erhalten. Der Geist des Gründungsbaus ist noch am ehesten an der Reihe der schlichten Säulen und Pfeiler spürbar, die im ausgewogenen Rhythmus ihrer Arkaden das Mittelschiff begrenzen. Die ursprüngliche Gestalt des heute vom Kirchenschiff abgetrennten Westbaus läßt sich nicht genau rekonstruieren. Das interessante Bildprogramm der Ritzzeichnungen auf dem Estrichfußboden um 1200 durchzog inhaltlich gewiß einmal die ganze Kirche. Zu erkennen sind nur noch der Fisch mit einer Teufelsfratze und der von einem Hund angefallene, von einer Art Lebensbaum umgebene Hirsch.

Von den südlich der Kirche um den quadratischen Hof liegenden *Klausurgebäuden* sind der Westflügel und der Kreuzgang zerstört, Ost- und Südflügel dagegen relativ gut erhalten. Sie wurden unter der Regierung der Äbte Sigebodo (1138–61) und Thioter (1161–76) erbaut und bestehen durchweg aus dreischiffigen Räumen, wobei die des Südflügels höher sind, wo besonders das Refektorium durch reicheren Bauschmuck auffällt. Die palmettengeschmückten Kapitelle, die zum Teil gedrehten und gemusterten Säulenschäfte und die mit Eckzehen versehenen attischen Basen stehen in der Nachfolge von Königslutter. Sie sind ein Spiegel der einstigen Bedeutung des Ilsenburger Klosters, das im 12. Jh. Haupt einer ganzen Reihe niedersächsischer Klöster war, die sich dem ›Ordo Ilsenburgensis‹ unterwarfen.

Nach der Reformation ging das Kloster in den Besitz der Grafen von Stolberg-Wernigerode über. Seit 1609 Wohnsitz, diente es im 18 und 19. Jh. als Witwensitz und Zweitresidenz. Seit 1862 ließ Graf Botho von Stolberg-Wernigerode zum Teil auf den Grundmauern der alten Wirtschaftsgebäude ein kleines neoromanisches Schloß erbauen, das im Norden und Westen noch heute den ehemaligen Klosterkomplex umschließt, während im Tal wie eh und je die Ilse rauscht.

Ihr, der von Heinrich Heine in der ›Harzreise‹ in so märchenhaften Zauber getauchten, schnell dahineilenden »Prinzessin Ilse«, die »in unzähligen Wasserfällen und in wunderlichen Windungen das Bergtal hinabbrauscht«, kann kaum ein Ilsenburgreisender seine Bewunderung entziehen. Auf dem 150 m über dem Flüßchen steil aufragenden *Ilsestein*, wo sie der Sage nach gewohnt haben soll, finden sich noch erkennbare Reste der Burg der Schutzvögte des Klosters, die 1107 von Ludwig dem Springer so gründlich zerstört wurde,

*Ilsefälle. Stich von A. Schulz nach Zeichnung von W. Ripe, 19. Jh.*

daß erst 1955 die an den Berg gelehnten Futtermauern entdeckt und die Burg aus der Sage in die Realgeschichte zurückgeholt werden konnte. Das auch aus dem Tal sichtbare gußeiserne Kreuz wurde 1814 zum Gedenken der in den Befreiungskriegen Gefallenen aufgestellt.

Seit dem 3. 12. 1989 ist es wieder möglich, durch das Ilsetal zum 1142 m hohen, »alten Vater **Brocken**« hinaufzusteigen. Der mit seinen oft ungewöhnlichen Wolkenbildungen auch als Wetteranzeiger dienende Berg erscheint bereits im ›Münchener Nachtsegen‹ des 14. Jh. als Ort der Hexen und anderer Unholde, was die seit dem 16. Jh. nachweislichen Brockenbesteigungen nicht verhindern konnte. Und es stiegen nicht nur Wissenschaftler, Studenten und Dichter auf diesen »deutschesten aller Berge«, es stiegen Fürsten und Zaren, und auch für Otto von Bismarck sind zwei Besteigungen notiert. 1736 entstand auf dem Gipfel das seitdem mehrfach erneuerte ›*Wolkenhäuschen*‹, dem 1743 bald ein erstes Gasthaus und nach 1800 ein Aussichtsturm folgten. Bald hatte man es nicht mehr nötig, sich zu Fuß hinaufzuquälen, sondern konnte im Ilsenburger Gasthof ›Zu den roten Forellen‹ ein Maultier mieten. Die 1899 auf den Gipfel gelegte *Brockenbahn* ließ die Besucherzahlen in die Höhe schnellen, und schließlich entstand neben Brockenhotel und Wetterwarte 1939 der erste Fernsehturm. Am 17. 4. 1945 zerstörte ein amerikanischer Fliegerangriff wesentliche Teile dieser Bebauung. Wenig Zeit verblieb dem Berg zu seiner Erholung, denn sofort nach

## »HARZ, DU MUTTERGEBÜRG«

*Der Brocken. Stich von Schoener, nach Zeichnung von Klusemann, 1799*

dem Mauerbau 1961 wurde das Gebiet wegen seiner exponierten strategischen Lage zur Sperrzone gemacht und für jeglichen Besucherverkehr gesperrt. Was hier nach 1961 unkontrolliert von jeder Öffentlichkeit durch militante Unkultur aus Beton und Stahl entstand, was an Natur verschwand, plattgewalzt und einbetoniert wurde, ist für immer verloren. Vorsichtige Rekultivierungsmaßnahmen laufen erst an, und es wird wohl Jahre in Anspruch nehmen, bevor hier wieder die typische subalpine Brockenflora aus ihrem engeren Reservat des Brockengartens heraustritt.

Dessen ungeachtet beginnt der Besucherstrom als neue Bedrohung für die Natur sich wieder hinauf und hinab zu schieben. Unzerstörbar blieb immerhin der herrliche Ausblick vom Gipfel, der bei guter Sicht ca. 130 km weit reichen kann. Begrenzt wird der Blick durch den Thüringer Wald im Süden und das Wesergebirge im Westen. Durch ein Fernglas kann selbst noch die Wilhelmshöhe bei Kassel sichtbar sein, wie das Völkerschlachtdenkmal bei Leipzig, die Domtürme von Magdeburg oder die höchsten Erhebungen der Rhön. Solche Festtage der Fernsicht sind allerdings recht selten. In der Regel hält sich der Brocken bedeckt. Aus diesem Grund ist es schwer zu erklären, welche magische Kraft die Menschen hinaufzieht.

# Das Bild eines Vogels – Stolberg

Der Oberharz selbst, wie vom Brocken aus bei freiem Wetter leicht zu überblicken ist, hat wohl schon wegen seines im Vergleich zu den Gebirgsrändern rauhen Klimas die Menschen kaum zu dichterer Besiedlung angeregt. Den königlichen Jagdhöfen zur Zeit der sächsischen Herrscher folgten in der Regel nur kleinere Burgen. Die dörflichen Siedlungen entstanden aufgrund von Bergbau und Holzfällerei und durch üblicherweise auf Viehhaltung beschränkte Landwirtschaft. Die Orte blieben relativ klein und sind erst durch den im 19. Jh. aufkommenden Fremdenverkehr ›entdeckt‹ worden. Trotzdem oder gerade deswegen lohnt sich ein Halt in diesen, zum Teil noch den Charme ihrer ›Unerschlossenheit‹ bewahrenden Orten. In *Elend* kann es die kleine hölzerne Kirche, in *Königshütte* die Ruine der Königsburg und im schon mittelharzischen *Stiege* vielleicht das sich im unteren Dorfteich spiegelnde Schloß sein, was den Reiz der Gegend spontan erfahrbar macht.

Umgeben von Laubwald, liegt in den tief in die Landschaft des Südharzes eingeschnittenen Tälern der Thyra, Lude und Wilde **Stolberg** (Farbabb. 10). Hier ist von der Rauheit unwirtlicher Klippenformationen des Oberharzes nichts mehr zu spüren. Die von Bränden und Kriegen weitgehend verschonte und daher gut erhaltene mittelalterliche Stadt an der alten, quer durch den Harz führenden Handelstraße von Braunschweig nach Erfurt gehört mit ihrem geschlossenen Bestand an Fachwerkhäusern des 15–18. Jh. und ihrer unverändert erhaltenen Stadtstruktur zu den reizvollsten Kleinstädten Sachsen-Anhalts.

Die sich an den Talrändern um die Stadt ziehenden ›Bandwege‹ bieten die herrlichsten Überblicke. Der schönste ist vielleicht der von der *Lutherbuche* aus (Abb. 52). Chronikalischen Nachrichten zufolge soll hier »freitags nach Ostern« 1525 Martin Luther gestanden und die Stadtanlage mit der Gestalt eines Vogels verglichen haben. Demnach wäre »das Schloß der Kopff, die zwey Gassen wären die Flügel, der Markt der Rumpff, die Niedergasse der Schwantz«.

An diesem Anblick hat sich, vor allem aufgrund der geographischen Situation, wenig geändert. Das *Schloß* allerdings dürfte zu des Reformators Zeiten die kastellartige Burg des 13./14. Jh. gewesen sein, in deren Schutz die Stadt heranwuchs. 1539–47 und nach 1690 ließen die 1210 erstmals genannten Grafen von Stolberg die Burg zum Wohnschloß umbauen. Erhalten haben sich hinter der schlichten Barockfassade des die Stadt beherrschenden Gebäudeensembles Zeugnisse aller Bauphasen. Im wesentlichen der Bauzeit des 16. Jh. entstammen der Südwestflügel, das sogenannte ›Neue Haus‹ und der gegenüberliegende, an den Wohnturm des 13. Jh. anschließende Flügel, die sogenannte ›Kemenate‹, sowie die beiden Treppentürme. Von den Innenräumen ist die originell in den ehemaligen Wohnturm und anschließenden Rundturm eingebaute *Schloßkapelle St. Juliana* mit Stern- und Netzgewölben erhalten geblieben. Mit dem Neubau des stadtseitigen Flügels nach 1690 ging auch eine umfassende Neugestaltung des Inneren der Gesamtanlage einher. Hervorzuheben sind die plastisch durchformten Stuckdecken des ›Blauen Saales‹ mit Gemälden des Leipzigers Samuel Blütner und des ›Roten Saales‹, für den Karl Friedrich Schinkel einen Entwurf für die Innendekoration entwarf, der in den Farben Schwarz, Rot und Gold gehalten war.

# »HARZ, DU MUTTERGEBÜRG«

Unterhalb des Schlosses, doch höher als das Rathaus, liegt die *Stadtkirche St. Martini* am stadtseitigen Schloßberg. In den unteren Geschossen des Turmes noch spätromanisch, gehören ihre Langhauspfeiler und Obergaden einer Basilika aus der zweiten Hälfte des 13. Jh., Außenwände, Chor, Krypta und Turmobergeschoß einem 1485 begonnenen, spätgotischen Umbau an. Während die Kirche selbst mit Holztonnen gedeckt wurde, entstand in der Sakristei ein schönes Sterngewölbe mit der Figur des hl. Martin im Schlußstein. Reizvoll wirkt die Kirche auch durch die beiden querschiffartigen Anbauten, die als Reminiszenz an die Bürgerstadt Fachwerkgiebel besitzen. Am 21. 4. 1525, ausgerechnet in der Geburtsstadt des maßgeblich am Bauernaufstand beteiligten Thomas Müntzer, hielt Luther in der Kirche eine flammende Predigt gegen die aufständischen Bauern. Die Kanzel, auf der er gestanden hat, existiert nicht mehr, dafür je ein lebensgroßes Bildnis von ihm und Melanchthon aus dem Jahr 1618. Wirklich künstlerisch bemerkenswert sind jedoch ein um 1500 geschnitztes Beweinungsrelief und der aus Marmor und Alabaster 1599 gefertigte, die Formelemente der Spätrenaissance sehr beherrscht präsentierende Taufstein. Keinesfalls geringere Beachtung verdienen die beiden Bronzegrabplatten für Pfarrer Ulrich Rispach und Elisabeth von Stolberg, die womöglich aus der Gießhütte Peter Vischers d. Ä. kommen könnten.

Die kleine, auf einem hohen Steinsockel stehende, 1477 von Graf Heinrich von Stolberg gestiftete und fünf Jahre später geweihte *Marienkapelle* ist schon 1529 nicht mehr genutzt worden, so daß der vernachlässigte Bau um 1960 mit einer Glocke aus der Martinikirche zu einer Gedenkstätte umgestaltet worden ist.

Fast so bekannt und beliebt wie das Wernigeröder ist das *Rathaus* von Stolberg (Farbabb. 13). 1482 erbaut und um 1600 erneuert, kann man das Fachwerkobergeschoß, in dem die Stadtverwaltung residiert, nur über die seitliche Kirchentreppe betreten, denn innen, vom Untergeschoß des ›Ratskellers‹, gibt es keine Treppe nach oben. Dafür besaß das zweimal durch eine leichte Abknickung der Straße angepaßte Haus einst so viele Fenster wie das Jahr Wochen und so viele Scheiben wie das Jahr Tage hat. Auf der Sonnenuhr von 1724 in der Mitte des steinernen Unterbaus wird das Stolberger Wappen von den Figuren der Justitia und der Minerva getragen. Der lateinische Spruch bedeutet: »Glückliche Eintracht bleibt, wenn wir zusammenhalten, wenn Phöbus die Zeiten anzeigt, Minerva die Sprache und Themis die Bürger die Rechte lehrt.« Ein Spruch, der so weise wie naiv wirkt, zumal wenn er in Korrespondenz zu dem erst 1989 aufgestellten *Denkmal* für die tragische Figur *Thomas Müntzers* gesehen wird, der hier gefesselt steht zwischen den Pfosten seines Hauses.

In der das Thyratal hinunterlaufenden Niedergasse, deren Eingang durch den aus dem 13. Jh. stammenden und im 19. Jh. überbauten *Saigerturm* markiert ist, steht heute ein Fachwerkhaus des 19. Jh. anstelle des 1851 abgebrannten Geburtshauses des ›Revolutionstheologen‹. Gemeinsam mit dem Saigerturm, der seinen Namen nach der einst neben ihm befindlichen Schmelzhütte erhielt, erinnert die nur wenige Schritte abwärts sich stolz in die Straße drängende ehemalige *Münze* an die einstigen Grundlagen des Reichtums der Stadt: Silber- und Kupfererzbergbau. Von diesem Reichtum zeugt das 1535 von Bürgermeister und Münzmeister Kilian Keßler erbaute prächtigste Haus Stolbergs im Stil der niedersächsischen Fachwerkrenaissance. Reich geschmückt mit Fächerrosetten, Schiffskehlen und anderen

Schnitzereien erheben sich drei Fachwerkgeschosse über dem massiven Unterbau. Der fünfseitige, aus der Mitte des Hauses hervortretende Erker, der über die Dachtraufe hinaussteigt und in seinen beiden Obergeschossen Vorhangbogenfenster besitzt, verleiht der Gesamterscheinung eine besondere Dynamik. Das *Heimatmuseum,* welches sich heute in diesem Haus befindet, kann neben seinen Ausstellungen zur Stadt- und Bergbaugeschichte eine der wenigen erhaltenen Münzwerkstätten vorweisen. – Das *Haus Niedergasse 39* ist eines der wenigen massiven Steinhäuser der historischen Stolberg und wurde 1552 von dem im gut erhaltenen Sitznischenportal verewigten Bürgerehepaar erbaut.

Ebenfalls museal genutzt wird das älteste, wohl um 1450 erbaute *Haus Rittergasse 14*. In dem mit seiner Spitzbogentür und der grob gefügten Balkenordnung liebenswerte Altertümlichkeit vermittelnden Handwerkerhaus geben originale Einrichtungsgegenstände ein Bild der Lebensverhältnisse einfacher Handwerkerfamilien wieder. Nach weiteren, zum Teil bemerkenswerten Gebäuden wird das Ende der Gasse mit dem *Rittertor* abgeschlossen, das 1640 aufgrund seines üblen Zustandes erneuert werden mußte. Es ist eines der Tore, die die Stadt sicherten, denn eine Mauer benötigte Stolberg wegen seiner geographischen Lage nicht.

Nordöstlich vom Markt zieht sich die sogenannte Neustädter Seite sacht ansteigend in das Zechental hinauf. Das *Haus Am Markt 10* gilt nächst der Münze als das schönste der Stadt.

*Stolberg, Josephshöhe. Ansichtskarte um 1900*

## »HARZ, DU MUTTERGEBÜRG«

Es ließen sich noch zahlreiche sehenswerte Häuser aufzählen, wie etwa das im *Reichen Winkel 3*. Aufmerksamkeit verdienen auch viele reizvolle Details, wie die häufig anzutreffenden Türen des 18. und 19. Jh. mit ihren Türklinken und Messingschildern. Deutlicher als in den Nordharzstädten macht sich hier in Stolberg der thüringische Einfluß auf den Fachwerkbau bemerkbar. Das besonders schöne *Haus Töpfergasse 1*, das in seinem Obergeschoß durchkreuzte Rauten und Andreaskreuze aus geschweiften Hölzern besitzt, ist dafür ein anschauliches Beispiel und rundet den vielgestaltigen, romantisch überhauchten Eindruck von dieser kleinen Kurstadt ab. Wie ein I-Punkt sitzt darauf die 1437 geweihte *Liebfrauenkapelle* auf dem Friedhof im Zechental, die Adrian Ludwig Richter als Vorbild für die gotische Kapelle in seinem berühmten Bild ›Brautzug im Frühling‹ diente, das in der Gemäldegalerie ›Neue Meister‹ in Dresden zu bewundern ist.

Das Zechental weiter hinauf, wo zu beiden Seiten verfallene Stollen liegen, führt der Weg etwa 5 km durch schattige Laubwälder auf die 575 m hohe *Josephshöhe*, auf der sich die Stahlskelettkonstruktion des *Josephskreuzes* erhebt. Das 38 m hohe Riesenkreuz von 1896 ist Nachfolger eines 1832–34 nach Entwürfen Friedrich Schinkels erbauten Holzkreuzes, welches 1880 einem Blitzschlag zum Opfer fiel. Das Krachen, so erzählt man in der Gegend, war bis in das südöstlich der Josephshöhe liegende **Schwenda** zu hören. Die achteckige *Dorfkirche* des letztgenannten Ortes soll 1736/37 von dem Stolbergischen Baumeister und Architekturtheoretiker Johann Friedrich Penther nach dem Vorbild der Dresdener Frauenkirche erbaut worden sein. Sie ist wie diese ein Zentralbau, jedoch auf oktogonalem Grundriß und geht auch in eine achteckige Kuppel über, die dann allerdings wie die Frauenkirche eine offene Laterne trägt. Den barock ausgestatteten Innenraum überspannt ein Klostergewölbe, das 1938 von Karl Völker ausgemalt wurde. In barockisierter expressiver Gestaltung wacht das Auge Gottes, umgeben von den vier Evangelisten und Erzengeln, gleichsam ohne Ermüden über das Wohl und Wehe seiner ihm anvertrauten Gemeinde.

Weiter nach Süden senkt sich das Gebirge hinunter in die von der Helme durchflossene Aue, um abermals zu den Höhenzügen des Kyffhäusergebirges aufzusteigen.

## Blick vom Kulpenberg

Auch wenn seit 1990 das Gebirge mit dem Kreis Artern zum Land Thüringen gehört, und nur Tilleda und Kelbra am Rand noch in Sachsen-Anhalt liegen, wird eine ›Grenzüberschreitung‹ in diesem Kapitel unumgänglich sein.

Wie ein kleines südliches Geschwister des rauheren Harzes hebt sich das **Kyffhäusergebirge** aus seiner Umgebung heraus. Dieser nicht neue Vergleich bezieht sich sowohl auf beider geologische Entstehungsgeschichte und Form als auch auf ihren sagenumwobenen Ruf. Dabei hat die Verwertung der allbekannten Sage vom wiedererstehenden Kaiser Barbarossa zwischen sozialromantischer Erlösersehnsucht und preußisch-militaristischer Großmannssucht dem kleinen Gebirge nicht immer gute Schlagzeilen gebracht. In der zweiten Hälfte des 19. Jh. galt der Kyffhäuser als berühmtester Berg Deutschlands. 477 plus

78 m über dem Meeresspiegel in dem geradezu ahistorischen Café des *Fernmeldeturmes Kulpenberg* nahe der B 85 sind vielleicht genug für einen sachlichen Überblick über die Höhen und Niederungen der Geschichte des Kyffhäusergebirges und seiner Umgebung.

Bis zu 300 m fällt das Gebirge an seinem Nordrand in die es vom Harz abtrennende *Goldene Aue,* die Thietmar, Bischof von Merseburg, in seinem ›Chronicon‹ den »blühenden Hof des Paradieses« nannte. Auch ohne symbolisch gehobenen Blick auf die Erträge der dort intensiv betriebenen Landwirtschaft scheint ihr hell-lehmiger Boden noch heute golden auf. Rotbuchen, Hainbuchen und Eichen sind es vor allem, die die steil heraufsteigenden Hänge kräftig begrünen. 19 km lang und nur 7 km breit, ließe sich das Gebirge bequem an einem Tag durchwandern. Sein südlicher Teil wirkt weniger schroff, und auf sand- und gipshaltigem, zum Teil verkarstetem Boden finden sich sogar subtropische Pflanzengesellschaften. Dazu kontrastiert die Riedflora in den Talsohlen des Gebirgsrandes. Noch im 12. Jh. von Auen- und Bruchwald bestanden, wurden diese Riedflächen auf Betreiben Friedrich Barbarossas von flämischen Kolonisten und Zisterziensermönchen urbar gemacht. Absickernde Oberflächenwasser laugten tiefliegende Stein- und Kalisalzlager aus und sprudeln als Solquellen an die Oberfläche, was der Region bereits 1000 Jahre vor der Zeitenwende eine wirtschaftliche Grundlage gab. Die gleichen Oberflächenwasser führten und führen im Gips zu Verkarstungen, Erdfällen und Höhlenbildungen, von denen die bei Rottleben liegende *Barbarossahöhle* mit ihren vielgestaltigen ›Kunstformen‹ jährlich Tausende Touristen in ihre Hallen, Säle und Grotten zieht. Tisch und Stuhl des natürlich momentan gerade nicht anwesenden Kaisers sind dabei Requisiten für einen sich offenbar nie verbrauchenden Scherz.

Indessen kann der leere steinerne Stuhl nicht verwundern. Ein Besuch auf dem berühmten, nur 3 km Luftlinie vom Kulpenberg entfernten *Kyffhäuserberg* klärt alles. Nach Ent-

*Kyffhäuserdenkmal, Barbarossahof*

»HARZ, DU MUTTERGEBÜRG«

würfen von Bruno Schmitz (1858–1916) entstand dort von 1891–96 das ›Kaiser-Wilhelm-Nationaldenkmal‹, heute kurz **Kyffhäuserdenkmal** genannt (Abb. 51). Schmitz, der kurz darauf die Entwürfe für die Denkmäler an der Porta Westfalica, am Deutschen Eck in Koblenz und für das Völkerschlachtdenkmal in Leipzig lieferte, avancierte in wenigen Jahren zu »dem bedeutendsten Denkmalarchitekten wilhelminischer Zeit«.

Mitten in der ehemaligen Oberburg schuf man ohne Rücksicht auf die damals noch vorhandene historische Bausubstanz ein riesiges Plateau, auf dem in drei Stufen die monumentale, das Kaisertum verherrlichende, 81 m hohe Anlage entstand. Gekrönt wird ihr zu besteigender Turm von einer 6,6 m hohen Nachbildung der Wilhelminischen Kaiserkrone. Die Figur Barbarossas, die dem ideologischen Konzept ihren historisch-mythischen Hintergrund verleiht, sitzt am Fuß des Denkmalturmes in ihrem von einer romanisierenden Bogenhalle umgebenen Felsareal.

Die der Grundidee des gesamten Denkmals folgende, von dem Bildhauer Nikolaus Geiger (1849–1897) stammende Figur scheint aus dem zum Teil in Naturform belassenen Zyklopengestein herauszuwachsen und ist in ihrer romanisierenden Nische ein rechter deutscher Märchenkaiser. Das sich über ihm erhebende, vor die Turmfront gesetzte, nach Entwürfen Emil Hundriesers (1846–1911) in mansfeldisches Kupfer getriebene Reiterstandbild Wilhelms I. hebt sich in seiner naturalistischen Durchbildung wohl absichtlich von der geschlossen und wuchtig wirkenden Gesamterscheinung des Denkmals ab, das stilistische Bezüge zur alten Stauferburg aufnimmt. Es übersteigert damit noch die Rolle des Reichsgründers als über die Dinge obsiegenden Messias, Souveräns und Vollenders heute und jetzt. Ihm zu

*Burg Kyffhausen, Rekonstruktion der Gesamtanlage, gezeichnet von Hermann Wäscher*

Füßen lagern zwei allegorische Figuren, die eines Kriegers und die einer die Geschichte verkörpernden Frau, die den Lorbeerkranz für ihn bereithält.

Das *Burgmuseum* direkt gegenüber dem Turmeingang dokumentiert vor allem die ältere geschichtliche Entwicklung des Kyffhäusergebietes und zeigt zahlreiche, während der Ausgrabungen auf der Burg gemachte Funde.

Von der alten, 1118 anläßlich ihrer Eroberung und Zerstörung durch sächsische Fürsten erstmals erwähnten *Burg* gibt es nur noch wenige Reste. Ihr Bau ist in die zweite Hälfte des 11. Jh. zu setzen, als Heinrich IV. die Macht der salischen Kaiser gegen das Andringen des sächsischen Adels zu sichern suchte. Ein Rekonstruktionsversuch der letzten großen, unter Friedrich I. ausgebauten Reichsburg zeigt sie in über 600 m Länge und bis zu 60 m Breite in ihren drei Teilen als eine der größten Burgen Deutschlands. Der prägnante Stumpf des ursprünglich dreigeschossigen, viereckigen Bergfrieds der Oberburg, die Ringmauer und auch die Kapelle der Unterburg stammen aus dieser Zeit.

Nachdem Kyffhausen im 13. Jh. der Reichsgewalt verloren und in den Besitz der Grafen von Beichlingen übergegangen war und bereits im 15. Jh. verfiel, wurde 1433 die Kapelle der Unterburg ein letztes Mal wiederhergestellt und als Wallfahrtskapelle ›Zum heiligen Kreuz‹ geweiht. 1546 hauste dort ein offenbar geisteskranker Schneider aus Langensalza. Durch seine merkwürdigen Reden zog er eine Menge Leute an, die ihn für den auferstandenen Barbarossa hielten. Tatsächlich waren schon im späten Mittelalter eine Reihe ähnlicher ›Kaiser‹ in Erscheinung getreten. Tile Kolup, wohl der kühnste der Betrüger, soll sogar von den Landgrafen anerkannt, später aber doch geköpft worden sein.

Am Kyffhäuserdenkmal vorbei geht der Blick wieder in die oft von zartem, seidigen Dunst ein wenig ins Unwirkliche entrückte Aue. Fast in einer Linie liegen der Kulpenberg, das Denkmal und der kleine, am Fuß des Kyffhäuserberges liegende Ort **Tilleda** mit seinem zaubrisch klingenden Namen. ›Dullide‹ wird er in einer Urkunde von 972 genannt. Das Dokument beschreibt die Mitgift Ottos II. für seine Gemahlin Theophanu und erwähnt unter anderen die auf dem Pfingstberg am Rande des heutigen Ortes gelegene *Pfalz*. Bis in das 12. Jh. hinein ist dann aufgrund der dort angefertigten Urkunden die zeitweilige Anwesenheit deutscher Kaiser nachgewiesen. Wie etwa die von Barbarossa oder Heinrich IV., der sich 1194 in Tilleda mit dem lange gegen die staufische Macht kämpfenden Heinrich dem Löwen versöhnte.

Das Gelände auf dem Pfingstberg wurde mit Unterbrechungen von 1935–79 ergraben, um nähere Aufschlüsse speziell über die Pfalz Tilleda zu erhalten. Die Ergebnisse der Grabungen, freigelegte und zum Teil ergänzte Grundmauern oder andere Bauglieder, sind heute in einem *Freilichtmuseum* zu besichtigen. Diese vom 10. bis zum 12. Jh. vom ›wandernden‹ deutschen Königshof zugleich als Regierungssitz und Versorgungseinrichtungen benutzten und mit sogenannten Tafelgütern verbundenen Pfalzen lassen sich als ›Palastbauten‹ in einer ›burgähnlichen Befestigung‹ vorstellen. In Tilleda wurden neben einer Saalkirche, die auch die Wohnräume des Königs aufnahm, ein größeres Wohnhaus und ein saalartiges Gebäude, welches sogar eine Fußbodenheizung besaß, nachgewiesen. In der Vorburg,

247

## »HARZ, DU MUTTERGEBÜRG«

die auch eine Handwerkersiedlung beherbergte, konnten über 200 kleinere Häuser ergraben werden, die verschiedenen Zwecken dienten. Neben Wohnhäusern gab es Wachhäuser, Vorratshäuser und Häuser für die einzelnen Gewerbe wie Eisenverarbeitung, Tuchmacherei oder Töpferei.

Der Ort Tilleda selbst ist über die Bedeutung eines kleinen Marktfleckens nie hinausgewachsen. Die *Dorfkirche St. Marien,* deren romanischen Turm Kuppelfenster aus rotem Sandstein schmücken, besitzt einige Ausstattungsstücke aus Spätrenaissance und Barock. Im ›Gasthof Zur Goldenen Gabel‹ kehrten am Abend des 30. Mai 1776 Goethe und Karl-August von Sachsen-Weimar ein, um am nächsten Morgen in aller Frühe den Kyffhäuser zu besteigen. Diese Begebenheit ist nur überliefert, weil ein unglücklicher Jägerbursche die fröhlich Lärmenden zur Rede stellte und sich damit einen aktenkundig gewordenen Rüffel seines Dienstherrn einfing.

Etwa 500 Jahre vorher sang und dichtete als früher Kollege Goethes der aus Kelbra gebürtige Kristan von Luppin auf der **Rothenburg** seine Verse. Ein Bildnis und sechs Lieder von ihm sind in der großen Manessischen Liederhandschrift überliefert.

Die Rothenburg liegt nur etwa 2 km nördlich des Kulpenberges auf einem schwer zugänglichen Bergsporn. Die Ruinen des alten Burgtores, einer kleinen Doppelkapelle und des Bergfrieds stammen noch vom ursprünglichen Bau aus dem Anfang des 12. Jh. Die Mauern des frühgotischen, zweigeschossigen Palas lassen trotz der schlechten Verfassung noch etwas von der Eleganz dieses Profanbaues erahnen. In den 30er Jahren unseres Jahrhunderts wurden außer Sicherungsarbeiten auch die Fenster des Palas erneuert und der Bergfried zu einem Aussichtsturm erhöht. Der geböschte Turm vor dem Eingang der Burg wurde 1906 erbaut und ist einer jener Bismarcktürme, die damals wie Pilze aus dem Boden schossen. In seiner Halle befand sich ein Mal für die im Ersten Weltkrieg gefallenen Mitglieder des Kyffhäuserverbandes deutscher Studenten. Obwohl gerade ein Menschenalter vergangen ist, findet man davon nichts mehr, während manche, selbst bröckelnde Mauer der Burg wie für die Ewigkeit gemacht scheint.

›Pforte zum Kyffhäuser‹ ist der große Name für das kleine Städtchen **Kelbra.** Die die Bundesstraße übers Gebirge kreuzende Lange Straße war ein Teil jener Königsstraße, die Nordhausen mit den Pfalzen Tilleda und Wallhausen verband und an der die thüringische Siedlung entstand. In den 1271 dann als Stadt erwähnten Ort hatten die sehr aktiven Grafen von Beichlingen bereits 20 Jahre vorher ein Zisterzienserinnenkloster gelegt. Der Turmsockel und Teile des Kirchenschiffes der Anfang des 17. Jh. abgebrannten *Stadtkirche St. Georg* gehörten der ehemaligen Klosterkirche an, welche direkt an die Stadtmauer schloß. 1607 neu aufgebaut und erweitert, finden sich in ihr einige Ausstattungsstücke wie etwa ein nach 1520 datierter, gemalter Flügelaltar, ein Taufstein aus der Mitte des 16. oder Kanzel und Emporen aus dem 17. Jh.

Älter als die vormalige Klosterkirche ist die im Kern vielleicht frühromanische *Kirche St. Martin* im bis 1895 selbständigen Altendorf. Über ihrem kreuzgratgewölbten Chor erhebt sich ein kleiner Turm. Im Innern steht ein reich gestalteter Kanzelaltar aus dem 18. Jh.

Sonst fallen nur der stattliche Bau des *Rathauses* und einige Bürgerhäuser im Innern der Stadt auf, an deren Nordostecke ein quadratischer Bergfried und die Ruine eines Palas noch den Ort der aus dem 12. Jh. herrührenden *Kelbraer Burg* anzeigen.

Sein südliches Pendant findet Kelbra im heute thüringischen **Bad Frankenhausen**. In der Unterstadt der sich von Süden her an die steilen Hänge des Kyffhäusergebirges drängenden Stadt freilich steht keine Ruine, sondern das umfangreich restaurierte *Schloß* Frankenhausens. Das bereits vorher durch zahlreiche Umbauten veränderte Gebäude beherbergt hinter seinem schlichten Barockgesicht das vorbildlich eingerichtete *Kreisheimatmuseum*. Seine Ausstellungen befassen sich vornehmlich mit Geologie und Geschichte des Kyffhäusergebietes, insbesondere aber mit der Geschichte des Bauernkrieges, der auf dem Schlachtberg über der Stadt ein blutiges Ende fand.

Südlich der Unterstadt und des Flutgrabens liegt das erst 1890 eingemeindete Alte Dorf mit der *Kirche St. Petrus*. Die ursprünglich wohl dreischiffige romanische Basilika aus der zweiten Häle des 12. Jh. besteht heute nur noch aus Chor und Apsis. Die im Sternenmuster stehende Figur des Patrons der Kirche auf dem Kämpfergesims des südlichen Chorpfeilers und die um 1300 entstandene Malerei in der Konche der Apsis vermitteln noch etwas von der alten Weihe.

Durch die Lange Straße und die Bahnhofstraße gelangt der Besucher wieder in die Unterstadt, und zwar auf den Kantor-Bischoff-Platz. Der massige, dem heiligen Georg geweihte Bau der ehemaligen *Kirche* eines 1215 eingerichteten Zisterzienserinnenklosters entstand nach dem Stadtbrand von 1689. An den noch verwertbaren Turm und Chor der bereits 1596–98 grundlegend erneuerten Kirche wurde ein dreischiffiges Langhaus angebaut, in welchem ebenfalls zahlreiche ältere Teile eingefügt wurden. Im weiträumigen Innern dominieren barocke Formen und Ausstattungsstücke. Schon 1382 allerdings kam, offenbar aufgrund des Umbaus der Oberkirche, das sogenannte ›Waldenserkruzifix‹ in die Kirche. Die heute völlig desolate Oberkirche war als romanische Basilika von einer ›Brüderschaft des Leibes Christi‹ erbaut und dann durch eine gotische Kirche ersetzt worden. Bemerkenswert an diesem Kruzifix ist die ungewöhnliche Verwendung eines T-Kreuzes und die beseelte und naturnahe Gestaltung insbesondere des Gesichtes Jesu, welches eine gewisse Nähe zu Arbeiten des Naumburger Meisters hat.

Von der Kirche führt die fast schnurgerade Klosterstraße weiter in die Stadt hinauf. In den Straßen um den Markt gibt es einige sehenswerte Häuser. Als Beispiele seien hier nur das 1833 erbaute *Rathaus* mit dem Stadtwappen genannt, welches den goldenen Löwen der Grafen von Schwarzburg trägt, das schöne Fachwerk zweier Bürgerhäuser in der Kräme und am Plan das spätgotische Haus, in dem sich früher das Gasthaus ›Zum Schwan‹ befand und das heute die ›Schwanendrogerie‹ berherbergt. Es entstand in der Zeit nach dem Bauernkrieg, da sich die Stadt trotz der 10 105 Gulden Strafe, die sie an Fürsten, Adlige und auch einige Bürger zahlen mußte, rasch erholte. Der Grund lag in der enorm steigenden Salzproduktion. In der Frauenstraße, zwischen Solbad und Kurpark, befand sich das Gelände der ehemaligen Saline. Dort standen die Siedehäuser, die der Stadt, die noch heute mit dem Salz

*Bad Frankenhausen, Bauernkriegspanorama, Detail aus dem Monumentalbild von Werner Tübke*

lebt, ihren Wohlstand sicherten. In diesem Bereich zieht sich aber auch die Erdfall- und Senkungszone am Südfuß des Kyffhäusers entlang. Verworfene Straßen, reißende Mauern und nicht zuletzt der schiefe, absinkende Turm der Oberkirche, der wie das Schiff abgetragen werden soll, sind sichtbare Zeugnisse unterirdischer Bewegung. So entziehen die Salzquellen, welche der Stadt einmal den Reichtum brachten, einen Teil des Grundes, auf dem sie steht.

Relativ unbeeindruckt davon steht der *Hausmannsturm* am sonnenbeschienenen Nordrand der Stadt als Rest einer burgartigen Festung. Ab Ende des 16. Jh. diente er tatsächlich dem Hausmann, dem Wächter über Stadt und Saline, als Wohnung und Beobachtungsposten.

Noch weiter über der Stadt, auf dem Hausberg, steht jener moderne, etwas befremdlich wirkende Rundbau des ›*Panorama*‹ – eines Prestigeobjekts aus dem letzten Jahrzehnt des Bestehens der DDR. An dieser Stelle, wo am 15. Mai 1525 das Bauernheer die den Aufstand im thüringisch-sächsischen Raum besiegelnde Niederlage erlitt, malte Werner Tübke nach Vorarbeiten innerhalb von vier Jahren (zwei Drittel mit eigener Hand) das 1722 m² große Rundbild ›Frühbürgerliche Revolution‹ und beendete es 1987. Ungefähr 3000 Figuren beleben das 15 m hohe und 120 m lange Bild, welches das größte, mit klassischen Malmethoden gemalte Bild der Welt ist. Männer der Reformation, des Bauernkrieges und des aufstrebenden Kapitals treten gleichsam als Akteure auf die historische Bühne dieses Bildes und bilden – mit aus der Geschichte oder gegenwärtiger Erfahrung entlehnten Allegorien – ein nur schwer zu entwirrendes Geflecht von Beziehungen. Eine zusätzlich theatralische, vielleicht etwas zu perfekte, weniger auf Einfühlung als vielmehr auf Überwältigung setzende Präsentation dieser an altmeisterlicher Handschrift geschulten Kunst kann schon zu Superlativen wie dem vom ›Zauberberg der Malerei‹ führen, ohne gleich neben dem Barbarossas einen neuen Mythos in die Welt zu setzen und das wirkliche Leben vergessen zu machen.

# Von Anhalt nach Anhalt

In der Nähe von Harzgerode beginnend, führt die B 185 über Ballenstedt, Aschersleben, Bernburg und Köthen nach Dessau. Sie verbindet damit die beiden ehemaligen Hauptgebiete Anhalts: den Harzkreis mit seinen westlichsten Orten Breitenstein und Güntersberge mit dem von Saale, Mulde und Elbe durchflossenen, sich bis zum Fläming hinziehenden Tiefland der vormaligen Residenzen Bernburg, Köthen, Dessau und Zerbst. Das dazwischen liegende Aschersleben fiel schon 1315 aus dem anhaltinischen Länderbund heraus. Dennoch wird es hier schon aus rein praktischen Erwägungen nicht ausgeschlossen, wie auch andere, nie zu Anhalt gehörende Orte.

Während der Harzkreis von einer vielgestaltigen Gebirgs- und Vorgebirgslandschaft geprägt ist, die sich ihren ureigenen Reiz größtenteils unverstellt bewahren konnte, waren das östliche Flachland und dessen Dörfer und Städte insbesondere während der letzten 150 Jahre durch intensive landwirtschaftliche und industrielle Ausbeutung eingreifenden Veränderungen ausgesetzt.

Auf der Reise von West nach Ost, die auch den zeitlichen und geopolitischen Vormarsch der Christianisierung ab dem 10. Jh. und die Verschiebung ökonomischer wie politischer Gewichtungen im Machtkampf nachfolgender Epochen erhellt, waren bis zu den Bombardierungen des Zweiten Weltkrieges an der Dichte historischer Bausubstanz viel deutlicher als heutzutage die verschiedenen Epochen abzulesen. Im Kreis Ballenstedt überwog die Romanik, in Bernburg und Köthen die Gotik, in Dessau die Renaissance und in Zerbst Barock und Rokoko. Bei dem oft erschreckenden Zustand vieler ›nur‹ zweitklassiger Baudenkmäler ist es heute vielleicht eher die Spannung zwischen dem Dessauer Bauhaus von

VON ANHALT NACH ANHALT

Walter Gropius und der ottonischen Stiftskirche zu Gernrode, die dem Reisenden augenfällig wird. Obwohl es auch dazwischen fast unzählige Baudenkmäler von bedeutendem Wert und großer künstlerischer und allgemeiner, kultureller Ausstrahlung gibt.

»Er ist von Anhalt«, diese spöttisch gemeinte Redewendung gegenüber jemandem, der oft anhält, oft Pausen macht, ließe sich als Maxime für eine Reise durch Anhalt ganz bestimmt ins Positive kehren.

## Die Wiege Anhalts – der Harzkreis

Die Ruinen der alten **Burg Anhalt** – Anhalt, was am sinnfälligsten mit dem Wort Stützpunkt zu übersetzen wäre – unterscheiden sich nicht wesentlich von den zahlreichen, oft kaum noch definierbaren Überresten anderer einst stolzer Burgen, die sich allenthalben am und im Harz finden. Ihr Überlebenselixier aber ist ihr Name, der sich später auf ein ganzes Fürstentum übertrug und noch heute, verbunden mit Sachsen, als Länderbezeichnung fortlebt. An der Stelle, wo sich das Selketal unterhalb von Mägdesprung immer mehr zu weiten beginnt, baute Graf Esiko von Ballenstedt, der Stammvater des Fürstenhauses Anhalt, in der ersten Hälfte des 11. Jh. die erste Burg aus Bruchstein auf dem fast 400 m hohen Hausberg oberhalb des Flußtales. Otto der Reiche (ca. 1075–1123), der sein Hauptquartier von Ballenstedt hierher verlegte, erweiterte die Burg. 1140 wurde sie während einer Fehde zwischen Albrecht dem Bären (ca. 1100–1170) und Herzog Heinrich dem Stolzen von Bayern durch Erzbischof Konrad von Magdeburg und Markgraf Konrad von Meißen zerstört. Ob vor der Schleifung oder danach, ob aus Trotz oder Stolz, Albrecht der Bär war dann offensichtlich der erste, der sich nach der Burg benannte. Sie wurde zwar wieder aufgebaut, spielte aber

*Burg Anhalt, Ruine des Bergfrieds*

keine größere Rolle mehr. 1376 erscheint eine letzte, belanglose Nachricht betreffs des Lohnes für Pfarrer Arnd von Anhalt, der sich auf eine Mark Silber beläuft. Andere Burgen oder Schlösser, wie Harzgerode oder das nicht anhaltinische Falkenstein, hatten mehr Glück.

Der interessanteste Weg von der Burg Anhalt nach Harzgerode führt in Verfolgung des Selketales aufwärts über Mägdesprung und Alexisbad. Hier befand sich mit Harzgerode als Zentrum bis zum Ende des 19. Jh. ein Schwerpunkt des Unterharzer Bergbaus und insbesondere der Verhüttung. Ortsbezeichnungen wie ›Am Kupferhammer‹, ›Friedrichshammer‹ oder ›Siedlung Stahlhammer‹ erinnern daran. In **Mägdesprung** wurde seit 1646 Eisen verhüttet. Es stehen noch alte Anlagen aus dem 18./19. Jh. Der Kunstguß aus Mägdesprung war berühmt. Ein gußeiserner *Obelisk* von 1812 und mehrere *Tiergruppen* nach der Mitte des 19. Jh. können davon noch einen Eindruck vermitteln.

**Alexisbad** deutet mit seinem Namen an, daß der Ort seine Anziehungskraft der 1755 gemachten Entdeckung des Mineralgehalts seines Quellwassers zu danken hat. Es lag damit wohl auf der Sonnenseite des eher schmutzigen Hüttenwesens. Die um 1810 in Fachwerk errichteten *Kurhäuser* (Abb. 53) zogen bald zahlungskräftige Kurgäste an. Wenig einfühlsame Neubauten der letzten Jahre haben leider den romantischen Schmelz des idyllisch gelegenen Fleckchens nicht unbeschädigt gelassen. Phantasieanregende Besonderheiten finden sich vor allem an den sich aus dem Tal ziehenden Fußwegen, wie etwa der *Luisentempel* von 1823 oder die höchst zwiespältige Gefühle auslösende *Verlobungsurne* von 1845 auf einem schroffen Felsen über dem Tal.

Durch das Selketal indes keucht noch immer die von Gernrode startende, in den 80er Jahren des vorigen Jahrhunderts eingerichtete *Selketalbahn* mit ihren rauchenden, kleinen Lokomotiven und Waggons auf schmaler Spur nach Harzgerode hinauf (Abb. 47). In Alexisbad teilt sich ihre Spur, um sich über Straßberg, Güntersberge und Stiege an der Eisfelder Talmühle mit der Harzquerbahn zu verbinden.

Die Stadt **Harzgerode,** nur gut 4 km Luftlinie südwestlich von den Ruinen der Burg Anhalt, erhielt schon 993 durch Otto III. Markt- und Münzrecht. Im Besitz der Abtei Nienburg, blieb der Ort aber unter der Lehnsherrschaft der askanischen Grafen und wurde dann seit dem 14. Jh. mehrfach verpfändet, ehe er seit 1535 endgültig bei den Fürsten von Anhalt blieb und zwischen 1635 und 1709 sogar Residenz eines selbständigen Fürstentums wurde.

Regelmäßig angelegt, wird die Stadt heute hauptsächlich durch Fachwerkhäuser des 17./18. Jh. geprägt. Das 1549–52 anstelle eines älteren Baues an die ehemalige Stadtmauer gelehnte, bescheidene *Schloß* besteht aus einem dreigeschossigen Hauptgebäude, einem Rundturm und den den Hof schließenden Wehrgängen. Ein Südflügel wurde 1775 wegen Baufälligkeit abgerissen.

Neben dem Schloß besitzt Harzgerode nur noch wenige historisch bedeutsame Gebäude. Der ehemalige *Gasthof ›Zum Bär‹* war früher Sitz der Regierung. Das dem erst 1900 erbauten *Rathaus* gegenüberliegende, stattliche Gebäude war *Edelhof* derer von Röder. Ein Bildnis des Leberecht Wilhelm von Röder von 1699 befindet sich an der westlichen Empore der barocken *Stadtkirche*, die daneben eine reich gestaltete barocke Fürstenloge besitzt. Als ein Pendant im gleichen Haus, im untersten Geschoß des im Kern romanischen Turmes, mahnt die Fürstengruft an die Zeitlichkeit auch herrschaftlicher Existenz.

Bei weitem besser als die Burg Anhalt hat die **Burg Falkenstein** (Abb. 58) die Zeitläufe überdauert. Sie ist wohl die besterhaltene mittelalterliche Burganlage des Harzes. Kurz vor dem Austritt der Selke aus dem Gebirge erhebt sie sich 135 m über dem Flußspiegel auf einem nur vom Hochplateau leicht zu erreichenden Bergkegel. Der Vergleich mit dem unerreichbaren Horst eines Falken ist hier nicht abwegig. Nach Schleifung einer etwa 2 km selkeaufwärts gelegenen Burg begannen die Herren von Konradsburg um 1120 sie als ihren zukünftigen Stammsitz auszubauen. Ab 1155 als ›Grafen von Falkenstein‹ tituliert, spielten sie in den territorialen Machtkämpfen des 12./13. Jh. eine nicht unbedeutende Rolle, wodurch sie gezwungen waren, den weiteren Ausbau der Burg voranzutreiben. Etwa zwischen 1220 und '50 vervollkommnete man die Burg zu einer Dreiflügelanlage mit einem differenzierten System von Zwingern, Gräben und Innenhöfen. Die endgültige Gestalt ihres Äußeren erhielt die Burg schließlich im 16. Jh. unter den Herren von der Asseburg, die den Falkenstein bereits 1437 erworben hatten. Insbesondere der von »Universitätsstudien geprägte Bauherr« August I. beförderte den Ausbau der Burg zu einem zeitgemäßen, repräsentativen Wohnschloß. Unter seiner Regentschaft entstanden auch die beiden Zwerchhäu-

*Burg Falkenstein, Lageplan  1 Vorburg  2 Mittelhof  3 Kernburg  4 Nordwestbastion  5 Halsgräben*

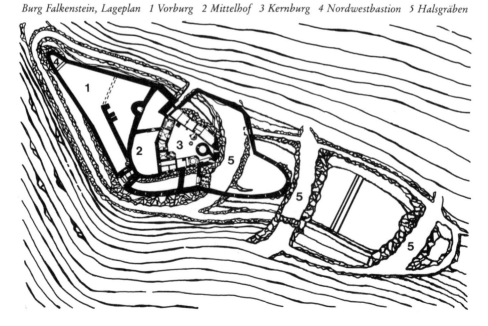

ser der Südseite, die Holzausstattung der frühgotischen Burgkapelle und die als Kleinod sehr früher mitteldeutscher Stukkatur geltenden Arbeiten im Schiefen Saal, an den Stirnwänden des Rittersaales und die prächtigsten in der sogenannten Grünen Stube. Er veranlaßte 1592 die Erhöhung des Bergfrieds um etwa 10 m und den Aufbau der heute noch erhaltenen Haube auf dem ehemals platten, Geschütze tragenden Stumpf. Auch der 1601 neu erbaute Treppenturm mit Sitznischenportal in der Südwestecke des Hofes geht auf die Initiative August I. zurück. Nach zwei Jahrhunderten geringer baulicher Aktivitäten setzte in den Jahren 1831/32 die Ausgestaltung von Wohngemächern des Obergeschosses des Nordtraktes durch Friedrich August Stüler (1800–1865) in romantischer Rückbesinnung einen letzten Glanzpunkt. Der aus dem historistisch-verklärenden Stil ausscherende Herrensaal »ist mit seiner vollständigen, vermutlich nach Entwürfen Karl Friedrich Schinkels hergestellten Ausstattung als ein Juwel des Biedermeier anzusehen«. Ein Porträt Bernhardines von der Asseburg mit ihren zwei Söhnen, 1833 von Wilhelm von Kügelgen gemalt, komplettiert diesen schönen Raum, wie sich natürlich vieles hier nicht zu nennende aufs erfreulichste in den heute als *Jagdmuseum* genutzten Falkenstein einfügt.

In dieser Fülle von Sachzeugen darf auch daran erinnert werden, daß Gottfried August Bürger (1747–1797), der Dichter und Übersetzer der ›Wunderbaren Reisen und Abenteuer des Freiherrn von Münchhausen‹ auf der Burg zu Gast war, wie es fast selbstverständlich scheint, daß ein solch romantisches Schloß einen Maler wie Ludwig Richter anziehen mußte. Am folgenreichsten jedoch dürfte der Aufenthalt des Schöffen Eike von Repgow auf dem Falkenstein gewesen sein. Er übersetzte im Auftrag des Grafen Hoyer den von ihm bereits lateinisch verfaßten, auf volkstümlicher Rechtsprechung fußenden ›Sachsenspiegel‹ ins Niederdeutsche. Es war das bedeutendste deutsche Rechtsbuch des Mittelalters und wurde zum Vorbild zahlreicher Gesetzbücher auch anderer Völker. »›Spiegel der Sachsen‹ / soll dies Buch sein genannt, / denn Sachsenrecht ist hierin bekannt; / wie in einem Spiegel die Frauen / ihr Antlitz beschauen«, heißt es im gereimten Vorwort des wahrscheinlich zwischen 1220 und '35 entstandenen Werkes.

Selkeabwärts, und nun am endgültigen Austritt des Flüßchens aus den sich weitenden Fesseln des Gebirges, liegt der kleine, nur etwas über 1000 Einwohner zählende Ort **Meisdorf**. Achaz von der Asseburg, der die baufällig gewordenen Teile des Falkenstein abreißen ließ, erbaute sich hier 1787 ein neues *Schloß*. Achaz war nicht nur Diplomat von europäischem Rang, beispielsweise war er Minister der Zarin Katharina II., sondern auch ein enger Vertrauter Klopstocks. Der soll ganz in der Nähe, auf einem ›Klopstockklippe‹ genannten Felsvorsprung, Teile seines ›Messias‹ gedichtet haben.

Außer dem Schloß besitzt das Dorf noch eine kleine barocke *Kirche*, den *Wehrturm* einer aus dem 12. Jh. stammenden Wasserburg, das Haus der ehemaligen *Gemeindeschänke* aus dem 17. Jh. und ein *Laubenhaus* von 1800, die frühere Dorfschmiede.

Nur 3 km östlich von Meisdorf liegt auf einem Bergsporn die zu **Ermsleben** gehörende *Konradsburg*, bzw. die Reste derselben und des Klosters, welches die Herren von Konradsburg in die alte Burg legten, als sie sich anschickten, Herren von Falkenstein zu werden.

255

VON ANHALT NACH ANHALT

Von der Anfang des 13. Jh. erbauten kreuzförmigen Pfeilerbasilika ist nur noch der östliche Chor mit der darunterliegenden Krypta sowie der Teil einer Querschiffwand erhalten. Aber allein schon dieses Fragment zeugt beeindruckend von dem einst bedeutenden Bau. Durchgeistigte Schlichtheit und Strenge des Grundbaus paart sich mit den reichen und üppigen Formbildungen der Kapitellornamentik in der Krypta, die »zum Prächtigsten und Reifsten der mitteldeutschen Spätromanik« gehört (Abb. 59). Diese offenbar unter französisch-rheinischem Einfluß entstandene Kunst markiert im Übergang vom Würfel- zum Kelchblockkapitell die aufkommende Gotik.

Die übrigen noch vorhandenen Gebäude stammen aus dem 17.–19. Jh. Nach dem Bauernkrieg war die Konradsburg Lehngut und ab 1712 zum Vorwerk der Domäne Ermsleben geworden. Ein Brunnenhaus aus dem 18. Jh. mit einem Tretrad, welches von einem Esel angetrieben wurde, vermittelt vielleicht den lebendigsten Eindruck aus dieser Zeit. Geplant ist der Ausbau und die Nutzung dieser Gutsgebäude für kulturelle Zwecke.

Ob dabei als Vorbild an den in Ermsleben geborenen Dichter Johann Ludwig Gleim gedacht ist, der sein Halberstädter Domizil zum Treffpunkt des damaligen deutschen ›Poetenolymps‹ machen konnte? Sicher nicht. In der Stadt immerhin gibt es an seinem *Geburtshaus* in der Thomas-Müntzer-Straße eine Erinnerungstafel und auf dem Friedhof ein symbolisches Grabmal für ihn und seine Frau, die beide in Halberstadt begraben wurden. In der Teile des 11.–18. Jh. umfassenden, uneinheitlichen *Stadtkirche St. Sixtus* ist es vor allem ein Epitaph von 1571, das wegen seiner bemerkenswerten Spätrenaissanceornamentik Aufmerksamkeit verdient.

Nach diesem Ausflug ins Preußische, denn der Falkenstein, Meisdorf und Ermsleben gehörten ehemals zum Mansfelder Gebirgskreis, führt die B 185 zurück ins Anhaltische nach **Ballenstedt**. 1765–1863 befand sich hier die Residenz der Herzöge von Anhalt-Bernburg. Aber Ballenstedt wird auch die ›Kügelgen-Stadt‹ genannt. Der Porträtist, Grafiker und spätere Schriftsteller Wilhelm von Kügelgen (1802–1867) lebte ab 1833 als Hofmaler in Ballenstedt. Ein Zimmer in dem sehr gut gestalteten *Heimatmuseum* erinnert daran (Abb. 55). Ansonsten befaßt sich das Museum mit der Geschichte des anhaltischen Harzkreises. Das spätbarocke Stadtpalais steht direkt am ehemaligen Schloßplatz. Der *Große Gasthof* vis à vis, 1733 als Jagdhaus gebaut und 1765 in einen herrschaftlichen Gasthof verändert, war kurz vor dem völligen Zusammenbruch und soll in nächster Zeit wieder aufgebaut werden. Näher dem Schloß bietet sich an der westlichen Stirnseite des Platzes das kleine, 1788 errichtete klassizistische *Schloßtheater* zur Schau als das älteste Theater Anhalts und eines der wenigen noch erhaltenen aus dieser Zeit überhaupt. Seine Glanzzeit erlebte es, als Albert Lortzing seine ›Undine‹ in der Dekoration von Moritz von Schwind dirigierte, oder als Franz Liszt im Juni 1852 hier ein zweitägiges Musikfest leitete.

Die hohen Besucher mögen sich dort vor oder nach den Vorstellungen im bereits seit Anfang des 18. Jh. existierenden, mauerumgürteten barocken *Lustgarten* ergangen haben. Diesem Park war auf dem waldigen, hügeligen Gelände westlich des Schlosses ein Landschaftspark nach englischem Vorbild, mit Pavillons, Gedenksteinen und Ruhesitzen, hinzu-

256

*Ballenstedt, Schloß. Lithographie von A. M. Becker, 19. Jh.*

gefügt worden. Nach einem Entwurf von Peter Joseph Lenné wurde auch der barocke Garten bis 1862 umgestaltet. Unterhalb der Schloßterrasse, auf der sich ein halbrunder Aussichtsaltan und ein Wassersammelbecken befanden, erstreckte sich eine über drei Terrassen geführte, von einem halbrunden Musikpavillon gekrönte Wasserachse mit Treppen und Wegen. Von den weiteren Schmuckelementen innerhalb des Gartens ist der Drache aus Mägdesprunger Zinkguß zweifellos am beeindruckendsten. Die gesamte Anlage befindet sich in Rekonstruktion.

Dem darüber thronenden, im wesentlichen barock geprägten, dreiflügeligen *Wohnschloß* wird zur Zeit eine ebensolche zuteil. Es wurde im 16. Jh. zunächst auf vorhandenen Klosterbauten gegründet, die man zu Wohnzwecken hergerichtet hatte. Von der in das letzte Drittel des 12. Jh. zu datierenden *Klosterkirche* sind nur noch der ursprünglich mit zwei Türmen bestückte Westbau und Teile der Krypta vorhanden. Im Westteil des Schlosses existieren noch zwei tieferliegende Klosterräume.

Das Kloster lag außerhalb der Stadt, die reichlich 1 km östlich des Schlosses ihre Siedlung hatte. Als Verbindung zwischen beiden entstand 1712 aus einem alten Fahrweg eine Allee. An ihr und ihren Querstraßen ließen sich Beamte des Hofes oder des gehobenen Bürgertums nieder, so daß sich hier einige bemerkenswerte, insbesondere spätbarocke oder klassizistische Wohnbauten entdecken lassen. Das ehemalige *Wohnhaus Kügelgens* befindet sich in der nach ihm benannten Straße Nr. 35a.

## VON ANHALT NACH ANHALT

Im Gegensatz zur Neustadt gibt es in der einst von einer Mauer, Türmen und Toren gedeckten Altstadt zahlreiche, allerdings eher schlichte Fachwerkbauten des 17./18. Jh. Mit dem neuen *Rathaus* aus den Jahren 1905/06 jedoch besitzt Ballenstedt eine Arbeit des Architekten Alfed Messel (1853–1909), eines um die Jahrhundertwende führenden Künstlers. Messel greift hier neben Elementen der Renaissance auch die älterer, territorialer Traditionen auf. Der plastische Schmuck des Hauses ist von Georg Wrba entworfen worden.

In den Badstuben, gleich neben dem Ratsgebäude, liegt der *Oberhof*, eine dreiflügelige, einfache Anlage aus der zweiten Hälfte des 16. Jh. Die die beiden Seitenflügel verbindenden Arkaden sind eine romantische Zutat des 19. Jh.

Der Oberhof wie zwei andere, nicht mehr vorhandene Höfe gehörten den hier sehr begüterten Herren von Stammer. Ein Epitaph für Gebhard von Stammer und seine Frau befindet sich in der nahen *Pfarrkirche St. Nikolai.* Der einschiffige, um 1500 von denen von Stammer und von Heyden für die 1498 bis auf den Turm abgebrannte Kirche veranlaßte Neubau wurde mehrfach renoviert bzw. erweitert. Neben dem Stammerepitaph sind vor allem die 1587 geschnitzten Emporen bemerkenswert.

Südlich der Kirche markiert der bis ins 19. Jh. auch als Gefängnis dienende *Marktturm* den alten, dreieckigen Markt. Dort steht auch das alte *Rathaus* aus Fachwerk von 1682, über dessen Doppeltür das aus dem Obertor stammende Wappen der Fürsten von Anhalt-Bernburg eingesetzt ist, das lakonisch kundtut: »Von Gots Gnade Wolfgang Fürst von Anhalt, Graf v. Ascaie u. Her zu Bernburg 1551.«

Auf dem Weg von Ballenstedt nach Westen erscheint auf dem Hügel rechts der Straße ein für unsere Breiten ungewöhnlicher Turm. Der hauptsächlich durch Theaterbauten bekannt gewordene Architekt Bernhard Sehring (1855–1941) baute dort ab 1905 auf dem Gelände der ehemaligen Rudolfsburg seinen ganz persönlichen Traum ›**Roseburg**‹ (Abb. 54). Kaum ein Besucher kann sich der Rührung entziehen angesichts der Miniatur-Ritterburg mitsamt der dazugehörenden Schloßkapelle, versteckten Grotten, Wasserspielen oder den verschlungenen Wegen, wo es immer wieder etwas zu entdecken gibt, sei es eine Skulptur oder ein geheimnisumwittertes Kindergrab. Selbst wenn vieles nur Plagiat und Schauspielerei ist, läßt sich überraschend auch Erlesenes finden. Sogar aus Italien schaffte der Erbauer dieser Märchenkulisse originale Bauteile heran – angefangen bei einer antiken Marmorsäule bis zu einer bronzenen Fortuna aus der Renaissance. Geldschwierigkeiten verhinderten zwar die Fertigstellung, doch noch in diesem Zustand darf die Burg als Kleinod architektonischer Kuriositäten gelten. Besonders im Frühling, wenn sich die freien Rasenflächen mit einem Flor aus goldenen Himmelschlüsseln überziehen, mag es scheinen, als sei hier der Ort, wo sich der Kinderhimmel aufschließen läßt.

Nach dem Durchfahren von Rieder, einem schon 936 urkundlich erwähnten Dorf, taucht am Fuß des recht steil und bewaldet aufsteigenden Rambergmassivs das architektonische Glanzstück des Harzkreises, die über tausendjährige **Stiftskirche Gernrode** auf. Vielleicht schon 959, spätestens 961 ist dort mit dem Bau des zunächst als Familienkloster geplanten

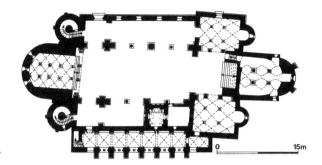

*Gernrode, Stiftskirche, Grundriß*

Stifts und der Basilika in die Burg des Markgrafen Gero hinein begonnen worden. Besagter Markgraf hatte sich besonders bei den Feldzügen gegen die Slawen hervorgetan. Ließ Gero doch bei einem festlichen Gelage, wozu er auch Slawenfürsten geladen hatte, diese im angetrunkenen Zustand hinterrücks ermorden. Er brach zwar den erbitterten Widerstand der slawischen Stämme, doch kosteten diese Kämpfe letztendlich auch das Leben seines Sohnes und Erben. Der Sage nach von Gewissensnöten geplagt, stiftete Gero das Kloster zum Heil seiner Seele, praktisch doch wohl mehr seiner verwitweten Schwiegertochter Hathui zur angemessenen Bleibe. Sie wurde 959 von Bischof Bernhard von Halberstadt zur Äbtissin geweiht. Zwei Jahre danach stellte Gero das Stift unter königlichen und päpstlichen Schutz, reiste nach Rom und erhielt dort die Armreliquie des heiligen Cyriakus, der die anfangs gewählten Schutzheiligen Maria und Petrus bald verdrängte. Bereits 964 besaß das Stift 24 Ortschaften. Diese reiche ökonomische und autoritäre Ausstattung ließ Gernrode neben Quedlinburg, Essen und Gandersheim zu einem der vermögendsten und vornehmsten Stifte des Reiches werden.

Die noch im 10. Jh. fertiggestellte und in großen Teilen original überkommene Basilika gilt als »eines der bedeutendsten und im Gesamteindruck besterhaltenen Zeugnisse ottonischer Architektur« (Abb. 56). Mehr als der offensichtlich von mehreren Bauperioden und Rekonstruktionen geprägte Außenbau vermittelt der hohe Innenraum des Mittelschiffs ein ganz eigenartiges, sehr lebendiges Raumerlebnis. Fühlbar wird der von außen nicht sichtbare unregelmäßige Grundriß, der mit seinen gewiß nicht beabsichtigten schiefen Winkeln dafür sorgt, daß die Kirche glatter Monumentalität entgeht. Der Kunsthistoriker Richard Hamann hat St. Cyriakus mit dem Körper der ottonischen Plastik verglichen, »wo an den prallen Leib die Glieder gleichsam angestückt sind«. Das Mittelschiff, »in dem wie in den malerischen Kruzifixdarstellungen alles etwas verschoben, alles schief und lässig gestaltet, alles ungleich und alles gleichsam mit einer struppigen Besonderheit gebildet ist«, könnte in seiner Abhängigkeit von byzantinischen Vorbildern von der zwischen 973–78 in Quedlinburg weilenden Kaiserin Theophanu angeregt worden sein.

Die beiden quadratischen Mittelschiffwände, die ottonischer Originalbestand sind, gliedern sich in drei Zonen. Die beiden Doppelbögen des Erdgeschosses werden von einem mittleren, den Raum zentrierenden Pfeiler, den beiden äußeren Pfeilervorlagen und einer

VON ANHALT NACH ANHALT

jeweils dazwischen eingestellten Säule mit korinthisierendem Kapitell getragen. Die im Vergleich zu den Pfeilern höheren Säulen mit den nur in Gernrode vorhandenen dreieckförmigen Aussparungen vermitteln der Konstruktion etwas leicht Aufstrebendes. Über den Arkaden des Erdgeschosses öffnen sich jene berühmten, einzig sicheren ottonischen Langhausemporen in Europa. Die ebenfalls durch einen Mittelpfeiler getrennten zwölf Arkaden sind paarweise durch Blendbögen zusammengefaßt. Wieder darüber befinden sich sieben, sich nicht in die Ordnung der Arkaden fügende Obergadenfenster. Gleichfalls ottonisch, und in die Zeit des Baubeginns zu datieren, ist die Ostkrypta mit dem darüberliegenden Chor, in dessen Apsis der Hauptaltar des heiligen Cyriakus stand. Die Salvator-mundi-Malerei in der Apsiskuppel stammt aus dem 13. oder 14. Jh. Die *Ostkrypta* als zweifellos ältester Teil der Kirche gehört zu den »Inkunabeln der Hallenkrypten nördlich der Alpen«. Der kleine und wenig hohe, von vier Pfeilern getragene Raum besaß ursprünglich zwei Zugänge und erinnert in seiner Verjüngung zum östlichen, unsicheren Abschluß an das alte Motiv der Umgangskrypta. An den Ostchor schließt das Querhaus mit ausgeschiedener Vierung. Die Emporen in den Querhausarmen sind Einbauten von 1130, wie die vier Bogenöffnungen an der Nordseite, in welche zwei Säulen aus dem ebenfalls in dieser Zeit umgestalteten Westbau eingesetzt wurden. Der ursprüngliche Westbau war vermutlich dreitürmig mit einem großen Mittelturm, der sich ähnlich wie die Mittelschiffwände ins Langhaus öffnete, was dem ganzen Raum eine gewiß größere als die heute ablesbare Logik gab.

Neben diesen Ein- und Umbauten gab es weitere. Um 1170 wurden *Kreuzgang* und *Stiftsgebäude* errichtet, die teilweise noch vorhanden sind. Eine umfassende Restaurierung fand 1858–72 durch Ferdinand von Quast statt, und die Westtürme wurden von 1907–10 abgetragen und neu aufgebaut.

Neben dem Taufstein, um 1150 entstanden und 1865 aus Alsleben hierher versetzt, dem Gerobild um 1500 und der Gerotumba von 1519 zieht vor allem das in das südliche Seitenschiff eingebaute *Heilige Grab* die Aufmerksamkeit auf sich.

Die um 1080 entstandene, doppelkammerige Anlage ist die älteste unter den erhaltenen Nachbildungen des Grabes Christi in Deutschland. Seinen liturgischen Sinn erhielt dieses Grab während der alljährlichen Osterfeiern, die am Karfreitag mit der ›deposito‹, der symbolischen Grablegung einer Hostie oder eines Kruzifixes, begannen, sich in der Osternacht in der ›elovatio‹, der symbolischen Auferstehung aus dem Grabe, fortsetzten und am Ostermorgen in der ›visitatio‹ endeten. Drei die Frauen darstellende Kleriker gingen in das Heilige Grab. Wechselgesänge begleiteten das Geschehen. Zum Beweis für die Auferstehung wurden die leeren Tücher vorgezeigt, in die der Tote gehüllt gewesen war.

Es versteht sich von selbst, daß sich auch der plastische Schmuck des Heiligen Grabes auf das Ostergeschehen bezieht. Er hat sein Vorbild in den Motiven und der Stilistik der Kleinkunst spätantiker Tradition des 9.–11. Jh. Während die reich und lebendig gegliederten Friese der äußeren Westwand (Abb. 57) in beziehungsreicher, symbolischer Verknüpfung die »eigentlichen Heilstatsachen der christlichen Lehre« vermitteln, beziehen sich die großen Stuckfiguren direkt auf das Ostergeschehen. Die Westwand zeigt eine der Frauen, die am Ostermorgen zum Grab gekommen waren, die Nordwand Maria Magdalena mit dem

260

*Gernrode, Stiftskirche,
Heiliges Grab, um 1080,
Erzbischofrelief*

Auferstandenen, ebenfalls am Ostermorgen. Darüber thront Christus. An der Vorraumnordwand ist der Gang der Apostel Petrus und Johannes zum Grab dargestellt. Die Figuren in der Grabkammer illustrieren gleichfalls das Geschehen am Ostermorgen mit den Grabesengeln, der Frauengruppe und dem Erzbischofrelief, in dem wohl der Auferstandene selbst zu sehen ist. Die ursprünglich wahrscheinlich innen und außen bemalte Grabkammer glich einem »riesigen Reliquiar«, durch das sich alljährlich das Ostergeschehen symbolisch vergegenwärtigte und in die Mitte der Gläubigen trat.

Eher mit kriegerischer denn geistiger Tradition sind die Ruinen der *Lauenburg* und der *Stecklenburg* 3 km westlich oberhalb von Stecklenberg belastet. Die Lauenburg war neben der Harzburg die größte Burg des Harzes und wie diese wohl durch Heinrich IV. als Reichsburg errichtet, bevor sie in späterer Zeit sogar als Steinbruch benutzt worden ist.

Zurück über Gernrode und Ballenstedt, zweigt von der Hauptstraße nach Nordosten der Weg in das Landstädtchen **Hoym** ab. Heute zwar unscheinbar, darf es sich aber ebenfalls rühmen, einmal Residenzstadt gewesen zu sein, und zwar von 1709–1812 für die Fürsten von Anhalt-Bernburg-Hoym-Schaumburg. Wilhelm von Kügelgen, nach dem im Ort eine Apotheke benannt worden ist, war hier ab 1853 für zehn Jahre Kammerherr des »immer infantiler und schwachsinniger« werdenden Herzogs Alexander Carl. Kügelgen hatte sich dazu entschlossen, weil er von zunehmender Farbenblindheit betroffen war und schließlich ohne die Hilfe seiner Frau nicht mehr malen konnte. Aus der Not eine Tugend machend, schrieb er in Hoym, in seinem »Brummstall«, wie er seine Kammer nannte, seine Lebenserinnerungen, die noch heute zum Lebendigsten der Memoirialliteratur des 19. Jh. zählen.

VON ANHALT NACH ANHALT

Das ehemalige, 1714 erbaute einfache *Schloß* besitzt ein sehr schönes, mit Figuren geschmücktes Hofportal. Die *Stadtkirche* reicht mit Chor und Apsis in die Zeit um 1200 zurück. 1911 neu ausgestattet, hängt im Kirchenschiff das Gemälde eines Cranach-Schülers, welches sich wie die Sandsteinplastik im Glockenturm als ein Epitaph für Hans von Thal erschließt, der 1583 ermordet worden war.

Mit der *Stiftskirche* im nahen **Frose** schließt sich der Reigen der bedeutenden romanischen Baudenkmäler des anhaltischen Harzkreises. Frose war die älteste geistliche Stiftung des Landes überhaupt und wurde noch vor 950 durch Margraf Gero als Kloster gegründet, bevor es um 960 in ein Gernrode unterstelltes Kanonissenstift umgewandelt wurde.

Der heute noch vorhandene Kirchenbau stammt aus den Jahren um 1170. Sein breiter, gewaltig wirkender Westbau erhebt sich beherrschend nicht nur über die tieferliegenden Häuser des Dorfes, sondern auch über das Kirchenschiff. Die Schallöffnungen künden mit ihren sich zuspitzenden Bögen bereits die Gotik an und beruhen auf Veränderungen des 13. Jh. Die ursprünglich kreuzförmige flachgedeckte Basilika mit ausgeschiedener Vierung verlor ihre Querschiffarme und die Apsiden bei Wiederherstellungsarbeiten des 18. Jh., denen auch die merkwürdigen, rechteckigen Obergadenfenster zuzuschreiben sind. Die zweischiffige Erdgeschoßkapelle des Turmzwischenbaus öffnete sich ursprünglich mit einer Doppelarkade zum Schiff, welches jedoch mit seinen im sächsischen Stützenwechsel geordneten Säulen nicht an Spitzenleistungen wie etwa der Konradsburg heranreicht. So sauber, ja geradezu perfekt Basen, Säulenschäfte, Kapitelle und Kämpfer gearbeitet sind, lassen sie doch das Gefühl für Proportionen weitgehend vermissen.

# Askanien

Ein Name wie aus einem orientalischen Märchen, klar und rätselhaft zugleich. Wer auf den stark belasteten, mitunter sehr engen und winkligen Durchfahrtsstraßen der 34 000-Einwohnerstadt **Aschersleben** kann diesen Namen während der Hauptverkehrszeit überhaupt nur denken? Der Name des stolzen Geschlechts der Askanier, hervorgegangen aus dem der Stadt entlehnten Namen der Burg am Flüßchen Eine, scheint sich vollkommen vom Ort seiner Entstehung gelöst zu haben.

Schon um 750 erscheint der Ort in einem Schenkungsverzeichnis des Klosters Fulda. ›Ascegerslebe‹, Hinterlassenschaft eines Asceger (Eschenspeer) wird er dort genannt. Zwischen dem 3. und 5. Jh. von den Warnen in einer schon seit Jahrtausenden besiedelten Gegend gegründet, konnte sich der Ort an der alten Straße von Halle nach Halberstadt schnell zum Mittelpunkt der Grafschaft Aschersleben entwickeln. Unter dem Regime Albrechts des Bären war sie Zentrum des Schwabengaues, der sich zu dieser Zeit zwischen Harz und Saale, Bode, Wipper und Schlenze ausbreitete. Kriegerische Auseinandersetzungen und Brandkatastrophen haben dafür gesorgt, daß insbesondere die Architektur dieser Zeit fast vollständig verloren ist. Selbst von der im Südwesten der Stadt zwischen Neustadt und Eine gelegenen Burg Askania konnten 1895 bei Ausschachtungsarbeiten im Gelände des ehemali-

Aschersleben
1 Lieberwahnscher Turm
2 Rondell
3 Rabenturm
4 Schmaler Heinrich
5 Johannisturm
6 Rathaus
7 Krukmannsches Haus
8 Heimatmuseum
9 Franziskanerklosterkirche
10 Hennebrunnen
11 Grauer Hof
12 Margaretenkirche
13 Sephanikirche
14 ›Speckseite‹

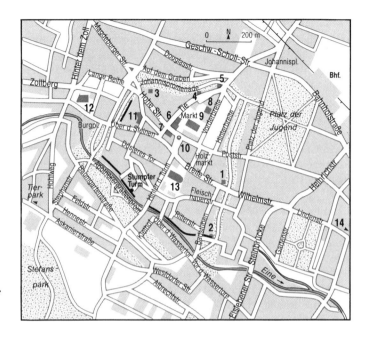

gen Burggartens nur ein paar Mauerfragmente gefunden werden. So sind alte Namen von Straßen oder Plätzen oft die einzigen Wegweiser in die Geschichte: ›Tie‹, ›Über den Steinen‹, ›Kiethof‹ oder ›Alte Burg‹.

Letzterer Name bezeichnet die Stelle einer vorgeschichtlichen Fluchtburg im heutigen Tierpark. Ihre Wälle sind noch zu erkennen. Der mächtige Stumpf eines Turmes aus dem 10. oder 11. Jh. und der Turm der *Westdorfer Warte* aus dem 14. Jh. bestätigen die Höhe des Wolfsbergs als strategisch günstigen Ort. Die Warte war eine der elf Feldwarten rund um die Stadt, welche auf vorgeschobenem Posten die einst mustergültige *Stadtbefestigung* Ascherslebens ergänzten. Diese, zwischen dem 14. und 16. Jh. erbaute, ursprünglich etwas über 2 km lange Anlage ist noch in wesentlichen Teilen erhalten: lange Partien der mit Rundbogenarkaden abgeschlossenen Mauer, 18 Befestigungswerke, darunter allein 15 Türme bzw. Schalen. Neben dem *Lieberwahnschen Turm* mit Steinkegeldach in der Breiten Straße, dem mächtigen, eigens für Kanonen erbauten *Rondell* an den Badstuben, dem *Rabenturm* und dem *Schmalen Heinrich* ist der *Johannisturm* der besterhaltene und markanteste unter ihnen. Ehemals Teil einer Doppeltoranlage, setzt sich direkt an ihm nur noch ein Stück Mauer fort. Mit seiner Schieferhaube und den vier Ecktürmchen ragt der wohl vor der Mitte des 15. Jh. entstandene, 42 m hohe Turm weitgehend schmucklos in den Stadthimmel.

Schon im Verlaufe des 13. Jh. erhielten die beiden, jeweils vom Bistum Halberstadt und den Grafen von Anhalt verwalteten Teile Aschersleben Stadtrecht. Als 1315 die Ascherslebener Linie der Anhaltiner ausstarb und die Stadt nach längeren Querelen ganz an das

## VON ANHALT NACH ANHALT

Bistum ging, erwarb Aschersleben immer größere Freiheiten. 1377 erhielt die Stadt Markt-gerechtigkeit, 1399 Burg und Vogtei zum Pfand, 1428 erwarb sie das Schultheißenamt, und 1443 besaß sie neben der vollständigen Gerichtshoheit auch Burg und Vogtei. Sie war Mitglied der Hanse und galt quasi als reichsfreie Stadt, wenn sie auch nie ausdrücklich als solche anerkannt worden ist.

Ein Zeichen dafür könnte außer der mit großem Eifer ausgebauten Stadtbefestigung der heute im *Rathaus* eingebaute, zuvor vielleicht freistehende Glockenturm als Symbol städti-scher Freiheit gewesen sein. 1511 jedenfalls waren im alten Rathaus am Stephanikirchplatz durch eine Pulverexplosion im Keller nicht nur Türen und Fenster, sondern auch die Rats-herren unsanft auf die Straße befördert worden. Der harte Aufprall mag den Entschluß zum Bau des neuen Rathauses beschleunigt haben. Von diesem, den Übergang von der Gotik zur Renaissance reizvoll markierenden Gebäude ist allerdings aufgrund mitunter martialischer Eingriffe über die Jahrhunderte wenig geblieben. Der Treppenturm des Südflügels, dessen Brüstungen mit spätgotischem Maßwerk geschmückt sind, und der ähnlich gestaltete Erker auf der Ostseite dieses Flügel auf einer reich profilierten Konsole lassen vormaligen Reich-tum ahnen. Auch die barocke Kunstuhr im Turm, in der zur vollen Stunde zwei Ziegen-böcke aufeinander losstürmen und über der eine kleine, schwarzgoldene Kugel die Mond-wechsel anzeigt, ist ein später Abglanz einstiger Bedeutung, die sich zudem in einigen Bürgerhäusern am Markt zeigt.

Südlich des Rathauses steht das *Krukmannsche Haus.* Der runde Eckerker und das reich ausgestattete Portal, aus dessen Zwickeln in zwei Exemplaren der Typus des Hausherrn herabblickt, künden vom finanzkräftigen Besitzer. Hermann Krukmann, so sagt die haupt-sächlich lateinische Umschrift, hat das Haus 1572, zurück von einer offenbar sehr einträg-lichen Reise nach Moskau, mit großen Kosten errichten lassen.

Auf der Ostseite des Markts befindet sich im Haus der ehemaligen Freimaurerloge ›Zu den drei Kleeblättern‹ (1788) das *Heimatmuseum* der Stadt. Neben einer ur- und frühgeschicht-lichen Sammlung, dem Hortfund von Sandersleben, Exponaten zur kulturellen, ökonomi-schen und künstlerischen Entwicklung der Stadt ist hier die umfangreiche geologische Stu-diensammlung von Prof. Dr. Martin Schmidt erwähnenswert.

Nur durch den modernen Bau eines Kinos getrennt, hat sich nebenan die wegen ihrer äußerlichen Schlichtheit zu Unrecht wenig beachtete ehemalige *Franziskanerklosterkirche* behauptet. Trotz einiger nachreformatorischer Eingriffe und zeitweiser profaner Nutzung erheben sich auch heute noch fünf Joche eines sorgsam und werkgerecht ausgeführten, frühgotischen Kreuzrippengewölbes über den fünf aneinandergreihten Quadraten des Grundrisses. Bis auf eines waren alle einfach gegliederten Segmente der Schiffswände von einer Dreifenstergruppe geöffnet, in welcher das mittlere Fenster von zwei kleineren flan-kiert wurde. Diese »keusche Einfachheit aller Formen« hat ihre Ursache in der auf die

51   Kyffhäuserdenkmal über der Goldenen Aue ▷
52   STOLBERG   Blick über die Stadt zum Schloß ▷▷

54, 55  BALLENSTEDT  Wasserspiele auf der Roseburg und Kügelgen-Zimmer im Heimatmuseum

◁ 53   ALEXISBAD   Kurhaus

56, 57 GERNRODE Stiftskirche, Ansicht von Süden und Westwand des Heiligen Grabes

58 Burg Falkenstein über dem Selketal

59 ERMSLEBEN  Konradsburg, Krypta in der Klosterkirche

60 BERNBURG  Schloß, Erker
61 ZERBST  Roland
62 HECKLINGEN  Klosterkirche, Arkadenengel
63 NIENBURG  Klosterkirche, Gedenkgrabplatte

64 DESSAU Bauhaus

65 KÖTHEN Schloß, Thronsaal

66, 67  WÖRLITZ   Park, Blick über den Wörlitzer See auf Stadtkirche und Schloß und Bibliothek im Schloß

68, 69  WÖRLITZ   Park, Floratempel und Weiße Brücke

72   WITTENBERG   Schloßkirche ▷

70, 71  ORANIENBAUM   Orangenbaum mit Schloß und Chinesischer Turm im Park

73 HALLE Blick über die Stadt mit Marktkirche und Rotem Turm

74 HALLE Treppenhaus im Hauptgebäude der Universität
75 HALLE Marktkirche, Blick durch das Mittelschiff ▷

76  LANDSBERG  Doppelkapelle           77  PETERSBERG  Stiftskirche

78, 79  MERSEBURG  Dom, Taufe (um 1180) und Kanzel

urchristlichen Ideale von Armut, Gehorsam und Keuschheit gerichteten religiösen Orientierung des von Franz von Assisi gegründeten Ordens. Daß Theorie und Praxis jedoch bei den Mönchen in Aschersleben nicht übereinstimmten, machte sie bald verhaßt, und sie taten sicher gut daran, 1525 vor den in die Stadt drängenden Bauernhaufen zu fliehen.

Da hatte die Stadt noch knappe 100 leidliche Jahre, ehe auch sie in den Dreißigjährigen Krieg geriet. 1648 ging sie, heruntergekommen wie sie war, infolge des Westfälischen Friedens mit Halberstadt an Brandenburg und in weniger aufregende Zeiten einer ländlichen Ackerbürgerstadt. Erst die Industrialisierung des 19. Jh. brachte raschen Aufschwung. Kali- und Kohlebergbau schienen gewinnträchtige Quellen, zeigen aber in den Problemen mit der Rekultivierung und den Senkungen und Einbrüchen infolge des Kaliabbaus negative Wirkungen. Kohle wird noch heute im Tagebau bei Nachterstedt abgebaut.

Gründerzeit und Jahrhundertwende haben ihre Spuren in den Wohn- und Geschäftshäusern der Breiten Straße und der Poststraße hinterlassen. Mit der genrehaften Plastik auf dem Holzmarkt und dem 1906 von dem seinerzeit hochgeschätzten Professor Georg Wrba geschaffenen *Hennebrunnen* besitzt die Stadt zudem zwei typische Kunstwerke der Zeit.

In den alten Straßen westlich und südwestlich des Markts geht es wieder zurück in die Geschichte. Vor allem in der Hohen Straße und in Über den Steinen finden sich einige sehenswerte Häuser bzw. Fragmente, wie etwa der plastisch sehr anspruchsvolle Erker des Hauses Über den Steinen 5. Wie vieles andere ist er leider in einem bedenklichen Zustand. Ähnliches läßt sich auch vom frühgotischen *Grauen Hof* sagen, einem in seiner urtümlichen Formung beeindruckenden, ehemaligen Wirtschaftshof, der dem Kloster Michaelstein bei Blankenburg gehörte. Die *Margaretenkirche* ist ein im Kern gotisches, später mehrfach umgebautes Gebäude auf unregelmäßigem Grundriß. Der niedrige, in die Kirche gedrängte Turm, der Sakristeianbau mit steinerner, zur Empore führender Spindel und die nachträglich an die Wände gesetzten, plumpen Strebepfeiler verdeutlichen schon von außen die pragmatische Baugeschichte. Die segmentbogige Bretterdecke des Innern überwölbt unter anderem einen Taufstein von 1587, eine barocke Kanzel, ein Kruzifix von 1671 und einige Bildnisse aus dem 17. Jh.

Das bau- und kunstgeschichtlich bedeutendste Gebäude Ascherslebens ist die *Stephanikirche*. Als weithin sichtbare Landmarke überragt ihr über 80 m hoher Turm sämtliche Türme der Stadt. Die Geschichte ihrer Vorgängerbauten reicht bis vor das Jahr 827 zurück, als der erste Halberstädter Bischof Hildegrim von Châlons wohl unmittelbar nach der Bekehrung der ansässigen Bewohner zum Christentum die Kirche als eine der 35 ersten Archidiakonatskirchen des Bistums gründete. Von 1406–1507 entstand die dreischiffige, räumlich großzügige, spätgotische Halle. Schroff und abweisend erscheint die fast ›blanke‹ Westfassade dem Betrachter, was nur durch die Fenster und Gurtgesimse und die über dem doppeltürigen Westportal aufgesetzte Figurengruppe gemildert wird. Sie stellt den jugendlichen Schutzheiligen in Diakonstracht mit zwei seiner Peiniger dar. Leider ist dem an plastischen Werken ohnehin recht armen Aschersleben durch die ›Erneuerungswut‹ der vergangenen Jahrhunderte auch ein großer Teil der ehemals sehr reichhaltigen plastischen Innenausstattung der Kirche verlorengegangen. Neben dem 1464 datierten, von Tierköpfen getrage-

281

## VON ANHALT NACH ANHALT

nen, gotischen Taufkessel aus Bronze, dessen reliefgeschmückte Kuppa wiederum drei Bauern tragen, sind noch die barocke, von einem schildhaltenden Löwen getragene Kanzel von 1656 und deren Schalldeckel, der von 1602 stammende Kirchstuhl als Ehrengedächtnis des Bürgermeisters Andreas Stockelbrand und Frau sowie die steinerne Orgelempore aus der Zeit der Renaissance zu nennen.

Den Schatz der Ausstattung aber bilden die zahlreichen Gemälde, die sich in der Kirche befinden. Besonders hervorhebenswert ist ein Flügelaltar aus der Cranach-Schule, dessen Mitteltafel Maria mit Kind auf der Mondsichel, Johannes den Evangelisten und den heiligen Andreas zeigt. Während auf den Seitenflügeln weitere Heilige dargestellt sind, befindet sich auf der Rückwand die Darstellung einer Einhornjagd. Aus der Werkstatt Cranachs stammt ein originelles Tafelbild, welches die Heilsgeschichte vom Sündenfall bis zum Triumph Jesu Christi darstellt. Schrifttafeln erläutern das Bildgeschehen in der »dogmatischen Anschauung der Reformation«.

Etwas weniger geistlich, wenn auch nicht weniger spirituell könnte es in vorgeschichtlicher Zeit an der sogenanten ›Speckseite‹ zugegangen sein. An der Straße von Aschersleben nach Groß-Schierstedt steht rechts, auf einem Hügel kurz vor dem Ortsausgang ein etwa 2 m aufragender, 2 m breiter und 30 cm dicker Quarzfindling. In ihm befinden sich die Reste zahlreicher, mehr oder weniger korrodierter Nägel. Die Sage berichtet, der Stein würde bei Gewitter so weich, daß sich Nägel einschlagen ließen. Im Mittelalter war es eine beliebte Geschicklichkeitsprüfung für Handwerksburschen. Tatsächlich aber geht die Geschichte des Steins wesentlich weiter zurück. Bei Ausgrabungen 1885 stellte man im Radius von acht Schritten eine künstliche Erhöhung aus Asche, Steinen und Humus fest. Im Hügel selbst, wo schon vor Jahren einige Urnen gefunden wurden, legte man sechs Skelette frei, die mit dem Gesicht nach Osten wiesen.


# Drei Wege nach Bernburg

Umwege sind oft die schönsten Wege, so auch in Anhalt. Der kürzeste Weg von Aschersleben nach Bernburg führt über die ›Eisenbahnerstadt‹ **Güsten.** Den tieferen Sinn dieses ungewöhnlichen Beinamens begreift jeder, der schon einmal in Güsten an der Schranke im Troß seiner Leidensgenossen gestanden hat, denn sie scheint in aller Regel geschlossen zu sein.

Auch wenn es für den kunsthistorisch Interessierten nicht allzuviel zu sehen gibt, könnte die Gelegenheit zu einem Bummel genutzt werden. Am Markt des seit 1373 mit städtischen Rechten ausgestatteten Ortes steht die *Pfarrkirche St. Vitus,* ein schlichter Putzbau in spätgotischen Formen. Das etwas ungelenke Renaissanceportal der Südseite entstand 1591. In diese Zeit etwa wird auch das Kreuzigungsgemälde in der Cranachnachfolge im Innern der flachgedeckten Kirche zu setzen sein. Das *Rathaus* an der Südseite des Marktes geht auf das Jahr 1604 zurück, wurde aber 1906 grundlegend erneuert.

Geben die Schranken die Fahrt wieder frei, wird über Ilberstedt nach nur 8 km Bernburg erreicht, wo sich kurz nach dem Ortseingang, links oberhalb der Hauptstraße, vom Keßlerturm ein Rundblick über Stadt und Umgebung bietet.

Der zweite W- Umweg führt auf der B 6 in südöstlicher Richtung zunächst bis an
e der 1584 erbauten *Dorfkirche* zu **Mehringen** wurden ein roma-
ei Reliefsteine von der ehemaligen Klosterkirche eingesetzt. Das
·0 stellt die Steinigung des heiligen Stephanus dar.
en an den hier mitunter recht steil zum Fluß abfallenden Saale-
·ch aus drei Siedlungen. Sie werden noch heute von der *Stadt-*
n Westturm, der im Kern ebenfalls romanischen *Dorfkirche*
n Gelände des ehemaligen Klosters im 17. und 18. Jh. erbauten,
henden bescheidenen *Schloß* markiert.
en Flußufer in **Beesenlaublingen** findet sich in der *Dorfkirche*
⸿d typischen romanischen Feldsteinkirchen aus dem 12. Jh. Sie
·chenschiff und eingezogenen Chor mit oder ohne Apsis und
nach Osten verjüngenden Staffelung auf ihre Funktion als
·he mit nur einem Geistlichen hin. Bis auf den Neubau des
'orhalle und die Fenstererweiterungen des 19. Jh. blieb die
·halten. Das einstufige Säulenportal im Süden ist reich
von Wellenranken gerahmten Tympanon den thronenden
⸗⸗ und Paulus.

Um wieder auf das linke Ufer der Saale zu gelangen, gilt es abermals, die schmale, 1926 erbaute Brücke zu überqueren. Gleich die erste nach rechts biegende Straße führt durch das verwinkelte, enge Alsleben über Groß-Wirschleben nach **Plötzkau**. *Schloß Plötzkau* thront erhaben auf einem Felsrand über der Saaleaue und hofft auf alten Glanz. Der zwischen 1566 und '73 auf dem Grund einer älteren Burg erbaute beispielhafte Komplex eines Wohnschlosses der Renaissance wird überragt von dem in seinen Untergeschossen romanischen Bergfried mit vier Giebeln in den Formen der Frührenaissance. Sie sind das eigentliche ›Markenzeichen‹ auch des Schlosses, welches insgesamt 21 dieser Giebel besitzt. An die ehemalige Bestimmung – das Schloß war 1611–65 Residenz der Fürsten zu Anhalt-Plötzkau – erinnert noch der Rittersaal, in dem sich ein Kamin mit einem von Georg Schröter reich gestalteten Sandsteinaufsatz befindet.

Zunächst nach Norden triftet der dritte Weg von Aschersleben nach Bernburg. Er führt über Hecklingen, das ehemals preußische Staßfurt und Nienburg und ist der kontrastreichste Umweg. Einfach schon wegen des lustigen Namens müßte **Gänsefurth,** heute ein Ortsteil Hecklingens, erwähnt werden. Das *Schloß*, direkt an der Bode, wurde 1461 als kleine, vierseitige Hofanlage begonnen und 110 Jahre danach grundlegend umgestaltet. 1757 kam ein stattlicher Barockbau hinzu.

**Hecklingen** selbst darf sich rühmen, eine der besterhaltenen, in sächsisch-thüringischer Tradition stehenden, romanischen Basiliken zu besitzen. Die im 3., vielleicht auch erst im

# VON ANHALT NACH ANHALT

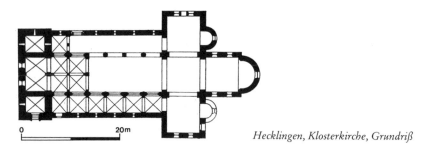

*Hecklingen, Klosterkirche, Grundriß*

4. Viertel des 12. Jh. als *Klosterkirche* des hier ansässigen Ordens der Benediktinerinnen erbaute Kirche stellt mit ihrem aus dem Quadrat entwickelten Grundriß, dem doppeltürmigen Westbau und den in Apsiden schließenden Chor und Querschiffen eine ausgesprochen typische Erscheinung für diese Landschaft dar. Schon das Äußere des Gebäudes atmet diese zur Ruhe gekommene Geometrie des gebundenen Systems, die sich zwischen dem Turmbau und den gewichtiger geformten und gegliederten östlichen Teilen, den Hauptorten der heiligen Handlungen und Altäre, auswiegt. Das auch die Portale umlaufende Sockelprofil schließt den ganzen, aus einzelnen Teilen addierten Kirchenkörper symbolisch zusammen.

Der kryptenlose, flachgedeckte und ursprünglich auf plastischen Schmuck weitgehend verzichtende Innenraum atmet den gleichen Geist, der erst durch den Einbau der unter dem Einfluß der Magdeburger Dombauhütte stehenden Emporen verwischt wurde. Zur selben Zeit, also um 1230/40, dürften auch die 14 Körper der Engelfiguren über den Arkadenzwickeln entstanden sein (Abb. 62). Der bewegt-lineare, heiter wirkende Gewandstil zeigt Parallelen zur thüringisch-sächsischen Buchmalerei. Wen diese Engel ursprünglich darstellen sollten, läßt sich nicht sicher sagen. Das gleiche trifft zu für die wohl erst später an ihren heutigen Platz über die nördlichen Arkadenbögen gesetzten drei männlichen und zwei weiblichen Köpfe. Die strengen, unpersönlichen Züge weisen sie in die Erbauungszeit der Kirche, wo sie vielleicht zu Denksteinen gehörten. Angeblich soll es sich um Mitglieder der Stifterfamilie der Grafen von Plötzkau und das sächsische Kaiserpaar Lothar und Richenza handeln. Spätere Herren von Hecklingen haben sich sicherer verewigen lassen. F. von Trotha ließ um 1600 für sich und seine Familie ein fast bis zur Decke reichendes, mehrgeschossiges Wandgrab errichten. Das Relief in der Mitte zeigt die Auferstehung der Toten frei nach der Prophezeiung Hesekiels: »Siehe, ich will eure Gräber auftun und hole euch, mein Volk, aus euren Gräbern herauf und bringe euch in das Land Israels.«

Von diesem Grabmal ist es nicht weit bis zu dem noch vor der Stadt liegenden *Friedhof* von **Staßfurt**. Obschon dort die Gräber nur bis ins vorige Jahrhundert zurückreichen, gibt das Nebeneinander von vielfach mit kunstreichen Metallgitterzäunen aus Gründerzeit und Jugendstil befestigten Grabstätten, von Efeu dick überwachsenen Grabhügeln und verwucherten Arealen auf seine Art ein Bild dieser Stadt.

Als offene karolingische Marktsiedlung an einer Furt durch die Bode wurde Staßfurt bereits 805/06 erstmals erwähnt. Trotzdem ist außer einigen Resten der Stadtbefestigung an historischer Bausubstanz kaum etwas zu entdecken. Besonders das Zentrum gleicht heute einer Goldgräberstadt, die bessere Tage gesehen hat. Der Grund ist das Salz, dessen Förderung hier wie nirgendwo sonst in Sachsen-Anhalt sichtbaren Tribut gefordert hat. Bereits 1195 wurde ein Solgut in der Nähe des Ortes erwähnt. Und im 16. Jh. berichten die Chroniken, daß die Ratsherren zu Staßfurt, die sämtlich vom Salz lebten, höhere Einkünfte hatten als die von Hamburg. Wirklich weltberühmt wurde die Stadt, als man 1856 mit der bergbaulichen Förderung von Stein- und Kalisalzen begann und sich nicht mehr mit den dürftigen Ausbeuten des Solsalzes begnügen mußte. Bis 1872 entstanden 33 Kalifabriken. Die wilden Baulandspekulationen dieser ›Chlorkaliumfieberjahre‹ brachten Staßfurt anstelle eines historischen Stadtbildes prächtige Gründerzeitvillen. Demgegenüber stand allerdings seit 1879 durch die vom Salzabbau bedingten Erdbewegungen allein bis 1907 im Stadtkern der Abriß von über 150 Wohnhäusern. Kaum vorstellbar, daß das Straßenniveau stellenweise bis um 8 m absank. Noch 1963/64 mußte das Rathaus, ein überaus stattlicher Renaissancebau, wegen Senkungsgefahr abgetragen werden. Und heute denkt man über die ›Verlegung‹ der Stadt nach. So mag der Schnitzaltar mit Passion und Kreuzigung in der Kapelle des ehemaligen *Hospitals St. Johannis,* eine bedeutende Arbeit niederländischer Herkunft, wie ein memento mori auch auf die ›untergegangene‹ Stadt erscheinen, die es dennoch nicht aufgegeben hat, weiterzuleben.

Von Staßfurt treibt der schmale Flußlauf der Bode in östlicher Richtung der Saale zu, um bei **Nienburg** in ihr aufzugehen. Dort wurde auf dem felsigen, linken Ufer der Bode 975 die in der Folgezeit sehr einflußreiche Benediktinerabtei eingerichtet, die von Thankmarsfelde bei Gernrode hierher verlegt worden war. So groß auch ihr Einfluß, so katastrophenreich war ihre Geschichte. Viermal vom 11. bis zum 13. Jh. wurde das Kloster von schweren Bränden betroffen, bevor es im Bauernkrieg fast völlig verwüstet wurde. Von den *Klostergebäuden,* die nach der Reformation als Domäne genutzt, um 1680/90 zum Schloß umgebaut und 1871 zu einer Fabrik umfunktioniert wurden, sind nur Reste erhalten. Ein ähnliches Schicksal erlitt die südöstlich der Kirche liegende *Doppelkapelle,* die schon seit dem 17. Jh. Wohnzwecken diente.

Und natürlich ist auch die *Klosterkirche* von diesen Ereignissen nicht unberührt geblieben. Während das Äußere, von dem mächtigen Dach dominiert, eher einem architektonischen Ungetüm ähnelt, erscheint der einheitlich geformte helle Innenraum in seiner harmonischen Klarheit wie ein kleines Wunder. 1282 erbaut, ist er der früheste gotische Hallenraum im östlichen Sachsen und zeigt neben der typischen Anlage westfälischer Hallenkirchen deutlich das Vorbild der Marburger Elisabethkirche. Wie die Halle der älteren Ostpartie gefühlvoll verbunden, so ist auch das spätgotische Westjoch zurückhaltend dem vorgefundenen Baubestand angeglichen.

Die Ausstattung übergreift die Jahrhunderte ihrer Existenz. Dem 3. Viertel des 13. Jh. entstammt der für diese Gegend ganz ungewöhnliche, wohl auf französischen Einfluß zurückgehende Osterleuchter. An dem sechseckigen Pfeiler sind in zwei Etagen jeweils die figürlichen Allegorien der Winter- und Sommermonate in derb-naiver Manier dargestellt. Neben zahlreichen qualitätvollen Figurengrabsteinen des 15. und 16. Jh., einem von Lucas

285

Cranach d. J. signierten Gemäldeepitaph für die Fürstin Agnes von Barby, einer Grabplatte für Fürst Bernhard III. von Anhalt und seine Frau Anna um 1350 gibt es eine ebenfalls um 1350 gesetzte Gedenkgrabplatte für die Begründer des Klosters, Markgraf Thietmar und seinen Sohn (Abb. 63). Thietmar trägt das Modell der Klosterkirche und steht auf einem einen Menschen schlagenden Löwen. Der Sohn, in Ritterrüstung, steht auf einem Wilden Mann, damit das Symbol heidnischer Dämonie bezwingend. Beide siegreich auf dem obligatorischen Ruhekissen, blicken sie dem Betrachter dennoch wenig fröhlich entgegen.

*Nienburg, Klosterkirche, Osterleuchter*

# ›Die Krone Anhalts‹

»Bernburg, die Kapitale des Herzogtums, ist ein an beiden Seiten der Saale wohlgelegenes Städtchen... Über der Stadt thront malerisch auf einem Felsen das uralte Schloß, die Krone Anhalts. Mit stattlichen Mauern, starken Türmen und einer Mannigfaltigkeit von Gebäuden selbst einem Städtchen gleichend, blickt es hinab auf den Ort und den Strom, welcher, jenen durchschneidend, sich zwischen Rebhügeln, grünen Wiesen und lieblichen Laubhölzern hinzieht.«

So biedermeierlich heil, wie Wilhelm von Kügelgen sich seiner Ankunft in **Bernburg** erinnert, kann die Stadt heute nicht mehr gesehen werden. Steinsalz, Zement und Soda produzierende Industrieanlagen konkurrieren längst mit dem Schloß und leisten ihren Teil zu Wohlstand und Zerstörung.

Das heutige Bernburg wuchs aus drei Städten zusammen. Ihre Geschichte geht in das 12. Jh. zurück, als sich im Schutz der askanischen Burg die Bergstadt als Vasallenstadt und auf dem anderen Ufer zunächst die Altstadt und dann die Neustadt entwickelten. 1561 schlossen sich die beiden letztgenannten zur Talstadt zusammen, und erst 1825 vereinigten sich Berg- und Talstadt.

An der nordwestlichen Grenze der Talstadt finden sich noch große Teile der alten *Stadtmauer*. Wo die Breite Straße die Stadtmauer durchbricht, stand einst das Neustädter Tor, davor die *Neustädter Brücke* oder Flutbrücke, die hier im frühen Mittelalter einen Saalelauf, später den künstlich von der Wipper gespeisten Stadtgraben überspannte und die Talstadt mit dem eingemeindeten Waldau verband. 1644 zerstört, wurde sie 1787 wieder aufgebaut und gehört mit ihren sechs mächtigen Bögen zu den wenigen noch erhaltenen Natursteinbrücken in Sachsen-Anhalt.

Als ›Waladala‹ bereits 806 in den Annalen des Klosters Moissac bei Gelegenheit eines Feldzugs Karl des Großen gegen die Sorben genannt, ist **Waldau** der am frühesten urkundlich genannte Ort Anhalts. Links der Straße erhebt sich der Martinsberg, rechts der Stephans- oder Schloßberg, auf dem die *Stephanskirche* steht. Sie ist, wie die Dorfkirche in Beesenlaublingen, eine ganz typische Vertreterin jener romanischen, flachgedeckten, aus Feldsteinen errichteten dörflichen Gotteshäuser und wurde in den Jahren um 1180 erbaut.

Die Breite Straße ist die ›Magistrale‹ der alten Stadt und führt zum alten, dreieckigen Markt. Trotz übermäßigen Gebrauchs der Abrißbirne in den letzten Jahren gibt es in ihrem näheren Umfeld noch mehrere, zum Teil wertvolle Wohn- und Geschäftshäuser des 16. bis 18. Jh. Die ehemalige Hauptkirche der Neustadt, *St. Nikolai*, ist leicht durch ihren prägnanten, zurückgesetzten Spitzhelm zu erkennen. Die zu großen Teilen frühgotische Kirche hat sicher schon immer im Schatten ihrer Nachbarin, der Marienkirche der Altstadt, gestanden. Rechter Hand hinter der Breiten Straße liegt, versteckt in engen und winkligen Gassen, das um 1300 gegründete *Augustinereremitenkloster*. Von der schlichten Kirche ist nur noch die Ruine, vom Kloster sind große Teile des Kreuzgangs erhalten.

*Bernburg. Kupferstich von M. Merian, um 1650*

Die *Marienkirche*, fast am Ende der Breiten Straße, reicht mit dem Quadermauerwerk des Turmuntergeschosses ins 13. Jh. zurück. Die restlichen Geschosse des Turms gehören aber schon in die erste Hälfte des folgenden. Zeitlich danach datiert die Erneuerung des Kirchenschiffs zur gotischen Halle, wovon allerdings nur die drei westlichen Joche erhalten sind. Es bleibt erstaunlich, wie sich aus diesem gemächlich, offenbar mit nur geringen Mitteln vorangetriebenen Bau in den Jahren um 1420/40 in seinen östlichen Teilen und insbesondere im Chor ein »Prachtbau des ausgehenden Weichen Stils in den charakteristischen Formen der Hallesschen Schule des Conrad von Einbeck« entwickelte. Vor den weit nach innen gezogenen Fenstern und ihrem im Schatten verschwimmenden Maßwerk entfalten sich gleich einem Schleier frei hängende Maßwerkbögen mit Lilienendigungen, wie sie im Umkreis der berühmten Architekten- und Steinmetzfamilie Parler entstanden. Feingliedrig wie diese Bögen wachsen Strebepfeiler organisch zwischen den Fenstern empor. Der Beschauer erspürt unter diesen ›immateriellen‹ Gliedern das architektonische Grundgerüst nicht nur als bloße Halterung dieser ›Schmuckelemente‹, sondern als deren fruchtbaren Grund. Der innere Chor, nicht übersteilt und sich nicht in architektonischer Artistik verlierend, weitet sich in maßvoller, schlichter Zurückhaltung über seine eigentlichen Begrenzungen hinaus und leitet so das innere, auch vom Baumeister gedachte liturgische Geschehen in eine sich vom Stein befreiende geistige Vision.

Wie ein Trichter fängt der *Alte Markt* vor der schmalen, modernen, die Saale überspannenden Marktbrücke die Breite Straße auf. Nach links gibt die zu überquerende Nienburger Straße den Blick frei auf den einsamen, renaissancebegiebelten *Nienburger Torturm*, der neben dem runden *Hasenturm* im Turmweg den Verlauf der alten Stadtmauer anzeigt. Am reizvollen Markt selbst dominiert das 1746 erbaute ehemalige *Regierungsgebäude*. Über dem Giebel eines vierachsigen Mittelrisalits ›schwebt‹ die Allegorie der Herrschaft in Form einer kräftig gebauten jungen Dame, die gelangweilt die Fürstenkrone hält. Darf sie als Sinnbild einer gemächlichen Bernburger Regierungsarbeit gelten, oder ist sie, nüchterner betrachtet, als eine jener Töchter zu sehen, von denen Kügelgen schrieb, daß sie Bernburg »sehr stattlich illustrieren«? Immerhin heiratete Kügelgen selbst eine Bernburgerin.

Nachdem die Marktbrücke überquert ist, führen viele Wege zum Schloß hinauf. Romantisch, wenn auch mitunter etwas verkommen, sind schmale Gassen und Wege wie die Schenktreppe, die in die Theaterstraße mündet, welche wiederum direkt auf die Schloßstraße stößt, zwischen dem 1826/27 im klassizistischen Stil von Johann Adolf Philipp Bunge erbauten *Schloßtheater* und der *Schloßkirche,* die vor ihrem Umbau 1752 lediglich Pfarrkirche der Bergstadt war. Chor und Vierung gehören noch dem Vorgängerbau aus dem 3. Viertel des 12. Jh. an. Das darunterliegende Gewölbe wurde seit 1625 als Gruftkapelle der Bernburger Askanier genutzt, die seit 1752 mit der noch heute erhaltenen, geschmackvollen schmiedeeisernen Tür mit Wappen verschlossen ist. Die angefügte Barockkirche, in ihrer

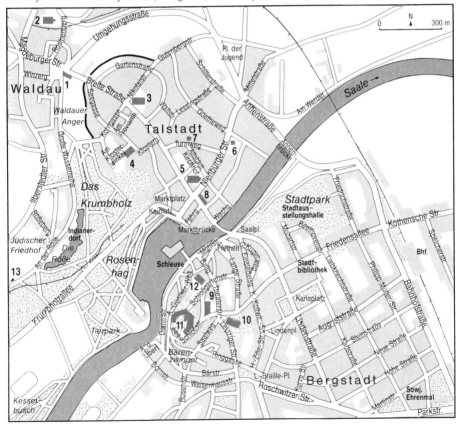

*Bernburg   1 Neustädter Brücke (Flutbrücke)   2 St. Stephan   3 St. Nikolai   4 Augustinereremitenkloster   5 Marienkirche   6 Nienburger Torturm   7 Hasenturm   8 Ehem. Regierungsgebäude   9 Schloßtheater   10 Schloßkirche (St. Ägidien)   11 Schloß   12 Orangerie   13 Keßlerturm*

## VON ANHALT NACH ANHALT

Zurückhaltung sich fast selbst verleugnend, wurde von Kügelgen einmal mit »dem Redoutensaal eines mittleren Gasthofes« verglichen. Dabei war dies nur Ausdruck dogmatischer Strenge der hier herrschenden Reformierten Kirche, die ohne Altar, ja ohne jedes geistliche Symbol überhaupt auszukommen hatte. »Das einzige Bildwerk«, so Kügelgen, »das sie aufzuweisen hatte, war ein kolossales Wappen, das nächst der herrschaftlichen Loge die ganze Altarwand bedeckte, und von zwei hochaufgerichteten, riesenhaften Bären mit schwarzem Pelz und goldenen Kronen gehalten wurde, welche sich als die eigentlichen Gegenstände der Verehrung zu präsentieren schienen.«

Nirgendwo, so scheint es, selbst nicht in Berlin, ist das Wappentier der Askanier, der Bär, so häufig anzutreffen wie in ›Bärnburg‹. Das 1718–21 neugestaltete Schloßportal bietet gleich vier von diesen Gesellen, deren lebendige Vorbilder sich auch noch heute im Bärenzwinger tummeln.

Das gesamte Ensemble des **Schlosses** (Farbabb. 15) wird deutlich von Bauwerken des 16. Jh. bestimmt. Schon im 10. Jh. stand hier eine Feudalburg, die 1138 durch Heinrich den Stolzen von Braunschweig zerstört wurde. Der Wiederaufbau und Umbau zog sich über das ganze Mittelalter hin. Nordwestlich vom Eingang erhebt sich mit dem Blauen Turm, dem Alten Haus, dem Krummen Haus und den Resten der romanischen Burgkapelle die älteste zusammenhängende Gebäudegruppe des Schlosses. Steil steigt der *Blaue Turm* empor, um schließlich von einem Dachgeschoß der Spätrenaissance aufgefangen zu werden. Auch die beiden anschließenden Häuser waren über die Jahrhunderte vielen Umbauarbeiten ausgesetzt. Im *Alten Haus* befindet sich heute das vorbildlich eingerichtete *Museum*, welches Sammlungen zur Ur- und Frühgeschichte, Originale von Plastik und Architekturdetails des Schlosses, eine Galerie der Gegenwartskunst und anderes mehr beherbergt. Den östlichen

*Anhaltisches Wappen, 1757*

Teil des großflächigen Schloßhofs bestimmt eine hohe, barocke Mauer, hinter welcher der Wirtschaftshof lag. Der vor dieser Mauer gesetzte Balkon ist der sogenannte ›Trompeterstuhl‹. Die Mauer endet an dem mächtigen, runden Bergfried aus dem 12. Jh., von dem die Sage geht, daß Till Eulenspiegel einmal Turmwächter in ihm gewesen sein soll, weswegen der Turm auch ›Eulenspiegel‹ heißt. Die nördliche, dem Eingangsportal gegenüberliegende Seite des Schloßhofs wird ganz vom *Langen Haus* eingenommen. Es wurde von 1567–70 unter Fürst Joachim Ernst durch Nickel Hofmann aus Halle errichtet. Über den nur von Türen und Fenstern gegliederten beiden unteren Geschossen baut sich, abgesetzt durch ein Horizontalgesims und nur durch Lisenen vertikal gegliedert, das zweite Obergeschoß auf. Als immer noch schlichte Krönung erheben sich darauf die stärker gegliederten, in Viertelkreisen darüberschwingenden Zwerchgiebel. Ohne die Schlichtheit dieser Fassade zu zerstören, gelang es Hofmann, die beiden prächtigen, über zwei Etagen reichenden Erker einzufügen. Sie sind von Peter von Echternach mit plastischem Schmuck versehen und erscheinen wie ein nach außen gekehrter, innerer Reichtum. Der westliche Erker (Abb. 60) allerdings mußte bereits ganz, der östliche zum Teil erneuert werden.

Angebaut worden war das Lange Haus an den ganz im Westen über der Saale stehenden *Wolfgang-Bau*. Andreas Günther aus Komotau hatte ihn 1538/39 erbaut. An seinen saalewärts nach außen gelegenen runden Eckerkern trägt er acht Bildnisreliefs von Fürsten der Zeit und Kaiser Karl V., deren Originale sich im Schloßmuseum befinden. Nach Osten hin schließt an das Lange Haus der 1686 angefügte *Victor-Amadeus-Bau*. Die westliche Flanke bildet der *Johann-Georgen-Bau*, der 1895 nach einem Brand in der Art des Langen Hauses neu errichtet wurde. Der mit einer Galerie aufgelockerte und die Lücke zum Wolfgang-Bau schließende *Zwischenbau* stammt aus dem Jahr 1680.

So gar nicht in diesen Hof passen die vier großen, in einer Reihe aufgestellten Sandsteinplastiken des Herkules, der Gerechtigkeit, des Glaubens und der Minerva. Tatsächlich stammen sie von der 1708 fertiggestellten, heute durch die moderne Fußgängerzone ersetzten Saalebrücke. Wenn sie auch keine Meisterwerke sind, so erscheinen doch manche Partien in ihrer derben, ländlichen Kühnheit beachtlich und anrührend.

Eine durchaus ähnliche bildhauerische Handschrift verrät die mit einen Seitenblick auf den Dresdner Zwinger 1732 entstandene *Orangerie* im ehemals nördlich des Schlosses gelegenen heute bebauten Schloßgarten. Auf dem 1551 angelegten *Gottesacker,* der im Stadtpark aufgegangen ist, sind neben der 1743 erbauten, kleinen Kapelle noch einige Grabmäler, vor allem das der Familie Ummendorf aus dem 19. Jh., zu entdecken.

# Von ›Juhnjreebz'ch‹ nach ›Zippelzerbst‹

Die kleine Landstadt **Gröbzig** liegt etwa 18 km südöstlich von Bernburg an der Fuhne. Dieses merkwürdige Flüßchen bringt es fertig, bei Bernburg in die Saale und bei Raguhn in die Mulde zu münden. Baalberge, Plomnitz, Cormigk oder Gerlebogk heißen die oft winzigen Dörfer fuhneaufwärts zwischen Bernburg und Gröbzig. Der Ort, der 1465 das Stadt-

## VON ANHALT NACH ANHALT

recht erhielt und 1678 durch Brand beinahe völlig verzehrt wurde, ist in den letzten Jahren vor allem durch sein *Museum* in der ehemaligen *jüdischen Synagoge* bekannt geworden. Der 1796 errichtete und 1877 umgebaute, saalartige klassizistische Bau war samt dem dazugehörigen kleinen Gebäudekomplex und dem *jüdischen Friedhof* 1934 von der nur noch elf Mitglieder zählenden jüdischen Gemeinde dem Heimatverein bzw. dem Rat der Stadt zur »ausschließlichen Nutzung zu Museumszwecken« übertragen worden. Immerhin verpflichtete sich die Stadt zur baulichen Erhaltung der Synagoge und zur Erhaltung des Friedhofs »auf ewige Zeiten... in würdigem Zustand«. So geschah es, daß im Deutschland des Jahres 1934 Stadtarbeiter von Gröbzig auf dem dortigen jüdischen Friedhof bereits 1923 zerstörte Grabsteine wieder aufstellten, was freilich eine erneute Schändung 1940 nicht verhinderte. Erfreulicherweise konnte dieser außerhalb des Ortes liegende Friedhof dennoch als wichtiges Zeugnis für die Nachgeborenen erhalten werden – tatsächlich »in würdigem Zustand«.

Auch die Synagoge war im Verlauf der Pogrome vom 9. zum 10. November 1938 von der Verwüstung durch SA und SS bedroht. Und es ist nur dem mutigen Einspruch des damaligen Museumsleiters Otto Hohmann zu danken, daß sie als einzigartiges Denkmal jüdischer Geschichte in unserem Land bestehen blieb. Den Großteil der Sammlung kultischer Gegenstände brachte Hohmann über die Zeit der sich verschärfenden Judenverfolgung in Deutschland und rettete sie in Verstecken über den Krieg. Am 1. Oktober 1940 wurde Gröbzig ›judenfrei‹ gemeldet. Als Beistand und Hilfe gegenüber der Vergangenheit, die nicht zu bewältigen, sondern nur in gegenwärtigem tätigen Humanismus zu ertragen ist, dokumentiert das Museum nicht nur Geschichte, Verfolgung und Vernichtung der jüdischen Gemeinde, sondern auch deren dingliche Kultur, die ein wenig von dem erahnen läßt, was der deutschen Kultur durch den Massenmord an den Juden verlorengegangen ist.

Ein anderes Bild von Deutschland begegnet dem Besucher im nahegelegenen **Köthen**. 1617 gründete Fürst Ludwig von Anhalt-Köthen (1579–1650), der den Beinamen ›der Nährende‹ trug, gemeinsam mit seinem Sohn, den drei Herzögen von Weimar, Christoph und Bernd von Krosigk und Kaspar von Teutleben in Weimar nach dem Vorbild der italienischen Accademia della Crusca die erste und bedeutendste deutsche Sprachgesellschaft. Unter Ludwigs Vorsitz bemühten sich die durch Amt und Würde oder dichterisches und wissenschaftliches Verdienst ausgezeichneten Mitglieder der ›Fruchtbringenden Gesellschaft‹, die »Muttersprache in ihrem gründlichen Wesen und rechten Verstande, ohne Einmischung fremder, ausländischer Flickwörter, in Reden, Schreiben, Gedichten aufs allerzier- und deutlichste zu erhalten und auszuüben«. Die bis 1680 existierende Gesellschaft zählte Männer wie Martin Opitz, Friedrich Logau und Andreas Gryphius zu ihren Mitgliedern. Durch ihr tatsächlich fruchtbringendes Wirken erstrahlte die kleine Residenzstadt als beachtetes kulturelles Zentrum, das in der Tätigkeit Johann Sebastian Bachs als Hofkapellmeister, der Sammeltätigkeit des Ornithologen J. F. Naumann und der 1784 erfolgten Gründung eines Schullehrerseminars weitere Impulse gab. Der insgesamt heruntergekommene Eindruck, den die Stadt heute trotz einiger weitgehend intakter Gebäude und Straßen auf den Besucher macht, kann eine solche Vergangenheit kaum lebendig werden lassen.

*Fruchtbringende Gesellschaft*

Köthen wurde erstmals 1115 erwähnt. Der Kern der Siedlung war eine von einem Ringgraben umgebene Wasserburg. Daneben existierte ein Dorf Hohenköthen, dessen Einwohner aber im Verlauf des Mittelalters in die bereits südlich der Burg angelegte Marktsiedlung zogen. Das *Hallesche Tor,* ein aus Bruchstein errichteter Torturm des 14. Jh., erinnert an die südliche Grenze der Stadt. Sein nördliches Pendant ist das im wesentlichen 1562 erbaute *Magdeburger Tor.*

In der Nähe des Halleschen Tores liegt an der Friedensallee der in der ersten Hälfte des 16. Jh. angelegte *Alte Friedhof.* Auf dem zum Park umgestalteten Gelände finden sich vereinzelt barocke und klassizistische Grabmäler. Eine Gedenktafel macht darauf aufmerksam, daß Bachs erste Frau Maria Barbara hier begraben wurde.

Das *Historische Museum* in der marktwärts liegenden Museumsgasse zeichnet die Jahre Johann Sebastian Bachs (1685–1750) in Köthen nach, wo er bei seinem die »Musik so wohl liebenden wie kennenden Fürsten« eigentlich seine »Lebenszeit zu beschließen« gedachte, aber letztlich doch nur die sechs Jahre von 1717–23 blieb, um dann als Thomaskantor nach Leipzig zu gehen. Außerdem zeigt das Museum eine Sammlung mit Musikinstrumenten des 18. Jh., Sammlungen zur Ur- und Frühgeschichte und eine Ausstellung des als ›Pferdekrüger‹ in die deutsche Kunstgeschichte eingegangenen Malers Franz Krüger (1797–1857).

## VON ANHALT NACH ANHALT

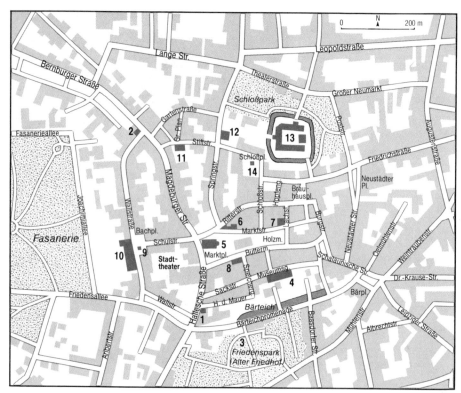

*Köthen  1 Hallesches Tor  2 Magdeburger Tor  3 Alter Friedhof  4 Historisches Museum  5 Stadtkirche St. Jakob  6 Rathaus  7 Holzmarkt 10  8 Stadtbibliothek  9 Bachdenkmal  10 ›Palais auf dem Walle‹  11 Agnuskirche  12 Schloßkirche St. Marien  13 Schloß (Museum)  14 Denkmal Fürst Ludwig*

Nur ein Häuserkarree nördlich des Museums schiebt sich der einst einheitliche, heute durch das Stadthaus getrennte Markt in das Stadtbild. Diesen Mittelpunkt beherrschen die beiden erst 1895–97 von Bernhard Sehring angefügten Türme und das gewaltige Dach der gotischen *Stadtkirche St. Jakob*. Vom Anfang des 15. Jh. bis 1518 entstand die weiträumige Hallenkirche, die trotz der langen Bauzeit von großer Einheitlichkeit ist. Im Mittelschiff von einem Netzgewölbe, in den Seitenschiffen von Kreuzgewölben überspannt, haftet allen ihren oft reichen Schmuckformen eine gewisse Schwere an. Insbesondere das 19. Jh. brachte umfassende Erneuerungen bzw. Ergänzungen, von denen natürlich auch die Ausstattung betroffen war. Um 1830 schuf Friedrich Franz Woltreck den im Chor aufgestellten Taufengel nach einem Modell von Bertel Thorvaldsen. Unschuldsvoll und weiß, wie Engel zu sein pflegen, gibt er einen interessanten Kontrast zu den 40 Prunksärgen Köthener Fürsten ab, die hier in einer 1866/67 angelegten Gruft ruhen. Angefangen bei Fürst Ludwig, dessen Sarg von Bären getragen und von vergoldeten Löwenköpfen mit Griffringen im Maul umgeben und zu allem Überfluß mit Tafeln eines gereimten Lebenslaufs sowie von Dolch und Degen gekrönt ist, bis über den schlichten Rokokosarg für Wilhelm-Ernst, Erbprinz von Sachsen-Weimar, ist hier alles bis zum Aussterben der Köthener Linie vertreten. Einen kalten Schauer kann die illustre Gesellschaft noch heute bei manchem erzeugen. Die Figurengrabsteine des 15.–17. Jh., die hauptsächlich im westlichen Teil der Kirche aufgestellt sind, überzeugen eher durch ihr steinernes Abgeklärtsein.

Das 1898–1900 von zwei Architekten aus Berlin gebaute *Rathaus* an der Nordseite des Markts ist stilistisch ein Produkt der wiederentdeckten deutschen Renaissance. Dagegen stammt der Fachwerkbau des Gasthauses am *Holzmarkt 10* mit seinem zierlichen, von runden Zahnschnitten geschmückten Portal tatsächlich aus der Zeit um 1600. Und das barocke, heute die *Stadtbibliothek* beherbergende Gebäude wurde wirklich in der ersten Hälfte des 18. Jh. erbaut und lädt mit Freitreppe und säulenflankiertem Giebelportal zu einem Besuch ein.

Der direkte Weg zum nordöstlich der Jakobskirche liegenden Schloß führt über Lachsfang, Schloß- oder Ritterstraße, ein kleiner Umweg über die westlich den Markt verlassende Schulstraße. Letztere stößt auf den *Bachplatz*, wo sich das 1885 eingeweihte, von Heinrich Pohlmann geschaffene *Denkmal* für den Künstler befindet. Hinter dem Denkmal erhebt sich die ehemalige, 1720 erbaute Goldwirkermanufaktur, die 1828 von Gottfried Bandhauer zum ›*Palais auf dem Walle*‹ umgestaltet wurde. Bandhauer, ein überregional bedeutender Architekt, arbeitete nicht nur für die fürstliche Familie, sondern war auch mit dem bürgerlichen Hausbau befaßt. Die den Bachplatz tangierende Wallstraße ist eine fast durchweg von stattlichen Bürgerhäusern des 18. und frühen 19. Jh. gesäumte Straße. In nördlicher Richtung mündet sie nach einem Knick am Magdeburger Turm auf die gleichnamige Straße. Die Stiftsstraße, die nach kurzem Weg stadteinwärts links von ihr abbiegt, führt zum Schloß, zuvor aber an der Agnuskirche und der Hof- oder Schloßkirche vorbei.

Bis auf das von Pilastern flankierte Rundbogenportal im Risalit der Mittelachse zeigt sich die *Agnuskirche* zur nördlichen Straßenfront hin schmucklos. Schlichtheit zeichnet die 1694–98 von Beuchel errichtete barocke Saalkirche auch im Inneren aus. Sie ist nicht in Verwechslung eines Buchstabens im Namen ihrer Stifterin Fürstin Gisela Agnes, sondern dem Lamm Gottes, agnus dei, geweiht. Der Fürstin hingegen wurde ein Epitaph mit einem Gemälde von der Hand Antoine Pesnes (1683–1757) gestiftet, der als Hofmaler des Preußenkönigs Friedrich des Großen Berühmtheit erlangte. Daneben ist die Replik eines Abendmahlgemäldes von Lucas Cranach d. J. für die Schloßkirche zu Dessau beachtenswert, die nach 1565 in seiner Werkstatt entstand. Aus der Gegend um Merseburg stammt der um 1510 geschnitzte, doppelseitige Flügelaltar, welcher im Schrein den die Wunde vorzeigenden Christus mit Maria und Johannes vereinigt.

Direkt an der nächstliegenden Straßenkreuzung erscheint die imposante, aus Bruchsteinen und Formteilen gefügte *Schloßkirche St. Marien* im Straßenbild. Auch sie ist ein Werk des Architekten Gottfried Bandhauer, das allerdings insofern unvollendet blieb, als ein

## VON ANHALT NACH ANHALT

geplanter Zentralturm nach einem Gerüsteinsturz im Jahr 1830 unausgeführt blieb. Trotz dieses Makels gilt die Kirche als »eine der hervorragendsten Zentralbaulösungen des Spätklassizismus süddeutscher Prägung«. Über dem Grundriß eines in ein Quadrat eingefügten Kreuzes entfaltet sich »eine der glänzendsten klassizistischen Raumschöpfungen«. Eine mit Sechseckkassetten stuckierte Tonne überwölbt den Längsarm, der im Osten in einer leicht eingezogenen Apsis endet. Säulenpaare gliedern die Querschiffe und erwecken den Eindruck eines fünfschiffigen Zentralraums frühchristlich-byzantinischer Prägung.

Das Köthener **Schloß** lag mindestens bis 1650, dem Todesjahr Fürst Ludwigs, inmitten eines im italienischen Stil angelegten umfänglichen ›Gartenreiches‹, von dem der heutige englische Park nördlich des Schloßkomplexes nur noch ein Schatten ist.

Der Schloßkomplex teilt sich in das eigentliche, ehemals von einem Wassergraben umgebene innere Schloß und einen westlich vorgelagerten Wirtschaftshof mit dem Marstall, dem Remisengebäude und der Reitbahn, die, seit 1940 schon Ruine, ein Werk Bandhauers von 1821 war. Eine steinerne Brücke im Osten des Hofs führt durch das 1670 erbaute Torhaus und gibt sogleich den Blick frei auf das 1898 hier brutal eingesetzte kastenförmige Gebäude eines ehemaligen Gefängnisses.

Die nordöstliche Hofecke nimmt der *Ferdinand-Bau* ein; 1823 von Bandhauer errichtet, zeigt dieses Gebäude zwei Gesichter: das Renaissancegesicht der sich dem Charakter der übrigen Gebäude anpassenden Hoffront und das klassizistische der Gartenfront. Seit 1835 hat dort die Sammlung des Begründers der wissenschaftlichen Vogelkunde, Johann Friedrich Naumann (1480–1857), ihr Domizil. Es ist das einzige *Museum,* das über eine originale vogelkundliche Ausstellung der Biedermeierzeit verfügt und darüber hinaus noch zahlreiche Zeichnungen Naumanns besitzt.

Begonnen wurde das ohne einen Gesamtplan entstandene Schloß in der diagonal gegenüberliegenden Ecke mit dem *Johann-Georg-Bau.* Entworfen wohl und gebaut 1597–99 von Franciscus Niuron, hat er über die Jahrhunderte zahlreiche Veränderungen, so etwa der Fensterordnung erfahren.

Das trifft auch für die Parkseite des übereck anschließenden und den Hof beherrschenden *Ludwig-Bau* zu. Er ist 1600–08 unter der gemeinsamen Leitung der Brüder Franciscus und Peter Niuron erbaut worden. Von zwei schlanken Treppentürmen symmetrisch gegliedert, strahlt er in seiner schlichten, scheinbar unaufwendigen Art eine gewisse klassische Noblesse und Heiterkeit aus. Die heute verglaste Galerie war ursprünglich ein offener, kostbar mit Steinmetzarbeiten verzierter Arkadengang, der nachweislich auf Fürst Ludwigs Anregung zurückging. Leider ist nach Überlieferungen von der »allseitig entwickelten individuellen Geisteswelt des Bauherrn« zeugenden Innenausstattung dieses Gebäudes nichts überkommen. Dafür gibt es sehr qualitätvolle Erzeugnisse von späteren Veränderungen, wie die sechs Stuckdecken der Wohnräume des Obergeschosses von dem Merseburger Baumeister Johann Michael Hoppenhaupt d. Ä., von dem auch das Portal der Kapelle herrührt. Ein weiteres Meisterstück Bandhauers ist der sogenannte *Spiegelsaal* (Abb. 65), direkt über der zweigeschossigen Schloßkapelle. Wieder krönt eine sich kreuzende stuckierte Tonne den Raum spätklassizistischer Prägung mit seinen von Pilastern, Türen, Fenstern und Spiegelwänden streng gegliederten Seiten. Ehemals Thronsaal, hat hier auch die ›Fruchtbringende Gesellschaft‹ getagt. In die Stoffbespannung der Wände waren Wappen, Namen und die Denksprüche der Mitglieder gestickt. Ludwig war ›der Nährende‹ sicher im wahrsten Sinne des Wortes und nicht nur in einer Hinsicht, also ein gebildeter Fürst, der seine Mittel nicht gerade für das Unsinnigste einsetzte. Sein 1907 von Hans Arnold geschaffenes *Denkmal* steht heute etwas einsam und vergessen wirkend auf dem Schloßplatz.

Wer weiß noch, daß der Stadtname **Aken** wahrscheinlich von dem Aachens herrührt? Die nördlich von Köthen an einer alten Elbfurt liegende Stadt ist gewissermaßen auf dem ›Reißbrett‹ Albrechts des Bären entstanden. Der gründete 1160 ganz in der Nähe der Wendenfeste Gloworp eine Kolonistensiedlung, die er mit Flamen und Westdeutschen besetzte, die den Namen mitgebracht haben könnten. Niedrige, oft nur eingeschossige Häuser, sowie kleine, kugelig beschnittene Bäume stehen an der vom Köthener zum Dessauer Tor holprig durch die Stadt führenden Ostwesthauptstraße. An der Stelle, wo sich diese mit der Nordsüdhauptstraße kreuzt, befindet sich der hübsche Marktplatz der Stadt. Das *Rathaus* wurde nach dem Stadtbrand von 1490 neu errichtet und ist auch heute noch ein stattlicher, schön restaurierter Bau. Besonders hervorzuheben ist der Backsteinziergiebel aus der Erbauungszeit und das Ensemble von Freitreppe, Laube und Sitznischenportal von einer Erweiterung des Jahres 1609.

Wie ehrgeizig die Stadt nach der großen Brandkatastrophe von 1485 an den Wiederaufbau heranging, beweist zudem die *Stadtkirche St. Marien.* Sie entstand nach dem Vorbild der nur ein paar Straßenzüge entfernten Nikolaikirche der Augustinerchorherren. Nicht ganz so stolz, doch geschwisterlich ähnlich, wird sie durch den markanten Westquerbau geprägt, zwischen dessen zwei oktogonalen Türmen sich ein Glockenturm drängt. Sicher auf einen Ursprungsbau kurz nach der Siedlungsgründung zurückgehend, ist ihre Baugeschichte weitgehend unklar. Das schmucklose Innere birgt dennoch mit einem gotischen, um 1460 entstandenen Triumphkruzifix und dem Mittelschrein eines um 1500 geschnitzten Flügelaltars anschauenswerte Werke ihrer Zeit.

Im Gegensatz zur Marienkirche hat die um 1200 aus Bruchstein errichtete dreischiffige Pfeilerbasilika *St. Nikolai* wesentlich mehr an originaler Bausubstanz zu bieten. Davon zeugen vor allem die beiden Portale im Norden und im Süden. Das mehrfach abgetreppte, rechteckig gerahmte Portal in der Westfront ist ein Werk der Hochgotik.

In Aken endet die von Köthen kommende Eisenbahnlinie. Und eine Reise Richtung Norden, etwa nach Zerbst, ist nur über die Autofähre möglich. Ganz auf die Kräfte des Wassers und die Tricks simpler Mechanik vertrauend, pendelt sie geruhsam an einem langen Stahlseil über die Elbe. Die sich sanft, feucht und grün dehnende, von Wäldern und Wiesenflächen geprägte Flußaue fängt bei Steutz eine fast schnurgerade Bundesstraße auf, die direkt nach Zerbst führt.

Wer heute **Zerbst** durchstreift, dem mag der alte Vergleich mit dem fränkischen Rothenburg ob der Tauber wie ein Hohn in den Ohren klingen, denn beinahe das gesamte Zentrum der

297

VON ANHALT NACH ANHALT

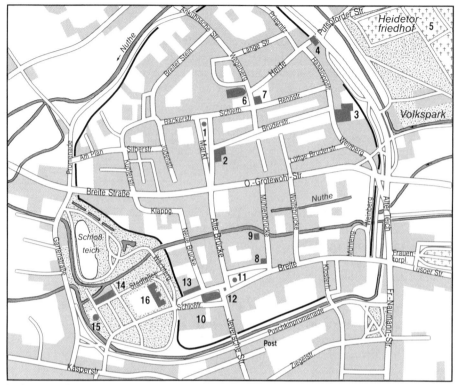

*Zerbst 1 Roland und Butterjungfer 2 ›Hotel Anhalt‹ 3 Ehem. Franziskanerkloster (Heimatmuseum) 4 Heidetor 5 Heidetorfriedhof 6 Stadtkirche St. Nikolai (Ruine) 7 Trinitatiskirche 8 Gildehaus 9 Haus Mühlenbrücke 60 10 Rosenwinkel 11 Mahnmal im Roten Garten 12 Hofkirche St. Bartolomäi 13 Kavaliershäuser 14 Stadthalle (ehem. Reitbahn) 15 Teehäuschen 16 Schloß (Ruine)*

1007 erstmals urkundlich erwähnten Stadt besteht heute aus Neubauten. Wie das nahe Dessau, das dem einst in Anhalt dominierenden Zerbst schon längst den Rang abgelaufen hatte, wurde die Stadt kurz vor dem Ende des Zweiten Weltkrieges durch Bombardements in Schutt und Asche gelegt. Noch längst sind nicht alle Folgen dieser Zerstörung bewältigt, da wurden mit manch unüberlegter Neubaulösung bereits neue Probleme geschaffen.

Auch am Marktplatz sind seit einiger Zeit umfangreiche Rekonstruktions- und Neubaumaßnahmen in Angriff genommen. Etwas fremd steht die prächtige Sandsteinfigur des stolzen *Roland* in diesem gleichförmigen Umfeld (Abb. 61). Er ist die Arbeit eines Meisters Curd von 1445/46. Die *Butterjungfer,* ein kleines Figürchen aus Messing auf hoher grüner Säule, das ihm Gesellschaft leistet, gilt als Sinnbild einer nicht mehr bekannten, städtischen

Freiheit und läßt sich seit 1403 nachweisen. Das heute vorhandene Figürchen allerdings stammt von 1647, was die Liebe der Zerbster zu ihr aber nicht mindern kann. Ebenfalls am Markt Ecke Brüderstraße harrt das einst erste Haus am Platz, das ›Hotel Anhalt‹, auf Rekonstruktion. In der Brüderstraße begann nach 1945 der Neuaufbau der Stadt in Anlehnung an territorial tradierte Formen, ehe der industrielle Zweckbau derartige Bemühungen fast völlig verdrängte.

Die Brüderstraße führt, wie der Name vermuten läßt, gerade zu einem ehemaligen Kloster. 1235 bezogen, war das *Franziskanerkloster* eines von dreien in der Stadt. Im Gegensatz zum Zisterzienserinnenkloster am Frauentor und dem Augustinereremitenkloster, deren Reste völlig in Neubauten einbezogen wurden, ist die Anlage des von Sophie von Barby gestifteten Franziskanerklosters trotz vieler Veränderungen noch erkennbar. Es beherbergt heute eine Schule und das *Heimatmuseum*, zu dessen zahlreichen bibliophilen Schätzen auch eine dreibändige, von Lucas Cranach d. J. illustrierte Bibel zählt. Das gesamte Kloster – es besteht im wesentlichen aus der frühgotischen Kirche, Klostergebäuden des 15. Jh. und zwei von Kreuzgängen umschlossenen Innenhöfen – war schon 1524 in den Besitz der Stadt übergegangen und von 1582–1798 zum Sitz für ein ›Gymnasium illustre‹, einer ›Universität‹ geworden.

Der Klosterbezirk grenzt direkt an die *Stadtmauer,* wo hier eine kleine eiserne Pforte Durchgang gewährt. Für die Truppen des Grafen Ernst von Mansfeld, die ganz in der Nähe am 16. März 1626 über die bis zu 7 m hohe Zinne zu klettern hatten, dürfte es etwas schwieriger gewesen sein. Sie waren zudem im Gegensatz zu den fünf Jahre später als Sieger

*Zerbst, Stadtmauer und Ruinen des Franziskanerklosters. Stich, 19. Jh.*

## VON ANHALT NACH ANHALT

von der Bevölkerung begeistert empfangenen Schweden ungeliebte Besatzer. Ab 1430 entstand die heute noch weitgehend erhaltene, sich in 4 km Länge um den Stadtkern ziehende Mauer in nur vier Jahren Bauzeit. In den zu einem parkartigen Gelände umgestalteten äußeren Wallanlagen läßt sich die Stadt im Grünen umrunden. Das wenig nördlich des Klosters gelegene *Heidetor* ist das beeindruckendste und besterhaltene der ehemals fünf Stadttore. An den noch vorhandenen Teilen des Außentors mit Zwinger, dem von einem Graben gefolgten Wall und dem eigentlichen Stadttor läßt sich der einstige Umfang der Sicherungsanlage erahnen, die weit mehr als eine bloße Tür ins Innere war. Der *Heidetorfriedhof* wurde 1582 von Peter Niuron angelegt, ein zweiter, Ende des Jahrhunderts angelegter Friedhof mit einem Sandsteinportal von 1595 befindet sich vor dem Frauentor.

Die Straße vom Heidetor stadteinwärts führt zurück zum Markt, vorbei an der Trinitatiskirche und dem beachtlichen Torso der Ruine der *Stadtkirche St. Nikolai.* Auch der mächtige Baukörper der *Trinitatiskirche* wurde während der Bombardierungen des 16. April 1945 bis auf die Umfassungswände zerstört, aber bald wiederhergestellt. Der kreuzförmige, jedoch durch Eckeinbauten zum Kubus gewandelte Zentralbau entstand 1683–96 nach Plänen des auch am Schloßbau maßgeblich beteiligten holländischen Architekten Cornelis Ryckwaert. Aus dem von einem Zeltdach abgedeckten, durch schlichte Pilaster gegliederten Baukörper treten nach allen vier Seiten besonders kräftige Risalite hervor, die in den Giebeln der drei Portalseiten plastisch-figurativen Schmuck tragen. Das flache Vierungsgewölbe des beim Wiederaufbau neu gestalteten Innenraumes wird von vier Mittelpfeilern getragen. Die 1690 von Giovanni Simonetti geschaffene Altarschauwand ist gleichfalls wiederhergestellt worden, während die übrigen Ausstattungsstücke wie Nebenaltar, Kanzel und Orgel aus anderen Kirchen hierher nach Zerbst gebracht wurden.

Schon der natürliche Lauf des kleinen Flüßchens Nuthe, das noch heute die Stadt durchquert, brachte eine frühe Besiedlung beider Ufer mit sich. Über die Jahrhunderte wuchsen die beiden wesentlichen Siedlungskerne – die Marktsiedlung um die Nikolaikirche und die Burgsiedlung an der alten Wasserburg – zusammen. Die vom Markt zum Schloß hinüberführende Alte Brücke war schon damals die Hauptstraße der Stadt und ist als Ladenstraße noch heute die intensivste und lebendigste Verbindung zu Breite, Schloßfreiheit und Schloß, weiterführend zu einem der schönsten Parks der Stadt, ›Rephuns Garten‹, und zum Bahnhof.

Im Areal von Breite und Schloßfreiheit haben sich zudem die meisten der einst an Zerbst so gerühmten Fachwerkhäuser erhalten, wie das ganz typische *Gildehaus*, die prächtige Schnitzarbeit des Portals *Haus Mühlenbrücke 60* oder der *Rosenwinkel* südlich der Hofkirche.

Abgeschlossen zur Schloßfreiheit hin wird die Breite durch den *Roten Garten,* in dem ein *Mahnmal* an die Opfer des faschistischen Terrors erinnert. In der Gruft der Gedenkstätte sind die Urnen von 74 polnischen Zwangsarbeitern beigesetzt, die in einem Gefangenenlager nahe der Stadt den Tod fanden. Die aus Eisen gegossene Plastik ist eine sehr einfühlsame Arbeit des Bildhauers Gustav Weidanz.

Den dem allgemeinen wie speziellen Zustand geschuldeten schütteren Eröffnungsakkord für Schloßfreiheit und Schloßbezirk schlägt der freistehende *Glockenturm* der Stifts- und

*Hofkirche St. Bartolomäi.* Ursprünglich Bergfried der Burgsiedlung, wurde ihm das Glockengeschoß erst um 1565 aufgesetzt. Wie alle Kirchen der Stadt, erlitt auch die Hofkirche schwere Verluste. Trotzdem sind heute die maßgeblichen Teile des Gebäudes restauriert bzw. in ihrem Bestand als Ruine gesichert. Von der 1215 geweihten, spätromanischen Basilika blieben nur das Querschiff und die Wände des Chorquadrats erhalten. Dieser später gotisch verlängerte Ostteil ist heute von der Anfang des 15. Jh. angefügten und 1945 bis auf die Umfassungsmauern ruinierten Halle abgetrennt und birgt das Überkommene der einst großartigen Ausstattung. So zum Beispiel ein Gemälde von Lucas Cranach d. J., welches Fürst Wolfgang von Anhalt mit den Reformatoren vor der Silhouette Wittenbergs zeigt. Erhalten blieb auch die Grabplatte dieses 1566 verstorbenen Fürsten. Die Teile der 1910 entdeckten, um 1220/30 entstandenen Wandgemälde sind 1945 nur durch Rauch geschwärzt worden und konnten restauriert werden. Das vierstufige, rundbogige Säulenportal in der nördlichen Stirnseite des Querhauses nimmt noch einmal die Tradition der großartigen romanischen Bildhauerkunst von Königslutter auf, während die westliche Vorhalle der Kirche erst 1517 entstand.

Der Platz der *Schloßfreiheit*, der sich westlich der Hofkirche öffnet, wird bestimmt von den beiden barocken, 1705–07 und 1713 erbauten *Kavaliershäusern*. Ihre weißen Fassaden wecken Assoziationen an die weiß gepuderten Gesichter ihrer einstigen Bewohner. Weniger aufwendig gestaltet sind die Gebäude der gegenüberliegenden Seite des Platzes, wovon das direkt am Parkeingang liegende seinerzeit als fürstliche Wache erbaut worden ist.

*Zerbst, Schloß, Ruine des östlichen Flügels*

VON ANHALT NACH ANHALT

Zu bewachen gibt es heute nur noch wenig. Die zur *Stadthalle* umgebaute fürstliche Reitbahn entstand 1724–27 nach Plänen von Johann Christoph Schütze und besitzt im Inneren eine von Wappen und Medaillons gezierte Stuckdecke. Außerdem ist da noch der kleine Pavillon des *Teehäuschens* von 1724, im Inneren stuckiert von Abondio Minetti. Der gewichtige Fachwerkbau des ehemaligen Marstalls wird heute als Wohnhaus genutzt. Von der Dreiflügelanlage des bedeutenden Zerbster *Schlosses* blieb nur mehr die Ruine des östlichen Flügels erhalten. Es ist zu hoffen, daß die Pläne zum Wiederaufbau bald verwirklicht werden und Zerbst damit wenigstens einen kleinen Teil des einstige Bedeutung repräsentierenden Glanzes zurückerhält. Das Schloß entstand in den Jahren von 1681–1749 nach Entwürfen von Cornelis Ryckwaert und Giovanni Simonetti. Den östlichen Flügel errichtete Friedrich Friedel unter dem Einfluß, möglicherweise sogar nach Plänen von Georg Wenceslaus Knobelsdorff. Mit diesem Schloß wurde die Geschichte des seit 1307 unter anhaltischer Herrschaft stehenden Zerbst gekrönt, das immerhin fast 200 Jahre, von 1603–1793, Residenz eines eigenständigen Fürstentums war. In Zerbst wurde nicht nur das hochberühmte, bis nach Dresden und Goslar exportierte Zerbster Bitterbier gebraut, Zerbst ›belieferte‹ die neuere Weltgeschichte auch mit einer der widersprüchlichsten, beneidetsten und gefürchtetsten Herrscherpersönlichkeiten. 1744 reiste die Zerbster Prinzessin Sophie Auguste Friederike mit ihrer Mutter nach Rußland, heiratete am 1. September 1745 den russischen Thronfolger Peter III. und bestieg – nachdem sie den gerade an die Macht gelangten Peter hatte erdrosseln lassen – 1762 als Zarin Katharina II. selbst den Thron, den sie bis zu ihrem Tod 1796 behauptete.

Ein etwas kleineres Kapitel europäischer Geschichte erlebte das vor den Toren Dessaus und zeitweise dahin eingemeindete **Roßlau**. An der strategisch wichtigen Elbbrücke wurde es zum Schauplatz eines blutigen Sieges der Hauptmacht der Truppen Wallensteins gegen die des Grafen von Mansfeld, der hier von seinen 12 000 Soldaten 7000 durch Tod und 2000 durch Gefangenschaft verlor.

Die im Schutz einer mittelalterlichen *Wasserburg* gewachsene Stadt wurde 1382 erstmals erwähnt. Die im 16. Jh. und abermals 1836 im romantischen Sinne veränderten bzw. erweiterten Anlagen der Burg sind noch heute zu besichtigen. Wesentliche Spuren im klassizistischen Hausbau hat der für Köthen so segensreiche Gottfried Bandhauer hinterlassen, so etwa das Gebäude der ehemaligen Brauerei in der *Kleinen Marktstraße 6*. Das *Elbzollhaus* an der neuen Elbbrücke dagegen schlägt auch in seiner Architektur schon eine Brücke nach Dessau, entstand es doch 1788/89 nach Plänen von Friedrich Wilhelm Erdmannsdorff.

# Das ›Mekka des Fortschritts‹ – der Dessau-Wörlitzer Kulturkreis

**Dessau** wuchs im 12./13. Jh. auf einer in die Niederungen der Flußauen von Elbe und Mulde vorgeschobenen, hochwassersicheren Tallandzunge zu einem bevorzugten Brückenort, und zwar sowohl für die von Süd nach Nord als auch für die von West nach Ost führenden

*Leopold (III.) Friedrich Franz, Fürst von Anhalt-Dessau
(›Vater Franz‹)*

Handelsstraßen. Bezeichnenderweise war ein Kaufhaus der erste repräsentative Bau des Städtchens. 1341 begannen die Fürsten von Anhalt mit dem Bau eines Schlosses. Die 1474 in Dessau entstandene Nebenlinie des Fürstenhauses gewann bis 1570 alle übrigen anhaltischen Besitzungen, die allerdings nur 33 Jahre unter der einheitlichen Regierung von Fürst Joachim Ernst standen. Begünstigt auch durch die Reformation und den allgemeinen wirtschaftlichen Aufschwung setzte in Dessau eine rege Bautätigkeit ein. Die Stadt wuchs in der südlichen ›Vorstadt auf dem Sande‹ und der ›Muldenvorstadt‹ bereits über ihre Mauern hinaus. Doch der Dreißigjährige Krieg machte Dessau mit den Nachteilen einer strategisch günstigen Lage bekannt. Wie vielen mitteldeutschen Städten setzte er auch Dessau so hart

*Wilhelm Müller (1794–1827)*

VON ANHALT NACH ANHALT

zu, daß sich erst gegen Ende des 17. Jh. eine gewisse Erholung von den Kriegsfolgen spürbar machte.

Unter Fürst Leopold I. (1676–1747) wurde die Residenz des seit 1603 selbständigen Fürstentums Anhalt-Dessau bedeutend erweitert. Die alte Stadtmauer fiel von 1708–12. Eine neue umgriff nun auch die entstehende Neustadt, die Muldenvorstadt und die Sandvorstadt. Leopold I., der unter seinem Beinamen ›Alter Dessauer‹ viel bekannter ist, war unzweifelhaft ein fortschrittlicher und ideenreicher Bauherr, vor allem aber war er Generalfeldmarschall der preußischen Könige Friedrich Wilhelm I. und Friedrich II. Ihm verdankt die preußische Armee den Gleichschritt und den eisernen Ladestock. Die Sentenz »Das Schöne macht er nützlich, das Nützliche schön«, war darum nicht auf ihn, sondern auf seinen Enkel geprägt, der 1758 als Leopold (III.) Friedrich Franz (1740–1817) die Regierungsgeschäfte übernahm. Er machte das kleine Fürstentum zum ›Mekka des Fortschritts‹. Es war ›in‹ unter den gebildeten Kreisen Deutschlands und Europas, nach Anhalt-Dessau zu wallfahrten. Wieland galt dieser »fortschrittlichste Territorialstaat der Zeit« (Hirsch) als »Zierde und der Inbegriff des 18. Jahrhunderts«. Goethe sprach vom »wohladministrierten und zugleich äußerlich geschmückten Land« Anhalt-Dessau. Den Ideen der Aufklärung verpflichtet, war die Landeskultur bis in untere Gesellschaftsschichten vordringendes und höchstes Anliegen des als ›Vater Franz‹ verehrten Landesfürsten. Er darf als einer jener wenigen Fürsten gelten, auf die der Titel des Landesvaters im wörtlichen Sinne zugetroffen hat. Männer wie der Architekt und Förderer des Handwerks und der Künste Friedrich Wilhelm Erdmannsdorff (1736–1800), der Gartengestalter Johann Friedrich Eyserbeck (1734–1818), der Kabinettsrat und Kenner der Antike August Rode, der Kritiker fürstlicher Militärpolitik Georg Heinrich von Berenhorst, der Landwirtschaftsfachmann Georg Karl von Raumer und nicht zuletzt die Pädagogen Carl Gottfried Neuendorf und Johann Bernhard Basedow (1724–1790) waren wesentliche Helfer, Betreiber und Anreger fürstlicher Reformpläne. Auch Namen wie die des Dichters Friedrich von Mathisson oder Wilhelm Müllers, dessen Gedichtzyklen ›Die schöne Müllerin‹ und ›Die Winterreise‹ in der Vertonung Franz Schuberts Unsterblichkeit erlangten, verbinden sich mit dieser Zeit. Der in Dessau geborene jüdische Philosoph Moses Mendelssohn wurde zum Vorbild für die Figur des Nathan in Lessings Schauspiel ›Nathan der Weise‹. Sie alle mögen als markante Beispiele für die über den Territorialstaat und auch Deutschland hinausreichende Bedeutung des Dessau-Wörlitzer Kulturkreises stehen, der einer schönen und erlesenen, wenn auch kaum den nun auftauchenden Härten gewachsenen Blume auf dem Feld deutscher und europäischer Kulturschöpfungen gleicht.

Die Mitte des 19. Jh. einsetzende, verstärkte Industrialisierung veränderte auch das Antlitz des seit 1863 zur Hauptstadt eines einheitlichen Herzogtums Anhalt avancierten Dessau. Als Krönung dieser Entwicklung darf das in den 20er Jahren von Hugo Junkers entwickelte und im eigenen Werk gebaute erste Ganzmetallverkehrsflugzeug der Welt gelten. Was Junkers Leistung auf ingenieurtechnischem Gebiet, war die Leistung des 1919 in Weimar gegründeten und 1925 nach Dessau übersiedelten Staatlichen Bauhauses auf dem Gebiet moderner Formgestaltung, Architektur und Kunst. Beide Unternehmungen traf die Macht-

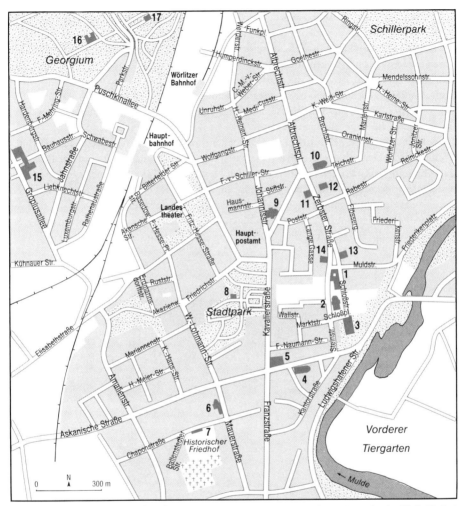

*Dessau  1 Rathaus  2 Schloßkirche St. Marien (Ruine in Restaurierung)  3 Stadtschloß (Ruine) 4 St. Georg  5 Museum für Naturkunde und Vorgeschichte  6 Ehem. Arbeitsamt  7 Historischer Friedhof (Portal)  8 Teehäuschen  9 Johanniskirche  10 Kath. Pfarrkirche  11 Ehem. Palais Fürst Dietrich (Majakowskihaus)  12 Ehem. Palais Branconi (Kristallpalast)  13 Ehem. Palais Waldersee (Stadtbibliothek)  14 Pfeiffersches Haus  15 Staatliches Bauhaus Dessau  16 Schloß Georgium 17 Mausoleum*

übernahme des Nationalsozialismus. Die Junkerswerke wurden unter Ausschaltung von Junkers selbst zu einer der wichtigsten Waffenschmieden Deutschlands, das Bauhaus mußte auf Druck national-chauvinistischer Kreise bereits 1932 das Feld räumen. Diese Ereignisse waren Leidensankündigungen, die in der totalen Verwüstung der Stadt am Ende des Zweiten Weltkriegs gipfelten. Zwar ist die Stadt heute wieder zu einem Industriezentrum Mitteldeutschlands geworden, doch ist sie gekennzeichnet von oft nicht sehr glücklichen Lösungen moderner Wohn- und Geschäftsarchitektur, die gerade den mit dem historischen Dessau vertrauten Besucher die unersetzbaren Verluste noch deutlicher empfinden läßt.

Ein kleiner Rundgang durch die innere Stadt kann am 1899–1901 nach Plänen der Berliner Architekten Süßenguth und Reinhardt erbauten *Rathaus* beginnen. Während der Bombennacht brannte es bis auf den Turm aus. Mit den Neorenaissanceformen griff es die Tradition seines Vorgängerbaus aus der Mitte des 16. Jh. auf. Im Hof des Rathauses befinden sich noch zwei Sandsteinportale dieses alten Gebäudes von 1563 bzw. 1601. – Die zwischen etwas protzigem Gründerzeitrathaus und Schloßstraße auffallende Ruine der *Schloßkirche St. Marien* macht die alte Wunde gerade durch die neue Umgebung aus Beton spürbar. Erbaut

*Dessau, Lustgarten und Schloß. Stich, 19. Jh.*

wurde sie aus Backstein nach Entwürfen des Halleschen Ratsbaumeisters Ulrich von Schmiedeberg von 1506–23. Da die strebepfeilerbesetzten Umfassungsmauern, die achteckigen Schiffspfeiler und im wesentlichen der Turm und zu dessen Seiten die halben Ziergiebel erhalten geblieben sind, ist der Torso immer noch zum Wiederaufbau vorgesehen. Die zerstörten Sterngewölbe wie der enthauptete Westturm waren ein Werk des Steinmetzen Ludwig Binder. Auf ihn geht vermutlich auch der noch einzig ›erhaltene‹ Flügel, der Westflügel des Dessauer *Stadtschlosses* zurück. Binder, zuvor wohl am Dombau in Halle beschäftigt, brachte die modernen Formen der italienischen Renaissance von dort nach Dessau.

In der Nähe dieser erbarmungswürdigen Anlage beginnen sowohl Fuß- als auch Straßenwege nach Waldersee und Mildensee. Stadteinwärts auf der B 185, dem Rückgrat Anhalts, befindet sich auf der linken Seite der Straße die 1712–17 erbaute und nach 1951 wiederhergestellte *Georgenkirche*. An der folgenden großen Kreuzung macht auf der wiederum anderen Straßenseite das Gebäude des *Museums für Naturkunde und Vorgeschichte* auf sich aufmerksam. Dieses Mitte des 18. Jh. von Fürst Leopold Maximilian gestiftete und ›Leopoldsstift‹ benannte Haus wurde 1847 völlig umgebaut, wobei es das obere Geschoß und den übereck gesetzten Turm nach dem Vorbild von San Spirito in Rom erhielt. Einen interessanten Gegensatz dazu bildet der flache, halbrunde Bau des ehemaligen *Arbeitsamtes*, das 1928/29 nach Entwürfen von Walter Gropius am nahen August-Bebel-Platz entstand. Ganz von imitativem Traditions- und Repräsentationsbedürfnis frei, versuchte er, indem er die Formen des modernen Industriebaus übernahm, der Funktion des Gebäudes gerecht zu werden, die Fremdheit zwischen Amt und Arbeitssuchenden abzubauen. So wird Beamter und Arbeitssuchender, in eine Ebene gestellt, quasi austauschbar und ihre gegenseitige Solidarisierung gefördert. Wie wenig der spätere Bauherr FDGB (Freier Deutscher Gewerkschaftsbund) den Sinn dieses Hauses begriffen hatte, beweist der an den Flachbau barrierehaft angefügte Hochbau. Dabei war dieser sich öffnende, ›demokratische‹ Architekturbegriff, der die Funktion und damit auch das Bedürfnis des menschlichen Gegenübers einschließt, spätestens seit der Tätigkeit Erdmannsdorffs in Dessau zu Hause.

1787–89 entstand nach Erdmannsdorffs Plänen und nach dem Vorbild italienischer Camposanti der ›Neue Begräbnisplatz‹, heute kurz als *Historischer Friedhof* bezeichnet und zu einem kleinen Erholungsgebiet inmitten der Stadt umgestaltet. Dieser Friedhof war der erste Deutschlands für alle Konfessionen außer der jüdischen, auf dem es im Prinzip keine Grabsteine gab. Neben Erdmannsdorff selbst wurden hier viele bedeutende Dessauer Persönlichkeiten begraben. Das *Portal* ist das Programm. Die Figuren des Schlafes und des Todes in den Rundbogennischen werden in der Mitte des Bogens durch die Hoffnung bekrönt, die mit schwerem Anker vor dem endlosen Himmel steht.

Wer irdischeren Hoffnungen, vielleicht der nach einem erquickenden Getränk nachhängt, kann diese im Ende des 18. Jh. entstandenen, klassizistischen *Teehäuschen* des gar nicht weit entfernten Stadtparks erfüllen. Durch diesen Park zieht sich zudem der einzige Rest der unter dem ›Alten Dessauer‹ errichteten *Stadtmauer*. Von den im Stadtpark aufgestellten Plastiken ragt die des *Kentauren* mit der noch etwas unentschlossen aufsitzenden Frau aus dem heute doch eher spröde und sachlich empfundenen Klima der Stadt hervor. Die Skulptur ist eine Arbeit von Reinhold Begas aus dem Jahr 1881. Die Büsten von Wilhelm Müller und Moses Mendelssohn verweisen auf die geistigen Potenzen der ehemaligen Residenz. Vom Stadtpark aus führt der kleine Rundgang vorbei an der *Johanniskirche*. Von 1688–93 erbaut, war auch sie 1945 bis auf die Außenmauern zerstört. Dagegen blieb die neugotische *katholische Pfarrkirche* am Albrechtsplatz unbeschadet. In der von hier stadteinwärts weisenden Zerbster Straße lassen sich noch einige bemerkenswerte Häuser finden. Die Nr. 35, das ehemalige *Palais Fürst Dietrich*, beherbergte von 1775–93 die von Basedow begründete Bildungsanstalt Philantropinum. Es war die erste staatliche, wesentlich auf die Naturwissenschaft und die Erfordernisse des praktischen Lebens orientierte Schule, die bald auch andernorts Nachfolge fand. Gegenüber ist die Fassade des 1795/96 nach Erdmannsdorffs Plänen erbauten ehemaligen *Palais Branconi* erhalten. Auf Erdmannsdorff geht auch die Nummer 1 dieser Straße zurück. Das ehemalige *Palais Waldersee*, in dem sich heute die Stadtbibliothek befindet, entstand von 1792–95. Wiederum gegenüber erhebt sich das dreigeschossige *Pfeiffersche Haus*. Das aus drei Speicherböden bestehende Dach wurde nach 1945 erneuert. Auch das mit gedrehten Säulen geschmückte Portal stammt nicht aus der ursprünglichen Erbauungszeit 1595, sondern von einer umfassenden Renovierung 1691.

Mit der Ankunft am Rathaus schließt sich bereits der Ring. Für alle weiteren Ziele in und um Dessau ist ein größeres Zeitbudget zu veranschlagen. Bei den weiter entfernten Sehenswürdigkeiten kann in der Regel nicht auf das eigene Fahrzeug oder ein öffentliches Verkehrsmittel verzichtet werden.

Noch zu Fuß zu erreichen, ist das nur wenige hundert Meter westlich vom Hauptbahnhof gelegene Gebäude des ehemaligen **Staatlichen Bauhaus Dessau**. Als Hochschule für Gestaltung wurde es zum Synonym moderner Architektur und Formgestaltung des 20. Jh. Wenn auch heute fälschlicherweise unter dem Begriff ›Bauhausstil‹ alles subsummiert wird, was in dieser Zeit und früher weltweit aufgrund verwandter Bestrebungen entstand, so ist hier von 1925–32 doch Wesentliches geleistet worden. Gerade auf kunstpädagogischem Gebiet wurden neue Wege erkundet. Hier lehrten und arbeiteten Künstlerpersönlichkeiten wie Lyonel Feininger, Paul Klee, Oskar Schlemmer oder Wassily Kandinsky, deren Rang heute unbestritten ist.

*Oskar Schlemmer, Signet für das Bauhaus, 1923*

*Bauhausmeister auf dem Dach des Bauhauses Dessau. Von links nach rechts: Josef Albers, Hinnerk Scheper, Georg Muche, Laszlo Moholy-Nagy, Herbert Bayer, Joost Schmidt, Walter Gropius, Marcel Breuer, Wassily Kandinsky, Paul Klee, Lyonel Feininger, Gunta Stölzl, Oskar Schlemmer*

Das 1925/26 unter Walter Gropius (1883–1969) errichtete *Schulgebäude* (Abb. 64) wurde rekonstruiert und dient heute als Museum, Forschungs- und Begegnungszentrum und Theaterspielstätte. In den flachgedeckten Mehrflügelbau paart sich Sachlichkeit mit Strenge in einer Ordnung sinnvoll und schön miteinander korrespondierender geometrischer Formen, die ihre Lebendigkeit in dem durch großzügige Fensterordnungen einfallenden Licht entfalten. Details wie Türen, Treppenläufe, aber auch die Größenverhältnisse, die Proportionen der Innenräume, künden hier von einem menschlichen Bauen, dem effektvoller Technikkult und architektonischer Größenwahn fremd waren.

Neben dem bereits erwähnten Bau des Arbeitsamtes sind vom Bauhaus oder durch Architekten des Bauhauses noch einige andere Häuser in Dessau entstanden, die in diesem Zusammenhang der Erwähnung wert sind. Unweit des Bauhauskomplexes finden sich, teilweise verbaut, noch drei der ehemals vier zugleich mit dem Hauptgebäude entstandenen *Meisterhäuser*. In gleicher Richtung, am Elbwall im Ortsteil Ziebigk wurde 1930 die Gaststätte ›Kornhaus‹ nach Plänen des Architekten Carl Fieger fertiggestellt. In Dessau-Törten entstanden 1926–28 unter Leitung von Walter Gropius, 1928–30 unter der Leitung seines Nachfolgers Hannes Meyer die Häuser der *Bauhaus Siedlung*, in der die Idee der Mechanisierung des Bauens in zweistöckigen Flachdachhäusern ihre Realisierung fand. Ganz dem Experiment verpflichtet war die Errichtung eines *Stahlhauses* von Georg Muche und Richard Paulick 1926, ebenfalls in Törten, an der Ecke Südstraße/Doppelreihe. Im *Haus Bitterholzstraße 48* ist noch eines der fünf 1930 nach Meyers Entwürfen entstandenen Laubenganghäuser erhalten, in denen Meyer seine von ihm mit besonderem Engagement verfolgte Idee sozialen Wohnungsbaus zu verwirklichen suchte.

## VON ANHALT NACH ANHALT

*Schloß* und *Park Georgium* – die Begriffe lassen keinen Zweifel daran – haben nichts mit sozialem Wohnungsbau zu tun. Trotzdem verkörpern sich in diesem Park, der ebenfalls noch im Bereich der inneren Stadt beginnt, Ideen von Aufklärung und Bildung des 18. Jh. Das Georgium ist ein Teil jenes landschaftsbildenden ›Gartenreiches‹, das in und um Dessau in dieser Zeit entstand. Auf Betreiben des Prinzen Johann Georg begann 1780 zunächst J. G. Schoch mit der Anlage nach Plänen von Eyserbeck, der später selbst die Leitung der Arbeiten übernahm.

Erdmannsdorff schuf die Entwürfe zu den meisten Gebäuden, so auch zum Schloß Georgium. Der ursprüngliche Eindruck ist leider durch den Anbau der beiden Seitenflügel 1893 und die dadurch eintretende starke Frontalität weitgehend verloren. Ursprünglich zeigte sich das Gebäude, von dem strahlenartig in alle Richtungen freigehauene Blickachsen ausgingen, von allen Seiten weitgehend gleich. Auch das Innere des Schlosses ist nur noch im Treppenhaus, in den Deckenstukkaturen und einem von Nischen und Spiegeln untergliederten Kuppelraum original erhalten. Es beherbergt heute die *Staatliche Galerie,* die Gemälde altdeutscher und niederländischer Meister, flämische Landschaftsmalerei, Werke des flämischen und holländischen Barocks, Bildnisse des 18. Jh., Malerei der Romantik und des Biedermeier in Anhalt und Werke von Meistern des 19. und 20. Jh. besitzt. Unter den etwa 30 000 Blatt der graphischen Sammlung befinden sich Werke von Dürer, Arbeiten von Meistern aus der Schweiz und aus Holland des 16.–18. Jh., Architekturzeichnungen von der Renaissance bis zum Klassizismus sowie sämtliche Drucke der Chalcographischen Gesellschaft. Dieses Institut bestand von 1796–1803 und gab, unter Heranziehung bedeutender Kupferstecher der Zeit, Reproduktionen bzw. Ansichten wertvoller Meisterwerke aus den Sammlungen der Fürsten und der Gartenkunst und Architektur Anhalt-Dessaus heraus.

Wie das Schloß Georgium, so war auch der Garten schon sehr früh störenden Eingriffen ausgesetzt. Im Bereich des heutigen Lehrparks für Tier- und Pflanzenkunde etwa entstand 1894–98 der kapitale Kuppelbau eines *Mausoleums* für die Herrscherfamilie in den Formen der italienischen Hochrenaissance. Erst 1963 wurde begonnen, alte Gartenordnungen wieder herzustellen beziehungsweise Blickachsen zu öffnen, um den ehemals auch inhaltlich begründeten Anspruch des Gartens wieder zur Geltung zu bringen. Eine Besonderheit ist nämlich, daß er hochstilisierte Antikeverehrung mit ›altdeutscher Wildnis‹ zu verbinden sucht.

Nach Norden öffnet sich der Georgengarten in den in die Gestaltung einbezogenen *Beckerbruch,* der in einem hügeligen Höhenzug eiszeitlicher Endmoränen an der Elbe endet. Die Ruine der *Wallwitzburg,* erhöht auf dem Kamm gelegen, bildet Abschluß und blickverbindende Landmarke zugleich. Schon wenig später ist auch die Feldmark von Ziebigk in das allgemeine Konzept einbezogen worden. Sie bildet eine optische Verbindung zum Park von Großkühnau, der über den Elbwall auch zu Fuß erreicht werden kann.

**Großkühnau** ist die zuletzt geschaffene Anlage des ›Gartenreiches‹. Der 1753–64 von Leopold Ludwig Schoch im Zusammenhang mit dem *Schloß* angelegte *Garten* wurde seit 1805 im Auftrag des Erbprinzen Friedrich erweitert. Die allein auf eine ästhetische Steigerung natürlicher Gegebenheiten bedachte Formung schmiegt sich eng an den Kühnauer See.

Nur der von 1818–20 realisierte Weinberg mit Gartenhäuschen erfuhr eine stärkere Durchformung. Die wie das Schloß außerhalb des Parks plazierte *Kirche* stellt eines der frühesten Werke der Neoromanik dar und soll nach Entwürfen des Herzogs Leopold von Anhalt unter Mitarbeit Carlo Ignazio Pozzis (1766–1842) entstanden sein. Die zeitgenössische Ausstattung geht wesentlich auf den Hofbildhauer Friedemann Hunold zurück.

Nur 8 km südwestlich vor den Toren Dessaus liegt der kleine, eingemeindete Ort **Mosigkau**. 1742 kaufte der ›Alte Dessauer‹ Gut und Herrenhaus Mosigkau und schenkte es seiner damals 27jährigen Lieblingstochter Anna Amalie zur Sicherung ihrer ökonomischen Existenz. Zehn Jahre später ließ sich die immer noch nicht unter die Haube gekommene Prinzessin das Schloß unter Leitung des damaligen Dessauer Hofbaumeisters Christian Friedrich Damm erbauen, vermutlich nach Plänen Knobelsdorffs, zumindest aber unter dessen Einflußnahme. Es gehört heute zu den wenigen barocken Lustschloßanlagen Anhalts. Nach dem Tod der Prinzessin 1780 wurde im Lustschloß ein Stift eingerichtet. An dieser Stelle sei es der Phantasie jedes einzelnen überlassen, sich die jungen Fräulein vor der Sandsteinfigur des jugendlich-schlanken Zeus vorzustellen, die der Merseburger Bildhauer Johann Christian Trothe schuf. Bezeugt ist, daß die Äbtissin Annette von Glaffey den bürgerlichen Ideen Anfang des 19. Jh. zugeneigt war. Sie korrespondierte nicht nur mit Goethe, sondern ließ auch im Lustgarten Obstbäume pflanzen und im Hof eine Seidenraupenzucht anlegen. Im Revolutionsjahr 1848 überreichte die sozial engagierte Dame eine von den Stiftsdamen gestickte schwarz-goldene Fahne an die Dorfgemeinde, die das baldige Niederwerfen des Aufbegehrens allerdings auch nicht verhindern konnte. Das Stift bestand bis 1945. Danach wurde das Schloß zum Depot der Dessauer Galerie, ab 1951 jedoch *Museum* für die Wohnkultur des Rokoko. Da über die Jahre große Teile der originalen Ausstattung verlorengegangen waren, wurde Fehlendes aus den Beständen der Staatlichen Galerie Georgium ersetzt. Der Gobelin ›Der Triumph der Kirche über den Götzendienst‹, um 1630 nach einem Entwurf von Peter Paul Rubens in einer Brüsseler Werkstatt gefertigt, war ursprünglich in dem nun ruinierten Stadtschloß zu Hause gewesen.

Harmonisch paßt sich der zweigeschossige *Schloßbau* in die Landschaft. Der nördlichen Front ist ein quadratischer Ehrenhof vorgelagert, welcher beidseitig von je einem Kavaliers- und einem allerdings erst 1875 angefügten Dienerhaus flankiert wird. Diese Zweizahl setzt sich am Eingangsportal des Mittelrisalits fort. Ionische Halbsäulenpaare tragen über dem Gebälk eine Rokokokartusche und neben einem Putto eine weibliche Figur, die auf der Hofseite den Frühling, auf der Gartenseite den Sommer darstellt. Im Gegensatz zur einladenden Hofseite scheint sich die Gartenseite mit ihren bis zum Boden reichenden, rundbogigen Fenstern und dem weniger hervorgehobenen Mittelrisalit für ein Leben im Garten zu öffnen. Hinter diesen Fenstern liegt der »lichtdurchflutete Gartensaal«, »der schönste Rokokoraum des ehemaligen Landes Anhalt« und eine der wenigen noch erhaltenen barocken Schloßgalerien Deutschlands (Farbabb. 18). Gold, grün und ein vornehm trennendes Weiß für Tür-, Fenster- und andere Rahmungen sind die Farben dieses Saals, dessen elegante, von Johann Carl Lindner nach Vorlagen von Johann Michael Hoppenhaupt (II) geschaffenen Stukkaturen die Decke und die nicht von Bildern bedeckten Teile der Wände

## VON ANHALT NACH ANHALT

umspielen. Bei den der Sitte der Zeit gemäß sehr eng gehängten Gemälden handelt es sich vorwiegend um Arbeiten flämischer und holländischer Meister des 17. und 18. Jh. Rubens, Jordaens und van Dyck sind nur drei von vielen Namen. Neben dem faszinierenden Gartensaal sind es vor allem das ›Gelbe Kabinett‹ mit in den Wänden eingearbeiteten Gemälden von Antoine Pesne und das ›Musikkabinett‹, die das Schloß neben weiteren auszeichnen. Musik übrigens ertönt in zahlreichen Konzerten während der Sommermonate im Bildersaal, während in einem der Orangeriehäuser am Südende des Parks Kunstausstellungen stattfinden. Da nur noch Reste des im 18. Jh. von Christoph Friedrich Brose angelegten Irrgartens vorhanden sind, läßt es sich auch im Park gefahrlos und sehr angenehm wandeln.

»Und doch kann alles nicht verglichen werden mit dem *Luisium.*« Dieser 1925 von Wilhelm van Kempen geschriebene Satz macht die Unmöglichkeit deutlich, sich für einen der in und um Dessau gruppierten Gärten zu entscheiden. Jeder besitzt seine ganz eigene Ausstrahlung und ist im ›Gartenreich‹ ein Individuum unter anderen. So eben auch das Luisium im nur wenige Kilometer östlich vom Stadtzentrum entfernten Ortsteil **Waldersee.** »Das von Erdmannsdorff erbaute *Schlößchen* steht im Mittelpunkt der gesamten Anlage, durch drei Waldalleen verbindet es sich den Elbwaldungen. Selten wird wieder ein Motiv von gleicher Stille, gleicher Intimität zu finden sein. Wer das Luisium im Herbst aufsucht, wenn ringsum der Wald in goldener Pracht steht und abends Nebel gespenstisch aufsteigen; er wird die Sprache dieser Schöpfung der Aufklärung wohl verstehen.«

1774 wurde mit dem Bau des kleinen, zugleich fremd wie vertraut wirkenden Schlößchens in dem über die lindenbestandene Luisenallee zu Fuß zu erreichenden ›alten Vogelherd‹ begonnen. Auf einem sanften Hügel hebt sich der schlichte, pavillonartige Bau über dem Gewässer eines alten Elbarms, im Untergeschoß ein von Stuckpilastern gegliederter Saal mit zartfarbigen Gemälden, im Obergeschoß ein Spiegelkabinett und ein Bibliothekszimmer.

Mit der Anlage des *Gartens* unter der Leitung von Eyserbeck ab 1780 entstand ein stiller, von einer Wallmauer umgebener Ort mit den Gebäuden der *Orangerie* (1771–81), dem neugotischen *Schlangenhäuschen* (1794/95) oder auch der Ruine des römischen *Triumphbogens,* der den Blick auf das *Denkmal der Vestalin* (1785) freigibt. Auch im nach der Gattin des Fürsten Franz benannte Garten gibt es das allenthalben zu beobachtende Nebeneinander von Schönheit und Nutzen, hier in Gestalt des ehemaligen *Gestüts* in direkter Nachbarschaft der eigentlichen Anlage. Auf dem Giebel des neugotischen Gebäudes prangte einst die Figur eines vergoldeten, springenden Pferdes. Im Gegensatz zum Wörlitzer Park, der den bildungshaft-literarischen Zug der Aufklärung mehr hervorkehrt, herrscht im Luisium das malerisch-freie Landschaftsbild einer verinnerlichten, vielleicht reiferen Aufklärung, die auch dem Unwägbaren und Dunklen ihr Recht einräumt.

Der Natur ihr Recht eingeräumt wurde vor allem auf dem *Sieglitzer Berg* am befestigten Hochufer der Elbe. Nordöstlich von Park und Schloß Luisium gelegen, ist diese Gartenanlage nur zu Fuß durch die bewaldete Elbaue zu erreichen. Schon in der zeitgenössischen Literatur wurde sie als »einfach« und »ungekünstelt« beschrieben. Zentrum der Anlage, deren bedeutendster erhaltener Bau ein ›Walltor‹ ist, war die ›*Solitude*‹, ein dorischer Tempel-

312

bau Erdmannsdorffs, dessen einstiger Standort heute nur noch durch die Ruinen des zugehörigen Küchenbaus markiert wird.

Aber noch einmal zurück zum Schloß Luisium. Daß es von hier eine Blickachse zu der von einem hohen Obelisk bekrönten *Dorfkirche* von **Jonitz** (1935 mit Naundorf zu Waldersee vereinigt) gibt, ist gewiß kein Zufall. Dieser 1816/17 an die 1722–25 errichtete Dorfkirche angebaute Westturm birgt das *Mausoleum* für Fürst Leopold Friedrich Franz und seine Gemahlin Luise. Das Grabmal samt dem großen Relief aus weißem Marmor schuf der Hofbildhauer Friedrich Hunold im Jahr 1823.

Südlich von Waldersee und der B 185 liegt der aus den ehemals selbständigen Orten Scholitz, Dellnau und Pötnitz entstandene Ortsteil **Mildensee.** Pötnitz war schon früh der Pfarrort der sämtlich dem Kloster Nienburg unterstehenden Dörfer. Somit war die *Pötnitzer Kirche* möglicherweise die des 1233 nach Nienburg verlegten Konvents. Umfangreiche Restaurationen und Veränderungen von 1804–06 unter Georg Christoph Hesekiel (1732–1818) haben den ursprünglichen Bestand der um 1180 entstandenen turmlosen, dreischiffigen Basilika weitgehend verwischt. Eine gewisse Entschädigung dafür bietet das aus der Schloßkirche hierher gebrachte Abendmahlsgemälde von Lucas Cranach d. J. von 1565, von dem eine Replik in der Agnuskirche in Köthen hängt. Auf dem bedeutenden Werk erscheinen neben den 21 Porträts von Reformatoren und Fürsten von Anhalt auch das des Künstlers. Zwei weitere Gemälde aus der Werkstatt Cranachs zeigen Christus am Ölberg mit dem Porträt des Fürsten Johann Georg von Anhalt-Dessau und eine Kreuzigung mit dem Porträt des Fürsten Joachim Ernst von Anhalt.

Neben dem neugotischen Vierungsturm der Pötnitzer Kirche ragt aus flachem Land der 1809–12 nach Entwürfen Carlo Ignazio Pozzis realisierte *Napoleonturm,* dessen architektonisches Vorbild der athenische ›Turm der Winde‹ war. Die kleine verglaste Laterne des achteckigen Backsteinputzbaus auf künstlichem Hügel bietet einen schönen Blick auf das Panorama des Scholitzer Sees.

Von den wichtigen, noch im Stadtgebiet liegenden Bauten muß hier unbedingt die *Haideburg* in **Dessau-Törten** Erwähnung finden. Sie war Jagdhaus, Försterei und Raststätte für ermüdete Reisende und Besucher des Musterländchens. Das 1782/83 entstandene Gebäude geht auf Einflüsse des Königsberger Schlosses zurück. Im ruinös aufgemauerten Giebel allerdings knüpft es an moderne englische Muster an. Ein Zeitgenosse soll Fürst Franz den spöttischen Ratschlag gegeben haben, daß er das Gebäude nun auch anrußen lassen müsse, »damit man das Neue nicht so sehr sieht«.

Um in den bei weitem bekanntesten und berühmtesten Park des ›Gartenreiches‹ zu gelangen, gibt es den direkten Weg – und den Umweg. Natürlich ist auch in diesem Fall der Umweg der reizvollere, zumal er die Möglichkeit bietet, auf das eigene Fahrzeug zu verzichten und die Bahn zu benutzen. Die Dessau-Wörlitzer-Bahn fährt vom gleichnamigen Bahnhof zunächst in nördliche Richtung um den Schillerpark, dann nach Südosten, durcheilt den Friedrichsgarten, überquert die Mulde und schnauft über Jonitz und die Scholitzer Brücke Oranienbaum entgegen. Nach einem Halt beendet sie nach einer Stunde die 18 km Fahrt schließlich in Wörlitz.

## VON ANHALT NACH ANHALT

**Oranienbaum** hat seinen für diese Gegend ungewöhnlichen Namen erst 1673 von Henriette Katharina, Prinzessin von Oranien erhalten, die 1659 die Frau des Fürsten Johann Georg II. geworden war und den Ort Nischwitz zum Geschenk erhielt. Seine Wurzeln lassen sich bis in das 12. Jh. zurückverfolgen. Er war aber seit 1512 wüst, und erst 1644/45 ließ Fürstin Agnes von Anhalt hier wieder ein festes Haus erbauen. Mit der dann 1683 beginnenden planmäßigen Anlage von Schloß, Park und Stadt entstand einer der wenigen, im Kern weitgehend unzerstört gebliebenen barocken Komplexe dieser Art, die sich durch die engen gestalterischen Beziehungen der einzelnen Teile untereinander auszeichnen.

Nach Plänen des holländischen Architekten Cornelis Ryckwaert wurde im Zentrum der Gesamtanlage ein offenes, breitgelagertes dreiflügliges *Schloß* erbaut. Durch äußerste Schlichtheit und klare, überschaubare Gliederung entspricht es ganz dem Sinn jenes kühleren, zurückhaltenden nördlichen Barock. Lediglich das Giebeldreieck des Mittelrisalits erhielt plastischen Schmuck. Durch stufenweise Zurücksetzung der Seitengebäude öffnet sich der Ehrenhof und mit ihm das Schloß zur Stadt.

Oranienbaum ist eines der frühesten Beispiele eines sich völlig vom Festungscharakter lostrennenden Schloßbaus. Diese Öffnung zur Stadt war – bei aller nötigen Relativierung – nicht allein ein formaler Akt, sondern spiegelte die Zugewandtheit der Bauherrin zum praktischen Leben. 1699 ließ sie eine Glashütte und 1693 ein Brauhaus errichten. Doch auch die übrigen Gewerbe wie die Leineweberei und der Tabakanbau erfuhren Förderung durch den Hof. Überhaupt hat Anhalt-Dessau durch die in dieser Zeit im Zenit stehenden bürgerlichen Niederlanden ganz entscheidende ökonomische und landeskulturelle Anstöße erhalten. So etwa beim Deichbau im Überschwemmungsgebiet von Mulde und Saale.

Die aus dem Schloßgeviert herausführende Straße läuft schnurgerade auf den quadratischen Marktplatz mit dem Wahrzeichen der Stadt zu, einem schmiedeeisernen *Orangenbäumchen* mit vergoldeten Früchten, welches einer barocken Sandsteinvase entwächst (Abb. 70).

Entgegen üblicher barocker Planung liegt die *Kirche* Oranienbaums nicht auf der vom Schloß ausgehenden Hauptachse, sondern in der nach Süden vom Markt im rechten Winkel

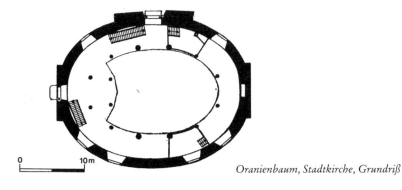

*Oranienbaum, Stadtkirche, Grundriß*

abbiegenden Hauptstraße, denn die nahe Landesgrenze zu Sachsen gestattete keine andere Lösung. Der auf elliptischen Grundriß schlicht und robust emporwachsende Bruchsteinbau nähert sich in der Rundform seines hohen Dachs wiederum der elliptischen Halbform, ehe ihn ein aufgesetzter Dachreiter mit seiner dynamisierenden Spitze edler Selbstgenügsamkeit entreißt. Die zwischen 1704 und '12 erbaute Kirche besitzt noch die Ausstattung der Erbauungszeit und trägt in halber Höhe des ovalen Raums eine umlaufende Holzempore. Sie entspricht damit in ihrer architektonischen Konzeption ganz den liturgischen Gebräuchen des hier gepredigten reformiert-calvinistischen Glaubens. Das Predigerwort und der Gemeindegesang bildeten das Zentrum der religiösen Handlung. Für die Lutheraner, die anfangs allwöchentlich nach Sachsen pilgerten, gab es ab Mitte des 18. Jh. in der Nähe des Parks eine kleine achteckige Kirche. Allerdings wird diese seit 1920 zu profanen Zwecken genutzt.

Wie nach der einen Seite hin zur Straße, öffnete sich das Schloß auf der anderen Seite zum *Park*. Der in französischem Stil angelegte und in der heute leider verwischten Betonung der Querachsen auch holländische Einflüsse aufnehmende Garten läßt trotz teilweise später erfolgter Bebauung immer noch die beziehungsreiche Spannung zur Schloßarchitektur erkennen. An der Südkante streckt sich die Anfang des 19. Jh. durch Pozzi erbaute *Orangerie* in 175 m Länge. Fast unverändert blieb der von 1793–97 durch Johann Christian Neumark angelegte, wohl erste chinoise-englische Garten Deutschlands. Durch Erweiterung und Ausbuchtung der alten barocken Kanäle von Inseln, künstlichen Hügeln und Schlängelwegen, durch eiserne oder steinerne Brücken, die anmutig die Kanäle überwölben, entstand in der nördlichen Partie des Inselgartens und im angrenzenden Waldgebiet ein Stück Kultur, daß seinem Zeitalter der Empfindsamkeit voll Tribut zollte. Ein Spaziergang durch den Garten ist durchaus einem durch die menschliche Seele vergleichbar. Am Anfang, als Traumbild, Zeichen und Wächter, steht die *Pagode* auf ihrem mit immergrünen Eiben bewachsenen Hügel (Abb. 71). Danach gibt es klar erkennbare, wenn auch schon zwiespältige Ordnungen, wie etwa das gleichsam über dem Wasser schwebende *Teehaus,* das dem Besucher mit zwei magisch-blauen Quadrataugen entgegenschaut. Bald aber verschlingen sich die Wege und Kanäle mehr und mehr, kühne Brücken führen in immer dunklere Bezirke, ehe sich jeder Weg in pfadlose ›Wildnis‹ auflöst.

Prosaischer geht es in dem nur 10 km von Oranienbaum entfernten **Gräfenhainichen** zu, auch wenn es die Geburtsstadt Paul Gerhardts (1607–1676) ist, der im Jahr des Westfälischen Friedens jenes allseits bekannte Lied schrieb, das mit dem Vers »Nun ruhen alle Wälder . . .« anhebt. In der Tat, die Wälder sind hier zur ewigen Ruhe gegangen. Der Ort, einst in der sächsischen Provinz liegend, wird hart vom Braunkohlentagebau bedrängt. Dabei ist in der Stadt selbst von dieser Bedrohung kaum etwas zu spüren.

Ihre ›Kultur- und Einkaufsmeile‹ erstreckt sich zwischen der kleinen, aber recht reizvollen klassizistischen *Paul-Gerhardt-Kapelle* und einer schönen *Postsäule* von 1730. Renoviert und freundlich liegt mittendrin der Marktplatz und an diesem das *Rathaus* mit einem Fachwerkobergeschoß von 1696 sowie die im Kern gotische, aber wesentlich von einem Wiederaufbau Mitte des 17. Jh. und Erneuerungen des 19. Jh. geprägte *Stadtkirche*. Auch gibt es

315

## VON ANHALT NACH ANHALT

noch zwei durchaus beachtenswerte Türme der ehemaligen *Stadtbefestigung* der Unter-
bzw. Oberstadt.

»Kann uns doch kein Tod nicht tödten« scheint nicht nur ein Motto Gerhardts, das auch
über dem Eingang der ihm gewidmeten Kapelle steht, sondern auch eines der Überlebens-
strategie der Gräfenhainicher.

Doch endlich **Wörlitz.** »... Hier ist's«, schrieb Goethe am 14. Mai 1778 an Freifrau von
Stein, »jetzt unendlich schön, mich hat's gestern abend, wie wir durch die Seen, Kanäle und
Wäldchen schlichen, sehr gerührt, wie die Götter dem Fürsten erlaubt haben, einen Traum
herum zu schaffen. Es ist, wenn man so durchzieht, wie ein Märchen, das einem vorgetragen
wird, und hat ganz den Charakter der elysischen Felder; in der sachtesten Mannigfaltigkeit
fließt eins in das andere; keine Höhe zieht das Auge und das Verlangen auf einen einzigen
Punkt; man streicht herum, ohne zu fragen wo man ausgegangen ist und hinkommt. Das
Buschwerk ist in seiner schönsten Jugend, und das Ganze hat die reinste Lieblichkeit.«

Trotz mancher Veränderung ist auch heute noch ein ähnliches Empfinden in diesem ersten
großen Landschaftsgarten des kontinentalen Europa möglich. Sicher wird sich selbst der
stark gestreßte Zeitgenosse nur schwer der Verzauberung entziehen können, wenn er, ange-
lockt durch das gellende Schreien von Pfauen, plötzlich dem filigranen Gotischen Haus mit
dem rot-weiß geäderten Giebel gegenübersteht, in dessen gläsernen Türen sich der Vogel in
der Pracht seines aufgeschlagenen Rades mystisch übersteigernd doppelt.

Nüchtern betrachtet wurde der Garten ab 1764 im Verlauf von etwa vier Jahrzehnten
gestaltet und vervollkommnet (Plan s. hintere Umschlagklappe). Wenn auch viele andere
ihren Anteil daran haben, so dürfen doch Fürst Franz und Erdmannsdorff als die eigentlichen Väter der Anlage gelten. Sie kündet nicht allein vom Beginn einer neuen Gartenkultur,
sie ist nicht nur die Keimzelle klassizistischer und neugotischer Architektur in Deutschland,
sondern zugleich ein Zeugnis der alle Lebensbereiche überspannenden bürgerlichen Aufklärung, der sich ihre Schöpfer verpflichtet fühlten.

Am langgestreckten *Wörlitzer See* (Abb. 66), einem Altwasser der Elbe, streckt sich die
von der nördlichen Flußaue durch einen Deich geschiedene und im Süden von der Stadt
Wörlitz begrenzte, über 100 ha große Anlage mit ihren Kanälen, Inseln, einzelnen Gärten,
Gebäuden und Wirtschaftsflächen (Umschlagrückseite, Farbabb. 16).

Die von Franz entworfene Inschrift auf dem Denkstein der kleinen *Rousseau-Insel,* einer
Nachbildung der Grabstätte des Philosophen in Ermenonville bei Paris, könnte auch für die
eigenen Intentionen des Fürsten und für das Programm des ganzen Gartens stehen: »Dem
Andenken J.J. Rousseau/Buergers zu Genf/der die Witzlinge zum gesunden Verstand/die
Wollüstigen zum wahren Genuß/die irrende Kunst zur Einfalt der Natur/die Zweifler zum
Trost der Offenbahrung/mit maennlicher Beredsamkeit zurückwies/er starb d. II. Jul.
MDCCLXXVIII.« Denn derartige pädagogische oder demokratisierende Bemühungen
werden auch im Ganzen sichtbar. So trennt sich der Garten nicht wie der des Barocks von
der ihn umgebenden Landschaft ab, sondern wirkt in diese hinaus oder bezieht wirtschaftliche Elemente wie Feldflächen, Obst- und andere Nutzgehölze, ja sogar die Viehwirtschaft

ein. Vor dem Gotischen Haus etwa weideten Kühe, die im nahen Kuhstall, heute Gärtnerwohnung, untergebracht waren. Auch waren die Gärten wie das Schloß offen für jedermann, die Kunstschätze zu besichtigen.

In *Neumarks Garten*, einer künstlichen großen Insel, ist der Kern der Aufklärungsideologie programmatisch realisiert. In die verschlungenen Felsenwege des *Labyrinths*, die als Sinnbild des menschlichen Lebens gelten, ist eine kleine Lichtung mit den Büsten Gellerts und Lavaters als Vertretern der Aufklärung eingeschlossen. Von ihr führt ein dunkler Gang bald in die heitere Gartenidylle des *Elysiums*. Den Abschluß bilden zwei Pavillons auf dem aus Raseneisenstein errichteten *Eisenhart*, der den angrenzenden Wasserlauf nach draußen, auf die alltägliche Straße überbrückt. Im hinteren Pavillon war eine öffentliche Leihbibliothek untergebracht, während der vordere die ethnographische Sammlung aufnahm, die der Naturwissenschaftler Georg Forster in der Südsee zusammengebracht und 1775 Fürst Franz in London übergeben hatte. Sie ist heute wieder an dieser Stelle zu sehen.

Wer den Wörlitzer Park besuchen möchte, sollte vor allem Zeit mitbringen, Zeit und bequemes Schuhwerk. Natürlich ist auch eine Gondelpartie oder Gartenführung möglich und sehr reizvoll. Alle Kähne tragen Namen bedeutender Persönlichkeiten, die in irgendeiner Beziehung zum Park standen. Einen ganzen Tag für Wörlitz einzuplanen, kann nicht zu viel sein, zumal hier die Fülle der Kostbarkeiten, Kuriositäten und Sensationen nur andeutungsweise skizziert bzw. einfach nur aufgezählt werden kann. Allein die Beschreibung der Brückenkonstruktionen bedürfte eines eigenen Kapitels (Abb. 69). Die *Eiserne Brücke* zum Beispiel ist eine Miniaturnachbildung der 1779 vollendeten Iron Bridge über den Severn in Mittelengland.

Klippen, Tempel, Häuser, Altäre, Grotten oder Plastiken, sie alle stehen in Beziehungen zueinander. Blickachsen durchschneiden den Garten. Viele von ihnen sind heute auch nicht mehr bekannt, wurden von der Vegetation geschluckt, so daß es immer wieder zu Neu- bzw. Wiederentdeckungen und Wiederherstellungen kommt.

Anregungen und Vorbilder sammelten der Fürst und Erdmannsdorff auf vielen gemeinsamen Reisen, vorrangig in England, was besonders deutlich den neogotischen Architekturen anzusehen ist. Bei den übrigen Gebäuden, Tempeln oder Plastiken handelt es sich vielfach um Italienmotive, die der Antike entlehnten, großen kulturellen Vorbilder. *Floratempel* (Abb. 68) und *Venustempel* mit dem Abguß der berühmten Venus von Medici, *Nymphäum* und *Pantheon* gehen auf römische Vorbilder zurück. Auch der *Vestatempel*, ehemals Gotteshaus der jüdischen Gemeinde, hat ein römisches Vorbild. Einen etwas grotesken Zug erhält diese auch zu ihrer Zeit nicht unbestrittene Verfahrensweise schöpferischer Anverwandlung am sogenannten *Stein,* den Franz später selbst als mißlungen empfand. Die Idee des historisierenden Architekturgartens Kaiser Hadrians in Tivoli aufnehmend, sollten sich auf dieser Insel Nachbildungen der Landschaften Kampaniens und Siziliens mit antiker Architektur vereinigen. Auch der *Vesuv*, der zu besonderen Gelegenheiten künstlich betrieben wurde, durfte nicht fehlen. Als aufklärerisches Gegenmotiv zur unbändigen Natur entstand die an einer Ecke angefügte Nachbildung der *Villa Hamilton* des englischen Gesandten in Neapel, der Vulkanologe und Antikenkenner war.

*Wörlitz, Venustempel. Aquatinta der Chalkographischen Gesellschaft Dessau, von A. Kuntz, 1797*

Aber von den Kuriositäten zurück zu den Kostbarkeiten, den drei wichtigsten Gebäuden des Parks, dessen Gestaltung auch in die Stadt **Wörlitz** hineinwirkte. So ließ Franz auch zwei neue Friedhöfe anlegen. Der *jüdische* an der Straße nach Griesen wurde 1933 zerstört. Der *christliche Friedhof* am Ostende der Stadt, wo sich auch das Grab Friedrich von Mathissons befindet, wurde 1795–98 angelegt und besitzt noch ein Aufseherhäuschen. Es wurde wohl wie die nahe *Domäne* (1783–87) und das *Rathaus* (1792–95) nach Plänen von Erdmannsdorff errichtet.

Die neugotische *Stadtkirche* von Wörlitz zieht mit ihrem in dieser Landschaft fremdartig wirkenden Turm schon von weitem die besondere Aufmerksamkeit jedes Reisenden auf sich und sichert die problemlose Orientierung (Abb. 66). Sie entstand in den Jahren von 1805–09 unter Georg Christoph Hesekiel anstelle einer 1200 geweihten romanischen Kirche, von der einige Reste in den Neubau eingingen. Mit dem *Marstall* (1789), dem *Grauen Haus* (1789) und der *Propstei* (1796) stellt sie nach Erhard Hirsch das »großartigste neugotische Ensemble in Deutschland« dar. Neben der originalen neugotischen Ausstattung besitzt die Kirche noch einige ältere Stücke, so eine Sakramentsnische aus der zweiten Hälfte des 15. Jh., ein Schmerzensmann mit der Signatur Lucas Cranachs d. Ä. um 1530 oder ein vom selben Meister 1547 signiertes Lutherbildnis. Der Grabstein eines 1553 verstorbenen N. v. Schlegel aus der Werkstatt Ludwig Binders stammt aus der Schloßkirche Dessau.

*Wörlitz, ›Stein‹. Aquatinta der Chalkographischen Gesellschaft Dessau, von A. Kuntz, 1797*

Neben dem Kirchenensemble setzt das *Schloß* auf dieser Seite des Wörlitzer Sees zweifelsfrei den architekturgeschichtlich wichtigsten Akzent. Für den »Gründungsbau des Klassizismus in Deutschland« wurde am 5. April 1769 der Grundstein gelegt. Nach Erdmannsdorffs Entwürfen erwuchs in den folgenden vier Jahren ein zweigeschossiger Backsteinputzbau im Stil der englischen, von dem oberitalienischen Baumeister Andrea Palladio beeinflußten Landsitze. Konkretes Vorbild war Schloß Claremont von Henry Holland. Vor die streng gegliederte Hauptfassade ist ein ebenso statisch wirkender Portikus gesetzt, dessen vier korinthische Säulen Wächtern gleich vor die Fläche des Hauses treten. Die zum See gewandte Seite des Schlosses erscheint noch sachlicher (Abb. 66); lediglich der 1784 in die Dachzone eingefügte Palmensaal paßt sich diesem Bild steifer Strenge nicht an. Spätere Arbeiten Erdmannsdorffs erscheinen nicht mehr so unnahbar und repräsentativ, wenngleich die architektonischen Motive und der Grundgestus seines Bauens die gleichen bleiben.

Neben dem architektonischen Grundprogramm, welches antike Schlichtheit und Tektonik gegen das Schwelgen des höfischen Barock setzte, werden schon am Eingang auch inhaltliche Themen angeschlagen. Ceres, die Göttin des Ackerbaus, erscheint mit Fortuna, der Göttin des Glücks und Gelingens, gleichsam als Basis des ›Gedanken-Gebäudes‹. Und in der Tat ist es ein großes Glück, daß außer dem Baukörper auch das Interieur weitgehend erhalten geblieben ist. Die empfindsamen Stukkierungen der Decken, die Grissaillemale-

## VON ANHALT NACH ANHALT

reien an Decken und Wänden entstanden nach Entwürfen Erdmannsdorffs, der sich auch hier an römischen und pompejanischen Vorbildern orientierte. Desgleichen wurden viele der Möbel nach seinem Entwurf gefertigt. Die den neuen Gestaltungsprinzipien entsprechenden, klar begrenzten und übersichtlich gegliederten Räume sind dennoch sehr wertvoll ausgestattet, besonders im Hauptgeschoß. Jeder Raum hat trotz des formalen wie inhaltlichen Zusammenhangs mit dem Ganzen seinen eigenen Charakter. Neben der als Deckengemälde oder Stukkatur fest in die Räume gebundenen Kunst vervollständigen zahlreiche Büsten, vornehmlich römische Kopien nach griechischen Vorbildern, und Gemälde die wertvolle Ausstattung. Canaletto, Rubens, Pesne, Salomon Ruysdael oder der deutsche Landschaftsmaler Philipp Hackert sind nur einige der hier vertretenen Maler. – Die *Bibliothek* (Abb. 67), als geistiges Zentrum des Schlosses, ist mit besonderer Aufmerksamkeit bedacht worden. Über den rundum an den Wänden stehenden Bücherschränken erscheinen Fresken berühmter Gelehrter und Dichter; an der Decke neben dem Tierkreis die Reliefs der Wissenschaften Philosophie, Musik, Geschichte und Jurisprudenz. Der Kopf der Aphrodite, die Büste der Tyche und der Torso einer verwundeten Amazone mögen die Benutzer der Bibliothek daran erinnert haben, daß es neben Liebe und Schönheit und dem glücklichen Schicksal noch das Unglück als dunkle Seite des Lebens gab.

Wenn nicht gerade diese dunkle Seite, so war es doch ein sichernder Blick in die eigene verästelte Geschichte, die den geistigen Hintergrund abgab für das vis-à-vis zum Schloß, auf der anderen Seite des Sees in *Schochs Garten* sich versteckende *Gotische Haus* (Farbabb. 17). »Das Schloß stand da im Schmucke griechischer Baukunst«, schrieb August von Rode, der Mitstreiter des Fürsten: »Er baute das Gothische Haus und versammelte darin um sich alles, was dazu dienen konnte, seinen Geist in die Vorwelt zu versetzen.«

Als Hauptgebäude erstand 1773/74 zunächst das Gebäude mit der dem Kanal zugewandten, helleren Seite. Es stand wohl noch unter dem Einfluß Erdmannsdorffs, während die weitere Ausführung des Komplexes bereits in den Händen des damaligen Baudirektors Hesekiel lag. Die Fassade wurde von der venezianischen Kirche Santa Maria dell' Orto angeregt. Weiß heben sich Strebepfeiler, Gesimse, Blendarkaturen und Bogenfriese von der dreigeteilten basilikalen Front und gliedern sie. Erst 1785/86 wurde der schräg zur Gartenseite gestellte, langgestreckte und in einem Querriegel endende Teil in den Formen der englischen Tudorgotik erbaut. 1787/88 entstanden die beiden Pavillons am Wolfskanal, 1789 der Neue Turm und 1811–13 kam es zu letzten Erweiterungen, die aber den über Jahre gewachsenen asymmetrischen, an mittelalterliche Anlagen gemahnenden Grundriß nicht mehr veränderten. Das Gotische Haus nahm Kunstsammlungen auf, wie die noch heute zu besichtigende Sammlung von Schweizer Glasmalerei des 16. und 17. Jh. Mit Einbauten der Decken und Wanddekorationen aus dem zwischen 1572 und '80 von Rochus van Lynar und Peter Niuron errichteten Teil des Dessauer Schlosses war es auch der eigenen Geschichte verpflichtet. Instinktiv wohl wurde die englische Gotik dieser Geschichte als näher empfunden als die antike Klarheit. Auch reichte diese Verbindung viel tiefer und bis in den profanen Alltag hinein, der den Besucher außerhalb des Wörlitzer Parks schnell wieder einfangen wird. »In England«, wird der Fürst zitiert, »habe ich Vieles gelernt, wovon man bei uns gar nicht wußte, was wir wenigstens nicht beachten, auch Essen und Trinken, und mit Messer und Gabel umgehen.«

Der letzte ›Anhalt‹ im ehemaligen Anhalt heißt **Coswig**. Um die nur 5 km von Wörlitz entfernte Stadt zu erreichen, ist die Elbaue zu durchstreifen und die hier stark mäandernde Elbe mit der Fähre zu überqueren. In Grenznähe, an der alten Heerstraße zwischen Magdeburg und Wittenberg, war die Stadt schon immer eng mit der Anhalt umgebenden preußischen Provinz Sachsen verbunden. 1187 erstmalig genannt, wurde sie 1547 eines der Opfer des Schmalkaldischen Krieges.

Am rechten Elbufer erhebt sich das 1667–77 anstelle einer mittelalterlichen Burg erbaute *Schloß*. Der zur Elbe gewandte Giebel trägt wie sein Pendant auf der Stadtseite einigen plastischen Schmuck. Das Hauptportal des Ostflügels besteht aus Kolossalpilastern und wappengeschmücktem Dreiecksgiebel. Nachdem das Schloß zeitweise als Gefängnis herhalten mußte, dient es heute als Archiv. Auch ein um 1600 entstandenes *Kavaliershaus*, direkt in der Nähe des Schlosses, an der die Stadt von Ost nach West durchquerenden Hauptstraße, hat sich erhalten.

Das *Rathaus* in der Mitte der Stadt ist ein Bau in den schlichten Formen des Jahres 1669. Dort befindet sich zugleich das älteste Gebäude des Ortes, die *Kirche St. Nikolai*. Von dem spätromanischen Feldsteinbau erhielt sich der tonnengewölbte Turm des Westbaus, das flachgedeckte, rechteckige Schiff mit Triumphbogen und ein schönes dreistufiges Portal an der Nordseite des Kirchenschiffs. Als die Kassen sich von den Lasten des Dreißigjährigen Krieges wieder etwas erholt hatten, wurde die Kirche von 1699–1708 grundlegend barock umgestaltet. Ein Großteil der vorhandenen Ausstattung entstand ebenfalls in dieser Zeit. Die steinerne Taufe von 1701 ist ein Werk Giovanni Simonettis. Daneben finden sich in der Kirche Gemälde von Lucas Cranach d. J. und seiner Schule, was schon vorausgreift in das nahe Wittenberg, wo die Cranachs ihre Werkstatt betrieben.

# Reformationsland

Die Erinnerung an Anhalts ›Gartenreich‹ löst sich in der größtenteils flachen Weite der Elbaue und den dicht mit Flußarmen und Kanälen durchzogenen Mündungsgebiet der Schwarzen Elster auf. Die wenig bekannte, touristisch nur punktuell erschlossene, vielfach vom Pragmatismus landwirtschaftlicher Nutzung geprägte Landschaft zwischen Wittenberg, Annaberg und Bad Schmiedeberg ist darum nicht reizlos. Ländliche Stille in winddurchwehter Weite bietet für manchen einen Fluchtpunkt vor dem Streß der Großstadt. Ein Martin Luther empfand das allerdings als zivilisatorische Begrenztheit: »... hätten sie sich

321

REFORMATIONSLAND

noch etwas entfernter angesiedelt«, schrieb der Neuankömmling über die Wittenberger, »so wären sie mitten in die Barbarei geraten.« Nun, das ist heute gewiß nicht zu befürchten.

# Lutherstadt Wittenberg

>»Willst du dich vergnügen, geh sonstwohin,
willst du studieren, so geh nach Wittenberg.«
(alte Studentenregel)

In der Tat galt Wittenberg zu Anfang des 16. Jh. nicht mehr als irgendein anderer Marktflekken. Zwar führte eine noch heute als Rückgrat der Altstadt sichtbare Handelsstraße von Magdeburg nach der Lausitz und weiter nach Böhmen durch den Ort – und die Elbfurt sicherte ebenfalls einige Bedeutung –, doch scheint die Stadt bis dahin keinen größeren Gewinn daraus gezogen zu haben. Schlamm und Unrat, wenige Steinhäuser an den langen, lückenhaften Straßenzügen, ärmliche und kleine, meist mit Stroh bedeckte Häuser, so dürfte sich Wittenberg noch Luther dargeboten haben, als er als Student hier einzog.

1180 erscheint Wittenberg erstmals als Burgward in den Annalen, wohl von Albrecht dem Bären angelegt. Als dessen Urenkel Albrecht II. bei einer Erbteilung das territorial unbedeutende Gebiet des späteren Herzogtums Sachsen-Wittenberg erhält, wählt er Wittenberg zu seiner Residenz und verleiht dem im Schatten der Burg entstandenen Ort 1293 das Stadtrecht. Die permanente Geldknappheit der seit 1356 um die Kurwürde bereicherten Askanier nutzte die Stadt, indem sie bis zum Aussterben dieser Linie 1422 fast alle Rechte von diesen erwarb. Unter den nun herrschenden Wettinern sollte Wittenberg nach der 1485 vollzogenen Teilung des Kurfürstentums Sachsen in albertinische und ernestinische Lande als Residenz der Ernestiner die glanzvollste Periode seiner Geschichte erleben. Unter der Ägide Friedrichs des Weisen (1463–1575) wurde von 1487–90 die Elbbrücke erbaut und von 1489–25 das verfallene Schloß der Askanier durch einen Neubau nach Plänen Konrad Pflügers ersetzt. In direkter Konkurrenz zu der Universität des ›Bruderlandes‹ in Leipzig gründete Friedrich 1502 ohne Einwilligung des Papstes die erste landesfürstliche Universität Deutschlands, die kaum zehn Jahre später zum Zentrum der lutherischen Reformation werden sollte. 1517 war der Boden in der geistigen Auseinandersetzung soweit gediehen, daß der Anschlag der berüchtigten 95 Thesen wie ein mächtiger Glockenschlag das alte klerikale Denkgebäude in so starke Schwingungen versetzte, daß es einzustürzen drohte. Wittenberg und seine Universität wurden zum geistigen Zentrum Deutschlands, das neben hervorragenden Gelehrten wie Philipp Melanchthon auch Tausende von Studenten in die enge, kleine Festungsstadt zog. Gewissermaßen ganz Europa fand sich hier zur Tafelrunde. Wie Melanchthon schrieb, soll es vorgekommen sein, daß an seinem Tisch elf verschiedene Sprachen gesprochen wurden.

Alle wichtigen Baudenkmäler und historisch bedeutenden Orte Wittenbergs reihen sich wie Perlen an der Kette der alten Handelsstraße, also heute an der Collegienstraße, der ihr

*Martin Luther und Kurfürst Johann Friedrich von Sachsen mit Gemahlin und Söhnen bei der Taufe Christi vor der Silhouette Wittenbergs. Holzschnitt nach Jakob Lucius, um 1580*

parallelen Mittelstraße und der nach dem Markt zum Schloß hinführenden Schloßstraße. Auch hier ist es Luther, der die Eckpunkte setzt. Im Nordwesten, an der Schloßkirche, schlug er seine Thesen an, und am südöstlichen Ende, vor dem ehemaligen Elstertor, verbrannte er am 10. Dezember 1520 die päpstliche Bannandrohungsbulle und mit ihr »die Bücher des Papstes zu Rom und etliche seiner Jüngeren«. An dieser Stelle pflanzte man später zur Erinnerung die ›Luthereiche‹, die während der Befreiungskriege wegen Holzmangels von der französischen Besatzung gefällt, nach 1830 jedoch durch Neuanpflanzung ersetzt worden ist.

Luther hatte es zu dieser von zahlreichen Studenten umjubelten ›Aktion‹ nicht weit, denn das Augustinereremitenkloster befand sich in unmittelbarer Nähe gleich am Eingang der Collegienstraße. Das *Collegium Augusteum*, welches mit seinem 17-achsigen Straßenflügel das Bild beherrscht und heute vom Evangelischen Predigerseminar genutzt wird, entstand allerdings in dieser Form erst nach Luther von 1564 an unter der Leitung von Hans Irmisch und hat inzwischen wiederum zahlreiche Veränderung erfahren. Seine ursprüngliche Gestalt ist noch am ehesten an der Hoffront des Seitenflügels ablesbar. In diesem Hof, dessen dritte Flanke vom *Lutherhaus* (Lutherhalle) geschlossen wird, scheint noch die alte, klösterliche Aura gefangen zu sein. Das Haus, welches seit 1524 auch das Wohnhaus Luthers war und 1564 von seinen Erben an die Universität verkauft wurde, war 1504 als Klostergebäude begonnen worden. Die zahlreichen Restaurierungen, die der historische Rang dieses Gebäudes herausforderte, haben jedoch wenig dazu beigetragen, die originale Substanz zu erhalten. So ist die Dachzone und der Ostgiebel von einer langwierigen und dennoch nicht vollendeten Regotisierung des vorigen Jahrhunderts unter Friedrich August Stüler geprägt. Links und rechts des polygonalen Wendelsteins der Renaissancezeit wurde ein neugotischer

REFORMATIONSLAND

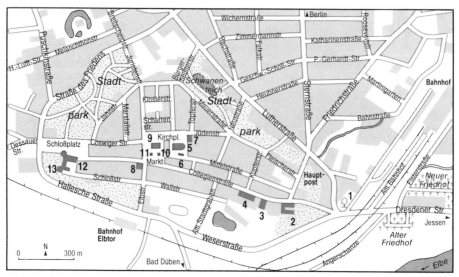

*Lutherstadt Wittenberg  1 Luthereiche  2 Collegium Augusteum und Lutherhaus (Museum)  3 Melanchthonhaus (Museum)  4 Ehem. Fridericianumskaserne  5 Stadtkirche St. Marien  6 Fronleichnamskapelle  7 Ehem. Wohnhaus Johannes Bugenhagen  8 Cranachhaus  9 Rathaus  10 Lutherdenkmal  11 Melanchthondenkmal  12 Schloßkirche  13 Schloß (Museum für Natur- und Völkerkunde ›Julius Riemer‹)*

Erker bzw. ein Maßwerkbaldachin mit einer reliefierten Lutherbüste angefügt. Das original spätgotische Katharinenportal hingegen, heute der Eingang zum *Museum*, war ein Geschenk zum 57. Geburtstag des Reformators von seiner Frau Katharina. Über den Nischen findet sich auf der einen Seite ein Bildnisrelief Luthers, auf der anderen die sogenannte Lutherrose, das Wappen der Familie. Von den zu besichtigenden Räumen besitzt die ›Lutherstube‹, vermutlich 1535–38 eingebaut, noch die originärste Gestalt. Doch ist die Reichhaltigkeit der hier zu Reformationsgeschichte zusammengetragenen Sammlungen der eigentliche Schatz, denn sie bestehen etwa aus einer lückenlosen Sammlung der Lutherschriften in Originaldrucken, einer umfangreichen Bibelsammlung, Gemälden und Drucken Lucas Cranachs d. Ä., Hans Baldung Griens oder Heinrich Aldegrevers, Urkunden, Autographen, Münzen und Medaillen.

In bester nachbarlicher Beziehung, nur wenige Schritte stadteinwärts vom Lutherhaus, befindet sich das *Melanchthonhaus*. Das dreigeschossige, von Staffelgiebeln bekrönte, komfortable Renaissancehaus entstand 1536 mit Unterstützung des Kurfürsten und der Universität für Luthers engsten Mitstreiter und bietet heute mit seinem zum Teil originalen Mobiliar einen interessanten Einblick in das Leben des Gelehrten und seiner Studenten. Es bestand nicht vorwiegend aus den überlieferten, mitunter heftigen Streitgesprächen, die er mit Luther am Steintisch im Garten führte, sondern vor allem aus Disziplin. Das »schmächtige Männlein«, das im jugendlichen Alter von gerade 21 Jahren das Katheder bestiegen hatte, pflegte von 3–7 Uhr in der Frühe zu studieren. Danach folgte das Gebet mit der Familie, und von 8 Uhr an las er Kolleg. »... Ich«, schrieb Luther, »muß die Klötze und Stämme ausreuten und bin der große Waldrechter, der Bahn brechen und zurichten muß; aber M. Philippus fährt säuberlich und stille daher, bauet und pflanzet, säet und begießet mit Lust, nachdem ihm Gott hat gegeben seine Gaben reichlich.«

Zwar kaum noch von seiner architektonischen Substanz, doch vom kulturgeschichtlichen Stellenwert bedeutend ist die Gebäudegruppe der ehemaligen *Fridericianums-Kaserne* in der Collegienstraße 62, denn hier befanden sich einst mit dem Alten und dem Neuen Kollegium die Hauptgebäude der alten ›Leucorea‹, der Universität. Hier dozierten die berühmten Gelehrten, und hier erhielten später ebenso berühmte Männer ihre Ausbildung. Die Gedenktafel zählt einige davon auf, wie in Wittenberg überhaupt Gedenktafeln an den verschiedensten Häusern an die zahlreichen bedeutenden Persönlichkeiten erinnern, die zeitweise oder dauernd mit der Stadt verbunden gewesen sind, und oft ungerechtfertigt im Schatten der ganz großen Namen stehen.

Die kommen mit der *Stadtkirche St. Marien* wieder ins Blickfeld, denn sie war die Predigtkirche Luthers. Nach und nach entstand sie anstelle einer frühgotischen Basilika, deren Chor im Kern noch in dem heutigen Bauwerk enthalten sein könnte. Das Turmpaar war ab Anfang des 14. Jh. im Bau, und da man im Schmalkaldischen Krieg die Helme herunterriß, um Plateaus für Kanonen zu erhalten, wurden 1555–58 von Ludwig Binder nach dem Vorbild der Dessauer Schloßkirche die heutigen Turmaufsätze mit ihren Hauben erbaut (Farbabb. 19). Die spätgotische, dreischiffige Halle entstand in der ersten Hälfte des 15. Jh. durch einen grundlegenden Umbau des basilikalen Langhauses. Von dem einst sehr reichen Bauschmuck des Äußeren der Kirche ist jenes beschädigte Relief an der oberen Ecke der südlichen Chorwand zu nennen, das den Betrachter mit der Darstellung einer sogenannten

*Philipp Melanchthon. Holzschnitt, um 1560*

REFORMATIONSLAND

›Judensau‹ ein Zeugnis des besonders für die Deutschen in verheerenden Verbrechen enden-
den mittelalterlichen Semitenhasses vor Augen führt. Von den Portalen ist neben den beiden
Seitenschiffportalen vor allem das Marienportal oder ›Hochzeitsportal‹ in der Westfassade
bedeutsam, dessen Tympanon aus dem späten 14. Jh. stammt, und dessen Dynamik nach
oben von einen Maßwerkrose aufgefangen wird, über welche noch eine um 1370 entstandene
Marienstatue auf einer Laubwerkkonsole unter einem Baldachin vor die verputzte Bruch-
steinmauer tritt.

Obwohl diese Kirche während Luthers erzwungener Abwesenheit zum Ort der besonders von Karlstadt beförderten radikalen Richtung der Reformation wurde, die in Studen-
tenunruhen und Bilderstürmerei ausartete, besitzt St. Marien eine vergleichsweise reiche
Ausstattung, freilich zum größten Teil nach den Unruhen von 1521/22 geschaffen. Das
bedeutendste Stück ist der sogenannte ›Reformationsaltar‹ (Farbabb. 20). Die Mitteltafel ist
wohl von Lucas Cranach d. Ä. (1472–1553) vor 1539, die beiden Flügel sind vielleicht 1547
von Lucas Cranach d. J. (1515–1586) gemalt worden. Ganz in der Art mittelalterlicher
Meister wird das Heilsgeschehen als unmittelbare Gegenwart begriffen. Auf der Mitteltafel
des Abendmahls tragen die streitbaren Jünger die Züge berühmter Persönlichkeiten der
Reformation, herausgehoben Luther als Junker Jörg, dem der Sohn Cranachs als Mund-
schenk einen Becher zur Stärkung reicht. Auf dem linken Flügel vollzieht Melanchthon die
Taufe, obwohl er kein Priester war. Neben ihm steht Lucas Cranach d. Ä. mit langem
weißen Bart. Auf der rechten Tafel findet sich ein wichtiger Streitpunkt der Reformation.
Hier erteilt Luthers Mitstreiter Bugenhagen als Beichtvater einem offenbar wohlhabenden
Bürger die Absolution ohne den üblichen Ablaßbetrag, während er dem Mann mit dem
Schwert die Absolution verweigert. Ebenso zeigt die Predella einen Hauptpfeiler der Refor-
mation, indem der predigende Luther auf den Gekreuzigten verweist, durch den allein
Gottes Güte und Vergebung möglich wird. Unter der lauschenden Wittenberger Gemeinde
ist wieder Lucas Cranach d. Ä. zu sehen und ganz im Vordergrund Luthers Frau Katharina
mit Sohn Hans.

Neben einigen anderen, zum Teil sehr qualitätvollen Ausstattungsstücken, von denen die
prachtvolle Messingtaufe von Hermann Vischer d. Ä. aus dem Jahr 1457 vielleicht das
auffälligste Einzelstück ist und die gotisierende Ausgestaltung durch Carlo Ignazio Pozzi in
den Jahren 1810/11 der Kirche ihren einheitlich wirkenden Grundgestus verleiht, sind es vor
allem die hier in großer Zahl und hoher Qualität vorhanden Grabmäler und Epitaphien.
Dieser Vorzug ist zu einem großen Teil der in Wittenberg tätigen Malschule der Cranachfa-
milie zu danken. Stellvertretend seien genannt das Epitaphgemälde von Lucas Cranach d. J.
für Johannes Bugenhagen, der 1585 hier verstarb, oder das für Paul Eber, gestorben 1559,
auf dem die biblische Allegorie ›Der Weinberg des Herrn‹ eine solche Polemik im protestantischen Sinn fand, daß das Bild als exemplarisches Beispiel in die Kunstgeschichte einging.
Von den zum Teil nicht weniger vorzüglichen steinernen Epitaphien ist vor allem das 1606
von Sebastian Walther für den 1586 gestorbenen Lucas Cranach d. J. zu nennen. Das Relief
der Grablegung Christi, das die großartige italienische Schule verrät, gilt als eines der besten
seiner Zeit in Sachsen.

Neben der mächtigen Stadtkirche wirkt die kleine *Fronleichnamskapelle* im Süden des Kirchhofs in ihren Formen aus der Zeit um 1370 wie ein anmutiges Kind. An der nördlichen Hälfte des Kirchhofs Ecke Kirchplatz/Jüdenstraße steht das 1731/32 grundlegend umgestaltete ehemalige Wohnhaus des Reformators Johannes Bugenhagen, dem auf diesem Teil des Kirchplatzes auch ein Denkmal gewidmet ist.

Der sich westlich des Kirchplatzes anschließende, großräumige, von Bürgerhäusern umrahmte *Markt* bietet noch das imposante Bild eines maßgeblich von den Verhältnissen der Renaissance geprägten Platzes – trotz vielfacher Veränderungen, die alte Fassaden verschwinden ließen oder die Traufenhöhe der Häuser änderte. Diese Charakteristik trifft gleichermaßen auf Partien der Collegienstraße, Mittelstraße und Schloßstraße zu, wo längst nicht alle sehenswerten Einzelhäuser genannt werden können. Auffällig am Markt sind vielleicht zuerst die beiden stattlichen Häuser an der Westseite, die Nummern 23 und 25. Letzteres, übereck zur Schloßstraße, ist ein breitgelagertes Giebelhaus, Nr. 25 ein Traufenhaus in edlen Proportionen, dessen mit Halbsäulen und Voluten schon überladen wirkender Zwerchgiebel aus dem Anfang des 17. Jh. stammt. Ebenso beachtenswert sind einige, in der Regel mit Treppentürmen bestückte Höfe, wie etwa im sogenannten ›Kurprinzlichen Palais‹ Markt 4 oder im sogenannten ›Beyer-Hof‹, Markt 6, über dessen hofseitigen Sandsteinarkaden aus dem Anfang des 17. Jh. noch guterhaltene, hölzerne Laubengänge existieren. Weniger von seiner heutigen architektonischen Gestalt, als von seiner Geschichte her ist das *Cranachhaus* an der Ecke Schloßstraße/Elbstraße bedeutsam. 1512 von Lucas Cranach d. Ä. erworben, soll es durch ihn neu erbaut worden sein. In den 84 beheizbaren Zimmern und 16 Küchen richtete er seine Malerakademie für annähernd 30 Maler ein. Die im Vorderhaus eingerichtete Druckerei, die vor allem von der Veröffentlichung der Lutherschriften lebte, trug wesentlich zum Ruhm des Wittenberger Buchdrucks bei, der die Stadt zum führenden Druckort in Deutschland machte. Nachdem Cranach 1520 zu allem Überfluß das Apothekerprivileg erworben hatte, richtete er die bis heute bestehende Apotheke ein. Angesichts solcher Aktivitäten ist es kaum verwunderlich, daß der 1504 als Hofmaler Friedrichs des Weisen nach Wittenberg gekommene Cranach mitsamt seiner Familie zu einem Machtfaktor in Wittenberg geworden war, der durch des Meisters Aufstieg in das Bürgermeisteramt zugleich eine politische Dimension erfuhr.

Seinen markanten Festpunkt erhält das unter Denkmalschutz stehende Areal des Marktes durch das *Rathaus*. Die beiden *Denkmäler* von *Luther* und *Melanchthon* vervollständigen das beeindruckende Bild bürgerlichen Selbstverständnisses (Farbabb. 19). Das Lutherdenkmal wurde 1821 von Johann Gottfried Schadow, das Melanchthons 1865 von Friedrich Drake geschaffen, während der Baldachin für das Lutherdenkmal nach Entwürfen Schinkels, der für das Melanchthondenkmal nach Entwürfen Johann Heinrich Stracks entstand.

Der rechteckige, zunächst ganz als Zweckbau begriffene Baukörper des Rathauses wurde in den Jahren von 1523–35 errichtet und diente außer der städtischen Verwaltung auch als Kaufhaus, Tanz- und Theatersaal. Vom Innenausbau, der gegen 1540 abgeschlossen war, ist jedoch bis auf die Kellerräume nichts erhalten. Das Rathaus besitzt heute eine einheitliche Ausstattung von 1926–28. Sein erhaltenes äußeres Bild, das es unter die typischen sächsi-

REFORMATIONSLAND

schen Rathausbauten einreiht, erhielt es seit 1570 zunächst durch den Aufbau seiner durch Gesimse und Pilaster gegliederten und durch Voluten belebten Zwerchgiebel. 1573 entstand das marktseitige Portal mit einem Altan vor der ehemaligen Richterstube. Ornamente und Figuren sowie die schon barock erscheinende Justitia obenauf schuf der Torgauer Bildhauer Georg Schröter. Von diesem Altan wurden dem staunenden und sensationslüsternen Volk die Urteile des hohen Gerichts verkündet, während das Arme-Sünder-Glöcklein im Dachreiter läutete und der Deliquent seiner Bestrafung entgegenharrte. Im Pflaster vor dem Rathaus sind heute noch jene Steine für das Schafott erkennbar, auf dem die Hinrichtungen stattfanden, und wo auch jene Giftmörderin in aller Öffentlichkeit gerädert wurde, deren abgeschlagene Hand noch heute im Melanchthonhaus vorgezeigt wird.

Der prägnante, 88 m hohe Turm der **Schloßkirche** (Abb. 72), dessen reichverzierte, neogotische Haube einer monumentalisierten Kaiserkrone gleicht, ist beim Gang durch die Stadt ein sicherer und leicht zu erkennender Orientierungspunkt. An die Tür des *Nordportals* dieses seit 1507 als Universitätskirche fungierenden Gotteshauses schlug Martin Luther am 31. Oktober 1517 seine weltberühmten 95 Thesen gegen den Ablaßhandel und andere dogmatische Übel der päpstlichen Kirche. Diese Tür wie die ganze, um 1500 unter Konrad Pflüger neu erbaute Kirche und das Schloß fielen der Belagerung und Beschießung durch Reichstruppen während des Siebenjährigen Krieges 1760 zum Opfer. Nach dem Krieg war Wittenberg zu einem Drittel zerstört. Seit dem 1814 erfolgten Übergang an Preußen führte sie nur noch das Dasein einer recht unbedeutenden Provinzstadt. Das änderte sich erst nach der Schleifung der preußischen Festungswerke und dem Beginn der Industrialisierung am Ende des 19. Jh. Als an Geschichte und Tradition interessiertes Jahrhundert brachte es zudem den Neuausbau der Schloßkirche zu einer »Ruhmes- und Gedächtnishalle der Reformation«. Die Portalgestaltung mit der bronzenen Thesentür, deren dauerhafte Gutenbergsche Minuskeln ursprünglich vergoldet waren, ist das einzige Projekt, das von den klassizistischen, nach den Befreiungskriegen entworfenen Restaurationsplänen verwirklicht wurde. Nach Zeichnungen Ferdinand von Quasts und Modellen Friedrich Drakes wurden die beiden Türflügel 1858 gegossen. – Das Tympanongemälde, 1851 von August von Kloeber geschaffen, zeigt zu beiden Seiten des Gekreuzigten Luther und Melanchthon in kniender Pose. Die Statuen Friedrichs des Weisen und Johannes des Beständigen, der sächsisch-wittenbergischen ›Schutzherren‹ der Reformation über dem Portal, entstanden 1845 unter den Händen Friedrich Wilhelm Holbeins nach Entwürfen Friedrich Drakes.

1883–92 erfolgte dann der Neuausbau durch Friedrich Adler. Er betraf außer dem Turm vor allem das Innere der Kirche, in dem heute neben einigen älteren Ausstattungsstücken die neogotische Architektur und Ausstattung dominiert. Als historische Ahnherren haben in dem als Grabkapelle gestalteten Raum unter der Westempore 1885 die aus der Franziskanerkirche überführten Gebeine der Askanier eine letzte Ruhestätte gefunden. Die Gedächtnistumba darüber ist eine Stiftung Friedrichs II. Auch die beiden originalen Grabplatten und der Sandsteinfries der neun heiligen Frauen des 14. Jh. stammen aus der genannten, 1885 abgerissenen Klosterkirche. Nach dieser historischen Reminiszenz widmet sich der von Emporen umzogene und von einem Netzrippengewölbe überspannte Raum ganz seinem

328

80, 81  BAD LAUCHSTÄDT   Saal des Goethe-Theaters und Kursaal

82 BAD DÜRRENBERG  Borlachturm und Gradierhaus

83  WEISSENFELS  Blick vom Markt zum Schloß Neu-Augustusburg

84, 85  ZEITZ  Portal des Seckendorfschen Hauses und Portal des Torgebäudes am Schloß

87, 88 NAUMBURG Dom, Diakon und Wasserspeier am Westchor
◁ 86 NAUMBURG Blick vom Turm der Wenzelskirche zum Dom
89, 90 NAUMBURG Hauptportal der Wenzelskirche und Rathausportal

91 SCHULPFORTA Klosterkirche, Westfassade

92  BAD KÖSEN  Kunstgestänge

93  FREYBURG  Jahn-Gedenkstätte
95  FREYBURG  Blick zur Neuenburg ▷

94  GROSSJENA  Reliefs in Steinauers Weinberg

97, 98  BURGSCHEIDUNGEN   Schloß mit Park und Blick vom Schloß in das Unstrut-Tal

100 SEEBURG Burg
99 QUERFURT Burg
101 EISLEBEN Markt mit Lutherdenkmal, Rathaus und Andreaskirche

102, 103  EISLEBEN   Luthers Geburtshaus und Grabtumba in der Andreaskirche

104  MEMLEBEN   Klosterkirche, Krypta     105  MANSFELD   Schloßkapelle

Thema, der Reformation. Auf Kandelabersäulen rechts und links des Schiffs vor den Emporenpfeilern stehen in lebensgroßen Figuren die Wittenberger und andere Reformatoren. In den Arkadenzwickeln zeigen 22 Medaillons die Bildnisse großer Vorläufer, Künstler und Gelehrter. In den Emporenbrüstungen erscheinen die Wappen reformatorischer Fürsten und Edelleute und in den Scheiben der Fenster die Wappen frühreformierter Städte. Die drei Chorfenster enthalten fünf Darstellungen nach Dürers Großer und Kleiner Passion. Die Fenster mit den Porträts europäischer Reformer sind erst 1983 eingefügt worden.

Im *Chor* mit dem neugotischen Altar versammeln sich die großen Namen, aber auch die bedeutendsten Kunstwerke der Kirche. Das bronzene Epitaph für Friedrich den Weisen von 1527, ein Meisterwerk Peter Vischers d. J., steht hier unübertroffen. In einer Renaissancenische zeigt es den Fürsten im Ornat des Reichserzmarschalls mit dem erhobenen Kurschwert vor einem überaus fein in das Metall ziselierten Gobelin in bestimmter doch defensiver Haltung, die er auch im Leben eingenommen hat. Diesem Epitaph nachgestaltet wurde das gegenüberstehende für seinen Bruder und Nachfolger Johann den Beständigen von Hans Vischer im Jahr 1532. 1521 schuf derselbe Künstler das wundervolle Bronzeepitaph für Henning Goden mit der Marienkrönung nach Albrecht Dürer. Beiden fürstlichen Epitaphien gehört je eine Grabplatte vor dem Altar ebenfalls aus der Vischer-Werkstatt an. Die zu Seiten des Altars aufgestellten knienden Ganzfiguren der beiden Fürsten dürften nach 1532 entstanden sein. Sie waren ursprünglich auf hohen Postamenten am Eingang des Chores aufgestellt, womit ihre Rolle als Förderer und Beschützer der Reformation noch deutlicher herausgestrichen wurde. Auch künstlerisch bedeuten sie für den sächsischen Raum ihrer Zeit eine Neuerung, da bis dahin die kniende Figur lediglich in der Malerei und der Reliefkunst üblich gewesen war.

Gegen die reiche kurfürstliche Begräbniskultur muß die für die beiden großen Wittenberger Reformer entsprechend bescheiden ausfallen. Beider Gräber werden markiert durch je einen steinernen Sockel mit einer darauf befestigten Gedächtnistafel. Für Melanchthon sind nahe seinem Grab noch zwei Inschriftenplatten angebracht, die Luther zugeeigneten wurden 1760 zerstört. Dafür ist in der Wand 1872 der Nachguß einer eigentlich für Wittenberg bestimmten Grabplatte aus der Stadtkirche von Jena mit der Ganzfigur des Reformators eingefügt worden. Die lateinische Inschrift auf der Gedenkplatte seines Grabes gibt in aller Schlichtheit Auskunft: »Hier ist begraben der Leib des Doktors der heiligen Theologie Martin Luther, der im Jahre Christi 1546 am 18. Februar in seiner Heimatstadt Eisleben starb, nachdem er 63 Jahre, 2 Monate, 10 Tage gelebt hatte.«

Die Schloßkirche war der Nordflügel des von 1489–1525 neu erbauten *Schlosses,* das nach der Zerstörung von 1760 beim Umbau zu einer preußischen Zitadelle 1818 vollkommen verdorben wurde. Von dem nach Plänen Konrad Pflügers erbauten Schloß sind nur noch die durch Arkaden sich öffnenden beiden Treppenhäuser in den Ecken des Innenhofes (Abb.

◁◁ 106  SANGERHAUSEN  Ulrichskirche, Blick durch das Mittelschiff nach Osten
◁ 107  ALLSTEDT  Schloß

345

*Wittenberg, Schloßkirche, Bronzeepitaph Friedrich der Weise, Peter Vischer d. J., 1527*

72) und der Wappenfries am südlichen Aufgang bemerkenswert, der eine wertvolle Arbeit des Steinmetzen Claus Heffner von 1493 ist. Einen Ausgleich für die zerstörte Pracht bietet dem vielleicht inzwischen pflastermüden Wittenbergbesucher das im Schloß untergebrachte *Museum für Natur- und Völkerkunde ›Julius Riemer‹*. Die Sammlungen des Autodidakten Riemer entführen den Besucher mit Exponaten zu Kunst, Kultur und Geschichte bis nach Afrika, aber auch nach Amerika oder Indonesien. Unter den Ausstellungsstücken befinden sich solche Raritäten wie südamerikanische Indianerschrumpfköpfe.

Wessen Sinn jedoch mehr nach Entspannung steht, den laden die nahen Parkanlagen zu einem Spaziergang ein. Sie wurden in den Wällen und Gräben der ehemaligen Stadtbefestigung angelegt. Hier kann auch wieder ein wenig Abstand hergestellt werden zu dem Ort, von dem – als Zentrum der reformatorischen Bewegung – geistige und kulturelle Impulse nicht allein für Deutschland ausgingen, sondern für ganz Europa und die reformierte Christenheit der Welt.

## Zwischen Annaburg und Kemberg

Am Übergang einer wenig bedeutenden Straße von Wittenberg nach Dresden über die Schwarze Elster liegt die kleine Kreisstadt **Jessen**. Wer durch ihre zum Teil noch mit Kopfstein gepflasterten Gassen und Straßen rings um den Markt streift, gewinnt angesichts der kleinen, säuberlich hergerichteten Häuser und der kugelig zugeschnittenen Bäume ein anheimelndes Gefühl, wie es mitunter Heimatromane zu wecken pflegen. Die im Barock erneuerte, stattliche *Pfarrkirche St. Nikolai* mit ihrem frischen Anstrich und der wohlgeordnete Marktkplatz tragen das Ihrige dazu bei. Romantisch und ländlich bietet sich auch der Umkreis des ehemaligen *Wasserschlosses,* das im 19. Jh. so verändert wurde, daß sich heute Jessens Behörden darin wohlfühlen, was der Geruhsamkeit jedoch keinen Abbruch tut.

Einen ähnlich vertrauenerweckenden Eindruck macht das südöstlich von Jessen gelegene **Annaburg.** Hier ließ Kurfürst August von Sachsen 1572/73 auf der Stelle der ehemaligen, als Jagdschloß genutzten Burg Lochau für seine Gemahlin Anna vorsorglich ein *Wasserschloß* als Witwensitz errichten. Unter dem Architekten Christoph Tendler entstand ein vierflügeliges Hauptschloß und ein dreiflügeliges Vorderschloß. Obwohl das Ensemble von 1762–1920 Militärschule war und bis heute zu Wohnzwecken genutzt wird, und somit von der ehemaligen Ausstattung nichts geblieben ist, präsentiert es sich in seinem erst vor kurzem wieder instand gesetzten Außenkleid als ein nicht nur in seinen Ausmaßen, sondern auch in der Einheitlichkeit der Renaissanceformen überaus beachtlicher Bau. Diagonal gestellte Eckrisalite fassen die dreigeschossigen Flügel des Hauptschlosses zusammen, über deren durch meist paarig angeordnete Fenster nur sparsam gegliederten Wänden zahlreiche, elegante Schweifgiebel mit strenger Geschoßeinteilung die Silhouette des Schlosses beleben. Der kleine, häusliche Innenhof besitzt zwei Treppentürme, wobei sich in dem stärkeren, erst 1585 eingefügten Turm eine vollständig erhaltene Reitertreppe befindet, also eine sich ohne Stufen nach oben windende, gepflasterte Spindel, die junge Mütter mit Kinderwagen und waghalsige Kinder mit gleicher Begeisterung benutzen. Der Geist, den Kurfürstin Anna hier einst verbreitet haben soll, ist noch nicht ganz erloschen. Die Dame besaß einen Kräutergarten und ein ›Probierhaus‹, in welchem sie einen so ausgezeichneten Aquavit braute, daß der zum Markenzeichen ihrer Haushaltung und zum Neujahr als Präsent an andere Fürstenhöfe verschickt wurde.

Traulich und großzügig zugleich ist der mit zahlreichen schlichten Fachwerkhäusern umstandene hufeisenförmige Schloßplatz mit seiner auf das Schloß zuführenden Lindenallee anzusehen. Hinter den Häusern der westlichen Flanke ragt der Turm der um 1500 erbauten und später barock erneuerten *Pfarrkirche* hervor. Unter den Ausstattungsstücken sind ein Flügelaltar von 1602 und ein besonders schöner Orgelprospekt. In der Nordostecke des Platzes erscheint das 1580 errichtete *Amtshaus* besonders gewichtig. Trotz eines tiefgreifenden Umbaus im späten 17. Jh. ist dem neunachsigen Bau von seiner alten Würde nichts genommen. Besonders die reizvolle Eingangssituation mit den auf toskanischen Säulen ruhenden drei Arkaden zieht nach wie vor die Aufmerksamkeit auf sich.

Ungeachtet der genannten Vorzüge zog die anspruchsvolle Kurfürstin 1580 um nach **Prettin** an der Elbe. Hier war unter ihrem Einfluß und wiederum nach Entwürfen des Architekten Christoph Tendler in den Jahren von 1574–80 die *Lichtenburg* entstanden. Anna lebte allerdings nur fünf Jahre in Prettin. Ihr folgten als Schloßherrinnen von 1611–41 Kurfürstin Hedwig und 1685–1717 zwei fürstliche Schwestern, allesamt Prinzessinnen des

REFORMATIONSLAND

dänischen Hofes. Offenbar fühlten sich die Däninnen wohl in dieser Landschaft, in unmittelbarer Nähe der Elbe, mit den auf dem Strom vorübergleitenden Booten und Schiffen, die sie an ihre Heimat am Sund erinnerten.

Mönche des Ordens der Antoniter hatten bereits zuvor an dieser Stelle gelebt. Auf dem Grund des abgetragenen Klosters erhob sich bald eine zwar unregelmäßige, doch ebenso beeindruckende Anlage wie in Annaburg. Sie war von einem von der Elbe gespeisten Wassergraben umgeben. Um einen trapezförmigen Haupthof gruppieren sich von einem Westflügel ausgehend das leicht geknickte Hauptgebäude, dem nördlich zwei kürzere Flügel und im Osten, wohl anstatt des Klostergebäudes, ein weiterer schmaler Flügel angefügt wurde. An diesem ›Klosterflügel‹ ist 1581/82 die *Schloßkirche* errichtet worden, die als ein »Werk höchsten Ranges« der Nachgotik gilt. In drei Jochen mit dreiseitigem Chorschluß entfaltet sich über den schlanken Pfeilern und den von großen, breiten und spitzbogigen Fenstern durchbrochenen Wänden ein unvermittelt aus diesen Trägerelementen herauswachsendes Kreuzrippengewölbe und läßt einen Raum von edler Größe und Weite entstehen. Während an der südlichen Außenwand die Kopie eines prachtvollen Spätrenaisanceportals (Original im Museum) von 1615 den nachgotischen Baukörper aufs schönste mit der nachfolgenden Stilperiode verbindet, ist es im Innern der Kirche vor allem der von Kurfürstin Hedwig 1611 gestiftete frühbarocke Altar, der aus der übrigen, 1811 dezimierten Ausstattung herausragt. Nach einem Entwurf von Giovanni Maria Nosseni entstand das Werk aus Sandstein, Marmor und Alabaster. Unter den figürlichen Teilen von Sebastian Walther sind die den Altar flankierenden Monumentalfiguren des Petrus, des Paulus und die bekrönende Figur des Auferstandenen in ihrer frühbarocken Bewegtheit von Giovanni da Bologna inspiriert.

Obwohl in ihren Ausmaßen kleiner und bescheidener, erinnert die Lichtenburg mit ihrem hochragenden quadratischen Torturm, den an allen vier Seiten Schweifgiebel und im Portal der Hofseite das schöne Relief des Poseidon und der Proserpina zieren, in manchen Stücken an das einstige königliche Residenzschloß in Dresden. Auch der auf toskanischen Säulen ruhende Neptunbrunnen im Hof hat einen Abglanz von jener Heiterkeit bewahrt, als hier, wie aus alten Berichten hervorgeht, »weiße und scheckigte Pfauen« stolzierten, oder auf den Schloßteichen »türkischrote Entvögel und Löffelgänse« schwammen und in einem dazugehörigen Garten seltene Obstgehölze wie Pomeranzen-, Mandel- oder Granatapfelbäume gediehen.

Diese lebendige Pracht hat indes einer düsteren Erstarrung Platz gemacht. Das bewirken vor allem die Anbauten, die 1811 das Schloß zu einem Zuchthaus umgestalteten. Noch vorhandene Stacheldrahteinzäunungen gemahnen indes an noch schwärzere Jahre. Denn von 1933–45 diente dem faschistischen Staat die Lichtenburg als Konzentrationslager und seit 1939 zugleich als Kaserne. Aus diesem Grund beherbergt das Schloß heute eine *Mahn- und Gedenkstätte*.

In der kleinen Stadt ist neben dem stattlichen Barockgebäude des *Gasthofes ›Zu den drei Rosen‹* und dem 1761 erbauten Fachwerkgebäude der *Spitalkapelle* in der Lindenstraße vor allem die *Pfarrkirche St. Marien* erwähnenswert, die sich durch ihren monumentalen Westturm kenntlich macht. Die seit etwa 1300 errichtete pseudobasilikale Hallenkirche aus Backstein besitzt an den nachträglich an die Südseite des Chores angefügten Strebepfeilern das Konterfei Kurfürstin Hedwigs und ihres Gatten Christian II., der mit dem Kurhut dargestellt ist. Hedwig hat die Kirche durch maßgebliche Stiftungen gefördert. Das Spätrenaissanceportal im südlichen Kreuzarm dürfte ihre erste Stiftung gewesen sein. 1614 folgte der Altaraufsatz, der aus zwei spätgotischen Schnitzaltären zusammengesetzt ist. Der große untere Flügelaltar, eine norddeutsche oder niederländische Arbeit um 1490, zeigt in seinem Mittelteil die Kreuzigung, der obere, um 1500 entstandene Schrein die Schnitzfiguren von sieben Heiligen. Das Sprengwerk, der untere und obere Architrav sowie drei weitere Figürchen sind 1614 hinzugefügt worden. Für die steinerne, 1582 datierte Kanzel stiftete Hedwig 1617 einen aufwendigen hölzernen Schalldeckel, so daß eine Scheibe mit ihrem Prunkwappen und ein Bildnis der sorgenden Landesmutter von 1628 sich nicht ganz grundlos in der Kirche finden.

Nordwestlich von Prettin, schon auf dem anderen Ufer der Elbe, liegt **Pretzsch** von Deichen umgeben an einer alten Fährstelle. Über der spiegelnden Wasserfläche hebt sich besonders in den Abendstunden, wenn es zu einer Überfahrt meist schon zu spät ist, vor einem in rot-gelben bis grün-blauen Tönen changierenden Himmel die Silhouette des 1571 unter Hans Löser von Pretzsch erbauten *Wasserschlosses* ab. In die dreigeschossige, kastellförmige und schon 1697 in ihren Besitz gekommene Anlage zog sich 1721 die von der Untreue ihres Gatten August des Starken enttäuschte Kurfürstin Christine Eberhardine zurück und ließ sie von Matthäus Daniel Pöppelmann und Balthasar Permoser umgestalten. Auch der barocke *Park*, heute Kurpark, mit *Orangerie* entstand zu dieser Zeit unter denselben Künstlern. Von Permoser stammen die noch erhaltenen Zugangsportale, einige Blumen- und Fruchtkörbe sowie eine Zwergenskulptur im Garten ebenso wie Raumgestaltungen im Innern der heute als Heimschule genutzten Anlage.

Pöppelmann wurde auch herangezogen, um der zur Hofkirche gemachten *Stadtkirche St. Nikolaus* eine entsprechende Ausstattung zu geben, die aber nicht vollendet wurde. Bedeutendstes Zeugnis dieser Neugestaltung der im Kern spätgotischen Kirche ist die prächtige ›Eberhardinenloge‹ nach dem Entwurf des Meisters. Dort saß die leidenschaftliche Anhängerin des Protestantismus, die »Betsäule von Sachsen«, und lauschte der Predigt. Sie, die das Leben der Stadt nicht unerheblich gefördert hatte, ließ sich hier 1727 auch begraben. Im südöstlichen Langhaus befinden sich sowohl ihre Gruft als auch das künstlerisch wertlose Grabmal mit einer Laudatio und dem Bild der Verstorbenen, die wie die Fürstinnen auf der Lichtenburg ihr Leben fern des Dresdener Hofes hier in der weltabgeschieden wirkenden Weite der Elbaue beschlossen hatte.

Bei **Bad Schmiedeberg**, am Rand der hügeligen und bewaldeten Dübener Heide, ändert sich das Landschafts- und auch das Stadtbild. In der kleinen, 1323 genannten Stadt, die im späten Mittelalter durch Brauerei und Tuchmacherei zu einigem Wohlstand gekommen war und in jüngster Zeit vor allem wegen ihres Eisenmoorbades bekannt ist, verbindet sich sächsische Gemütlichkeit aufs angenehmste mit der Selbstgenügsamkeit protestantischer Weltanschauung, die von Wittenberg herüberwehte.

349

# REFORMATIONSLAND

*Bad Schmiedeberg. Kupferstich von M. Merian*

Das hübsche zweigeschossige *Rathaus* auf dem Markt spiegelt dieses Selbstverständnis der Schmiedeberger Bürger wider. Das im Kern um 1570 erbaute Gebäude hat seine heutige Gestalt einem Umbau von 1648 zu danken, der sicher notwendig wurde, weil die Schweden 1637 den Ort weitgehend eingeäschert hatten.

Darunter hatte wohl auch die 1453/54 neu als Backsteinhalle aufgeführte *Stadtkirche* zu leiden, denn 1640 stürzten ihre Gewölbe ein und wurden 1666 durch eine Flachdecke ersetzt. Bis auf die 1904 aufgedeckten, dann aber stark übermalten Wandmalereien aus der zweiten Hälfte des 15. Jh. in der südlichen Vorhalle und ein spätgotisches, teilweise erneuertes Kruzifix in der Turmhalle stammen sämtliche Ausstattungsstücke aus der Zeit nach den Dreißigjährigen Krieg. Besonderes Augenmerk verdient die reichgeschnitzte Altarwand mit seitlichen Durchgängen und Pfarrgestühl von 1680 aus einer Leipziger Werkstatt. Ein Meister aus Torgau lieferte die Gemälde vom Abendmahl, der Kreuzigung und Christi Himmelfahrt. Eine gefällige Kanzel von 1676, ein Taufstein von 1673 und einige andere Stücke komplettieren die barocke Ausstattung.

Wie am Rathaus mit seinen beiden von Diamantquaderrahmung umzogenen Portalen und der von Sitznischen flankierten Durchfahrt gibt es auch an anderen Häusern der Stadt bauliche Zeugnisse aus der Zeit des Barock oder der Renaissance. In der zum Au-Tor führenden Wittenberger Straße finden sich wohl die schönsten Beispiele. Das *Au-Tor* selbst ist der einzige Rest der ehemaligen Stadtbefestigung. Frisch restauriert, macht es mit seinem rechteckigen Torturm aus Backstein, dem Blendgiebel und dem barocken Torhaus aus Fachwerk eher einen einladenden, denn einen wehrhaft-abschreckenden Eindruck. Und das ist vielleicht die beste Aufforderung für einen Rundgang durch die hübsche Stadt.

Ein kleiner Abstecher auf dem Weg zur letzten Station im Wittenberger Kreis führt nach **Reinharz** mitten in das Waldgebiet der Dübener Heide. 1696–1700 entstand das gleichnamige *Schloß* wohl für das Dorf besitzenden sächsischen Staatsminister Hans von Löser. Wahrscheinlich erst nach Lösers Tod ist das heute als Genesungsheim dienende Schloß von August dem Starken als Jagdschloß genutzt worden. Der wenig gegliederte, hufeisenförmige, von Wassergräben umgebene kompakte Putzbau, aus dem ein oktogonaler, von einer Laterne bekrönter Turm herausragt, imponiert vor allem durch seine Gesamterscheinung. Doch auch im Innern besitzt er noch zahlreiche Räume in originaler Gestaltung. Eine Brücke verbindet ihn mit dem nach Norden sich anschließenden Park.

Zu gleicher Zeit wie das Schloß entstand auch die *Dorfkirche*, in der sich ein steinernes Epitaph für einen H. Löser befindet. Dabei handelt es sich vermutlich um den Schloßherrn.

Wieder am Rand der Heide und nur 13 km südlich von Wittenberg liegt **Kemberg**. In der Nähe eines ehemaligen slawischen Burgwalls aus der jungen Bronzezeit entstand hier zwischen 1150 und 1200 eine von flämischen Kolonisten besiedelte Ortschaft, die 1346 eine Stadt genannt wurde. Um 1500 florierten der Handel und die Bierbrauerei so gut, daß sie eine der beachtetsten Mittelstädte der Gegend war.

Die heute im Vergleich zum Umfang des Städtchens etwas zu groß erscheinende *Stadtkirche Unser Lieben Frauen* entstand schon zu Beginn der Stadtwerdung, zwischen 1325 und '46 aus rohem und glasiertem Backstein sowie Formteilen aus Sandstein. Der imposante quadratische und nur duch einen schmalen Zwischenbau mit dem Kirchenschiff verbundene Westturm wurde nach einem Entwurf von Friedrich August Stüler als Ersatz für einen 1854 eingestürzten Vorgänger errichtet. Das Innere wartet mit einem schönen, auf Achteckpfeilern ruhendem Sterngewölbe und Resten von Wandmalereien aus der zweiten Hälfte des 15. Jh. auf. Eine kleine Kostbarkeit ist das Sakramentshaus aus der gleichen Zeit. Wohl fränkisch beeinflußt und von einem Meister seines Faches gearbeitet, steigt der von zarten Fialen geschmückte Aufbau bis unters Gewölbe. Darin ›eingesponnen‹ die Madonna mit Kind, umgeben von Christus als Schmerzensmann und anderen Heiligen. Gleichfalls bedeutsam das um 1500 entstandene Triumphkruzifix, dessen Körper bereits die ›schönen‹ Formen der Renaissance zeigt, und natürlich der 1565 von Lucas Cranach d.J. gemalte Flügelaltar mit der Kreuzigung im Zentrum. Ein Renaissancegestühl, zahlreiche Pastorenbildnisse und viele Grabmäler und Epitaphien vervollkommnen die Ausstattung.

Auch das den Markt beherrschende *Rathaus,* ein stattlicher Putzbau von 1609, ist ein Zeugnis für die einst hier an der Heerstraße nach Leipzig florierenden Geschäfte. Seine Seitengiebel tragen noch spätgotisches Maßwerk. Die Marktfront hingegen ist mit drei pilastergegliederten Renaissancegiebeln, mit stabwerkumrahmten Rechteckfenstern und gleich drei Portalen geschmückt, deren mittleres mit Freitreppe 1783 durch eine Laube ergänzt wurde. Obwohl die Stadt im Dreißigjährigen Krieg von den Schweden zerstört wurde, prägen vielfach diese gemütliche Behäbigkeit ausstrahlenden Bürgerhäuser aus Renaissance und Barock den Stadtkern.

Am südwestlichen Stadtrand ist ein klassizistisches Gutshaus zu finden, und im Südosten, auf dem einstigen Burgwall, dem ›Berg‹, liegt der schon 1560 angelegte Friedhof. Begrenzt ist er durch einen Kranz von Erdbegräbnissen und besitzt zudem zahlreiche Grabmäler von der Renaissance bis zum Klassizismus. Im Mittelpunkt erhebt sich eine kleine Kapelle von 1767 und verleiht dem Ort jenen Hauch romantisch verklärter Vergänglichkeit, die dem ohnehin geschichtsträchtigen Grund dieser Gegend sein eigentümliches Fluidum gibt.

# An Saale, Unstrut und Weißer Elster

## »Halle is the most delightful town«

Der diesen begeisterten Satz über das ›vielgeschmähte‹ **Halle** am 29. Mai 1929 an seine Frau Julia nach Dessau schrieb, war der deutsch-amerikanische Maler und Grafiker Lyonel Feininger (1871–1956). Curt Götz hingegen bescheinigte 1960 dem Halle von 1906 einen »charakteristischen Dreigestank von Kohle, Käse und essigsaurer Tonerde« und sah damit ironisch, was der Stadtverordnete Arnold Ruge in den 60er Jahren des vorigen Jahrhunderts anprangerte, als er Halle als »winklige, schmutzige, übelriechende Stadt« beschrieb. Joseph von Eichendorff verklärte indes in seinem Gedicht ›Bei Halle‹ Saale und Giebichenstein. Karl V. fühlte sich gar bei einem Besuch im Juli 1547 an Florenz erinnert.

Auf die Frage, wem hier zuzustimmen sei, kann nur geantwortet werden: allen. Und zwar nicht nur zu ihrer Zeit und unter ihrem ganz eigenen Blickwinkel, sondern wohl über die Zeiten hinweg bis in die heutigen Tage.

Nach dem Zweiten Weltkrieg galt Halle als eine der besterhaltenen deutschen Großstädte, derzeit gilt sie als eine der in ihrer Bausubstanz desolatesten. Die Saale ist schwer belastet, und trotzdem bleibt der große Wurf der Natur spürbar, wie der einiger bedeutender Werke der Architektur. Auch jenes schwer zu beschreibende Flair ist geblieben und manchmal das Gefühl, als wolle diese Stadt gerade durch ihre Zerstörtheit ihre Unverwüstlichkeit beweisen.

Auf ein Alter von über tausend Jahren hat es Halle immerhin schon gebracht. Das wegen seiner günstigen klimatischen und geographischen Verhältnisse und nicht zuletzt wegen der hier vorhandenen Solequellen schon in vor- und frühgeschichtlicher Zeit besiedelte Gebiet am Ufer der Saale tritt 806 erstmals ins Licht urkundlicher Erwähnung. Halle wird als ein Ort in der Nähe eines karolingischen Kastells erwähnt, welches möglicherweise auf dem Domplatzhügel gelegen haben könnte. 961 übereignet Otto I. den gesamten östlich der Saale gelegenen Gau Neletice dem Moritzkloster zu Magdeburg und bringt damit auch die spätere Stadt Halle in eine kaum unterbrochene Abhängigkeit zum 968 gegründeten Erzbistum Magdeburg, mit welchem es 1680 an das erstarkende Kurfürstentum Brandenburg geht.

Dazwischen wächst Halle neben der ›Schwesterstadt Magdeburg‹, mit der es 1324 ein ›ewiges Bündnis‹ eingeht, zur zweitbedeutendsten Stadt des Erzbistums. Es waren vor allem die Produktion und der Handel mit dem Salz, die gerade im 11. und 12. Jh. mächtige Entwicklungsschübe bewirkten und die Stadt immer mehr aus erzbischöflicher Vormundschaft herausführten. Diese Entwicklung fand aber 1478/79 einen Abschluß, als der Erzbischof auf einen Hilferuf der sich untereinander befehdenden Bürgerschaft die Stadt kurzerhand besetzen ließ. Der fünf Jahre später begonnene Bau der Residenz und Zwingfeste St. Moritz in der Nordostecke der Stadt gab dem erzbischöflichen Willen einen nur zu deutlichen Ausdruck. Der schon unter Erzbischof Ernst entfaltete fürstliche Prunk in der Hofhaltung erhielt unter seinem Nachfolger Albrecht von Brandenburg (1490–1545) europäischen

Rang und strahlte auch auf die Stadt aus. Albrecht, der am 14. Mai 1514 in der von ihm zur Lieblingsresidenz erkorenen Moritzburg einzog, war seit 1513 Erzbischof von Magdeburg und Administrator des Bistums Halberstadt, wurde 1514 als Erzbischof von Mainz einer der sieben Kurfürsten des Reiches und Primas von Deutschland. 1518 erhielt er in Augsburg den Kardinalshut und wurde damit einer der exponierten Vertreter des in dieser Zeit unter den Druck der reformatorischen Kräfte gelangenden Katholizismus. Trotzdem war er es, der in Halle die Frührenaissance einführte, als Mäzen der modernen Künstler auftrat und mit Vertretern des deutschen Humanismus (Erasmus von Rotterdam) geistigen Austausch pflegte. Zugleich war das von ihm zusammengebrachte ›Hallesche Heiltum‹ eine der größten Reliquiensammlungen Deutschlands. Auch war es Albrecht, der den Dominikanermönch Tetzel mit dem im großen Maßstab betriebenen Ablaßhandel betraute und damit nicht nur die Thesen Luthers, sondern auch die Gegnerschaft zahlreicher Territorialfürsten provozierte. Seine Haltung gegen die Reformation blieb bis zur Niederschlagung des Bauernkrieges vermittelnd, danach aber unnachgiebig. Was ihm letztendlich wenig nützte, denn trotz seines Widerstandes setzte sich auch in Halle die Reformation durch. Und es war ein Freund Luthers, Justus Jonas, der 1541 nach dem Abzug des Erzbischofs die erste protestantische Predigt in Halle hielt.

Wie die meisten Städte Mitteldeutschlands wurde auch Halle vom Dreißigjährigen Krieg überaus arg in Mitleidenschaft gezogen. Erst der im Friedensvertrag von Münster und Osnabrück festgelegte Anschluß des Erzbistums Magdeburg an das Kurfürstentum Brandenburg brachte eine allmähliche Besserung der Verhältnisse. Ein Ereignis von besonderer Bedeutung war die Gründung einer Universität, die 1694 offiziell und in der Gegenwart des

*Albrecht, Erzbischof von Magdeburg. Kupferstich
von Albrecht Dürer*

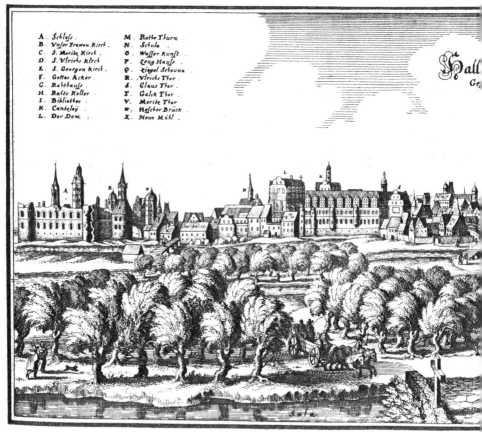

Halle. Kupferstich von M. Merian

Kurfürsten Friedich III. eingeweiht wurde. Lehrer wie Christian Thomasius (1655–1728) als Zentralfigur der deutschen Frühaufklärung, der pietistische Theologe und Pädagoge August Hermann Francke (1663–1727) und der Aufklärungsphilosoph und Mathematiker Christian Wolff (1679–1754), dem die Welt eine ›Maschine Gottes‹ war, verliehen der Universität gerade in ihrer Gründungsepoche eine Anziehungskraft, die erst Ende des 18. Jh. wieder aufleuchtete. Dies war aber nur von kurzer Dauer. Die wegen ihrer patriotischen Haltung bekannte Universität wurde nach dem Einmarsch napoleonischer Truppen im Jahre 1806 für zwei Jahre geschlossen.

Dann kam die Industrie, deren Basis in den reichen Braunkohlenvorkommen und einer ertragsintensiven Landwirtschaft lag. Von 1840 bis 1900 stieg die Bevölkerungszahl der Stadt um über 300 % auf etwa 130 000 Einwohner. Eine Vielzahl städtebaulicher, sozialer

und politischer Probleme war die Folge. Der Industrieraum Halle-Merseburg mit seinen großen Werken, insbesondere der neuen chemischen Industrie, wurde zu einem Zentrum der proletarischen Bewegung, zum ›roten Herzen Mitteldeutschlands‹. Wie sehr diese Bewegung unter den negativen Vorzeichen eines Stalinismusimports und des sich später immer selbstherrlicher entfaltenden Staatssozialismus verkam, dokumentieren gerade im Stadtgebiet von Halle Monumente ganz eigener Art. So etwa das 1967 errichtete, ursprünglich völlig rote ›Fahnenmonument‹ aus Beton am Hansering, dessen heutige Buntheit ein spontanes Ergebnis des 89er Herbstes ist, oder die steinernen Fäuste, die den vom Bahnhof in der Stadt Ankommenden am Thälmannplatz, dem früheren Riebeckplatz, begrüßen.

Nach der Unterquerung dieses verkehrsreichen Platzes führt die Leipziger Straße, eine der Hauptgeschäftsstraßen Halles, gerade hinunter zum Markt. Die vornehmlich von Häu-

AN SAALE, UNSTRUT UND WEISSER ELSTER

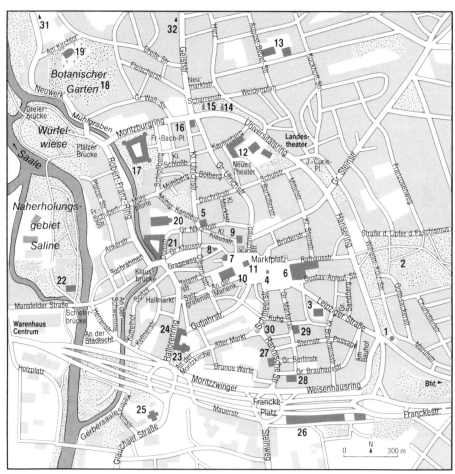

*Halle 1 Leipziger Turm 2 Stadtgottesacker 3 Ulrichskirche (Konzerthalle) 4 Händeldenkmal 5 Händels Geburtshaus (Händelhaus) 6 Rathaus 7 Marktschlößchen 8 Fachwerkhaus Graseweg 18 9 Häuserensemble Kühler Brunnen 10 Marktkirche 11 Roter Turm und Roland 12 Universität 13 Landesbibliothek 14 Betsäule 15 Denkmal Robert Franz 16 Jugendstilhaus 17 Moritzburg 18 Botanischer Garten 19 St. Laurentius 20 Dom 21 Neue Residenz (Geiseltalmuseum) 22 Saline und Hallorenmuseum 23 Moritzkirche 24 Ehem. Johannishospital 25 St. Georg 26 Franckesche Stiftungen 27 Haus Rannische Straße 17 28 Riesenhaus 29 Märkerstr. 10 (Stadtmuseum, Christian-Wolff-Haus) 30 Alter Markt/Brunnen 31 Burg Giebichenstein 32 Landesmuseum für Vorgeschichte*

sern der Gründerzeit geprägte Straße wurde Mitte der 70er Jahre rekonstruiert und vom Fahrzeugverkehr befreit. Der *Leipziger Turm* auf halbem Weg zum Markt ist der Rest des 1819 abgebrochenen Galgtores (auf dem Gelände des heutigen Thälmannplatzes befand sich die Richtstätte). Hier verlief auch die ursprüngliche, akkurat ausgebaute Stadtbefestigung, die sich am heutigen innerstädtischen Straßenring um die Stadt schloß.

Von diesem aus der zweiten Hälfte des 15. Jh. stammenden Wartturm ist es nur ein Katzensprung zu dem rechter Hand auf dem Martinsberg gelegenen *Stadtgottesacker*. Es ist eine in dieser Geschlossenheit für Mitteleuropa einmalige Grabanlage nach dem Vorbild italienischer Camposanti. Nickel Hofmann, der hallische Ratsbaumeister, begann 1557 mit der Errichtung der von 94 Arkadenbögen umzogenen Anlage. 1590 war der Torturm, vier Jahre später die Arkaden vollendet. An der Innenseite des Torturmes findet sich die Kopie eines von Rollwerk gerahmten Porträts des Steinmetzen, deren Original im Moritzburg-Museum aufbewahrt wird. Als Begräbnisstätte vieler in der Stadt wirkender kulturgeschichtlich bedeutender Persönlichkeiten wurde der Stadtgottesacker im Laufe der Jahrhunderte auch in dieser Hinsicht zu einem sehr interessanten Denkmal. Um so weniger ist die jahrzehntelange Ignoranz gegenüber dieser bedeutenden Stätte zu verstehen. Erst 1988 wurde mit Rekonstruktionsarbeiten begonnen, deren Ziel die völlige Wiederherstellung dieses der klösterlichen Klausur ähnlichen Areals der Stille sein soll.

Auf klösterlichen Ursprung geht auch die heute als Konzerthalle genutzte *Ulrichskirche* zwischen Leipziger Turm und Markt zurück. Die im 14. Jh. erbaute turmlose Kirche war das Gotteshaus eines Klosters der Marienknechte, einem 1233 in Florenz von Kaufleuten gegründeten Bettelorden, dessen Mitglieder nach der Regel der Augustiner lebten. Die Kirche besitzt nur zwei Schiffe, das Mittelschiff und das nördliche Seitenschiff. Im Süden schlossen sich die Klostergebäude an, von denen nur einige Reste in den Pfarrgebäuden erhalten geblieben sind. Da auch der Großteil des Inventars aufgrund der neuen Nutzung an andere Orte gelangt ist, erinnert neben dem im Inneren von Kreuz- und Parallelrippen überspannten Bau nur noch eines der beiden nördlichen Portale an die ersten Benutzer. Das Relief im Tympanon zeigt den Marientod mit dem Salvator, davor auf einem Pfeiler die sitzende Muttergottes. Die moderne Brunnenplastik einer nackten Schönen vor der Kirche ist ein Werk Gerhard Lichtenfelds und sicher nicht in der Absicht entstanden, die historische Tiefe dieses Ortes zwischen Konzerthalle und Schnellimbiß auszuloten.

Noch in den letzten Tagen des Zweiten Weltkrieges verlor der Markt mit dem alten Rathaus und dem ehemaligen Hauptgebäude der Universität, der ›Waage‹, zwei seiner ältesten Gebäude. Trotzdem macht der durch Kardinal Albrecht um 1530 initiierte und vormals bebaute Platz einen relativ geschlossenen Eindruck. In seiner Mitte setzte die Stadt ihrem berühmtesten Sohn *Georg Friedrich Händel* im Jahr seines hundertsten Todestages 1859 ein stolzes *Denkmal* und bannte damit den ›Flüchtigen‹ für immer an den Ort seiner Geburt. Schon 18jährig hatte der junge Komponist seine Heimatstadt verlassen, um später in London seine größten Triumphe zu feiern. Dieser Umstand kann Halle jedoch nicht davon abhalten, alljährlich seine Händel-Festspiele auszurichten, die bei günstigem Wetter unter freiem Himmel in der im Stadtteil Trotha liegenden Galgenschlucht ihren stimmungsvollen, von

*Denkmal Georg Friedrich Händel auf dem Markt*

einem Feuerwerk gekrönten Abschluß finden. Aber auch ein Museum hat ihm seine Vaterstadt eingerichtet, ganz in der Nähe des Marktes, in der Großen Nikolaistraße, in *Händels Geburtshaus*.

Außer den signifikanten und für ganz Halle stehenden fünf Türmen von Rotem Turm und Marienkirche gibt es noch einige sehenswerte Gebäude am Markt, die vornehmlich aus dem 15./16. und 19./20. Jh. stammen. In Händels Rücken erhebt sich der bemerkenswerteste modernere Bau des Marktplatzes, das *Rathaus*. Es ist ein Stahlbetonskelettbau mit Natursteinfassade aus den Jahren 1928–30 und eines der Beispiele funktioneller Architektur im Halle dieser Jahre, wie sie auch am Markt nochmals in zwei Kaufhausbauten hervortritt. Die Figuren an der Außenkante des wuchtigen stumpfen Turmes sind Nachbildungen von Arbeiten Gustav Weidanz' (1888–1970), der zu dieser Zeit, aber auch während und nach dem Krieg, an der Kunstschule Burg Giebichenstein unterrichtete.

Dem Rathaus diagonal gegenüber ist das sogenannte *Marktschlößchen* eines der wenigen Beispiele der ursprünglichen Marktbebauung. Turm und schmückende Zwerchgiebel sind in der Spätrenaissance entstanden. Seitdem ist es mehrmals überarbeitet worden. Es beherbergt heute eine kleine Galerie und ein Instrumentenmuseum. Gleich um die Ecke hebt sich mit seinem vorbildlich restaurierten Giebelgesicht das einzige über das Maß des nur Zweckmäßigen hinausreichende, noch aus dem 16. Jh. herrührende *Fachwerkhaus* der Innenstadt über die Straßengabelung. An der Stelle des Häuserensembles *Kühler Brunnen*, zwischen Markt 16 und Großer Nikolaistraße, ließ Hans von Schönitz, Patriziersohn in erzbischöflichen Diensten, 1522 eine Kapelle niederreißen, um sich dort von Andreas Günther bis 1532 seinen Wohnpalast bauen zu lassen. Auch dies war eine der Begleiterscheinungen eines großangelegten Umbaus dieses Platzes, dem neben zahlreichen Gewerbebuden auch die alten Kirchhöfe von St. Gertrud und St. Marien weichen mußten.

Die *Markt-, Marien-* oder *Frauenkirche* ist nicht nur selbst ein sehr vielgestaltiges Kunstwerk, sie hat darüber hinaus auch als Vorbild zahlreicher Kunstwerke Modell gestanden, darunter so bedeutenden Malern wie Lyonel Feininger, Ernst Ludwig Kirchner und Caspar

David Friedrich. Letzterer versetzte ihre veränderte, viertürmige Kulisse in eine abendliche Hafenlandschaft.

Ursprünglich gehörten die beiden *Turmpaare* (Abb. 73) zwei verschiedenen Kirchen an. Das westliche, die sogenannten Blauen Türme, St. Gertrud, der Kirche der Salzsiedlung, und das jetzt östliche, die sogenannten Hausmannstürme, St. Marien, der Hauptpfarrkirche der Stadt. 1529 wurden die Schiffe beider Kirchen niedergerissen und zwischen den verbliebenen Turmpaaren von 1530–54 die neue, zehn Joche lange, dreischiffige Halle errichtet. Baumeister war bis zu seinem Tode 1540 der Ratsbaumeister Caspar Kraft, auf den auch die Planung zurückgeht. Vollendet wurde die Kirche dann durch Nickel Hofmann und Thomas Rinckeler, deren Werk vor allem die mit großem Einfühlungsvermögen hinter die Säulen des Mittelschiffs tretenden Emporen sind, die den ganzen Raum umziehen und bereits die neuen Formen der Renaissance aufgenommen haben. Aus den das breite Mittelschiff säumenden Reihen von achteckigen, schlanken Säulen treten unvermittelt und sich überstabend die Rippen der dem hohen Tonnengewölbe unterlegten Sternnetzfigurationen hervor und lassen einen der eindrucksvollsten Räume deutscher Spätgotik entstehen (Abb. 75). Auch die 1541 geschaffene Kanzel nimmt diese Formen noch einmal in schlichter Eleganz auf, während der wuchtige, 55 Jahre später entstandene und von manieristischem Figurenwerk überladene Schalldeckel wie ein Fremdkörper wirkt. Andere Ausstattungsstücke wie die Bronzetaufe von 1430, das Renaissancegestühl (1561–75) von Antonius Pauvaert aus Ypern oder das Brautgestühl fügen sich zurückhaltender in den Raum ein. Hinter der kleinen Orgel auf der östlichen Empore – sie besitzt noch ihr altes Orgelwerk – füllt das 1593 von Heinrich Lichtenfelser geschaffene Ölgemälde fast das gesamte Bogenfeld über der Empore aus.

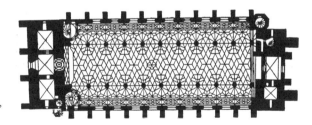

*Halle, Marktkirche St. Marien, Grundriß*

Etwas bescheidener in den Ausmaßen gibt sich der unter der Empore aufgestellte Altar von einem Lucas Cranach d. Ä. nahestehenden Meister von 1529. Die Mitteltafel zeigt Maria mit dem Kind auf der Mondsichel, und vor ihr kniend der Stifter Kardinal Albrecht von Brandenburg, der sich damit dauernde Gegenwart auch in der protestantischen Kirche sicherte. Dem Esel der auf Rosen geht, dem halleschen Stadtsymbol, blieb dagegen nur ein Steinrelief an der äußeren Ostseite.

Der *Rote Turm* (Abb. 73), freistehend auf dem Marktplatz, wird als eigentliches Symbol erstarkenden städtischen Bewußtseins gesehen. »Zum Lobe des allmächtigen Gottes, der ganz unbefleckten Jungfrau Maria und aller Himmelsbewohner, sowie zur Zierde der hoch-

359

## AN SAALE, UNSTRUT UND WEISSER ELSTER

berühmten Stadt Halle und ihrer ganzen ›Gemeinheit‹ und sogar der Region« war schon 1418 mit dem Bau begonnen worden, wie es in der Turmurkunde von 1506 steht, dem Jahr der Fertigstellung. 84 m hoch ragt er in den Stadthimmel, obenauf der 1975 rekonstruierte und wieder aufgesetzte Turmhelm, der wie die neugotische Umbauung noch 1945 durch den Treffer einer Granate Flammen zum Opfer gefallen war. Überlebt hat diesen Anschlag der 1719 nach einem spätromanischen hölzernen Vorbild geschaffene *Roland,* der heute wie eh und je das Markttreiben zu seinen Füßen mit angestammter Gelassenheit passieren läßt.

Die *Universität* spielte seit ihrer Gründung 1693 eine bedeutende Rolle. Sie durchlief Phasen der relativen Bedeutungslosigkeit und Zeiten hoher Blüte. Für das Selbstbewußtsein Halles als Universitäts- und Schulstadt war sie wohl immer von größter Wichtigkeit. 1832 schuf die Stadt ihr im nur wenige Minuten nordöstlich vom Markt entfernten Universitäts- forum einen neuen, großzügig angelegten Wirkungsort. Von der Stadt ist der Tempel der Wissenschaft und Bildung gebührlich über eine zum Universitätsplatz hinaufsteigende Treppe zu erreichen. Vor dem sogenannten Löwengebäude, dem klassizistischen Hauptge- bäude der Alma mater, dösen zwei gußeiserne Vertreter der namensgebenden Gattung, die 1868 vom Marktbrunnen hierher versetzt wurden, in den Tag. Drinnen herrscht dagegen eine kühle und beflissene Stille. Im Oberen Geschoß wird das weiträumige Treppenhaus (Abb. 74) von einem Gemäldefries von Gustav Adolph Spangenberg umzogen, der die vier Fakultäten symbolisiert. Die Bronzebüsten Martin Luthers und Philipp Melanchthons vor der Aula schuf 1930 Gerhard Marcks (1889–1981) eigens für die Universität.

1817 schon wurde die hallische Universität mit der von Wittenberg unter dem Namen ›Vereinigte Friedrichs-Universität Halle-Wittenberg‹ zusammengelegt. Den Namen des Reformators, den sie heute noch trägt, erhielt sie erst 1934. Auch die übrigen Gebäude kamen erst in dem nach der Reichsgründung anrollenden Bauboom hinzu: das Thoma- sianum 1911, das Melanchthonianum 1902, das Robertinum 1891. In letzterem befindet sich das vom Altertumswissenschaftler Carl Robert gegründete Archäologische Museum, in welchem Gipsabgüsse antiker Kunstwerke aber auch Originale gesammelt sind. Natürlich besitzt die Universität, die in den vergangenen Jahren durchschnittlich von 9000 Studenten besucht wurde, noch zahlreiche andere, über die Stadt verteilte Gebäude, Institute und wissenschaftliche Sammlungen, so die Universitätsbibliothek, die zugleich *Landesbiblio- thek* von Sachsen-Anhalt ist.

Die Ringstraße um das Stadtzentrum ist in ihren einzelnen Teilen jeweils nach daran oder in der Nähe liegenden Gebäuden benannt. So führt hinter dem Universitätsforum der Uni- versitätsring in nordwestliche Richtung hinunter zum Moritzburgring. In der schmalen Grünfläche am Universitätsring steht außer einer vom heutigen Thälmannplatz hierher versetzten *Betsäule* von 1455 ein *Denkmal für Robert Franz,* den bedeutendsten deutschen Liederkomponisten in der Zeit nach Schubert, dessen Geburts- und Sterbestadt Halle war und der hier unter anderem als Universitätsmusikdirektor tätig war. Auf der stadteinwärts liegenden Seite des Uniringes, wie die Straße hier verkürzend genannt wird, fällt zunächst das im gründerzeitlichen Pomp sich präsentierende Geschäfts- und Wohnhaus der ehemali- gen Preußischen Lebensversicherungs-AG auf. Schon an der Ecke Moritzburgring/Große

Ulrichstraße lohnt es, sich auf die andere Straßenseite zu begeben, um das einzige wirkliche *Jugendstilhaus* Halles zu betrachten, welches 1897/98 gebaut wurde und trotz teilweiser Veränderungen noch den Schwung und das Gewicht der großen Linie dieser Kunstrichtung erkennen läßt.

Eine andere große Linie, nämlich die der Renaissance, ist bei der Betrachtung der weitgehend ruinierten *Moritzburg* nur mehr zu erahnen. Trotzdem verbirgt sich in dieser ›Ruine‹ vor allem in Gestalt eines Kunstmuseums vielerlei Betrachtenswertes. Wer zuvor seinen Augen und vielleicht auch seinen Füßen etwas Erholung gönnen möchte, dem sei zu entsprechender Jahreszeit ein Besuch im *Botanischen Garten* unweit der Moritzburg empfohlen. Er teilt das Alter der Universität, als deren Arzneigarten er gegründet wurde, und beherbergt heute über 10 000 Pflanzenarten. An den Garten grenzt der Kirchhof mit der *Kirche St. Laurentius,* deren Turm noch romanisch ist und die einen wertvollen, vierflügeligen Schnitzaltar aus dem Ende des 15. Jh. und eine Sandsteintaufe aus dem Jahr 1478 birgt.

»Es war mit der Krönung des Kaisers und seiner Gemahlin ein Kinderspiel gegen dieses« schrieb im Jahr 1533 der Hofastronom des Kurfürsten von Brandenburg nach einem Besuch in der Moritzburg zu Halle und meinte damit die Prachtentfaltung des Erzbischofs Albrecht, die er zuvor ausführlich in Einzelheiten beschrieben hatte. Davon ist leider nichts in Halle geblieben, und wie das Hallische Heiltum dürfte wohl vieles untergegangen sein.

1484–1503 wurde die Moritzburg unter dem Erzbischof Ernst von Sachsen als Zwingfeste gegen die Stadt gebaut. Ernsts auf dem Sterbebett vorgetragene Bitte um ein längeres Leben zur Sühnung der gegen die Stadt begangenen Ungerechtigkeiten kam zu spät. Erst unter Albrecht wurde die östliche, zur Stadt gelegene Front mit Wehrgang und mächtigen runden Bastionen aufgebrochen, die Brücke geschlagen und der Torturm erbaut. Er trägt in einer Nische über der Einfahrt eine Sandsteinskulptur der heiligen Katharina. Noch heute sichtbar, befand sich der frühere Eingang an der schwerer zugänglichen Nordflanke der Anlage. In ihren Bauformen steht die Moritzburg unter dem Einfluß der Bauhütte der Albrechtsburg Meißen. Nachdem sie während des Dreißigjährigen Krieges einen vielfachen Wechsel der Besatzung erleiden mußte, brach am 7. Januar 1637 ein Feuer aus, das sämtliche Gebäude zerstörte. Trotz einiger Wiederaufbauversuche kam die Burg 1852 weitgehend ruiniert an den preußischen Staat, der sie nach und nach städtischer Nutzung überließ. So wurden im Nordflügel Turn- und Fechtsäle der Universität eingebaut und 1894 das Mittelschiffgewölbe der spätgotischen Magdalenenkapelle eingezogen. Auch die Kirche diente fortan als Universitätskirche.

Am folgenreichsten für die heute auch ein Fernsehstudio, einen Weinkeller, einen Studentenclub und ein Kabarett beherbergende Moritzburg war der Entschluß der Stadt, hier für die beengten ethnographischen und kunstgewerblichen Sammlungen Halles ein Museum einzurichten. Zu diesem Zweck erbaute man von 1902–04 auf den Grundmauern des ehemaligen Wirtschaftsgebäudes eine freie Nachbildung des auf 1464 zurückgehenden *Talamtes,* des Beratungshauses der Halloren. Aus dem 1882 abgebrochenen Gebäude wurden das sogenannte Brautzimmer (Farbabb. 22) und das Gerichtszimmer original in den Neubau eingepaßt.

AN SAALE, UNSTRUT UND WEISSER ELSTER

In die vorderste Reihe deutscher Museen rückte die *Moritzburggalerie* aber erst durch ihre Sammlung moderner Kunst. 1937 wurde sie während der Aktion ›Entartete Kunst‹ um ihre wesentlichen Bestände gebracht. Trotzdem ist gerade dieser Teil der Sammlungen – nach dem Krieg und bis heute unter schwierigsten Bedingungen wieder aufgebaut – neben den Sammlungen des Kunsthandwerks, der Münzsammlung oder der Sammlung der Nachkriegskunst unbedingt einen Besuch wert. Es finden sich dort Werke so bedeutender Meister wie Max Beckmann (1884–1950), El Lissitzky (1890–1941) oder Paul Klee (1879–1940). Von dem mit Halle in den Jahren 1929–31 durch einen Auftrag so eng verbundenen Lyonel Feininger sind von den elf ehemals durch das Museum angekauften Gemälden noch zwei zu bewundern. Das Bild der ›Marienkirche mit dem Pfeil‹ kehrte erst 1957 aus einem Sammellager aus Rostock zurück, das Bild ›Der Dom in Halle‹ konnte 1948 aus Privatbesitz zurückerworben werden.

1931 bescheinigte der damalige Museumsdirektor Alois J. Schardt Feininger, »den Hallischen *Dom* als architektonisches Kunstwerk wiederentdeckt« zu haben. Beim Blick vom erst in jüngster Zeit rekonstruierten, zum Teil auch neu bebauten Domplatz mag der Gedanke an einen Speicher doch mit dem eines Sakralbaues konkurrieren. Zu rücksichtslos wurde die schlichte hochgotische Dominikanerkirche durch den Aufbau einer Attika mit aufgesetzten Rundgiebeln ins seinerzeit Moderne getrimmt. Immerhin ist die Kirche eine der wenigen weitgehend erhaltenen Kirchenanlagen der Bettelmönchsorden, deren geistige Haltung auch in Form und Ausstattung ihres Kirchenbaus zum Ausdruck kam. Die Dominikaner, deren Hauptleistungen auf dem Gebiet der Wissenschaft lagen, brachten so bedeutende Männer wie Albertus Magnus oder Thomas von Aquin hervor.

Als nun Kardinal Albrecht die Kirche zur Stiftskirche eines Kollegiatsstifts erhob und dieses »als ein Trutz-Wittenberg, als katholische Universität« gegen die Reform Luthers setzte, sollte dies auch in der reichen und qualitätvollen Ausstattung der damit verbundenen Architekturen zum Ausdruck kommen. Einkäufe wurden in ganz Europa getätigt, und die bedeutendsten Künstler wurden berufen. Die hier schon im Sterben liegende katholische Ordnung wurde noch einmal gründlich aufpoliert. Der Umbau von 1520–25 stand unter der Leitung von Bastian Binder. Das 1525 datierte Portal im zweiten Joch der Südseite (Kopie, Original in der Moritzburg) und jenes von 1523 zur Sakristei zählen zu den ersten und auch schönsten Beispielen der Frührenaissance in Mitteldeutschland.

Zu den Zeugnissen des Umbaus und der Neuausstattung gehören noch zwei Weihetafeln von 1532, die Wendeltreppen zu den ehemaligen Emporen, vor allem aber die Kanzel und der Zyklus der 17 Pfeilerfiguren, aber auch die Reste des um 1525 entstandenen Chorgestühls. Weder vom Chorgestühl noch von der prächtigen, reich gestalteten Kanzel ist der Name des Meisters überliefert. Die 1525 fertiggestellte Kanzel erscheint in ihrem reich bewegten Figuren- und Ornamentwerk »fast als eine Vorwegnahme barocker Stileigentümlichkeiten« und sucht ihresgleichen in der deutschen Frührenaissance. Auch die aus rheinischem Tuff geschlagenen Pfeilerfiguren zeigen diese bemerkenswerten Eigenarten einer barock bewegten Gotik, dazu aber auch die durch das leicht zu bearbeitende, weiche Material erleichterte, schärfere Ausarbeitung und tiefere Psychologisierung. Die Figuren,

*Halle, Dom. Kohlezeichnung von Lyonel Feininger, 1929*

die zweifellos die künstlerisch wertvollsten und noch heute überaus lebendig wirkenden Ausstattungsstücke der Albrechtzeit sind, stammen von Peter Schroh, einem Steinmetz aus der Schule des Hans Backoffen und wurden eigens aus Mainz nach Halle gebracht und hier 1525 aufgestellt. Darüber hinaus befinden sich im Dom noch einige bemerkenswerte Grabmäler und Teile der 1644 durch eine barocke Neuausstattung in die Kirche gekommenen Stücke wie der Altar und der Fürstenstuhl. Von dem an die Kirche anschließenden Kloster aus dem 14. Jh. existieren nur noch Rest des Kreuzganges.

Mit der *Neuen Residenz* ist ein weiteres durch Kardinal Albrecht initiiertes Gebäude erhalten, wenn auch in sehr verstümmelter Form. Dieser Gebäudekomplex, der direkt an das Domgelände schließt und mit einem noch teilweise erhaltenen Arkadengang mit dem Dom verbunden war, sollte Albrechts Pläne von einer großen »katholischen Universität« zu einem krönenden Abschluß bringen. Die Unausführbarkeit dieses selbst über seine Macht gehenden Projektes ließ ihn die Anlage in ein Wohnschloß umwandeln, in die Neue Residenz. 1531–37 wurde der Komplex unter Baumeister Andreas Günther erbaut, wobei nicht nur Steine und anderes einfaches Baumaterial vom 1531 abgerissenen Kloster Neuwerk

## AN SAALE, UNSTRUT UND WEISSER ELSTER

Verwendung fanden, sondern auch romanische Säulen und ein Portal, welches die Wirren zahlreicher Umbauten überstanden hat und noch heute im Nordflügel zu besichtigen ist. Überdies ist in der Neuen Residenz die inzwischen einige hunderttausend Exponate umfassende Fossiliensammlung des *Geiseltalmuseums* untergebracht. Man benannte das Museum nach dem Fundort der Fossilien in der Braunkohle der Tagebaue des Geiseltales.

Berühmt war auch die *Saline* von Halle. Die Neue Residenz befindet sich etwa auf halber Strecke zwischen den beiden Orten, die in Halle für die Salzförderung Bedeutung hatten: dem Hallmarkt und der *Salinehalbinsel.* Zur Aufbesserung der Staatsfinanzen gründete man auf der Halbinsel zwischen den Saalearmen 1722 eine königliche Saline. Sie wurde 1868 an die hallesche Pfännerschaft übergeben, die dadurch in der Lage war, ihre alten, längst untragbar gewordenen Produktionsstätten inmitten der Stadt auf dem Hallmarkt aufzugeben und hierher zu verlagern, wo bis 1964 Salz aus Sole gewonnen wurde. Einen Einblick in die Entwicklung der halleschen Salzproduktion, deren technische Realisation und die noch heute lebendige Kultur der halleschen Salzarbeiter, der Halloren, gibt ein 1967 eröffnetes *Hallorenmuseum.*

In diesen Jahren setzte die Gestaltung nicht nur der Halbinsel, sondern auch großer Teile der Auenlandschaft, speziell der stromabwärts liegenden Peißnitzinsel zu einem sogenannten ›Kulturpark‹ ein, in welchem die Möglichkeiten der reizvollen Auenlandschaft mit denen von sportlicher Betätigung oder kulturellen Angeboten mehr oder weniger glücklich verbunden wurden. Trotz des großen Handikaps durch den überdurchschnittlich belasteten Fluß spielt dieses ›innerstädtische‹ Gebiet eine große Rolle, entstand doch auf dem der älteren Stadt gegenüberliegenden Ufer der Saale von 1963–80 die ›Chemiearbeiterstadt‹ *Halle-Neustadt,* in der etwa 100 000 Menschen vorwiegend von der nun in die Krise geratenen chemischen Industrie des Territoriums leben bzw. lebten. Erst 1990 kam es unter dem Druck der Diskussion über eine zukünftige Landeshauptstadt Sachsen-Anhalts zum verwaltungsmäßigen Anschluß der Neustadt an die alte Metropole.

Es ist kaum vorstellbar, daß sich auf dem heute vornehmlich als Parkplatz benutzten *Hallmarkt* noch im vorigen Jahrhundert die Salzgewinnungsstätten der pfännerschaftlichen Saline mit Siedehäusern, Pferdegöpel und Pumpenhaus befanden. Geblieben sind die steilen ›Blauen Türme‹ der Marktkirche, die den Platz noch heute beherrschen. Der zwischen Marktkirche und Hallmarkt vermittelnde Bau einer Transformatorenstation mit Wohnhäusern und Treppenanlage entstand 1924 und kann durchaus als eine vorbildliche Lösung angesprochen werden. Sofort nach Abzug der Saline ging es an den Ausbau, dem später der Abriß bzw. Neubau angrenzender Wohnquartiere folgte. Dem Untergang geweiht war auch der vielbetrauerte ›Trödel‹, ein alter Stadtteil, der sich vom Markt zur Moritzkirche hinunterzog.

Die *Moritzkirche* war die Pfarrkirche der Salzwirkerbrüderschaft, zeitweise zugleich Kirche eines Augustinerchorherrenstiftes und der aus ihrer ursprünglichen Kirche verwiesenen Dominikaner. Aus der Entfernung durch ihr mächtiges, Halle, Turm und Chor abdeckendes Schieferdach eher etwas ungetüm wirkend, offenbart sie in der Nähe und in ihrem Innern zahlreiche Schönheiten. Die an die Kirche anschließenden Gebäude gehen auf das ehe-

364

malige *Johannishospital* zurück und machen den Moritzkirchhof trotz angrenzender Neubauten auch heute noch zu einer sehr reizvollen Anlage.

Die dreischiffige spätgotische Hallenkirche wurde 1388 unter dem Baumeister Conrad von Einbeck begonnen, der aus der Prager Parlerhütte kam. Diese Herkunft wird besonders am Außenbau des Chores deutlich, der die Schmuckformen des sogenannten Weichen Stils trägt und wohl zum Initialbau für die Chöre von St. Marien in Bernburg und St. Nikolai in Zerbst wurde. Der Haupt- und Nebenchöre zusammenfassende und auch noch über das nördliche Seitenschiff laufende Bauschmuck strebt in seiner horizontal gerichteten Vielgliedrigkeit in die diese Bewegung aufnehmende und sammelnde Dachpartie. Wie die beiden anderen Kirchen besaßen auch die Chorfenster von St. Moritz ursprünglich filigranes, vor den Polygonfenstern frei nach innen gerichtetes Maßwerk im Bereich des Bogens. Das nördliche Hauptportal der Kirche, das in seinen Bogenläufen Figuren des Petrus und Paulus, einen Musikengel und das Antlitz Jesu trägt, ist eine Nachgestaltung des Originals, welches sich in der Moritzburg befindet. Die Fertigstellung zog sich bis ins 16. Jh. hinein, Westbau und vier westliche Joche der Halle wurden erst 1504 begonnen.

Diese verschiedenen Bauzeiten zeichnen sich deutlich auch im Innern, in der Gestaltung der Pfeiler, Gewölbe und den das

*Halle, Moritzkirche, ›Schmerzensmann‹ von Conrad von Einbeck, 1416*

Schiff teilenden Scheidbogen ab, wobei das gesamte Hauptschiff samt Chor erst ab 1511 eingewölbt wurde. Im Innern weitet sich die Kirche trotz ihrer ›Zweiteiligkeit‹ in wohlabgewogenen Proportionen. Weniger in abgeklärter Schönheit als von »tiefer Gemütsbewegung« erfüllt, treten dagegen die Skulpturen Conrad von Einbecks aus dem Stein. Er hat sich mit ihnen als einer der »eigenwilligsten Bildhauer seiner Zeit« in die Geschichte der Kunst eingeschrieben. Besonders berühmt von den nur fünf Figuren sind ein überlebensgroßer Schmerzensmann, die ›Klagende Maria‹ und ein als Konsolbüste gearbeitetes Selbstbildnis des Meisters, das vor allem durch seine entwaffnende Nüchternheit und Direktheit frappiert. Es dürfte damit nicht nur eines der frühesten Selbstbildnisse in der deutschen Kunst sein, sondern auch eines der eindringlichsten. Neben den Skulpturen Einbecks ist auch die 1592 von Zacharias Bogenkranz gearbeitete Kanzel ein Meisterwerk ihrer Epoche und verrät den Hintergrund der zu dieser Zeit ihrem Höhepunkt zustrebenden Magdeburger Bildhauerschule.

Gleich in der Nähe der Moritzkirche durchschneidet die über die Saale nach Halle-Neustadt führende, ab 1968 erbaute Hochstraße die Stadt. Die Ringstraße heißt hier Moritzzwinger.

*St. Georg*, die ehemalige Pfarrkirche der Vorstadt Glaucha, erhebt sich gegenüber auf ihrem dem griechischen Kreuz verpflichteten Grundriß mit nur einem Turm. Nach vierjähriger Bauzeit wurde die Kirche 1744, der Turm erst elf Jahre später vollendet.

Nach links weiter hinauf liegt unter der Hochstraße der hauptsächlich als Verkehrsdrehscheibe fungierende Franckeplatz, benannt nach dem Pietisten August Hermann Francke, der Universitätsprofessor und Gründer der nach ihm benannten *Stiftungen* am Platze war. 1698 begann der Bau der als Waisenhaus, Armenschule, Missions- und Bibelanstalt ins Leben gerufenen und später zur Schulstadt erweiterten Stiftungen. Besonders alte Ansichten

*Halle, Franckesche Stiftungen. Stich von G. A. Gründler, 1745*

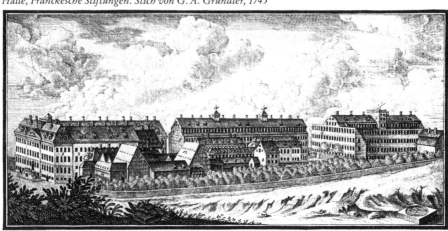

*August Hermann Francke*

verraten noch mehr den Kasernencharakter der Gebäude als ihr heute in Teilen verwahrlostes Antlitz. Friedrich Hölderlin, der 1795 während einer Durchreise Zeuge einer Prüfung von Waisenkindern war, schrieb, daß hier »ganz die kleinliche, spielende, pedantische und doch kindliche Manier der Pädagogen« herrschte.

Die historischen, bis 1745 erbauten Gebäude gruppieren sich um den Lindenhof, an dessen Ende dem verdienstvollen Pädagogen ein Denkmal gesetzt wurde. Christian Daniel Rauch schuf die Bronzegruppe 1829, der Entwurf für den Sockel stammt von Friedrich Schinkel. Zu den wertvollen Erbstücken der Stiftungen gehören die beiden immer noch hier untergebrachten Sammlungen. Das Bibliotheksgebäude bewahrt in der originalen barocken Einrichtung wertvolle Bücherbestände des 16. und 17. Jh., das Naturalien- und Kunstkabinett birgt Stücke aus der Kultur vieler Völker und auch Kuriositäten, wie etwa eine unbrennbare, aus Asbestfäden gesponnene Barockperücke.

Vom Franckeplatz führt die Rannische Straße über den Alten Markt und die Schmeerstraße zurück zum Marktplatz. In diesen und den angrenzenden Straßen haben sich einige sehenswerte Beispiele hallescher Bürgerhäuser erhalten. Das zur Straße mit Rocaillestuck geschmückte *Haus Rannische Straße 17* birgt in seinem Hof noch eine der für Halle typischen Holzgalerien. In der Großen Brauhausstraße 10, am ›*Riesenhaus*‹ tragen tatsächlich zwei riesenhafte Atlanten des Gebälk des Portals. Und *Märkerstraße 10*, heute Stadtmuseum, wurde wahrscheinlich im Jahr 1558 durch Nickel Hofmann erbaut. Eine Erinnerung an die ›sozialistische Moderne‹ taucht wie eine Fata Morgana in der Großen Klaußstraße auf. Das allegorisch verschlüsselte Fassadenbild von Joachim Triebsch hat das Mauersyndrom der alten DDR zum Gegenstand.

## AN SAALE, UNSTRUT UND WEISSER ELSTER

Am *Alten Markt,* einst Zentrum der alten Stadt und später an ihren Rand gedrückt, trifft sich, wie so oft in dieser Stadt, noch einmal Altes und Neues. Dazwischen, auf einem von Heinrich Heiling 1905 geschaffenen *Brunnen,* das Wahrzeichen der Stadt, »der Esel, der auf Rosen geht«. Der Legende nach war der Rosenschmuck auf der Straße einst für den Einzug des Erzbischofs gestreut, der aber aus irgendeinem Grund aus einer anderen Richtung kam. Statt dessen kam unbekümmert ein junger Bursche mit einem Esel, der auf den Rosen nicht schlechter schritt als jeder andere.

Halle besucht zu haben, ohne in **Giebichenstein** gewesen zu sein, wäre fast eine unverzeihliche Sünde. Giebichenstein ist sicher nicht nur der sagenumwobenste, sondern auch der bekannteste der im Laufe des 19. Jh. eingemeindeten Vororte Halles. Giebichenstein liegt nördlich der Altstadt auf dem dort zuweilen hoch und steinig über den Fluß aufsteigenden Saaleufer. Die Gegend ist von der Innenstadt recht bequem mit der Straßenbahn zu erreichen. An der Burgstraße, die, der Name sagt es, direkt zur berühmten Burg Giebichenstein führt, gibt es schon vom Heinrich-Heine-Felsen einen schönen Blick über die Saaleaue. Die darunter entlangführende Uferstraße ist nach dem Kommunisten Fritz Weineck, dem ›kleinen Trompeter‹, benannt, der 1925 im auf der anderen Seite der Burgstraße liegenden *Volkspark* erschossen worden ist. Der Volkspark wurde Anfang des Jahrhunderts aus Mitteln der halleschen Arbeiterschaft erbaut und war ein traditionelles Lokal der Bewegung. Hier traten Ernst Thälmann und Clara Zetkin auf.

Die Ferne der Historie macht den Giebichenstein natürlich viel angenehmer, obwohl es wirklich schwer zu begreifen ist, daß, was vorzeiten aus Not errichtet worden ist, uns heute eine solche Lust des Staunens verschaffen kann. Burg Giebichenstein taucht 961 erstmals in den Annalen auf, als sie wie der gesamte Gau Neletici von Otto I. dem Moritzkloster in Magdeburg übereignet wurde und damit sieben Jahre später in den Besitz des Erzbistums Magdeburg kam. Dies dürfte die sogenannte, heute völlig verschwundene Alte Burg gewesen sein, auf deren Gelände 1718 ein Amtsgarten angelegt wurde, der heute Park ist. Die *Unterburg,* dieser mit wuchtigen Mauern und Gräben umgebene, kastellartige Komplex, wurde erst Mitte des 15. Jh. als erzbischöfliche Residenz neu erbaut und beherbergt heute die Hochschule für Kunst und Design. Die Schule war in den 20er und 30er Jahren unter der Kurzbezeichnung ›Burg‹ eine der interessantesten Schulen dieser Art in Deutschland. Direkt greifbare Zeugnisse der Schule dieser Zeit gibt es nur wenige in der Stadt. Nach Entwürfen von Paul Thiersch entstand im 1911/12 erbauten *Landesmuseum für Vorgeschichte* in der Richard-Wagner-Straße ein expressionistischen Formen verpflichteter Gemäldefries. Auch der *Giebichensteinbrücke* über die Saale liegt ein Entwurf Thierschs zugrunde. Gerhard Marcks, der ebenfalls Lehrer und zeitweise Direktor an der Schule war, steuerte die beiden monumentalen Figuren des Pferdes und der Kuh bei.

Von der ins 12. Jh. zurückreichenden *Oberburg* gibt es nicht nur den herrlichsten Blick ins Saaletal, sondern auch auf diese Brücke. Außer dem 1907 wiederhergestellten Bergfried stehen von der 1636 durch Brand zerstörten Burg nur noch die Grundmauern einiger Gebäude. Dennoch werden sie alle es nicht versäumt haben, hier heraufzusteigen, die Tiecks, Brentanos, Arnims, Richters und Goethes, die drüben in der Seebenerstraße, in der

368

*Halle, Giebichenstein. Stich, 19. Jh.*

›Herberge der Romantik‹, bei Johann Friedrich Reichardt (1752–1814) zu Gast waren. Kapellmeister Reichardt, der wegen seiner Sympathien zur französischen Revolution von Friedrich II. in Ungnade entlassen worden war, entfaltete auf seinem Landsitz ein vielgerühmtes Klima kultureller Freiheit und menschlicher Geselligkeit. Der wegen der uneingelösten Ideale verbitterte Eichendorff schrieb darauf später seine oft nur mit den ersten zwei Strophen zitierten Verse:

»Da steht eine Burg überm Tale
Und schaut in den Strom hinein,
Das ist die fröhliche Saale
Das ist der Giebichenstein

Da hab ich so oft gestanden;
Es blühten Täler und Höhn,
Und seitdem in allen Landen
Sah ich nimmer die Welt so schön!«

Die vorletzte Strophe aber lautet:
»Auf dem verfallenen Schlosse,
Wie ein Burggeist, halb im Traum,
Steh ich jetzt ohne Genossen
Und kenne die Gegend kaum.«

AN SAALE, UNSTRUT UND WEISSER ELSTER

# Stationen zwischen Wettin und Landsberg

Auf dem Weg von Halle ins nordwestlich der Großstadt gelegene Wettin führt die sich unvermutet steil ins Saaletal senkende Straße zunächst nach **Mücheln.** Eine 1989 gestartete Bürgerinitiative zur Rettung der *Templerkirche St. Marien* rückte den Ort aus seiner Abgelegenheit plötzlich ins öffentliche Interesse. Diese von einem Wirtschaftshof umgebene, einschiffige und trotz ihrer doch relativ geringen Größe imposant erscheinende Kapelle gilt als ein »Werk allerersten Ranges der Frühgotik«. Obwohl zweckentfremdet genutzt, blieb sie im wesentlichen erhalten. Die Geschichte des 1118 zunächst zum Schutz wallfahrtender Pilger in Jerusalem gegründeten Ritterordens verleiht dieser Kirche eine zusätzliche Bedeutung. Fanden sich die Templer zur Zeit des Kirchenbaus um 1280 auf dem Höhepunkt ihrer weitverzweigten Macht, mußten sie nur wenige Jahre später die sich zuweilen brutal vollziehende Aufhebung ihres Ordens wegen Ketzerei über sich ergehen lassen. Ihnen wurde die Verehrung Baphomets nachgesagt, einer wahrscheinlich mannweiblichen Figur mit zwei Köpfen oder Gesichtern. Neben anderen Attributen waren ihr die von Mond, Sonne und Schlangen beigegeben, und da sie von meist arabischen Schriftzeichen umgeben gewesen sein soll, wurde hier auf eine Neigung zum Islam gefolgert. Trotzdem ging die im Erzbistum Magdeburg 1308 verfügte Verhaftung der Ritter am Ende mit dem Einzug der Ordensgüter vergleichsweise glimpflich ab. Ein Grund mag die Verquickung des Ordens mit den herrschenden Adelsgeschlechtern gewesen sein. Auch der Müchelner Hof war ja eine Schenkung von Graf Dietrich I. von Brehna-Wettin an seinen Sohn und Tempelritter Dietrich II.

Das kleine, nur etwa 3000 Einwohner zählende Städtchen **Wettin** an der Saale wird wenigstens vom Anblick her noch heute von der hoch über dem Ort auf einem schmalen Porphyrrücken erbauten *Burg* beherrscht. Spätestens seit 1288 aber, als Dietrich III. von Brehna-Wettin die Grafschaft samt Burgbezirk Salzmünde an das Erzbistum Magdeburg gab, hat kein Wettiner mehr in Wettin residiert. Als Markgrafen von Meißen, Kurfürsten, Herzöge und schließlich auch Könige von Sachsen machten sie anderenorts Geschichte. Sie waren zu Hause in den Königshäusern von Belgien und Portugal, während der alte Stammsitz schwand.

Zahlreiche Abbrüche, Um- und Neubauten ließen wenig übrig von der mittelalterlichen Substanz. Vom Gebäudebestand der Ober- und Unterburg, denen noch jeweils eine Vorburg zugeordnet war, ist der über der vordersten Spitze des Bergsporns aufragende, 1606 auf alten Grundmauern errichtete Winkelsche Turm der stolzeste. Da die Gebäude sämtlich wirtschaftlich genutzt werden, ist ein Zugang bis heute leider nicht möglich. Ein Aufstieg durch die verwinkelte Stadt lohnt dennoch. Über die Dächer gleitet der Blick ins Saaletal und auf die unten vor der Stadt über den Fluß pendelnde Fähre.

Einen ersten wirtschaftlichen Aufschwung brachte die Ansiedlung von niederländischen Kolonisten um 1150. Anfang des 15. Jh. wurde der Flecken zur Stadt erhoben. Mit der im 17. Jh. großzügig begonnenen Ausbeutung der hier schon 1466 entdeckten Steinkohlevorkommen wurde Wettin sogar ›Bergstadt‹. Die Bewohner lebten außerdem von Schiffahrt, Fischerei, Korbmacherei und Bierbrauerei. Die *Kirche,* deren Turm auf einem romanischen

370

Vorgängerbau basiert, ist heute leider wegen Einsturzgefahr gesperrt. Der ganz einer ›Bergstadt‹ würdige, sehr abschüssige und kleine Markt wird an seinem schmalsten und höchsten Ende vom 1660–62 erbauten *Rathaus* abgeschlossen.

Wie Wettin ist das nur wenige Kilometer südlich liegende und im Mittelalter zeitweilig mit Wettin verbundene **Salzmünde** heute ein weitgehend vergessener und am Rande liegender Ort. Im 19. Jh. gingen von dort durch den von Johann Gottfried Boltze aufgebauten landwirtschaftlich-industriellen Betrieb wichtige Impulse für die moderne Landwirtschaft aus. Die nach wissenschaftlichen Methoden erzeugten Produkte wurden in eigenen Betrieben veredelt und abgesetzt. Neben den landwirtschaftlichen Gütern gab es »Mühlen, Steinbrüche, Braunkohle- und Tongruben, Kaolinschlemmereien, Zuckerfabriken und Brennereien, Ziegeleien und sonstige Hilfsbetriebe einschließlich einer eigenen Saalflotte«. Die soziale Komponente dieses Betriebes wird in der um 1925 erbauten und noch heute äußerlich fast unversehrt erhaltenen *Siedlung* sichtbar in der Ausgewogenheit von Wohnviertel, Rathaus und Verwaltungsgebäude. Entstanden ist die Siedlung unter dem Nachfolger Boltzes, Carl Wentzel-Teutschenthal, der am 20. 12. 1944 von der nazistischen Justiz hingerichtet worden ist.

Östlich von Wettin erhebt sich aus dem Saalkreiser Porphyrplateau als beherrschende Landmarke der **Petersberg.** Aus größerer Entfernung ist er heute vor allem durch die Türme von Sendeanlagen gekennzeichnet. Bei der Anfahrt von Westen aber erhebt sich bald die aus dem Porphyr des Berges gebaute mächtige Westwand der *Stiftskirche St. Petrus* über dem Abhang. Der ›mons serenus‹ oder Lauterberg, wie er bis ins 14. Jh. hieß, war schon früh auch heidnischer Wohn- und Kultplatz, so daß wahrscheinlich um 1100 in üblicher missionarischer Gewohnheit dort eine erste Rundkapelle entstand. Mauerreste dieser nach dem Vorbild böhmischer Rundkirchen erbauten ›vetus capella‹ existieren noch im nördlich der Kirche angrenzenden Gemeindefriedhof. Als Ersatz für das einzige, immer mehr unter die Übergriffe der Bischöfe von Mainz geratende Eigenkloster in Gerbstedt plante Dedo von Wettin 1124 die Gründung eines Klosters auf dem Petersberg, das zugleich als Grablege für die Stifterfamilie dienen sollte. Populäre Quellen sprechen davon, daß die Stiftung, wie die im gleichen Jahr absolvierte Pilgerfahrt nach Jerusalem, als Sühne für das Verstoßen seiner Gemahlin gedacht war. Da Dedo aber auf dem Rückweg von Jerusalem starb, fiel die Realisierung seinem Bruder Konrad, Markgraf von Meißen, zu. Dieser stattete auch das vier Jahre später vom Papst bestätigte regulierte Augustinerchorherrenstift mit einem umfangreichen Besitz aus. Ab 1130 kam es zunächst zum Bau einer dreischiffigen romanischen Basilika in T-Form, die dann von 1174–84 um die für den mitteldeutschen Raum in ihrer Gestaltung einmaligen Ostteile und das durchgehende Querhaus erweitert wurde.

Chor, Querhaus und Westquerturm sind es auch, die einen Großteil ihres originalen Baubestandes der 1565 ausgebrannten und dann nach und nach ruinierten Kirche erhalten konnten. Innen wie außen zeichnet sich der Chorbereich durch seine Vielgliedrigkeit aus. Über den weitgehend geschlossenen Nebenräumen des Chores öffnen sich die Emporen durch hohe, rundbogige Arkaden in Chor und Seitenschiff. Draußen gliedern zahlreiche Fenster, Lisenen und Bogenfriese die Flächen. Sowohl der ungewöhnlich breite Giebel als

AN SAALE, UNSTRUT UND WEISSER ELSTER

*Petersberg, Stiftskirche, um 1885*

auch die im Inneren wie im Äußeren feststellbare gestalterische Sonderung der Seitenräume des Chores legen die Vermutung nahe, daß über den Emporen ursprünglich Türme geplant waren. Im Gegensatz zu diesen originären Bildungen sind das Langhaus (Abb. 77) mit den ungewöhnlichen Achteckpfeilern und die in den Turm eingebaute steinerne Westempore nicht nur im Bestand, sondern auch in der Form ein Ergebnis des Wiederaufbaus von 1853–57. Dieser Wiederaufbau führte zum Abriß der 1576 in die abgebrannte Kirche eingebauten wettinischen Grabkapelle. Das mächtige Prunkgrab der wettinischen Fürsten des 12. und 13. Jh. steht heute an der Wand der Turmhalle. Aufgereiht von Markgraf Konrad bis Heinrich III. liegt die ganze Familie gleichsam in einem einige Meter breiten Bett. Für Markgraf Konrad, der kurz vor seinem Tode die Mönchskutte übergestreift haben soll, fand der Volksmund einen recht aktuell anmutenden Vers:

»So wechselts in der Welt, der lange Zeit gekrieget,
Wird nun ein Mönch; der Löw' als wie ein Lamm still lieget.«

Zur Ausstattung der Grabkapelle gehörte auch der heute im nördlichen Querhaus befindliche Kruzifixus, der Hans Walther zugeschrieben wird. Er schuf mit seinem Bruder Christoph Walther II. auch das Prunkgrab. Die elf weiteren, an den Wänden der Turmhalle aufgestellten, zum Teil ebenfalls figürlichen Platten gehörten zu einer neuromanischen Grabanlage, die sich bis 1966 im Mittelschiff befand.

Der Petersberg ist eines der beliebtesten Ausflugsziele der Hallenser. Galt er in früheren Zeiten als ›Wetterprophet‹, so ist es heute wohl vor allem die weite Aussicht, die ihm seine Anziehungskraft verleiht. Bei klarem Wetter geht der Blick bis zum Harz, bis nach Leipzig oder Magdeburg und natürlich auch über die vielen kleineren Orte der näheren Umgebung.

**Löbejün** ist einer von ihnen und liegt am Nordabfall des Saalkreiser Porphyrplateaus in das Tal der Fuhne. Es ist nicht zuletzt diese bergige Lage, die der Stadt einen ganz besonderen Reiz verleiht, gilt es doch steilste Gassen zu ›bezwingen‹.

Als slawischer und später deutscher Burgort erlebte die Stadt im 15. und 16. Jh. eine erste Blüte, die auch einen neuen Kirchenbau ermöglichte. Da ein Brand die um 1520 fertiggestellte *Kirche* schon 60 Jahre später in arge Mitleidenschaft zog, mischen sich im Gebäude Formen der Spätgotik und der Renaissance. Letztgenannter Epoche verdankt die Kirche ihre schöne Balkendecke sowie den größten Teil der Ausstattungsstücke. Darüber hinaus haben sich im Stadtbild, das aus in der Regel zweigeschossigen Steinhäusern besteht, eine im Kern um 1200 erbaute *Hospitalkapelle* und das *Hallesche Tor* aus der zweiten Hälfte des 17. Jh. erhalten. Das ›*Alte Brauheüs Löbejün*‹ diente seit 1614 vornehmlich der Befriedung leiblicher Bedürfnisse, und es war wegen des steilen Schulberges gewiß leichter, von der Kirche in dieses Gasthaus zu kommen als umgekehrt. Ob die angetrunkenen Gäste den Grund für die Überlieferung des Namens ›Schweinemarkt‹ für den alten, dreieckigen Marktplatz gegeben haben, bleibt allerdings ungewiß.

Nobler erscheint der neue trapezförmige Marktplatz am Südhang des Tales allemal. Dort hält die goldene Sphinx über dem Portal des klassizistischen *Rathauses* Zwiegespräch mit dem wohl berühmtesten Sohn der Stadt, dem 1796 in Löbejün geborenen Balladenkomponisten Karl Loewe. Ihm hat die Stadt hier ein granitenes Denkmal gestiftet.

Auf halbem Weg zwischen Löbejün und Zörbig liegt das kleine, weitgehend unbekannte Dorf **Ostrau**. Schon zu slawischer Zeit dürfte es dort auf dem Gelände des noch heute allseits von Gräben umgebenen Schlosses eine Wallburg gegeben haben. Es folgten eine mittelalterliche Wasserburg, eine kastellartige Renaissanceanlage und 1713 der Neubau des noch heute erhaltenen *Barockschlosses* durch den französischen Architekten Louis Remy de La Fosse für die von Veltheim, deren Geschlecht von 1585–1945 hier gesessen hat. Der Nordostflügel des heute als Schule genutzten Schlosses ist während einer generellen Wiederherstellung unter Hans Hasso von Veltheim 1929–33 ausgebaut worden. Im Schloß und dem sich durch seltene Pflanzen auszeichnenden Park versammelte Veltheim Geistesschaffende aus aller Welt, um ihnen hier die Möglichkeit zu wissenschaftlicher oder auch künstlerischer Arbeit zu geben. Er wollte hier ein Klein-Wörlitz des 20. Jh. schaffen, dem der Zweite Weltkrieg und dessen Folgen leider einen Riegel vorschoben. Auch von der originalen Ausstattung des Schlosses, das Erich Neuß »zu den besten Bauten der Barockzeit in Sachsen-Anhalt« zählt, ist kaum etwas erhalten. Die ebenfalls unter Otto Ludwig von Veltheim barock umgestaltete *Dorfkirche,* deren ganze 1698–1702 von Hermann Maier angefertigte Ausstattung aus Holz besteht, hat die Fährnisse der Zeit dagegen recht gut überstanden.

Ähnlich wie Ostrau, liegt auch das größere Städtchen **Zörbig** im flachen ›Rübenland‹. Seit dem 19. Jh. ist es vornehmlich durch Sirup- und Saftproduktion bekannt geworden. Im Ursprung wohl sorbisch, besitzt der Ort ein vielfach verändertes *Schloß,* in dem sich unter anderem ein Heimatmuseum befindet. Von dem im 15. Jh. angelegten umfangreichen Befestigungssystem ist nur noch der *Hallesche Turm* geblieben, dessen vier Renaissancegiebel den größten Teil der Häuser des Ortes überragen. Mit einer schönen sächsischen *Postmeilensäule* auf dem Markt, dem neugotischen *Rathaus* und der spätgotischen, 1537–41 umgebauten *Stadtkirche* ist die wertvollere historische Bausubstanz des Städtchens schon fast aufgezählt. Unter den Ausstattungsstücken der Kirche befinden sich ein in seiner Ikonogra-

373

phie sehr merkwürdiger barocker Altaraufsatz und ein um 1230 entstandenes, wahrscheinlich aus der Stiftskirche Petersberg stammendes Monumentalkruzifix. In seiner Qualität steht es in der Reihe der sächsisch-thüringischen Monumentalkreuze von Halberstadt, Freiberg, Merseburg und Wechselburg.

Eine hervorragende kunsthistorische Stellung nimmt die *Doppelkapelle* in **Landsberg** ein (Abb. 76). Landsberg ist ein kleines Städtchen ca. 15 km östlich von Halle. Wie die Kapelle sich auf der kleinen Porphyrkuppe des Kapellenberges erhebt, erscheint die ganze Anlage wie ein kleineres Geschwister des Petersberges. Um 1170 entstand hier in der Folge älterer Siedlungen und Befestigungen aus slawischer Zeit eine Burg in den ungefähren Ausmaßen der Wartburg bei Eisenach. Als Erbauer der Doppelkapelle, die einst in die Burg integriert war, gilt allgemein der Wettiner Dietrich III. Er nahm 1176/77 am Italienfeldzug Barbarossas teil. Bei den Friedensverhandlungen zwischen Barbarossa und Papst Alexander III. soll er vom Papst einen Splitter vom Kreuz Jesu erhalten haben, welcher der Kapelle dann den Namen St. Crucis gegeben hat. Aus Italien dürfte Dietrich auch den marmornen, antiken Säulenschaft mitgebracht haben, der als Spolie in den Bau eingefügt wurde. Sieht man vom in spätgotischer Zeit aufgesetzten dritten Geschoß und vom Walmdach von 1662 ab, bietet die Kirche einen fast originalen Eindruck. Rundbogenfries, Ecklisenen und ein umlaufender Sockel schließen die beiden Geschosse zu einer gestalterischen Einheit zusammen. Nach außen besonders hervorgehoben sind nur die drei, vorwiegend in Backstein ausgeführten und durch Lisenen gegliederten Apsiden des Obergeschosses als zentraler geistlicher Ort des Gebäudes und das Hauptportal mit heute leider weitgehend unkenntlichen Reliefs. Schräg

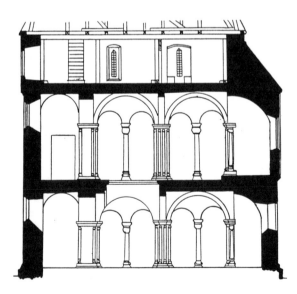

*Landsberg, Doppelkapelle*

über dem Haupteingang zeigt das noch vorhandene Gewände die Tür, die durch eine Brücke mit dem Palas verbunden war, so daß die Herrschaften nicht den Gang über den Hof auf sich nehmen mußten.

Doppelkapellen wurden nur während des 12./13. Jh. und nur im staufischen Herrschaftsbereich gebaut. Vorläufer dieser Herrschaftskapellen dürften Pfalzkapellen und ottonische Westwerkanlagen gewesen sein. Die Landsberger steht in engem Verhältnis zu der heute leider nicht mehr vorhandenen Marienkapelle im Kloster Ilsenburg, die allerdings nur eine Westempore besaß, was auch für Landsberg der anfängliche Plan gewesen sein dürfte. Desgleichen weist die vielfältig reiche und qualitätvolle Kapitellornamentik auf Einflüsse aus Ilsenburg und Königslutter. In einfachem Stützenwechsel bewegen sich die drei Schiffe nach Osten und erhalten erst durch die Deckenöffnung die Wirkung eines Zentralbaues.

Unter Heinrich dem Erlauchten, der auch unter seinem Dichternamen Heinrich von Meißen in die Geschichte eingegangen ist, erlebte die Burg Landsberg eine kurze Blüte. Später war sie ein billiger Steinbruch. Erhalten blieb nur das geweihte Gebäude. Durch Sagen und Mutmaßungen drohte selbst dies zuzeiten ein Opfer von Schatzsuchern zu werden. So gab es die Geschichte von einem unterirdischen Gang vom Kapellenberg zum Petersberg sowie die Sage von silbernen Särgen oder einer goldenen Gans mit entsprechenden Eiern in verborgenen Gewölben der Kapelle, die Abenteurer anlockten. Heute ist es tatsächlich dieses Kleinod spätromanischer Architektur, das die Gäste auf den Kapellenberg zieht.

# Merseburger Zaubersprüche

>»Knochen zu Knochen, Blut zum Blute,
Glied zum Gliede, alles passe zueinander!«

Ob die Verse der über tausend Jahre alten Merseburger Zaubersprüche tatsächlich Heilwunder bewirkt haben, läßt sich nicht mehr nachprüfen. Zumindest müssen sie zeitweise so unentbehrlich gewesen sein, daß sie aufgezeichnet wurden und dadurch zum ältesten originalen deutschen Schriftgut zählen, das überhaupt existiert.

Nicht erst seit heute mag sich mancher verantwortungsbewußte ›Verantwortliche‹ in Merseburg und Umgebung in seiner Verzweiflung einen Zauberspruch herbeigesehnt haben, der die Industrie mit der Natur und die Geschichte mit der Gegenwart aussöhnen oder vieles einfach ungeschehen machen könnte. Eingespannt zwischen den beiden bereits 1935 bzw. 1916 gegründeten Chemiegiganten Buna und Leuna ringt die alte Bischofs- und Kaiserstadt um Atem. Die Gegensätze zwischen alter, reicher Kultur auf der einen und der bis heute in Kauf genommenen Gefährdung, ja Vernichtung dieser Schätze und der für den Menschen lebensnotwendigen natürlichen Bedingungen auf der anderen Seite sind hier so scharf wie selten zu empfinden.

## AN SAALE, UNSTRUT UND WEISSER ELSTER

Im kleinen, alten **Schkopau** vor den Toren Merseburgs scheint der Zerfall stetig die Oberhand zu gewinnen. Während in der Euphorie sozialistischen Gründerzeitgeistes 1952/53 an der Hauptstraße nach Merseburg ein Kulturhaus mit Theater- und Konzertsaal entstand, wurde die 1876 letztmalig durchgreifend erneuerte Schkopauer *Burg* weitgehend ihrem Schicksal überlassen. Auch die 1732–34 von Christian und Johann Christian Trothe erbaute *Dorfkirche* erscheint vornehmlich grau und verlassen. Sie besitzt aber im Innern neben älteren Stücken eine ebenfalls hauptsächlich von dieser berühmten Merseburger Bildhauer- und Architektenwerkstatt der Familie Trothe geschaffene Ausstattung.

Das Merseburger Land ist uraltes Siedlungsgebiet. Auch auf dem Gebiet des heutigen **Merseburg,** auf dem am dichtesten mit Architekturdenkmalen bestückten Bergrücken von Altenburg, Oberaltenburg und Domburg über der Saale wird schon eine befestigte Siedlung der Jungsteinzeit vermutet. Die Folge kontinuierlicher Besiedlung mündete im 8. Jh. in einer karolingischen Burg, die den wichtigen Saaleübergang im Grenzgebiet von Sachsen, Thüringen und den slawischen Territorien zu sichern hatte. Per Heirat ging Anfang des 10. Jh. die Altenburg in Besitz des 919 zum ersten deutschen König gekürten Heinrich. Das Eheglück war kurz, da sich Hatheburg vor der Heirat leichtsinnigerweise der Kirche versprochen hatte, und deswegen die Verbindung von der Kirche wieder gelöst wurde. Die Tür zum Aufstieg Merseburgs war aber aufgestoßen. Dem Königsgut, das zu den leistungsfähigsten

*Merseburg. Kolorierter Stich, 17. Jh.*

der sächsischen Höfe zählte, schloß sich eine Pfalz an, die vor allem unter Heinrich II. besondere Bedeutung erlangte. 69 Königsaufenthalte und wenigstens 26 Hoftage sind bis zum Ende der Stauferzeit bezeugt. 968 wurde ein bereits vorhandenes Kollegiatsstift zum Bistum erhoben und bestand mit Ausnahme der Jahre 981–1004 bis zum Tode des letzten Bischofs Michael Sidonius Helding 1561. Der berühmteste seiner Vorgänger war Thietmar von Walbeck, der in seinem ›Chronicon‹ eines der bedeutendsten Geschichtswerke des deutschen Mittelalters hinterlassen hat. Die Entwicklung der schon früh an Königshof bzw. Domberg gebundenen Stadt hat immer im Schatten des dort verbreiteten großen Glanzes gelegen. 1289 werden erstmals Rat und Bürgergemeinde erwähnt, die aber das ganze Mittelalter hindurch vom Bischof abhängig bleiben. Der anfangs betriebene Handel, der sich später nach Leipzig und Naumburg verlagerte, war kein Gegengewicht.

Nach den großen Schäden, die der Dreißigjährige Krieg auch in Merseburg angerichtet hatte, setzte mit der Gründung eines selbständigen Herzogtums Sachsen-Merseburg im Jahre 1656 ein mit großer Intensität betriebener Neu- und Wiederaufbau ein, der einige schöne Zeugnisse aus dem Bereich der Architektur und Bildhauerei hinterlassen hat. Es waren vor allem die Bildhauer- und Architektenfamilien Trothe und Hoppenhaupt, die hier in Erscheinung traten und über die Grenzen Merseburgs hinaus wichtige Aufträge ausführten. Schon 1738 allerdings war der Traum der Selbständigkeit ausgeträumt, und Merseburg fiel zurück an das Kurfürstentum Sachsen.

Keine 100 Jahre später wurde es preußisch und Regierungssitz des Regierungsbezirkes Merseburg, zunächst Beamten-, bald aber auch Industriestadt. Das führte, ähnlich wie im nahen Halle, zu verschärften sozialen Auseinandersetzungen, die Merseburg im Jahre 1921 zu einem Zentrum der bewaffneten Märzkämpfe machten. Zur Zerstörung durch die Industrie trat die durch Luftangriffe 1944 hinzu, so daß Merseburg heute zu großen Teilen eine Neubaustadt geworden ist, die nochmals historische Bausubstanz in den kulturträchtigen Boden stampfte. Als beredter Ausdruck dieser ideologisch hinterfütterten Baupolitik mag das Ensemble um den Gotthardsteich stehen, an dem auf hohem Sockel ein monumentaler Lenin vergeblich die Richtung zu weisen versucht.

Bei solcher Konkurrenz hatte es die vieltürmige Domburg auf ihrem erhöhten Standpunkt über der Stadt relativ leicht, als Siegerin dieses architektonischen Wettbewerbs hervorzugehen (Umschlagvorderseite). So schwer wie diese Symbiose zwischen Schloß und Dom zu überschauen, so verwickelt und mit vielen Um- und Ausbauten verbunden war auch die Baugeschichte dieser reizvollen Anlage. Während der südlich des Domes angefügte Kreuzgang und die dazugehörigen Stiftsgebäude das geistliche Zentrum dieses Ensembles bilden, ist das nördlich in ähnlicher Form an den Dom angefügte Schloßquadrum gleichsam dessen mächtigerer, weltlicher Widerpart, wenngleich der nördlich des Domes liegende Palast schon 1188 von Kaiser Barbarossa den Bischöfen Merseburgs überlassen wurde.

Der **Dom** besitzt seine auffälligsten Bauteile in den sich über dem 1510–17 neu errichteten Langhaus erhebenden Staffelgiebeln aus verputztem Backstein. Beide Turmpaare gehen in romanische Zeit zurück. Das schlank aufsteigende östliche Paar wurde in der Zeit von 1036–42 als Stütze für den gleichzeitig über der Krypta erbauten Chor errichtet und im

377

# AN SAALE, UNSTRUT UND WEISSER ELSTER

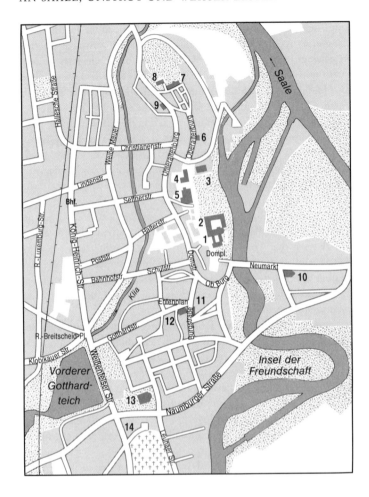

Merseburg
1 Dom
2 Schloß
3 Schloßgartensalon
4 Zechsches Palais
5 Ständehaus
6 Wasserkunst
7 Peterskloster (Ruine)
8 Kirche St. Viti
9 ›Versunkenes Schlößchen‹
10 Neumarktkirche St. Thomae
11 Rathaus
12 Stadtkirche St. Maximi
13 Sixtikirche (Ruine)
14 Stadtfriedhof

13. Jh. nochmals um ein Geschoß erhöht. Die Stümpfe der Westtürme dürften dem Ursprungsbau zwischen 1015 und '21 angehören. Ihr oktogonaler Aufbau geht auf die zweite Hälfte des 12. Jh. zurück, wurde aber im Zusammenhang mit dem Anbau der westlichen Vorhalle zwischen 1225 und '40 nochmals verändert. Und selbstverständlich gehören auch die Turmhelme einer späteren Zeit an. Genau 500 Jahre nach der Grundsteinlegung – nach dem Hoftag zu Ostern 1015 – entstand das spätgotische Westportal des Domes. In seinem Kielbogen führt es ein Brustbild Heinrichs II. mit den Insignien der Macht und einem Modell des Domes und erinnert daran, wie gern Heinrich II. in »seinem geliebten Merseburg« weilte. Rechts und links des Kaisers stehen die Patrone Johannes der Täufer und Laurentius. Die überlebensgroßen Figuren sind Kopien aus dem 19. Jh. Im Dom

selbst gibt es noch einige andere Stifterbildnisse Heinrichs II., der als Nebenpatron besondere Verehrung genoß. So kann es nicht verwundern, daß dieses Portal in die *Vorhalle* führt, deren quadratisches, von einem Schlingrippengewölbe überwölbtes Mittelschiff auch Heinrichskapelle heißt. 1535–37 ließ Bischof Sigismund von Lindau dieses Mittelschiff zur Grabkapelle umbauen. Die ehemals diese Kapelle abgrenzenden Schrankenreliefs sind heute in veränderter Anordnung an den Wänden des Turmzwischenjochs aufgestellt. Unter ihnen wieder Heinrich II. als Stifter der Kirche.

Von den zahlreichen Ausstattungsstücken oder Grabmälern, die sich heute in der Vorhalle befinden, können hier nur wenige hervorgehoben werden. Nicht ursprünglich aus dem Dom, sondern aus der Laurentiuskirche stammt die monumentale, um 1180 geschaffene Taufe (Abb. 78) im südlichen Seitenschiff der Vorhalle. Auf vier Löwen und vier die Paradiesflüsse verkörpernden Männern lastet die mächtige Tonne, in deren Rundbogenarkaden Propheten die Apostel auf ihren Schultern tragen. An der östlichen Stirnseite dieses Seitenschiffes steht das von Caspar Creutz 1517/18 geschaffene Retabel des Kunigundenaltars. Kunigunde, außerhalb der Kreuzigungsszene auf einer Konsole stehend dargestellt, war die Gattin Heinrichs II. und wurde mit diesem 1200 von Papst Innozenz III. heiliggesprochen. Sie galt als sehr wache, tatkräftige und kluge Frau, die dem Kaiser auch in politischen Fragen zur Seite gestanden haben soll. Ein Auffassung, die auch der Künstler dieser Arbeit geteilt haben muß.

Während im schmiedeeisernen Kronleuchter des Mittelschiffes Heinrich und Kunigunde, Laurentius und Johannes als kleine Holzfiguren erscheinen, um damit den zahlreich in der Kirche vorhandenen Darstellungen der Majestäten weitere hinzuzufügen, gilt der Rittergrabstein im nördlichen Seitenschiff einem Unbekannten. Die aus Kalkstein in der Mitte des

*Merseburg, Dom, Schlußstein im Mittelschiff: Kaiser Heinrich II. als Stifter*

## AN SAALE, UNSTRUT UND WEISSER ELSTER

13. Jh. gefertigte Arbeit weist auf eine große Nähe zu dem bis heute ebenfalls unbekannten Naumburger Meister. Genauere Kenntnis hingegen gibt es über den Baumeister der Tonnengewölbe, die das großzügige Langhaus überspannen. Sie sind ein Werk Johann Moestels, eines späteren Bürgermeisters von Merseburg. Beachtenswert an den dem Tonnengewölbe aus Backstein unterlegten Kreuzrippen ist, daß sie die wirklichen Raumverhältnisse eher verschleiern als klären, was durchaus im Zug der Spätgotik lag, der sie angehören. Einige Schlußsteine dieses Gewölbes tragen wiederum die Figuren des Kaisers oder der Kaiserin, die auch als Reliefs auf den Seitenwangen des 1519 datierten Chorgestühles zu finden sind. Überhaupt ist die Reichhaltigkeit wertvoller Ausstattungsstücke und Grabmäler kaum zu überschauen. So darf die um 1520 geschnitzte Kanzel (Abb. 79) am südöstlichen Mittelschiffpfeiler ganz zu Recht als »ein großartiges Werk virtuoser Holzschnitzkunst« bezeichnet werden.

Nicht weniger virtuos, doch in klassischer Strenge geformt, ist das Grabdenkmal für Bischof Thilo von Trotha im nördlichen Querhausarm. Die Arbeit wird Peter Vischer d. Ä. um 1490 zugeschrieben. Vorsorglich und nichts dem Zufall überlassend, hatte Thilo von Trotha schon zu Lebzeiten um die Wende des 15. zum 16. Jh. diesen Querhausflügel zu seiner Grabkapelle umbauen lassen. Dem Glanzstück der Grabmäler des Merseburger Domes konnte auch er freilich bei allem Aufwand nicht mehr den Rang ablaufen. Die in der Vierung des Domes liegende *Grabplatte Rudolfs von Schwaben* ist das älteste datierbare Bildnisgrabmal in Deutschland. Mit großer Wahrscheinlichkeit kann angenommen werden, daß sie kurz nach Rudolfs Tod im Jahr 1080 geschaffen wurde. In frühromanischer, lapidarer Strenge liegt die Figur des Toten mit Königsinsignien und den Zügen eines enttäuschten, trotzigen Kindes. Trotz siegreicher Schlacht gegen seinen Rivalen Heinrich IV. am 15. Oktober 1080 bei Hohenmölsen glitt ihm das Glück im wahrsten Sinne des Wortes aus der Hand, denn diese wurde ihm in der Schlacht abgehauen, worauf er noch am selben Tag verstarb. »O, daß doch alle meine Feinde so herrlich begraben lägen!« soll Heinrich IV. sieben Jahre nach dem Tod Rudolfs beim Anblick der Grabplatte ausgerufen haben. Die *Hallenkrypta* unter ihm gilt als eine der ältesten in dieser baulichen Reinheit erhaltenen Hallenkrypten Mitteldeutschlands. Das Spätromanische *Kruzifix* über ihm gehört zu den bedeutendsten Stücken der thüringisch-sächsischen Triumphkreuzgruppen der Romanik. Als jüngeres, deswegen aber nicht minder wertvolles Kunstwerk muß zum Ausgang noch ungedingt die von 1697 stammende Orgel erwähnt werden, die 1853–55 von Friedrich Ladegast stilgerecht erneuert wurde. In ihrer monumentalen, die gesamte westliche Stirnseite des Langhauses (Farbabb. 21) füllenden Wucht gleicht sie einem einzigen, den Raum durchströmenden, riesenhaften Akkord.

Im Vorhof des angrenzenden *Schlosses* begegnet dem Besucher zunächst eine sicher unerwartete Merkwürdigkeit: ein in einem Käfig gehaltener, pechschwarzer Rabe. Er ist nicht etwa hier gefangen, um ein Kontrastprogramm zur Orgel zu bieten, sondern vertritt seit der Zeit Thilo von Trothas dessen Wappentier. Die in diesem Fall den historischen Tatsachen widersprechende Sage berichtet, Thilo habe den Raben mit Ring aus Reue in sein Wappen aufgenommen, da er seinen treuen Diener Johann unter dem Verdacht, ihm einen Ring gestohlen zu haben, hatte hinrichten lassen. Später jedoch fand sich der Ring bei Dachdekkerarbeiten neben einem toten Raben liegend wieder. Tatsächlich aber stand der Rabe mit dem Ring schon vor Thilo im Wappen der Trothas. Verbürgt hingegen ist, daß unter diesem Bischof der Abriß des älteren und kleineren Schlosses sowie der Neubau der größeren Dreiflügelanlage nördlich des Domes erfolgten. Von etwa 1470–1500 dürfte das Schloß erbaut worden sein, dessen Abglanz heute nur noch in den Giebeln des Jahre später erneuerten Domschiffes zu finden ist, die in ihren Formen denen des Schlosses folgten. Schon 1604/05 kam es durch Melchior Brenner aus Dresden abermals zu einer umfassenden Erneuerung der Anlage. Der Ostflügel wurde bis an den Dom verlängert, die Treppentürme des Ost- und Nordflügels wurden aufgeführt und erhielten neue Zwerchgiebel, die jedoch erst 60 Jahre später ihre heutige Form bekamen. Erwähnens- und sehenswert ist das ausgesprochen originelle und vielgestaltige Beschlagwerk an den Untersichten der Wendeltreppen des sogenannten Kammer- und des Konditorturms.

Im 19. Jh. ist das Schloß schließlich für die Zwecke der preußischen Bezirksverwaltung hergerichtet und Ende des Jahrhunderts grundlegend restauriert worden. Der im Zweiten Weltkrieg zerstörte Ostflügel wurde bis 1792 weitgehend originalgetreu hergestellt und der Hof damit wieder geschlossen. Gerade diese hohe Abgeschlossenheit ist es, die das Merseburger Schloß trotz unterschiedlicher stilistischer Einflüsse zu einem beeindruckenden, einheitlichen Gebilde macht. Neben dem Hof, in welchem auch künstlerische Glanzpunkte wie der Neptunbrunnen oder der Erker des Nordflügels aufleuchten, zeigt das Schloß seine schönste Seite im Zusammenklang mit dem Dom vom gegenüberliegenden Saaleufer.

Andererseits bietet sich vom nördlich des Schlosses 1661 auf dem Gelände des alten Königshofes angelegten *Garten* ein reizvoller Blick auf das Schloß. Im Park stand noch bis in die 60er Jahre ein Reiterstandbild König Friedrich Wilhelms III. von Louis Tuaillon. Bei der Umgestaltung des Gartens im Jahre 1968 wurde es in die Ruine der Sixtikirche verbannt.

An seiner nördlichen Schmalseite schließt der Park mit der toskanischen Säulenhalle eines zweigeschossigen *Schloßgartensalons.* Der einst beidseitig von Orangeriehäuschen flankierte Bau ist ein Werk Johann Michael Hoppenhaupts d. Ä. und wurde in den 30er Jahren des 18. Jh. vollendet.

Während dieser Salon mehr den vergnüglichen Seiten des Lebens zugedacht war, floß westlich des Parks Beamten- und Abgeordnetenschweiß. Zuerst war das ältere *Zechsche Palais* (1782) und später das von 1892–95 erbaute, etwas protzige *Ständehaus* Sitz des Parlaments der preußischen Provinz Sachsen.

Die Oberaltenburg weiter nach Norden verfolgend, findet sich nach den Denkmalen von Gartenkunst und Regierungskunst eines der Wasserkunst. Der nicht sehr große Bau der *oberen Wasserkunst,* rechts der Straße, ist von Bäumen fast verdeckt und daher leicht zu übersehen. Der Bau, wie die auf dessen Zweck anspielende Dekoration, stammen vom Architekten des Schloßgartensalons. Der oberen Wasserkunst stand eine untere gegenüber. Die befand sich noch bis nach dem Krieg neben dem Mühlgraben der ehemaligen Königsmühle am Fuße des Hügels. Während in der Königsmühle schon 1856 eine Papierfabrik eingerichtet wurde, fiel die untere Kunst kenntnisloser Abrißpolitik zum Opfer.

## AN SAALE, UNSTRUT UND WEISSER ELSTER

Auch die Kirche des *Petersklosters* auf der Altenburg wurde nach der Auflösung des Klosters 1562 als Steinbruch genutzt und im Verlauf von 400 Jahren abgetragen. Nach alten Nachrichten soll sie dem Dom an »Pracht und Größe in nichts« nachgestanden haben. Eine letzte Restauration versuchte 1912, die mittelalterlichen Reste der Klausur zu retten. Doch inzwischen sind auch diese wieder gefährdet, und über den einst freigelegten Grundmauern der Kirche wuchert das Kraut oder lagert der Müll der Anwohner.

Der Rest der nördlichen Spitze des Bergrückens wird vom Altenburger Friedhof eingenommen, auf dem sich die Altenburger *Kirche St. Viti* behauptet. Mit ihrem Westquerturm geht die einfache, von einem barocken Umbau 1692 geprägte Saalkirche an den Anfang des 12. Jh. zurück.

Unterhalb der Kirche, in der Unteraltenburg, wohnte übrigens der bereits mehrfach erwähnte Johann Michael Hoppenhaupt d. Ä. in seinem ›Versunkenen Schlößchen‹, das er sich 1744 selbst erbaute und dessen derzeitiger Erhaltungszustand ein tatsächliches Versinken befürchten lassen muß.

Den gleichen Eindruck hinterläßt heute leider auch noch die *Neumarktkirche St. Thomae* auf dem anderen, tiefer liegenden Ufer der Saale. Da sie ab 1173 entstanden sein dürfte, ist sie das älteste relativ ganzheitlich erhaltene Bauwerk der Stadt, und es wäre mehr als wünschenswert, daß sie wieder in einen wenigstens die Substanz sichernden Zustand versetzt würde.

Auf der Stadtseite des Domes lag die *Domfreiheit,* die sich in eine innere und eine äußere teilte. In diesem Gebiet um Domplatz und Domstraße lebten die von den städtischen Pflichten befreiten Domherren und Vikare. Einige beachtenswerte Wohnhäuser aus dem 17. und 18. Jh. weisen darauf hin. Eines der schönsten Renaissanceportale besitzt die ›Kurie Simonis et Judae‹ in einem barock umgebauten Haus in der Domstraße 8.

Am Markt treten neben einigen Wohnhäusern im näheren Umkreis vor allem das Alte Rathaus und die Stadtkirche St. Maximi hervor. Sie haben auf ihrem Terrain noch etwas vom Flair der alten Stadt bewahren können.

Das *Rathaus* folgte einem 1444 abgebrannten Vorgänger. Sein heutiges Erscheinungsbild wird aber weitgehend vom Umbau unter der Leitung des halleschen Ratsbaumeisters Nickel Hofmann bestimmt. Das Meisterzeichen findet sich an dem 1561 vorzüglich gearbeiteten Erker. Als bei der Restaurierung von 1913/14 das Rathaus an diesem Ende um mehrere Meter verkürzt wurde, ist er an seine heutige Stelle versetzt worden. Ein weniger künstlerisches als politisches Dokument stellen die Wappen über dem älteren Kielbogenportal dar. Einem Stempel gleich ließen hier die regierenden Bischöfe seit Thilo von Trotha ihre Wappen anbringen, um damit ihren Anspruch anzumelden. Er konnte ihnen schon aus wirtschaftlichen Gründen nie verweigert werden.

Die spätgotische Halle der *Stadtkirche* ist trotz ihres wohlausgewogenen Innenraumes ein getreuliches Exempel dieser notwendigen Bescheidung. Den stolzen neugotischen Turm erhielt sie erst 1867–72 nach Entwürfen von Friedrich August Stüler. Ihr Patron ist der heilige Maximus, ein Märtyrer aus der Zeit der Christenverfolgungen. Seine sterblichen Überreste sollen 975 als Geschenk von Kaiser Otto II. nach Merseburg gekommen und im

Dom beigesetzt worden sein. Mit dem Turmneubau erhielt die Kirche auch eine neue Ausstattung, so daß nur wenige Teile originaler älterer Ausstattung erhalten geblieben sind. Die vier überlebensgroßen Holzfiguren des Barockaltars von Michael Hoppenhaupt gehören gewiß zu den beeindruckendsten. Der 1511 datierte Schnitzaltar aus einer mitteldeutschen Werkstatt wurde aus der Friedhofskapelle hierher versetzt, stammte aber wahrscheinlich ursprünglich aus der Kirche St. Sixti.

Die *Sixtikirche* war ein Gotteshaus für die wohlhabenderen Schichten Merseburgs und stand auf einer Anhöhe im gleichnamigen Viertel. Die schon um 1580 aufgegebene Kirche hat als Ruine überlebt und ist heute von Neubauten umgeben. Nachdem ihr Turmhelm im 19. Jh. durch Blitzschlag zerstört worden war, erhielt er 1888 nach dem Vorbild eines mittelalterlichen Torturms in Frankfurt am Main einen als städtischen Wasserturm genutzten Aufbau. Diesem gegenüber steht im Ostchor der Ruine das Reiterstandbild Friedrich Wilhelm III. von Louis Tuaillon. Vom alten Schmuck der Kirche ist wenig geblieben. Außer dem jetzt in der Stadtkirche aufgestellten Marienaltar gibt es eine gotische Madonna aus Terrakotta, die nach ihrer Restaurierung im Schloßmuseum gezeigt werden soll.

Ein spätromanisches, sehr lebendig gestaltetes Rankentympanon kam hinüber an die Ostseite der Friedhofskapelle des *Stadtfriedhofes*. Dieser lohnt insbesondere wegen seiner Grabmale aus den Werkstätten der Trothes und Hoppenhaupts einen Besuch, wenngleich Umweltverschmutzung und Vandalismus empfindliche Lücken gerissen haben. So stehen Zerstörung und aufwendigste Denkmalpflege oft unverwandt, aber als Ausdruck einer Zeit nebeneinander, einer Zeit, die Wunderwerke der Technik und des menschlichen Genies produziert und dabei die natürliche Umwelt, die Voraussetzung ihrer eigenen Existenz, zu vernichten droht.

Seit 1906 wird im südwestlich von Merseburg liegenden *Geiseltal* Braunkohle gegraben. Die dort gemachten Fossilienfunde füllten in Halle ein ganzes Museum, während die gegrabene Kohle, in den Kraftwerken verbrannt, die Wohnungen wärmte. Die Kohleförderung verwandelte das Tal in eine Mondlandschaft, der eine gewisse, schwer zu beschreibende Faszination jedoch nicht abzusprechen ist. Auf der Straße, die von Merseburg nach Mücheln führt, ist an bestimmten Stellen ein Blick in diesen Urgrund möglich, der nun in einen riesigen See verwandelt werden soll. Wie an einer Schnur reihen sich in Richtung Mücheln die kleinen Dörfer mit ihren architektonischen Besonderheiten aneinander.

Im Merseburger Ortsteil *Kötzschen* ist es eine wahrscheinlich von Johann Michael Hoppenhaupt gebaute Dorfkirche mit der kompletten Barockausstattung aus ihrer Bauzeit; in *Beuna* vom selben Architekten »eine der charaktervollsten ländlichen Barockkirchen des Kreises«; in *Frankleben* wiederum eine Dorfkirche, aber diesmal von Christian und Johann Christian Trothe von 1735–37, dazu die Dreiflügelanlage des Unterhofes aus der Spätrenaissance; in *Braunsbedra* drei im Kern spätgotische Kirchen und endlich in *Krumpa* eine in ihrer Vielgliedrigkeit ungewöhnliche Dorfkirche von 1751. Das alles findet sich in einer Gegend, deren eigentliches Gepräge nur noch bruchstückhaft erscheint, da doch viele Dörfer dem Tagebau weichen mußten.

AN SAALE, UNSTRUT UND WEISSER ELSTER

*Leuna, Chemische Werke*

**Mücheln,** am westlichen Ende des Braunkohlegebietes gelegen, ist sicher einer der ältesten Orte der Gegend. Schon um 890 wurde er im Hersfelder Zehntverzeichnis genannt, hatte später lange Zeit sehr enge Beziehungen zum Bistum Bamberg und ging 1320 an die Wettiner, von denen er 1350 das Stadtrecht erhielt. Das Bistum Bamberg besaß nachweislich bis ins ausgehende 15. Jh. Güter in Mücheln. Es wird außerdem angenommen, daß die heutigen Ortsteile St. Ulrich und St. Micheln Gründungen des Bischofs Otto von Bamberg sind. Die stattliche, inmitten des Friedhofes auf einer Anhöhe über dem Ort sich erhebende *Michaelskirche* in *St. Micheln* erinnert an die Lieblingsstiftung Ottos in Bamberg, die demselben Heiligen geweiht war. Der heutige, helle, sich stolz behauptende Bruchsteinbau dürfte um 1200 entstanden sein. *St. Ulrich* soll seinen Namen entweder dem Gedenken an den Priester Udalrich von St. Egidien, einem Freund Ottos, verdanken, oder dem heiligen Bischof Ulrich von Augsburg. Reste dieser alten Gründung könnte es in dem 1921–25 unter Verwendung älterer und wohl auch mittelalterlicher Substanz umgebauten *Wasserschloß* geben, das nahe der von 1789–94 erbauten *Dorfkirche* steht.

Schließlich und endlich wird auch in der St. Jakob geweihten *Pfarrkirche* eine Beziehung zu der frühromanischen Säulenbasilika gleichen Namens in Bamberg gesehen. Der große einschiffige Bau steht auf dem Hanggelände der Stadt südöstlich über dem Markt. Die über Jahrhunderte reichende Baugeschichte ist weitgehend ungeklärt. Dagegen erscheint das 1571 erbaute *Rathaus* auch heute noch wie aus einem Guß. Trotz des nachteiligen Standortes an der unteren Längsseite des steil in Stufen ansteigenden Marktplatzes ist es das architektonische Zentrum dieses kleinen, reizvollen Areals. Mit seinen drei Geschossen, dem vorgestellten Treppenturm und dem Eckerker ist es ein typisches Beispiel für die Renaissancerathäuser Mitteldeutschlands. Sowohl der künstlerische Aufwand als auch die Größe des Gebäudes lassen auf wohlhabende Bauherren schließen. Die Vorstellung, daß es sich bei den unter den Giebeln der Fenster und Portale herausdrängenden Halbfiguren um diese reichen Herrschaften handeln könnte, ist zwar wenig wahrscheinlich, aber doch ganz amüsant.

Amüsant dürfte auch ein mit den nötigen finanziellen Mitteln versehener Aufenthalt im **Bad Lauchstädt** des 18./19. Jh. gewesen sein. Die kleine Stadt mit dem ehemals vom kursächsischen Adel bevorzugten Modebad liegt westlich von Merseburg und ganze 14 km nördlich von Mücheln. Ihr Ruf als Kur- und Theaterstadt hat ihre ältere Geschichte fast vergessen lassen.

Der schon im Hersfelder Zehntverzeichnis des 9. Jh. genannte Ort gehörte zum Bistum Halberstadt, ehe er über einige Verwicklungen zum Bistum Merseburg gelangte und schließlich unter den Herzögen von Sachsen-Merseburg den Rang einer bescheidenen Residenz errang. Die zufällige Entdeckung der die Stadt aus dem Schattendasein führenden Heilquelle ist dem halleschen Medizinprofessor Friedrich Hoffmann zu verdanken. Er bescheinigte dem Quellwasser, an dem zuvor einige Fische seines Freundes Edeling eingegangen waren, »einen martialischen und vitriolischen Geschmack« und schloß nach weiterer Prüfung, daß das Wasser »ein gesund Wasser sei«. Nach zögerndem Beginnen ließ 1710 die Herzoginwitwe Erdmuthe Dorothea die Quelle fassen und ein Lusthäuschen über den Graben setzen. 1731–38 kam es zu einem weiteren Ausbau der *Kuranlagen*. Aus dieser Zeit ist nur der heute etwas abseits gesetzte Herzogspavillon erhalten, der vielleicht nach einem Entwurf von Johann Michael Hoppenhaupt d. Ä. gebaut wurde.

1776, ein Jahr nachdem sogar der kurfürstliche Hof aus Dresden in Lauchstädt Residenz genommen hatte, wurden die gesamten Kuranlagen nach Plänen des Merseburger Stiftsbaumeister Johann Wilhelm Cryselius unter Oberaufsicht des Grafen Marcolini neu gestaltet. Es entstand auf einem vergleichsweise kleinen Terrain nicht nur eine der intimsten, sondern auch in ihrem architektonischen und gartenkünstlerischen Zusammenklang bezauberndsten Anlagen dieser Art in Deutschland. In gekonnter Asymmetrie wird das Auge mit dem Gang der Kolonnaden auf das Zentrum gelenkt. Rechts und links der Balustrade stehen zwei Pavillons, dahinter der in der Tradition des Dresdner Spätbarock geformte, 1780 vollendete *Kursaal* (Abb. 81). Der diente nicht nur als Speise-, sondern auch als Tanzsaal. Die zum Teil original erhaltene klassizistische Ausmalung besorgte Giuseppe Anselmo Pellicia nach Entwürfen von Karl Friedrich Schinkel. Hier mag manch rauschendes Fest gefeiert worden sein, und es stellte sich nicht nur der Adel ein. Lauchstädt wurde auch bald ein Begriff für die schönen Künste, für bürgerliche Literaten und das Theater. Mit Namen wie Gellert, Gottsched und Gleim hob es an. Goethe, aber insbesondere Friedrich Schiller gehörten zu den

## AN SAALE, UNSTRUT UND WEISSER ELSTER

umschwärmten Größen der ›gebildeten Damenwelt‹. Die studentische Jugend zog seit 1791 von Halle heran, um die Gastspiele des Weimarer Theaterensembles in Lauchstädt zu erleben. Ein Badegast gab Bericht über einen Tag, an dem ›Kabale und Liebe‹ gegeben wurde: »Habe ich je eine lebhafte Straße gesehen, so war es diese. Eine Kette von Reitern, Fußgängern und Wagen dehnte sich auf dem ganzen Wege aus, das eine Ende davon war Lauchstädt, das andere Halle«.

Am 26. Juni 1802 eröffnete das nach Plänen von Heinrich Gentz und unter der Mitwirkung von Goethe erbaute neue, eigentlich erste feste *Theater* (Abb 80) in Lauchstädt, in dem auch heute noch auswärtige Ensembles gastieren. Der schlichte klassizistische Bau befindet sich jenseits der den Park von dem älteren Siedlungskern trennenden Straße. Die eher an eine Kirche als an ein Theater erinnernden Stützpfeiler wurden erst 1830 angefügt. Ansonsten befindet sich das Haus aber weitgehend im Originalzustand. Selbst die Bühnentechnik ist erhalten geblieben.

Mit dem Tode Schillers und dem letzten Aufenthalt Goethes in der Stadt welkte das Fluidum des Badeortes bald dahin. Einige Villen des Spätbarock und des Klassizismus erinnern noch an diese Zeit, die scheinbar ausgelassenste Heiterkeit so trefflich mit großer Kunst zu verbinden wußte.

Was Bad Lauchstädt einst an kultureller Größe besaß, hatte **Bad Dürrenberg** an ökonomischer Potenz. Der 1845 beginnende und bis heute fortdauernde Badebetrieb des Solbades war nur ein Nebenprodukt, wenn auch ein sehr angenehmes. Bad Dürrenberg ist ganz jung und entstand eigentlich erst 1930 durch den Zusammenschluß von sieben Dörfern. 1744 fing der durch Kurfürst Friedrich August II. beauftragte Bergrat Johann Gottfried Borlach auf dem Gelände des ›Rittergutes auf dem dürren Berge‹ mit dem Abteufen eines Solschachtes an. 19 Jahre später wurde er fündig und konnte mit der Förderung einer hochergiebigen, neunprozentigen Sole beginnen. Nach der Jahresproduktion lag Bad Dürrenberg vor dem Zweiten Weltkrieg auf dem dritten Platz unter den deutschen Salinen. 1964 wurde sie stillgelegt. Ihre Gradierwerke maßen einst 1821 m und waren zeitweise die längsten der Welt, bis sie von den 16 m längeren in Salzelmen übertroffen wurden. Der nach dem Entwurf von Borlach 1764 über dem Schacht errichtete Förderturm heißt heute *Borlachturm* (Abb. 82) und ist ein Museum. Vor dem Eingang befindet sich ein Denkmalbrunnen mit einem Porträtmedaillon Borlachs. Es ist eine Arbeit von Paul Juckoff aus dem Jahr des 200jährigen Jubiläums des Fündigwerdens. Der *Kunstturm* über dem ehemaligen Witzlebenschacht nördlich des Borlachturms wurde 1811–16 errichtet, und auch das ehemalige Gutshaus aus dem 16. Jh. ist noch vorhanden und beherbergt heute unter anderem das Stadtarchiv Bad Dürrenbergs.

# Kriege, Stiefel und Kultur – von Lützen nach Weißenfels

Das kleine, wohnliche **Lützen** ist eine planmäßig angelegte Stadt an der seit dem Mittelalter wichtigen Straßenverbindung der Messestädte Leipzig und Frankfurt am Main. Bis 1281

Reichs-, dann Merseburgisches Stiftslehen, ging der Ort durch viele Hände. Kirche und Schloß sind die ältesten Gebäude des Ortes und nur wenige Schritte voneinander entfernt. Die spätgotische *Stadtkirche St. Viti* bietet eine seit der Mitte des 16. Jh. immer wieder erneuerte oder ergänzte Ausstattung. Spätestens nach der Bekanntschaft mit dem alten *Gasthaus ›Roter Löwe‹*, dessen ›Schwedenzimmer‹ und dem *Standbild* des legendären Schwedenkönigs *Gustav Adolf II.* an der straßenseitigen Ecke des Rathauses ist das reizvolle, gar nicht kriegerisch erscheinende Lützen nur noch ausgerichtet auf den Schauplatz der in so verschiedenen Versionen beschriebenen Schlacht zwischen Schweden und Kaiserlichen am 6. November 1632. Zwar trugen die Schweden damals den Sieg davon, aber sie verloren in der blutigsten Schlacht des Dreißigjährigen Krieges ihren König. Der durch niemanden zu ersetzende Verlust dieses »Retters des Protestantismus« führte zu einer Schwächung seiner »bedrängten evangelischen Glaubensverwandten«, im Falle von Sachsen gar zur späteren Lossagung vom protestantischen Bund.

In dem heute als *Museum* genutzten *Schloß* Lützen ist ein Diorama der Schlacht mit 40 000 Zinnfiguren zu sehen. 9000 Soldaten sind in der Schlacht gefallen. Sie war übrigens nicht die

*Einweihungsfeierlichkeiten des Gustav-Adolf-Denkmals in Lützen, 1837. Kolorierte, zeitgenössische Lithographie*

## AN SAALE, UNSTRUT UND WEISSER ELSTER

einzige, die in der näheren Umgebung stattfand. Auch die Eröffnungsschlacht des Befreiungskrieges 1813, als ›Schlacht bei Großgörschen‹, aber auch als ›Schlacht bei Lützen‹ bekannt, ereignete sich hier. Es fielen 22 000 Soldaten. Einen Einblick in die Physiologie der Kriege damaliger Zeit vermittelt zudem das Leben des Schriftstellers Johann Gottfried Seume, über den das Museum eine kleine Sammlung besitzt.

Am Ort der Schlacht selbst, im Norden der Stadt, an der nach Leipzig hinausführenden Straße, befindet sich die 1907 zur Erinnerung erbaute *Gustav-Adolf-Gedächtniskapelle,* ein Blockhaus mit einem kleinen Museum. Der vor der Kapelle über dem ›Schwedenstein‹ 1837 aufgestellte Baldachin wurde nach einem Entwurf Karl Friedrich Schinkels in Lauchhammer gegossen. Nach der Überlieferung, die das Wunschbild des treuen Knechtes bedient, soll der Stein auf Initiative des Reitknechtes Gustav Adolfs von Meuchener Bauern an die Stelle gewälzt worden sein, wo der König den Tod gefunden hatte.

Vom Schlachtfeld wurde der Leichnam zunächst nach Meuchen und dann nach **Weißenfels** gebracht, wo er für die Überführung nach Schweden einbalsamiert wurde. Die Burg Weißenfels muß schon zu dieser Zeit durch die häufig wechselnden Besatzungen in einem sehr schlechten Zustand gewesen sein. Die Sprengung auf Befehl des schwedischen Kapitäns Daniel Erdmann brachte 1644 den endgültigen Einsturz und die Stadt erhielt ausreichend Material zum Wiederaufbau im Krieg zerstörter Häuser. Da 1631 durch die Pappenheimsche Besatzung die ältesten Amtsakten der Stadt achtlos vernichtet wurden – weitere wichtige Materialien fielen den schweren Stadtbränden von 1374, 1668 und 1718 zum Opfer –, ist gerade über die ältere Geschichte der heute um die 40 000 Einwohner zählenden Stadt wenig bekannt.

Als städtische Siedlung mit einem weitgehend regelmäßigen Grundriß entstand um 1185 zwischen den drei sorbischen Siedlungen Tauchlitz, Horklitz und Klengowe auf Saaleschwemmland, zu Füßen des ›weißen‹ Felsens Weißenfels. Auf diesem Sandsteinfelsen stand schon damals eine Burg der Wettiner. Dietrich der Bedrängte, Markgraf von Meißen, nannte sich eine Zeitlang auch Graf von Weißenfels. Um 1300 existieren Rat, Rathaus und Stadtkirche.

1301 wurde das 1285 außerhalb der Stadt gegründete *Nonnenkloster St. Clara* an die innere, westliche Ummauerung gelegt. Der netzgewölbte Chor der Klosterkirche steht nach Abtragung und Wiederaufbau bis 1886 heute auf dem Neuen Friedhof, während Kirchenschiff und Dreiflügelanlage des Klosters in der Straße Am Kloster stark dezimiert und verändert als Wohnungen bzw. Polizeidienststelle Weiterverwendung fanden. Außer den Spuren der alten Architektur hat sich an der Nordseite ein ansehnliches Barockportal erhalten, und der Innenhof birgt neben zwei spätgotischen Portalen und zwei Figurengrabsteinen des 16. Jh. auch noch einen achteckigen barocken Brunnen.

Zwei Jahre nach Hereinnahme des Klosters in die Mauern der Stadt weihte der Bischof von Zeitz den Neubau der 1157 gegründeten *Marienkirche.* Angesichts der sonst schlechten Aktenlage ist es schon kurios, daß gerade der Speisezettel dieser Weihefeier als ältester Speisezettel Deutschlands erhalten geblieben ist. An der Kirche selbst erinnert nur noch eine Inschrift am Westturm an diese Weihefeier. Die damals fertiggestellte Basilika wurde ein

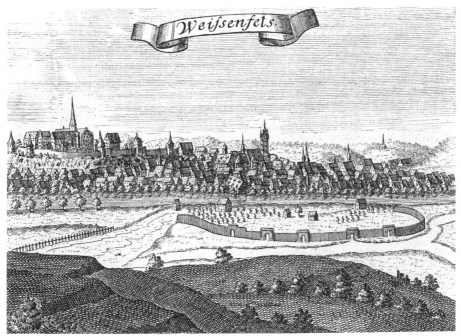

*Weißenfels. Stich, 17. Jh.*

Opfer der Flammen. An ihrem Platz entstand eine dreischiffige, spätgotische Halle, die mit ihrem Ostchor neben dem Rathaus die Westflanke des Marktplatzes beherrscht. Der Chor ist zugleich der in den Formen des Weichen Stils am aufwendigsten gestaltete und älteste Teil der heutigen Kirche, der Turm der jüngste. Ein neues Obergeschoß mit Schweifhaube korrespondiert auffällig mit dem benachbarten Rathausturm und entstand auch tatsächlich in der Bauzeit des Nachbargebäudes. – Das Innere der Kirche wird geprägt von deren Ausstattung zur Hofkirche in den Jahren 1670–84. Emporen entstanden in den um 1520 mit Netzgewölben versehenen Seitenschiffen und an der Westwand. Für den eher schlichten, ebenfalls von einem Rippennetz überwölbten Chorraum schuf der Hofbildhauer Andreas Griebenstein im letzten Jahr der Neugestaltung eine von Säulen und Freifiguren flankierte große, hölzerne Altarschauwand. Auch die Dorfkirche im nahen Großkorbetha besitzt eine Altarwand dieses Künstlers.

1656 schlug die Geburtsstunde eines weitgehend selbständigen Herzogtums Sachsen-Weißenfels. Es währte ganze 90 Jahre und entriß die Ackerbürgerstadt in jenes sich in ganz Europa eruptiv entladende, barocke Lebensgefühl, welches bis heute die letzte einheitliche Stilform geblieben ist, die fähig war, »alle künstlerischen, geistesgeschichtlichen und gesellschaftlichen Bedürfnisse der Zeitgenossen abzudecken«. Ausschweifende Feste weltlicher

## AN SAALE, UNSTRUT UND WEISSER ELSTER

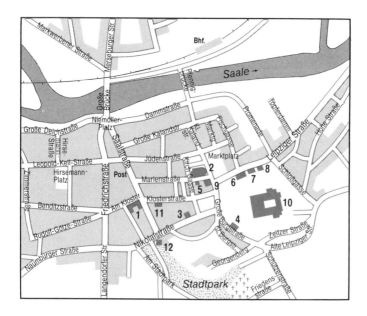

Weißenfels
1 Nonnenkloster St. Clara
2 Marienkirche
3 Heinrich-Schütz-Gedenkstätte
4 Geleitshaus
5 Kavaliershaus Marienstr. 2
6 Fürstenhaus
7 Altherzogliches Haus
8 Herzogliches Ballhaus
9 Rathaus
10 Schloß Neu-Augustusburg und Schloßkirche
11 Novalishaus
12 Novalisgrab

und geistlicher Herrschaft, die Verehrung der hohen Künste und der Mode, die ›Inbrunst zum Jenseitigen‹ und egozentrische, machtgierige Selbstgefälligkeit in einer ungeheure Finanzmittel verschlingenden Architektur-, ja Weltinszenierung, das waren die Kennzeichen dieses Zeitalters. Wenn auch die eigentlichen Zentren in den katholischen Ländern Süddeutschlands lagen – der Dresdner Hof trat 1697 zum Katholizismus über –, bietet Weißenfels ein typisches Beispiel, wie selbst der kleinste Fürst nicht davor zurückschreckte, sein Land zu ruinieren, um es dem Hof des Sonnenkönigs Ludwig XIV. nachzutun.

Dieser Epoche allerdings hat Weißenfels die wertvollste historische Bausubstanz zu verdanken. Aus der Renaissance hingegen hat nur weniges bzw. Fragmentarisches überlebt. Zum Beispiel befindet sich in der verkehrsbefreiten Nikolaistraße die *Heinrich-Schütz-Gedenkstätte*. Das Haus, 1530 erbaut, war der Alterssitz des Komponisten. Der auffälligste Renaissancebau dürfte das sogenannte *Geleitshaus* von 1552 in der Großen Burgstraße sein. In ihm ist eine Gustav-Adolf-Gedenkstätte untergebracht. An der Straßenfront wird es neben dem Sitznischenportal besonders durch den über zwei Geschosse reichenden Eckerker geziert, während sich im Hof über massiven Arkaden ein erneuerter Holzlaubengang erhebt. Zwei sehr schöne Renaissanceportale finden sich in unmittelbarer Nähe der Stadtkirche in der Kirchgasse. Das 1553 datierte Sitznischenportal der ehemaligen ersten Stadtschule schuf vermutlich der Freyburger Bildhauer Arntz Semler, das Gewändeportal in der Kirchgasse 3 entstand in der ersten Hälfte des 16. Jh.

Hier, an Markt und Stadtkirche, etablierte sich auch höfischer und bürgerlicher Barock. So besitzt die Marienstraße vier sogenannte *Kavaliershäuser* aus der ersten Hälfte des 18. Jh.

Unter ihnen hebt sich das *Haus Marienstraße 2* in seiner starken Durchformung und dem besonderen Schmuckreichtum hervor. An der Leipziger Straße, unterhalb des Schlosses, entstand schon 1680/90 das sogenannte *Fürstenhaus*, ein Handelshaus mit Mittelerker und einer von Mars und Merkur als Schildhalter besetzten seitlichen Toreinfahrt. In unmittelbarer Nachbarschaft macht das etwa zu gleicher Zeit erbaute *Altherzogliche Haus* durch seine Freitreppe und den über drei Geschosse reichenden Erker auf sich aufmerksam. Das ehemalige *Herzogliche Ballhaus* aus dem ersten Viertel des 18. Jh. vervollkommnet diese Gruppe prächtiger, doch dringend renovierungsbedürftiger Barockhäuser.

Natürlich muß hier auch das *Rathaus* genannt werden, dessen Neubau gleich nach dem Brand von 1718 durch Johann Christoph Schütze begonnen wurde und fünf Jahre dauerte. Neben den schwebenden Formen des Chores der Stadtkirche wirkt dieser wuchtige Bau noch bestimmter, als er es ohnehin ist. Nur der mit Reliefs, Freifiguren und Pilastern stärker durchgliederte, ja quasi in das Haus hineingesetzte Turm bricht dieses Bild nach oben in zunehmender Bewegtheit auf.

Über allem aber thront, hockt, brütet das *Schloß Neu-Augustusburg* (Abb. 83) in der breiten, wohlgefälligen Behäbigkeit einer anmaßenden Klucke, die hofft, goldene Eier zu legen. Dabei ist dieser unverrückbar anmutenden Erscheinung aus der Entfernung nicht anzusehen, daß Verwahrlosung und umfangreiche Schäden sie in ihrer Existenz bedrohen.

Die Grundsteinlegung für die die finziellen Möglichkeiten des kleinen Herzogtums überfordernde Anlage fand am 24. Juli 1660 statt. Johann Moritz Richter d. Ä. lieferte den Plan zu dem zeitgemäßen Schloß, das ursprünglich drei Türme besaß und neben Weimar und Gotha zu den bedeutendsten Schloßbauten des sächsisch-thüringischen Raumes zählt. Über 30 Jahre währte der Bau. Johann Moritz Richter d. J. löste den 1667 gestorbenen Vater ab. Als der Sohn und Nachfolger Herzog Augusts 1680 vom an Brandenburg fallenden Halle in Weißenfels einzog, war der Bau gerade etwas über die Hälfte hinaus gediehen.

War es bei Johann Adolf I. noch vornehmlich die immense Bautätigkeit, die den Schuldenberg ansteigen ließ, so sorgte sein 1698 die Regierungsgeschäfte übernehmender Sohn Johann Georg dafür, daß dieser Betrag stetig durch extravagante Hofhaltung in schwindelnde Höhen kletterte. Unter dem vierten Weißenfelser Herzog Christian mußte endlich eine kaiserlich-kurfürstliche Schuldentilgungskommission die jährlichen Ausgaben auf 60 000 Gulden beschränken. Allein der Etat der Hofkapelle hatte 45 000 Gulden betragen. Die bis zu seinem Tod von Johann Philipp Krieger geleitete Kapelle war eine der besten Deutschlands. Der Kapelle gehörte Johann Beer als Konzertmeister an, der nicht nur Musiker, sondern auch Verfasser von über zwanzig Romanen war. Im Gegensatz zu anderen Höfen wurde hier schon zu dieser Zeit die deutsche Oper gepflegt. Caroline von Neuber trat 1717 erstmals auf der Bühne des Schlosses auf. Johann Sebastian Bach, der 1721 nach Weißenfels geheiratet hatte, beriet die Herzöge in Musikfragen und schrieb wohl auch einige Stücke für den Hof. Eine 1725 aufgeführte Kantate trug den aktuellen Titel ›Entfliehet, verschwindet, entweicht ihr Sorgen‹.

Nach der Nutzung als Kaserne, Offiziersschule, wieder Kaserne, Flüchtlingssammellager und Fachschule ist das Innere des Schlosses heute völlig verändert. Erhalten haben sich

AN SAALE, UNSTRUT UND WEISSER ELSTER

*Weißenfels, Schloß-
ansicht, Westseite,
nach Zeichnung von
J. Chr. Schütze*

eigentlich nur die Schloßkapelle und zwei stuckierte Räume im Nordflügel, wo auch das *Schuhmuseum* untergebracht ist, das sich neben dieser Spezialisierung natürlich mit der Kulturgeschichte von Stadt und Umgebung befaßt.

Weiß, rosa und apfelgrün sind die Farben der frühbarocken *Schloßkirche* auf Neu-Augustusburg, die 1984/85 letztmalig renoviert wurde. In ihrer noblen, barocken Schönheit steht sie einzigartig da in Sachsen-Anhalt und macht fast den desolaten Zustand nicht allein des Schlosses, sondern der gesamten Stadt vergessen. In den Jahren 1664–67 wurde sie von Johann Moritz Richter d. Ä. erbaut und folgt der Tradition der Schloßkirchen der sächsischen Renaissance, wie sie zum Beispiel in Schmalkalden oder Augustusburg Gestalt gewonnen hatten. Der rechteckige, fünfjochige, von Süden nach Norden orientierte Saal wird von einem Tonnengewölbe überspannt. Zweigeschossige, durch Arkaden geöffnete Emporen umziehen den Raum, ohne seine relative Abgeschlossenheit zu stören. Dies geschieht nur im nördlichen Altarraum, wo die untere Empore auswölbt und das Licht von drei Seiten in den Raum dringen kann, um dessen feste Konturen in Bewegung zu versetzen. Begünstigt wird diese Bewegtheit durch den 1678 von dem Schneeberger Bildhauer Johann Heinrich Böhme begonnenen und von Balthasar Stockhammer nach Böhmes Modell fertiggestellten Altar (Farbabb. 23). Die ursprüngliche, 1744 veränderte Ausführung als Kanzelaltar dürfte dieser angestrebten Wirkung entgegengekommen sein. Die übrige, vital pulsierende Stuckdekoration des Saales verfolgt zwar die gleiche Richtung, bleibt letztendlich aber noch im strengen architektonischen Gerüst eingebunden. Sie wurde seit 1677 von Giovanni Caroveri und Bartolomeo Quadri geschaffen. Die in Grüntönen gehaltenen Fresken der Emporenbrüstungen und Arkadenzwickel stammen von dem Dresdner Maler Johann Oswald Harms. Auf der dem Gekreuzigten gegenüberliegenden Südempore hat seit dem Bau der Kirche eine kleine, wohlklingende Orgel ihren Platz. Das Spiel des noch nicht einmal sieben Jahre alten Georg Friedrich Händel auf dieser Orgel soll dem Herzog so imponiert haben, daß dieser Händels Vater, seines Zeichens Leibchirurgus am Weißenfelser Hof, dringendst geraten haben soll, seinen Sohn musikalisch ausbilden zu lassen. Hatte das vorherige Zureden gewiß nicht dümmerer Bekannter nichts geholfen, das Wort des Herzogs wog mehr, und der junge Händel wurde in die Lehre des halleschen Organisten Zachau gegeben.

Der letzte Herzog von Sachsen-Weißenfels war ein sparsamer und soldatischer Mann. Er tilgte die Schulden durch Entlassung aller entbehrlichen Hofbeamten, entließ die Musiker und diente seinem König in zwei Kriegen, um schließlich kinderlos zu sterben. 1746 fiel das Herzogtum zurück an Sachsen. Die Stadt sank zunächst in ihren Schlummer zurück. Auch die Kunst nahm nur noch gelegentlich Wohnung in Weißenfels. So lebte der romantische Dichter Friedrich von Hardenberg (1772–1801), bekannt unter seinem Künstlernamen Novalis, seit 1799 im noch erhaltenen *Novalishaus* in der Klosterstraße. Er starb aber schon im Frühjahr 1801 und wurde auf dem Alten Friedhof, dem heutigen Stadtpark, begraben. 1872 schuf Fritz Schaper für das Grab des Dichters eine Büste. Sie mußte jedoch bald durch eine Kopie ersetzt werden.

Ein seit 1794 bestehendes Lehrerseminar entwickelte sich zum preußischen ›Schulmeisterhauptquartier‹, und Friedrich Ladegast gründete 1846 seine bald zu einiger Berühmtheit aufsteigende Orgelbauanstalt. Die seit langem im Handwerk dominierende Schuhmacherei wuchs zu der für Weißenfels noch heute typischen Industrie und siedelte sich vornehmlich in der linkssaalischen Neustadt an.

Auf dieser Uferseite, allerdings schon zwischen Weißenfels und Naumburg, blickt das alte **Schloß Goseck** hinunter in das Saaletal und hinüber zur Domstadt. Im Hersfelder Zehntverzeichnis des 9. Jh. als eine der Grenzfesten an der Saale genannt, war Goseck Stammsitz der Pfalzgrafen von Sachsen. Friedrich I. erbaute hier neben der Burg eine Kapelle als Grablege für seine Familie. Um die Mitte des 11. Jh. aber wurde von einem seiner Söhne ein Benediktinerkloster in die Burg gelegt, dessen innere Verhältnisse beständig schlecht gewesen sein sollen. Von der ersten Klosterkirche sind nur die stark veränderten und vom Verfall bedrohten Ostteile erhalten geblieben. Der Stumpf eines um 1220/40 errichteten Südwestturmes der Klosterkirche und sicher auch Teile des Klosters sind in die zweiflügelige, im 16./17. Jh. errichtete Schloßanlage eingegangen. Mitten in dem heute als Schule und Jugendherberge genutzten Gelände steht ein wundervoller, 180 Jahre alter Ginkgobaum. Der Zufall wollte es, daß er etwa zu der Zeit gepflanzt wurde, da Goethe sein Gedicht über den geheimnisvollen ›Gingo biloba‹ verfaßte.

# ›Die grüne Stadt an der Weißen Elster‹ – Zeitz

Was für Weißenfels die Schuhproduktion, ist für **Zeitz** die Herstellung von Kinderwagen, die schon im 19. Jh. von hier aus in alle Welt gingen. Ein Autor der Jahrhundertwende konnte die Gegend von Zeitz mit »üppigen Saatfeldern und grünenden Wiesen«, »großen zusammenhängenden Wäldern« im Südwesten und einem »silberhellen Band der Weißen Elster« bestücken, der »zahlreiche Bäche, oft in tiefeingeschnittenen Erosionstälern« zueilen. Darin lag dann, von fast allen Seiten sichtbar, »die Beherrscherin des Ganzen, die Stadt Zeitz, die Stadt auf dem Berge«.

Sicher ist, daß dieses heile Bild bereits damals nicht mehr stimmte, denn die alte Bischofsstadt erfuhr seit der Mitte des 19. Jh. eine zunehmende Industrialisierung. Als Seismograph dieser Entwicklung kann die Fauna der Weißen Elster dienen. In den Jahren von 1719–1804 fischten die Zeitzer Perlenfischer 11 284 Perlen aus der Elster, 1884 waren es noch 128. Die zunehmende Verschmutzung des Flusses durch die mit dem Braunkohleabbau aufkommende Industrie hatte bewirkt, daß in der Weißen Elster schon 1928 keine Perlenmuscheln mehr existieren konnten.

Synonym steht die Flußperle für vieles, für die alte Architektur der Stadt, die nur knapp dem Totalabriß entkam, für den ehemals so berühmten ›Zeitzer Forst‹ und vieles andere, an dessen Wiedergewinnung bzw. Erhaltung heute viele Zeitzer mit doppelter Kraft herangehen wollen, denn 1992 wird Zeitz sein 1025jähriges Jubiläum zu begehen haben.

967 erschien es als sorbisches ›Citice‹ in den Papieren der Synode von Ravenna. Sie beschloß neben der Errichtung des Erzbistums Magdeburg auch die Einrichtung der Suffraganbistümer in Meißen, Merseburg und Zeitz, wo bereits eine Königsburg existierte. Sie lag wohl wie die heutige Moritzburg auf dem niedrigen Bergsporn, der in die Elsteraue vorspringt. 976 ging sie in den Besitz des Bistums über, dessen Sitz schon 1028 nach Naumburg verlegt wurde. In Zeitz blieb ein Kollegiatstift zurück, welches später die Rechte eines

*Ansichtskarte aus Zeitz, um 1900*

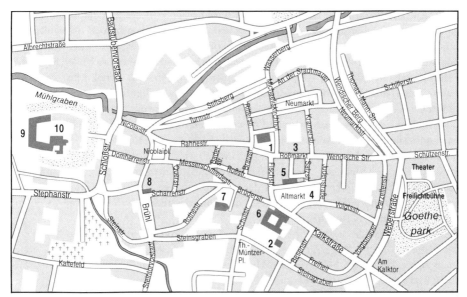

Zeitz 1 Michaeliskirche 2 Wehranlagen 3 Roßmarkt 4 Altmarkt 5 Bürgerschule 6 Rathaus 7 Kirche St. Franziskus, Antonius und Clara 8 Seckendorfsches Haus 9 Schloß Moritzburg 10 Dom

zweiten Domkapitels für sich beanspruchte. Seit 1286 war Zeitz zudem wieder Residenz der Bischöfe von Naumburg und blieb es bis zum Tod des letzten katholischen Bischofs Julius von Pflug, der ein Mann des konfessionellen Ausgleichs und in seiner humanistischen Gesinnung ein Förderer der Wissenschaften war. Er hinterließ dem Stift eine leider wenig bekannte, wertvolle Bibliothek von 900 Bänden, die heute auf 20 000 Bände angewachsen ist und über seltene Handschriften und Inkunabeln, Luther- und Melanchthondrucke verfügt.

Die Stadt selbst dürfte seit dem 10. Jh. Handelsplatz gewesen sein. Hier kreuzte sich die von Nürnberg nach Halle und Leipzig führende Salzstraße mit der von Weißenfels und Naumburg nach Altenburg, Zwickau und schließlich Böhmen führenden Fernstraße. Diese günstige Lage sicherte Zeitz über das ganze Mittelalter hinweg seine Bedeutung als Fernhandelsplatz. Der ältere Markt lag im Bereich von Unterstadt, am Brühl und um die abgebrochene Nikolaikirche.

Mit der um die Mitte des 12. Jh. anzusetzenden, planmäßigen Anlage der Oberstadt und ihrem riesigen, erst später durch Einbauten verkleinerten Markt zog es auch die Kaufmannschaft dorthin. Der alte Markt sank zum ›Markt der kleinen Leute‹ herab, während dessen Waren aus Ypern, Köln, Maastricht oder Stendal auf dem oberen Markt ihre Besitzer wechselten.

Die Nachfolgerin der *Michaeliskirche*, die mit diesem Markt entstanden war, befindet sich noch heute an ihrer ursprünglichen Stelle im Nordwesten außerhalb des Platzes. Die unge-

## AN SAALE, UNSTRUT UND WEISSER ELSTER

wöhnliche Erscheinung der schlichten Kirche wird hervorgerufen durch die westliche, von einem Mittelbau überragte Doppelturmfront mit den sehr kleinen barocken Dachhauben und den quer zum Langhaus gestellten Dächern über den Seitenschiffjochen mit deren gotisierenden Giebeln von 1844. Die Figuren des Michael und der Maria zu beiden Seiten des Hauptportals der südlichen Vorhalle sind Kopien des 19. Jh. Das Portal selbst ist in das zweite Viertel des 15. Jh. zu setzen. In dieser Zeit wurde die frühgotische Basilika zur Halle umgebaut. Gedrungene Pfeiler und ein sehr tief sitzendes Gewölbe bestimmen den Raum, den eine fast ovale, spätklassizistische Empore zusammenzufassen sucht. Neben zum Teil noch mittelalterlichen Ausstattungsstücken ist vielleicht ein aus Holz geschnitzter und noch original bemalter Kalvarienberg aus dem Jahr 1685 eine nicht alltägliche Besonderheit.

Noch nicht zu besichtigen, aber als zukünftige Touristenattraktion schon heute angepriesen, ist die ›Zeitzer Unterwelt‹, ein seit dem 13. Jh. angelegtes Netz von Gängen, Höhlen und Gewölben unter dem alten Stadtkern, das wohl vor allem wirtschaftlichen Zwecken, wie der Lagerung von Bier diente.

Ihre noch heute im wesentlichen bestehende Gestalt erhielten Stadtkern und Markt seit der Mitte des 15. Jh. Angeregt wurde die Neuordnung, insbesondere des Marktes, sicher nicht zuletzt durch den 1429 erfolgten Hussiteneinfall. In dessen Folge kam es zur Verstärkung und zum Ausbau der *Wehranlagen,* von denen noch Teile im Stadtgebiet erkennbar sind und am Steinsgraben hinter dem Rathaus rekonstruiert wurden. Der *Markt* wurde durch Bebauung in den unteren Roßmarkt und den Altmarkt geteilt. Nördlich dieser beiden Märkte entstand als dritter der Neumarkt.

In diesen Marktbereichen, der Freiheit und dem Brühl ballt sich dann auch die ältere historische Bausubstanz der Stadt. Abbruch und unverantwortliche Vernachlässigung haben Lücken gerissen, und auch viele der noch stehenden Häuser sind in einem erschreckenden Zustand. Ursprünglich vom 16. bis Anfang des 19. Jh. erbaut, sind sie heute vielfach durch Veränderungen entstellt. Von den einst typischen Laubengängen in den Zeitzer Innenhöfen sind nur noch wenige erhalten, und so weisen mitunter nur Portalgestaltungen oder andere Details auf das Alter der Häuser hin. Herausgeputzt dagegen ist der Alte Markt. Hier streckt sich das breit gelagerte, einen Uhrturm tragende, klassizistische Gebäude der ehemaligen *Bürgerschule.* Beachtenswert sind die beiden Eckgebäude zur Fisch- bzw. zur Brüderstraße und das Gasthaus ›Drei Schwäne‹ mit der 1581 datierten Haustafel.

Beherrschend durch seinen erhöhten Standort wirkt das *Rathaus.* 1505–09 erbaute es der Altenburger Baumeister Sebald Woltstein. Mit seinen dem Markt zugewandten, fünf rechteckigen Zwerchgiebeln und den hohen fialenbekrönten Ziergiebeln der Schmalseiten folgt es den Formen der Spätgotik. Im Inneren haben sich aus dieser Zeit nur vier Joche eines Kreuzrippengewölbes im Ratskeller erhalten. In einer der beiden frühbarocken Stuckdecken im ersten Obergeschoß findet sich in der Darstellung der vier Erdteile in ovalen Medaillons ein edler Abglanz der Tafelstube der Moritzburg. 400 Jahre nach seiner Erbauung gestalteten die Architekten Georg Weidenbach und Richard Tschammer das altehrwürdige Gebäude um. Sie versahen es mit einem Anbau, und auch der das Gesamtensemble nun hoch überragende Turm entstand nach ihren Entwürfen.

Die Brüderstraße, die sich von der Südostecke des Marktes hinunter zum Schloß senkt, führt vorbei an der nach links biegenden kurzen Stiftsstraße, die vor der Kirche des um 1238 in Zeitz gegründeten Franziskanerkonvents endet. Die *Kirche St. Franziskus, Antonius und Clara* ist ein Beispiel der nicht häufig anzutreffenden gewölbten Saalkirchen in der Bettelordensarchitektur und besitzt in Baugestalt und Schmuck deren typische Kennzeichen von Einfachheit und klassischer Strenge. Ein wirklicher Genuß dieser Schönheit ist jedoch durch den besorgniserregenden baulichen Zustand, der auch Besichtigungen des Inneren nicht zuläßt, mehr als nur eingeschränkt. Die ehemaligen Klostergebäude, die im Süden an die Kirche anschließen, sind starken Veränderungen unterworfen gewesen und beherbergen heute eine Schule. Der Kreuzgang und mit ihm das in den Hof vorspringende alte Brunnenhaus sind noch am besten erhalten.

An dem Weg hinunter zum Schloß lohnt sich die Besichtigung des mächtigen *Seckendorfschen Hauses* (Abb. 84), Brühl 11, mit großer seitlicher Toreinfahrt und Eckerkern aus dem Anfang des 17. Jh. Freiherr Veit Ludwig von Seckendorf kaufte das Haus, als er mit dem Amt des Kanzlers am neuen herzoglichen Hof betraut wurde. Der folgende Aufschwung der kleinen Residenz war vornehmlich ihm zu verdanken.

1656 stieg das durch den Dreißigjährigen Krieg arg gebeutelte Zeitz wiederum in den Rang einer Residenzstadt, diesmal des vom Mutterland gelösten Herzogtums Sachsen-Zeitz, welches ganze 61 Jahre bestand, um danach wieder an Sachsen zurückzufallen. Anstelle der 1644 zerstörten, ehemaligen Residenz der Bischöfe, von der nur der Dom und die unter dem Bischof Johannes von Schleinitz erneuerten Befestigungswerke geblieben waren, ließ Herzog Moritz nach Plänen des zuvor in Gotha und später auch in Weißenfels tätigen Johann Moritz Richter d. Ä. den festungsähnlichen, frühbarocken Schloßbau von 1657–78 errichten, der nach dem Bauherrn *Schloß Moritzburg* genannt wird.

Auf trapezförmigem Grundriß wachsen drei mächtige, von gleichmäßiger Fensterordnung gefestigte, in teilnahmslosem Weiß getünchte, schwer erscheinende Flügel in nur drei Geschossen empor. Selbst der Turm, der sich in der Mitte des westlichen Flügels über dem Schloß erhebt, scheint diesen Anspruch von Beständigkeit, Ruhe, ja Unverrückbarkeit nur bestätigen zu wollen. Unter dem Turm öffnet sich der Ehrenhof durch ein mächtiges Pilasterportal sowohl nach außen als auch durch Arkaden nach innen. Auf beiden Seiten der dunklen Durchfahrt befinden sich die Anstiege des großzügigen, durch alle Geschosse steigenden Treppenhauses. Im Osten ist der Hof zu einer Hälfte, ähnlich wie in Gotha oder Weißenfels, lediglich von einer Mauer abgeschlossen, die hier von einem Pilasterportal durchbrochen wird. Die andere Hälfte besteht aus einem nur gangbreiten, der Westseite des Domes vorgeblendeten Trakt. Sowohl die Westtürme des Domes als auch der westliche Teil des Kreuzganges mußten dem Neubau des Schlosses weichen, welcher heute unter anderem ein Museum und das Stadtarchiv von Zeitz beherbergt.

Eine Führung durch die von der Spätgotik bis ins Biedermeier reichende schöne Möbelsammlung geht auch durch die Tafelstube. Über einem dem gesamten Habitus des Schlosses in höchstem Maße entsprechenden tiefen Saal breiten sich die schweren Formen einer frühbarocken Kassettendecke mit ausgesprochen schönen Malereien. Die Darstellungen der vier

## AN SAALE, UNSTRUT UND WEISSER ELSTER

Weltteile, der vier Jahreszeiten, der Tierkreiszeichen und fliegenden Putten malten 1663 Christian und Wilhelm Richter. Der Flügel in diesem Saal, eine Gesellenarbeit des später durch seine eigene Werkstatt in ganz Europa berühmt gewordenen Julius Ferdinand Blüthner, mag daran erinnern, daß es gerade die Musik war, die an dieser herzoglichen Residenz besondere Pflege genossen hat. An dieser schöngeistigen Tradition anzuschließen und die Moritzburg zum kulturellen Zentrum der Stadt zu machen, ist heute mehr als je zuvor ein nur zu dringliches Ziel, denn während das Schloß in einem vergleichsweise guten Zustand ist, sind andere Bauten des Festungsareals stark in Mitleidenschaft gezogen worden. Das betrifft etwa neben den eigentlichen *Befestigungswerken*, jener unregelmäßigen, vieleckigen Ummauerung mit Türmen, Rondellen und breitem Graben, auch das mit dem Schloßneubau errichtete monumentale *Torgebäude*, dessen rustikale Wehrhaftigkeit schon von der psychologischen Seite seine Wirkung kaum verfehlt. Abschreckung und Präsentation gehen Hand in Hand besonders in der Portalzone, wo sich über einem säulenflankierten, nach der Form antiker Triumphbogen gestalteten Eingang und einer Reihe von Schießscharten das mächtige Wappen des Hausherrn ausstellt (Abb. 85).

Während das Tor gefahrlos durchschritten werden kann, ist der *Dom*, in welchem in den letzten Jahren gar ein Vierungspfeiler einstürzte, zur Zeit nicht zu betreten. Dieser Dom St. Peter und Paul, dessen Baugeschichte bis heute nur in groben Zügen erforscht ist, entstand mit der Etablierung des Bistums. Sein ältester Teil ist die in die erste Hälfte des 11. Jh. zurückreichende Krypta. Das darüberliegende Chorpolygon gehört in die Hochgotik, und die spätgotische Halle nahm den Platz des ehemals romanischen Langhauses nach dessen Zerstörung durch die Hussiten im Jahr 1430 ein.

Daß sich zahlreiche Bischöfe hier und nicht in Naumburg begraben ließen, mag belegen, wie wichtig vielen Bischöfen ihre Residenz Zeitz und die damit verbundene Stiftskirche war. Ein auch künstlerisch besonders wertvolles Zeugnis dieser Verbundenheit ist die Grabplatte des letzten Bischofs Julius von Pflug mit einer eindrucksvollen, lebensgroßen Darstellung des Geistlichen.

Während des frühbarocken Schloßbaues ließ Herzog Moritz auch die Stiftskirche, die nun Hofkirche wurde, barock modernisieren. Die geschickt in den hochgotischen Chor eingepaßte Altarschauwand von Johann Caspar Sandtmann, die Kanzel, der geteilte Orgelprospekt und die westliche Herrscherempore wären hier vor allem zu nennen. – Trotz dieser nicht gerade armen oder unauffälligen Ausstattung, zu der auch noch einige Stücke aus gotischer Zeit und eine künstlerisch hochkarätige, spätromanische Sandsteintaufe kommen, dürfte keines dieser Objekte die Berühmtheit jener gerade 30 cm großen Figur am westlichen Wandpfeiler der Südseite erreichen. »Ich heiße Käselieb« steht auf dem Spruchband der kleinen, Peitsche und Deichsel tragenden Fuhrmannsfigur. Die Sage berichtet von einem tragischen Hintergrund: Als Sühne für seine heidnische Götter anbetende Tochter fuhr der wendische Bauer Käselieb ohne Bitte um Lohn Steine für den Bau eines Gotteshauses und wurde dabei arm. Der zur Weihe der Kirche erschienene Kaiser bemerkte den armen Mann, erfuhr dessen Geschichte, belohnte ihn und ließ seine Figur zum ewigen Andenken in Stein meißeln. Das Glück blieb dem Mann dennoch versagt. Wendische Bauern brachten seine

398

Zeitz, Dom, ›Käselieb‹. Zeichnung Gustav Sommer, um 1880

tote Tocher in sein neues Haus. Sie war von dem herabstürzenden Kopf des Götzen erschlagen worden, den der Kaiser auf dem Weg zur Kirchweihe erzürnt mit seinem Speer heruntergestoßen hatte.

Diese tragische Szene soll sich in der Nähe des südwestlich von Zeitz an der Elsteraue liegenden **Haynsburg** abgespielt haben. Dort bestand seit dem 12. Jh. eine Burg der Bischöfe von Naumburg. Von dem originalen Bau stammt wohl nur noch der mächtige untere Teil des Bergfrieds. Die übrigen, inzwischen deutlich veränderten Gebäude entstanden bis ins 16. Jh. hinein, vor allem aber unter dem Bischof Peter von Schleinitz, dessen Wappen sowohl über dem Haupteingang als auch am Südflügel prangt.

Vor dem endgültigen Verlassen des Zeitzer Kreises wäre auch ein kurzer Abstecher nach **Droyßig** sehr reizvoll. Kurz nach Zeitz biegt von der Hauptstraße nach Naumburg eine schmale Seitenstraße nach links dorthin ab. Die Geschichte des Ortes ist vornehmlich mit den Namen derer von Bunau und der Herren von Hoym verbunden. In der *Dorfkirche,* einst Kirche des hier ansässigen Ordenshauses zum Heiligen Grab, befinden sich zahlreiche Grabmäler beider Familien. Im Chor, der der Westchorwerkstatt des Naumburger Domes zugeschrieben wird, sind die großen Wandgräber derer von Hoym aus der Wende vom Rokoko zum Frühklassizismus bedeutsam. Auch in der Predella des spätgotischen Schnitzaltars sind neben einer Beweinungsszene die Wappen der Familie von Bünau und des Johanniterordens zu sehen. Der Orden trat hier wie in Müncheln die Nachfolge der zuvor ansässi-

AN SAALE, UNSTRUT UND WEISSER ELSTER

gen Templer an. – Ansonsten ist die Kirche wesentlich von barocken Umbauten bestimmt. Der signifikant auf dem verschieferten Turmhelm sich emporreckende Obeliskaufsatz kam Ende des 18. Jh. auf die Kirche.

Außer der Dorfkirche und der 1909 erbauten katholischen Kirche existiert im Ort noch ein dritter Sakralbau, die *Schloßkapelle*. 1622 begonnen, ließ man die Arbeiten wohl unter dem Eindruck des Dreißigjährigen Krieges ruhen, was sicher ein Grund ist, weswegen der Baumeister »dieses für die deutsche Architektur des Manierismus gewichtigen Werkes« unbekannt geblieben ist. Das in edlen Proportionen dreigeschossig gegliederte Gebäude verbindet in seinen Details Formen der Nachgotik und der Spätrenaissance und sollte dringend einer umfassenden Restauration unterzogen werden, die es von der bis jetzt noch vorhandenen wirtschaftlichen Nutzung befreit.

Das *Schloß* selbt ging aus einer ursprünglich mit doppeltem Mauerring und sechs Halbtürmen umgebenen Niederungsburg hervor. Markant überragt vom schlanken Flankierungsturm, gehört es größtenteils der durchgreifenden Neugestaltung des 17. Jh. an. Dazu kommen klassizistische und historische Zutaten, wie etwa der Verbindungsgang zu dem angrenzenden Gebäude mit gotisierendem Durchfahrtsportal.

# Von Naumburg saaleaufwärts

Kaum 4 km östlich vor Naumburg liegt auf einem steilen, wenn auch nicht sehr hohen Sandsteinrücken am rechten Ufer der Saale die **Schönburg**. Wie die Haynsburg war sie im Besitz der Bischöfe von Naumburg. An strategisch unbedeutendem Ort verfiel sie nach der Sequestration des Bistums mehr und mehr, so daß sie heute zwar in ihrer ganzen Anlage beispielhaft erhalten, von den einzelnen Gebäuden aber nur wenig geblieben ist. Von der um 1200 erbauten, trapezförmig dem Gelände angepaßten Burg sind verhältnismäßig gut nur der Bergfried, das sogenannte Gerichtshaus und Teile des Zwingers mit dem Torhaus erhalten.

Das historisch geprägte Panorama der fast tausendjährigen Domstadt **Naumburg** hat sich im Gegensatz zu vielen anderen Städten weitgehend homogen über die letzten Jahrhunderte erhalten können. Zu diesem natürlich auch die Pflicht der Erhaltung einschließenden Vorzug gesellt sich der einer ausgesprochen glücklichen topografischen Lage. Auf einer in die breit ausgreifende Saaleaue geschobenen Terrasse liegt die Stadt auf dem rechten Ufer des Flusses, in den hier auf der gegenüberliegenden Seite die Unstrut mündet. Der fruchtbare Boden und das milde Klima der Aue, die »sanft geschwungenen Terrassen« des rechten Saaleufers, die schrofferen, oft mit Wein bepflanzten linkssaalischen Hänge »des ausgenagten Bundsandsteins«, der Eingang in das burgenreiche Unstrut-Tal und das nicht weniger burgenreiche und romantische, vielbesungene Saaletal machten Naumburg zu einer Perle unter den Städten des sächsisch-thüringischen Raumes, einer Perle, deren Fassung heute vielleicht etwas korrodiert, deren Strahlkraft aber ungebrochen ist.

Der reizvollste Weg, sich einen Überblick zu verschaffen, führt in die Höhe auf die kleine Aussichtsplattform des Turmes der Wenzelskirche, wo zudem eine Türmerin, wohl eine der letzten dieser Spezies, ihren Dienst tut. Hat der Aufstieg über die sehr enge Wendeltreppe auch seine Tücken, ein überwältigender Rundblick über die fast 1000jährige Stadt mit ihrer hügeligen Umgebung entschädigt für alle Mühe.

Erste städtische Kontur erhielt Naumburg, als auf Betreiben des Zeitzer Bischofs Hildeward, des Magdeburger Erzbischofs Hunold, des Kaisers Konrad II. und natürlich des Geschlechtes der Ekkehardinger der äußerst ungewöhnliche Akt der Verlegung eines Bistums 1028 durch Papst Johannes XIX. genehmigt wurde. So siedelte der Zeitzer Bischof in die erst jüngst dorthin verlegte neue Stammburg der Ekkehardinger um, die 1046, nach Aussterben des Geschlechtes, zur Burg der Bischöfe wurde. Die Burg befand sich westlich des Domes auf dem Gelände des 1914–17 von Fritz Hoßfeld im Stile des Neubarock erbauten *Oberlandesgerichts*. Bereits 1029 hatte man mit dem Bau des ersten Domes begonnen. 1033 erließ Bischof Kadaloh ein vom Kaiser besiegeltes Privileg, das den vom alten Stamm-

*Naumburg  1 Dom  2 Domplatz mit Brunnen  3 Bischofskurie mit romanischem Wohnturm  4 Ägidienkurie  5 Johanneskapelle/Domfriedhof  6 Marientor  7 Maria-Magdalenen-Kapelle  8 Moritzkirche  9 Othmarskirche  10 Hohe Lilie  11 Residenz  12 Schlößchen  13 Brunnen (hl. Wenzel)  14 Rathaus  15 Stadtkirche St. Wenzel*

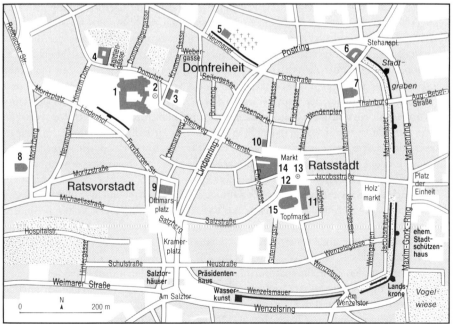

## AN SAALE, UNSTRUT UND WEISSER ELSTER

sitz der Ekkehardinger bei Kleinjena übersiedelnden Kaufleuten Handelsfreiheit und erbli-
chen, zinsfreien Besitz zusicherte. Nach diesen Anfängen entstand in der ersten Hälfte des
12. Jh. die planmäßige Kaufmanns- und Handwerkersiedlung um den rechteckigen Markt.

Mit Etablierung der zwei noch heute leicht erkennbaren Zentren der Stadt, der Domfreiheit und der Marktsiedlung, waren die Weichen für die künftige Entwicklung gestellt.
Obwohl beide unter der Hoheit des Bischofs standen, mauerten sie sich gegenseitig ab und
waren bis 1835 rechtlich getrennt. Während die Entwicklung der Domfreiheit seit der
Fertigstellung des Domes stagnierte, entwickelte sich die Marktsiedlung zu einer nicht nur
für die engere Region bedeutenden Messestadt. Ein Ruf, der ihr erst Anfang des 16. Jh. von
Leipzig streitig gemacht wurde. Im Export von Waid, einer Farbpflanze, aus deren Blättern
man Indigo gewann, besaß Naumburg gar so etwas wie ein Monopol. Diese ökonomische
Stärke und das daraus resultierende Selbstbewußtsein der Bürger mußten zu Auseinandersetzungen mit dem Stadtherrn führen. Nur nach und nach gelang es der Stadt, sich von bischöf-
licher Macht zu befreien. Als diese letztlich durch die Reformation zu wanken begann,
rissen die sächsischen Kurfürsten die Macht über das Stiftsgebiet an sich. Somit erlebte die
Stadt den Dreißigjährigen Krieg unter der wankelmütigen sächsischen Politik, die ihr wechselnde Plünderungen und wechselnde Herrschaften bescherte, ehe sie durch die dem Krieg
folgenden Seuchen gebeutelt noch einmal für sieben kurze Jahre Behelfsresidenz des kurzle-
bigen Herzogtums Sachsen-Zeitz wurde. 1815 an Preußen gefallen, verlor sie weiter an
Bedeutung, wurde Beamten- und Pensionärsstadt, Sitz des preußischen Oberlandesgerich-
tes und einer Garnison, sie wurde eine Pensionärsstadt, das ›Thüringer Pensionopolis‹. Aus
heutiger Sicht ist das fast eine glückliche Fügung zu nennen, die Naumburg fast unbeschadet
über den Zweiten Weltkrieg rettete. Trotz nicht zu übersehender Schäden an der Bausubstanz ist der Stadt als ihr größter Schatz das unverwechselbare historische Gesicht geblieben.

Dennoch verschwindet die Altstadt Naumburgs in den Touristenprospekten oft hinter
dem Bauwerk, das die Mehrzahl der Besucher in die Stadt zieht: dem Dom St. Peter und
Paul. Auch vom Ausguck der Wenzelskirche ist er unübersehbar. Markant heben sich seine
vier Türme aus dem dunstigen Blau des Talhintergrundes ab (Abb. 86). Durch *Herrenstraße*
und *Steinstraße* ist er auf fast geradem Weg vom Markt zu Fuß zu erreichen. An einigen
Häusern der Herrenstraße erregen insbesondere Erker die Aufmerksamkeit. Der schlichte,
auf einer Löwenkonsole ruhende Halbrunderker am Haus Nr. 1 wird an den Anfang des
16. Jh. datiert und als ältester Erker der Stadt angesehen.

Wenn sich die Steinstraße zum *Domplatz* öffnet, treten der **Dom** und die mit ihm verbundenen Bauten plötzlich und unabweisbar vor das Auge des Beschauers. Vom links in der
Ecke auftauchenden spätgotischen *Chor der ehemaligen Marienkirche,* über den ungewöhnlich steilen Giebel der um 1416 erbauten *Dreikönigskapelle* und dem mit Treppenfries und
quadratischem Fenster verzierten Südgiebel des spätromanischen Querhauses steigert sich
das Ensemble in den ebenfalls spätromanischen *Osttürmen,* deren drittes Fenstergeschoß
von einem spätgotischen Aufsatz und schließlich durch kreuztragende barocke Turmhelme
bekrönt wird. Aus denen durch Lisenen, Rundbogenfriese und Fensterordnungen in geo-
metrisches Beharren gefügten Teilen des um 1210 begonnenen Domneubaus scheint der um

*Naumburg, Dom, Grundriß*
1 Langhaus
2 Seitenschiffe
3 Ostlettner
4 Ostchor über Krypta
5 Querhäuser
6 Osttürme
7 Hauptportal
8 Westlettner
9 Westchor
10 Westtürme
11 Kreuzgang
12 Vorhalle
13 Dreikönigskapelle
14 Torhaus
15 Chor der ehem. Marienkirche

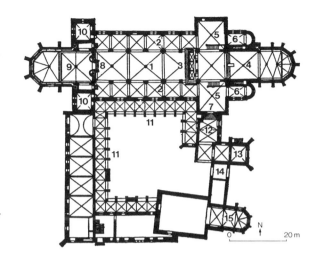

1330 in den Formen der Hochgotik errichtete Ostchor geradezu herauszudrängen. Ein durchaus vergleichbares Bild bietet die *Westpartie* des insgesamt etwa 100 m langen Bauwerkes, wenn dort auch der frühgotische, um 1250/60 entstandene Chor (Abb. 88) und die später auf den spätromanischen Stümpfen aufgeführten *Türme* das Verhältnis des Gesamtbildes umkehren. Das erste Obergeschoß des Nordwestturms vermittelt von früher zu hoher Gotik. Die nachfolgenden Geschosse wurdem im 14. und 15. Jh., das begiebelte Halbgeschoß und der Helm wie die oberen drei Geschosse des Südwestturms gar erst im 19. Jh. aufgesetzt. Ursprünglich besaß der Dom nicht nur zwei Chöre, sondern auch zwei Kreuzgänge. Die Ansätze des nördlichen sind an der Wand dieses Seitenschiffs und am Querhaus noch sichtbar. Erklärt werden kann diese Einmaligkeit mit der Tatsache, daß mit dem Abriß der alten Ekkehardingischen Stiftskirche und der Hereinnahme ihrer liturgischen Funktionen in den Dom auch zwei geistliche Meditations- und Lebensbereiche notwendig wurden, einer für das Domkapitel und ein anderer für die Geistlichen der Stiftskirche. Die südlich sich an den Kirchenbau anschließende *Klausur* ist über das in die östliche Front 1940 eingefügte *Torhaus* zu erreichen, und ein Gang darin vermag noch immer etwas von diesem Sinnbild des von der Welt abgeschlossenen geistlichen Lebens zu vermitteln. Durch die *Vorhalle* und das mehrfach abgetreppte, den Blick auf das Tympanon zentrierende *Hauptportal* führt der Weg in das Innere des Domes, das sich zwischen Ost- und Westchor und deren beiden Lettnern auswiegt. Das kurz und gedrungen wirkende, von Bündelpfeilern gesäumte Schiff scheint gleichsam leergesogen zu werden von der Kraft der reich gestalteten Chöre.

Der *Lettner des Ostchores*, der seine bestimmende Vertikale vor die Vierung schiebt, entstand gleichzeitig mit dem Kirchenbau und ist der »älteste vollausgebildet erhaltene Hallenlettner auf deutschem Boden«. Nur die oberen Teile der Blendarkaden und der Altar zwischen den beiden Aufgängen zum Chor sind Ergänzungen des 19. Jh., in dem auch die

## AN SAALE, UNSTRUT UND WEISSER ELSTER

Fresken erneuert wurden. Heute ist der *Chor* über seitliche, moderne Treppen zu erreichen, deren religiöse Themen humorvoll rekapitulierende, plastische Geländergestaltungen 1972 von Heinrich Apel geschaffen wurden. Auch die lampentragenden Büsten eines Engels und eines Propheten in der Krypta kommen aus seiner Werkstatt. Im Innern des Ostchores leben sich, wie an seinem Äußeren, die Spannungen zwischen Hochgotik und Spätromanik aus, wobei die Altarwand von 1567 ungeachtet ihres Eigenwertes eine wenig glückliche Bereicherung ist. Die zwei Fenster beiderseits des Chorscheitels sind im 14. Jh., das nördliche und südliche im 15. Jh. gefertigt worden. Die lebensgroße Figur eines ergeben-unschuldsvoll dreinblickenden Diakons (Abb. 87) vor dem Altar und die ebenso wirklichkeitsnah erscheinende Grabfigur Bischof Dietrichs II., dem Bauherrn des Westchores, schließen sich der dort geübten künstlerischen Sprache an. Sie verraten, wie etwa auch das meisterlich gestaltete Tympanon der Tür zum Nordostturm, die Anwesenheit bedeutender Künstler in den einzelnen Bauzeiten. Das trifft nicht nur für die Arbeiten in Stein, sondern auch für die Holzschnitzerei zu, die hier im Chorgestühl und den Sitzen mit bemerkenswerten Beispielen vertreten ist.

Unter dem Chor entfaltet die *Krypta* in drei Teilen ihre durch Gurtbögen geschiedenen Kreuzgratgewölbe. Während der Vorraum und der östliche Teil aus der spätromanischen Bauphase des Domes stammen, geht der mittlere, schmalere Teil auf dessen Vorgängerbau zurück, in welchem um 1170 nachträglich eine Krypta eingefügt worden war. Direkt nachvollziehbar ist hier insbesondere am Schmuck der Kapitelle der Stilwandel von der streng abstrahierenden Ornamentik der hohen Romanik zur die Pflanze verlebendigenden der Spätzeit dieser Epoche.

Die nächste Stilstufe, die der Frühgotik, findet sich im berühmten *Westchor* verkörpert, und dort auf ganz einmalige Weise durch das plastische Dekor und die figurativen Werke. Man ist heute trotz vieler Ungewißheiten geneigt, den gesamten Entwurf und wichtige Teile der Ausführung des um 1250/60 als Ersatz für die Stiftskirche der Ekkehardinger errichteten Westchors einem einzigen Künstler zuzuschreiben, dem sogenannten Naumburger Meister. Weder über seinen Namen noch seine Biographie gibt es Nachrichten. Die unsichere Spur der ihm zugeschriebenen Werke führt von Frankreich über Mainz nach Naumburg und von hier vielleicht noch nach Meißen, wo er die sieben überlebensgroßen Standbilder im dortigen Dom zumindest entworfen haben könnte. Nicht nur seine handwerkliche Meisterschaft, die Kühnheit seiner Figurenkompositionen, sondern auch sein realistischer und mitleidender Blick auf die gequälte Kreatur, den ›Mann von der Straße‹, die psychologische Durchdringung seiner figürlichen Geschichten und porträthaften Figuren machen ihn zu einer Ausnahme in der Kunst seiner Zeit. Einige Autoren bringen diese für die Zeit so ungewöhnliche Haltung mit der im Frankreich des 12. Jh. aufkommenden Bewegung der später von der Kirche der Häresie beschuldigten Waldenser in Verbindung.

Thema des wie eine verkürzte Kirchenfassade anmutenden *Westlettners* ist die Passion Christi. Oben links zeigt das erste Relief fünf Jünger und Jesus beim Abendmahl. Dargestellt ist der Augenblick, in dem Jesus Judas das Brot reicht. Die ganze Szene konzentriert sich auf diese Bewegung. In der am rechten Tischrand sitzenden Figur des sich einen Fisch aus der

*Naumburg, Dom, Westlettner, Abendmahl*

Schüssel greifenden Jacobus vermutet die Forschung ein Selbstbildnis des Meisters. Das erhält insofern eine zusätzliche Bedeutung, als ja der Fisch, wie auch Brot und Wein, als Symbole für das Leben Jesu stehen, auf dessen vorbestimmte und offenbar als unausweichlich begriffene Hinrichtung alles Weitere hinzielt: der doppelte Verrat Judas', die Verleugnung durch Petrus, der Prozeß vor Pilatus (Farbabb. 24), die Geißelung, Kreuztragung (diese beiden letzten sind eine hölzerne Ergänzung von 1737) und schließlich Kreuzigung. Diese wird hier nicht in einer Triumphkreuzgruppe der menschlichen Welt enthoben, sondern zu einer lebensnahen Szene im Portal des Lettners gemacht. Christus leidend, blutüberströmt, ganz hilflose Kreatur, der schwere Körper herabsackend. Jeder, der den Chor betreten will, muß unter den ausgebreiteten Armen dieses Körpers hindurch. Die Auferstehung wird hier nicht einmal andeutungsweise vorausgenommen. Nur mehr abstrakt, aber gerade deswegen ewig und unverrückbar werden im Richterbild des Lettnergiebels eine letztlich unbeeinflußbare Gerechtigkeit und der Triumph Christi über die Niederungen menschlichen Seins antizipiert.

Der wie die ganze Kirche kreuzgratgewölbte Innenraum des Westchores mündet in einem *Fensterpolygon*. Die Scheiben des nördlichen, nordwestlichen und südlichen Fensters stammen zum großen Teil noch aus der Erbauungszeit des Chores und gehören damit zu den ältesten erhaltenen deutschen Glasfensterzyklen der Frühgotik. Die übrigen Scheiben wurden im 19. Jh. eingesetzt. Die Verbindung der Heiligendarstellungen in den Fenstern mit den zwölf lebensgroßen Stifterfiguren, die in 4 m Höhe vor den Diensten des Chores stehen, erfüllte das Naumburger Totenoffizium mit der Hoffnung, daß Gott die Seelen der Stifter in der Gegenwart der Heiligen beglücken würde. Architektur, Figurenprogramm und Liturgie entspringen einem Gedanken. Und wie bereits im Lettner werden die Stifter nicht, wie bis dahin üblich, idealisierend und zeitenthoben präsentiert. »Dargestellt mit unerhörter Frei-

## AN SAALE, UNSTRUT UND WEISSER ELSTER

heit psychologischer Charakterisierung« treten sie hier als scheinbar Lebende in Kleidern des 13. Jh. vor die Dienste, mit denen sie, bis auf zwei, aus einem Block gehauen wurden. Die einst vorhandene Bemalung mag diesen Eindruck noch verstärkt haben. Keiner weiß heute, ob dem Künstler über die damals schon vor über 100 Jahren Verstorbenen mehr Informationen als uns vorgelegen haben. Die Tiefe nicht nur der psychologischen, sondern auch der physiognomischen, porträthaften Gestaltung legt diese Vermutung in Zeiten lebendiger mündlicher Überlieferung aber nahe. An der Grenze zwischen Chorquadrat und -haupt stehen sich die beiden Hauptstifterpaare gegenüber, Paare wie sie sich gegensätzlicher kaum denken lassen. Im Norden der sich scheinbar selbst genügende und seiner Macht bewußte Ekkehard II. mit der edel wirkenden, in kindhafter Unschuld befangenen Ehefrau Uta von Ballenstedt (Umschlaginnenklappe vorn). In unbewußter Geste schlägt sie den Mantelkragen gegen den Gemahl und scheint sinnend in eine unklare Zukunft zu blicken. Im Süden gegenüber steht die unbekümmert über das ganze Gesicht lachende Regilindis mit ihrem zagend zurückweichenden Hermann. Ihnen folgen im Polygon der sich furchtsam hinter seinem Schild bergende Graf »Dietmar, der erschlagen wurde«, der zornig sich gebärdende Sizzo, der melancholische Wilhelm sowie der gramzerfressene Thimo, der sich unwillig gegen Markgraf Ekkehard zu wenden scheint, denn der hatte seinen Vater ermorden lassen. Die übrigen Stifterfiguren im Chorquadrat sind, einander gegenüber, Gräfin Gerburg und ihr Gemahl Dietrich. Die Figur zwischen Dietrich und Uta könnte Gräfin Gepa, die Frau Graf Wilhelms sein, die männliche Figur an der Südwand vielleicht ein Neffe der beiden Markgrafenbrüder, Graf Konrad.

Ältere Autoren sahen in der Gruppe der ja unzweifelhaft aufeinander bezogenen Naumburger Stifter die Szene des Gottesgerichtes gegen Dietmar. In ihm erblickte man den Bruder des Billunger Herzogs Bernhard II. von Sachsen, der, angeklagt wegen Verrats an Kaiser Heinrich III., im Zweikampf mit seinem Ankläger umkam. In diesem Falle bestünde zwischen der ›historischen‹ Passion des Lettners und der von Blutschuld und Verrat gezeichneten ›Alltagsgeschichte‹ des Mittelalters auch ein inhaltlicher Zusammenhang, ein beinahe zu kühner Gedankenbogen, den die neuere Forschung gewiß nicht grundlos anzweifelt. Ein Zweifel freilich, der der einmaligen und gegenwartsnahen Kunst des Naumburger Meisters keinen Abbruch tut.

Den östlichen, besonders in den Vormittagsstunden wunderbar besonnten *Domplatz* ziert ein mittelalterlicher Brunnen mit einer Sandsteinfigur des Ekkehard. Es ist eine Arbeit von 1858, eine romantische Reminiszenz, die es mit den eben im Dom gesehenen, hier nur in den wichtigsten Stücken erwähnten Skulpturen nicht aufnehmen kann und will.

Unter den an den Platz angrenzenden Kurien, die zumeist dem Barock angehören, gibt es auch zwei ältere Anlagen. Eine davon ist die nur zweigeschossige, zwischen zwei hübschen Renaissancegiebeln ruhende sogenannte *Bischofskurie*. In ihrem Hof steht ein romanischer Wohnturm, der in seinem Kern in die Mitte des 11. Jh. zurückgeht. Das Haus, während des großen Brandes von 1532 niedergebrannt, wurde durch Bischof Julius Pflug und nach dessen Tod durch den Domherrn Johann von Krakau bis 1581 wieder aufgebaut. Die *Ägidienkurie* an der Nordseite des Domplatzes, die Anfang des 13. Jh. erbaut wurde und 1532 und 1890 erneuert werden mußte, ist an ihrer dem Platz zugekehrten Kapelle leicht zu erkennen. Das Fragment eines Säulenportals an der Südseite, aber vor allem der Schmuck der gut erhaltenen Innenräume zeigen trotz größerer Naivität eine enge Verwandtschaft zu vergleichbaren Elementen der spätromanischen Teile des östlichen Domes.

Bis 1860 gab es südlich der ehemaligen Marienkirche eine weitere Kapelle, die *Johanneskapelle,* die vielleicht die Taufkapelle der Gemeinde der Domfreiheit gewesen ist. Der kleine, im dritten Viertel des 13. Jh. erstellte Bau wurde auf den *Domfriedhof* übertragen, wo sich auch noch ein paar ältere Grabmäler von Naumburger Bürgern befinden. Der Friedhof liegt im Zwickel der ehemals dort zusammenstoßenden Befestigungen von Domfreiheit und Stadt. Die Straßen Neumauer und Postring markieren deren früheren Verlauf, wie überhaupt die Anhängsel -mauer oder -ring in Naumburg die Verläufe der alten Befestigungen verraten.

Das *Marientor,* von der Wenzelskirche aus im Nordosten gelegen, ist als einziges Tor der einstigen, seit der Mitte des 15. Jh. massiv erbauten Stadtbefestigungsanlagen erhalten geblieben. Reste dieser Anlagen existieren in ihren östlichen und südlichen Abschnitten in Mauerteilen, der teilweise erhaltenen Südostbastion Landskrone und einem von einst 19 die innere Mauer deckenden Türmchen, der sogenannten Wasserkunst an der Wenzelsmauer. Anstelle des ehemaligen Salztores im Süden der alten Stadt entstanden nach dessen Abtragung 1835 zwei klassizistische Torhäuschen. Das Marientor nun, 1455/56 erbaut, kann als sehr gut erhaltenes Beispiel eines mittelalterlichen Fangtores gelten, das, wenn dies angezeigt war, auch zur Zwangskontrolle von Reisenden benutzt werden konnte. Zwischen dem in der Achse abgedrehten feldseitigen und dem stadtseitigen Tor befindet sich die nach Westen ausgewölbte, mit Backsteinkielbögen ornamentierte, schön gestaltete ›Mausefalle‹, während das Äußere des Tores vergleichsweise schmucklos und abweisend erscheint.

*Naumburg, Marientor von der Stadtseite. Zeichnung von H. Bergner 1901*

## AN SAALE, UNSTRUT UND WEISSER ELSTER

Vom Marientor ist durch die auf halber Strecke scharf nach rechts biegende Marienstraße in wenigen Minuten der Marktplatz erreicht. Die im schlichten Barock erbaute *Maria-Magdalenen-Kapelle* geht in ihrer Gründung auf ein von Bischof Udo I. gestiftetes Hospital zurück und wurde von 1712–30 als Friedhofskapelle errichtet. Für die große Innenfläche der Spiegeldecke des Kirchenschiffs schuf der Nürnberger Maler Wilhelm Rössel ein Deckengemälde zum Thema Auferstehung.

In der *Marienstraße*, die mit ihren zwei Zügen den halben Umfang des ehemaligen alten Wendendorfes umschließt, stehen dem historischen Bestand angepaßte Neubauten neben ihren Vorfahren. Das Peter-Paul-Portal von 1547 ist eines der schönsten der Stadt und sei hier nur als ein Detail unter vielen in dieser alten Straße ewähnt.

Geht der Blick vom Turm der Wenzelskirche in westliche Richtung, so taucht südlich des Domes zunächst die barocke Haube der Othmarskirche und entfernter, schon am Rande der Stadt, das nadelspitze Turmpaar der Moritzkirche aus dem ungeordneten Gefüge der Dächerquader.

Die *Moritzkirche* ist die einstige Klosterkirche eines Benediktinerinnenklosters, das 1119 in ein Augustinerchorherrenstift umgewandelt wurde. Vom romanischen Kirchenbau sind aber im jetzt vorhandenen spätgotischen Neubau nur noch Reste vorhanden. In den in sich zusammensinkenden Kielbogenportalen und den Fischblasenmaßwerkfenstern verabschiedet sich in aller Schlichtheit ein Epochenstil. Fragmente eines bedeutenden spätromanischen Triumphkreuzes verkaufte man an das Berliner Kaiser-Friedrich-Museum, so daß von der einst reichen Ausstattung nur weniges geblieben ist, darunter als ältestes Stück ein Gedächtnisgrabstein für Bischof Richwin aus dem Jahr des Kirchenbrandes 1260.

Auch das wertvollste Ausstattungsstück der *Othmarskirche*, ein Schnitzaltar von 1516, ging in den zwanziger Jahren ins Erfurter Angermuseum. Der von 1691–99 zum Teil aus den Steinen der nahen, aber seit 1532 ruinierten Marienkirche aufgeführte schlichte Bau auf dem Salzberg beherbergt heute die Bibliothek des Katechetischen Oberseminars Naumburg und einen Vortragsraum.

Ein letzter und ausgiebiger Blick von der Stadtkirche sollte dem zu Füßen des Turmes sich ausbreitenden *Markt* gelten. Was sich in der Marien-, Herren-, Salz- oder Jakobsstraße an vereinzelten und fragmentarischen Zeugnissen bürgerlichen Hausbaus der vergangenen Jahrhunderte findet, versammelt sich hier in großer Geschlossenheit noch einmal zu einem der beeindruckendsten Marktensembles im östlichen Deutschland. Neben noch maßwerkgeschmückten Giebeln der Spätgotik und den mit Stabwerk verzierten der Renaissance sind es vor allem die nur zwei- bis dreigeschossigen, aber dann in bis zu vier Dachgeschossen in den Stadthimmel strebenden Häuser, auf deren Böden lange Zeit das begehrte Waid getrocknet wurde, die Interesse und Staunen erwecken. Etwas versteckt in der äußersten nordwestlichen Ecke steht eingezwängt eines der charaktervollsten Häuser des Marktes, die *Hohe Lilie*, aus dem zweiten Viertel des 16. Jh. Das Haus daneben besitzt einen reizvollen Rokoerker, das übernächste Haus ein teilweise zerstörtes, aber eigentümliches Taufrelief.

An der gegenüberliegenden Seite des Marktplatzes befand sich für zehn Jahre die *Residenz* des Herzogtums Sachsen-Zeitz. Das scheinbar aus zwei Giebelhäusern bestehende Gebäude wurde unter teilweiser Wiederverwendung alter Substanz an der Stelle von vier alten Häusern erbaut. Eineinhalb Jahre später als der Herzog siedelte auch die Regierungskanzlei nach Naumburg über. Sie kam im *Schlößchen* unter, dem etwas weniger großen und aufwendigen Gebäude in direkter Nachbarschaft. Der *Brunnen* vor der Residenz wird erstmals 1579 mit der Anzeige erwähnt, daß dort ›der steinerne Mann‹ aufgestellt worden sei. Die inzwischen erneuerte Spätrenaissanceskulptur stellt den Stadtpatron, den heiligen Wenzel, dar. Er besaß früher in der Figurennische an der Nordostecke des Rathauses einen Kompagnon, der sich heute wie zahlreiche andere wertvolle Ausstattungsstücke des Rathauses im Heimatmuseum befindet.

Das umfängliche *Rathaus* wurde unter Benutzung eines abgebrannten Vorgängers von 1517–28 von Hans Witzlebe erbaut. Die Dreiflügelanlage war ursprünglich nicht miteinander verbunden und diente in erster Linie auch nicht der Verwaltung, sondern war vor allem Kaufhaus. An der durch Fenster und runde Maßwerkgiebel mit aufgesetzten Kugeln ruhenden Marktfassade sticht das prächtige farbige Renaissanceportal von 1612 besonders hervor (Abb. 90).

Zum Markt gehört nicht zuletzt die *Stadtkirche St. Wenzel,* deren hochaufragender Turm beherrschend nicht nur über dem Geviert des Platzes steht, sondern auch im Gesamtbild der Stadt mit den vier Türmen des Domes durchaus konkurrieren kann. St. Wenzel ist sowohl in ihrem Äußeren als auch in ihrem Inneren eine ganz eigenartige Schöpfung einer spätgotischen Bürgerkirche. Ein wohl aus Platzgründen extrem verkürztes, polygonal abgeschlossenes, mit Sakristei und Turmbau ›bewehrtes‹ Langhaus scheint den in Mittelschiffbreite gehaltenen, ebenfalls polygonal geschlossenen Ostchor gleichsam ›verschlingen‹ bzw. ›gebären‹ zu wollen. Aus diesem ›Knäuel‹ entwindet sich der steile, in Höhe der Dachtraufe ins Oktogon wechselnde und von einer eleganten barocken Haube bekrönte Turm. Das Dramatische dieser Erscheinung war mit großer Sicherheit kein Produkt des Zufalls, sondern Plan. Von 1426–73 entstanden im Weichen Stil die reich dekorierten Ostteile und wenigstens die Nordwand des Schiffes. Ein starker Brandschaden warf den Bau zurück, und das Schiff wurde in weit schlichteren Formen fertiggestellt, ehe es 1517 nochmals zu einem Brand kam. Fünf, zum Teil sehr aufwendig gestaltete Portale bereichern zusätzlich den Außenbau, das Hauptportal im Westen mit dem Standbild der Schutzheiligen Maria und Wenzel (Abb. 89).

Das hohe Innere der Kirche in der Wirkung eines lichten Zentralbaues wurde 1724 umfassend barockisiert. 1680 kam der recht intelligent in den Chor eingepaßte Altar des Zeitzer Hofbildhauers Heinrich Schau zur Aufstellung, für den Johann Oswald Harms das Gemälde und die farbliche Fassung schuf. Die Orgel der Kirche birgt im von Johann Göricke 1695–97 geschaffenen Gehäuse ein Werk von Zacharias Hildebrand, das nach Fertigstellung 1746 von Johann Sebastian Bach und Gottfried Silbermann abgenommen wurde und in jüngerer Zeit seine ursprüngliche Disposition wiedererhalten hat. Von der reichhaltigen Ausstattung der Kirche soll hier nur noch auf die Gemälde hingewiesen werden, unter denen sich zwei Arbeiten von Lucas Cranach d. Ä. befinden. Von der Grabkunst des 16.–18. Jh. sei zum Schluß der Stein von Augustus von Leubelfing hervorgehoben.

## AN SAALE, UNSTRUT UND WEISSER ELSTER

Leubelfing war der Page des Schwedenkönigs Gustav Adolf. Verletzt mit zwei Schüssen und drei Stichen in der Schlacht bei Lützen, wie es auf dem Grabstein heißt, erlag er am 15. November 1632 in Naumburg seinen Verwundungen. Conrad Ferdinand Meyer hat ihm in seiner Novelle ›Gustav Adolfs Page‹ auch ein literarisches Denkmal gesetzt.

**Schulpforta,** auf halbem Weg zwischen Naumburg und Bad Kösen, von dem es heute ein Stadtteil ist, hat sich, umschlossen von einer kilometerlangen Mauer, bis heute eine gewisse klösterliche Abgeschiedenheit bewahren können. Wegen »rohen Volkes«, »Verfolgung böser Leute«, »Schwierigkeit des Ortes« und »Mangel an Bekehrungslustigen« verlegte Bischof Udo I. von Naumburg das in Schmölln gegründete Zisterzienserkloster um 1137 in die unwegsame und sumpfige Flußniederung bei ›Porta‹. Der Bischof machte seinen Schnitt, indem er geringere gegen bessere Güter tauschte, und für die Zisterziensermönche schien gerade diese unwirtliche und weitgehend menschenleere Gegend beste Voraussetzung für eine gedeihliche, wenn auch vornehmlich ökonomische Entwicklung zu sein. Insbesondere die Kultivierung der Saaleaue und der Anbau der bis heute bedeutenden Spezialkulturen Obst und Wein begannen hier. Clevere Grunderwerbs- und Geldpolitik ergänzten die anspruchslose Tüchtigkeit, so daß das Kloster bei seiner Aufhebung eines der reichsten Mitteldeutschlands war. Dies war sicher ein Grund, daß Moritz von Sachsen dort eine Fürsten- und Gelehrtenschule einrichtete, die zu einer der berühmtesten Gründungen ihrer Art in Deutschland wurde. Die Schule, sicher nicht nur von dem Predigersohn Karl Friedrich Bardt als ›Hölle‹ erlebt, war eine Musteranstalt, und es galt etwas im gebildeten Adel und Bürgertum, Portenser gewesen zu sein. Schülernamen wie Klopstock, Fichte, Ranke oder Nietzsche werden noch heute genannt, um den einstigen Ruhm dieser Anstalt zu veranschaulichen.

Dem Umstand der fast ununterbrochenen schulischen Nutzung ist es auch zu danken, daß sich viele Gebäude der Klosterzeit erhalten haben und sich so wie in keinem anderen Kloster Sachsen-Anhalts die ursprüngliche Anlage erkennen läßt. So befand sich westlich noch vor dem gotisierenden Neubau des *Torhauses* eine *Schenke,* deren Gebäude 1624 neu errichtet wurde. Nahebei findet sich eine stark verwitterte Betsäule, die der vorletzte Abt des Klosters stiftete. In die Klosterzeit gehen auch die an das Torhaus anschließenden Gebäude zurück. Das sogenannte *Marterhaus,* der rechtwinklig anstoßende *Schafstall* und auch weiter im Inneren liegende Gebäude der *Mühle* gehen auf romanische Anlagen zurück. An der Stelle der Wassermühle, die einen in Ost-West-Richtung verlaufenden hochromanischen Gurtbogen enthält, wird sogar eine – vielleicht nicht fertiggestellte – Basilika vermutet, deren pfortenähnlich freistehender Bogen dem Ort womöglich gar den Namen gegeben haben könnte.

1136/37 begannen die aus Walkenried kommenden Zisterziensermönche mit dem Bau der *Klosterkirche,* einer dreischiffigen, kreuzförmigen, stark gestreckten und flachgedeckten Basilika, die sehr niedrig und, wie im Orden üblich, turmlos und schlicht war. Wesentliche Teile dieser Kirche sind noch im heutigen Neubau des 13. Jh. vorhanden. Die 40er Jahre des 13. Jh. markieren den Beginn umfangreicher Umbauten, so die Erhöhung und Einwölbung

*Schulporta, Klosterkirche, Chor. Zeichnung von H. Bergner, 1903*

von Querhaus und verlängertem Kirchenschiff, Veränderungen der Pfeiler- und Fensterordnungen und Neubau des südlichen Seitenschiffs, des Ostchores und der für zisterziensische Ordensbaukunst ursprünglich nicht typischen schmuckreichen Fassade des westlichen Mittelschiffs. Mit Freifiguren und Fialen verzierte Strebepfeiler rahmen eine wirklich grandios sich steigernde Komposition von Portal, Maßwerkfenster und Mittelschiffgiebel (Abb. 91). Der figürliche Schmuck, im 19. Jh. teilweise erneuert, erreicht diese Qualität nicht, wenn er auch, wie in der oberen Figurengruppe, gestalterische Parallelen zum Naumburger Westlettner aufweist.

Solche Einflüsse, aber auch französische und die des Mutterklosters Walkenried lassen sich auch in der aufwendigen Gestaltung des *Ostchores* beobachten, wo es vor allem die das Erdgeschoß belebenden und qualitätvoll bekrönten bzw. gerahmten Wandnischen unterschiedlichster Zweckbestimmung sind, die besonders auffallen. Die dort eingestellten Freifiguren der Stifter stammen nicht aus der Bauzeit, sondern aus der Mitte des 15. Jh. In die Bauzeit des Chores gehört dagegen der steinerne, an drei Seiten mit Blendarkaden versehene, mächtige Hochaltar als eines der schönsten der vielen noch vorhandenen Ausstat-

## AN SAALE, UNSTRUT UND WEISSER ELSTER

tungsstücke, von denen hier nur einige wenige genannt werden können. Das große, gemalte Triumphkreuz aus Eiche gehörte wahrscheinlich wie der Dreisitz im Chor zur Ausstattung der neuerlichen Weihe von 1268. Vielleicht eine einzigartige Rarität stellt ein in der Kirche aufbewahrter, ursprünglich farbig gefaßter romanischer Holzkelch dar, in welchem die ältere Fachliteratur die absolute Steigerung zisterziensischen Puritanismus sieht. Von den Grabmälern des 13. bis 17. Jh. sei hier nur die stark beschädigte, aus Alabaster gearbeitete Grabtumba für Markgraf Georg von Meißen genannt, der sich, wie alle übrigen auch, seine Grabstätte in der Kirche durch entsprechende Schenkungen an das Kloster sicherte. Alle anderen Toten, die in Beziehung zum Kloster standen, wurden auf dem südöstlich von der Kirche liegenden Friedhof beerdigt, auf dem noch heute eine 1268 errichtete Totenleuchte steht, die das älteste Werk dieser Art in Deutschland sein dürfte.

Die eigentlichen Klosterbauten um den *Kreuzgang* sind immer wieder und 1725 durchgreifend umgestaltet worden, so daß hauptsächlich die Arkadenpfeiler des Kreuzganges und einige andere Architekturdetails an die alte Klausur aus der Mitte des 12. Jh. erinnern. Ähnlich verhält es sich bei dem nordöstlich von der Klausur liegenden *Fürstenhaus,* das 1568–75 auf dem Erdgeschoß der romanischen Infirmitur und späteren Abtei errichtet worden ist. Daran schließt im Osten die ehemalige Siechen- bzw. *Abtskapelle* an, die nächst der Klosterkirche ganz besondere Beachtung verdient. Der um 1230 erbaute zweijochige und polygonal geschlossene Raum steht mit seinen aufwulstenden und sich langsam aus der Stilisierung befreienden Schmuckformen an der Schwelle zur Gotik, die dann im Ostchor der Klosterkirche deutlicher an Sprache gewinnt.

Ist jetzt Schulpforta ein Stadtteil von **Bad Kösen,** so war es lange Zeit gerade umgekehrt, denn im Mittelalter war ›Cusne‹ nicht viel mehr als ein Vorwerk des Pfortaer Klosters. Das *Romanische Haus,* in dem sich heute das Heimatmuseum befindet, dürfte ein Rest dieses ehemaligen Klosterguts sein. Das am Romanischen Haus von der Radinsel zum Borlachschacht heraufführende Doppelkunstgestänge (Abb. 92) dagegen ist ein Teil der ehemaligen *Saline,* die Kösen vom Holzflößerort zum Salzgewinnungs- und schließlich vielbesuchten Kurort machte. Wieder war es der 1768 in Bad Kösen verstorbene und für das mitteldeutsche Salinewesen so wichtige Johann Gottfried Borlach, der 1730 mit der planmäßigen Erschließung der Solequellen in Kösen begann. Deren wirtschaftliche Effizienz erledigte sich 1859 mit der Entdeckung der Staßfurter Salzlager, so daß fürderhin Heil- und Solquellen allein für das Kurwesen genutzt wurden.

So auch das 320 m lange Gradierwerk, an dem der Wanderweg zur Rudelsburg und zur Burg Saaleck vorbeiführt. Die Erkundung zu Fuß ist hier allemal jeder anderen Art der Fortbewegung vorzuziehen. Verbunden mit der vom Fuße der Burg Saaleck möglichen Rückfahrt per Motorschiff, vermittelt sie die Bekanntschaft mit einem der imposantesten Teile des Saaletales. Der Fluß hat sich hier über Jahrtausende ein Bett in den Kalkstein gegraben, dessen weiße Wände schroff und unbezwingbar aus dem Tal steigen. Hoch auf ihnen wachen die Ruinen der beiden im 12. Jh. erstmals urkundlich genannten Burgen über die ›Kösener Pforte‹ (Farbabb. 25).

Die **Burg Saaleck** ist auf schmalem Grat noch in zwei sich gegenüberstehenden Türmen und Resten der einstigen Umfassungsmauer der Oberburg erhalten, die den engen Wohnhof umschloß. 1140 fand sie erstmals Erwähnung und hatte wie die benachbarte Rudelsburg zahlreiche kriegerische Auseinandersetzungen zu erdulden, ehe sie, ihren eigentlichen Zweck verlierend, nach dem Dreißigjährigen Krieg zur – später restaurierten – Ruine wurde. In die Schlagzeilen geriet sie noch einmal 1922, als sich die Mörder Walter Rathenaus auf ihr versteckten und sich dort der Festnahme durch Selbstmord entzogen. Während der Nazizeit genossen ihre Gräber auf dem Saalecker Friedhof besondere Verehrung.

Zweifellos war die **Rudelsburg** nicht nur die größere, sondern auch bedeutendere der beiden Sperrburgen. Bergfried, Palas, Reste anderer Wohngebäude, nachromanische Zwingerbauten und Teile des Torhauses haben sich von der Hauptburg erhalten. In ihrem Innenhof wurde schon seit Anfang des 19. Jh. eine kleine Gastwirtschaft betrieben, die immer mehr ›Burgenschwärmer‹ hier herauf zog und die Burg gar zum Tagungsort des Kösener-Senioren-Konvents-Verbandes machte. 1826 schrieb der erst 18jährige Franz Kugler in einer als lau überlieferten Sommernacht sein »An der Saale hellem Strande...« ins Gästebuch. Während sich diese Zeilen als Volkslied verselbständigten, hat sich von der später in acht Bänden veröffentlichten ›Literatur‹ des bekannten Kunsthistorikers keine einzige Zeile in die Nachwelt retten können.

Im Mittelalter über die ›via regia‹ mit den beiden Saaleburgen verbunden war das nur 13 km westlich von Bad Kösen liegende **Eckartsberga**. Es gehörte im Mittelalter zu den wichtigsten Orten des nördlichen Thüringer Beckens und war eines der wirtschaftlichen Zentren der Region. Ein Grund dafür lag wohl in der 998 durch Markgraf Ekkehard erbauten neuen *Burg* auf dem Sachsenberg. Die heute immer noch als imposante Ruine erhaltene Burg entstand im Westteil der ursprünglichen Anlage unter Ludwig dem Springer, der diese als Besiegelung eines mit Kaiser Heinrich V. geschlossenen Bündnisses erhalten hatte.

# Weinselig und burgenreich – im Tal der Unstrut

An den sonnigen Hängen der Täler im Gebiet des Zusammenflusses von Saale und Unstrut wird seit dem 10. Jh. Wein angebaut. Von manchen verspottet, von anderen verehrt und besungen, ist er aus dieser eigentlich jenseits der klimatischen Anbaugrenze liegenden Landschaft schwerlich wegzudenken. Mit den ersten Klöstern entstanden, erreichte der Weinbau Mitte des 16. Jh. seine Blüte. Um die Jahrhundertwende hatten ihm aber südliche Konkurrenz, ›moderne‹ Getränke wie Tee, Kaffee oder Kakao sowie eingeschleppte Krankheiten und Schädlinge so zugesetzt, daß er einzugehen drohte. Heute beträgt die Anbaufläche wieder etwa 400 ha, so daß die alljährliche Weinlese und die damit verbundenen Feste viele Tausende Besucher anlocken.

## AN SAALE, UNSTRUT UND WEISSER ELSTER

Eine der schönsten ›Ecken‹ direkt am Zusammenfluß von Saale und Unstrut dürfte der zwischen Naumburg und Freyburg vor **Großjena** endende *Blütengrund* mit seinen terrassierten Weinbergen und Obstgärten sein. Im *Steinauerschen Weinberg* begegnen sich Kunst und Weinbau auf ungewöhnliche Weise. Ein unbekannter Bildhauer schlug 1722 monumentale Reliefs in den hier anstehenden Sandstein (Abb. 94). In ungestümer Fabulierkunst zeigt der Künstler Darstellungen meist biblischen Inhalts: das Quellwunder, eine Fuchsjagd, Herzog Christian von Sachsen-Weißenfels zu Pferd, den Sänger David, die Hochzeit zu Kana, Lot und seine Töchter, die Verkündigung an die Hirten, Christus in der Kelter, die Arbeiter im Weinberg, Noah, Josua und Kaleb mit der Riesentraube und Moses, Aaron und die Eherne Schlange.

Das etwas näher zum Dorf hin in den Weinbergen aufleuchtende *Klingerhaus* war seit 1903 Fluchtpunkt und Ruheort für den Leipziger Grafiker, Maler und Bildhauer Max Klinger. Hier starb er auch kurz nach seiner endgültigen Übersiedlung am 8. Juli 1920. Über seinem Grab erinnert die von ihm selbst geschaffene, überlebensgroße Statue ›Athlet‹ an den großen Künstler.

Wenn auch nur 5000 Einwohner zählend, ist **Freyburg** dennoch die größte Stadt im unteren Unstrut-Tal und die eigentliche Weinstadt des Unstrut-Saale-Gebietes. Wein- und Sektherstellung sind hier konzentriert, und die steilen Muschelkalkhänge der *Schweigenberge* im Westen der Stadt sind mit ihren Trockenmauern und bis in den Spätbarock zurückreichenden Weinberghäuschen gewiß die reizvollsten der Gegend.

Der Bergsporn, der sich im Südosten schützend vor die Kulisse der Stadt schiebt, trägt die erstmals unter Ludwig dem Springer nach 1062 errichtete **Neuenburg** (Abb. 95). Während die Gebäude des Schlosses sich scheinbar harmlos und flach über die Höhe schieben und erst aus kürzerer Distanz ihre wahre Größe offenbaren, ist der mit einer barocken Haube geschmückte, auf höchster Stelle errichtete Bergfried ›dicker Wilhelm‹ von den verschiedensten Seiten schon von weitem sichtbar und so eine zuverlässige Orientierungsmarke. Ein *Museum*, das über die Geschichte der Burg informiert, befindet sich in ihm. Leider aber ist dieser Turm auf dem Gelände der äußersten Vorburg zur Zeit das einzige frei zugängliche Gebäude. Die Neuenburg unterliegt einer schon Jahre währenden Restauration.

Schloß Neuenburg war einst die stärkste Burg der Thüringer Landgrafen und sollte deren Besitz im Osten sichern. Sie war das Pendant zu der den Westen des Landes markierenden, viel kleineren Wartburg, deren Stern aufging, als der der Neuenburg bereits im Sinken war. Ihre Glanzzeit hatte sie bis 1227 als Residenz der Landgrafen Hermann und Ludwig III., dem Gemahl der später heiliggesprochenen Elisabeth. Die Burg trat aber nicht nur als viel umkämpfte Festung, sondern auch als kulturelles Zentrum in Erscheinung. Heinrich von Veldeke, führende Kraft in der frühhöfischen Epik, soll in den 80er Jahren des 12. Jh. sein Epos ›Eneit‹ auf der Neuenburg vollendet haben.

Architektonisch bekundet sich diese bewegte Zeit in der um 1220 auf dem inneren Burghof erbaute *Doppelkapelle*. Sie stand ursprünglich völlig frei im Hof und war im Obergeschoß lediglich durch eine Brücke mit dem ältesten Wohnbau verbunden. Hier zeigen sich

*Freyburg, Neuenburg, Blick von der Bergseite. Stich, 19. Jh.*

deutliche Parallelen zur Doppelkapelle in Landsberg. Der quadratische Westbau, Strebepfeiler und gotische Fenster sind natürlich spätere Zutaten. Berühmt ist die Freyburger Doppelkapelle vornehmlich durch die ungewöhnliche Einwölbung ihres oberen, herrschaftlichen Geschosses. Ausgehend von vier Freisäulen um einen rhombischen Kern entfaltet sich das Kreuzgewölbe über dem Raum zu einem Kleinod mittelalterlicher Baukunst. Die hervorragend gearbeitete Ornamentik der Kelchblockkapitelle sowie die einem gewölbten Rundbogenfries gleichenden, an maurisches Formengut gemahnenden Gurtbögen lassen auf eine Arbeit niederrheinischer Künstler oder wenigstens doch deren Einfluß schließen.

Zum älteren Baubestand gehört auch der um 1200 am inneren Burgtor errichtete *Wohnturm*, dessen drei Geschosse sich auf einem Quadrat von 9 m Seitenlänge erheben. Von vielleicht einzigartigem Wert ist die an seiner Ostseite nachträglich eingefügte, primitiv anmutende Figur des auf den Fraubergen gefundenen ›Haingott‹. Die ›Narbe‹ des leicht beschädigten Gesichtes könnte von einem im frühen Christentum allenthalben üblichen ›Keltenhieb‹ herrühren, was noch wahrscheinlicher macht, daß es sich bei der Figur um ein heidnisches Götterbild, möglicherweise um den Germanengott Ziu handelt.

1247 kamen Freyburg und auch die Neuenburg unter wettinische Herrschaft, wo sie dann trotz einiger Wechsel auch im wesentlichen blieben. Ab 1485 im Besitz der albertinischen Linie des sächsischen Fürstenhauses, wurde die Neuenburg seit 1541 zum fürstlichen Wohn-

*Freyburg, Neuenburg, ›Haingott‹*

schloß umgebaut. Weitere, nunmehr barocke Veränderungen erfuhr das Schloß dann in der Zeit der Herzöge von Sachsen-Weißenfels.

Ein barockes Reiterdenkmal des Herzogs Christian von Sachsen-Weißenfels, das der selbstgefällige Fürst auf dem *Marktplatz* der Stadt hatte aufstellen lassen, wurde nach 1945 mutwillig zerstört. Die zahlreichen Stadtbrände in der um 1200 planmäßig angelegten Stadt hatten ohnehin nur wenig wertvolle Bausubstanz überleben lassen. Von der *Stadtbefestigung* sind noch Teile der Mauer, Schalentürme und der im Westen der Altstadt liegende *Eckstädter Turm* von 1385 erhalten. Das *Rathaus* am Marktplatz, urkundlich 1425 erstmals erbaut, konnte nach einem Brand von 1682 nur sehr schlicht wiederaufgebaut werden. Das zweigeschossige *Eckhaus Markt 14* von 1554 besitzt ein sehr elegantes und feines Renaissanceportal, wahrscheinlich eine Arbeit des Bildhauers Arntz Semler, dem wohl auch das Prachtportal im Fürstensaal der Neuenburg zugeschrieben werden kann. Ebenso verraten das Portal des ehemaligen *Dominikanernonnenklosters* in der Marienstraße oder das Epitaph für Christoph von Taubenheim in der Marienkirche seinen Einfluß.

Die *Stadtkirche St. Marien* (Abb. 96), nur wenige Schritte vom kleinen Markt entfernt, ist dank ihrer drei sofort die Erinnerung an den Naumburger Dom wachrufenden Türme leicht auszumachen im Dächergewirr der alten Weinstadt, die ja, gemeinsam mit der Neuenburg, durchaus als landesherrliche Gegengründung zum bischöflichen Naumburg gedacht war. Es mußten also auch entsprechende Mittel für einen repräsentativen Kirchenbau aufgewandt werden, wobei eine formale Anlehnung an den Widerpart durchaus beabsichtigt war. So vermitteln heute vielleicht die Freyburger Westtürme dank ihrer ungestörten Dachordnung einen anschaulicheren Eindruck vom ursprünglichen Bestand der Naumburger Osttürme als diese selbst. Wahrscheinlich begann die Arbeit in Freyburg nur wenige Jahre später als die am spätromanischen Neubau des Naumburger Domes, also etwa im zweiten oder dritten Jahrzehnt des 13. Jh.

Der Ursprungsbau war eine dreischiffige flachgedeckte Basilika im gebundenen, das heißt auf den Maßverhältnissen des Chorquadrats fußenden System. Der Chorturm, die beiden Westtürme und auch die reizvolle eingeschossige Paradiesvorhalle, die vor das interessante Westportal gesetzt ist, sowie einzelne, wiederverwendete Bauteile gehören diesem originalen, schon teilweise ins Gotische spielenden Bestand an. Wie in Naumburg ist auch im südlichen Freyburger Querhausgiebel ein auf die Spitze gestelltes rechteckiges Fenster mit dem Lebensbaum als Christussymbol eingefügt. In einer ebensolchen Fensteröffnung des Vierungsturms steht eine männliche Figur als Wächter gegen das Unheil. Sie schaut mit seltsam großen Augen und hält sich mit schweren Händen in den Profilen des Fensters fest.

Wiederum unter Naumburger Einfluß entstand auch die Erweiterung des Chores im ersten Viertel des 15. Jh., wobei für die in den modernen Formen des Weichen Stils reich und wirkungsvoll gestalteten Bauzier aber der Chor der Wenzelskirche bzw. der der Michaelskirche in Jena vorbildlich gewesen sein dürfte. Für eine dauerhaftere Beziehung zu Jena sprechen auch die Gewölbeformen in der Ende des 15. Jh. umgestalteten Halle. Die Stern- und Netzgewölbe gleichen sich in keinem der vier Joche, sind aber mit Ausnahme des östlichen Joches auch keine in sich ruhenden, selbständigen Gebilde, sondern verdichten sich in asymmetrischer Ordnung ineinander übergreifend von West nach Ost. Diese Gestaltung könnte vielleicht mit der ebenso ungewöhnlichen Anordnung einer beinahe vollplastischen Kreuzigungsgruppe im Gewölbe des westlichen Mittelschiffs zusammenhängen. Mit diesen Modernisierungsarbeiten fiel die Fertigung und Weihe eines neuen Altars zusammen, dessen hohes und reich gegliedertes Astwerkgesprenge züngelnd bis ins Polygongewölbe greift. Die Marienkrönung im Schrein wird begleitet von den Flügelreliefs der Verkündigung, Heimsuchung, Geburt und des Marientodes. Die Figuren des Gesprenges, Anna Selbdritt und der Schmerzensmann, Laurentius und Petrus sowie Stephan und Johannes der Täufer, erweitern die Bezüge zur Heilsgeschichte und geben dem ansonsten eher eng wirkenden Kirchenraum einen festlichen Abschluß.

Von den Aufenthalten bedeutender Persönlichkeiten der neueren Geschichte in Freyburg dürfte der Napoleons der kürzeste und der des ›Turnvaters‹ Friedrich Ludwig Jahn (1778–1852) der längste gewesen sein. Nur fliehend überschritt der Franzosenkaiser hier am 21. Oktober 1813 die Unstrut, und der Burschenschaftler und Veteran der Freiheitskriege Jahn kam nach seinem Prozeß wegen demagogischer Umtriebe 1825 nach Freyburg, denn es war ihm verboten worden, sich in einer Universitätsstadt niederzulassen. Er blieb hier mit kurzer Unterbrechung bis zu seinem Tode 1852. 1840 nachträglich mit dem Eisernen Kreuz geehrt und acht Jahre später in die Nationalversammlung gewählt, »wo er sich zur äußersten Rechten hielt«, hat ihm auch der sozialistische Staat nie ein ehrendes Andenken versagt. In

*Friedrich Ludwig Jahn*

der Schloßstraße, wo sich sein erstes Wohnhaus, sein Grab und eine Gedenkstätte (Abb. 93) befinden, beherbergt das Wohnhaus noch heute das *Jahn-Museum*.

Das *untere Unstrut-Tal* läßt sich mit dem Auto, dem Zug, dem Fahrrad, aber auch zu Fuß – und dies in zwei bis drei Tagen – bequem durchqueren. Alle Wege führen in weiterer oder näherer Entfernung an der ›Onestrudis‹ entlang. So hieß die Unstrut um 575 und bezeichnete damit das sehr sumpfige, dicht von Schilf und Dickicht bewachsene Gelände, in dem sich wegen des geringen Gefälles ein vielfach ausufernder, zu Hochwasser neigender Fluß träge durch die Niederung bewegte. Der heute durch die Abwässer von Zuckerfabriken und die Kalireviere des Südharzes schwer belastete und durch Wiesenbewässerung übernutzte Fluß war von 1791–95 schiffbar gemacht worden. Bis in unser Jahrhundert wurden die Kähne über ein System von Schleusen stromauf durch Treideln per Pferdekraft befördert. Stromab ließen sich die Schiffe, unterstützt durch Staken, treiben. Seit Mitte des Jahrhunderts ist die wirtschaftliche Bedeutung der Unstrut als Wasserstraße aber gleich null, so daß sich die Tore der vorhandenen Schleusen heute nur noch für Wasserwanderer öffnen. Der Fluß, der 1784 in Laucha 22 Häuser wegriß, ist in den 50er und 60er Jahren vor allem durch den Bau von Rückhaltebecken und Flutkanälen endgültig gebändigt worden.

**Laucha**, ein kleines Städtchen von gut 3000 Einwohnern, ist heute vor allem durch sein *Glockenmuseum* bekannt. Direkt am Ortseingang befindet sich das alte Gebäude der 1932 zum technischen Denkmal erklärten Glockengießerei Ulrich, wo bis 1911 über 5000 Glocken gegossen wurden. Der aus Hersfeld stammende Johann Gottfried Ulrich goß am 17. Juni 1732 ein neues Geläut für die Laucher Kirche, heiratete eine Laucher Bürgerstochter, kaufte sich ein Haus und blieb in der Stadt, wo später seine Söhne die Werkstatt übernahmen. Auf dem Turm der spätgotischen *Stadtkirche* hängt noch jeweils eine Glocke des ersten und eine des letzten der Ulrichs und lassen ihren ›familiären‹ Klang durch das Unstrut-Tal erschallen. – Außer der Kirche ist in Laucha nicht sehr viel historische Bausubstanz erhalten geblieben. 1731 brannte der Ort bis auf 20 Häuser ab. Dieses Feuer kostete auch die Renaissancebedachung des *Rathauses* von 1563 mit seiner reizvollen, doppelläufigen Freitreppe. So sind es vornehmlich einige Portale, welche die Zeitläufte überstanden haben und hier und dort dem Besucher begegnen. Ebenso haben ein beträchtlicher Teil der heute in den Park einbezogenen *Stadtmauer* und das in der Nähe des Ortsausgangs stehende *Obertor* überdauert. Über dem spätgotischen Bogen des Außentors grüßt wie ehedem das Wappen der Stadt mit St. Wenzel als Schutzheiligen.

Bevor die Unstrut sich in engem Bogen an Laucha vorbeidrängt, hat sie Burg- und Kirchscheidungen in weiterem S-förmigen Bogen umflossen. In der von dem sächsischen Geschichtsschreiber Widukind von Corvey übermittelten Iringsage ist **Burgscheidungen**, die Königsburg ›Scithingi‹ als Residenz des Thüringerkönigs Hermenefred Schauplatz der Schlacht der mit den Franken verbündeten Sachsen gegen die Thüringer im Jahr 531. Das zweifelhafte Verdienst der Sachsen, hier maßgeblich am Untergang des Thüringer Königreiches beteiligt gewesen zu sein, läßt sich historisch nicht belegen und entstammt wohl mehr dem Wunsch Widukinds als den Realitäten. Es läßt sich auch keine Burg zu dieser Zeit und an diesem Ort nachweisen. Die Schlacht dürfte trotzdem in der Nähe stattgefunden haben. Gregor von Tours berichtet von einer offenen Schlacht an der Unstrut, in der »soviele Thüringer niedergemacht« wurden, »daß das Bett des Flusses von der Masse der Leichname zugedämmt wurde, und die Franken über sie, wie über eine Brücke, auf das jenseitige Ufer zogen.«

Sich einen solchen Vorgang in dieser Landschaft vorzustellen, fällt schwer. Zu schön erhebt sich aus dem satten Grün der Aue der etwa 40 m hohe Burgberg mit dem Scheidunger *Schloß* auf dem linken Ufer der Unstrut. Das als Schulungsstätte genutzte Schloß folgt einer

*Laucha,*
*Glockenmuseum*

## AN SAALE, UNSTRUT UND WEISSER ELSTER

im Hersfelder Zehntverzeichnis der zweiten Hälfte des 9. Jh. genannten Burg, die, zunächst in Reichsbesitz, 1066 an die Bischöfe von Bamberg ging und seit dem 14. Jh. Adelsburg war, wobei die Lehnsabhängigkeit zu Bamberg formal bis 1803 bestand. Nach den Herren von Wiehe und den Grafen von Hoym kaufte der sardinische General-Feldzeugmeister Graf Levin Friedrich von der Schulenburg 1722 das Schloß für 72 000 Taler und ließ es seit 1724 durch den Leipziger Baumeister David Schatz umbauen. Schatz entwarf auch die zum Teil stark verwischte, reizvolle, italienischen Vorbildern verpflichtete Gartenanlage. Von besonderem Reiz ist der steile, terrassierte Hang mit Zickzackwegen und Skulpturen des Altenburger Bildhauers Joseph Blühme, der mit den Formen der nördlichen Schaufront des Schlosses korrespondiert (Abb. 97, 98). Gekrönt wird dieses Bild von dem mächtigen, das Dach durchschneidenden Dreiecksgiebel, aus dem eine Komposition aus Kriegsgerät, Fahnen und dem von zwei wilden Männern gehaltenen Wappen fast freiplastisch hervordrängt. Der Haupteingang in die kastellartige Anlage befindet sich im barock erneuerten Ostflügel zwischen toskanischen Säulenpaaren. Mehr als der Außenbau birgt der Innenhof die Schönheiten der beiden älteren, Anfang des 17. Jh. erneuerten Flügel. Der polygonale Treppenturm mit Spätrenaissanceportal und der direkt daran angefügte dreigeschossige Erker können hier ein anschauliches Bild des Vorgängerbaus vermitteln.

Außer dem Schloß wurde in den zwanziger Jahren des 18. Jh. die ebenfalls als Schloßkirche genutzte *Dorfkirche* durch den Baumeister aus Leipzig teilweise erneuert. Die bedeutendsten Kunstwerke der Kirche entstanden aber über hundert Jahre früher. Es handelt sich dabei um vier Epitaphien für Familienangehörige derer von Wiehe. Auf einem der Grabmäler hat sich der Freyburger Bildhauer Christoph Weber mit Spitzbart, Wagenradkragen und Zirkel gleich mitverewigt.

Vom Schloß geht es wieder auf die andere Seite der Unstrut, vorbei an den Gebäuden des ehemaligen Rittergutes nach **Tröbsdorf** hinüber, wo es am Fluß noch eine alte Schleuse samt Schleusenwärterhaus aus dem 19. Jh. und ein kleines Stück des alten Treidelpfades gibt.

In Wetzendorf besteht die Möglichkeit, den Weg direkt nach Nebra einzuschlagen oder abermals über die Unstrut nach dem von einem Zementwerk vereinnahmten Karsdorf zu wechseln, um den nördlich des Flusses verlaufenden Weg zu benutzen, oder aber über Steigra einen Ausflug in das historisch sehr bedeutsame Querfurt zu machen.

Nach **Steigra** hinauf heißt es steigen, denn hier wird auf kurzer Distanz der Höhenunterschied zwischen Unstrut-Tal und der intensiv landwirtschaftlich genutzten Querfurter Platte überwunden. Der Blick zurück über die zerklüfteten Täler südlich des kleinen, schon 880 erstmals erwähnten Ortes ist aber sehr reizvoll. Auch sollte eine Besichtigung der *Trojaburg* hier auf keinen Fall versäumt werden. Sie befindet sich nördlich des Ortes direkt an der Hauptverkehrsstraße neben einem wahrscheinlich jungsteinzeitlichen Grabhügel und ist alles andere als das, was herkömmlich unter dem Wort Burg verstanden wird. Es ist eine alte Kultstätte. Die vor allem aus Nordeuropa bekannten Trojaburgen – die bekannteste befindet sich in Wisby auf Gotland – werden von verschiedenen Forschern in die Bronzezeit oder gar früher zurückdatiert. Die auf fußbreiten Pfaden sich in ein Labyrinth drehenden 12 Kreise werden in Steigra von stehengelassenen Rasensteigen gebildet, die alljährlich neu ausgestochen werden müssen. Sie sind wohl in Verbindung mit einem Frühlings- und/oder Herbstspiel zu sehen, in dem die Sonne in dieses Labyrinth eingesperrt oder aus ihm befreit wurde.

Im Gegensatz zur nur symbolischen Trojaburg in Steigra gilt **Burg Querfurt** (Abb. 99) als eine der ältesten und größten Feudalburgen Deutschlands. Fast siebenmal wäre die Wartburg auf dem Gelände der über dem Quernetal und der Stadt Querfurt stehenden Talrandburg unterzubringen. Von Süden sind am Horizont des flachen Ackerlandes zuerst ihre drei Türme auszumachen. Im Westteil der Anlage gleicht der 27,5 m hohe und 14,5 m starke *dicke Heinrich* einem abgebrochenen Riesen. Unter seinen um 1070 errichteten Mauern sind die Umfassungsmauern eines karolingischen *Burgus* freigelegt worden. Er dürfte der bisher älteste erhaltene profane Steinbau im ostdeutschen Raum sein.

Im Süden der Anlage ragt der um 1200 entstandene, als *Marterturm* bezeichnete rechtekkige Wohnturm mit seinem einfachen Walmdach auf. Das etwa in halber Höhe ansetzende,

*Burg Querfurt, Grundriß  1 Dicker Heinrich  2 Marterturm  3 Pariser Turm  4 Westbastion  5 Korn- und Rüsthaus  6 Fürstenhaus  7 Burgkapelle*

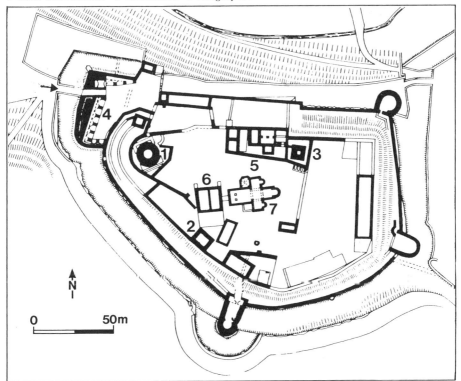

## AN SAALE, UNSTRUT UND WEISSER ELSTER

besser erhaltene Mauerwerk markiert die Aufstockung Anfang des 14. Jh. Unter der doppelten welschen Haube des *Pariser Turms* steht ein ebenfalls um 1200 errichteter quadratischer
Bergfried.

Die eigentlichen, die Burg umziehenden *Festungsbauten* werden erst aus größerer Nähe
sichtbar. Sie kommen an der südlichen, dem flachen Land zugewandten Flanke am deutlich-
sten zur Geltung. Hinter einem 6 m tief in den Muschelkalk getriebenen Trockengraben
erhebt sich der in vollem Umfang erhaltene, um 1380 erbaute urtümliche Bering mit dazwi-
schenliegendem Zwinger. Von den 1461–69 erbauten, in den Graben hineinragenden, dop-
pelgeschossigen Rondellen ist das südliche das gewaltigste. Von dort aus führt ein Gang
unter den Mauern und dem Zwinger hindurch in den Burghof, wo zudem noch einzelne
Reste der alten romanischen Ringmauer erhalten blieben. Der ursprüngliche Eingang in die
Burg befand sich natürlich nicht auf der Hauptangriffsseite im Süden, sondern im Westen,
wo noch heute die imposante, außerhalb des Mauergürtels angelegte *Westbastion* die
Schwierigkeiten erahnen läßt, die einem gewaltsamen Eindringen in die Burg entgegen-
standen.

Von den Gebäuden des Innenhofs, die heute teils als Wohnungen, teils vom Gesundheits-
wesen und dem Kreismuseum genutzt werden, sind drei besonders hervorhebenswert. Das
an den Pariser Turm anschließende, unter Kardinal Albrecht von Brandenburg 1535 erbaute
*Korn- und Rüsthaus* – als Museum genutzt – entstand vermutlich unter Verwendung von
Teilen des ältesten, um 1000 zu datierenden Palas. Das mit der Burgkirche durch eine Brücke
verbundene *Fürstenhaus* birgt in seinem Untergeschoß die Gewölbe eines zweiten, aus dem
12. Jh. stammenden Palas und wurde im 16. und 17. Jh. verändert.

Zentrum des Burgkomplexes, und wie eine Perle von den übrigen Baulichkeiten umfaßt,
ist die Anfang des 12. Jh. erbaute *Burgkapelle*. Sie folgte an dieser Stelle der Kirche des 1004
in der Burg gegründeten Chorherrenstifts. Die insgesamt sehr schlichte, aber doch edel
wirkende Erscheinung erhält durch das mit Rundbogenfries, Ecklisenen, Fenster- und Kan-
tensäulchen geschmückte, aber erst im 3. Viertel des 12. Jh. aufgesetzte Turmfreigeschoß
eine schöne Steigerung. In der nördlichen, in gotischer Zeit angefügten Grabkapelle steht die
steinerne Grabtumba für Gebhard XIV. von Querfurt. Sie ist ein exzellentes Beispiel für den
Einfluß des auf diesseitige, lebensnahe Darstellung gerichteten Parlerstils im sächsisch-
thüringischen Gebiet und das einzige erhaltene Ausstattungsstück der später zur barocken
Residenzkapelle umgestalteten Kirche, für die Francesco Domenico Minetti von 1716–19
Stukkaturen und Ausmalung schuf.

Die Stadt, die unter der Burg liegt, ist in enger Anlehnung an diese und, was selten genug
ist, unter einem »friedlich-förderlichen Verhältnis des Stadtherrn zur Bürgerschaft«
gewachsen. Schon 890 wurden Burg und Dorf gemeinsam im Hersfelder Zehntverzeichnis
genannt. Von ihren Herren, die als kaiserliche Ratgeber, hohe geistliche Würdenträger und
Burggrafen von Magdeburg eines der einflußreichsten deutschen Adelsgeschlechter waren,
erhielt die Stadt 1198 das Stadtrecht und wuchs nach einer ersten Ummauerung bald in
Vorstädten über diese hinaus, so daß eine Erweiterung der *Stadtbefestigung* nötig wurde.
Von beiden Mauern sind einzelne Züge, vom jüngeren Ring auch Türme erhalten.

Wie ehemals stehen Kirche und Rathaus in der Nähe oder direkt auf dem in seiner alten Dreiecksform bewahrten *Markt,* der im 12. Jh. Keimzelle des städtischen Lebens war und über Jahrhunderte lebendiges Zentrum der ausufernden Stadt geblieben ist. Das *Rathaus* aus dem Anfang des 16. Jh. wurde seit 1698 umgebaut und um einen marktseitigen Turm ergänzt. Die gotische, von 1475–1523 anstelle einer romanischen Vorgängerin erbaute *Stadtkirche* brannte im Verlauf des 17. Jh. zweimal aus und wurde danach von Ratsbaumeister Christoph Herlitz erneuert und verändert. In den drei Untergeschossen des aus der Achse weichenden Turms ist sie noch romanisch. Den Innenraum mit Ausstattungen des 16.–18. Jh. versuchte das 19. Jh. zu vereinheitlichen. Die Sandsteinkanzel aus dem Ende des 16. Jh. und der um 1720 gefertigte Altar mögen als Beispiele guter handwerklicher Tradition stehen, wie sie in der Region über Jahrhunderte gepflegt worden ist.

Vom bürgerlichen Hausbau hat sich aufgrund der schweren Schäden im Dreißigjährigen Krieg und der Stadtbrände von 1655 und 1678 nur weniges gehalten. Auch die diese Brandjahre umfassende Zeit als Residenzstadt (1663–1744) eines reichsunmittelbaren Fürstentums Sachsen-Querfurt hat daran kaum etwas geändert, so daß die Stadt heute wie wohl schon immer einen eher ländlichen, sehr bodenständigen Eindruck macht und darin der Burg über ihren Dächern gleicht.

Von Querfurt zurück ins Unstrut-Tal ist es günstig, die direkt nach Nebra führende Straße zu benutzen. Sie wird über den Großteil der Strecke von einer Eisenbahnlinie und dem westlich von Reinsdorf in die Unstrut mündenden Schmoner Bach begleitet. Im westlichen Teil des Dorfes **Reinsdorf** wurde im ehemaligen Klosterbezirk die auf die Ostteile reduzierte romanische *Klosterkirche* im 17. Jh. zur evangelischen Kirche ausgebaut und im darauffolgenden Jahrhundert mit einer prächtigen Barockausstattung versehen. Das große romanische Tympanon aus der Zeit um 1200 könnte das des Hauptportals der Klosterkirche der Benediktiner gewesen sein. Ihre Stiftung wurde wegen Wassermangels zwischen 1121 und '24 aus dem nahen *Vitzenburg* hierher verlegt, wo sie Brun von Querfurt (974–1009) im Jahr 991 zunächst als Nonnenkloster gegründet hatte. In Vitzenburg ist es heute vor allem das auf dem schroff ins Unstrut-Tal abfallenden Ronneberg erscheinende *Schloß*, das bei einer Fahrt durchs Tal die Aufmerksamkeit auf sich zieht. Eine schon im 8. Jh. bezeugte Burg war lange Zeit im Besitz der Querfurter und der Schenken von Vargula. 1803 kam sie in den Besitz der Grafen von der Schulenburg-Heßler, die sie 1840 und '80 umfassend restaurieren ließen. Trotz einiger Details aus dem 16.–18. Jh. ist das seit 1969 als psychiatrische Klinik genutzte Schloß maßgeblich von diesen Erneuerungen geprägt.

Bis zur nächsten scharfen Wendung des Unstrutlaufes nach Süden wird der Reisende noch von den ›Vitzenburger Steilhängen‹ begleitet. Bundsandstein und Gipsschichten lassen hier eine seltene, so ähnlich nur an den südlichen Zechsteingipshängen des Kyffhäusers vorkommende Trockenrasenvegetation von ganz eigenem Reiz entstehen. Bevor der Fluß, um nach Nebra zu kommen, abermals überquert werden muß, gilt es am diesseitigen Ufer in einem schmalen niedrigen und fast ausnahmslos von Eichen bewachsenen Sandsteinsporn einen der vielen *Vogelherde* zu würdigen, die es für sich beanspruchen, der Ort gewesen zu sein, wo

## AN SAALE, UNSTRUT UND WEISSER ELSTER

*Nebra, Burgruine. Zeichnung von H. Bergner, 1905*

919 dem späteren König Heinrich I. die Nachricht von seiner Wahl überbracht worden sein soll. In Anbetracht der nahen Pfalz Memleben wäre immerhin dieser Ort so sehr wie beispielsweise der Quedlinburger Finkenherd für das historische Ereignis tauglich. Ein Wunder wäre es nicht, denn menschliche Geschichte hat sich im Unstrut-Tal seit der Steinzeit abgespielt und in vielen Zeugnissen erhalten.

Bei **Nebra** beispielsweise, auf dem Gelände der heute als Erholungszentrum genutzten *Altenburg*, fanden Archäologen im Areal eines jungsteinzeitlichen Jägerzeltlagers neben anderen Zeugnissen sage und schreibe 1700 Geräte aus Knochen, Geweih oder Elfenbein. Krönung dieser Grabung waren zwei aus Geweih bzw. Elfenbein geschnitzte, nur 7 cm große Venusstatuetten, die etwa 11 000 Jahre vor unserer Zeit geschaffen wurden. Funde aus der Bronzezeit und spätrömischen Kaiserzeit vervollständigten die Reihe der Zeugnisse ununterbrochener Besiedlung dieses Raumes. Die heute noch sichtbaren, nicht unbedeutenden Ruinen der *Burg* gehören zu der Anlage der bis 1247 hier sitzenden thüringischen Landgrafen, die danach in den Besitz der Grafen von Querfurt kam. Als 1341 die Stadt von Friedrich dem Ernsthaften – wegen Bruchs des erst drei Jahre zuvor aufgerichteten thüringischen Landfriedens durch die der Raubritterei beschuldigten Schenken von Nebra – belagert und anschließend in Asche gelegt wurde, blieb auch die Burg nicht verschont. So sind nur der Wohnturm und die Kapelle geblieben.

Die 1341 niedergemachte und schon 867 als Neueri belegte Stadt soll aber nicht am heutigen Ort, sondern talwärts zwischen der Altenburg und einer Slawensiedlung gelegen haben. Möglicherweise wurde die heutige Siedlung an der alten, von Querfurt zur Finne führenden Wein-Kupfer-Straße erst nach der totalen Zerstörung durch den Thüringer Landgrafen planmäßig hier angelegt. Der Bau des ältesten erhaltenen Gebäudes der kleinen Kreisstadt Nebra ist jedenfalls erst mit dem Turm der *Stadtkirche St. Georg* 1416 begonnen worden. Der ursprüngliche Plan muß sowohl einen höheren Turm als auch ein viel mächtigeres und aufwendiger geschmücktes Kirchenschiff vorgesehen haben. Anders läßt sich der aus heimischen Sandstein vorbildlich errichtete Turm nicht denken. Der als Figurenportal geplante, jedoch nicht vollendete Westeingang mit dem lebendig gestalteten Tympanon und die Figur des männlichen Heiligen deuten auf einen Meister der Bauhütte der Hallenser Moritzkirche. Womöglich hat er sich in der die Heiligenfigur tragenden Kopfkonsole selbst ein kleines Denkmal gesetzt.

Ursache für den reduzierten Kirchenbau könnten die erneuten Belagerungen von 1446 und 1450 und ein gänzlicher Brand von 1472 gewesen sein, von denen sich die Stadt gewiß nur langsam erholen konnte. Da 1641 eine französisch-weimarische Armee die Stadt erneut in Asche legte, und sie 1655 und 1684 ein Opfer der Flammen wurde, gleicht es einem Wunder, daß es dennoch einige sehenswerte alte Hausportale gibt.

Wie eine Begütigung für erlittene Unbill kann es da erscheinen, daß Hedwig Courths-Mahler 1867 in Nebra geboren wurde. Angesichts der heute über uns hereinbrechenden Sturzflut trivialer Geistesprodukte gewinnt die Verfasserin von über 200 ›schöngeistigen‹ Romanen ja geradezu Klassizität; und die Nebraer sollten sich ihrer nicht schämen.

Auf halbem Weg zwischen Nebra und Memleben verengt sich das Tal der Unstrut bei **Wangen** zur sogenannten *Steinklöbe*. Um sich vom Strick loszukaufen, soll es ein zum Tode verurteilter Mönch allerdings nur mit Hilfe des Teufels geschafft haben, die der Unstrut entgegenstehenden Felsmassen zu durchbrechen, berichtet die Sage. Tatsächlich wird in diesem Teil des Flußtals wenigstens seit Mitte des 12. Jh. Stein gebrochen. Die versteilten Hänge zu beiden Seiten geben Zeugnis davon. Und sicher dürfte sein, daß auch die sich im Tal ansiedelnden Mönche das begehrte Baumaterial brachen, womit der reale Hintergrund der Sage am ehesten deutlich wird.

In **Memleben** weitet sich die Flußlandschaft. Der Blick, bisher mehr oder weniger an die ›Wände‹ des in den Stein geschliffenen Tals geheftet, schweift über die Wiesen und Felder der Niederung und den weiter flußaufwärts auf dem linken Ufer schroff aufsteigenden Wendelstein. Wie an vielen Orten von historischer Brisanz ist auch in Memleben das Unsichtbare von größerer Bedeutung als das Sichtbare. Die große Vergangenheit wird hier vor allem durch die klangvollen Namen deutscher Könige und Kaiser vor dem Untergang bewahrt.

Das sogenante *Kaisertor* im Süden der ehemaligen, heute wirtschaftlich genutzten Klosteranlage ist ein Ruinenrest des südwestlichen Querschiffs jener *Basilika* aus dem 10. Jh., die im ostdeutschen Raum nur noch im ottonischen Magdeburger Dom ihresgleichen hatte. Ihre Stiftung durch König Otto I. geht in die Jahre nach 942 zurück. Schon seinem Vater Heinrich I., der am 2. Juli 936 in der hiesigen Pfalz starb, aber in Quedlinburg begraben wurde, war Memleben besonders lieb. Das Unstrut-Tal war eines seiner bevorzugten Jagdgebiete. Auch ist Riade, der Ort seines siegreichen Kampfes gegen die eingefallenen Ungarn im Jahr 933, wahrscheinlich in Rittburg an der Unstrut zu suchen. Es mag kein Zufall sein, daß auch sein Sohn Otto der Große am 7. Mai 973 in Memleben starb. Ob die Überlieferung, daß das Herz des schließlich in Magdeburg begrabenen Kaisers in Memleben bestattet wurde, eine Tatsache ist oder nur die symbolische Beschreibung seiner besonderen Zunei-

## AN SAALE, UNSTRUT UND WEISSER ELSTER

gung, muß dahingestellt bleiben. Sein Sohn Otto II. wiederum löste auf Betreiben seiner Mutter Adelheid alte Rechte des Klosters Hersfeld ab und gründete zwischen 976 und 979 eine mit Besitz und Gütern reich ausgestattete Benediktinerabtei, die bald neben die großen Klöster des Reiches Fulda, Corvey und Reichenau trat. Unter Otto III. erhielt Memleben gar Markt-, Münz- und Zollrecht. Der letzte sächsische Kaiser Heinrich II. aber stieß, wahrscheinlich wegen eines persönlichen Zerwürfnisses mit dem Abt, Memleben wieder in die Bedeutungslosigkeit und unter die Oberhoheit Hersfelds.

Auch die Anfang des 13. Jh. erbaute bescheidenere *Kirche* dieses Klosters existiert nur noch als Ruine. Allein die wohlproportionierte und mit qualitätvollem ornamentalen Schmuck ausgestattete Krypta vermittelt ein geschlossenes Raumerlebnis (Abb. 104). Die modernen Gebäude an der Nordseite der Kirche tragen einige wenige Reste der ehemaligen Klausur in sich. – Von der bedeutenden ottonischen *Pfalz* fehlt jedoch trotz einiger Grabungen bisher jede sichere Spur. Aller Wahrscheinlichkeit nach hat sie sich aber auf dem Klostergelände befunden.

**Wendelstein** ist bei der Wanderung stromaufwärts durch das Unstrut-Tal die letzte Station in Sachsen-Anhalt. Roßleben, Artern, Heldrungen oder die Sachsenburgen, ehemals zum Bezirk Halle bzw. seit 1815 zur Provinz Sachsen gehörend, gingen mit der Länderneubildung von 1990 nach Thüringen.

Als Wendelstein bezeichnet man in einem den etwa 30 m steilen Gipsfelsen über der Unstrut und die sich darauf befindende *Burgruine*. 1322 erstmals genannt, spielte die Burg

Wendelstein, ›Neues Schloß‹, Portal, 1596. Zeichnung von H. Bergner, 1906

vor allem in den territorialen Auseinandersetzungen der Thüringer Landgrafen eine Rolle. Ab 1502 wurde sie zu einer modernen Festung umgebaut, um schließlich 1640 von schwedischen Soldaten demoliert zu werden. Die Anlage gliedert sich in *Nieder-* und *Oberburg.* Besonders hervorhebenswert sind Reste der einst künstlerisch wertvollen Gebäude der *Schloßkapelle* (nach 1541) und das *Neue Schloß* (1596) in der Oberburg. Es ist nur zu hoffen, daß diese beschaulichen Überreste aus Unachtsamkeit nicht eines Tages verschwunden sind, gleich den edlen Pferden des vom Kurfürst von Sachsen 1750 hier eingerichteten Gestüts, die eine Schar des Lützowschen Freikorps unter Theodor Körner 1813 von hier entführte.

# Eine »um- und umgewendete Landschaft« – das Mansfelder Land

So kompliziert und voller Brüche, Höhlungen, Verwerfungen und anderer Unwägbarkeiten die geographische Beschaffenheit, der Untergrund des Mansfelder Landes ist, so von wechselnder Macht und Ohnmacht, wirtschaftlichem Glanz und Niedergang, strahlender Fürstenmacht und blutig niedergeschlagener Untertanenrevolte ist auch die Geschichte dieser »um- und umgewendeten Landschaft«, wie sie der sächsische Lyriker Heinz Czechowski in einem Gedicht beschrieben hat.

Als Mansfelder Land werden heute allgemein das durch Kupferbergbau und Verhüttung geprägte Gebiet der Kreise Hettstedt und Eisleben, die Landschaft am Süßen und Salzigen See, wie Teile des östlichen Unterharzes bezeichnet, die im Regenschatten des Harzes als auch des Thüringer Waldes liegen. Es ist also weder mit der bis 1780 existierenden Grafschaft Mansfeld noch mit dem ab 1815 existierenden See- und Gebirgskreis der Preußischen Provinz Sachsen identisch. Sangerhausen, in dessen Reviere sich in den 60er und 70er Jahren unseres Jahrhunderts der Kupferbergbau verschoben hatte, war nie mansfeldisch, ist aber kaum aus dieser Landschaft auszuschließen und wird vielfach wie selbstverständlich als zugehörig genannt. Tröstlich ist, daß auch viele der hier Lebenden nur sehr unbestimmte Vorstellungen von der geographischen Ausdehnung ihres Mansfelder Landes haben.

Ähnlich schwer durchschaubar ist auch die für den Landstrich so lebensbestimmende, über Jahrhunderte durchforschte Beschaffenheit des Erduntergrunds, von dem bis heute schätzungsweise 60 Mio. m$^3$ an die Erdoberfläche befördert wurden. Der weitaus größte Teil davon ließ die Halden wachsen, denn nur 2–3 % trägt das 30–50 cm mächtige Kupferschieferflöz. Am Rande der Mansfelder Mulde, also westlich der Linie Wolferode – Helbra – Hettstedt, im flachen Ausstrich des Kupferschieferflözes, finden sich viele dicht beieinanderliegende, kaum meterhohe Halden aus der Zeit bis 1400. Später, bis 1670, mußten die

## DAS MANSFELDER LAND

*Eisleben, Bergleute, um 1900*

Bergleute schon etwas mehr in die Tiefe gehen, so daß sich taubes Gestein rund um die heute natürlich längst verstürzten Schächte ansammelte oder in Kuppen bis zu 4 m Höhe aufwuchs. Als sogenannte zweite Generation gelten die Flachhalden aus dem 18. und 19. Jh. Sie liegen im Inneren der Mansfelder Mulde und können Höhen bis zu 30 m erreichen. In ihnen finden sich zahlreiche Fossilien. Im 19. und 20. Jh. türmten sich mit den Sargdeckelhalden und den weithin sichtbaren Spitzhalden die bisher größten Halden in den mansfeldischen Himmel. Das Vorhandensein und der zusätzliche Abbau von Kalisalzen, die natürliche und durch den Bergbau verursachte Ausspülung dieser Salze durch das reichlich im Untergrund vorhandene Wasser brachten und bringen Bewegung in die Erde. Das Mansfelder Seengebiet erlebt Bodenerschütterungen bis zur Stärke vier der Mercalli-Skala und darf damit eine Sonderstellung in Europa für sich beanspruchen. Die Erde streckt und krümmt sich, buckelt wie ein störrisches Pferd, obwohl das Jahr 1990 mit dem Aufkommen der Marktwirtschaft das Aus für den Kupferbergbau brachte und damit ein wohl an die 4000 Jahre altes Kapitel beispielhafter Bergbaugeschichte zuschlug.

Die allgemeine Geschichte läßt sich im Mansfeldischen trotz der komplizierten Herrschafts- und Territorialverhältnisse beinahe mustergültig belegen. Sie beginnt mit dem Faustkeil von Helfta, der vor 250 000 Jahren in der Hand eines unserer Vorfahren lag, in einer Gegend, die heute als Dorado ur- und frühgeschichtlicher Funde bezeichnet wird. Bereits dem Anfang der Bronzezeit zuzurechnen ist der wohl wervollste und bekannteste Fund, das Helmsdorfer Fürstengrab. Es handelt sich dabei um einen Steinkegel von 12 m Durchmesser und 3,5 m Höhe, der eine dachförmige Hütte aus Eichenstämmen enthielt. In dieser befand sich ein Eichensarg mit dem Skelett des Verstorbenen. Nadeln aus Gold, Anhänger und anderes waren dem Toten beigegeben. Das nachgestaltete Grab ist heute im Heimatmuseum Eisleben zu besichtigen.

In die geschriebene deutsche Geschichte trat das Land mit Graf Hoyer I. von Mansfeld ein. Heinrich V. versprach Hoyer die sächsische Fürstenkrone, wenn es ihm als Führer des kaiserlichen Heeres gelänge, die Streitmacht der sächsischen Fürsten zu besiegen. Am 11. Februar 1115 aber unterlag Hoyer Wiprecht d. J. von Groitsch im Zweikampf, worauf das kaiserliche Heer den Kampfplatz fluchtartig verließ, und die Chance der mansfeldischen Grafen, einen Platz unter den Oberen des Reichs zu erkämpfen, verloren war.

Auch die nächste bedeutende geschichtliche Epoche wird durch eine Person markiert: Martin Luther. Eisleben war die Geburts- und Sterbestadt des großen deutschen Reformators.

Die Industrialisierung des 19. und 20. Jh. mit den sie begleitenden sozialen Spannungen und Kämpfen erhielt im Mansfelder Land eine ganz typische und kontrastreiche Ausprägung. Die ›Mansfeldische Kupferschiefer bauende Gewerkschaft‹ war Ende des 19. Jh. das größte private Bergwerksunternehmen im Deutschen Reich. Wie die Mansfelder Kumpel schon während des Bauernkriegs auf seiten der Aufständischen zu finden waren, standen sie auch in den Märzkämpfen des Jahres 1921 und im antifaschistischen Widerstandskampf in vorderster Reihe. Das mag mit der überlebensnotwendigen Solidarität zusammenhängen, die im Berg gefordert war und die sich auch auf andere Lebensbereiche übertrug.

# Süß, salzig und lutherisch

Das blaue Auge Mansfelds wird der *Süße See* bei **Seeburg** genannt. Er ist heute weitgehend von Obstplantagen und Bungalowparzellen umgeben. Mit einem Badestrand, allerlei Möglichkeiten zum Wassersport und natürlich der Seeburg, die majestätisch über dem See thront, zieht er jedoch trotzdem viele Besucher an.

Da die *Burg* zum großen Teil wirtschaftlich genutzt wird, ist sie leider nur bedingt zugänglich. Die zu den größten Burgen Mitteldeutschlands zählende Anlage wurde bereits 743 erstmals genannt. Sie erstreckte sich von der heutigen Steinburg bis hinaus über die Dorfkirche des kleinen Ortes. Die Herren von Querfurt ließen die karolingische Burg im 11. Jh. zur Steinburg ausbauen. Nach kurzer Existenz eines Chorherrenstifts und Übergang in Wernigeröder Besitz wurde die Burg 1287 von den Grafen von Mansfeld erworben, die sie ab 1450 zum Wohnschloß erkoren und dementsprechend modernisieren ließen.

In der ursprünglich zweiteiligen kastellartigen Anlage dominieren heute der seeseitig gelegene Witwenturm und der hinter dem Rittersaal auf höchster Stelle emporragende Bergfried (Abb. 100). Letzterer besteht aus einem mächtigen Stumpf aus den Jahren um 1080, einem schlanken spätmittelalterlichen Turmaufbau und jener markanten, weithin sichtbaren barocken Haube. Auch der Rittersaal, im Osten gelegen und dort von der Straße aus zu sehen, ruht auf einem älteren Palas. Er ist von 1515–18 entstanden. An Erkern, Portalen und Fenstern schmücken ihn qualitätvolle Steinmetzarbeiten. Mit seinen Vorhangbogenfenstern erinnert er gar an die Albrechtsburg in Meißen. Der behäbig über dem Wasser thronende Witwenturm wurde im 15. Jh. zu Wohnzwecken um- und ausgebaut. Am Ende der durch

## DAS MANSFELDER LAND

das Pfortenhaus in die Anlage führenden Straße weist eine runde, steinerne Apsis auf die 1179 von Erzbischof Wichmann hier eingerichtete Stiftskirche, von der auch die Umfassungsmauern noch erhalten sind.

Auch die *Dorfkirche* von Seeburg ist romanischen Ursprungs. Im Inneren befindet sich ein Flügelaltar aus dem Umkreis Cranachs und ein Sandsteinepitaph aus dem 16. Jh.

Vom beliebten Naherholungszentrum sind es nur noch knapp 10 km bis Eisleben, der kulturellen Hauptstadt des Mansfelder Landes. Die von Halle heraufführende, vierspurig ausgebaute Bundesstraße verengt sich hier auf zwei Spuren. Für den einen oder anderen vielleicht ein Grund, in eine der rechts oder links von der Hauptstraße abzweigenden engen Landstraßen zu biegen. Dort gibt es abseits des Bekannten durchaus interessante Entdeckungen zu machen.

Viele der oft sehr kleinen Dörfer gehen auf Siedlungen aus der Zeit des Königreichs der Thüringer zurück. Archäologische Funde aus Bronzezeit und älteren Kulturen sind keine Seltenheit. In zahlreichen Ortschaften haben sich Teile oder ganze Baukörper der typischen romanischen Dorfkirchen dieser Gegend erhalten. Auf der Seite des Süßen Sees findet man sie in Dederstedt, Bösenburg oder Oberrißdorf. Auch die *Kirche* in **Unterrißdorf** entstand im ausgehenden 12. Jh. und mußte sich, wie viele ihrer Art, in späterer Zeit einen Umbau gefallen lassen. Aus dieser Zeit besitzt sie Teile eines spätgotischen Flügelaltars. Umgestaltet wurde ebenfalls die romanische *Dorfkirche* von **Burgsdorf**, und zwar erst 1815. Trotzdem sind in ihr Fragmente frühgotischer Wandmalerei erhalten, eine Madonna mit zwei weiblichen Heiligen und der zwischen Petrus und Paulus thronende Christus aus der Zeit um 1230/40.

Auf der linken Seite der Bundesstraße Richtung Eisleben hat als Pendant zum Süßen See bis ins 19. Jh. der *Salzige See* als ein Teil des einst bis an Eisleben heranreichenden Seengebiets gelegen. Auf dem Weg nach Röblingen am See ist seine nun meist ausgetrocknete Senke auf einem künstlichen Damm zu durchqueren.

Der See mag ein Grund gewesen sein, einen Erzpriestersitz des Bistums Halberstadt hier zu postieren. Der nadelspitze, kreuztragende und schiefergedeckte Westturm der 1170/80 erbauten kleinen *Basilika* in **Röblingen** taucht schon bald aus den Dächerquadern heraus und weist für jeden Ortsunkundigen sicher die Richtung. Der intakte Turm wurde 1861 auf alten Fundamenten neu erreichtet, die Kirche selbst 1960 umfassend restauriert. Von ihren Kolleginnen im Umkreis unterscheidet sie sich durch die doppelte Fensterreihe im Kirchenschiff, die vielleicht auf einen früheren Emporeneinbau hindeutet, von dem heutigen aber unabhängig ist. So streng und pragmatisch wie die ganze Kirche ist auch das Tympanon im Südportal gestaltet, dessen Tür heute allerdings vermauert ist. In strenger Rahmung weist die Hand Gottes auf das als Widder dargestellte Lamm Gottes mit Kreuzstab, während in der linken Ecke Wirbelrosette und Blume als Zeichen ewigen wie endlichen Lebens zu deuten sind.

Das romanische Rundbogenportal, das sich im Innenhof des an die Kirche angrenzenden Gebäudes erhalten hat, geht mit großer Wahrscheinlichkeit auf den Erzpriestersitz zurück,

430

währenddessen das schöne, aber langsam zerfallende Taubenhaus im Hof weit jüngeren Datums ist.

Röblingen teilte oder teilt sich in Ober- und Unterröblingen. Mehr noch als der ehemalige Erzpriestersitz entspricht die *Dorfkirche* in Unterrröblingen dem typischen Bild des ländlichen romanischen Gotteshauses.

Wer sich für diese meist sehr schlichten Zeugen vergangener Lebensweise interessiert, wird auch in dem sich ins enge Tal des Flüßchens Weida pressenden **Schraplau** fündig. Die Tatsache, daß in Schraplau direkt aus dem Talhang Kalk gebrochen wird, erweckt den eigenartigen Eindruck, als habe nicht der Fluß sich dieses Tal geschaffen, sondern die Menschen selbst. Die hoch am Talhang, gegenüber vom Kalkbruch erbaute *Kirche* aus dem letzten Viertel des 12. Jh. ist etwas größer als die in Röblingen und mit zwei romanischen Säulenportalen auch etwas reicher ausgestattet. Bis auf den spätgotischen Schnitzaltar allerdings gehören die Ausstattungsstücke der Zeit des barocken Ausbaus an.

Neben den Dorfkirchen des Mittelalters hat es natürlich wie überall zu dieser Zeit zahlreiche Klostergründungen als Zentren christlicher Missionierung und zur Hebung der Landeskultur gegeben. Da das Mansfelder Land in besonderem Maße von der Zerstörungswut des Bauernkriegs betroffen war, gibt es davon kaum noch architektonische Zeugnisse. So lassen zum Beispiel die drei teils zweckfremd genutzten *Kapellen* in **Sittichenbach** nur andeutungsweise auf das ehemals bedeutende, 1141 begründete und mit Grauen Brüdern aus Walkenried besetzte Zisterzienserkloster schließen. Die besonders im Wasserbau bewanderten Brüder – noch heute wird die aus einem Stollen des Roten Berges kommende starke Wasserader genutzt – machten die Rohneniederung urbar.

Was Sittichenbach in landeskultureller Hinsicht, war das heute in Eisleben eingemeindete **Helfta** in noch viel größerem Maße für die deutsche Mystik des Mittelalters. Die Zisterzienserinnen Mechthild von Magdeburg, Mechthild von Hakeborn, Gertrud von Hakeborn und die sogenannte Große Gertrud verkörpern die Blüte deutscher mittelalterlicher Frauenbildung. Mechthild von Magdeburgs Werk ›Fließendes Licht der Gottheit‹ ist das bis jetzt älteste bekannte Werk seiner Gattung im deutschen Sprachraum.

Von zeitgenössischen Klosterbauten sind im Gelände des landwirtschaftlichen Gutes nur unbedeutende Reste erhalten geblieben. Die *Dorfkirche* mit einem um 1500 entstandenen Schnitzaltar und anderen Ausstattungsstücken aus dem 16. und 17. Jh. ist spätgotisch. Erst mit dem aufblühenden Kupferbergbau auf dem Eisleber Berg wurde Helfta von Eisleben überflügelt. Heute ist das in seiner Geschichte bis in das Königreich der Thüringer reichende Helfta durch eine 700–800 m breite Senkungswanne und den daraus resultierenden Erdbewegungen in seinem Bestand bedroht. Geistige Guter, so flüchtig sie dem Lebenden erscheinen mögen, haben wenigstens in dieser Beziehung keine Probleme.


Nicht zuletzt darum hält **Eisleben** mit Bedacht auf seinen Martin Luther. Verständlich, daß sich die Stadt gerade nach dem Wahnwitz des Zweiten Weltkriegs und der Orientierungslosigkeit im ersten Nachkriegswinter, am 18. Februar 1946, anläßlich des 400. Todestages des Reformators den Namen Lutherstadt Eisleben zueignete. Dennoch ist der Ort vor allem

DAS MANSFELDER LAND

*Eisleben. Kupferstich von M. Merian, um 1650*

durch den Bergbau und den dazugehörigen ›Berg‹ geprägt. Wer vom Markt durch das Tal der Bösen Sieben in die Neustadt oder in die fast entgegengesetzte Richtung zum Bahnhof hinaufsteigt, bekommt das zu spüren.

Hervorgegangen aus einer altthüringischen Siedlung an der Kreuzung zweier Fernwege, findet der Marktverkehr in ›Islevo‹ schon 994 Anerkennung durch Otto III. Heinrich III. bestätigte Markt-, Münz- und Zollrecht im Jahre 1045. Ackerbau, Tuchmacherei, Weinbau und der Handel mit Kupfer waren die Haupterwerbsquellen der kleinen Stadt, die wohl Mitte des 12. Jh. eine erste Stadtmauer erhielt. Vor der Nordostecke dieses Siedlungskerns befand sich die Wasserburg, die Ende des 11. Jh. zur Residenz und 1081 gar zum Krönungsort von Hermann von Salm-Luxemburg wurde, der als Gegenkönig von Heinrich IV. in die Geschichte eingegangen ist. Die Wasserburg, im 16. Jh. zum Wohnschloß umgebaut, brannte wie das gesamte Marktviertel 1601 nieder. Seine Ruinen wurden 1881, der Bergfried sogar erst 1969 abgebrochen. Bis in das 15. und 16. Jh., der ersten Blütezeit des Eislebener Kupferschieferbergbaus, wuchs die Stadt ständig. Aus diesen beiden Jahrhunderten stammen auch die bedeutendsten architektur- und kunstgeschichtlichen Zeugnisse.

Trotz des bereits erwähnten Brandes von 1601 ist der *Markt* auch heute noch das geschlossenste architektonische Ensemble der Stadt (Abb. 101). Durch die Hanglage entsteht in einer beinahe dramatischen Staffelung von *Lutherdenkmal*, Rathaus und der die gesamte Komposition überragenden Andreaskirche das beliebteste Fotomotiv Eislebens. Ganz in der Tradition gründerzeitlicher Denkmalkunst, verfehlt »die Kolossalfigur von Bronze auf einem Sockel von grünem polierten schwedischen Granit« ihre Wirkung nicht. Das von Rudolf Siemering geschaffene und 1883 eingeweihte Denkmal zeigt in vier Bronzereliefs Szenen aus Luthers Leben.

Hinter dem Denkmal, an der westlichen Schmalseite des Marktes, überblickt der steile weiße Giebel des *Rathauses* gebieterisch den Platz. Dieser Eindruck wird etwas gemildert durch den 1874 ausgeführten zweigeschossigen Vorbau. 1910 folgte eine weitere Restaurierung, bei welcher der Ostgiebel völlig neu errichtet und im Inneren des Hauses eine Treppe

*Eisleben  1 Lutherdenkmal  2 Rathaus  3 Mohrenapotheke (ehem. Schloß Mittelort)  4 Schlösser Vorder- und Hinterort  5 Sterbehaus Luthers  6 Andreaskirche  7 Vikariat St. Andreas  8 Heimatmuseum  9 St. Peter und Paul  10 Geburtshaus Luthers  11 Alter Friedhof/Museum für Architektur und Bauwesen  12 Nikolaikirche  13 Ehem. Katharinenstift  14 Knappenbrunnen  15 Ehem. Neustädter Rathaus  16 Wohnhaus J. Tempel  17 ›Kamerad Martin‹  18 Annenkirche/Augustinereremitenkloster*

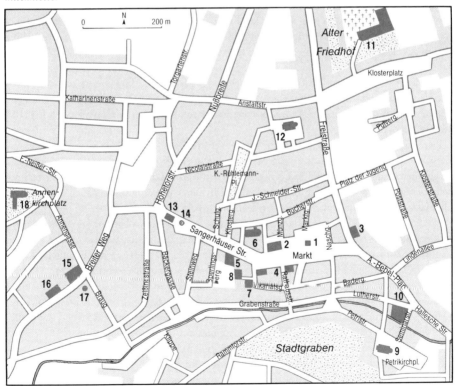

## DAS MANSFELDER LAND

eingebaut wurde. Bis dahin waren die Obergeschosse nur über die überdachte doppelläufige Freitreppe an der nördlichen Längsseite des Hauses zu erreichen. Trotz der Umbauten haben sich aber auch im Inneren in zwei Geschossen reiche Rippengewölbe und Innenportale aus der Erbauungszeit (bis 1531) erhalten. Dem Ende des 13. Jh. entstammt der an der Nordostecke des Gebäudes eingefügte Kopf mit Lilienkrone, der im Volksmund ›Knoblauchkönig‹ heißt und Hermann von Salm-Luxemburg darstellen soll.

Auch die drei gräflichen Stadtsitze lagen in Sichtweite des Rathauses am Markt. Markt 34, ein dreigeschossiges, breitgelagertes Traufenhaus, in dem sich heute die *Mohrenapotheke* befindet, gehörte der Linie Mittelort und entstand nach 1601. Nah beieinander liegen die *Schlösser* der Linien *Vorder-* und *Hinterort*, Markt 56 und 58, wobei das erstere 1707 fast völlig erneuert wurde. Auch das Schloß der Linie Hinterort hat mehrfache Restaurierungen über sich ergehen lassen müssen, weist aber mit seinen Vorhangbogenfenstern und dem kielbogenförmigen Sitznischenportal noch in die mit 1500 datierte Erbauungszeit. Im Inneren gehört zudem ein wappengeschmückter Rittersaal zum alten Bestand.

Nur ein paar Schritte die Sangerhäuser Straße hinauf befindet sich das schon im 19. Jh. zum Memorialmuseum eingerichtete *Sterbehaus Luthers*. Diesen Weg dürfte der als »alter und abgearbeiteter Mann« geltende Luther in seinen letzten Tagen oft gegangen sein, denn der Zweck seiner winterlichen Reise nach Eisleben war die Schlichtung eines Streits zwischen den Grafenbrüdern. Als Luther am 28. Januar 1546 in der Stadt eintraf, hatte er schon unterwegs einen schweren Schwäche- und Herzanfall erlitten, was ihn nicht daran hinderte, neben den Verhandlungen, die am 17. Februar per Vertrag begütigend endeten, eine Reihe von anderen Aktivitäten zu entwickeln. Doch in der Nacht zum 18. Februar zwischen zwei und drei Uhr starb Martin Luther im Alter von 63 Jahren. Zur Aufbahrung trug man ihn hinüber in den Altarraum der *Andreaskirche*, von deren Kanzel er in seinen letzten Eislebener Tagen noch viermal gepredigt hatte.

Der im zweiten Viertel des 15. Jh. unter Verwendung von Teilen eines romanischen Vorgängers begonnene Bau der spätgotischen Halle erhält durch den nördlich des Chors aufgeführten schweren Turm und dessen barocken oktogonalen Oberbau eine beeindruckende Dynamik. Wie der Rote Turm in Halle dürfte auch dieser in seiner gegen die Doppelturmfassade der Kirche auftrumpfenden Gebärde als ein die wachsende Macht des Stadtbürgertums anzeigendes Symbol gedacht gewesen sein. Er sollte sich nicht nur gegen die Kirche, sondern auch gegen die drei gräflichen Stadtsitze behaupten. Allerdings erreichte er diese imposante Wirkung erst mit dem Verschwinden der gotischen Helme der Kirche und dem späteren Aufbau seiner nun diese überragenden Haube in den Jahren von 1714–23.

Unter dem mächtigen, die drei Schiffe der Kirche bergenden Satteldach entfalten sich, bedingt durch das breite Mittelschiff und die schmalen Seitenschiffe, eher ungotische, gedrungene Raumverhältnisse. Das Joch des Hauptchors wird von einem Stern-, der südliche Nebenchor von einem Netzgewölbe überspannt.

Von den Ausstattungsstücken dürfte die sogenannte Lutherkanzel wegen ihrer ›Reliquienhaftigkeit‹ am bekanntesten sein. Die Kanzel und der jetzt unter Glas gebrachte Kanzelbehang mit sehr kunstvoller Reliefstickerei stammen tatsächlich noch aus Luthers Zeiten.

434

Daneben ist aber vor allem der große, vierflügelige, unter fränkisch-nürnbergischem Einfluß um 1500 geschaffene Schreinaltar nähere Betrachtung wert: Den Mittelpunkt bestimmt die Marienkrönung, rechts davon sind Andreas und im Flügel Nikolaus und Laurentius dargestellt, links Stephanus und im Flügel Barbara und Katharina. In der Auffassung der Figuren, insbesondere bei dem schweren, fast metallen erscheinenden Gewandstil, ist er dem Annenaltar in der Petrikirche sehr nahe. Teile eines Chorgestühls aus der Zeit um 1520, zwei große Messingkronleuchter von 1610 und eine hölzerne Taufe können die historische Ausstattung nur andeuten. Zum Zeitpunkt der Reformation 1540 besaß die Kirche allein 14 Altäre.

Im Gegensatz zu diesen haben zahlreiche, darunter sehr schöne Grabdenkmäler aus dem 13. bis 18. Jh. die Stürme auch späterer Zeiten überdauert. Hervorgehoben sei hier lediglich die Tumba für Graf Hoyer VI. (Abb. 103), den letzten katholischen Mansfelder. Schon ganz individuell gestaltet ist das Porträt der Liegefigur des Verstorbenen. Sie gilt als das Hauptwerk des Bildhauers Hans Schlegel und zugleich als ein Höhepunkt mitteldeutscher Renaissanceplastik. Ein Grab, wie es für Luther nicht denkbar gewesen wäre. Nach seiner Aufbahrung hier in Eisleben wurde der Leichnam in die Schloßkirche zu Wittenberg gebracht, wo später auch sein Mitstreiter Melanchthon begraben wurde. Stellvertretend sind beider Büsten in der Eingangshalle der Andreaskirche aufgestellt. Johann Gottfried Schadow schuf sie 1817.

Neben dem dreigeschossigen Bau der Superintendentur befindet sich nördlich der Andreaskirche das heute stark veränderte Gebäude des ehemaligen Luthergymnasiums, das Luther mit Justus Jonas noch am 16. Februar 1546 gegründet hatte.

Die achteckige gedrungene Turmhaube im Südosten des Marktplatzes markiert die Petri-Pauli-Kirche. Der Weg dorthin streift in der Vikariatsgasse 5 das ehemalige *Vikariat von St. Andreas,* ein Gebäude aus der Mitte des 16. Jh., das auf seiner Hofseite niedersächsisches Fachwerk besitzt und dringender Restaurierung bedarf.

In unmittelbarer Nähe macht das *Heimatmuseum* mit der Geschichte Eislebens und des Mansfelder Landes bekannt. In der Rammtor- und der Lutherstraße wird der Blick von prächtigen Bürger- und Adelssitzen weg zu einfacheren Bauern- und Handwerkerhäusern hingelenkt.

*St. Peter und Paul* ist die Kirche, in der Luther einen Tag nach seiner Geburt, am 11. November 1483, auf den Namen des Tagesheiligen getauft wurde. Vier kleine Gemälde aus der Mitte des 16. Jh., auf denen Luthers Eltern, Luther und seine Frau dargestellt sind, erinnern an das Ereignis, ebenso der Taufstein von 1817, der Reste des Steins enthalten soll, in dem Luther getauft wurde.

Die eng von Häusern eingezwängte Kirche war die Pfarrkirche der südlichen Vorstadt Eislebens. 1447 wurde an der Stelle einer kleineren, um 1320 errichteten Kirche mit dem Neubau begonnen. An der Nordseite, wo sich in einer offenen Vorhalle das mit reichen Profilen versehene Hauptportal befindet, sind drei Konsolen mit weiblichen Köpfen als Erinnerung und einziger Rest der alten Kirche ins Mauerwerk eingefügt.

Erst nach der Fertigstellung des rechteckigen Westturms 1474 begann man 1486 mit dem Bau der in anmutigen, wohlausgewogenen Formen errichteten dreischiffigen Halle, die nach

## DAS MANSFELDER LAND

*Eisleben, Andreaskirche, Liegefigur Graf Hoyer VI. von Mansfeld. Zeichnung von Adolf Brinkmann*

vier Jochen in einem zweijochigen, dreiseitig geschlossenem Chor mündet. Die spätgotischen Fenster mit ihrem vielfach von Fischblasen geschmückten Maßwerk unterstreichen wie die gekehlten Achteckpfeiler den aufwärtsstrebenden Charakter des Raumes, den ein sternförmiges Gewölbe abschließt. Im Mittelschiff und im Chor krönen Wappenscheiben die Rippenkreuzungen. Die Seitenschiffe sind mit parallel genetzten Rippen besetzt. Hufeisenempore und Kanzel sind spätklassizistisch. Der moderne Orgelprospekt entstand 1929. Neben einem Kruzifix und zwei Schnitzfiguren aus der Mitte des 15. bzw. aus dem Anfang des 16. Jh. und zwei guten Gemälden, wahrscheinlich aus der Werkstatt Lucas Cranachs d. Ä., ist als einziger von den ursprünglich neun Altären der Annenaltar erhalten geblieben. Das war sicher kein Zufall, denn die Anna Selbdritt, Mutter der Maria, war im Mittelalter auch die Schutzpatronin des Bergbaus. In der Predella des Altars, wo die Geburt Christi dargestellt ist, hält Joseph eine Bergmannslampe. Dem heiligen Geschehen schauen nicht Hirten, sondern zwei Bergleute zu. Das mag belegen, wie sehr die Menschen der Zeit das Heilsgeschehen als ganz gegenwärtig begriffen haben.

Von der Taufkirche ist es durch die schmale Seminarstraße ein Katzensprung zum *Geburtshaus* (Abb. 102), durch dessen Hof zugleich das Naturkundemuseum der Stadt zu erreichen ist. Die Ausstellung des Geburtshauses befaßt sich mit Herkunft, Kindheit und Jugend des späteren Reformators. Die Luthers – der Vater war Bergmann – lebten nur wenige Jahre in Eisleben und zogen schon 1484 nach Mansfeld. 1689 brannte das Haus total nieder, wurde aber durch Staat und Stadt als Gedenkstätte wieder aufgebaut. Der Spruch, der über dem Vordereingang die Porträtbüste Luthers umzieht, weist allerdings auf eher kleingeistige Traditionshüter, die in Dogmatisierung und einem immer falschen Absolutheitsanspruch das größte Werk ruinieren können: »Gottes Wort ist Luthers Lehr, darum vergeht sie nimmer mehr.« Das nahe Lenindenkmal auf dem August-Bebel-Plan mag die Aktualität belegen.

Ein kulturgeschichtliches Denkmal ganz besonderer Art, das in vergleichbarer Ausführung in unserer Region nur noch im Hallenser Stadtgottesacker existiert, besitzt Eisleben in seinem *Alten Friedhof*, auch Kronenfriedhof genannt. In der Nähe des Klosterplatzes wurde 1533 damit begonnen, nach dem Vorbild italienischer Camposanti eine geometrische Anlage mit architektonischer, nach innen durch Arkaden geöffneter Umbauung zu errichten. Leider wurde die Anlage nie vollendet, so daß heute nur zwei übereck reichende Hallen einen Eindruck vermitteln können. Trotz einer 1983 begonnenen Erneuerung, die auch zur Einrichtung des *Museums für Architektur und Bauwesen* im ehemaligen Erbbegräbnis des Gutsbesitzers Müller führte, befindet sich der historische Teil des Friedhofs in einem besorgniserregenden Zustand. Schon Gottfried Schadow hatte einmal aus ähnlichen Gründen die wertvollsten der Denkmäler in das Geburtshaus Martin Luthers bringen lassen. Von den früher gewiß vorhandenen Grüften hat sich nur noch eine erhalten, die der Familie Bucher, der wahrscheinlich mächtigsten und reichsten Kaufmannsfamilie Eislebens. Die Buchers konnten es sich leisten, eine steinerne, nach innen gekehrte Kreuzigungsgruppe für ihre Begräbnisstätte fertigen zu lassen. Der ansonsten offene Dachstuhl wurde hier mit einem hölzernen, bemalten Himmel ausgeschlagen. Wertvolle Grabmäler existieren darüber hinaus vor allem aus dem 16. Jh.

Das Museum zeigt neben der durch keine Quelle zu belegenden ›Lutherkutsche‹, der Nachbildung des angeblichen Reisewagens Luthers, Modelle verlorener historischer Bauten, das barocke Grabmal Daniel Kriegers und anderes.

Auf dem Weg zurück zum Markt erhebt sich der weitgehend lädierte gotische Helm des Turms der *Nikolaikirche* als letzter gotischer Helm Eislebens über die Dächer der Wohnquartiere. Die ehemalige Pfarrkirche der nördlichen Vorstadt wurde 1973 von der Gemeinde aufgegeben und seitdem ihrem Verfall überantwortet.

Ein letzter Weg durch Eisleben führt vom Markt zunächst die Sangerhäuser Straße hinauf. Sie ist die Hauptgeschäftsstraße der Stadt und Fußgängerzone. Vor dem Gebäude des ehemaligen *Katharinenstifts*, das von 1817–44 als Bergschule diente, schuf der Quedlinburger Bildhauer Wolfgang Dreyse mit dem *Knappenbrunnen* ein Werk, welches sich wie wenige seiner Art wirklich in die architektonischen und historischen Gegebenheiten der gewachsenen Stadt einfügt. Die Figuren stellen den Knappschaftsältesten, den Bergmauerer, den Bergsänger, den Hüttenschmied, Bergrichter, Schmelzer, Treckejungen und den Häuer durchaus nicht historisierend, sondern in Gestik und Mimik mit einem Blick auf den Mann der Straße ganz gegenwärtig dar.

An der Grenze der Altstadt, wo die Annenstraße nach rechts in die Neustadt hinaufführt, steht an der Ecke das ehemalige *Neustädter Rathaus*, ein Renaissancegebäude, das aufgrund der Erdbewegungen in diesem Gebiet das Schicksal vieler anderer Häuser teilt und bis jetzt in seinem Bestand noch nicht gesichert wurde. Um so größer ist die Überraschung, in unmittelbarer Nähe das nach Georg Kutzke »bedeutendste Renaissancehaus des Südharzes« zu finden. Das Haus mit seinem reich gegliederten und durch den Paradieserker zusätzlich aufgewertetem Obergeschoß wurde als *Wohnhaus* des Amtsschössers *Joachim Tempel* im Jahre 1574 erbaut. Das originale Renaissanceportal verlor es allerdings im 19. Jh.

Die sogenannte Eisleber Neustadt, die sich oberhalb des Rathauses erstreckt, wurde 1511 als Bergmannssiedlung gegründet. Symbol dieser Bergmannsstadt und des Mansfelder Berg-

## DAS MANSFELDER LAND

baus überhaupt war ›*Kamerad Martin*‹, eine um 1590 erstmals gegenüber dem Rathaus aufgestellte Sandsteinfigur, die durch eine Kopie von 1926 ersetzt wird, während sich das Original im Heimatmuseum befindet.

Die Annenstraße führt hinauf zur gleichnamigen, wiederum der Patronin des Bergbaus geweihten *Annenkirche*. Ein weiter Blick über die Stadt belohnt für die Mühen des Aufstiegs gleichermaßen wie der Anblick der Kirche und des mit ihr verbundenen Klosters, das sich mit seinen fünf altfränkischen Mönchskammergiebeln geradezu emporreckt. Dieses Augustinereremitenkloster soll das einzige der zwölf Klöster des Mansfelder Landes gewesen sein, das während des Bauernkriegs keinen Schaden erlitten hat. Vielleicht weil der Prior, Caspar Güttel, zugleich der »Reformator des Mansfelder Landes« war. So jedenfalls bezeichnete ihn Martin Luther, der sich als Distriktvikar des Ordens mehrmals im Kloster aufhielt.

Die Kirche entstand im offenbar selbstverständlichen Nebeneinander von Stilformen der Spätgotik und der Renaissance. Nachdem der Chor in den Jahren 1514–16 gebaut und auch geweiht war, dauerte es fast 70 Jahre, ehe man an die Vollendung des Baues ging. Von 1585 bis 1608 entstanden das Langhaus, die westlich daran anschließende Grabkapelle für die Mansfelder Grafen und der Nordturm, dessen heutige Spitze aber aus dem Jahr 1852 stammt.

Auch im Inneren der Kirche finden sich beide Stilformen nebeneinander. Das ursprünglich wohl als dreischiffige eingewölbte Halle geplante Langhaus wurde mit einer Holzkassettendecke mit reichem malerischen Schmuck geschlossen. Das Mittelbild zeigt Gottvater, Sohn und Heiligen Geist, die von den zwölf Jüngern umgeben sind. In das originale spätgotische Chorgewölbe wurde 1586 ein reicheres, abermals spätgotische Formen aufnehmendes Gipsgewölbe eingezogen. Auf der spätgotischen Emporenbrüstung des Chores erhebt sich ein Renaissanceaufsatz. Neben Grabmälern, Wappenschildern und einem im Chor aufgestellten Wappenstammbaum der Grafen von Mansfelder-Hinterort in Form eines Obelisken, dem spätgotischen Schnitzaltar und dem sich darüber erhebenden Triumphkreuz gibt es drei weitere, ganz besonders zu beachtende Werke in der Kirche. Da sind zunächst die Glasmalereien der Frührenaissance in der Art Schweizer Wappenscheiben, die sich jetzt in den südlichen Langhausfenstern befinden. In Europa einmalig soll die berühmte Eisleber Steinbilder-Bibel sein. Nach graphischen Vorlagen von Virgil Solis schuf der aus Münster/ Westfalen kommende Bildhauer Hans Thon Uttendrup 1585 die 29 Relieffelder der Chorgestühlbrüstungen mit 25 Szenen aus dem Alten Testament und den Figuren der vier Evangelisten. »Ich gläub', was hier gebildet ist – tröst mich dein, Herr Jesu Christ«, schreibt der Künstler über sein Werk und vermittelt noch durch diesen spröden Vers etwas von der Mühe und Ernsthaftigkeit dieser Arbeit.

Die 1608, also nur wenige Jahre später geschaffene *Kanzel*, scheint aus einer ganz anderen Zeit zu kommen. Die in kräftigen Farben gehaltenen Stuckreliefs erzählen in derb-naiver Manier Geschichten des Alten und Neuen Testaments. Wohl selten dürfte ein Sündenfall oder eine Auferstehung mit so unverbrauchter Lebenslust, ja Frivolität gestaltet worden sein.

# An Eine und Wipper, in Hettstedt und Mansfeld

Südlich des unteren Selketals erstreckt sich an den reizvollen Flußtälern von Eine und Wipper der gebirgigere, zum Harz gehörige Teil des Mansfelder Landes. Im Gegensatz zu den Industrierevieren bietet diese vergleichsweise dünn besiedelte Gegend neben Acker- und Wiesenflächen ausgedehnte Waldgebiete und damit Gelegenheit zu wirklich einsamen, langen Spaziergängen.

Beide obere Flußtäler besitzen auch nur je eine Burg bzw. Burgruine. Im Einetal, das auch mit dem Auto zu durchfahren ist, erhebt sich über dem Flecken **Harkerode** die beeindruckende Ruine des *Arnstein*. Von der 1135 erbauten und später mehrfach umgebauten bzw. erweiterten Burg sind es der wohnturmartige Palas, der Bergfried und der schöne Blick über die Landschaft, die den Aufstieg lohnen.

Die *Rammelburg,* im Tal der Wipper, wird meist nur von der kleinen gleichnamigen Raststätte an der von den Einheimischen kurz ›Klaus‹ genannten Harzhochstraße besichtigt. Die Klausstraße, ein alter, von Leimbach bis zur Abzweigung nach Stolberg ansteigender Firstweg, verdankt ihren Namen einer vorreformatorischen Einsiedelei über der Rammelburg. Die ewig in Geldnöten steckenden Mansfelder Grafen sollen schließlich aus der Einsiedelei ein vom Klausner betreutes Zollhaus gemacht haben.

Die malerisch gelegene Rammelburg brannte 1896 nieder und wurde unter der Einbeziehung noch vorhandener Teile in romanisierenden und gotisierenden Formen wieder aufgebaut. Sie beherbergt heute ein Rehabilitationszentrum, so daß touristische Besichtigungen nur von außen möglich sind. Glücklicherweise gibt es auch in diesem unteren Teil des Wippertales keine durchgehende Straße. Es ist ohne eigene Kraft nur mit einer Bahn zu durchfahren, die durch das Tal bis zu der kleinen, größtenteils von Wäldern und Bergen umgebenen Kurstadt Wippra führt.

**Mansfeld,** früher Tal-Mansfeld genannt, hat immer schon im Schatten des größeren und reicheren Eisleben gestanden, obwohl es der eigentliche Stammsitz der Mansfelder Grafen war. Auch heute ist es so, daß viele Touristenbusse bereits in Eisleben kehrt machen. Dabei ist dem kleinen Mansfeld durchaus mehr als ein Höflichkeitsbesuch abzustatten.

Allein die Tatsache, daß *Schloß Mansfeld* vor und während des Dreißigjährigen Krieges zu den mächtigsten Festungen Deutschlands gehörte und trotz Schleifung und umfangreicher Ruinierung noch heute eine der schönsten deutschen gotischen Schloßkirchen vorweisen kann, sollte jeden Skeptiker überzeugen.

Der östlich der Stadt auf steil abfallender Hochebene gelegene Adelssitz erscheint 1229 erstmals in den Annalen, reicht aber sicher wie das Grafengeschlecht bis in das 11. Jh. zurück. Nach dem fast vollständigen Niederriß der gotischen Burganlagen begannen die Mansfelder Grafen nach der Erbteilung von 1501 in gegenseitiger Konkurrenz mit dem Bau repräsentativer Wohnschlösser. Der Bau der Festungswerke wurde 1517 begonnen und im Zusammenhang mit dem Schmalkaldischen Krieg nochmals intensiviert. Nachdem sie auch im Dreißigjährigen Krieg nie im Sturm erobert werden konnten, wurden sie erst 1674/75 auf

439

## DAS MANSFELDER LAND

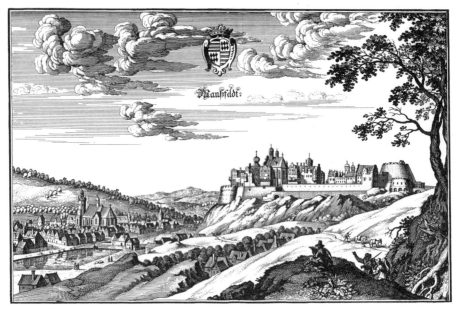

*Mansfeld. Kupferstich von M. Merian, um 1650*

Drängen der Städte und Stände geschleift, die für ihren Erhalt aufzukommen hatten. Die Natur, die wuchernd in die offenen Mauern griff, tat ein übriges, so daß sich das genaue Ausmaß der Festung an Ort und Stelle nur noch schwer überblicken läßt.

Der Verfall der Macht des Grafengeschlechts ging mit dem Verfall der Häuser einher. Nur das von Graf Hoyer VI. 1509–18 erbaute *Schloß Vorderort* und dort insbesondere das Hauptschloß konnte erhalten und auch nach dem Aussterben der Grafen 1780 weiter bewohnt werden. Das heutige architektonische Bild ist allerdings geprägt vom neogotischen Umbau der Jahre 1860–62, bei dem die sich in der frühen Renaissance durch Rundgiebel öffnende Fassade wieder geschlossen wurde. Der beeindruckende, mit Strebepfeilern umstellte Treppenturm erhielt während des Umbaus sein mit Zinnen umkränztes Obergeschoß. Die Wendeltreppe, die sich elegant um eine schön profilierte Spindel in die Höhe schwingt, blieb original erhalten. Ebenso einige sehenswerte äußere Portale. Die halbkreisförmigen Reliefs der Stabwerkportale des Hauptschlosses von Hans Schlegel spielen mit der Darstellung des Weingottes sowie trinkender und raufender Landsknechte auf die offenbar sehr derbe Trinkfreude der Mansfelder Grafen an. Das Portal am Treppenturm des nördlichen Flügels, das von einer aus Säulchen und Tiergrotesken zusammengefügten Wulst umzogen wird, trägt das Steinmetzzeichen von Ludwig Binder, dem Erbauer des Johannbaues des Dessauer Schlosses.

Eine dieser Arbeit verwandte befindet sich auch als Rahmung einer Sakramentsnische auf der Südwestempore der *Schloßkirche*. Sie ist, wenn auch turmlos, heute mehr denn je die architektonische Dominante des ganzen Areals. Der schlichte, Anfang des 15. Jh. entstandene einschiffige Bau erhebt sich auf einem tonnengewölbten, kellerartigen Unterbau. Ein fast quadratischer Treppenturm vermittelt zwischen der Kirche und dem Hauptschloß Vorderort. Die homogene Erscheinung des Raumes, die harmonische Farbigkeit und die überaus reiche Ausstattung brachten der Kirche das Urteil ein, »zu den schönsten deutschen Schloßkirchen der Gotik« zu gehören. Das schlichte, hohe Schiff wird von schmalen Steinemporen umzogen, wobei die auf gedrehten Säulen ruhende die ältere ist (Abb. 105). Die beiden übrigen, deren Arkaden auf oktogonalen Säulen ruhen, wurden 1521 eingebaut.

Etwa in der Mitte des Schiffs steht der spätgotische, nur ein Jahr nach den beiden jüngeren Emporen gefertigte Taufstein auf einer größeren runden Platte, die der Standplatz der Paten bei der Taufzeremonie war. Als auffälligster Schmuck darf sicher der aus dem Umkreis Lucas Cranachs d. Ä. stammende Flügelaltar angesehen werden. Er ist etwa zur gleichen Zeit wie die Emporen und der Taufstein in die Kirche gekommen. Im Mittelteil zeigt er die Kreuzigung Christi, in der Predella die Grablegung, links die Höllenfahrt und

*Mansfeld, Schloßkirche, Flügelaltar*

## DAS MANSFELDER LAND

rechts die Auferstehung. Das sehr spröde, aber gerade deswegen so eindrucksvolle Epitaph für den 1526 gestorbenen Grafen Günther ist eines der ersten Beispiele entwickelter mitteldeutscher Frührenaissanceplastik und geht auf Hans Schlegel zurück. Gegenüber dem Epitaph erhebt sich auf einem Steinsockel ein aus Holz geschnitztes Sakramentshäuschen von 1537.

Martin Luther hat wahrscheinlich öfter von der Kanzel der Kirche den Grafen zu Mansfeld gepredigt, denn es bestand nicht nur die Bindung zum Grafenhaus, sondern auch zur Familie, die 1484 von Eisleben nach Tal-Mansfeld gezogen war. So kann Luther wenigstens zur Hälfte auch ein Sohn Mansfelds genannt werden, denn hier besuchte er bis zum 14. Lebensjahr die Schule und kam in Kontakt mit der Theologie, die sein Beruf werden sollte.

Im wiederhergerichteten *Vaterhaus* des Reformators befindet sich eine kleine Luthersammlung; und über dem Eingang der Schule, die einst der kleine Martin fleißig und sicher noch ahnungslos besuchte, steht unter dem Relief des heiligen und drachentötenden Georg in Latein die Bitte geschrieben: »Wie das trojanische Pferd gebar kampflustige Scharen,/So die Schule des Ortes manche Gelehrte von Ruf./Du gieb uns der Luther noch mehr, o Ritter von Mansfeld;/ Mehr dann der Siege erringt Christi begeisterte Schar.« Nun, der Ritter von Mansfeld hatte offenbar so viele Luther nicht in Vorrat. Einer aber kam immerhin noch. Bis zu seiner Flucht im Jahr 1575 war der Theologe und Historiker Cyriakus Spangenberg lange Jahre Pastor und Generaldekan in Mansfeld und hat mit seiner ›Mansfeldischen Chronica‹ ein ganz wesentliches Werk zur Geschichte des Territoriums geschaffen.

Auch die unweit des Vaterhauses gelegene *Kirche* der ursprünglich nur auf dem schmalen Höhenrücken gegenüber dem Schloß sich erstreckenden Stadt ist dem heiligen Georg geweiht. Ein um 1520 entstandenes Relief aus Eichenholz, das diesen soldatischen Helfer gegen die Nichtchristen darstellt, ist über dem Stabwerkportal in der offenen sterngewölbten Vorhalle der Nordseite angebracht. Der inschriftlich 1493 begonnene Bau der einfachen spätgotischen Halle besitzt einen dreiseitig geschlossenen Chor, der im Inneren durch einen spitzbogigen Triumphbogen vom Schiff getrennt wird. Beim Aufbau des Turms fand ein älterer Unterbau erneute Verwendung. Auf beiden Seiten des Chors wurden querschiffartige Anbauten mit gewölbtem Untergeschoß aufgeführt, von denen der südliche den Fürstenstuhl und die Grablege aufnahm, in der noch die drei Prunksärge von Graf Johann Georg III., seiner ersten Gattin und seiner Schwägerin aufgestellt sind. In der Fassade des Anbaus, die zugleich Grabmal ist, finden sich die drei Toten im Aufsatz als große Freifiguren. Auch fast alle übrigen in der Kirche vorhandenen Grabmäler sind gräflich und mansfeldisch. Außerdem besitzt die Kirche unter anderem einen dem auf Schloß Mansfeld ganz ähnlichen Taufstein, drei wertvolle Schnitzaltäre aus dem Anfang des 16. Jh. und, wie könnte es anders sein, ein Lutherbildnis. Von dem 1540 datierten Gemälde blickt der Reformator über den Betrachter hinweg in eine unbestimmte Ferne.

Älter als Tal-Mansfeld ist das nahe **Klostermansfeld**, dessen Wahrzeichen der Mansfelder Brocken ist, eine Halde aus dem vorigen Jahrhundert. Funde von Stichbandkeramik, aus der Bronze- und Eisenzeit und der Fund einer goldenen fränkischen Gürtelschnalle aus dem 7. Jh. beweisen die kontinuierliche Besiedlung. Nach einer ersten Erwähnung im Jahre 973 wird das gräfliche Hauskloster 1115 zur Begräbnisstätte des am 11. Februar in der Schlacht am Welfesholz gefallenen Grafen Hoyer I. Anfangs wahrscheinlich vom Benediktinerorden betrieben, wurde das Kloster der Überlieferung nach im Ergebnis einer gemeinsamen Wallfahrt Albrechts des Bären und eines Grafen Hoyer im Jahr 1159 nach Palästina dem Orden vom Tale Josaphat übertragen.

Ihr heutiges Aussehen hat die kleine Kirche des ehemaligen Klosters einer umfassenden Restauration in den Jahren 1965–70 zu verdanken. Von der Ausstattung reicht kein Stück in die Romanik zurück, so daß ein wahrscheinlich von einem Triumphkreuz stammendes Kruzifix aus der Mitte des 15. Jh. das älteste Stück sein dürfte.

Nur ein Jahrhundert später war das Gebiet zwischen Schloß Mansfeld und Klostermansfeld von Kupferschächten durchzogen. Angefangen mit dem Kupfer hat es der Sage nach auf dem Kupferberg bei **Hettstedt**. Dieser Teil der Stadt gilt noch heute als »charakteristischste Bergmannssiedlung des Mansfelder Landes«. Neucke und Nappian, zwei Bergleute aus Goslar, sollen hier die Entdecker des ersten Flözes gewesen sein.

Noch nicht sehr lange besteht die Möglichkeit, per dampfbetriebener Schmalspurbahn vom Bahnhof Klostermansfeld durch die vom Bergbau geprägte Landschaft bis zum Eduardschacht bei Hettstedt-Burgörner zu fahren. Dort gibt ein Besuch des neu eingerichteten *Mansfeld-Museums* einen Überblick über historische und technische Entwicklungen des Bergbaus. Neben einem großen Freigelände mit Maschinen, Schachtmodellen und anderem ist hier ein voll funktionstüchtiges Double der ersten in Deutschland gebauten Dampfmaschine zu sehen. Das Original hob ganz in der Nähe, im ehemaligen König-Friedrich-Schacht, seit dem 23.10.1785 die Schachtwässer. Das 100 Jahre später an dieser Stelle aufgebaute ›Maschinendenkmal‹ erinnert daran. Im sogenannten *Humboldtschloß* – der

*Hettstedt, ›Neucke und Nappian‹. Zeichnung von Gustav Sommer*

## DAS MANSFELDER LAND

preußische Minister Wilhelm von Humboldt war Herr auf Burgörner – befindet sich eine vertiefende historische Ausstellung.

Hettstedt hat alle Probleme einer alten, kleinen Industriestadt, besonders was die Umweltbelastung durch überalterte Industrieanlagen oder die Verkehrsführung im engen Wippertal betrifft. Früher war das *Saigertor*, das nördliche Stadttor von 1537, das Nadelöhr, durch welches sich bis 1972 der gesamte Verkehr hindurchzwängen mußte. Nun besteht zwischen Saigertor und der Kirche eine verkehrsberuhigte Zone. Dort befinden sich auch am Ufer der Wipper Reste der *Stadtbefestigung* und zwei Wehrtürme. Das *Rathaus* stammt im Kern aus dem Jahr 1526, wurde später aber mehrmals umgebaut. Die in der ersten Hälfte des 15. Jh. aufgeführte fünfjochige Halle der *Stadtkirche St. Jacob* besitzt in ihrem reich gegliederten Chor ein ansehnliches, spätgotisches Sterngewölbe, während das Schiff 1706 mit einem hölzernen Tonnengewölbe versehen wurde. Gegen 1750 erhielt die Kirche die heute weitgehend noch existierende Ausstattung, neben der auch einige ältere Stücke bestehen blieben.

*Friedrich von Hardenberg, ›Novalis‹. Stich von Conrad Eichens, 1845*

Für Freunde der romantischen Literatur empfiehlt sich zum Schluß ein Besuch des kleinen, nur Minuten von Hettstedt entfernten, an der Wipper sich hinziehenden Dorfes **Wiederstedt**. Friedrich Leopold, Freiherr von Hardenberg, später unter dem Namen Novalis einer der eigenwilligsten Vertreter der romantischen deutschen Literatur, ist hier im Schloß seiner Eltern am 2. Mai 1772 geboren worden. Seit einiger Zeit erinnert eine kleine, liebevoll gestaltete Ausstellung in dem durch Bürgerinitiative geretteten Schloß an ihn.

## Minne, Mammut, Müntzer

Sangerhausen und seine Umgebung gehören, wie anfangs bereits erwähnt, im eigentlichen Sinn schon nicht mehr zum Mansfelder Land. Das schließt natürlich den zeitweiligen Einfluß der Grafen von Mansfeld bzw. die Zugehörigkeit zum preußischen Regierungsbezirk nicht aus. Für **Morungen** trifft beides zu. Der um die 300 Einwohner zählende Ort liegt nur 6 km von Sangerhausen im Molkenbachtal am Südhang des hier mit kräftigen, bewaldeten Bergen aufsteigenden Harzes.

Um 1150 wurde wahrscheinlich auf Alt-Morungen der Minnesänger Heinrich von Morungen geboren. Die Burgstelle ist etwa 800 m westlich des Dorfes auszumachen. Später erst entstand das inzwischen ebenfalls fast verschwundene Neu-Morungen auf dem Bergsporn östlich des Dorfes. Von dort gibt es einen herrlichen Blick in die Goldene Aue und zum Kyffhäuser.

Aber auch das kleine Dorf hat seine Reize. Im Park des nach 1871 errichteten neugotischen Schlosses zum Beispiel erhebt sich neben anderen seltenen Bäumen ein mit dem Hausbau gepflanzter großer Mammutbaum.

Das Mammut, das dem Baum seinen Namen gab, ist neben den Rosen zu einem Symbol für **Sangerhausen** geworden. Ein drittes Symbol ist die seit 1955 stetig wachsende Sangerhäuser Halde.

Auf dem Weg von Morungen nach Sangerhausen befindet sich kurz vor der Stadt die alte *Kupferhütte*. Die Arbeit ist hier schon Ende des 19. Jh. eingestellt worden. Trotzdem haben das in gotisierenden Formen erbaute Hüttenhaus, eine hölzerne Bergmannskapelle und zwei Wohnbauten die bisherige Achtlosigkeit überlebt. Mit dem gesamten Mansfelder Land teilt Sangerhausen das Schicksal des auslaufenden Kupferbergbaus. Schneller als gedacht ist die Halde zu einem Denkmal der Wirtschaftsgeschichte und des letzten Kapitels des Mansfelder Kupferbergbaus geworden.

Das *Spengler-Museum* dokumentiert schon seit geraumer Zeit die Geschichte des Mansfelder Bergbaus. Das unweit des Bahnhofs liegende Museumsgebäude war der erste

*Sangerhausen, Spengler-Museum, Skelett des Altmammuts*

## DAS MANSFELDER LAND

*Sangerhausen. Stich nach Zeichnung von L. Richter, um 1840*

und auch einer der wenigen Museumsneubauten in der ehemaligen DDR. 1952 nahm es neben den Sammlungen des Vereins für Geschichte und Naturwissenschaft die des 1869 in Sangerhausen geborenen Freizeithistorikers Gustav Adolf Spengler auf, zu der auch das 1930 in einer Kiesgrube in Edersleben gefundene Skelett jenes berühmten Altmammuts gehörte.

Daneben zieht vor allem das *Rosarium* alljährlich Tausende von Besuchern nach Sangerhausen. Es wurde 1903 vom Verein Deutscher Rosenfreunde gegründet und ist heute der bedeutendste Rosengarten der Welt. Auf einer Fläche von mehr als 15 ha wachsen etwa 6500 Gartenrosensorten, eine große Anzahl von Wildrosen und über 200 in- und ausländische Gehölze. Trotzdem – die Rosenfreunde mögen verzeihen – ist Sangerhausen nicht nur in der Hauptblütezeit der Rosen eine Reise wert.

Schon Ende des 9. Jh. wird ein Dorf ›Sangerhus‹ im Hersfelder Zehntverzeichnis genannt, dessen Name sich auf eine etwas spätere Fronhofsiedlung und auf eine südlich davon entstehende Marktsiedlung übertrug. Einander verbunden, bildeten beide gemeinsam den Altstadtkern. Um 1040 war die Stadt im Besitz von Cäcilie von Sachsen, 1110 vereinigt ihr Sohn Ludwig der Springer Sangerhausen mit der Landgrafschaft Thüringen, 1247 geht es an die Wettiner, 1291 an Brandenburg, 1327 an Braunschweig, 1372 wieder an die Wettiner, 1485 fällt es an die Albertinische Linie derselben, 1656–1746 gehört es zur Nebenlinie Sachsen-Weißenfels und 1815 wird es schließlich preußisch.

Steinerne Zeugnisse aus acht Jahrhunderten machen diese Geschichte auch heute noch nachfühlbar. Sie befinden sich fast alle im Zentrum der alten Stadt, im Netz der Straßen und Gassen um den in der zweiten Hälfte des 13. Jh. entstandenen neueren Markt, der auf geradem Weg vom Bahnhof aus zu erreichen ist. Zwischen dem Bahnhof und dem die Stadt durchfließenden Flüßchen Gonna befand sich eine der vier mittelalterlichen Vorstädte Sangerhausens, das Neuendorf. Die *Marienkirche* war die Pfarrkirche. Neben einigen barocken Grabdenkmälern an ihren Außenmauern steht östlich des Chors auch die blockhafte Kalksteinskulptur eines Mahnmals für die Opfer des Faschismus von Gerhard Geyer.

Architektonische Dominante des langgestreckten Marktes ist der außerhalb im Südwesten des Platzes emporsteigende Turm der *Jakobikirche,* dessen von Rundgiebeln eingefaßte Renaissancehaube auf drei oktogonalen und drei quadratischen Turmuntergeschossen ruht; die Turmhalle wird von einem Sterngewölbe überspannt. Während der Turm in den Jahren von 1516–42 entstand – 1711–14 wurden Fenster und Gesims barock verändert –, datieren die übrigen Teile der Kirche aus dem 14. und 15. Jh. Obwohl ursprünglich eine Einwölbung des ganzen Kirchenraums geplant war, ist sie nur im Chor, dort aber mit einem sehr schönen Netzgewölbe realisiert worden. Einer der Schlußsteine trägt ein Brustbild des Heiligen Jakobus. Der Schnitzaltar um 1400, wie das Chorgestühl aus dem frühen 16. Jh. mit bemerkenswerten Flachschnitzereien an den Rückenlehnen, kam aus der 1552 abgebrochenen Kirche des Augustinereremitenklosters nach St. Jakobi. Die den Altar bekrönende Architekturnische mit dem Salvator sowie das Ohrmuschelwerk mit den Medaillonporträts der Herzöge August und Johann Adolf I. von Sachsen-Weißenfels sind natürlich spätere Zutaten von 1621 bzw. 1670. Ein spätgotischer Taufkessel mit einem vom Gewölbe herabhängenden hölzernen, die Taufe Christi darstellenden Deckel (um 1700), die hölzerne Kanzel von 1593, ein spätgotischer steinerner Opferstock und die Empore aus dem frühen 17. Jh., hinter die sich ein barocker Orgelprospekt von Zacharias Hildebrand aus dem Jahr 1728 einfügt, sind die wesentlichen Ausstattungsstücke. Im Chor stehen noch zahlreiche, zum Teil prunkvolle Epitaphien und Grabdenkmäler aus dem 16. bis 18. Jh. Stellvertretend für alle sei hier nur das Wandepitaph für den Landrentmeister Caspar Tryller und dessen Frau genannt, welches auf einem mit Reliefs geschmückten Aufbau aus schwarzem Marmor die lebensgroßen Figuren der Verstorbenen in blendendweißem Alabaster trägt.

Etwas merkwürdig erscheint das *Rathaus* am östlichen Ende des reizvollen Marktplatzes. Der dort vor den höheren Giebel des Gründungsbaus von 1431–37 gesetzte Anbau aus der Mitte des 16. Jh. tritt nämlich in seiner nördlichen Seite etwas zurück. Dieses Kuriosum provozierte die Scherzfrage, ob das Sangerhäuser Rathaus einen Sparren zu viel oder einen zu wenig habe.

Auf der Seite jedenfalls, wo es einen zu viel hat, erhebt sich ihm gegenüber die Front des *Neuen Schlosses.* Wie das Rathaus besteht diese in zwei Etappen (ab 1586 und 1612–22) um einen fast rechteckigen Hof gebaute Renaissanceanlage aus Bruchsteinmauerwerk, die Formteile aber sind aus rotem Sandstein. Über der rundbogigen Tordurchfahrt schwebt das von zwei Engeln gehaltene kursächsische Wappen, das am Eckerker des jüngeren Gebäudeteils wiederkehrt, nunmehr gemeinsam mit dem brandenburgischen.

447

## DAS MANSFELDER LAND

Das Neue Schloß ersetzte das Alte Schloß, das Mitte des 13. Jh. gemeinsam mit einer starken Befestigung in der Nähe des Alten Marktes erbaut worden war und von dem nur noch ein paar Reste vorhanden sind. Außer dem Schloß finden sich am Markt und überhaupt im Stadtkern noch einige Beispiele für die Gegend typischer und bemerkenswerter Bürgerhäuser insbesondere des 16. und 17. Jh. Es sind in aller Regel Traufenhäuser mit wenigstens einem massivem Untergeschoß und zum Teil den im Helme-Untstrut-Gebiet typischen Hochkellern, mit Sitznischenportalen und großen, rundbogigen Toreinfahrten. In den häufigen Fachwerkobergeschossen mischen sich niedersächsische und thüringische Einflüsse mit den für diese Landschaften bekannten Palmetten bzw. Andreaskreuzen.

»Nimm, Heiliger, das Haus, das ich dir gelobte, als ich an Fesseln gebunden war.« Diese Worte lassen sich aus Resten einer Inschrift auf einem heute im nördlichen Querschiffarm der *Ulrichskirche* eingemauerten Tympanon rekonstruieren. Da Ludwig der Springer, der der Stifter der Kirche war, sowohl 1074 als auch 1114–16 in Gefangenschaft lag, ist die Gründungszeit bis heute umstritten. Das wäre nicht so tragisch für die Wissenschaft, wenn die Kirche nicht ein für Deutschland außerordentlich seltenes Bauschema verkörperte und in einzelnen Elementen wie etwa der Kreuzpfeiler und der Gewölbevorlagen nicht so fortgeschrittene Stilelemente aufzuweisen hätte. Imposant erscheint vor allem der mit fünf Apsiden geschlossene, stark gegliederte Ostbau der Kirche und der sehr steil wirkende, in die Wölbungen steigende Innenraum (Abb. 106).

Einige Teile, wie der westliche Anbau mit der Nonnenempore und der etwas unsicher aufragende Vierungsturm, entstanden erst, nachdem um 1270 die Kirche mit einem Zisterziensernonnenkloster verbunden wurde. Die unversehrt erscheinenden Portale und Rundbogenfriese unter den Dächern sind das Ergebnis einer Rekonstruktion des 19. Jh., bei der auch einige andere Teile erneuert bzw. restauriert wurden.

Der Innenraum der Kirche ist heute weitgehend ohne Schmuck. Es haben sich hier nur über den Arkadenbögen das Schiff zusammenfassende Schachbrettfries und die lombardischen Einfluß verratende Kämpferornamentik erhalten, die Parallelen zu der in in der Stiftskirche zu Quedlinburg zeigt. Die Motive der achtblättrigen Sternblüte, die zwei im Profil gegeneinanderstehenden Löwen, die an Trauben pickenden Vögel oder das in Achten geschlungene dreisträhnige Flechtband finden sich auch in Quedlinburg. Interessant ist auch der Rest einer alten Ausstattung: eine aus Stuck und Holz bestehende Schrankenbekrönung aus dem letzten Viertel des 12. Jh. Der von drei Klauen getragene Kessel einer Bronzetaufe wurde 1369 gestiftet. Auch das Altartriptychon von 1570 war eine Stiftung und zwar eines Amtmann Nickel von Ebeleben. Unter den zahlreichen Grabmalen und Epitaphien in der Kirche sind zwei seinen 1568 verstorbenen Söhnen gewidmet, was offenbar mit der späteren Stiftung des Altars in Zusammenhang gebracht werden kann.

Eine bei weitem umfangreichere Stiftung machte Michael Tryller, der Bruder des gemeinsam mit seiner Gattin in der Jakobikirche bestatteten Caspar Tryller. In der *Ulrichstraße 18/ 20*, Ecke An der Trillerei steht noch heute der Renaissancebau von 1592, der der Straße den Namen gab. 1571 soll besagter Michael lediglich mit einem Karren nach Sangerhausen gekommen sein. Bei seinem Tode aber hinterließ er für wohltätige Zwecke ein Vermögen von 140 000 Gulden. Eine Sage berichtet, das Geld sei ihm in Form vieler goldener Sterne vom Himmel gefallen.

Das kleine, südlich von Sangerhausen in einer Bucht der Goldenen Aue versteckte Städtchen **Allstedt** besitzt, was die Geschichte der Landes- bzw. Provinzzugehörigkeit betrifft, einen besonderen Status. Im Mittelalter unter den verschiedenen Lehnsherrschaften, war das Amt Allstedt von 1741–1920 Exklave des Herzogtums Sachsen-Weimar und von 1920–44 des Freistaats Thüringen. Während es um 1330 zur planmäßigen Anlage einer Marktsiedlung mit noch heute um den Markt erkennbarem, gitterförmigem Straßennetz kam, liegt um den um 1200 erbauten Turm der *Wigbertikirche* der Kern der älteren Siedlung.

Thomas Müntzer, der radikale, urchristlichem Ideengut zuneigende Reformator, lebte vom Frühjahr 1523 bis Sommer 1524 als Prediger in Allstedt. Hier heiratete er nicht nur die geflohene Nonne Ottilie von Gersen, die ihm Ostern 1524 einen Sohn gebar, hier entwickelte und praktizierte er auch seine Vorstellungen von einer deutschen Messe, die ihm an den Sonntagen einen Zulauf von bis zu 2000 Leuten aus der ganzen Gegend einbrachte. Hier verschärfte sich sowohl die Auseinandersetzung mit Luther als auch mit den Landesherren, in denen der »willige botenleuffer Gots« schließlich nur noch Verfolger des Evangeliums sehen konnte.

*Thomas Müntzer bei der Predigt. Zeitgenössische Darstellung*

## DAS MANSFELDER LAND

Zwar ist Müntzer in dem um 1200 erbauten Turm der Wigbertikirche eine Erinnerungsstätte eingerichtet worden, gepredigt hat er jedoch in der *Johanniskirche* westlich des Marktes. 1775 wurde hier anstelle der mehrfach umgebauten Vorgängerin aus dem 14. Jh. eine neue Kirche erbaut und in den Formen der Zeit ausgestattet, wobei nur wenige Stücke der älteren Kirche übernommen wurden. Das *Rathaus*, das sich mit seinem Renaissancegiebel an einer der Schmalseiten des Marktes erhebt, ist ein Werk dreier Jahrhunderte, wobei die wesentlichen Teile unter der direkten Herrschaft des sächsischen Kurfürsten im ersten Viertel des 16 Jh. enstanden sein dürften. 1500 erhob Friedrich der Weise Allstedt zur Stadt und verlieh ihr angemessene Rechte.

Auch das *Schloß* (Abb. 107) wurde in dieser Zeit zum Renaissanceschloß umgestaltet. Erbaut wurde es auf einer flachen Bergzunge nordöstlich der Stadt, dem Terrain der alten, weitläufigen Kaiserpfalz. Die karolingische Gründung, die um 900 in die Hände der sächsischen Herzöge kam, war zeitweiliger Aufenthaltsort fast aller deutschen Könige gewesen.

Die große landschaftsbeherrschende Anlage setzt sich aus Kernburg, Vorburg und Wirtschaftshof zusammen und bietet noch heute den Anblick seltener Geschlossenheit. Sie war bis 1918 herzogliches Jagdschloß und beherbergte auch Teile des Gestüts, in dem bis 1920 die berühmten Allstedter Rappen gezüchtet wurden. Die Kernburg ist Mitte der 70er Jahre instandgesetzt und bis 1989 nochmals aufwendig restauriert worden. Eine spätgotische Küche gestattet einen Einblick in das mittelalterliche Hausfrauendasein, während sich das Museum im übrigen der Baugeschichte des Schlosses und dem Wirken Goethes und Müntzers in Allstedt widmet. Ebenfalls vorbildlich restauriert wurde im Ostflügel die Kapelle, in der Müntzer seine berühmte ›Fürstenpredigt‹ gehalten hat.

# Erläuterung der Fachbegriffe

**Allmende** »Was allen gemeinsam gehört«, zur gemeinschaftlichen Nutzung einer Gemeinde zur Verfügung stehende Ländereien

**Altan** Söller, balkonartiger Austritt, bei dem die Stützen der Kragplatte auf dem Boden ruhen

**Altar** Mindestens bestehend aus *Altarmensa*, d. h. der Altarplatte und dem *Stipes* genannten Unterbau. Das *Tabernakel* oder die Ädikula auf der Mensa dient zur Aufbewahrung des Allerheiligsten. Auf der Mensa kann ein *Retabel* stehen, ein Aufsatz in Form von Skulpturen oder Gemälden. Ein sogenanntes *Altarziborium* kann den Altar baldachinartig überdachen.

**Ambo** Brüstung mit Lesepult an der Chorschranke, Vorform der Kanzel

**Andreaskreuz** Schrägbalkiges Kreuz, Attribut des hl. Andreas, Architekturelement im Fachwerkbau und bestimmende Kreuzform in der russisch-orthodoxen Kirche

**Apsis** Halbrunder, seit dem 12./13. Jh. auch polygonaler, meist von einer Halbkuppel überwölbter Raumteil. Bei der → Basilika äußerster Abschluß des Chors, der Seitenchöre oder Querschiffe

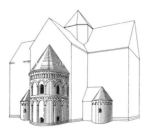

**Architrav** Auf Säulen oder Pfeilern aufliegender Balken

**Arkade** Eine fortlaufende Reihe von Bögen auf Säulen oder Pfeilern. Die *Blendarkade* öffnet die Wand nicht, sondern gliedert sie lediglich.

**Basilika** Eine im christlichen Kirchenbau variierte Bauform, die ihren Kern in einem *Langbau* mit einem hohen *Mittelschiff* und jeweils zwei oder mehr niedrigeren *Seitenschiffen* hat. Das Mittelschiff erhält seine Beleuchtung durch Fenster, die in den die Seitenschiffe überragenden Mittelschiffwänden eingefügt sind (*Licht-* oder *Obergaden*). Erweitert wurde die Basilika durch *Querhaus, Chor, Kapellen-* oder *Turmanbauten*.

**Basis** Fuß von Säule oder Pfeiler

**Bergfried** Hauptturm einer Burg

# ERLÄUTERUNG DER FACHBEGRIFFE

**Beschlagwerk** Reliefartige Flächenornamente der niederländischen und deutschen Spätrenaissance

**Biforium** Durch eine Säule geteiltes Fenster

**Birnstabprofil** Rippen- oder Dienstprofil, dessen Querschnitt der Form einer Birne ähnelt

**Blende** Einem Bauelement vorgelegtes ›blindes‹ architektonisches Motiv, das der Dekoration oder Gliederung dient (z. B. Blendarkade)

**Burgward** Bezeichnung für die insbesondere durch Heinrich I. mustergültig aufgebaute Grenzbefestigung des Deutschen Reichs, wobei ›Burgward‹ für die einzelne Befestigung wie für einen größeren Bereich mit mehreren Befestigungsanlagen steht

**Chor** In der christlichen Kirche der Ort für den Chor der Geistlichen mit → *Altar* und *Chorgestühl*, vom übrigen Kirchenraum abgetrennt durch *Chorschranken*, → *Lettner* oder *Chorgitter*. Er kann verschiedenen Umfangs, durch Seitenchöre, einen *Chorumgang* oder *Chorkapellen* ergänzt sein. In der von Hirsau beeinflußten romanischen Kirche wird zwischen *chorus major* und *chorus minor* unterschieden, wobei letzterer bis ins Kirchenschiff hineinreichte und der Platz für Alte oder Kranke war, die am Gesang nicht teilnahmen. Das Chorquadrat ist der quadratische Raum östlich bzw. westlich der Vierung.

**Confessio** Kleiner Raum mit Heiligen- oder Märtyrergrab unter dem Altarraum der frühchristlichen Kirche. Aus der Confessio entwickelte sich später die → *Krypta*.

**Dechanei** Wohnung bzw. Verwaltungssitz des Dekans oder Dechants

**Diamantkopf** Quaderförmiges, dem Diamantschliff ähnelndes Dekorationselement, im Fachwerkbau an den Balkenköpfen

**Dienst** Wänden oder Pfeilern eingebundenes Bauglied, z. B. Halbsäule, die sich in die Rippen eines Gewölbes fortsetzt, diese ›trägt‹

**Dormitorium** Schlafsaal der Mönche

**Drolerie** Derb-komische Darstellung von Menschen, Tieren oder Fabelwesen in der spätmittelalterlichen Kunst (→ Miserikordie)

**Drudenfuß** Fünfstern, Pentagramm, das im Mittelalter als Ornament an Häusern böse Geister abhalten sollte.

**Empore** Galerie oder Tribüne im Kirchenraum, meist für bestimmte Personenkreise (Nonnenempore) oder zu bestimmten Zwecken (Orgelempore)

**Epitaph** Grabschrift; seit dem 14. Jh. vom Grab getrenntes Gedächtnismal, an Wänden oder Pfeilern aufgestellt

**Erker** Ein meist durch Fenster, über ein oder mehrere Geschosse reichender Ausbau an Fassade oder Ecke in verschiedenen Formen

**Fiale** Spitzes, gotisches Ziertürmchen über Pfeilern, an Türmen oder Wimpergen

**Fischblase** Schneuß; ein der Fischblase ähnelndes Element des spätgotischen Maßwerks

**Flechtband** Altes, vielfach verwendetes Rahmenornament aus ineinander verflochtenen Bändern

**Florisstil** Nach der flämischen Künstlerfamilie Floris benannter Dekorationsstil im 16. Jh., charakterisiert durch Fruchtschnüre, → Kartuschen und → Rollwerk

**Fries** Schmaler, meist ornamentierter Streifen zur Begrenzung, Teilung und zum Schmuck von Wandflächen

**Gebust** Busig; Bezeichnung für ein Gewölbe, bei dem der Scheitelpunkt der Gurt- und Schildbögen tiefer liegt als der Kappenschnittpunkt

**Gesims** Vor die Mauer tretender Streifen zur Betonung der Waagerechten

**Gesprenge** Feingliedriger, mit Figuren besetzter Aufbau über dem Mittelschrein spätgotischer Altäre

**Gewände** Seitliche Abgrenzung eines Portals oder Fensters, die schräg in die Mauerfläche eingeschnitten und reich ausgeschmückt ist.

**Gewölbe** Gekrümmte Raumdecke aus Stein in mittiger Ausrichtung. Die wichtigsten Arten sind: *Tonnengewölbe* mit dem Querschnitt eines Halbkreises, eines Kreissegments, doch kann es auch spitzbogig sein; wird ein Hauptgewölbe von einem kleineren quer geschnitten, entsteht eine *Stichkappe*. Ein *Kreuzgratgewölbe* entsteht, wenn sich zwei gleichgroße Tonnengewölbe schneiden und ›Grate‹ bilden. Werden an deren Stelle Rippen in die Konstruktion eingefügt, entsteht ein *Kreuzrippengewölbe*. Bilden diese Rippen diffizilere Formen, so nennt man sie *Stern-, Netz-* oder *Fächergewölbe*. Das seltene, meist in Zentralbauten anzutreffende *Klostergewölbe* bildet sich aus vier oder mehr Wangen eines Tonnengewölbes über oft polygonalem Grundriß. Das *Muldengewölbe* ist ein Tonnengewölbe mit gewölbten Enden. Wird bei diesem der obere Teil ›abgeschnitten‹, entsteht das im Barock verbreitete *Spiegelgewölbe*.

**Giebelständig** Mit dem Giebel zur Straße stehend (Haus)

**Grisaille** Grau-in-Grau-Malerei, Malerei in Grau- und Brauntönen, taucht zuerst in der Glasmalerei der Zisterzienser auf.

**Gurtbogen** Verstärkungsbogen quer zur Längsachse eines Gewölbes, der auch die Jocheinteilung markiert. Seitlich werden die Joche durch Längsgurte begrenzt.

**Hallenkirche** Langbau mit fast gleichhohen Mittel- und Seitenschiffen, der seine Blüte in der Gotik erlebte. Die Schiffe sind oft unter einem großen Dach zusammengefaßt.

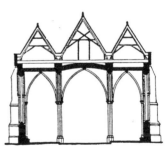

**Inkunabel** Eigentlich auf Erzeugnisse der Buchdruckerkunst vor 1500 geprägt, wird der Begriff auch für frühe, maßstabsetzende Lösungen in der Architektur verwandt.

**Joch** Gewölbeabschnitt, auch dessen Grundfläche

# ERLÄUTERUNG DER FACHBEGRIFFE

**Kämpfer** An der Krümmung eines Gewölbes oder Bogens beginnende Zone, die die Lasten des aufsteigenden Mauerwerks aufnimmt und, ausgebildet als vorspringende Tragplatte, auch Träger ornamentalen Schmuckes wird.

**Kapitell** Kopf einer Säule, eines Pfeilers oder eines Pilasters, der in unterschiedlichsten Variationen einer der bevorzugtesten Träger plastischer Gestaltung ist

**Kartusche** Ornamentmotiv in Form eines Medaillons oder Schildes mit Zierrahmung, das Wappen, Inschriften, Embleme oder auch Malereien aufnimmt

**Kielbogen** Auch Eselsrücken genannt. Bogen mit konvexer Profillinie im unteren und konkaver im oberen Teil

**Klausur** In engerem Sinn nur die Mönchszellen eines Klosters beschreibend, weiter gefaßt der Raum des Klosters, der allein den geweihten Mönchen vorbehalten war

**Knagge** Konsolstütze im Fachwerkbau, oft figuriert

**Konsole** Aus der Mauer vorspringender Tragstein für Balkone, Figuren u. a.

**Krypta** Aus der → Confessio hervorgegangener Raum unter dem Ostchor, seltener unter dem Westchor romanischer Kirchen. Er diente als Aufbewahrungsort für Reliquien oder als Grablege für Heilige oder weltliche Würdenträger.

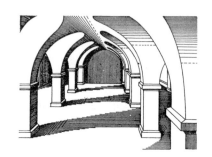

**Laterne** Türmchenartiger Aufbau einer Kuppel oder eines Klostergewölbes, der zur Belichtung dient

**Laube** Offener Vorbau aus Holz oder Mauerwerk an einer Gebäudefront

**Lettner** Scheidewand zwischen Chor und Laienhaus mit einem oder mehreren Durchgängen

**Leuchterweibchen** In Süddeutschland und der Schweiz charakteristischer Kerzenträger aus holzgeschnitzten Figuren in profanen Bauten

**Levitensitz** Levitenstuhl; dreiteiliges Gestühl mit erhöhtem Mittelteil für den Priester und zwei Diakone

**Lisene** Senkrechter, gliedernder Mauerstreifen ohne Kapitell und Basis

**Maßwerk** Bauornament aus geometrischen Grundformen, Kreisen und Kreissegmenten zur Flächenfüllung besonders an Fenstern, aber auch als Blendmaßwerk vor geschlossenen Flächen

**Mensa** Obere Abdeckplatte eines Altars

**Miserikordie** Gesäßstütze an der aufgeklappten Sitzfläche des Chorgestühls (→ Drolerie)

**Obergaden** Von Fenstern durchbrochene, die Seitenschiffe überragende Mauerpartie des Mittelschiffs einer → Basilika.

**Oktogon** Bauwerk mit dem Grundriß eines regelmäßigen Achtecks

**Palas** Herrensaal, Herrenhaus einer Burg oder Pfalz

**Palmette** Fächerförmiges Pflanzenornament aus palmenähnlichen Blättern

**Pfalz** Mittelalterlicher Gebäudekomplex auf einem Königsgut, der u. a. dem Aufenthalt des reisenden Herrschers diente

**Pfeiler** Stütze rechteckigen oder polygonalen Grundrisses

**Pilaster** Zu Gliederung, Rahmung oder Stützung benutzter, nur wenig aus der Wand heraustretende(r) Säule (Pfeiler) mit Basis und Kapitell

**Portikus** Von Pfeilern oder Säulen getragener, dem Haupteingang vorgelagerter Vorbau, meist mit Dreieckgiebel

**Predella** Unterbau des Altarschreins oder Retabels

**Presbyterium** Priesterraum beim Hauptaltar

**Querhaus** Auch Querschiff genannt. Ein- oder mehrschiffiger Bau quer zum Langhaus und mit diesem ein Kreuz bildend

**Refektorium** Speisesaal der Mönche

**Reliquie** Überrest eines Heiligen oder eines mit ihm verbundenen Gegenstandes, der verehrt und in einem Reliquiar aufbewahrt wird

**Remter** Refektorium, v. a. der Ordensburgen des Deutschen Ritterordens

**Retabel** Altaraufsatz

**Risalit** In ganzer Höhe aus der Flucht eines Hauses vortretender Gebäudeteil; Mittel-, Seiten- oder Eckrisalit

**Rollwerk** Form des Beschlagwerks mit an den Seiten plastisch aufrollenden Formen

**Rosette** Kreisförmiges, blütenartiges Ornament

**Rundbogenfries** Romanische Ornamentform aus aneinandergereihten Rundbögen

**Salvator** Christus als Retter und Erlöser, dargestellt mit Krone, erhobener, segnender rechter Hand. In der Linken hält er eine kreuzbekrönte Kugel. Diese Darstellung Christi findet v. a. nördlich der Alpen Verbreitung.

**Säule** Stütze mit kreisförmigem Querschnitt

**Schlußstein** Stein im Bogenscheitel, der oft Gegenstand besonderer plastischer oder malerischer Gestaltung ist.

**Schneuß** → Fischblase

**Söller** → Altan

**Spolie** Wiederverwendetes Bauteil eines älteren Gebäudes

**Strebewerk** Besonders in der Gotik übliche Skelettbauweise, die den Seitenschub von Dach

# ERLÄUTERUNG DER FACHBEGRIFFE

und Gewölbe kompensiert, so daß die Notwendigkeit starker, tragender Seitenwände entfällt.

**Stuccolustro** Auf der Basis von Stuck hergestellter, künstlicher Marmor

**Traufständig** Mit der Traufe zur Straße stehend (Haus).

**Triforium** Emporenähnliche Öffnung; in der Gotik Laufgang innerhalb der Mauerstärke unter den Fenstern des Mittelschiffs, Querschiffs oder Chores

**Tumba** Sargähnlicher Grabaufbau mit einer Grabplatte, die oft das Bildnis des Toten trägt

**Tympanon** Bogenfeld am romanischen und gotischen Portal

**Vierpaß** Kreisteil des gotischen Maßwerks mit vier Kreisbögen

**Vierung** Quadratischer oder rechteckiger Raum, der durch die Kreuzung von Lang- und Querhaus entsteht. Die ausgeschiedene Vierung ist die quadratische, die durch Vierungsbögen und Vierungspfeiler zusätzlich gesondert erscheint.

**Volute** Schneckenförmig eingerolltes Bauglied, besonders in der Renaissance und im Barock

**Vorlage** Zur Gliederung oder Verstärkung einer Mauer oder eines Pfeilers vorgelegte Dienste, Lisenen oder Pilaster

**Welsche Haube** Zwiebelhaube; oft mehrstöckiges, geschweiftes Turmdach der Renaissance (durchfenstert → Laterne)

**Westwerk** Bei Klosterkirchen des frühen Mittelalters errichteter westlicher Vorbau mit Altarraum. Es liegt über der zur Kirche führenden Durchgangshalle, ist von Emporen umgeben und öffnet sich zum Mittelschiff. Blütezeit in der karolingischen Epoche. Später reduziert sich dieses Bauglied zum sogenannten ›Westbau‹ oder ›Westquerbau‹.

**Wilder Mann** Wilde Frau, Wildleute: behaarte Waldmenschen aus der Sagenwelt. U. a. dargestellt auf mittelalterlichen Teppichen, Wappen und in der Buchmalerei. Der Begriff bezeichnet aber auch eine bestimmte Strebenordnung im Fachwerkbau.

**Zither** Schatzkammer, Sakristei; Archiv mittelalterlicher Kirchen

**Zwerchhaus** Dachhäuschen quer zum First. Es besitzt einen Zwerchgiebel und ein Zwerchdach.

**Zwinger** In der mittelalterlichen Befestigung der Raum zwischen äußerem und innerem Mauerring

# Praktische Reiseinformationen

Vor Reiseantritt . . . . . . . . . . . . 458
Auskunft . . . . . . . . . . . . . . . . 458
Allgemeine Auskunftsstellen . . . . . . . . 458
Lokale Auskunftsstellen . . . . . . . . . . 458

Anreise . . . . . . . . . . . . . . . . 460
Mit dem Auto . . . . . . . . . . . . . . 460
Mit der Bahn . . . . . . . . . . . . . . 460
Mit dem Flugzeug . . . . . . . . . . . . . 460

Reisen im Lande . . . . . . . . . . . . 460
Eisenbahn . . . . . . . . . . . . . . . . 460
Schmalspurbahn . . . . . . . . . . . . . 460
Fahrrad . . . . . . . . . . . . . . . . . 461
Wandern . . . . . . . . . . . . . . . . 461
Schiff . . . . . . . . . . . . . . . . . . 461

Vorschläge für Kurzaufenthalte . . . . . 461
Auf der Durchfahrt . . . . . . . . . . . . 461
Ein- bis mehrtägige Aufenthalte . . . . . . . 461
Reiseziele in einzelnen Gebieten . . . . . . . 462

Kurzinformationen von A–Z . . . . 463
Aussichtspunkte . . . . . . . . . . . . . 463
Feste feste feiern . . . . . . . . . . . . . 464
Konzerte, Festspiele und Theater . . . . 466
Museen, Kunstsammlungen
und Gedenkstätten . . . . . . . . . . . 467
Naturdenkmäler . . . . . . . . . . . . . 471
Parks, Gärten
und Friedhöfe . . . . . . . . . . . . . . 472
Unterkünfte . . . . . . . . . . . . . . . 472

PRAKTISCHE REISEINFORMATIONEN

# Vor Reiseantritt

## Auskunft

### Allgemeine Auskunftsstellen

Allgemeine Reiseinformationen erhält man über
**Landesfremdenverkehrsverband
Sachsen-Anhalt e. V.**
Trothaer Straße 9
O-4050 Halle
✆ 43 00 86

**Harzer Verkehrsverband e. V.**
Postfach 16 69
W-3380 Goslar
✆ 0 53 21/2 00 31-2

### Lokale Auskunftsstellen

Folgende *Stadtverwaltungen, Fremdenverkehrsämter, Kur- und Kulturämter* erteilen Reiseinformationen zu den jeweiligen Städten und Regionen:

**O-3552 Arendsee**
Friedensstr. 52
✆ 3 15

**O-4320 Aschersleben**
Poststr. 2
✆ 28 11

**O-4203 Bad Dürrenberg**
Kurhausstr. 6
✆ 73 32

**O-4803 Bad Kösen**
Rudolf-Breitscheid-Str.
✆ 2 89

**O-4350 Bernburg**
Rheineplatz
✆ 20 31

**O-3720 Blankenburg**
Tränkestr. 1
✆ 28 98

**O-3270 Burg**
Otto-Nuschke-Str. 31
✆ 21 55

**O-4500 Dessau**
Friedrich-Naumann-Str. 12
✆ 46 61

**O-4804 Eckartsberga**
Ernst-Thälmann-Platz 20
✆ 2 91

**Eisleben**  s. O-4250 Lutherstadt Eisleben

**O-4805 Freyburg/Unstrut**
Markt 1
✆ 2 04/2 05

**O-3570 Gardelegen**
Rathausplatz 1
✆ 50 31

**O-3600 Halberstadt**
Spiegelstr. 12
✆ 2 16 03

458

**O-3240 Haldensleben**
Stendaler Torturm
Stendaler Str., ⌀ 7 22 92

**O-4020 Halle**
Kleinschmieden 6
⌀ 2 33 40

**O-3530 Havelberg**
Karl-Marx-Platz 23, ⌀ 2 24

**O-3705 Ilsenburg**
Vogelsang 9
⌀ 81 12

**O-4370 Köthen**
Weintraubenstr. 8
⌀ 37 67

**O-4807 Laucha**
⌀ 2 01

**O-4250 Lutherstadt Eisleben**
Hallesche Str. 6
⌀ 21 24

**O-4600 Lutherstadt Wittenberg**
Collegienstr. 8
⌀ 22 39

**O-4854 Lützen**
Rathaus
⌀ 3 51

**O-3010 Magdeburg**
Alter Markt 9
⌀ 3 16 67

**O-4200 Merseburg**
Bahnhofstr. 17
⌀ 21 41 70

**O-4800 Naumburg**
Lindenring 38
⌀ 25 14

**O-3606 Osterwieck**
Markt 11
⌀ 2 10

**O-7908 Prettin**
Ernst-Thälmann-Str. 47
⌀ 23 09

**O-4300 Quedlinburg**
Markt 12
⌀ 28 66 u. 26 33

**O-3560 Salzwedel**
Str. der Jugend 32
⌀ 2 24 38

**O-4700 Sangerhausen**
Göpenstr. 19
⌀ 25 75

**O-3300 Schönebeck**
Markt 1, ⌀ 4 10

**O-3250 Staßfurt**
Karl-Marx-Str. 20
⌀ 62 31 45

**O-3500 Stendal**
Kornmarkt 8
⌀ 21 61 86

**O-4713 Stolberg**
Niedergasse 31
⌀ 3 17

**O-3504 Tangermünde**
Lange Str. 61
⌀ 29 71

**O-4308 Thale**
Am Bahnhof, ⌀ 25 97

**O-4850 Weißenfels**
Nikolaistr. 37
⌀ 30 70

459

## PRAKTISCHE REISEINFORMATIONEN

**O-3551 Werben**
Karl-Marx-Platz 1
℘ 2 19

**O-3700 Wernigerode**
Klint 10
℘ 3 20 40
Breite Str. 12
℘ 3 30 35

**Wittenberg**
s. O-4600 Lutherstadt Wittenberg

**O-4414 Wörlitz**
Angergasse 131
℘ 2 16

**O-4900 Zeitz**
Altmarkt 5
℘ 29 14

**O-3400 Zerbst**
Schloßfreiheit
℘ 23 51

---

## Anreise

### Mit dem Auto
Sachsen-Anhalt wird von zwei Autobahnen durchquert. In West-Ost-Richtung führt die A 2 (E 30) von Niedersachsen/Nordrhein-Westfalen über Magdeburg nach Brandenburg/Berlin. Von Thüringen bzw. Süddeutschland führt die A 9 (E 51) über das Schkeuditzer Kreuz (Halle) und Dessau ebenfalls nach Brandenburg/Berlin.

### Mit der Bahn
Schnellbahnstrecken befinden sich in Sachsen-Anhalt erst im Aufbau. Überregionale Bahnlinien führen von Süddeutschland (Nürnberg/München/Stuttgart) über Halle/Leipzig nach Berlin. Eine West-Ost-Verbindung im südlichen Bereich

führt von Düsseldorf/Frankfurt/Kassel über Halle nach Sachsen und das südliche Brandenburg. Von Köln/Hannover führt eine günstige Direktverbindung über Magdeburg nach Berlin.

### Mit dem Flugzeug
Die nächsten großen Passagierflughäfen, von denen Sachsen-Anhalt günstig zu erreichen ist, liegen in Schkeuditz zwischen Halle und Leipzig und in Hannover.

---

## Reisen im Lande

---

Sachsen-Anhalt verfügt über ein dichtes Netz **öffentlicher Verkehrsmittel** auf **Straße** und **Schiene**. Bis auf wenige Ausnahmen sind damit alle Orte zu erreichen. In flächenmäßig größeren Städten wird der Überlandverkehr durch S-Bahn, Straßenbahn oder Stadtbus ergänzt.

Die wichtigsten **Eisenbahnlinien** sind die von Magdeburg nach Halle, von Halle nach Erfurt über Merseburg, Weißenfels und Naumburg, von Halle über Eisleben nach Nordhausen, von Halle über Aschersleben nach Halberstadt, von Aschersleben über Köthen nach Dessau, die Linie Dessau – Wittenberg, Magdeburg – Wittenberg, Halle/Leipzig – Berlin über Wittenberg, Wittenberg – Magdeburg, von Magdeburg über Oschersleben nach Halberstadt, die Linie Magdeburg – Schwerin über Stendal und Seehausen und die Linie von Magdeburg durch das Mansfelder Land nach Thüringen.

Unter den zahlreichen Nebenstrecken sind die der **Schmalspurbahnen** im Harz Verkehrsmittel ganz besonderer Art. Mit der *Harzquerbahn* läßt sich der Harz von Wernigerode bis Nordhausen in etwa drei Stunden durchqueren. Die mit ihr verbundene *Selketalbahn* führt von Gernrode herauf über Mägdesprung, Alexisbad, Harzgerode, Straßberg, Güntersberge, Stiege und Hasselfelde zum Bahnhof Eisfelder Talmühle an der Harzquerbahn. Die von der Harzquerbahn abzweigende *Brockenbahn* wird wohl schon bald wieder in Betrieb genommen werden.

Auch mit dem **Fahrrad** kann Sachsen-Anhalt erkundet werden. Besonders zu empfehlen sind hier die ländlichen Gebiete und die Nebenstraßen, da das Land bis jetzt über kein geschlossenes Radwegenetz verfügt.

Das große **Wandergebiet** Sachsen-Anhalts ist der *Harz* mit seinem ausgedehnten Vorland. Ihm schließt sich im Süden das zu Thüringen gehörende *Kyffhäusergebirge* an. Wie dieses ist auch das *Unstrut-Saale-Gebiet* am Nordrand Thüringens eines der beliebtesten Ausflugsziele der Industriestädte des Raumes um Halle.

Daneben gibt es eine Vielzahl kleinerer oder größerer Gebiete, die über ein mehr oder weniger umfangreiches Netz von Fußwegen verfügen. Zu nennen wären hier die *Letzlinger Heide*, eines der größten zusammenhängenden Waldgebiete Mitteleuropas und nach dem Abzug der sowjetischen Truppen wieder zugänglich, das *Hohe Holz* nördlich von Oschersleben, das Gebiet um *Harbke* und *Sommerschenburg*, bisher von der innerdeutschen Grenze blockiert, der *Flechtinger Höhenzug*, die *Gommernsche Heide* südöstlich von Magdeburg in der Elbaue, ebenfalls in der *Elbaue* die Kulturlandschaft zwischen *Dessau* und *Wörlitz*, der *Hohe Fläming*, die *Dübener Heide*, die ›*Altmärkische Schweiz*‹ bei Zichtau, die *westliche Altmark* um Diesdorf herum oder das Gebiet des *Arendsees*.

Wer nicht mit Auto oder Bahn, zu Fuß oder mit dem Fahrrad reisen möchte, der hat vornehmlich von Magdeburg (Petriförder) und Halle (Giebichenstein) die Möglichkeit, verschiedene Reisen per **Schiff** zu unternehmen. Eine feste Schiffsverbindung besteht auch zwischen Bad Kösen und Saaleck.

## Vorschläge für Kurzaufenthalte

Wer in Sachsen-Anhalt wohnt oder hier für längere Zeit lebt, Urlaub macht oder arbeitet, für den werden sich seine Reiseziele vom jeweiligen Wohnort aus erschließen.

Der Durchreisende oder Kurzurlauber ist aber in der Regel an eine bestimmte Strecke oder an einen bestimmten Ausgangspunkt gebunden.

● **Auf der Durchfahrt,**
die meist über die *Autobahnen* erfolgt, lassen sich auch mit geringem Zeitaufwand bedeutende Sehenswürdigkeiten erreichen. Weniger als die größeren Städte sind hier vielleicht überschaubare Ziele empfehlenswert. So sind von der das Land in West-Ost-Richtung durchschneidenden *A 2* Sommerschenburg, Ummendorf, Marienborn, Hamersleben, Möckern oder Loburg im Süden, Altenhausen, Flechtingen, Hundisburg, Haldensleben oder Burg im Norden verhältnismäßig günstig zu erreichen. Die von Thüringen durch Sachsen-Anhalt nach Berlin führende *A 9* läuft in unmittelbarer Nähe an Weißenfels, Lützen, Bad Dürrenberg, Landsberg, Roßlau und Coswig vorbei.

Weit mehr Orte werden natürlich von den das Land durchquerenden *Bundes- und Landstraßen* berührt. Sie können hier jedoch nicht aufgezählt werden. Man informiert sich am besten direkt beim Landesfremdenverkehrsverband Sachsen-Anhalt.

● **Ein- bis mehrtägige Aufenthalte**
sollten dem Besuch einer größeren Stadt oder eines kleineren Gebietes vorbehalten sein. Städte, die Tagesreisen und unter Umständen längere Aufenthalte lohnen, sind Magdeburg, Halle, Stendal, Salzwedel, Dessau, Wittenberg, Wernigerode, Quedlinburg, Halberstadt, Eisleben, Merseburg, Naumburg oder Weißenfels. Von ihnen lassen sich dann auch Abstecher in die nähere oder weitere Umgebung machen.

So kann beispielsweise Naumburg als Ausgangspunkt für Fahrten nach Bad Kösen, Schulpforta, Freyburg und in das Unstrut-Tal gewählt werden. Von der Lutherstadt Eisleben ist sowohl das gesamte Mansfelder Land als auch der Südharz mit Sangerhausen, Stolberg und dem Kyff-

461

# PRAKTISCHE REISEINFORMATIONEN

häusergebirge, aber auch Querfurt mit seiner romanischen Burganlage gut zu erreichen.

Besondes dicht mit Baudenkmälern bedeutenden Ranges sind der nordöstliche und nördliche Harzrand und dessen Vorland bedacht. Zwischen Ballenstedt, Gernrode, Quedlinburg, Thale, Blankenburg, Halberstadt, Wernigerode, Osterwieck und Ilsenburg läßt sich, verbunden mit Abstechern in den Oberharz oder die Rübeländer Höhlen, ein ganzer Urlaub verbringen. Aber auch zwei oder drei Tage sind in dieser Kulturlandschaft eine Bereicherung, die zum Wiederkommen einlädt.

Dessau, als letzte Hauptstadt des ehemaligen Freistaats Anhalt, ist das Zentrum des Dessau-Wörlitzer Gartenreiches. Weitere Ausflüge führen nach Wittenberg, in den Kreis Jessen oder die alten anhaltischen Residenzstädte Zerbst, Köthen und Bernburg. – In der vorwiegend ländlichen Altmark sind etwas weitere Wege zu bewältigen. Stendal ist hier vielleicht als Ausgangspunkt für Fahrten nach Tangermünde und Jerichow, Havelberg und den Arendsee oder Salzwedel und Gardelegen zu empfehlen.

## ● Reiseziele in einzelnen Gebieten

In einzelnen Gebieten lassen sich bestimmte Reiseziele recht gut zusammenfassen und in Etappen bewältigen. Da oft zwischen diesen bedeutenderen Zielen kleinere Sehenswürdigkeiten liegen, läßt sich eine solche Reise natürlich ausweiten. Die hier gemachten Vorschläge, und mehr kann es wirklich nicht sein, folgen größtenteils dem Text des Kunst-Reiseführers und lassen sich zum Teil auch verbinden. Es empfiehlt sich, den beschreibenden Text und eine Karte vor einer solchen Fahrt zu Rate zu ziehen.

### Östlich der Elbe

Magdeburg – Burg – Möckern – Gommern – Pretzien – Leitzkau – Loburg.
Genthin – Jerichow – Schönhausen – Havelberg.

### Altmark

Werben – Seehausen – Osterburg – Arendsee.

Salzwedel – Osterwohle – Diesdorf – Gardelegen – Letzlingen.
Stendal – Arneburg – Tangermünde.

### Magdeburger Börde

Schönebeck – Groß Mühlingen – Barby – Calbe – Egeln – Hadmersleben – Kroppenstedt – Gröningen.
Hamersleben – Ummendorf – Sommerschenburg – Harbke – Marienborn – Altenhausen – Flechtingen – Oebisfelde – Haldensleben.

### Vorharz/Harzrand/Harz

Westernburg – Osterwieck – Huysburg – Halberstadt – Quedlinburg.
Ermsleben – Falkenstein – Ballenstedt – Gernrode – Thale – Blankenburg – Wernigerode – Ilsenburg.
Brocken – Oberharz – Rübeland – Harzgerode – Stolberg – Kyffhäuser.

### Anhalt

Frose – Aschersleben – Hecklingen – Nienburg – Bernburg – Gröbzig – Köthen.
Aken – Zerbst – Dessau – Oranienbaum – Wörlitz.

### Wittenberg

Wittenberg – Jessen – Annaburg – Prettin – Pretzsch – Bad Schmiedeberg – Kemberg.

### Saale-Unstrut-Gebiet

Halle – Wettin – Petersberg – Landsberg.
Merseburg – Bad Lauchstädt – Mücheln – Bad Dürrenberg – Lützen.
Weißenfels – Zeitz – Naumburg – Schulpforta – Bad Kösen – Eckartsberga.
Großjena – Freyburg – Laucha – Burgscheidungen – Querfurt – Nebra – Memleben.

### Das Mansfelder Land

Seeburg – Eisleben – Hettstedt – Mansfeld – Sangerhausen – Allstedt.

# Kurzinformationen von A – Z

## Aussichtspunkte

In Sachsen-Anhalt sind es vornehmlich der Harz und die südlichen Flußtäler der Saale und Unstrut, die reich an reizvollen Aussichtspunkten sind. Aber auch das Flachland bietet mit einigen Erhebungen bzw. Aussichts- oder Kirchtürmen Lohnenswertes. Eine Auswahl davon sei hier angeführt.

**Arneburg**
Vom Terrassengarten der Ruine Arneburg auf dem Steilufer über der Elbe weiter Blick in die Flußaue

**Aschersleben**
Westdorfer Warte

**Bernburg**
Keßlerturm

**Birkenkopf**
600 m, 5 km nordöstlich von Stolberg

**Blankenburg**
Großvaterfelsen, 319 m
Burgruine Regenstein, 296 m (Abb. 45)
Ziegenkopf mit Aussichtsturm

**Brocken**
1142 m, höchste Erhebung des Harzes und Zentrum des Nationalparks Oberharz mit Alpengarten

**Eckartsberga**
Eckartsburg über der Stadt, Bergfried

**Fallstein**
288 m, 4 km westlich von Hessen, Aussichtsturm mit Blick über das nördliche Harzvorland

**Freyburg**
Neuenburg über der Stadt, Bergfried (Abb. 95)

**Goseck**
Schloß über dem Saaletal

**Großer Auersberg/Josephshöhe**
580 m, 4 km östlich von Stolberg, vom Josephskreuz weite Aussicht über den Südharz zum Kyffhäuser, bei klarem Wetter gar bis Magdeburg

**Halberstadt**
Spiegelsberge, Aussichtsturm

**Halle**
Giebichenstein, Burgruine über dem Saaletal

**Hohneklippen**
908 m, Oberharz

**Kulpenberg**
477 m, höchste Erhebung des Kyffhäusergebirges, Fernseh-Aussichtsturm

**Kyffhäuser**
457 m, Aussichtsplattform auf dem Kyffhäuserdenkmal (Abb. 51)

**Magdeburg**
Turm der Johanniskirche
Aussichtsturm im Kulturpark Rotehorn (Abb. 12)

**Naumburg**
Turm der Wenzelskirche

**Petersberg**
250 m, 10 km nördlich von Halle

**Rudelsburg und Saaleck**
Burgruinen südlich von Bad Kösen über dem Saaletal (Farbabb. 25)

463

PRAKTISCHE REISEINFORMATIONEN

**Schönburg**
Burg über dem Saaletal, 4 km östlich von Naumburg

**Stakenberg**
160 m, in den Hellbergen südlich von Zichtau mit Blick über die Altmark

**Thale**
Hexentanzplatz, 454 m
Roßtrappe, 403 m, Blick in das Harzvorland und den romantischen Bodekessel (Farbabb. 9)

**Ummendorf**
Burg Ummendorf, Bergfried

**Wendelstein**
Burgruine über dem Unstrut-Tal

**Wernigerode**
Schloßterrasse mit Blick zum Brocken
Armeleuteberg/Harburg südlich der Stadt mit Aussichtspunkten

## Feste feste feiern

In alten, traditionellen Festen leben bis heute Ritus und Brauchtum, Sage und geschichtliche Überlieferung, Daseinskampf und Lebensfreude in ganz eigenartiger Verquickung. So verschieden die Landschaften sind, so verschieden sind auch die Feste, die in ihnen gefeiert werden.

Wenn Sachsen-Anhalt auch gewiß nicht den Ruf besitzt, ein Land der Feste zu sein, so gibt es doch einige Eigentümlichkeiten, wobei besonders die alten Siedlungsgebiete in Erscheinung treten, allen voran der Harz.

Beim **Questenfest,** das in *Questenberg* im Kreis Sangerhausen, am Südrand des Gebirges begangen wird, verschmelzen wohl ein vorchristliches Frühlingsfest mit einer in die Sagenwelt zurückgesunkenen Geschichte. Danach wurde ein

verschwundenes Ritterfräulein nach langer Suche unversehrt im tiefsten Walddickicht beim Kränzewinden von Bauern aufgefunden. Zum Lohn schenkte der dankbare Vater des Mädchens seinen Bauern den gesamten Wald zur gemeinsamen Nutzung. In der allgemeinen Freude über den glücklichen Ausgang des Geschehens wurde die Queste, also der Kranz, an einer langen Stange sichtbar aufgehängt. Und noch heute wird dieser Questenkranz von etwa 3 m Durchmesser alljährlich zu Pfingsten auf einer Bergkuppe, die bezeichnenderweise von Wällen einer bronzezeitlichen Befestigungsanlage umgeben ist, an einem entrindeten Eichenstamm angebracht und mit entsprechendem Jubel, Musik und Tanz zum Mittelpunkt des Festrituals erhoben.

Die Bauern des Oberharzes dagegen feiern lieber erst nach eingefahrener Heuernte. Beim althergebrachten ›**Grasedanz**‹, der im Dorf *Hüttenrode* begangen wird, ist der Höhepunkt des Festes die Versteigerung der umtanzten und übersprungenen Heuhaufen. ›Heukönig‹ wird der Meistbietende. Er darf zum Lohn die ›Heukönigin‹, das schönste Mädchen des Dorfes, zum Tanz führen.

Aus einer Nebenerwerbsquelle der Harzer, dem Vogelfang, hat sich seit dem Mittelalter ein fröhlicher Wettstreit erhalten, der alljährlich zu Pfingsten stattfindet und den Meister beim sogenannten ›**Finkenschlagen**‹ kürt. Obwohl auch andernorts begangen, hat sich dieser Brauch besonders in *Beneckenstein* erhalten. Mit Spannung lauschen dort in aller Herrgottsfrühe viele Wettkämpfer den ›Harzer Rollern‹, die ihre gefiederten Preisanwärter aus den mit weißem Tuch eingebundenen Käfigen von sich geben. Denn nicht wie oftmals angenommen ist der runde, in dieser Gegend so bevorzugte Sauermilchkäse der ›Harzer Roller‹, sondern das rollende Gesangsintervall dieser Finken. Zum Sieger gekürt wird der Vogel, der diesen Gesang am längsten durchsteht und den ›Roller‹ am häufigsten wiederholt. Wobei letztendlich die Ehre wohl mehr der Züchter einheimst und nicht das arme Tier.

Da haben es die Jodler besser, die sich in der Regel am ersten Sonntag im September auf der

464

Waldbühne in *Altenbrak* zusammenfinden, um ihre Kunst zu proben. Wer bei diesem **Jodlerwettstreit** einen der vordersten Plätze erjodelt, darf sich immerhin ein ganzes Jahr ›Meisterjodler‹ nennen. Bei Einheimischen wie bei Gästen ist dieses Folklorefest besonders beliebt, wenngleich seine Tradition erst auf die Anfänge unseres Jahrhunderts zurückgeht. Das bedeutet nicht, daß im Harz nicht schon länger gejodelt wurde. Einst waren es hauptsächlich Waldarbeiter und Fuhrleute, die sich durch Jodelschläge über Berge und Täler hinweg verständigten. Diese weithin hörbaren und wohlklingenden Laute werden durch den schnellen Wechsel vom Brustton- ins Kopftonregister erzeugt. Auch manch verliebter Köhler mag auf diese Art sein Mädchen zum Stelldichein gelockt haben. Solche Erwägungen sind heute weitgehend verschwunden. Geblieben ist der Spaß am Gesang und die Freude an diesem Jodlerwettstreit, was die Anzahl der Akteure und Besucher jedes Jahr von neuem beweist.

Die hier jedoch meistgefeierten **Schützenfeste** gehen auf die legendären ›Harzschützen‹ zurück, die sich besonders während der Befreiungskriege als selbstorganisierte Widerstandskämpfer Ansehen und Achtung erworben hatten, und die es späterhin als Sport ansahen, immer wieder einen Meisterschützen zu küren.

Im ländlichen Raum der Börde wie der Altmark finden vorrangig **Ernte-** und **Kirmesfeste** statt, wobei die Kirmesfeste kirchlichen Ursprungs waren und mit der Weihe einer Kirche in Verbindung standen. Im Lauf der Jahrhunderte geriet dies allerdings mehr und mehr in Vergessenheit, wodurch die Feste ihren eigentlichen Charakter verloren und sich vordergründig auf Eß- und Trinkgelage einengten, begleitet von Spiel und Tanz.

Daneben gibt es alte **Marktfeste.** Auf eine mehrhundertjährige Tradition kann die *Eisleber Wiese* zurückblicken, die alljährlich mit der symbolischen Marktrechtsverleihung durch den Kaiser begann und noch beginnt. Der *Havelberger Pferdemarkt* löste vor Jahren noch wahre Völkerwanderungen aus und war das größte Marktfest

im Osten Deutschlands überhaupt. Je geringer die Notwendigkeit der Pferde, um so anziehender wurde der Handel mit ihnen, wie der Handel überhaupt. In Havelberg war alles das zu ergattern, was es sonst nirgendwo gab. Gehandelt wurde überall und unter allen Umständen. Und wer nicht kaufen wollte, der tauschte. Und wer Glück oder Pech hatte, dem stand nach den drei tollen Tagen – so lange dauert das Treiben – vielleicht ein neues Pferd im Stall, ohne Garantieschein.

Vom Salz der Erde muß die Rede sein, wenn es um die *Halloren* mit ihren Festen geht, die stolz der vernichtenden Industrialisierung trotzten.

Auffällig an Bodenfunden aus der menschlichen Frühgeschichte ist das Umfeld von Solquellen, so im Magdeburgischen, ausgeprägter jedoch im Hallenser Raum. Bruchstücke von ›Briquetagen‹ (Tongefäße zum Salzsieden) lassen den Schluß zu, daß hier schon vor der Zeitenwende Salz in Manufaktur hergestellt wurde. Seit dem 15. Jh. heißen die Salzarbeiter in Halle ›Halloren‹. Das Wort hat seinen Ursprung im lateinischen ›hallonum‹, das im Sprachgebrauch zu ›hallorum‹ verdorben wurde, wobei ›hall‹ ins Keltische verweist und die ›Stätte der Salzgewinnung‹ bezeichnet.

Diese Salzarbeiter nun, die ohnehin nach Kasten getrennt in bestimmten Wohnvierteln Halles lebten, schlossen sich 1699 zu einer Salzwirkerbrüderschaft zusammen, um ihre Rechte besser wahren zu können und sich gebührende Anerkennung zu verschaffen. Aus diesen Bestrebungen resultiert auch der Brauch vom ›Fischerstechen‹. Da die Halloren in der Regel ausgezeichnete Schwimmer waren, stellten sie dieses Können in einem dem Ritterkampf entlehnten Stechen zur Schau. Mit Lanzen auf schaukelnden Booten stießen sie aufeinander ein inmitten der Saale vor einem mitunter sehr zahlreichen Publikum, unter denen selbst hochgestellte Persönlichkeiten des Adels zu finden waren. Das Schauspiel unter der romantischen Kulisse des Giebichenstein dargeboten, wurde für illustre Gäste, wie angereiste Könige, zusätzlich mit Musik untermalt.

## PRAKTISCHE REISEINFORMATIONEN

Zum Teil in Vergessenheit geraten, belebte sich dieser Brauch seit Anfang unseres Jahrhunderts zunehmend und ist heute, als ›Laternenfest‹ bezeichnet, das beliebteste Sommerfest an der Saale. Es zieht sich von den Morgenstunden bis in die Nacht hinein. Nach dem Fischerstechen am Nachmittag und anderen, meist artistischen Vorführungen, entzünden sich, sobald die Sonne untergegangen ist, Tausende und Abertausende von Lichtern und Laternen in und auf der Saale. Illuminierte Schiffe suchen einander an leuchtender Schönheit zu übertreffen. Krönender Abschluß ist und bleibt das große Feuerwerk, das von den Klängen der ›Feuerwerksmusik‹ des in Halle geborenen Georg Friedrich Händel begleitet wird und bei den bombastisch rauschenden Klängen verglüht.

Hat das Laternenfest den Rahmen des Überlieferten zu Gunsten einer allgemeinen Volksbelustigung gesprengt, verharrt das sogenannte ›Pfingstbier‹ der Halloren unverändert alle zwei Jahre im strengen Ritual. Daran konnte nicht einmal die Tatsache etwas ändern, daß durch die Stillegung der Salinen das Schicksal der Bruderschaft besiegelt schien. Sie gaben sich rechtzeitig eine neue Verfassung, nachdem der Aufnahmekreis durch Ehrenmitgliedschaften, vor allem aber durch Vererbung erhalten bzw. sogar erweitert werden konnte. Und so feiern sie noch heute ihr ›Pfingstbier‹ in alten, überkommenen Trachten, ganz genau wie es 1791 in der ›Beschreibung der Stadt Halle‹ aufgezeichnet steht. »Sie halten dabey öffentliche Aufzüge mit Fahnen und Musik. Auf einem großen Hofe wird ein Baum in die Erde gesteckt, bey diesen wählen sie 4 neue Vorsteher. Wenn dieses geschehen, so tanzen sie mit ihrem Vorsteher um den Baum herum. Die Richter der Halloren, welche mit bekränzten Halloren-Mädchen bey dieser Gelegenheit tanzen, tragen Blumenkränze am Arme. Nach dem Tanz wird brav geschmaust und pokulirt (gezecht). Abends fährt der Richter... in einem Wagen nach Hause, vor demselben gehet eine Hallorenfrau mit einem großen dicken Kuchen, worauf ein Kranz liegt; und der Bote der Brüderschaft trägt ein großes bemaltes Bierglas mit Bier gefüllt.«

Nach überliefertem Rezept braucht der *Hallorenkuchen* 750 g Mehl, ½ l Milch, 2–3 Eier, 250 g Butter, 200 g Zucker, das Abgeriebene einer Zitrone oder Aroma nach Geschmack, 125 g süße Mandeln oder geriebene Haselnüsse, 75 g Zitronat, 5 g Zimt, 5 g Kardamom, etwas geriebene Muskatnuß, 250 g Rosinen, 125 g Korinthen, zwei Backpulver und ½ Teelöffel Salz.

Zunächst werden Butter, Zucker und Eier sowie Gewürz schaumig gerührt. Danach gibt man die gemahlenen Mandeln oder Nüsse hinzu und abwechselnd Milch und das mit Backpulver vermischte Mehl. Unter den glatten Teig kommen die in Mehl gewälzten Rosinen und Korinthen, bevor der Kuchen in einer gefetteten Kuchenform bei guter Mittelhitze gebacken wird. Der ausgekühlte, umgestürzte Kuchen wird dick mit Puderzucker bestäubt und – bekränzt!

## Konzerte, Festspiele und Theater

Zu den nun schon traditionsreichen Musikereignissen Sachsen-Anhalts gehören die alljährlich stattfindenden **Händelfestspiele** in *Halle* und die **Telemannfesttage** in *Magdeburg*. Darüber hinaus gibt es ein vielfältiges Angebot an Konzerten durch die im Land ansässigen Orchester und durch Gastspiele, das speziell im Sommer und zu kirchlichen Feiertagen durch Konzerte in Kirchen erweitert wird. Hingewiesen werden muß hier auch auf die Konzertreihen des **Instituts für Aufführungspraxis** mit Sitz im *Kloster Michaelstein* bei Blankenburg.

Das Theaterleben Sachsen-Anhalts wird wesentlich durch die **Theater** in *Halle, Magdeburg, Dessau, Stendal, Eisleben* und *Halberstadt* bestimmt. **Kabaretts** existieren in *Magdeburg* und *Halle*. Eine der ältesten und schönsten Naturbühnen Deutschlands ist das **Harzer Bergtheater Thale,** das alljährlich über die Sommermonate Tausende von Besuchern anzieht.

---

## Museen, Kunstsammlungen und Gedenkstätten

---

Die **Museen** Sachsen-Anhalts haben in aller Regel von dienstags bis sonntags geöffnet. Montags ist traditionell geschlossen, doch ist auch in diesem Bereich vieles in Bewegung geraten, und das nicht nur zum Positiven. Besonders kleinere Museen könnten bald gezwungen sein, ihre Öffnungszeiten weiter zu begrenzen, so daß sich bei einem zielgerichteten Besuch bestimmter Museen eine Vorinformation immer lohnt.

Historische Bauwerke, eingeschlossen **Kirchen,** die nicht in erster Linie museal genutzt werden, haben in der Regel keine festen Besuchszeiten. Ausnahmen freilich sind die großen Kirchen und Dome in Naumburg, Merseburg, Halle, Wittenberg, Quedlinburg, Gernrode, Halberstadt, Magdeburg, Stendal, Tangermünde, Jerichow oder Havelberg, wo feste Öffnungszeiten bestehen oder zu bestimmten Zeiten Führungen angeboten werden. Doch gibt es an vielen anderen Orten auch Hinweise, wie eine Kirchenbesichtigung ermöglicht wird. Ansonsten hilft nur der Weg zum Pfarrer oder Küster, die für interessierte Besucher in der Regel gern bereit sind, die Kirche aufzuschließen. Die kleine Mühe lohnt sich, denn man hat so die Möglichkeit, eine ganz direkte und oft sehr lehrreiche und freundliche Bekanntschaft zu machen.

**O-4372 Aken**
*Heimatmuseum*
Köthener Str. 15
☎ 23 08

**O-4702 Allstedt**
*Burg- und Schloßmuseum*
☎ 5 19

**O-3552 Arendsee**
*Heimatmuseum*
Am See
☎ 4 79

**O-4320 Aschersleben**
*Heimatmuseum*
Markt 20
☎ 26 96

**O-4203 Bad Dürrenberg**
*Borlachmuseum*
Borlachplatz 1
☎ 73 32

**O-4803 Bad Kösen**
*Romanisches Haus*
Loreleypromenade
☎ 6 68
*Burg Saaleck*
Saaleck
☎ 7 45

**O-4304 Ballenstedt**
*Städtisches Heimatmuseum*
Wilhelm-Pieck-Allee 37
☎ 88 66

**O-4350 Bernburg**
*Schloßmuseum*
Schloßstr. 24

**O-4400 Bitterfeld**
*Stadt- und Kreismuseum*
Kirchplatz 3
☎ 32 95

**O-3720 Blankenburg**
*Museum ›Kleines Schloß‹*
Schnappelberg 6
☎ 26 58
*Herbergsmuseum*
Bergstr. 15
☎ 25 57

# PRAKTISCHE REISEINFORMATIONEN

*Instrumentenmuseum und Klostergarten*
*Kloster Michaelstein*
∅ 27 95

**O-4500 Dessau**
*Museum für Naturkunde und Vorgeschichte*
Askanische Str.
∅ 48 24
*Museum für Stadtgeschichte*
Kavalierstr.
∅ 23 60
*Museum Schloß Mosigkau*
Knobelsdorffallee
∅ 83 11 39/83 11 81
*Bauhaus Dessau*
Gropiusallee
∅ 70 51/App. 463
*Gemäldegalerie Schloß Georgium*
Puschkinallee
∅ 38 74

**O-3562 Diesdorf**
*Freilichtmuseum*
∅ 4 50

**Dürrenberg**   s. O-4203 Bad Dürrenberg

**O-4804 Eckartsberga**
*Heimatmuseum auf der Eckartsburg*
Burgweg 13
∅ 4 15

**O-3703 Elbingerode**
*Schaubergwerk Büchenberg*
Büchenberg
∅ 22 00

**Eisleben**   s. O-4250 Lutherstadt Eisleben

**O-4805 Freyburg/Unstrut**
*Friedrich-Ludwig-Jahn-Museum*
Schloßstr. 11
∅ 4 26
*Schloß Neuenburg*
Schloß
∅ 3 36

**O-3570 Gardelegen**
*Stadtmuseum*
Rathausplatz 10
∅ 65 19

**O-4373 Gröbzig**
*Synagoge Gröbzig*
Thälmannstr. 8–10
∅ 22 09

**O-3600 Halberstadt**
*Gleimhaus*
Domplatz 31
∅ 24 304
*Heineanum*
Domplatz 37
∅ 230 10
*Städtisches Museum*
Domplatz 36
∅ 242 16
*Dom und Domschatz*
(Führungen)
∅ 242 37

**O-3240 Haldensleben**
*Kreismuseum*
Breiter Gang
∅ 27 10

**O-4020 Halle**
*Halloren- und Salinemuseum*
Mansfelder Str. 52
∅ 250 34
*Händelhaus*
Große Nikolaistr. 5/6
∅ 246 06
*Museum für Geschichte der Stadt Halle*
Lerchenfeldstr. 14
∅ 256 10
*Landesmuseum für Vorgeschichte*
Richard-Wagner-Str. 9/10
∅ 298 69
*Geiseltalmuseum*
Domstr. 5
∅ 377 81

*Zentrale Kustodie der Martin-Luther-Universität*
(Führungen nach Vereinbarung)
Emil-Abderhalden-Str. 6
℡ 2 56 84
*Staatliche Galerie Moritzburg*
Friedemann-Bach-Platz 5
℡ 3 70 31

**O-3530 Havelberg**
*Prignitz-Museum und Dom*
Domplatz 1
℡ 4 22

**O-4270 Hettstedt**
*Mansfeld-Museum*
Schloßstr. 7
℡ 4 21

**O-3705 Ilsenburg**
*Hüttenmuseum*
Ernst-Thälmann-Str. 9
℡ 6 39

**O-3283 Jerichow**
*Kloster Jerichow*
℡ 2 85

**Kösen** s. O-4803 Bad Kösen

**O-4370 Köthen**
*Naumann-Museum*
Schloß Köthen
℡ 20 74
*Historisches Museum*
Museumsgasse
℡ 26 27

**O-4807 Laucha**
*Glockenmuseum*
℡ 6 51

**O-4250 Lutherstadt Eisleben**
*Heimatmuseum*
Andreaskirchplatz 7
℡ 29 03

*Naturkundemuseum*
Seminarstr. 16
℡ 27 75
*Martin Luthers Geburtshaus*
Seminarstr. 16
℡ 27 75
*Martin Luthers Sterbehaus*
Andreaskirchplatz 7
℡ 22 85
*Alter Friedhof/Architekturmuseum*
(Voranmeldung)

**O-4600 Lutherstadt Wittenberg**
*Lutherhalle/Reformationsgeschichtliches
Museum*
Collegienstr. 54
℡ 26 71 u. 26 72
*Melanchthonhaus*
Collegienstr. 60
℡ 32 79
*Stadtkirche St. Marien*
Kirchplatz
℡ 32 01
*Schloßkirche St. Allerheiligen*
Schloßplatz
℡ 25 85
*Natur- und Völkerkundemuseum ›Julius Riemer‹*
Schloß
℡ 26 96

**O-4854 Lützen**
*Schloß*
Schloßstr.
℡ 2 28
*Gustav-Adolf-Gedenkstätte*
Gustav-Adolf-Str. 40
℡ 3 17

**O-3010 Magdeburg**
*Kulturhistorisches Museum*
Otto-von-Guericke-Str. 68–73
℡ 3 26 45
*Kloster Unser Lieben Frauen*
Regierungsstr. 4–6
℡ 33 41

469

PRAKTISCHE REISEINFORMATIONEN

*Lukasklause*
G.-Dimitroff-Allee 1
∅ 51397
*Erich-Weinert-Gedenkstätte*
Thiemstr. 7
∅ 44995
*Puppentheatermuseum*
Auf dem Wall 3
∅ 30096


**O-4271 Meisdorf**
*Burg Falkenstein*
∅ (über Ermsleben) 8135


**O-4200 Merseburg**
*Kreismuseum*
Schloß
∅ 211121


**O-4800 Naumburg**
*Museum der Stadt Naumburg*
Grochlitzer Str. 49–51
∅ 4974


**O-4407 Oranienbaum**
*Kreismuseum Gräfenhainichen*
*Schloß Oranienbaum*
∅ 259 (siehe auch unter Wörlitz)


**O-3230 Oschersleben**
*Kreisheimatmuseum*
Halberstädter Str. 72
∅ 3055


**O-3606 Osterwieck**
*Heimatmuseum*
Am Markt
∅ 9441


**O-7908 Prettin**
*Mahn- und Gedenkstätte Lichtenburg*
*Lichtenburg*
∅ 2382

**O-4300 Quedlinburg**
*Schloßmuseum*
Schloßberg 1
∅ 2730
*Stiftskirche*
Schloßberg 1
∅ 3552
*Klopstockmuseum*
Schloßberg 12
∅ 2610
*Lyonel-Feininger-Galerie*
Finkenherd 5a
∅ 2238
*Fachwerkbaumuseum ›Ständerbau‹*
Wordgasse 3
∅ 3828


**O-4240 Querfurt**
*Kreismuseum*
Burg 1, ∅ 2064


**O-3560 Salzwedel**
*Johann-Friedrich-Danneil-Museum*
An der Marienkirche
∅ 3380
*Geburthaus Jenny von Westphalen/Schulmuseum*
Jenny-Marx-Str. 20
∅ 3081


**O-4700 Sangerhausen**
*Rosarium*
Steinberger Weg 3
∅ 2522
*Spengler-Museum*
Str. d. OdF 33
∅ 3048


**O-3300 Schönebeck**
*Kreismuseum*
Pfännerstr. 41
∅ 5240


**O-3250 Staßfurt**
*Heimatstube*
Pestalozzistr. 6
∅ 623133

**O-3500 Stendal**
*Altmärkisches Museum*
Str. der Freundschaft 48
✆ 21 24 15
*Winckelmann-Museum*
Winckelmannstr. 37
✆ 21 20 26

**O-4713 Stolberg**
*Heimatmuseum*
Niedergasse 19
✆ 4 16

**O-3504 Tangermünde**
*Museum am Markt*

**O-3221 Ummendorf**
*Bördemuseum*
✆ (über Eilsleben) 5 22

**O-4850 Weißenfels**
*Schloß Neu-Augustusburg mit Schloßkapelle und*
*Schuhmuseum*
Zeitzer Str. 4
✆ 25 52
*Geleitshaus/Gustav-Adolf-Gedenkstätte*
Große Burgstr. 22
*Heinrich-Schütz-Gedenkstätte*
Nikolaistr. 13
✆ 28 35
*Novalis-Gedenkstätte*
Klosterstr. 24

**O-3551 Werben**
*Museum Elbtor*
Langestr.
✆ 2 19

**O-3700 Wernigerode**
*Schloßmuseum*
*Schloß*
✆ 3 20 95
*Harzmuseum*
Klint 10
✆ 3 28 56

**O-4701 Wettelrode**
*Bergbaumuseum*
✆ 43 91

**Wittenberg**   s. O-4600 Lutherstadt Wittenberg

**O-3211 Wolmirstedt**
*Kreisheimatmuseum*
Schloßdomäne
✆ 3 63

**O-4414 Wörlitz**
*Staatliche Schlösser und Gärten Wörlitz*
*Oranienbaum und Luisium*
✆ 3 91

**O-4900 Zeitz**
*Schloß Moritzburg*
Schloßstr. 6
✆ 25 46

**O-3400 Zerbst**
*Heimatmuseum*
Weinberg 1
✆ 42 28

**O-4415 Zörbig**
*Heimatmuseum*
Am Schloß 10
✆ 56 05

---

# Naturdenkmäler

---

Sachsen-Anhalts vielfältige Landschaftsstruktur hat im nordöstlichen Teil des Harzes ihre wohl schönsten Naturdenkmäler zu bieten. Zentrum ist der **Nationalpark Oberharz** mit seiner subalpinen Flora auf dem **Brocken,** wo schon vor über hundert Jahren der erste Alpengarten angelegt wurde. Die bizarren Gestalten der Klippenformationen im Umkreis des Brockens geben dem Gebiet seinen eigentümlichen Charakter. Die **Fluß-**

## PRAKTISCHE REISEINFORMATIONEN

täler der **Steinernen Renne,** der **Ilse,** der **Bode** und der **Selke** prägen diese Landschaft. Besondere Berühmtheit haben das Panorama des **Bodekessels** bei Thale und die **Ilsefälle** erreicht. Am Gebirgsrand verdient der Sandsteinrücken der **Teufelsmauer,** der sich mit Unterbrechungen von Blankenburg bis Neinstedt hinzieht, besondere Beachtung.

Als Attraktionen gelten die **Hermannshöhle** und die **Baumannshöhle** in Rübeland. Diese Tropfsteinhöhlen zählen zu den bedeutendsten in ganz Deutschland. Im Südharz liegt am Talhang der Thyra zwischen Rottleberode und Berga die **Heimkehle,** die größte Gipshöhle in den neuen Bundesländern. Ebenfalls eine Gipshöhle ist die **Barbarossahöhle** am Südrand des Kyffhäusergebirges.

Darüber hinaus besitzt Sachsen-Anhalt eine weitere Anzahl durchaus sehenswerter Naturdenkmäler, die hier im einzelnen nicht aufgezählt werden können. Nicht zuletzt gehören dazu die **Flußtäler** der **Saale, Unstrut** und **Elbe,** wo es neben anderem Restbestände ursprünglicher **Auenwälder** gibt.

## Parks, Gärten und Friedhöfe

Unter diesem Stichwort steht in Sachsen-Anhalt an erster Stelle das weltberühmte **Dessau-Wörlitzer Gartenreich** mit dem **Luisium** und dem **Georgium** *in Dessau,* dem **Schloßpark** in *Oranienbaum* und natürlich dem **Wörlitzer Park,** um nur die bedeutendsten zu nennen. Einst fanden sich solche oder ähnliche Parks an fast allen Adelssitzen. Viele davon sind heute in naturnahe Parks umgewandelt oder einfach verwildert. Erst jetzt geht man an einigen Orten daran, sie, wenn nicht original, so doch in angemessener Form wiederherzustellen.

Ein schönes, wenn auch recht kleines Beispiel eines **Barockgartens** findet sich am *Kleinen Schloß* in *Blankenburg.* Daneben entstanden **Bür**ger- bzw. **Stadtparks,** die sich auch heute noch in

fast jeder Stadt finden. Der bekannteste in Sachsen-Anhalt dürfte der **Rotehornpark** auf der gleichnamigen Elbinsel in *Magdeburg* sein. Einer der in seiner Art schönsten historischen **Kurparks** befindet sich in *Bad Lauchstädt,* einem Modebad aus der Goethe-Zeit.

Einen Sonderplatz nimmt auch das **Rosarium Sangerhausen** ein. Mit einem Bestand von über 6000 wildwachsenden und gezüchteten Rosen zählt es zu den schönsten und reichsten seiner Art.

**Botanische Gärten** gibt es in *Halle* und *Magdeburg.* Der älteste, 1890 angelegte Alpenpflanzengarten der Welt ist der **Brockengarten** auf dem Plateau des höchsten Berges Sachsen-Anhalts. Er wird, nachdem er 90% seines Pflanzenbestandes verloren hat, in den nächsten Jahren wieder hergestellt werden.

**Friedhöfe** mit einzelnen *Denkmälern* des 17., 18. oder 19. Jh. sind in Sachsen-Anhalt keine Seltenheit. Sie finden sich auch auf vielen Kirchhöfen oder Parks, die heute nicht mehr als Friedhöfe benutzt werden. Im Text ist darauf verschiedentlich hingewiesen worden.

Als Besonderheiten hingegen gelten der **Stadtgottesacker** in *Halle* und der **Kronenfriedhof** in *Eisleben.* Beide gehen in ihrer Anlage auf das Vorbild des italienischen Camposanto zurück. Auch der **Historische Friedhof** in *Dessau* läßt sich darauf zurückführen. Er wurde aber nicht wie die erstgenannten schon im 16. Jh., sondern erst ab 1787 angelegt und ist heute zu einer Parkanlage umgestaltet. Ebenfalls im 16. Jh. entstanden, bietet der **Stadtfriedhof** in *Merseburg* zahlreiche qualitätvolle Grabdenkmäler vornehmlich des 18. Jh. – Einen schon 6000 Jahre alten ›Friedhof‹ birgt der **Haldensleber Forst** mit seinen *Großsteingräbern.*

## Unterkünfte

Seit 1990 haben sich die Möglichkeiten, auch ohne Voranmeldung eine preiswerte *Übernachtung* zu finden, erheblich verbessert. Besonders in den Touristengebieten werben außer Hotels, Pensionen, Jugendherbergen, Touristikstationen oder größeren Urlaubshäusern auch viele private Anbieter um die Gunst von Durchreisenden oder Dauergästen. In weniger erschlossenen Gebieten, größeren Städten oder bei gehobeneren Ansprüchen empfiehlt sich aber immer noch eine Voranmeldung, wobei hier die Informationsstellen und Verkehrsvereine der Städte oder Gemeinden gern behilflich sind.

**O-3552 Arendsee**
*Stadt Arendsee*
Friedensstr. 113
✆ 2 34
*Deutsches Haus*
Friedensstr. 91
✆ 5 00
*Am See*
Lindenstr.
✆ 3 55
*Waldheim*
Lüchower Str.
✆ 2 37
*Seelöwe*
Lindenstr. 11
✆ 5 40
*Motel*
Bungalowdorf
✆ 6 37/3 15
*Campinghotel*
Lindenstr.
✆ 5 85
*Reiterhof ›Hänsel‹*
Ort Genzien
✆ 4 79
*Jugendherberge*
Dessauer Worth
✆ 2 01

**O-4320 Aschersleben**
*Brauner Hirsch*
Krügerbrücke 5
✆ 27 28

*Weiße Taube*
Johannisplatz 5
✆ 29 11
*Stadt Aschersleben*
Platz der Jugend
✆ 29 19
*Nord*
Güstener Str.
✆ 31 16
*Touristenstation (Jugendherberge)*
Unter der Alten Burg
✆ 49 23

**O-4203 Bad Dürrenberg**
*Pension ›Schönborn‹*
Otto-Schneller-Str. 5

**O-4803 Bad Kösen**
*Kurgarten am Walde*
Eckartsbergaer Str.
✆ 3 34
*Vorwärts*
Naumburger Str.
✆ 6 66

**O-4350 Bernburg**
*Goldene Kugel*
Wilhelmstr. 2
✆ 23 71
*Wien*
Breite Str. 1
✆ 32 49
*Jugendherberge*
Krumbholzallee
✆ 29 67

**O-4400 Bitterfeld**
*Central*
Walter-Rathenau-Str. 67
✆ 36 71

**O-3720 Blankenburg**
*Kurhotel*
Mauerstr. 9
✆ 26 83

# PRAKTISCHE REISEINFORMATIONEN

*Braunschweiger Hof*
Tränkestr. 20
✆ 2821
*Vogelherd*
✆ 2617
*Waldfrieden*
Ortsteil Oesig
✆ 3340
*Sport- und Touristikzentrum*
Harzstr. 2–3     ✆ 60
*Jugendherberge*
Roh 11
✆ 2434
*Jugendherberge*
Heidelberg 14
✆ 3978


**O-3270 Burg**
*Stadt Burg*
Rolandplatz, ✆ 2254


**O-4500 Dessau**
*Stadt Dessau*
Franzstr. 35
✆ 7285
*Central*
Albrechtsplatz 6
✆ 4864/65
*Neue Brücke*
Askanische Str. 146
✆ 2679
*Grüner Baum*
Dr.-Kurt-Fischer-Str. 9
O-4504 Dessau-Kochstedt
*Evangelische Stadtmission*
Georgenstr. 13
✆ 3429
*Jugendherberge*
Waldkaterweg     ✆ 3312


**Dürrenberg**   s. O-4203 Bad Dürrenberg

**O-4804 Eckartsberga**
*Jugendherberge*
E.-Thälmann-Str. 1, ✆ 206/406

**Eisleben**   s. O-4250 Lutherstadt Eisleben

**O-4805 Freyburg/Unstrut**
*Altdeutsche Weinstuben zum Künstlerkeller*
Breite Str. 14
✆ 292
*Garni*
Ehrauberge
✆ 292
*Jugendherberge*
Schloßstr. 21 a
✆ 295


**O-3570 Gardelegen**
*Deutsches Haus*
Rathausplatz
✆ 2281
*Reuter-Haus*
Waldschnippe (ca.1,5 km)
✆ 2629
*Lindental* (ca.1,5 km)
✆ 2589


**O-3280 Genthin**
*Stadt Mansfeld*
Wilhelm-Külz-Str. 3
✆ 2206


**O-3600 Halberstadt**
*Bahnhofshotel*
Bahnhofstr. 3
✆ 22835
*St. Florian*
Gerberstr. 10
✆ 21033 o. 21037
*Weißes Roß*
Johann-Sebastian-Bach-Str. 26
✆ 21176


**O-3240 Haldensleben**
*Roland*
Holzmarktstr. 3/5
✆ 54311
*Jugendherberge*
Bornsche Str.
✆ 3284

**O-4020 Halle**
*Stadt Halle*
Thälmannplatz 17
✆ 3 80 41
*RotesRoß*
Leipziger Str. 76
✆ 3 72 71
*Weltfrieden*
Große Steinstr. 63/65
✆ 2 49 23
*Saaleblick*
Felsenstr. 19 b
✆ 3 74 91
*Marthahaus*
Adam-Kuckoff-Str.
✆ 2 44 11
*Jugendherberge*
August-Bebel-Str. 48
✆ 2 47 16

**O-3530 Havelberg**
*Stadt Havelberg*
Am Camps 5
✆ 3 77

**O-4270 Hettstedt**
*Wipperklause*
Ernst-Thälmann-Str. 20
*Deutsches Haus*
Fritz-Beyling-Str. 39
✆ 26 62
*Betriebshotel hinter dem Bahnhof*
Ziegeleistr.

**O-3705 Ilsenburg**
*Am Ilsestein*
Ilsetal
✆ 5 59
*Stadt Stolberg*
August-Bebel-Str. 5
✆ 3 23

**O-3283 Jerichow**
*Poeges*
J.-Lange-Str. 1
✆ 4 44

**Kösen**   s. O-4803 Bad Kösen

**O-4370 Köthen**
*Stadt Köthen*
Friedrich-Ebert-Str. 22
✆ 61 06

**O-4250 Lutherstadt Eisleben**
*Parkhotel*
Bernhard-Koenen-Str. 12
✆ 23 35

**O-4600 Lutherstadt Wittenberg**
*Goldener Adler*
Markt 7
✆ 22 39
*Wittenberger Hof*
Collegienstr. 56
✆ 35 94

**O-4854 Lützen**
*Roter Löwe*
Ernst-Thälmann-Str. 9
✆ 2 13

**O-3010 Magdeburg**
*Motel ›Barleber See‹*
Am Schiffshebewerk
O-3210 Wolmirstedt
✆ 09 18 14 46
*Congress Center*
Schmidtstr. 27 a
✆ 24 20
*Haus des Handwerks*
Gareisstr. 10
✆ 5 14 22
*Goethestraße*
Goethestr. 19
✆ 34 47 77
*Grüner Baum*
Wilhelm-Pieck-Allee 38–40
✆ 3 21 66
*Zur Ratswaage*
Ratswaageplatz 1–4
✆ 5 83 71

475

# PRAKTISCHE REISEINFORMATIONEN

*International*
Otto-von-Guericke-Str. 87
✆ 38 40
*Jugendtouristhotel*
Leiterstr.10
✆ 338 81

## O-4200 Merseburg
*Dessauer Hof*
Weiße Mauer 4
✆ 21 11 45

## O-4800 Naumburg
*Waldschloß*
Neidschützer Str.
✆ 21 33
*Deutscher Hof*
Raschstr. 10
✆ 27 12
*Goldener Löwe*
Salzstr. 15–16
✆ 23 80
*Jugendtouristhotel*
Am Tennisplatz 9
✆ 53 16

## O-3230 Oschersleben
*Goldene Henne*
Schermcker Str. 7
✆ 20 02
*Hotel*
Berliner Str. 1
✆ 30 78

## O-3606 Osterwieck
*Waldhaus*
Fallstein 1
✆ 551
*Deutsches Haus*
Schützenstr.
✆ 208
*Ratsgarten*
Rudolf-Breitscheid-Allee
✆ 301

## O-7908 Prettin
*Stadt Berlin*
Karl-Liebknecht-Str. 3
✆ 24 57
*Zur Erholung*
Annaburger Str. 1
Labrun, O-7901
✆ 23 32

## O-4300 Quedlinburg
*Zum Bär*
Markt 8
✆ 22 24
*Quedlinburger Hof*
Leninstr. 1
✆ 22 76
*Zur Sonne*
Steinweg
*Motel*
Wipertistr.
✆ 28 55

## O-4240 Querfurt
*Fürstenhaus*
Burg 1
✆ 25 69

## O-3560 Salzwedel
*Haus der Werktätigen*
Str. der Jugend 74
✆ 24 52
*Schwarzer Adler*
Str. der Jugend 29
✆ 20 53

## O-3300 Schönebeck
*Grüner Baum*
Karl-Marx-Str. 2
✆ 20 95
*Hotel am Stadion*
Magdeburger Str. 176
✆ 54 72
*Parkhotel*
Immermannstr. 12
✆ 63 83

**O-3250 Staßfurt**
*Grüner Baum*
August-Bebel-Str. 2
✆ 62 41 66
*Pension ›Käppner‹*
Grabenstr. 20
✆ 62 32 60

**O-3500 Stendal**
*Bahnhofshotel*
Bahnhofstr. 30
✆ 21 32 00
*Schwarzer Adler*
Kornmarkt 5–7
✆ 21 22 65
*Stadt Stendal*
Bahnhofstr. 15
✆ 21 24 03

**O-4713 Stolberg**
*Weißes Roß*
Rittergasse
*Jugendherberge*
Thyratal 11
✆ 3 32

**O-3504 Tangermünde**
*Schwarzer Adler*
Lange Str. 52
✆ 36 42

**O-4308 Thale**
*Roßtrappe*
Roßtrappe
✆ 30 11
*Berghütte ›Roßtrappe‹*
Roßtrappe
✆ 33 46
*Wilder Jäger*
Poststr.
✆ 24 17
*Forelle*
Karl-Marx-Str. 94
✆ 27 57

*Jugendherberge*
Bodetal
✆ 28 81

**O-4850 Weißenfels**
*Goldener Ring*
Jüdenstr. 51
✆ 30 51 o. 21 50
*Zum Nelkenbusch*
Jüdenstr. 9
✆ 28 68 o. 25 65

**O-3700 Wernigerode**
*Zur Post*
Marktstr. 17
✆ 3 24 36
*Weißer Hirsch*
Markt 5
✆ 3 24 34
*Schloßblick*
Burgstr. 58
✆ 3 40 49
*Zur Tanne*
Breite Str. 57/59
✆ 3 25 54
*Wernigeröder Schützenhaus*
Ziegelbergsweg 1
✆ 3 25 30
*Haus Blume*
Maxim-Gorki-Str. 45
✆ 3 20 25
*Haus des Handwerks*
Burgstr. 39/40
✆ 3 25 30
*Ferienhotel ›Friedrichsthal‹*
Leninstr. 57/59
✆ 3 31 31
*Ferienhotel ›Lindenberg‹*
Wilhelm-Raabe-Str. 12
✆ 3 20 63
*Ferienhotel ›Stadt Wernigerode‹*
Langer Stieg 62
✆ 3 25 30

**Wittenberg**  s. O-4600 Lutherstadt Wittenberg

PRAKTISCHE REISEINFORMATIONEN

**O-4414 Wörlitz**
*Gasthaus › Zum Stein‹*
Thälmannstr. 228, ∅ 3 54

**O-4900 Zeitz**
*Drei Schwäne*
Altmarkt 6
∅ 26 86

**O-3400 Zerbst**
*Kulturhaus des Handwerks*
Dessauer Str. 89
∅ 33 67

*Pension › Trepzig‹*
Käsperstr. 15
∅ 44 83

---

Alle in diesem Buch enthaltenen Angaben wurden von den Autoren nach bestem Wissen erstellt und von ihnen und dem Verlag mit größtmöglicher Sorgfalt überprüft. Gleichwohl sind – wie wir im Sinne des Produkthaftungsrechts betonen müssen – inhaltliche Fehler nicht vollständig auszuschließen. Daher erfolgen die Angaben ohne jegliche Verpflichtung oder Garantie des Verlags oder der Autoren. Beide übernehmen **keinerlei Verantwortung und Haftung** für etwaige inhaltliche Unstimmigkeiten. Wir bitten dafür um Verständnis und werden Korrektur-hinweise gern aufgreifen (DuMont Buchverlag, Postfach 10 04 68, 5000 Köln 1).

## Literatur (Auswahl)

Alex, Reinhard: Schlösser und Gärten um Wörlitz, Leipzig 1988

Anhalts Bau- und Kunstdenkmäler nebst Wüstungen, hrsg. von Büttner Pfänner zu Thal, Dessau/Leipzig 1892

Beschreibende Darstellung der älteren Bau- und Kunstdenkmäler der Provinz Sachsen und angrenzender Gebiete, hrsg. von der Historischen Kommission, 1882 ff.

Baudenkmale (monographische Reihe), verschiedene Autoren, entsprechende Hefte, Leipzig

Das Christliche Denkmal (monographische Reihe), verschiedene Autoren, entsprechende Hefte, Berlin

Dehio, Georg: Handbuch der deutschen Kunstdenkmäler, Der Bezirk Halle, Berlin 1976

Dehio, Georg: Handbuch der deutschen Kunstdenkmäler, Der Bezirk Magdeburg, Berlin 1974

Dehio, Georg: Handbuch der deutschen Kunstdenkmäler, Die Bezirke Cottbus und Frankfurt/Oder, Berlin 1987

Deutsche Kunstdenkmäler (Bildband), Bezirke Halle Magdeburg, Leipzig 1968

Die Bau- und Kunstdenkmäler des Landes Braunschweig, Bd. 6, Kreis Blankenburg, 1922

Die Kunstdenkmale des Landes Anhalt, hrsg. von Hermann Giesau, Burg, 1937 ff.

Die Provinz Sachsen in Wort und Bild, 1. Band, Berlin 1900, 2. Band, Leipzig 1902

Haring, Erich: Geschichte der Provinz Sachsen und des Freistaates Anhalt, 1931. Erweiterte Neuherausgabe durch Albrecht Timm 1965

Harksen, Sybille: Bibliographie zur Kunstgeschichte von Sachsen-Anhalt, Berlin 1966

Jacobs, Eduard: Geschichte der in der Preußischen Provinz Sachsen vereinigten Gebiete, 1883

Krause, Hans-Joachim: Denkmale in Sachsen-Anhalt, 1983

Kunstdenkmäler des Bezirkes Magdeburg (Bildband), hrsg. von Horst Drescher u. a., Berlin 1983

Möbius, Friedrich und Helga: Ecclesia Ornata, Berlin 1974

Mrusek, Hans-Joachim: Drei deutsche Dome, Dresden 1963

Scholke, Horst: Romanische Architektur am Harz, Leipzig 1987

Schwineköper, Berent (Hrsg.): Handbuch der historischen Stätten Deutschlands, Bd. 11, Provinz Sachsen Anhalt, Stuttgart 1987

Werte unserer Heimat (Reihe), verschiedene Autoren, entsprechende Bücher, Berlin

## Abbildungsnachweis

### Farb- und Schwarzweiß-Abbildungen

Constantin Beyer, Weimar Farbabb. 20; Abb. 27, 49, 77

Klaus G. Beyer, Weimar Umschlagvorderseite, Umschlagklappe vorn, Farbabb. 2, 6, 24; Abb. 2–5, 7, 14, 26, 31, 80, 86, 88, 99, 103, 105

Hauke Dressler, Bremen Farbabb. 10–12, 16

fotografie, Wuppertal (W. Birke/W. Blobel) Farbabb. 7, 21, 23

Peter Kühn, Dessau Umschlagrückseite; Farbabb. 17, 18

Florian Monheim, Düsseldorf/Roman von Götz, Dortmund Farbabb. 1, 3; Abb. 10, 19, 22, 25, 34, 42, 47, 52, 53, 82, 92

Werner Neumeister, München Farbabb. 15, 19; Abb. 8, 9, 11, 15, 17, 20, 21, 23, 24, 30, 32, 33, 43, 44, 50, 51, 54, 56–59,

61–63, 68, 69, 71, 73, 78, 79, 83–85, 87, 89–91, 93, 98, 101, 102, 107

Heinz-Josef Schmitz, Hürth    Farbabb. 9

Sigrid Schütze-Rodemann, Halle    Farbabb. 4, 5, 13, 14, 23, 25; Abb. 1, 6, 12, 13, 16, 18, 28, 29, 35–41, 45, 46, 48, 55, 60, 64–67, 70, 72, 74–76, 81, 94–97, 100, 104, 106

Achim Sperber, Hamburg    Farbabb. 8

## Abbildungen im Text

Anhalts Bau- und Kunstdenkmäler nebst Wüstungen, hrsg. von Büttner Pfänner zu Thal, Dessau/Leipzig 1892    Abb. S. 290, 293, 299

Archiv für Kunst und Geschichte, Berlin    Abb. S. 20, 30, 72, 86, 135, 220, 353, 358, 367, 418, 449

Bauernkriegs-Panorama, Bad Frankenhausen    Abb. S. 250

Bördemuseum Ummendorf    Abb. S. 162

Bauhaus-Archiv Museum für Gestaltung, Berlin    Abb. S. 308, 309

Beschreibende Darstellung der älteren Bau- und Kunstdenkmäler der Provinz Sachsen und angrenzender Gebiete, hrsg. von der Historischen Kommission, 1882 ff.    Abb. S. 81, 88, 111, 140, 144, 158, 167, 172, 234, 236, 372, 399, 407, 411, 416, 424, 426, 436, 443

Klaus G. Beyer    Abb. S. 68, 89, 346, 365

Die Bildwerke des Naumburger Doms, Leipzig o. J.    Abb. S. 405

Georg Dehio, Handbuch der deutschen Kunstdenkmäler, Der Bezirk Magdeburg, Berlin 1974    Abb. S. 46, 84, 95, 100, 180, 284

Der Bezirk Halle, Berlin 1976    Abb. S. 259, 314, 359, 374, 403

Deutsche Fotothek, Dresden (May)    Abb. S. 94

Foto-Ullrich, Stendal    Abb. S. 139

Gleimhaus, Halberstadt    Abb. S. 185

Halle, Geschichte der Stadt in Wort und Bild. Deutscher Verlag der Wissenschaften, Berlin 1982    Abb. S. 37

Harzbücherei Wernigerode    Abb. S. 38, 40, 186, 228, 239

Heimatmuseum, Osterwieck    Abb. S. 175, 222

Herzog August Bibliothek, Wolfenbüttel    Abb. S. 66, 226, 240, 257, 306, 366, 369, 376, 387, 389, 415, 446

Erhard Hirsch, Halle    Abb. S. 303 o.

Institut für Denkmalpflege, Arbeitsstelle Halle    Abb. S. 79

Institut für Kunstgeschichte der Martin-Luther-Universität Halle-Wittenberg    Abb. S. 246 (Zeichnung von Hermann Wäscher)

Landesmuseum für Vorgeschichte, Halle    Abb. S. 14

Matthäus Merian, ›Topographia Germaniae‹/ ›Theatrum Europaeum‹    Abb. S. 27, 131, 153, 190/91, 230, 288, 350, 354/55, 432, 440

Florian Monheim, Düsseldorf/Roman von Götz, Dortmund    Abb. S. 41, 169, 301

Museum Schloß Neu-Augustusburg, Weißenfels (Zeichnung von Chr. Schütze)    Abb. S. 392

Werner Neumeister, München    Abb. S. 142/43, 151, 245, 261, 286, 384

Sigrid Schütze-Rodemann, Halle    Abb. S. 183, 419, 441

E. A. Seemann, Buch- und Kunstverlag, Leipzig (Zeichnung von I. Brüx, Leipzig, nach Wäscher)    Abb. S. 217, 254, 421

Spengler-Museum, Sangerhausen    Abb. S. 445

Staatliche Galerie Moritzburg, Halle    Abb. S. 363

Staatliche Galerie Schloß Georgium, Dessau    Abb. S. 318, 319

Union Verlag, Berlin    Abb. S. 160, 379

Verlag der Kunst, Dresden (nach A. Roscher)    Abb. S. 17

VG Bild-Kunst, Bonn 1991    Abb. S. 162, 363

Alle nicht einzeln aufgeführten Abbildungen sind aus dem Archiv der Autoren

Karten und Pläne: DuMont Buchverlag, Köln

# Register

## Personen

Adelheid, Äbtissin 217
Adelheid II., Äbtissin 219
Adelheid, Kaiserin 45
Adler, Friedrich 328
Agnes, Äbtissin 218
Albers, Josef 309
Albertus Magnus 362
Albinmüller 75
Albrecht Achilles, Kurfürst
 von Brandenburg 146
Albrecht, Herzog von Sachsen
 23
Albrecht II., Herzog von Sach-
 sen 231, 322
Albrecht der Bär, Markgraf der
 Nordmark 22, 24, 80, 91,
 92, 131, 252, 262, 297, 322,
 443
Albrecht von Brandenburg,
 Erzbischof von Magdeburg
 11, 25, 26, 352, 353, 359,
 361, 362, 363, 422
Albrecht von Querfurt, Erz-
 bischof von Magdeburg 67
Aldegrever, Heinrich 324
Alexander III., Papst 374
Alexander Carl, Herzog von
 Anhalt-Bernburg 261
›Alter Dessauer‹ s. Leopold I.
Alvensleben, Adelsfamilie
 165, 171
Alvensleben, Johann Friedrich
 von 171
Alvensleben, L. von 171
Amerikaner 38, 39
Angeln, germanischer Stamm
 148
Anhalt-Bernburg, Herzöge
 256, 258

Anhalt-Bernburg-Hoym-
 Schaumburg, Fürsten 261
Anhalt-Plötzkau, Fürsten 283
Anna, Kurfürstin von Sach-
 sen 286, 347
Anna Amalie, Prinzessin von
 Anhalt-Dessau 311
Antoniter, Orden 348
Apel, Heinrich 72, 404
Arnd, Pfarrer 253
Arnim, Achim von 368
Arnold, Hans 297
Arnstein, Adelsfamilie 23
Arnulf, Herzog von Bayern 19
Askanier, Fürstenfamilie 21,
 22, 23, 24, 166, 173, 262,
 289, 322, 328
Asseburg, Adelsfamilie 254
Asseburg, Achaz von der 255
Asseburg, Bernhardine von der
 255
Attila, Hunnenkönig 16
August, Herzog von Sachsen-
 Weißenfels 447
August II., der Starke (Fried-
 rich August I.), Kurfürst
 von Sachsen 254, 255, 349,
 350
August von Sachsen, Admini-
 strator des Erzbistums Mag-
 deburg 29
Augustiner, Orden 69, 297,
 357
Augustinus 187

Bach, Johann Sebastian 21,
 292, 293, 295, 391, 409
Bach, Maria Barbara 293
Backoffen, Hans 363
Badstübner, Ernst 160

Baldung gen. Grien, Hans
 25, 324
Bandhauer, Gottfried 295, 302
Barbarossa s. Friedrich I.
Barby, Grafen von 23, 152
Barby, Agnes von 152, 286
Barby, Burkhard von 152
Barby, Günther II. von 153
Barby, Sophie von 299
Barby, Wolfgang von 152
Bardt, Karl Friedrich 410
Barlach, Ernst 68
Bartoli 167
Basedow, Johann Bernhard
 31, 304, 308
Bayer, Herbert 309
Bayern 19
Beatrix, Äbtissin 219
Becker, A. M. 257
Beckmann, Max 362
Beer, Johann 391
Begas, Reinhold 308
Beichlingen, Grafen von 247,
 248
Benediktiner 96, 159, 177,
 423
Beneventer, mittelital. Volks-
 stamm 20
Berenhorst, Georg Heinrich
 von 304
Bergner, H. 407, 411, 424,
 426
Bernhard, Bischof von Halber-
 stadt 259
Bernhard, Herzog von Sachsen
 22
Bernhard III., Fürst von Anhalt
 286
Beuchel 295
Bezelin, Bischof 217

481

# REGISTER: PERSONEN

Bierstedt, Arnold 112
Binder, Bastian 362
Binder, Ludwig 151, 307,
318, 325, 440
Bismarck, Otto von 33, 34,
**86**, 129, 239
Blankenburg, Grafen von 228
Blome, Andreas 134
Blücher, Gebhard Leberecht
32
Blühme, Joseph 420
Blüthner, Julius Ferdinand
398
Blütner, Samuel 241
Bogenkranz, Zacharias 366
Böhme, Johann Heinrich 392
Boldemann, Bürgermeister 96
Boleslav I., Herzog von
Polen 69
Bolizlav, Herzog von Böhmen
20
Boltze, Johann Gottfried 371
›Bonensac‹ 48
Bonstede, Hermen 93
Borlach, Johann Gottfried
386, 412
Borstel, Helmecke 93
Boxthude, Steffen 92, 136,
141
Bratfisch, August 162
Brecht, Bert 39
Brehna, Sophia von 219
Brehna-Wettin, Dietrich I. von
370
Brehna-Wettin, Dietrich II.
von 370
Brehna-Wettin, Dietrich III.
von 370
Brenner, Melchior 381
Brentano, Clemens 368
Breuer, Marcel 309
Brinkmann, Adolf 436
Brose, Christoph Friedrich
312
Brun von Querfurt, Bischof
von Merseburg 423
Brunsberg, Hinrich 144
Brüsewitz, Oskar 41
Bucher, Fam. 437
Bugenhagen, Johannes 327

Bulgaren 20
Bülow, Adelsfamilie 168
Bünau, Adelsfamilie 399
Bunge, Adolf Philipp 289
Burchard II., Bischof von
Halberstadt 21, 237
Burchard III., Erzbischof von
Magdeburg 23, 45
Bürger, Gottfried August 255

Cäcilie von Sachsen 446
Calixt II., Papst 21
Canaletto (Bernardo Belotto)
320
Caroveri, Giovanni 392
Christian, Herzog von Sach-
sen-Weißenfels 414, 416
Christian II., Kurfürst von
Sachsen 349
Christian von Braunschweig
27, 164
Christine Eberhardine, Kurfür-
stin von Sachsen 349
Christine von Schweden, Köni-
gin 188
Courths-Mahler, Hedwig 425
Cranach d. Ä., Lucas 318,
324, 326, **327**, 409, 436
Cranach d. J., Lucas 102,
285, 286, 295, 299, 301, 313,
321, 326, 351
Creutz, Caspar 379
Crodel, Carl 73
Crola, Elise 237
Crola, Georg Heinrich 237
Cryselius, Johann Wilhelm
385
Curd, Steinmetz 298
Czechowski, Heinz 427

Damm, Christian Friedrich
311
Dänen 20, 27
Danneil, Johann Friedrich 92,
102, 104
Dehne, Christoph 68
Dietmar, Graf 406
Dietrich, Markgraf 406
Dietrich II., Bischof von
Naumburg 404

Dietrich der Bedrängte, Mark-
graf von Meißen 388
Drake, Friedrich 327, 328
Dreyse, Wolfgang 223, 437
Düren, Statius von 103
Dürer, Albrecht 310, 353
Dyck, Anthonis van 312

Ebeleben, Nickel von 448
Eber, Paul 326
Ebert, Friedrich 36
Ebhardt, Fritz 135
Echtermeier, Carl 72
Echternach, Peter von 291
Eckhard 177
Editha, Kaiserin 43, 45, 67,
192
Ehrenburg, Ilja 37
Eichendorff, Joseph von 352,
369
Eichens, Conrad 444
Eike von Repgow 24, 72, 255
Einbeck, Conrad von 288,
365, 366
Ekkehard II., Markgraf von
Meißen 406, 413
Elbslawen 20
Entzelt, Christoph 91
Erasmus von Rotterdam 353
Erdmann, Daniel 388
Erdmannsdorff, Friedrich Wil-
helm von 11, 302, 304,
307, 308, 310, 313, 316, 317,
318, 319, 320
Erdmuthe Dorothea, Herzogin
von Sachsen-Merseburg
385
Erich, Erzbischof von Magde-
burg 78
Ernst, Kurfürst von Sachsen
23
Ernst von Sachsen, Erzbischof
von Magdeburg 67, 154,
352
Erxleben, Adelsfamilie 165
Erxleben, Dorothea von 225
Esebeck, Burchard von 151
Esiko von Ballenstedt 252
Eyserbeck, Johann Friedrich
304, 310, 312

Falkenstein, Hoyer von 255
Falkenstein (Konradsburg),
  Grafen von 23, 254, 255
Feininger, Lyonel 220, 308,
  309, 352, 358, 362, 363
Fichte, Johann Gottlieb 410
Fieger, Carl 309
Fischer, Carl 35
Flamen 92, 245
Floris, Cornelis 112
Floris, Frans 112
Fontane, Theodor 130, 173
Forster, Georg 317
Francke, August Hermann
  30, 354, 366
Franken 17, 18, 419
Franz Ferdinand, Erzherzog
  von Österreich 129
Franz, Robert 360
Franz von Assisi 281
Franziskaner, Orden 152
Franzosen 31
Friedel, Friedrich 302
Friedrich, Caspar David 358,
  359
Friedrich, Erbprinz von
  Anhalt-Dessau 310
Friedrich I. Barbarossa 244,
  245, 247, 374, 377
Friedrich I., Pfalzgraf 393
Friedrich II., Prinz von Hes-
  sen-Homburg 167
Friedrich II., ›der Große‹,
  König von Preußen 30, 31,
  82, 109, 148, 231, 295, 304,
  369
Friedrich August I. s. August
  II. der Starke
Friedrich Christian, Markgraf
  von Brandenburg 167
Friedrich der Weise, Kurfürst
  von Sachsen 26, 322, 328,
  345, 450
Friedrich von Brandenburg,
  Erzbischof von Magdeburg
  182
Friedrich von Wettin, Erz-
  bischof von Magdeburg 67
Friedrich Wilhelm I., König
  von Preußen 30, 304

Friedrich Wilhelm III., König
  von Preußen 163, 381, 383
Friedrich Wilhelm IV., König
  von Preußen 129
Fröhse, Anna Luise 31
Frühling, Karl 232
Fugger, Kaufmannsfamilie 25

Gardelegen, Heinrich von
  144
Gauger, G. 75
Geiger, Nikolaus 246
Gellert, Christian Fürchtegott
  317, 385
Gentz, Heinrich 386
Georg, Herzog von Sachsen
  26
Georg, Markgraf von Meißen
  412
Gepa, Gräfin 406
Gerburg, Gräfin 406
Gerhardt, Paul 315, 316
Germanen 15, 16, 87
Gero, Erzbischof von Magde-
  burg 69, 70
Gero, Markgraf 20, 259, 262
Gersen, Ottilie von 449
Gertrud von Hakeborn 431
Geyer, Gerhard 447
Giovanni da Bologna (Giam-
  bologna) 348
Gisela Agnes, Fürstin von
  Anhalt-Köthen 295
Glaffey, Annette von 311
Gleim, Johann Wilhelm Lud-
  wig 173, 184, 189, 256, 385
Gneisenau, August Graf Neid-
  hardt von 163
Goden, Henning 345
Göderitz, Johannes 75
Goethe, Johann Wolfgang von
  18, 152, 163, 173, 185, 226,
  248, 304, 311, 316, 368, 385,
  386, 393, 450
Göricke, Johann 409
Göring, Hermann 129
Gottsched, Johann Christoph
  385
Götz, Curt 352
Götze, Wolf 188

Grade, Hans 72, 75
Gregor von Tours 419
Griebenstein, Andreas 389
Griechen 20
Grimm, Brüder 170
Gröninger, Gertrud 156
Gropius, Walter 10, 37, 252,
  307, 309
Gropengheter, Ludwig 104
Große Gertrud 431
Grundig, Hans 82
Gründler, G. A. 366
Gryphius, Andreas 25, 292
Grzimek, Waldemar 69
Guericke, Otto von 10, **28**,
  70, 73
Günther, Andreas 291, 358,
  363
Gustav Adolf II., König von
  Schweden 387, 410
Guts Muths, Johann Christoph
  Friedrich 225
Güttel, Caspar 438

Hacke, Hans 136
Hackert, Philipp 320
Hadmersleben, Otto von 154
Hadrian, Kaiser 317
Hamann, Richard 259
Hamilton 317
Händel, Georg Friedrich
  357f., 392
Hans von Köln 102
Hardenberg, Friedrich von
  (Novalis) 172, 173, 393, **444**
Harms, Johann Oswald 392,
  409
Hatheburg 376
Hathui, Äbtissin 259
Hecklingen, Adelsfamilie 284
Hedwig, Kurfürstin von Sach-
  sen 347, 348, 349
Heffner, Claus 346
Heidekamp, Bastian 229
Heiling, Heinrich 368
Heine, Heinrich 173, 237,
  238
Heinrich I., König 76, 91,
  190, 191, 219, 222, 424, 425,
  450

483

# REGISTER: PERSONEN

Heinrich II., Kaiser 21, 236, 237, 377, 378, 379, 426
Heinrich III., Kaiser 21, 372, 406, 432
Heinrich IV., Kaiser 247, 261, 380, 432
Heinrich V., Kaiser 21, 247, 413, 429
Heinrich, Herzog von Braunschweig-Wolfenbüttel 26
Heinrich der Erlauchte, Markgraf von Meißen 375
Heinrich der Löwe, Herzog von Bayern und Sachsen 169, 180, 247
Heinrich der Stolze, Herzog von Bayern 252, 290
Heinrich Julius von Braunschweig, Bischof von Halberstadt 185
Heinrich von Morungen 445
Heinrich von Veldeke 414
Heise, Katharina 151
Helding, Michael Sidonius, Bischof von Merseburg 377
Hendrich, Hermann 227
Henrietta Katharina, Fürstin von Anhalt-Dessau, Prinzessin von Oranien 314
Herder, Johann Gottfried 184
Herlitz, Christoph 423
Hermann, Landgraf von Thüringen 414
Hermann, Markgraf 406
Hermann von Salm-Luxemburg 432, 434
Hermenefred, König 419
Hermunduren, germ. Volksstamm 15, 148, 173
Herrand, Abt 237
Hesekiel, Georg Christoph 313, 318, 320
Hesse, Ludwig Ferdinand 129
Heyden, Adelsfamilie 258
Hildebrand, Zacharias 409, 447
Hildegrim II., Bischof von Halberstadt 179

Hildegrim von Châlons, Bischof von Halberstadt 18, 179, 281
Hildeward, Bischof von Halberstadt 187
Hildeward, Bischof von Zeitz 401
Hilleborch, Thomas 234
Hindenburg, Paul von Benekkendorff und 129
Hirsch, Erhard 304, 318
Hitler, Adolf 36, 38
Hoelz, Max 36
Hoffmann, Friedrich 385
Hoffmann, Johann Heinrich 222
Hofmann, Nickel 291, 357, 359, 367, 382
Hohenzollern, Fürstenfamilie 22, 166, 173
Hohmann, Otto 292
Holbein, Friedrich Wilhelm 328
Hölderlin, Friedrich 367
Holland, Henry 319
Holstein-Gottorp, Johanna Elisabeth von 80
Honstein, Adelsfamilie 23
Hoppenhaupt, Bildhauer- und Architektenfamilie 377, 383
Hoppenhaupt, Johann Michael 311
Hoppenhaupt d. Ä. (II.), Johann Michael 296, 381, 382
Horn, Heinrich 130
Hoßfeld, Fritz 401
Hoyer I. s. Mansfeld
Hoym, Grafen von 399, 420
Hoym, S. von 78
Hugenberg, Alfred 36
Hugenotten 29, 71
Humboldt, Wilhelm von 444
Hundrieser, Emil 246
Hunnen 16
Hunold, Erzbischof von Magdeburg 401
Hunold, Friedemann 311
Hussiten 396, 398
Huth, J. G. 165

Innozenz III., Papst 379
Irmisch, Hans 323

Jahn, Friedrich Ludwig 33, 104, **417 f.**
Jean Paul (Friedrich Richter) 184
Jérôme, König von Westfalen 31, 32
Joachim I., Kurfürst von Brandenburg 26
Joachim Ernst, Herzog von Anhalt 291, 303, 313
Joachim Friedrich, Kurfürst von Brandenburg 26, 129
Johann Adolf I., Herzog von Sachsen-Weißenfels 391, 447
Johann Cicero, Kurfürst von Brandenburg 24, 146
Johann Friedrich, Kurfürst von Sachsen 26, 323
Johann Georg, Herzog von Anhalt 391
Johann Georg, Herzog von Sachsen-Weißenfels 391
Johann Georg, Prinz von Anhalt-Dessau 310
Johann Georg II., Fürst von Anhalt-Dessau 314
Johann der Beständige, Kurfürst von Sachsen 328, 345
Johann von Wöpelitz, Bischof 89, 90
Johannes XIX., Papst 401
Johannes von Schleinitz, Bischof von Naumburg 397
Johanniter, Orden 92, 399
Jonas, Justus 353, 435
Jordaens, Jakob 312
Juckoff, Paul 150, 386
Julius von Pflug, Bischof von Naumburg 395, 398, 406
Junkers, Hugo 304

Kadaloh, Bischof von Naumburg 401
Kandinsky, Wassily 308, 309
Kapup, Christoph 67, 68

484

Karl IV., Kaiser   22, 103, 145, 146, 147, 229
Karl V., Kaiser   26, 291, 352
Karl VI., Kaiser   229
Karl der Große   18, 19, 43, 171, 287
Karl August, Herzog von Sachsen-Weimar   248
Karlstadt (Andreas Bodenstein)   326
Karsch, Anna Luise   189
Käselieb, Bauer   398
Katharina II. die Große (Sophie Auguste Friederike von Anhalt-Zerbst), Zarin   80, 255, 302
Kelten   15
Kempen, Wilhelm van   312
Keßler, Kilian   242
Kirchner, Ernst Ludwig   358
Klee, Paul   308, 309, 362
Klinger, Max   414
Klintzsch, Hans   68
Kloeber, August von   328
Klopstock, Friedrich Gottlieb   173, 184, 220, 255, 410
Klumpp, Hermann   220
Knesebeck, General von   177
Knobelsdorff, Georg Wenceslaus   302
Kolup, Tile   247
Königsmark, Marschall   188
Konrad, Graf   406
Konrad I., König   19
Konrad II., Kaiser   401
Konrad, Erzbischof von Magdeburg   252
Konrad, Markgraf von Meißen   252, 371, 372
Korb, Hermann   171, 228
Korf, Winfried   224
Körner, Theodor   427
Kraft, Caspar   359
Krahe, Peter Joseph   165
Krakau, Johann von   406
Kraus, G.   226
Krieger, Daniel   437
Krieger, Johann Philipp   391
Krosigk, Bernd von   292
Krosigk, Christoph von   292

Krüger, Franz   293
Krukmann, Hermann   264
Krummel, Heinrich   234
Krupp, Gustav   37
Kügelgen, Wilhelm von   33, 255, 256, **261,** 287, 288, 290
Kugler, Franz   413
Kunigunde, Kaiserin   379
Kuntz, A.   318, 319
Kutzke, Georg   437

Ladegast, Friedrich   380, 393
Langobarden   17
Lavater, Johann Kaspar   317
Lenin   42
Lenné, Peter Joseph   74, 75, 257
Leopold I., Fürst von Anhalt-Dessau (›Alter Dessauer‹)   39, 71, **304,** 311
Leopold III. (Friedrich Franz), Fürst von Anhalt-Dessau (›Vater Franz‹)   10, 31, **304**
Lessing, Gotthold Ephraim   184, 304
Leubelfing, August von   409
Levi, Paul   38
Lichtenfeld, Gerhard   357
Lichtenfelser, Heinrich   359
Lindner, Johann Carl   311
Lissitzky, El   362
Liszt, Franz   256
Liudolfinger   19, 173
Liutbirg   230, 236
Lochow, Graf von   107
Loewe, Karl   373
Logau, Friedrich von   292
Löns, Hermann   231
Lortzing, Albert   256
Löser, Hans von   350
Löser von Pretzsch, Hans   349
Lothar von Supplinburg (Süpplingenburg), Kaiser   21, 22, 23, 192, 228, 284
Louis Ferdinand, Prinz von Preußen   129
Lucius, Jakob   323
Ludwig, Fürst von Anhalt-Köthen   31, 292, 295, 296, 297

Ludwig III., Landgraf von Thüringen   414
Ludwig XIV., König   390
Ludwig der Deutsche   19
Ludwig der Springer   238, 413, 446, 448
Ludwig Rudolf, Herzog von Braunschweig-Wolfenbüttel   229
Luise, Königin von Preußen   106
Luise, Fürstin von Anhalt-Dessau   313
Luppin, Kristan von   248
Luther, Hans   326
Luther, Katharina   324, 326
Luther, Martin   11, 25, 26, 241, 242, 321, 322, 323, 325, 326, 328, 345, 353, 360, 362, 429, 431, **434,** 435, **436,** 437, 438, 442
Lynar, Rochus van   320

Maerker, General   36
Magdeburg, Erzbischöfe von   21, 23, 171
Maier, Hermann   373
Mansfeld, Ernst von   27, 299
Mansfeld, Grafen von   23, 173, 302, 429, 439, 444
Mansfeld, Günther Graf von   442
Mansfeld, Hoyer I., Graf von   429, 443
Mansfeld, Hoyer VI., Graf von   435, 436
Mansfeld, Johann Georg III., Graf von   442
Mansfeld-Hinterort, Grafen von   438
Marcks, Gerhard   360, 368
Marcolini, Graf   385
Marcus, Otto   223
Maria Theresia, Kaiserin   229
Marx, Karl   104
Mathilde, Äbtissin   219
Mathilde, Königin   192, 218, 219
Mathisson, Friedrich von   304, 318

485

## REGISTER: PERSONEN

Mechthild von Hakeborn 431
Mechthild von Magdeburg 431
Meinecke, Friedrich 104
Meißen, Markgrafen von 22, 23
›Meister des Magdalenentympanons‹ 47
Meister Volker 96
Melanchthon, Philipp 91, 322, **324f.**, 326, 328, 345, 360, 435
Mendelssohn, Moses 304, 308
Mente, Heinrich 145
Merian, Matthäus 27, 131, 153, 190, 230, 268, 350, 354, 432, 440
Merowinger, fränk. Königsgeschlecht 17
Messel, Alfred 258
Meyer, Conrad Ferdinand 410
Meyer, Hannes 309
Minde, Grete 142
Minetti, Abondio 302
Minetti, Francesco Domenico 422
Miseko, Herzog von Polen 20
Möbius, Helga 46
Moestel, Johann 380
Moholy-Nagy, Laszlo 309
Moritz, Herzog von Sachsen-Zeitz 397, 398
Moritz, Kurfürst von Sachsen 26
Moser, Wilhelm 233
Muche, Georg 309
Müller, Wilhelm 304, 308, 437
Münchhausen, Chr. W. von 78
Münchhausen, Hilmar von 80
Münchhausen, Statius von 80
Müntzer, Thomas 26, 242, **449**, 450

Nagel, Gustav **97**
Napoleon, Kaiser 32, 417
Nappian, Bergmann 443

Nathusius, Johann Gottlob 170
Naumann, Johann Friedrich 292, 296
›Naumburger Meister‹ 404
Nebra, Schenken von 424
Neuber, Caroline von 391
Neucke, Bergmann 443
Neuendorf, Carl Gottfried 304
Neumark, Johann Christian 315
Neuß, Erich 373
Nickel, H. L. 187
Niederländer 92
Nietzsche, Friedrich 28, 410
Niuron, Franciscus 296
Niuron, Peter 300, 320
Norbert von Xanten, Erzbischof von Magdeburg 10, 23, 69, 70, 85
Nosseni, Giovanni Maria 348

Ohmann, Friedrich 70
Opitz, Martin 292
Ostera, Frühlingsgöttin 18
Österreicher 33
Ostfalen 77
Ostgoten 17
Ostwalt, Hans 134
Ottmar, Carl Theodor 161
Otto I., Markgraf von Brandenburg 96
Otto I., der Große, Kaiser 20, 43, 45, 46, 72, 87, 179, 192, 425
Otto II., Kaiser 21, 247, 382, 426
Otto III., Kaiser 187, 217, 253, 426, 432
Otto, Bischof von Bamberg 384
Otto der Reiche 252
Otto von Hessen, Erzbischof von Magdeburg 67

Palladio, Andrea 319
Panofsky, Erwin 182
Papen, Franz von 36
Pappenheimer 28

Parler, Architekten- und Baumeisterfamilie 288
Paulick, Richard 309
Pauvaert, Antonius 359
Pellicia, Giuseppe Anselmo 385
Peltier, Martin 163
Penther, Johann Friedrich 244
Permoser, Balthasar 349
Pesne, Antoine 295, 312, 320
Peter III., Zar 302
Peter der Große, Zar 237
Peter von Schleinitz, Bischof von Naumburg 399
Pflüger, Konrad 322, 328, 345
Pia, Nonne 177
Pinder, Wilhelm 180
Ploto, von 82
Plötzkau, Grafen von 284
Pohlmann, Heinrich 295
Pöppelmann, Matthäus Daniel 349
Pozzi, Carlo Ignazio 311, 313, 315, 326
Prämonstratenser 23, 79, 83, 219
Preußer, Georg 82

Quadri, Bartolomeo 392
Quast, Ferdinand von 260, 328
Querfurt, Gebhardt XIV. von 422
Querfurt, Grafen von 23, 423, 424, 429

Ranke, Leopold von 410
Rathenau, Walter 413
Rauch, Christian Daniel 163, 367
Raumer, Georg Karl von 304
Regenstein, Grafen von 173, 174
Regenstein, Albrecht II. von 406
Reichardt, Johann Friedrich 369
Reinhardt, Architekt 306
Remy de La Fosse, Louis 373

Richter, Adrian Ludwig 228, 244, 255, 446
Richter, Christian 398
Richter, Wilhelm 398
Richter d. Ä., Johann Moritz 391, 392, 397
Richter d. J., Johann Moritz 391
Riemer, Julius 346
Rimpau, Theodor Hermann 109
Rinckeler, Thomas 359
Ripe, W. 239
Rispach, Ulrich 242
Ritter, Carl 220, 225
Robert, Carl 360
Roch, Irene 103
Rode, August von 304, 320
Röder, Adelsfamilie 253
Röder, Leberecht Wilhelm von 253
Roever, Goldschmiedemeister 134
Römer 85
Rönnebeck, von 96
Rössel, Wilhelm 408
Rössing, Ludolph von 176
Röttger, Jürgen 171
Rousseau, Jean-Jaques 316
Rubens, Peter Paul 311, 312, 320
Rudolf von Schwaben, König 21, 380
Ruge, Arnold 33, 352
Rühl, Konrad 75
Russen 38
Ruysdael, Salomon 320
Ruyckwaert, Cornelius 300, 302, 314

Sachsen, germ. Volksstamm 17, 18,19, 20, 26, 77, 173, 419
Sandtmann, Johann Caspar 398
Schadow, Johann Gottfried 327, 435, 437
Schaper, Fritz 393
Schardt, Alois J. 362
Schatz, David 420

Schau, Heinrich 409
Schenck, Adelsfam. 166
Schenk (Scheußlich), Hans 183
Scheper, Hinnerk 309
Scherer d. J., Hans 145
Schiller, Friedrich 385, 386
Schinkel, Karl Friedrich 73, 74, 220, 241, 244, 255, 327, 367, 385, 388
Schlegel, Hans 435, 440, 442
Schlegel, N. von 318
Schlemmer, Oskar 308, 309
Schmidt, Joost 309
Schmidt, Martin 264
Schmidt-Rottluff, Karl 221
Schmiedeberg, Ulrich von 307
Schmitz, Bruno 246
Schmutze, Heinrich 72
Schoch, J. G. 310
Schoch, Leopold Ludwig 310
Schönitz, Hans von 358
Schott, Hüttendirektor 237
Schreiterer 150
Schroh, Peter 363
Schröter, Georg 283, 328
Schubert, Franz 304
Schulenburg, Adelsfamilie von der 166
Schulenburg, Alexander von der 91
Schulenburg, Graf Levin Friedrich von der 420
Schulenburg-Heßler, Grafen von der 423
Schulz, Landarzt 107
Schulz, A. 239
Schütz, Heinrich 390
Schütze, Johann Christoph 302, 391, 392
Schwarzburg, Grafen von 249
Schweden 27, 147, 300, 350, 351, 387
Schwind, Moritz von 256
Schwineköper, Berent 171
Seckendorff, Freiherr Veit Ludwig von 397
Sehring, Bernhard 227, 258, 294

Seldte, Franz 36
Semler, Arntz 390, 416
Seume, Johann Gottfried 184, 388
Siemering, Rudolf 433
Sigebodo, Abt 238
Sigismund, Kaiser 22
Sigismund von Lindau, Bischof von Merseburg 379
Silbermann, Gottfried 409
Simonetti, Giovanni 300, 302, 321
Sisu 236
Sizzo 406
Slawen 19, 20, 21, 43, 79, 87, 171, 259
Soest, Konrad von 176
Solis, Virgil 438
Sommer, Gustav 167, 399, 443
Sorben, slaw. Volksstamm 19
Spangenberg, Cyriakus 442
Spangenberg, Gustav Adolph 360
Spengler, Gustav Adolf 446
Spiegel zum Desenberg, Ernst Ludwig Christoph 189
Spieß, Michael 77, 93
Stalin 39, 40
Stammer, Adelsfamilie 258
Stammer, Gebhard von 258
Stappen, Simon 176
Staufer, deutsche Königsfamilie 21
Stein, Charlotte von 316
Stendhal (Henri Beyle) 131
Stengel, Friedrich Joachim 80
Stockelbrand, Andreas 282
Stockhammer, Balthasar 392
Stolberg, Grafen von 23, 173, 232, 241
Stolberg, Elisabeth von 242
Stolberg, Heinrich Graf von 242
Stolberg-Wernigerode, Grafen von 238
Stolberg-Wernigerode, Botho Graf von 238
Stolberg-Wernigerode, Christian Ernst Graf von 233

487

# REGISTER: PERSONEN/ORTE

Stolberg-Wernigerode, Otto
Graf von 232
Stölzl, Gunta 309
Strack, Johann Heinrich 327
Struwe, Johann Friedrich 134
Stüler, Carl August 165
Stüler, Friedrich August 144,
255, 323, 351, 382
Stumpf, Leonhard Christoph
223
Süßenguth, Architekt 306

Tappert, Esaias Wilhelm 134
Taubenheim, Christoph von
416
Taut, Bruno 37, 75
Telemann, Georg Philipp 72
Tempel, Joachim 437
Templer, Ritterorden 370,
400
Tendler, Christoph 347
Tetzel 25, 353
Teutleuben, Kaspar von 292
Teutonen, germ. Stamm 19
Thal, Hans von 262
Thälmann, Ernst 368
Theoderich der Große 17
Theophanu, Kaiserin 21, 247,
259
Thiersch, Paul 37, 368
Thietmar, Bischof von Merse-
burg 45, 140, 245
Thilo von Trotha, Bischof von
Merseburg 380, 382
Thimo 406
Thioter, Abt 238
Thomas von Aquin 362
Thomasius, Christian 354
Thorvaldsen, Bertel 294
Thüringer, germ. Stammesver-
band 16, 148, 173, 419, 431
Tieck, Friedrich 220, 368
Tieck, Ludwig 368
Tilly, Feldherr 28, 74, 94
Torstensen, Marschall 188
Triebsch, Joachim 367
Trotha, F. von 284
Trothe, Bildhauer- und Archi-
tektenfamilie 376, 377, 383
Trothe, Christian 376, 383

Trothe, Johann Christian
311, 376, 383
Tryller, Caspar 447, 448
Tryller, Michael 448
Tschammer, Richard 396
Tuaillon, Louis 381
Tübke, Werner 250, **251**

Udalrich, Priester 384
Udo I., Bischof von Naum-
burg 408, 410
Ulrich, Bischof von Augsburg
384
Ulrich, Johann Gottfried 418
Ummendorf, Familie 291
Ungarn 19, 20, 425
Uta von Ballenstedt 406
Uttendrup, Hans Thon 438

Vargula, Schenken von 423
›Vater Franz‹ s. Leopold III.
Veltheim, Adelsfamilie 373
Veltheim, Hans Hasso von
373
Veltheim, Otto Ludwig von
373
Venantius Fortunatus 12, 17
Vischer, Hans 345
Vischer d. Ä., Hermann 326
Vischer d. Ä., Peter 67, 242,
380
Vischer d. J., Peter 345, 346
Vogl, J. N. 18
Völker, Karl 244
Volkmar 231
Voß, Johann Heinrich 184

Wagner, Student 33
Walbeck, Lothar II. Graf von
168
Walbeck, Thietmar von 377
Waldenser 404
Wallenstein, Albrecht von 27,
302
Walloner 74
Walther, Hans 372
Walther, Sebastian 326, 348
Warin, Abt 231
Warnen, germ. Volksstamm
148, 262

Warpke-Lüchow, Hermann
Graf von 107
Wäscher, Hermann 246
Weber, Christoph 420
Weidanz, Gustav 300, 358
Weidenbach, Georg 396
Weineck, Fritz 368
Weinert, Erich 72
Weitling, Wilhelm 72
Welfen, deutsche Fürsten-
familie 21, 173
Wenden 21, 87, 91
Wentzel-Teutschenthal, Carl
371
Werner, Erzbischof von Mag-
deburg 69
Wernigerode, Grafen von 23,
173, 232
Wesphalen, Jenny von 104
Wettin, Dedo von 371
Wettin, Dietrich III. von 374
Wettin, Heinrich III. von
372
Wettiner, deutsche Fürsten-
familie 21, 23, 24, 322,
370, 384, 446
Wichmann, Ludwig 135
Wichmann von Seeburg, Erz-
bischof von Magdeburg 24,
67, 80, 169, 430
Widukind von Corvey 419
Wiehe, Adelsfamilie 420
Wieland, Christoph Martin
184, 304
Wigger, Bischof von Branden-
burg 80
Wilhelm I., König von Preußen
129, 246
Wilhelm II., König von Preußen
129
Wilhelm-Ernst, Erbprinz von
Sachsen-Weimar 295
Wilzen, slaw. Volksstamm 19
Winckelmann, Johann Joachim
104, 106, 131, 134, **135**
Wiprecht d. J. von Groitsch
429
Witzleben, Hans 409
Wolff, Christian 354
Wolff, Julius 231

488

Wolfgang, Fürst von Anhalt-
Bernburg 258, 301
Woltreck, Friedrich Franz
294
Woltstein, Sebald 396
Wou, Geert van 135, 137
Wrba, Georg 258, 281
Würthle, F. 186

Zachau, Organist 393
Zaruth, Hans 104
Zetkin, Clara 368
Zisterzienser, Orden 47, 98,
230, 245, 410

# Orte

Aachen 43, 297
**Aken** 24, 297
– Rathaus 297
– St. Marien 297
– St. Nikolai 297
Aland 95
Alexisbad 253 (Abb. 53)
Aller 168
**Allstedt** 9, 39, **449 f.**
– Johanniskirche 450
– Rathaus 450
– Schloß 450 (Abb. 107)
– Wigbertikirche 449
Alsleben 283
Altenbrak 229
Altenburg 395
Altenhausen 166
Althaldensleben 170
Altmark 9, 13, 16, 21, 24, 33,
**91 ff.**, 147
Anhalt 26, 39, 251 ff.
Anhalt, Burg 252
Anhalt-Dessau, Fürstentum
10, 31
**Annaburg** 321, 347
– Wasserschloß 347
**Arendsee** 96 f.
– Klosterkirche 96 f. (Abb. 15)
– Kluthturm (Heimatmuseum)
97
Arendsee 97
Arneburg 139 f.

Artern 9, 244, 426
**Aschersleben** 9, 15, 251,
**262 ff.**
– Franziskanerklosterkirche
264 f.
– Grauer Hof 281
– Heimatmuseum 264
– Johannisturm 263
– Krukmannsches Haus 264
– Lieberwahnscher Turm 263
– Margaretenkirche 281
– Rathaus 264
– Rondell 263
– ›Speckseite‹ 282
– Stephanikirche 281 f.
– Westdorfer Warte 263
Auerstedt 31
Augsburg 131, 353

Baalberge 291
**Bad Dürrenberg** 386
– Borlachturm 386 (Abb. 82)
**Bad Frankenhausen** 9, 249 ff.
– Hausmannsturm 250
– Panorama 250 f.
– Rathaus 249
– St. Georg 249
– St. Petrus 249
– Schloß (Kreisheimatmuseum)
249
**Bad Kösen** 412
– – Romanisches Haus
(Heimatmuseum) 412
– Ehem. Saline/Kunstgestänge
412 (Abb. 92)
**Bad Lauchstädt** 385 f.
– Goethe-Theater 386
(Abb. 80)
– Kursaal 385 (Abb. 81)
**Bad Schmiedeberg** 321, 349 f.
– Au-Tor 350
– Rathaus 350
– Stadtkirche 350
**Ballenstedt** 9, 31, 251, 256 ff.
– Altes Rathaus 258
– Heimatmuseum 256
(Abb. 55)
– Oberhof 258
– Rathaus 258
– Schloß 10, 257

– Schloßtheater 256
– St. Nikolai 258
Barbarossahöhle 245
**Barby** 152 f.
– Klosterkirche 152 f.
– Schloß 152
– Stadtkirche 153
Bartensleben 166
Bayern 21
Beckendorf-Neindorf 161
Beesenlaublingen 283
Bergen 104
Berlin 24, 33, 36, 37, 39, 147
**Bernburg** 22, 31, 33, 251,
**287 ff.**
– Keßlerturm 283
– Marienkirche 288, 365
– Neustädter Brücke 287
– Nienburger Torturm 288
– Orangerie 291
– Ehem. Regierungsgebäude
288
– St. Nikolai 287
– St. Stephan (Waldau) 287
– Schloß 10, 290 f.
(Farbabb. 15; Abb. 60)
– Schloßkirche 289 f.
Beuna 383
Biese 18, 95
Bilzingsleben 12
Bismark 130
Bitterfeld 11, 34, 40
**Blankenburg** 29, 227 ff.
– Bartholomäuskirche 229
– Großes Schloß 228
– Großvaterfelsen 227
– Kleines Schloß (Heimat-
museum) 227 f. (Abb. 43)
– Michaelstein, Kloster
229 f., 281 (Abb. 46)
– Rathaus 229
– Regenstein 231 (Abb. 45)
– Volkmarskeller (Michael-
stein) 230
Blankenburg, Kreis 9, 39
Bode 11, 147, 154, 173, 191,
224, 225, 226 f., 272, 284,
285 (Farbabb. 9)
Böhmen 146, 395
Börde s. Magdeburger Börde

489

# REGISTER: ORTE

Bösenburg 430
Brandenburg 26, 27, 29
Brandenburg, Bistum 20, 23, 27, 43, 79
Brandenburg, Kurfürstentum 352, 353, 446
Brandenburg-Preußen 25, 29, 165
Braunschweig 26, 27, 110, 165, 170, 241
Braunschweig-Wolfenbüttel, Herzogtum 228, 446
Braunsbedra 383
Brehna 23, 24
Breitenstein 251
**Brocken** 11, 42, 172, 231, 233, **239 f.**
Brügge 104
Brumby **154**
Buchenwald 39
Buna 375
**Burg** 23, **76 f.**
– Oberkirche Unser Lieben Frauen 76
– Unterkirche St. Nikolai 77 (Abb. 17)
**Burgscheidungen 419 f.**
– Kirche 420
– Schloß **419 f.** (Abb. 97, 98)
Burgsdorf 430

Calbe 23, **153 f.**
Calvörde 9, 39, **168**
Cormigk 291
Corvey 18, 236, 426
**Coswig** 31, **321**
– St. Nikolai **321**
– Schloß **321**
Cracau 73

Dahme 23
Dederstedt 430
Dellnau 313
Derben 82
**Dessau** 15, 22, 28, **31**, 39, 40, 251, 298, **302 ff.**
– Ehem. Arbeitsamt 307
– Bauhaus s. Staatliches B.
– Bauhaus-Siedlung (Törten) **309**

– Dorfkirche (Waldersee) **313**
– Georgium, Schloß **310**
– Historischer Friedrhof 307
– Jagdschloß (Haideburg) **313**
– Johanniskirche **308**
– Luisium (Waldersee) **312**
– Mausoleum **310**
– Mosigkau, Schloß **311** (Farbabb. 18)
– Museum für Naturkunde 307
– Napoleonturm (Mildensee) **313**
– Ehem. Palais Branconi **308**
– Ehem. Palais Fürst Diedrich **308**
– Ehem. Palais Waldersee **308**
– Pfeiffersches Haus **308**
– Pötnitzer Kirche (Mildensee) **313**
– Rathaus **306**
– St. Marien **306**
– Sieglitzer Berg (Waldersee) **312**
– Staatliches Bauhaus 10, 37, 251, 304, **308 f.** (Abb. 64)
– Stadtschloß 307
**Diesdorf** 73, 106, **107 f.**
– Freilichtmuseum **107 f.** (Abb. 20)
– Klosterkirche **107**
Dölauer Heide 13
Dornburg 31, **80**
Dosse 88
Dresden 26, 28, 244, 302, 348
Drömling 91, **108 f.**, 168
Droyßig **399 f.**
**Drübeck**, Klosterkirche **236 f.** (Abb. 50)
Dübener Heide 349, 350

Eckartsberga, Eckartsburg **413**
Egeln 34, **154 f.**
– Klosterkirche **155**
– St. Spiritus **155**
Eichsfeld 32
Eine 262, 439

**Eisleben** 345, 427, **432 ff.**
– Alter Friedhof/Museum für Architektur und Bauwesen **437**
– Andreaskirche **434 f.** (Abb. 101, 103)
– Annenkirche **438**
– Geburtshaus Luthers **436** (Abb. 102)
– Heimatmuseum **435**
– ›Kamerad Martin‹ **438**
– Knappenbrunnen **437**
– Lutherdenkmal **432 f.** (Abb. 101)
– Mohrenapotheke **434**
– Neustädter Rathaus **437**
– Nikolaikirche **437**
– Rathaus **433 f.** (Abb. 101)
– St. Peter und Paul **435 f.**
– Schlösser Vorder- und Hinterort **434**
– Sterbehaus Luthers **434**
– Wohnhaus J. Tempel **437**
Elbe 9, 12, 18, 22, 23, 30, 31, 32, 38, 43, **76**, 87, 91, 92, 109, 140, 147, 152, 171, 179, 251, 297, 302, 312, 321, 322, 348 (Farbabb. 7, 8)
Elbe-Havel-Kanal **76**, 82 (Farbabb. 7)
Elbingerode 173, **229**
Elend 241
Elmen 150
England 131
Erfurt 9, 32, 33, 36, 131, 241
Erfurt, Regierungsbezirk 39
**Ermsleben** 15, **255 f.**
– Konradsburg **255 f.** (Abb. 59)
Erxleben 147, **165 f.**

**Falkenstein**, Burg **254 f.** (Abb. 58)
Fallstein 177
Ferchland 82
Fiener Bruch 82
Finne 424
Fischbeck 86
Fläming 23, 251
Flandern 23, 131

490

Flechtingen **166f.**
Frankenhausen
s. Bad Frankenhausen
Frankfurt/M. 386
Frankleben 383
Frankreich 26, 29, 34, 181
**Freyburg** 11, **414**
– Jahn-Gedenkstätte 418
(Abb. 93)
– Neuenburg **414** (Abb. 95)
– Stadtkirche St. Marien
**416f.** (Abb. 96)
Fritzlar 19
Frohse (Schönebeck) 148
Frose **262**
Fuhne 291
Fulda 18, 262, 426

Gandersheim 19
Gänsefurth **283**
**Gardelegen** 24, 28, 91, **109ff.**
– Burg Isenschnibbe (Gedenk-
stätte) 129
– Löwenapotheke (Stadt-
museum) 112
– Marienkirche **111f.**
– Nikolaikirche **129**
– Rathaus **112**
– Salzwedeler Tor **110f.**
(Abb. 22)
– Sandstraße **111**
Geiseltal 11, 34, 364, **383**
Gent 104
Genthin **82**
Gerbstedt 371
Gerlebogk 291
Germanien 15
**Gernrode** 10, 20
– Stiftskirche 21, 252, **259ff.**
(Abb. 56, 57)
Goldene Aue **245**, 445
Golpa-Zschornewitz 36
Gommern **78**
Goseck, Schloß **393**
Goslar 302
Gotha 23
Grabow **78**
Gräfenhainichen **315**
Gröbzig, Synagoge **291f.**
Gröningen **157**

Groß Ammensleben **171**
Großgörschen 388
Großkorbetha 389
Großkühnau 310
Groß-Mangelsdorf 83
Groß Mühlingen **152**
Groß Salze (Salzelmen) 148
Großer Bruch 159, 173
Großer Fallstein 174
Großjena **414**
– Klingerhaus **144**
– Steinauerscher Weinberg
**414** (Abb. 94)
Güntersberge 251, 253
Güsten **282**

**Hadmersleben** **156**
– Benediktinerklosterkirche
**156** (Abb. 31)
Hakel 177
**Halberstadt** 15, 18, 24, 39,
90, 174, **178ff.**, 221
– Andreaskirche **188**
– Bischofspalast **185**
– Dom 11, **179ff.**
(Abb. 38–40)
– Domdechanei **185**
– Dompropstei **185**
– Gleimhaus **184**
– Hotel St. Florian **189**
– Johanniskirche **188**
– Katharinenkirche **189**
– Klusberge 189, **190**
– Kulkmühle **189**
– Liebfrauenkirche **186f.**
(Abb. 36, 37)
– Martinikirche **187f.**
– Moritzkirche **188f.**
– Redernsche Kurie **185**
– Spiegelsberge **189**
– Städt. Museum und
Heineanum **185**
Halberstadt, Bistum 10, 27,
263, 353, 430
Halberstadt, Herzogtum 29
**Haldensleben** 147, 169f.
– Kühnsches Haus **170**
– Museum **170**
– Rathaus **170**
– Stadtkirche **170**

Haldenslebener Forst 13, 169
**Halle** 9, 11, 18, 23, 24, 26,
30, 32, 33, 34, 36, 38, 39,
40, 71, **352ff.**, 395 (Abb. 73)
– Alter Markt (Brunnen) **368**
– Botanischer Garten **361**
– Burg Giebichenstein 37,
358, **368**
– Denkmal Robert Franz **360**
– Dom **362f.**
– Fachwerkhaus Graseweg 18
**358**
– Franckesche Stiftungen
(Waisenhaus) 30, **366f.**
– Giebichensteinbrücke **368**
– Händeldenkmal **357**
– Händels Geburtshaus
(Museum) **358**
– Haus Märkerstraße 10
(Stadtmuseum) **367**
– Haus Rannische Straße 17
**367**
– Jugendstilhaus **361**
– Kühler Brunnen **358**
– Landesbibliothek **360**
– Landesmuseum für Vor-
geschichte **368**
– Leipziger Turm **357**
– Marktkirche **358f.**
(Abb. 73, 75)
– Marktschlößchen **358**
– Moritzburg 11, 23, 352,
353, 357, **361** (Farbabb. 22)
– Moritzkirche **364**
– Neue Residenz (Geiseltal-
museum) **363f.**
– Neustadt 40, **364**
– Rathaus **358**
– Reichardts Garten 11, 369
– ›Riesenhaus‹ **367**
– Roter Turm **359** (Abb. 73)
– Saline und Halloren-
museum **364**
– St. Georg **366**
– St. Laurentius **361**
– Stadtgottesacker **357**
– Ulrichskirche **357**
– Universität 30, **360**
(Abb. 74)
Halle, Bezirk 9, 39

# REGISTER: ORTE

Hamburg 104, 131, 146
**Hamersleben,** Stiftskirche 10,
159 ff., 186 (Farbabb. 4, 6;
Abb. 30)
Hämerten 140
Hannover 165
Hansjochenwinkel 106 ff.
Harbke 163
Harkerode, Arnstein 439
Harz 11, 19, 22, 39, 172 ff.,
262
Harzgerode 10, 22, 251, 253 f.
Hasselfelde 229
Havel 23, 87, 90
**Havelberg** 10, 87 ff.
– Dom 88 (Abb. 14)
– Rathaus 91
– St. Anna 91
– St. Laurentius 90
– St. Spiritus 91
Havelberg, Bistum 9, 20, 23,
43, 83
Haynsburg 399
**Hecklingen,** Klosterkirche
283 f. (Abb. 62)
Helbra 427
Heldrungen 426
Helfta 428, **431**
Hellberge 110
Helme 17, 18, 244
Hersfeld 18, 426
Herzberg 24
Hessen **174**
Hessen (Land) 26
**Hettstedt** 427, 443 f.
– Humboldtschloß (Mansfeld-
Museum) 443 f.
– Saigertor 444
– St. Jacob 444
Hexentanzplatz s. Thale
Hildesheim 237
Hirsau 159, 186, 238
Hohenmölsen 21
Hohenseeden **82**
Hoher Fläming 81
Holtemme 173, 178, 231
Holzbörde 159
Horklitz 388
Hornburg 159
Hornhausen 17

Hoym **261** f.
Hundisburg 12, 170 f., 229
Huy 173, 177
**Huysburg,** Klosterkirche
177 f. (Abb. 35)

Ilse 11, 173, 237, **238,** 239
**Ilsenburg** 186, 237 f.
– Hüttenmuseum 237
– Schloß/Kloster 237 f.
Ilsestein 238

Jeetze 98
**Jerichow,** Stiftskirche 10, 23,
69, 83 ff. (Farbabb. 2)
**Jessen** 9, 346 f.
Jonitz s. Dessau (Waldersee)
Josephshöhe **244**
Jüterbog 23

Kalbe **109**
Kalte Bode 173
Karsdorf 420
Kelbra 244, 248
Kemberg **351**
– Rathaus 351
– Stadtkirche Unser Lieben
Frauen **351**
Klein Rossau **96**
Klengowe 388
Klietznick 83
Klostermansfeld **442** f.
**Kloster Gröningen** 158 f.
(Abb. 33)
Kloster Huysburg s. Huys-
burg
Kloster Neuendorf 129 f.
Klötze 108
Klusberge s. Halberstadt
Koblenz 246
Köln 395
Königgrätz 33
Königshütte 241
Königslutter 238, 301, 375
**Köthen** 15, 22, 31, 251,
292 ff.
– Agnuskirche **295,** 313
– Alter Friedhof 293
– Bachdenkmal 295
– Historisches Museum 293

– ›Palais auf dem Walle‹ 295
– Rathaus 295
– St. Jakob 294 f.
– St. Marien 295 f.
– Schloß 10, 296 f. (Abb. 65)
Kötzschen 383
Krevese **96**
**Kroppenstedt** 157
– Reiterkreuz 157 (Abb. 34)
– St. Martin 157
Krumpa 383
Kulpenberg 244
Kunrau 108
Kurbrandenburg 71
Kursachsen 26, 27
**Kyffhäuser** 244 ff., 248, 250,
423, 445
– Burg Kyffhausen 247
– Kyffhäuserdenkmal 246
(Abb. 51)

Landsberg 23, 374 f., 415
(Abb. 76)
Langenstein 189
**Laucha** 418 f.
– Glockenmuseum 418
– Obertor 419
– Rathaus 419
Lauchhammer 388
Lauenburg 261
Lausitz 322
Leipzig 23, 24, 26, 30, 32, 37,
240, 246, 293, 322, 386, 395
Leipzig, Bezirk 9
Leipzig, Kreis 33
**Leitzkau** 23, 79 f.
– Schloß 80 (Abb. 13)
– Stiftskirche 80
Letzlingen 129
Letzlinger Heide 12, 91, 110,
**129,** 168
Leuna 11, 15, 37, 375
Lindenau 28
Löbejün 372 f.
**Loburg** 80 f.
– St. Laurentius 81
Löcknitz 88
London 104
Lübeck 104, 131
Lude 241

492

Lüneburg 98, 110
**Lützen** 386 f.
– Gasthaus ›Roter Löwe‹ 387
– Gustav-Adolf-Gedächtnis-
kapelle 388
– Schloß (Museum) 387 f.
Lützoweichen 166

Maastricht 395
**Magdeburg** 10, 12, 18, 19,
20, 21, **23**, 24, 26, **30**, 31, 33,
34, 36, 37, 39, 40, **43 ff.**, 78,
98, 110, 165, 169, 180, 240,
322, 352
– Alter Markt 71
– Aussichtsturm 75
(Abb. 12)
– Breiter Weg 71
– Denkmal Doktor Eisen-
bart 72
– Denkmal Otto von
Guericke 72
– Dom 9, 11, 20, **45 ff.** (Farb-
abb. 1; Abb. 1–6)
– Hermann-Beims-Siedlung
75
– Hermann-Gieseler-Halle
(Sudenburg) 75
– Herrenkrugpark 75
– Historische Hubbrücke 74
– Johanniskirche 73
– Kiek in de Köken 69
– Kloster-Berge-Garten 74
– Kloster Unser Lieben
Frauen 69 f. (Abb. 7, 8)
– Kulturhistorisches
Museum 70
– Kulturpark Rotehorn 75
– Lukasturm (Lukasklause)
**74**
– Magdeburger Reiter 71
(Abb. 10)
– Maria-Magdalena-
Kapelle 73 (Abb. 9)
– Nikolaikirche 73
– Palais am Domplatz 69
– Pferdetor 75 (Abb. 11)
– Rathaus 71 f. (Abb. 10)
– St. Peter 73 (Abb. 9)
– St. Sebastian 70

– Stadthalle 75 (Abb. 12)
– Wallonerkirche 74 (Abb. 9)
– Weinkeller Buttergasse 71
Magdeburg, Bezirk 9, 39
Magdeburg, Erzbistum 9, 20,
27, 29, 33, 71, 170, 352, 353,
368, 370, 394
Magdeburg, Regierungsbezirk
39
Magdeburger Börde 10, 23,
43, **147**, 159
Mägdesprung **253**
Mainz, Erzbistum 87, 178
**Mansfeld** 439 ff.
– St. Georg 442
– Schloß Vorderort 440
– Schloßkirche 441
(Abb. 105)
– Vaterhaus Luthers 442
Mansfeld, Grafschaft 29, 427
Mansfelder Land 11, 36, 40,
**427 ff.**, 439
Mansfelder Mulde 427 f.
Marburg 285
Marienborn **164 f.**
Mark Brandenburg 22, 91,
145, 170
Mehringen **283**
Meisdorf **255**
Meißen 23, 361, 429
Meißen, Bistum 20, 43, 180
Meißen, Kreis 33
Melkow 83
**Memleben**, Kloster **425 f.**
(Abb. 104)
**Merseburg** 12, 19, 24, 29, 32,
33, 36, 40, **376 ff.**
– Dom 378 ff. (Farbabb. 21;
Abb. 78, 79)
– Obere Wasserkunst 381
– Rathaus **382**
– St. Viti 382
– St. Thomae **382**
– Schloß 380 f.
– Sixtikirche **383**
– Stadtfriedhof **383**
– Stadtkirche St. Maximi
**382 f.**
– Ständehaus 381
– Zechsches Palais 381

Merseburg, Bistum 20, 27,
33, 43, 394
Merseburg, Regierungsbezirk
39
Meuchen 388
Michaelstein s. Blankenburg
Milde 18, 109
Mildensee s. Dessau
Mittellandkanal 37, 109, 147,
169
Möckern **78**
Morungen **445**
Mosigkau s. Dessau
Mücheln (Saalkreis) 370
**Mücheln** (Geiseltal) **384 f.**
– Rathaus **385**
– St. Jakob **384 f.**
– St. Michael **384**
Mühlberg 26
Mulde 251, 291, 302

**Naumburg** 11, 24, 26, 395,
**400 ff.**
– Ägidienkurie **406 f.**
– Bischofskurie **406**
– Dom St. Peter und Paul 11,
**402 ff.** (Farbabb. 24; Abb.
86–88)
– Haus Hohe Lilie **408**
– Maria-Magdalenen-
Kapelle **408**
– Marientor **407**
– Markt **408**
– Moritzkirche **408**
– Othmarskirche **408**
– Rathaus **409** (Abb. 90)
– Residenz **408 f.**
– St. Wenzel **409 f.** (Abb. 89)
– Schlößchen **409**
Naumburg-Zeitz, Bistum
27, 33
**Nebra** 13, 420, **424 f.**
– Altenburg **424**
– St. Georg **424 f.**
Neinstedt 226
Neuenklitsche 83
Niederlande 23
Niedersachsen 21, 173
**Nienburg** 253, **285 f.**, 313
(Abb. 63)

493

# REGISTER: ORTE

Nischwitz 314
Nordhausen 19, 24, 236
Nordthüringgau 148
Nürnberg 102, 131, 395
Nuthe 300

Oberrißdorf 430
**Oebisfelde** 110, **168**
– Burg (Museum) 168
– Katharinenkirche 168
– Rathaus 168
Ohre 18, 147, 159, 169, 171, 179
Ohrum 18
Oker 18, 179
**Oranienbaum 314 f.**
– Kirche 314 f.
– Orangerie 315
– Schloß 314 (Abb. 70)
– Pagode 315 (Abb. 71)
Oschersleben 147, **156**, 159
Osterburg 28, **95 f.**
– Kreisheimatmuseum 95
– St. Nikolai 95
**Osterwieck** 11, 18, 159, **174 ff.**, 221
– Bunter Hof 176
– ›Eulenspiegelhaus‹ 176 (Abb. 32)
– Nikolaikirche 176
– Ehem. Rathaus (Heimatmuseum) 176
– Stephanikirche 176 f.
Osterwohle 106 (Abb. 18)
Ostrau 373
Ottersleben 73

**Petersberg 371 f.** (Abb. 77)
Plomnitz 291
Plötzkau **283**
Porta Westfalica 246
Pötnitz s. Dessau (Mildensee)
Potsdam, Bezirk 9
Prag 146, 147
**Prettin 347 ff.**
– Lichtenburg, Schloßkirche 347, 348
– St. Marien 349 f.
Pretzien 78 f.
– Dorfkirche 78 f.

– Pretziener Wehr **78**
Pretzsch **349**
– St. Nikolaus **349**
– Wasserschloß **349**
Preußen 22, 29, **30**, 32, 33, 71, 328, 402

**Quedlinburg** 9, 11, 19, 20, 36, **190 ff.**
– Ägidiikirche 224
– Alter Klopstock **225** (Abb. 42)
– Finkenherd 220 (Farbabb. 12)
– Fleischhof **221**
– Ehem. Gildehaus ›Zur Rose‹ **225**
– Gruftkapelle 223
– GutsMuths-Denkmal 225
– Hagensches Freihaus **225**
– Hochständerbau (Fachwerkmuseum) 221
– Klopstockdenkmal 220
– Klopstockhaus 220
– ›Kunsthoken‹ 224
– Lyonel-Feininger-Galerie 220
– Münzenberg 219
– Rathaus 223 (Farbabb. 13)
– Ehem. Ratswaage 224
– Ehem. Salfeldhaus 224
– St. Benedikti **223**
– St. Blasii **222**
– St. Nikolai **225**
– Schloß **219**
– Schreckensturm 224
– ›Stadtpfeiferhaus‹ 224
– Stiftskirche **192 f.** (Farbabb. 11; Abb. 41)
– Wipertifriedhof und -kirche **219 f.**
Quedlinburg, Reichsstift 29
**Querfurt** 12, 420, **421 ff.**
– Burg **421 f.** (Abb. 99)
– Rathaus **423**
– Stadtkirche **423**
Querfurt, Herrschaft 23
Querne 421

Radisleben 28
Raguhn 291

Ramberg 173
Rammelburg **439**
Rappbode-Talsperre 229
Redekin 83
Regenstein s. Blankenburg
Reichenau 426
Reinharz **350 f.**
Reinsdorf **423**
Rhön 240
Riade 20, 425
Rieder 258
Röblingen **430 f.**
Röderhof **177**
Ronneberg **423**
Roseburg 258 (Abb. 54)
Roßlau 302
Roßleben 426
Roßtrappe s. Thale
Rothenburg (Kyffhäuser) **248**
Rübeland, Baumanns- und Hermannshöhle 173, **229**
**Rudelsburg** 11, **413** (Farbabb. 25)

Saale 9, 11, 12, 16, 18, 30, 32, 147, 179, 251, 272, 285, 291, 352, 370, 376, 400, **412**, 413
**Saaleck**, Burg 11, **413** (Farbabb. 25)
Saalkreis 23
Sachsen **19**, 21, 23, 26, **28**
Sachsen, Königreich 32
Sachsen, Kurfürstentum 322, 377
Sachsen, Provinz 9, **31 ff.**, 38, 91, 321, 427
Sachsenburgen 426
Sachsengraben 173
Sachsen-Merseburg, Herzogtum 377
Sachsen-Querfurt, Fürstentum 423
Sachsen-Weimar, Herzogtum 449
Sachsen-Weißenfels, Herzogtum 389
Sachsen-Zeitz, Herzogtum 397, 402
Salzelmen (Schönebeck) **150 f.**
Salziger See 427, **430**

Salzmünde **371**
**Salzwedel** 10, 24, **98 f f.**, 106,
110
– Altstädter Rathaus **100**
– Burg **98**
– Bürgermeisterhof **98**
– Ehem. Münze **103**
– Ehem. Propstei (J.-F.-Dan-
neil-Museum) **102**
– Hansehof **105**
– Haus Schmiedestraße 27
(Adam-und-Eva-Tor) **100**
– Karlsturm **103**
– Katharinenkirche **103 f.**
– Lateinschule **104**
– Lorenzkirche **102 f.**
– Marienkirche **100 f.** (Farb-
abb. 5; Abb. 19)
– Mönchskirche **98 f.**
– Neuperver Torturm **103**
– Radestr. 9 (Ritterhaus) **100**
– Steintor **105**
– Terrakottahaus **103**
Sandau **87**
**Sangerhausen** 427, **445 f f.**
– Jakobikirche **447**
– Marienkirche **447**
– Neues Schloß **447**
– Rathaus **447**
– Rosarium **446**
– Spengler-Museum **445 f.**
– Ulrichskirche **448** (Abb. 106)
Schadeleben **150**
Schkopau **376**
Schlanstedt **174**
Schlenze **262**
Schmoner Bach **423**
Scholitz **313**
Scholitzer See **313**
Schönburg **400**
**Schönebeck** 78, **148 f f.**
– Gertraudenfriedhof **151**
– Gradierwerk **150** (Abb. 29)
– Rathaus **150**
– St. Jakobi **150**
– St. Johannis **150 f.** (Abb. 28)
– Soleturm **150**
– Schraplau **431**
Schönhausen **86**
**Schulpforta** **410 f.** (Abb. 91)

Schwaben **21**
Schwabengau **262**
Schwarze Elster **321**, 346
Schweden **29**
Schweigenberge **414**
Schwenda **244**
**Seeburg** **429 f.** (Abb. 100)
Seehausen **94**
Seligenstadt, Missionsbistum
174, 178
Selke 11, 252, **253**, 254 (Abb. 47)
Sittichenbach **431**
Sommerschenburg **163**
Spiegelsberge s. Halberstadt
Stakenberg **108**
Staßfurt 34, **284 f.**
Stecklenburg **261**
›Steinerne Jungfrau‹ **14**
Steinfeld **130**
Steinklöbe **425**
**Stendal** 10, 24, 28, 110,
**130 f f.**, 395
– Altmärkisches Museum **139**
– Dom 90, **137 f f.** (Farb-
abb. 3)
– Jakobikirche **135 f.** (Abb. 23)
– Marienkirche **133 f f.**
– Petrikirche **136 f.**
– Rathaus **133**
– Roland **133** (Abb. 24)
– Tangermünder Torturm **139**
– Uenglinger Tor **136** (Abb. 25)
– Winckelmann-Denkmal **135**
– Winckelmannmuseum **136**
Steutz **297**
Stiege 241, **253**
Stöckheim Abb. 21
**Stolberg** 11, 24, 29, **241 f f.**
(Farbabb. 10; Abb. 52)
– Haus Am Markt 10 **243**
– Haus Rittergasse 14 **243**
– Haus Töpfergasse 1 **244**
– Liebfrauenkapelle (Zechen-
tal) **244**
– Ehem. Münze (Heimat-
museum) **242 f.**
– Rathaus **242** (Farbabb. 13)
– Rittertor **243**
– Saigerturm **242**
– St. Martini **242**

– Schloß **241** (Abb. 52)
Stöpenitz **88**
Steigra **420**
Stötterlingen **177**
Straßberg **253**
Suhl **36**
Süßer See 427, **429**
Sydow **83**

Tanger **140**
**Tangermünde** 10, 24, 28,
**140 f f.**
– Burg **146 f.**
– Elbtor **146**
– Hühnerdorfer Tor **146**
– Neustädter Tor **141** (Abb. 26)
– Nikolaikirche **142**
– Rathaus (Heimatmuseum)
**143 f.** (Abb. 27)
– St. Stephan **145**
– Schloßfreiheit **146**
Tauchlitz **388**
Teufelsmauer 226, **227**
**Thale** 18, **226**
– Hexentanzplatz **227**
– Roßtrappe **227** (Farbabb. 9)
Thankmarsfelde **285**
Thüringen 9, 23, 39, 173
Thüringen, Landgrafschaft **446**
Thüringer Wald **240**
Thyra **241**
**Tilleda** 244, **247**, 248
– Freilichtmuseum, Pfalz **247**
– St. Marien **248**
Tilsit **31**
Torgau 23, 38
Trautenstein **229**
Treseburg **229**
Tröbsdorf **420**

Ummendorf **161 f.**
– Schloß (Bördemuseum)
**161 f.**
Unstrut 11, 12, 17, 18, 179,
400, **413 f.**, 418, 420, **423 f.**
Unterrißdorf **430**

Vitzenburg **423**
Volkmarskeller s. Blankenburg

# REGISTER: ORTE

Walbeck **168**
Waldau s. Bernburg
Waldersee s. Dessau
Walkenried 47, 180, 411
Wallendorf 12
Wallhausen 248
Wangen 425
Wanzleben **155**
Wartburg 414
Wartenberg 32
Weddersleben 226
Weferlingen 167
Weimar 23
Weiße Elster 393, **394**
**Weißenfels** 11, 24, 29, 34, **388ff.**, 395
– Altherzogliches Haus **391**
– Fürstenhaus **391**
– Geleitshaus **390**
– Haus Marienstraße 2 **391**
– Heinrich-Schütz-Gedenkstätte **390**
– Ehem. Herzogliches Ballhaus **391**
– Marienkirche **388f.**
– Novalishaus **393**
– Rathaus **391**
– Schloß Neu-Augustusburg **391** (Abb. 83)
– – Schloßkirche **392** (Farbabb. 23)
Welfesholz 21
Wendefurth 229
Wendelstein **426f.**
**Werben** 10, **92ff.**
– Elbtor (Heimatmuseum) **92**
– Johanneskirche **93** (Abb. 16)
**Wernigerode** 11, 29, **231ff.**
– Ältestes Haus 236
– Behrendsches Haus 234
– Café Wien **234**
– Erbgrafenpalais 233
– Gothisches Haus **235** (Abb. 49)
– Harzmuseum und Harzbücherei 235
– Haus Gadenstedt **235**
– Haus Preysser 234
– Johanniskirche 233
– Krellsche Schmiede 234

– Krummelsches Haus **234** (Abb. 48)
– Liebfrauenkirche **233**
– Nöschenröder Amtshaus **233**
– Orangerie **233**
– Rathaus **234** (Abb. 49)
– St. Silvestri **235**
– St. Theobald (Nöschenrode) **233**
– Schloß **232** (Farbabb. 14; Abb. 44)
– Waaghaus **235**
– Westerntorturm **236**
Wesergebirge 240
Westerburg 174
Westfalen 23
Westfalen, Königreich 32
Wettin 370f.
Wetzendorf 420
Wiederstedt **444**
Wilde 241
Wilhelmshöhe (Kassel) 240
Wipper 272, **439**
Wisby 104
Wische **92, 94**
Wismar 131
**Wittenberg** 11, 22, 23, 26, 30, 41, **322ff.**
– Collegium Augusteum **323**
– Cranachhaus **327**
– Fridericianums-Kaserne **325**
– Lutherdenkmal **327** (Farbabb. 19)
 – Luthereiche **323**
– Lutherhaus (Lutherhalle) **323f.**
– Melanchthondenkmal **327** (Farbabb. 19)
– Melanchthonhaus **324**
– Rathaus **327**
– Schloß (Museum für Natur und Völkerkunde ›Julius Riemer‹) **345f.**
– Schloßkirche 25, **328f.** (Abb. 72)
– Stadtkirche St. Marien **325f.** (Farbabb. 19, 2)
Wittenberg, Kurkreis 32
Wolferode 427

Wolmirstedt 171
**Wörlitz** 10, 31, **316ff.**
– Gotisches Haus 316, **320** (Farbabb. 17)
– Park 11, **316f.** (Umschlagrückseite, Farbabb. 16; Abb. 66, 68, 69)
– Schloß 11, **319** (Abb. 66, 67)
– Stadtkirche **318** (Abb. 66)
Wormke 173
Wusterbusch 136

Ypern 395

**Zeitz** 11, 29, 34, 41, **393ff.**
– Ehem. Bürgerschule **396**
– Dom **398**
– Michaeliskirche **395f.**
– Rathaus **396**
– St. Franziskus, Antonius und Clara **397**
– Schloß Moritzburg **397f.** (Abb. 85)
– Seckendorfsches Haus **397** (Abb. 84)
Zeitz, Bistum 20, 43
**Zerbst** 9, 31, 39, 40, 251, **297ff.**
– Franziskanerkloster (Heimatmuseum) **299**
– Gildehaus **300**
– Haus Mühlenbrücke 60 **300**
– Heidetor **300**
– Kavaliershäuser **301**
– Mahnmal im Roten Garten **300**
– Roland **298** (Abb. 61)
– St. Bartolomäi **301**
– St. Nikolai **300**, 365
– Schloß **302**
– Stadthalle **302**
– Teehäuschen **302**
– Trinitatiskirche **300**
Zichtau 108
Ziebigk 310
Zillierbach 231
Zilly **174**
Zörbig 28, **373**

496